Ein Amerikaner auf Kuba

Von Tom Miller ist ebenfalls in dieser Buchreihe erschienen:

Staubiger Südwesten
Unglaubliche Reiseerlebnisse aus Arizona, New Mexico, Kalifornien und Colorado

Auf den Spuren des Panamahutes
Eine ungewöhnliche Reise durch Ecuador

Tom Miller

Ein Amerikaner auf Kuba

Abenteuer zwischen Schweinebucht und Guantánamo

GRUNER + JAHR/RBA
NATIONAL GEOGRAPHIC DEUTSCHLAND

Titel der amerikanischen Originalausgabe:
TRADING WITH THE ENEMY
A Yankee Travels Through Castro's Cuba
Tom Miller

Veröffentlicht von Basic Books, A Member of the Perseus Books Group,
New York, 1996, alle Rechte vorbehalten

Die National Geographic Society wurde 1888 gegründet,
um »die geographischen Kenntnisse zu mehren und zu verbreiten«.
Seither unterstützt sie die wissenschaftliche Forschung und informiert
ihre mehr als neun Millionen Mitglieder in aller Welt.

Die National Geographic Society informiert durch Magazine, Bücher,
Fernsehprogramme, Videos, Landkarten, Atlanten und moderne Lehrmittel.
Außerdem vergibt sie Forschungsstipendien und organisiert den Wettbewerb
National Geographic Bee sowie Workshops für Lehrer.

Die Gesellschaft finanziert sich durch Mitgliedsbeiträge
und den Verkauf der Lehrmittel.

Die Mitglieder erhalten regelmäßig das offizielle Journal
der Gesellschaft: das NATIONAL GEOGRAPHIC-Magazin.
Falls Sie mehr über die National Geographic Society, ihre Lehrprogramme
und Publikationen wissen wollen: Nutzen Sie die Website unter
www.nationalgeographic.com.
Die Website von NATIONAL GEOGRAPHIC Deutschland
können Sie unter
www.nationalgeographic.de
besuchen.

Deutsche Ausgabe veröffentlicht von G+J/RBA (GmbH & Co. KG),
NATIONAL GEOGRAPHIC DEUTSCHLAND, Hamburg 2003
Übersetzung: Frank Auerbach, Tracey J. Evans, Helga Künzel, Reinhild Luk, Theresia Übelhör
Vom Autor zitierte Passagen aus anderen Quellen wurden für dieses Buch neu übersetzt.

Koordination/Redaktion: Carlo Lauer/CLP
Redaktionelle Mitarbeit: Dr. Marion Pausch für CLP
Satz: Typographischer Betrieb Walter Biering Hans Numberger
Titelgestaltung: Lutz Jahrmarkt
Produktion: Ursula Stahl
Druck und Verarbeitung: GGP Media, Pößneck
Printed in Germany
ISBN 3-934385-92-3

Im Andenken an
MORITZ THOMSEN
1915–1991

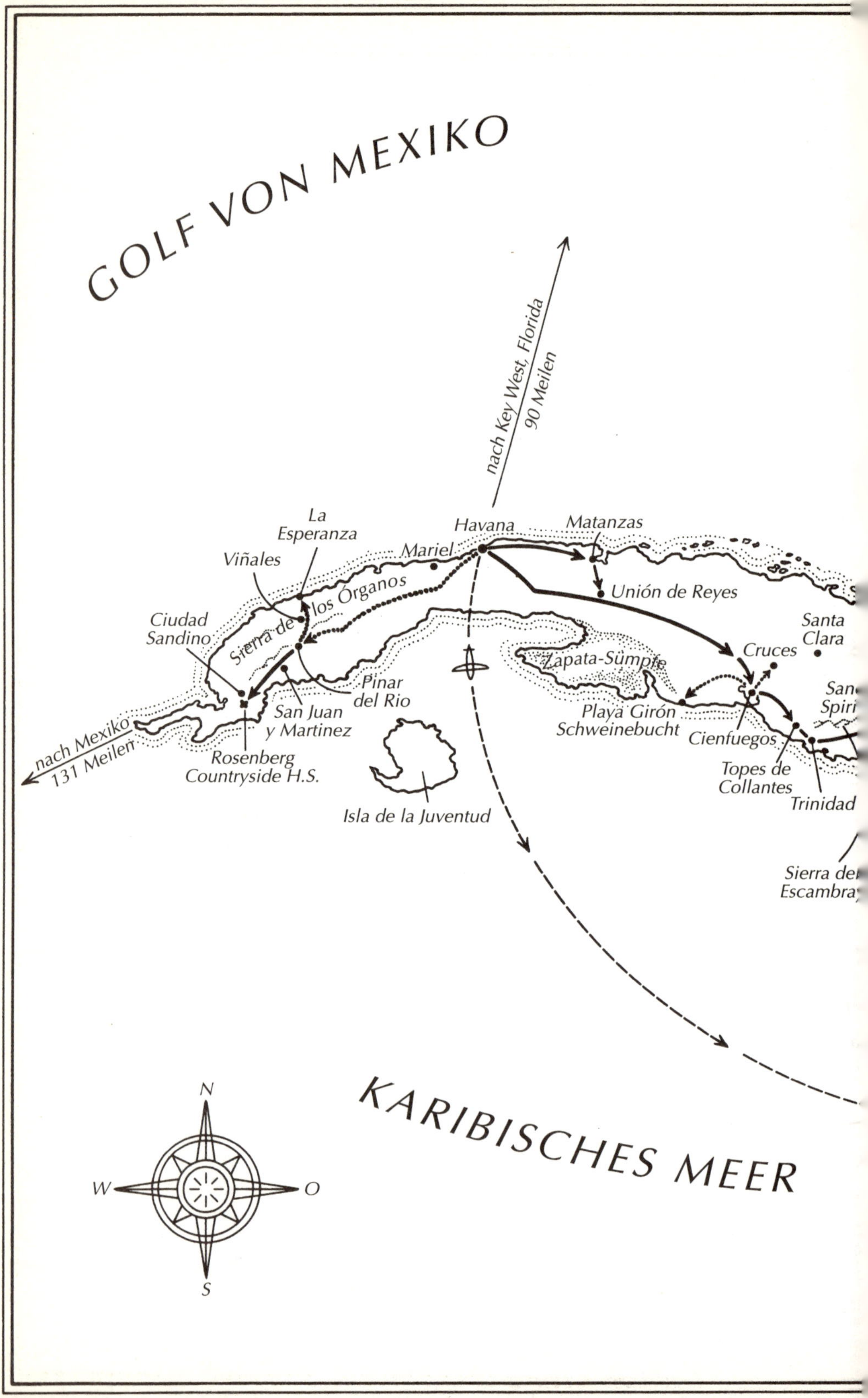

GOLF VON MEXIKO
nach Key West, Florida
90 Meilen
La Esperanza
Havana
Matanzas
Mariel
Viñales
Unión de Reyes
Sierra de los Órganos
Ciudad Sandino
Santa Clara
Cruces
Zapata-Sümpfe
Pinar del Rio
San Juan y Martinez
Playa Girón
Schweinebucht
Cienfuegos
nach Mexiko
131 Meilen
Rosenberg
Countryside H.S.
Topes de Collantes
Trinidad
Isla de la Juventud
N
W
O
S
KARIBISCHES MEER

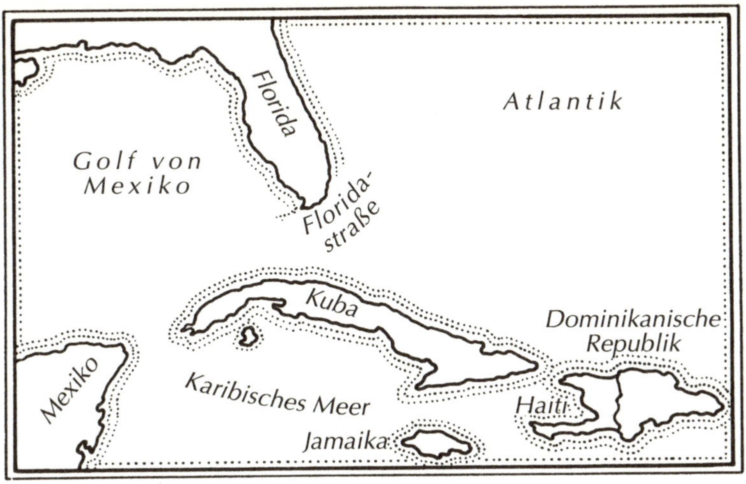

Florida
Atlantik
Golf von Mexiko
Florida-straße
Kuba
Dominikanische Republik
Mexiko
Karibisches Meer
Haiti
Jamaika

ATLANTIK
ego de Avilo
Camagüey
Holguin
Elfenbeinspecht-Naturschutzgebiet
Contramaestre
Bauernhaus
Palma Soriano
Bucht von Guacanayabo
Bayamo
Baracoa
Manzanillo
Guantánamo
Sierra Maestra
Niquero
nach Haiti 48 Meilen
Playa las Coloradas
El Cabre
Marea de Portillo
Cabo Cruz
Santiago de Cuba
US-Militärstützpunkt
andungsstelle Granma
Bucht von Guantánamo
nach Santiago de Cuba
nach Jamaika 102 Meilen

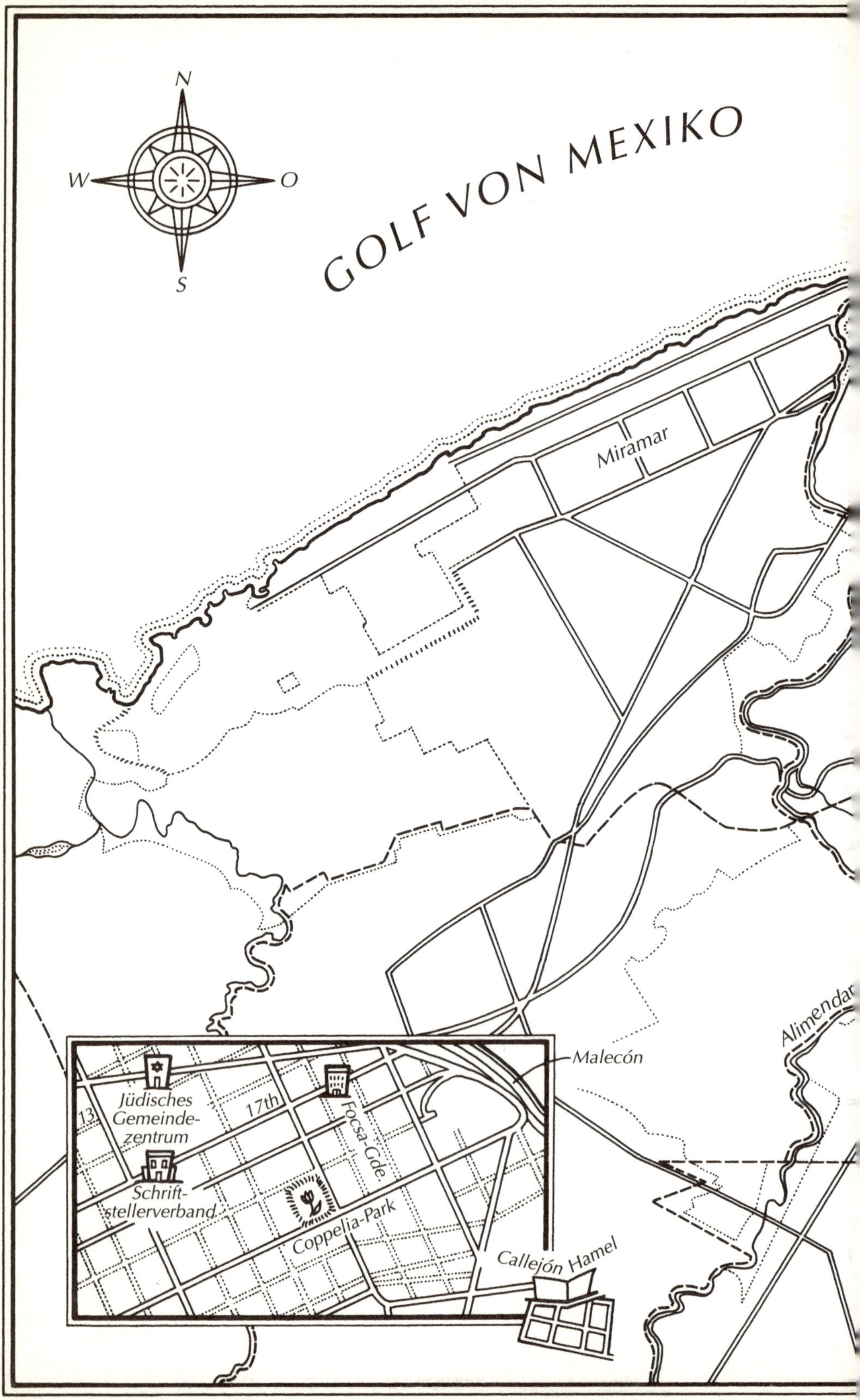

N
W
O
S
GOLF VON MEXIKO
Miramar
Malecón
Alimendar
Jüdisches Gemeinde-zentrum
13
17th
Focsa-Gde.
Schrift-stellerverband
Coppelia-Park
Callejón Hamel

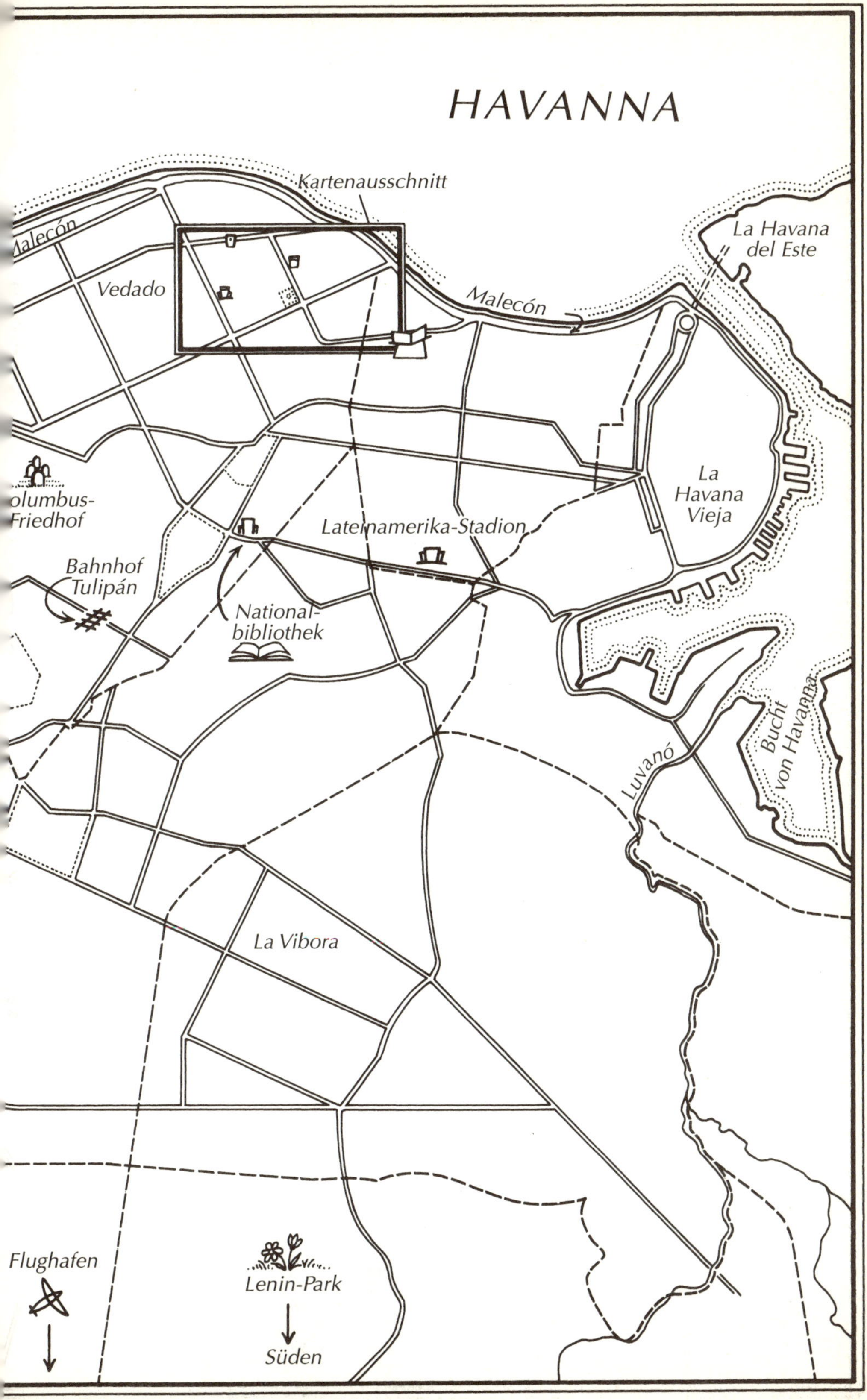
HAVANNA
Kartenausschnitt
Malecón
La Havana
del Este
Vedado
Malecón
olumbus-
Friedhof
La
Havana
Vieja
Lateinamerika-Stadion
Bahnhof
Tulipán
National-
bibliothek
Bucht
von Havanna
Luvanó
La Vibora
Flughafen
Lenin-Park
Süden

Einleitung

Bill Clinton, Boris Jelzin und Fidel Castro essen eines Tages mit Gott in einem piekfeinen französischen Restaurant zu Mittag.

»Herr«, fragt Clinton, »werden die Vereinigten Staaten jemals frei von Hass und Diskriminierung sein?«

»Ja, mein Sohn, das werden sie«, antwortet Gott dem Präsidenten mit einem Nicken. »Aber nicht zu deinen Lebzeiten.«

»Aber«, sagt Jelzin, »wird Russland jemals frei von Korruption sein und jedermann genug Essen auf dem Tisch haben?«

»Ja, so wird es sein, Boris, aber nicht zu deinen Lebzeiten.«

Dann fragt Castro: »Gott, werden denn die Ziele der ruhmreichen kubanischen Revolution jemals verwirklicht sein?«

»Ja, das werden sie tatsächlich«, bestätigt Gott dem überraschten Fidel. »Aber nicht zu meinen Lebzeiten.«

Fidel Castro und seine Regierung haben sich durch die Verschmelzung von Nationalismus und Patriotismus, durch autoritäre List und Tücke und indem sie den einzigen Feind in der Welt, der ihnen geblieben ist, meisterhaft manipulieren, fast 40 Jahre an der Macht gehalten. Elisabeth II. war erst sieben Jahre Königin von England, als Fidel Castros bemerkenswerte Herrschaft begann. Hussein war damals seit sechs Jahren König von Jordanien. Die meisten Kubaner, unabhängig von Alter, Herkunft oder politischer Einstellung, können sich noch an eine Zeit erinnern, in der sie begeisterte Anhänger Castros waren. Er machte damals reinen Tisch und ermöglichte seinem Land einen totalen Neubeginn, der nicht nur die Besitzverhältnisse, sondern auch die Menschen, ihre Selbstachtung, die Art, wie sie Güter erwarben und wie sie ihr

Einkommen verteilten, betraf. Alte Werte wurden auf dem Scheiterhaufen verbrannt, neue wurden gesät, gehegt – und aufgezwungen. Die Revolution veränderte das Leben aller, sie verbesserte das Leben vieler und wurde anderen zum Verhängnis. In einem ersten Jahrzehnt hektischer Aktivität verspann sich das intellektuelle Leben zu einem komplizierten Geflecht, Bildung und Gesundheitswesen erhielten eine völlig neue Bedeutung, und kühne Experimente fanden in Landwirtschaft und Industrie statt. Die Bürokratie wucherte, und ihre weit verästelten Arterien verhärteten sich.

Wegen ihres einzigartigen Erfolges zog Castros Revolution sofort Bewunderer an, die von Kubas neuen Kleidern und jenen, die sie schneiderten, fasziniert waren. Premierminister, Arbeiterführer und linke Praktiker bildeten in den Anfangsjahren einen steten Besucherstrom. Ausländische Schriftsteller, Filmemacher und Künstler fanden die Atmosphäre berauschend. Ganze Wirtschaftszweige des Landes versanken in heillosem Chaos, während Che Guevara die Theorie vom Neuen Menschen erprobte, der das Gemeinwohl über den persönlichen Vorteil stellte. Kuba war ein geradezu magischer Anziehungspunkt. Tatsächlich gab es, wenn ich mich recht erinnere, in jenem ersten Jahr ein paar Wochen, in denen sich die folgenden Persönlichkeiten gleichzeitig in Havanna aufhielten: Che Guevara (aus Argentinien stammend), Erroll Flynn (Australien), Graham Greene (Großbritannien), Ernest Hemingway (USA) und Fidel Castro (Kuba). Konnte sich je eine Stadt im Umbruch eines solchen Ansturms großer Männer aus aller Welt rühmen?

Ich sprach mit Jesús, einem Freund und literarischen *compañero*, auf einem Spaziergang durch den Parque Central in Havanna im Sommer 1995 darüber. Ich hatte Jesús bei der Recherche für ein Buch kennen gelernt und besuchte ihn und seine Familie auf jeder späteren Reise. In den Jahren zuvor mussten die Kubaner schwer unter den Folgen der Loyalität ihres Landes gegenüber den sowjetischen Unterstützern leiden, und Jesús hatte beobachtet, wie sich Havannas Niedergang beschleunigte. »Ich hoffe, es wird etwas geschehen, das diese Stadt rettet, bevor es zu spät ist«, sagte er traurig, als wir an einem schnatternden Haufen von Baseballfans vorbeigingen, die Kubas demütigende Niederlage gegen das Team der Vereinigten Staaten am Abend zuvor analysierten. Während sie die entscheidenden Spiele Revue passieren ließen, kamen sie zu dem Schluss, Kuba habe verloren, weil man alternde Stars mitgenommen und die jüngeren, besseren Spieler zu Hause gelassen hatte.

Ein Bus, den die Stadt Montreal Havanna geschenkt hatte, fuhr vorbei; Jesús wies mich darauf hin, dass auf seinem Schild »Metro Sud« stand. Ein anderer Bus, den man liebevoll »unseren kleinen gelben Schulbus« nannte, als wäre er ein Cockerspaniel mit Hängeohren, wurde bei dem gelegentlichen Tauziehen zwischen Kuba und seinem Nachbarn im Norden zum Symbol. Die klapprige Karre diente zur Beförderung von Kindern. Die *Pastors for*

Peace – eine US-Organisation, die Kuba und anderen bedürftigen Länder Hilfsgüter liefert – hatten den Bus aus einem mexikanischen Hafen auf die Insel gebracht. Als die US-Zollbehörde der Organisation die Ausfuhr des Busses aus den Staaten verweigerte, interessierte sich die Öffentlichkeit für die Gründe und Ziele einer Außenpolitik, die offenkundig so grausam war, dass sie kubanischen Kindern die Fahrt zur Schule verwehren wollte. Ein kubanischer Intellektueller bemerkte dazu: »Die Leute sammeln in Städten Lateinamerikas, in Europa und sogar in den USA Spenden, um uns Busse zu schicken. Sie denken, sie tun uns einen Gefallen, aber normalerweise schicken sie uns Busse, die völlig am Ende sind. Den Spendern ist wohl ums Herz, aber wir stehen da und stecken all unser Geld und unsere Zeit in die Reparaturen. Es wäre besser, sie würden uns einfach das Geld schicken, und wir könnten uns gute, neue Busse kaufen.« Die US-Zollbehörden gaben irgendwann nach, und bald fuhr der kleine gelbe Schulbus bei seinem neuen Zuhause, dem Martin Luther King Center in Havanna, vor.

◆◆◆

Der beste Ort, um der Insel den Puls zu fühlen, ist immer noch der Malecón, Havannas traumhafte Uferpromenade. Wenn man auf der Kaimauer sitzt, kann man sich unschwer knapp hinter dem Horizont Key West vorstellen – 145 Kilometer und fast 40 Jahre entfernt. Komfortable Hotels mit Annehmlichkeiten für Ausländer befinden sich in der Nähe. Zwischen ihnen liegen überfüllte Wohnungen, die so stark verfallen sind, dass auch der leicht dekadente Charme des Angestaubten längst verflogen ist. Die Union der Jungkommunisten hat am Malecón eine Reihe von Imbissläden eröffnet, und sie organisiert häufig Tanzveranstaltungen unter freiem Himmel. Nicht weit vom Hotel Riviera kann man auf einem Flohmarkt gebrauchte Bücher, Baseballkarten der Major League aus der Zeit vor der Revolution, Kunsthandwerk, Lederarbeiten und Snacks erstehen. Selbstständige Taxifahrer – sie sind illegal, aber öffentlich geduldet – sammeln sich in der Nähe; für harte Dollars sind sie bereit, in ihren alten Chevys Ausländer durch die Stadt zu kutschieren.

Nachts säumen erwartungsvolle Prostituierte die First Street am Hotel Riviera und halten Ausschau nach Ausländern, die sie in den Nachtclub im *Palacio de la Salsa* ausführen. Eine *rubia tiñida* – eine Blondine mit gebleichten Haaren –, die mein Akzent verwirrt, weil sie ihn nicht einordnen kann, sagt: »Oh, du musst Mexikaner sein. Die meisten anderen Mädchen gehen nicht gern mit ihnen. Aber ich *liebe* Mexikaner!« Die besondere und berühmte Anziehungskraft der *cubanas* veranlasste Castro einmal zu der Feststellung: »Damit das ein für alle Mal klar ist: Unsere Frauen werden wir niemals exportieren.«

Die in Kuba weit verbreitete Prostitution hat eine hitzige Debatte entfacht. »Sie ist gut für die Wirtschaft«, erklärte jemand. »Diese Frauen kommen aus Familien, die sonst nie an Dollars herankämen. Von einer Prostituierten, die harte Währung verdient, profitieren zehn weitere Kubaner, die normalerweise nur von Pesos leben.« Die meisten sagen schlicht und einfach, dass das durch Prostitution verdiente Geld bitter notwendig sei – und eine verdammte Schande.

Ein auf Hochglanz polierter neuer Fiat-Händler überstrahlt alle zusammengewürfelten Neubauten am Malecón. Der hell erleuchtete Ausstellungsraum gleicht den Neuwagengeschäften in den Industrieländern. In den langfristigen Planungen Havannas, einer 1519 gegründeten Stadt, spielen die Ladengrundstücke am Malecón eine herausragende Rolle. Natürlich kann man sich durchaus vorstellen, dass die bröckelnden Wohnhäuser saniert und teure Ladengeschäfte, Straßencafés, Bankautomaten im Parterre und gehobene Apartments darüber errichtet werden. Die Ufergrundstücke am Boulevard werden an die ersten und höchsten Bieter gehen. Allerdings sind die kubanischen Wirtschaftsfunktionäre es nicht gewohnt, Grundbesitz nach seinem ökonomischen Potenzial zu bewerten, und so werden vermutlich Leute über den Charakter dieses wichtigen Asphaltstreifens entscheiden, die weniger seinen Gesamteindruck im Auge haben als ihren persönlichen Profit. Wird der Malecón in einem Jahrzehnt den Ramblas in Barcelona gleichen, dem Boardwalk in Venice Beach (Kalifornien) oder Coney Island? Der neue Ausstellungsraum von Fiat lässt erahnen, was sich da anbahnt.

Kubas Wirtschaft ist zum Flickwerk aus kleinen Eingriffen hier und aufwendigen Operationen dort, zu einem Cha-Cha-Cha in der Ferne und einem aufreizend nahen Hüftschwung geworden. Das Geschehen auf der Straße hat dem Staat den Weg gewiesen. Als Dollars reichlich vorhanden, aber illegal waren, hat Castro sie widerwillig legalisiert. Als Familien in ihren Wohnzimmern heimlich *paladares* genannte Restaurants betrieben und Händler ihre Fähigkeiten ohne Genehmigung zum Gewerbe machten, erteilte die Regierung ihnen Konzessionen. Es fanden so viele Produkte vom Land ihren außergesetzlichen Weg in die Küchen der Stadt, dass man die Einführung eines gewinnorientierteren Direktvertriebs beschloss. In Schwarzarbeit installierten Elektriker der Regierung heimlich Satellitenschüsseln auf Dächern, damit man zu Hause fernsehen konnte. Die Behörden störten daraufhin die internationalen Sendesignale und boten dann Konverterboxen zum Kauf an. Als die Kubaner wachsende Fremdwährungsbeträge aus dem Tourismus und von Verwandten im Ausland ansparten, genehmigte die Regierung Währungskonten in Dollar. Als wilde Geldwechsler den Nachschub an harter Währung zu kontrollieren begannen, richtete der Staat offizielle Wechselstuben ein – zu den auf dem freien Markt üblichen Kursen. Als Hunderte und später Tausende junger Kubaner auf Flößen zur gewagten Reise in den Norden aufbrachen, hielt ihre Regierung sie letztlich weder zurück, noch bestrafte sie die Flüchtlinge. Einige versuchten in der Nähe des US-Flottenstützpunkts in der Bucht von Guantánamo vom kubanischen Ufer aus schwimmend den Stützpunkt zu erreichen. Der Vater einer solchen erfolgreichen Schwimmerin gab mir einen Brief, den ich seiner Tochter in Florida schicken sollte. Warum war sie fortgegangen? »Wissen Sie, die Jugend. Sie hatte schon lange von den Vereinigten Staaten geredet. Immer hieß es: ›Da tun sie dies, da tun sie das.‹ Es sind die Kleider. Solche Dinge. Sie spricht ein wenig Englisch. Jeden Tag sagte sie zu mir: ›Good morning, Father. How are you?‹«

Was in Kuba geschehen ist, ist eine Tragödie; unter jeder Palme herrscht Trauer. Natürlich ist Washington wesentlich verantwortlich für Kubas tropische Depression. Aber das US-Embargo trat 1962 in Kraft, und sieht man von ein paar fester angezogenen Daumenschrauben ab, so ist es immer noch das gleiche Embargo, unter dem Kuba auch während seiner Blütezeit litt. Die Zuckerernte 1995 warf 3,3 Millionen Tonnen ab, den niedrigsten Ertrag in drei Jahrzehnten. Vor zehn Jahren war Kuba einer der führenden Zuckerexporteure in der Welt, heute gelingt es dem Land kaum, seine Ernte zum Hafen zu bringen.

Eine Gesetzgebung wie die, die der US-Kongress verabschiedete, nachdem Kuba Anfang 1996 in den Luftraum eingedrungene Piloten abgeschossen hatte, eine Gesetzgebung, die darauf abzielt, Castro abzustrafen, ist ganz im Sinne der Embargo-Befürworter. Das neue Gesetz ist zu einem Pflug geworden, der die Saat der Feindschaft nur noch tiefere Wurzeln schlagen lässt. Wir haben uns an die Auftritte von Politikern gewöhnt, die für schlechte Beziehungen zu einem Nachbarland werben. Die fürchterlichen Verhältnisse, die Kuba Mitte der 90er Jahre zu schaffen machten, waren keine Folge des allgegenwärtigen Embargos, sondern vielmehr des rapiden Zusammenbruchs des sowjetischen Kommunismus. Hammer und Sichel sind heute von der russischen Fahne verschwunden. Fidel Castro beklagte sich vor Studenten: »Ich habe aufgehört, mir die Fahnen anzuschauen, weil ich so viele Leute gesehen habe, die ihre Fahnen wechseln wie ihre T-Shirts, bis man nicht mehr mitkommt. Ich ziehe es vor zu warten, bis sie Hammer und Sichel wieder auf viele Fahnen gesetzt haben. Das wäre am besten.«

Familien breiten widerwillig ihre Erbstücke, Bibliotheken und alles, was Geld bringen könnte, vor kundigen Ausländern zum Verkauf aus. Diese Ausverkäufe an den Straßenrändern der Innenstadt sorgen für die seltenen Dollars in den Peso-Taschen. Manche Verkäufer konzentrieren sich auf eine Warengruppe und schließen sich zusammen. Die Stände mit gebrauchten Büchern an der Plaza de Armas zählen zu meinen bevorzugten Jagdgründen. Hier stöbere ich nach schwer erhältlichen, seltenen Werken aus Kubas großartiger literarischer Vergangenheit. Eineinhalb Jahre, nachdem ich ganz nebenbei einen Antiquar nach einem Titel gefragt hatte, den ich suchte, kam er gelassen mit einer Ausgabe des Buches auf mich zu, als läge meine Frage erst eine Woche zurück. Was ich mir am meisten wünschte, war eine Gesamtausgabe von José Martí, eine 27-bändige Reihe, die über einen Zeitraum von acht Jahren erschienen war. Ich hatte eine Neuauflage für 300 Dollar gesehen und war bereit, mich eine gebrauchte Ausgabe in gutem Zustand etwas kosten zu lassen. Zwei Tage nachdem Jesús die Nachricht in Umlauf gebracht hatte, erhielten wir ein Angebot: 18 Dollar für alle 27 Bände. »Weiß der Kerl, was er tut«, fragte ich ungläubig. »José Martís Werke sind der Kernbestand jeder Hausbibliothek im Land. Dieser Mann verkauft seine Erbe für Brosamen. Ist er so verzweifelt hinter Dollars her?«

Er war es.

Journalisten aus dem Ausland und Politiker in Übersee warten noch immer auf den Zusammenbruch der kubanischen Wirtschaft. Sie sind zu spät dran. Kubas Wirtschaft erlitt Mitte 1993 Schiffbruch, als eine steife karibische Brise die ganze Regierung hätte stürzen können. Treibstoff wurde pipettenweise verteilt, und Nahrungsmittel konnte man in Gramm und Teelöffeln messen. Damals wurde der Dollar legalisiert, und an das kranke Fleisch des Kommunismus legte man die Blutegel des Kapitalismus an. Man warf die Fünfjahrespläne des Sozialismus, die Finanzprognosen und Produktionsquoten, die Währungsmanipulationen und die staatlich gelenkte Wirtschaft wie Ballastsäcke aus einem sinkenden Ballon. Mit der harten Währung kamen Unternehmer, landwirtschaftliche Kooperativen, ausländische Investoren und private Arbeitsverhältnisse. Castro hat jeden dieser Schritte unter großer öffentlicher Zurückhaltung gebilligt. Wenn einige wenige Dollars anhäufen, wird die Armut der anderen noch unerträglicher. In einer Gesellschaft, die ein gewisses Maß an Gleichheit gewohnt ist, erzeugen der offensichtliche Reichtum einer Minderheit und der Mangel, unter dem die Mehrheit leidet, Spannungen, die erst allmählich spürbar werden. Schon sieht man die ersten *mendigos* – obdachlose Bettler – in den Portalen der Kirchen schlafen. Magda, die lange Jahre an einer Militärschule in einem Vorort von Havanna spanische Literatur unterrichtete, verkaufte mir in einer Straße, in der es sonst nur zugelassene Lebensmittelhändler gab, heimlich Schwarzmarktbrot. Sie lebt mit ihrem Sohn zusammen, einem Medizinstudenten. Der Großteil ihrer Familie verließ das Land in den 70er Jahren. »Seit sie fort sind, habe ich kein Wort mehr von ihnen gehört. Kein einziges.« Über Fidel sagt sie: »Was soll er denn machen? Er tut sein Bestes.« Dennoch sind heute viele Kubaner dem Dollar treuer ergeben als ihrem Präsidenten.

Eigeninitiative und Kreativität, Mut und Erfindergeist, das sind Qualitäten, die Leute, die um ihre nächste Mahlzeit kämpfen müssen, von solchen unterscheiden, die ihre Nahrungsvorräte auf Tage im Voraus einplanen können.

Einer baut Möbel aus aufgesammeltem Holz und verkauft genug Wohnzimmereinrichtungen, um seine Großfamilie zu ernähren. Wenige Schritte weiter sorgt sich eine Frau, weil die staatliche Monatsration für die Familie zwei Wochen Reis und Bohnen beträgt und der Monatslohn ihres Mannes von 180 Pesos nur für einen, vielleicht zwei zusätzliche Tage reicht. Straßenraub und raffinierter Betrug sind Schritte auf dem Weg vom sozialistischen Staatsdirigismus hin zur Marktwirtschaft. Ob am Prado in Havannas Altstadt, an der Bar im Hotel Victoria oder hinter den geschlossenen Türen eines Ministers – Handel, Absprachen und Kompromisse beherrschen den Alltag. Im heutigen Kuba öffnet sich die gesellschaftliche Schere immer weiter . Wenn die Gäste im El Ajibe ein leises, stotterndes Klingeln hören, tasten die Hälfte der ausländischen Geschäftsleute und die hohen kubanischen Funktionäre nach dem Handy. An den Ampeln in der Umgebung der großen Hotels flitzen kleine Jungen herbei, um die Windschutzscheiben zu putzen und um ein paar Cents zu betteln. Noch sind keine Feuerschlucker da. Wirtschaftlich gesehen ist Kuba lägst in der Ära nach Castro angekommen.

Besuchen Sie Kuba, solange es noch so ist wie heute. Was dort nach 1959 geschah, ist beispiellos. Das Land hat sich in jeder Hinsicht stark verändert: Dies gilt für die Rhythmen, den Geldfluss und die Identität. Die größte Insel der Karibik durchläuft einen radikalen Wandel, zuallererst in ökonomischer Hinsicht; die Politik wird – unausweichlich – folgen. Castros Kuba ist ein bemerkenswertes Experiment, dessen Errungenschaften und Erfolge überwältigten und überraschten und dessen grobe Fehleinschätzungen sowie kolossalen Fehlschläge desillusionierten und erzürnten. Und weil sich etwas Derartiges nie wiederholen wird, lohnt es sich, einen Blick darauf zu werfen, bevor der Zerfall zu weit vorangeschritten ist. Eigene Eindrücke von einem Kuba unter Castros Führung werden Sie nie bedauern.

Der Fahrer eines Zigeunertaxis schwor, er würde nie wieder Benzin vom Schwarzmarkt benutzen. »Früher wusste man, von wem es stammt, aber heute macht das jeder. Manchmal verdünnen sie den Sprit mit Alkohol oder anderen Zusätzen. Ich handle nur auf dem Schwarzmarkt, wenn ich muss. Es gibt heute viel zu viele Gauner da draußen.« Der rationierte Treibstoff – etwa eine halbe Tankfüllung pro Monat – hat zu den hell erleuchteten landesweiten Tankstellenketten geführt, die mit Geld aus Panama entstanden und jedem Benzin verkaufen, der Dollars hat.

Der *taxista* ließ mich beim Kulturzentrum aussteigen, wo ich fünf Pesos bezahlte, um mir *Los Bufomaniacos* anzusehen, ein tuntiges Komödiantenduo, und *Anacaona*, eine zwölfköpfige Damen-Bigband mit einer Bassgitarre, zwei Saxophonen, einer Flöte, viel Percussion und einer umwerfenden, 1,80 Meter langen Mulattin an der Posaune, der das Kunststück gelang, jeden Ton zu treffen und zugleich einen scharfen Salsa hinzulegen. Am Tag darauf lud ich Jesús in ein Wohnzimmer-Restaurant ein. Für ganze acht Dollar tischte das *paladar* fantastische Pizza und ein Bier auf. Die Teilhaberin servierte uns das Essen zusammen mit den beiden einzigen englischen Wörtern, die sie kannte: Chicago-style. Die *paladares* – mit für Touristen vernünftigen Preisen, die auch für Kubaner nicht unerschwinglich sind – haben heute Konzessionen und schießen an jeder Straßenecke aus dem Boden. Gegenüber der Pizzeria gab es zwei weitere *paladares.* Einer wurde von einer ehemaligen Cubana-Stewardess betrieben, der andere von der welkenden Schauspielerin einer Seifenoper.

Dem Gesetz zum Trotz gibt es nach wie vor Restaurants ohne Konzession. Diese würde sie zwingen, ihre Vorräte bei den staatlichen Ausgabestellen zu besorgen. »Wenn ich meine Zutaten von den staatlichen Verteilern bezöge«, sagte der Besitzer eines erfolgreichen *paladar,* »wären sie überteuert, das Gewicht würde nicht stimmen, die Lieferung käme zu spät, und die Ware wäre zweitklassig. Jetzt habe ich normale Lieferanten, die direkt vom Land bis an die Haustür kommen. Ich vertraue ihnen.« Ein ehemaliger Röntgentechniker, hoch aufgeschossen und glatt rasiert, machte mich mit dem Inhaber eines anderen *paladar* bekannt. Dieser war auf Schweinefleischgerichte spezialisiert. »Wir zahlen im Monat 500 Pesos für unsere Konzession«, erklärte der Wirt. »Der Inspektor vom Amt für Gesundheit und Seuchenbekämpfung stattet mir überraschende Kontrollbesuche ab. Findet er etwas, das nicht in Ordnung ist, müssen wir 1500 Pesos Strafe zahlen.« »Ist das schon einmal vorgekommen?«, fragte ich. »Nein, nein. Wir geben ihm einfach hundert Pesos, damit er wegsieht.«

Der Typ, der mich zu dem *paladar* geführt hatte, war dem Weg von Millionen Lateinamerikanern gefolgt, die in die Hauptstädte aufbrechen, wenn ihren Familien in der Provinz das Geld ausgeht. Er und seine Nichte kamen aus Santiago de Cuba und mieteten für 20 Dollar im Monat eine Bruchbude mit anderthalb Zimmern, die – von ein paar Matratzen, einem Fernseher und einem Kühlschrank abgesehen – unmöbliert blieb. Jedes Mal, wenn sie die Treppen zu ihrer Wohnung im zweiten Stock hinaufkletterten, mussten sie sich unter einem Gewirr aus tief von der Decke hängenden Kabeln hinwegducken. Sie lebten seit einem Jahr in der Hauptstadt.

»Die Leute aus Havanna halten sich für unglaublich überlegen. Fidel und Raúl sind aus der Provinz Oriente wie wir. Weißt du, das ist die Region, wo Revolutionen ihren Anfang nehmen. Hier verkaufen wir Zigarren und *artisanía* wie Perlenketten und Ohrringe. Meine Nichte verkauft sie auf der Straße und an der Plaza de la Catedral. Mit dem Geld, das wir verdienen, können wir unsere Verwandten unterstützen und haben genug, um unser Lager hier aufzufüllen. Alle paar Wochen fliegen wir für einhundert Pesos pro Flug nach Santiago. Wir setzen uns auf eine Warteliste für Restplätze, aber wenn du dem Mann drei Dollar zusteckst, kommst du immer mit.« Er sah durch das breite offene Fenster auf die 50 anderen Behausungen, die auf einen gemeinsamen Hof aus Zement blickten. »Die Beamten haben ihre Autos, ihr schickes Haus. Wir haben eine einzige Glühbirne für die ganze Wohnung. Wir sind es, die dieses Land am Laufen halten. Wir sind die wahren Kommunisten.«

Wer nicht vom Schmiergeld für Bürokraten redet, spricht von geistiger Korruption. »Das hat sich am stärksten geändert«, sagt eine Frau, die sich seit Mitte der 50er Jahre als Revolutionärin definiert. »Von außen sieht sie prima aus, diese neue ausländische Investitionspolitik. Sehen Sie sich all das Geld an, das reinkommt! Aber für die von uns, die hier leben, ist es traurig, weil sie uns unser Land unter den Füßen weg verkaufen, so schnell es geht. Und wir können es noch nicht einmal selbst kaufen. Wir haben kein Kapital, das wir in unsere eigene *patria* investieren könnten.« Wie sie Kuba im Jahr 2000 sähe, fragte ich damals »Das Ende des Jahrhunderts? Ich weiß noch nicht einmal, ob wir das Ende dieser Woche erleben. *Mira*, ich weiß, ich werde in einer Stunde jemanden besuchen. Darüber hinaus kann ich nicht planen. Morgen? Wer weiß. Bis dahin könnte alles anders sein. Könnte sein, uns geht das Benzin aus. Oder der Strom. Vielleicht verbietet man uns, auf die Straße zu gehen. Vielleicht wird mein Freund eingezogen. Sie haben uns mehr genommen als unser Land. Sie haben uns unsere Seele geraubt.«

Ein *muchacho* kommt an ein bisschen Farbe und fängt an, eine Wand mit dem Wort *Nieder* zu besprühen. Er wirft einen Blick über die Schulter, sieht niemanden und schreibt *mit*. Gerade als er das dritte Wort mit *F* angefangen hat, tippt ihm ein Beamter der Staatssicherheit auf die Schulter. »Oh, nett, Sie zu sehen!«, sagt der junge Mann und dreht sich um. »Wie schreibt man den Namen von dem Kerl? Heißt er Flinton oder Clinton?«

◆◆◆

Kuba erweckt – seit der Wiedereinführung der Bauernmärkte und anderer Straßenmärkte – den Eindruck von Fortschritt. Und für den, der Dollars anhäuft, mag das auch der Fall sein. Aber für die breite Mehrheit, die als Broterwerb platte Fahrradreifen repariert, Fahrten auf den Ladeflächen von Lastwagen erschnorrt oder im Zuge von Massenentlassungen den Arbeitsplatz verlor – und selbst für die, denen es nicht so ergangen ist –, ist Neid die eigentliche Währung. Nahrungsmittel kommen vom Land auf die Straßenmärkte – zu Pesopreisen, die für das Abendessen einer vierköpfigen Familie mit Schinken, Süßkartoffeln und Avocados ein Viertel eines Monatslohns verschlingen würden. »Früher gab es Geld auf der Straße, aber keine Lebensmittel«, sagt eine Hausfrau, während sie ihrer Familie die erbärmlich unzulänglichen Rationen vorsetzt. »Jetzt gibt es Lebensmittel, aber wir haben kein Geld.« Ein heimlicher Blick in ihren Kühlschrank aus vorrevolutionärer Zeit – und man könnte meinen, sie ernähre ihre Familie mit Eiswürfeln.

Während eines Besuchs im Jahr 1994 mietete ich ein Apartment auf der Concordia im Zentrum von Havanna. Acht Stunden pro Tag gab es hier plangemäß keinen Strom. Einige Häuserblöcke entfernt, im nächsten elektrischen Planquadrat, verlief das Leben im normalen Rhythmus, aber in meiner Nachbarschaft saßen ganze Familien als flüsternde Silhouetten auf ihrer kleinen Veranda. Kerzenschein fiel durch Fenster. Eine einsame freie Händlerin wanderte mit einem Holztablett, das, um den Hals gehängt, als Bauchladen diente, die Concordia hinunter und rief drei unverständliche Silben. Ich hatte meine Ohren immer gespitzt, um neue Ausdrücke in kubanischem Straßenspanisch aufzuschnappen, aber die Rufe dieser Frau klangen für mich nach Duuu-Waa-Didi. Ich stieß den Besucher in meinem Apartment diskret in die Rippen und deutete auf die Verkäuferin. »Ach, die? Sie verkauft hausgemachte Hamburger. Sie sagt ›McDonald's, McDonald's‹.« Das Erkennen von Markennamen wird kein Problem mehr sein, wenn die Restaurantketten an die Tür klopfen.

Ein für Kuba problematischer Import bleibt die amerikanische Kultur insgesamt. Der Informationsdienst der Vereinigten Staaten (USIS) gestaltete mit Unterstützung des Konzerns Time Warner eine gewaltige Fotoausstellung über das Leben im schwarzen Amerika. Die von Afroamerikanern fotografierten Aufnahmen waren groß wie Poster, scharf und freundlich. Das Thema wurde realistisch angegangen, die Botschaft war ganz ehrlich: Das schwarze Amerika hat schwere Probleme, unbestreitbare Vergnügungen, eigene Freuden und ein hartes Leben. Nichtschwarzen boten die Bilder einen heilsamen Blick über den Tellerrand, und den Kubanern, bei denen Schwarze und Mulatten den Weißen zahlenmäßig weit überlegen sind, hätte diese Ausstellung einen guten Eindruck vom gepriesenen Norden verschaffen können.

Die Exponate, die durch eine Reihe von Ländern in der ganzen Welt gehen sollten, wurden Kuba für die Dauer eines Monats zur öffentlichen Ausstellung angeboten. Die Casa de las Americas, der geeignete Schauplatz, lehnte ab. Zufällig trafen eines Nachmittags nach einer anderen Präsentation in der Casa de las Americas der damalige Direktor, Roberto Fernández Retamar, und Catherine Moses, eine Mitarbeiterin des USIS in Havanna, aufeinander. Fünfzehn Minuten lang umkreisten sie das Thema. Sie legte die Sicht ihrer Regierung dar, er widersprach höflich. Sie betonte die Vorzüge der fantastischen Ausstellung, die Kubaner gut nachvollziehen könnten und die nicht im Mindesten propagandistisch oder streitbar, dafür aber kostenlos sei. Er antwortete: »Was sie sagen, mag stimmen, aber die Sache hat einen Haken: Sie verlangen, dass wir sagen, wir verdanken die Ausstellung dem USIS.« Wäre sie eine Leihgabe des Smithsonian, meinte er, oder des Museum of Modern Art, hätte er sofort zugegriffen. Aber der bürokratische Zwilling des USIS, die United

States Information Agency (USIA), kontrollierte die Radio- und Fernsehstation Martí, zwei Sender, deren erklärtes Ziel es war, den Zusammenbruch der kubanischen Regierung herbeizuführen. »Aus der linken Hand ein großzügiges Geschenk zu empfangen, während die rechte Hand dich zu erstechen versucht, ist unmöglich.«

Der hoch gebildete Retamar, ein ehemaliger Diplomat und unermüdlicher Botschafter in Sachen Kultur, umtanzte die arme Catherine Moses mit einer Conga-Kette von Argumenten. Er war intelligent und scharfsinnig, sarkastisch und geistreich. (Überdies hatte sich ein Dutzend Zuschauer um die beiden geschart.) Moses konterte lahm mit dem Standpunkt des USIS, aber so lange Retamar nicht von ihr abließ, blieb sie auf der Tanzfläche. Zum ersten Mal seit Menschengedenken führten Funktionäre der beiden feindlichen Nationen einen öffentlichen Dialog. Keiner der beiden wurde vom Blitz erschlagen.

Da redet man von Geschichte, die sich wiederholt! Die größte Sorge der Kubaner heute ist nicht etwa eine amerikanische Invasion, sei sie nun militärisch oder finanziell, sondern eine Übernahme durch die Spanier. Ein Jahrhundert nach einem langwierigen und grausamen Krieg, der die Insel aus spanischer Herrschaft befreite, gewinnt eine Mischung aus gerissenen und vornehmen Spaniern erneut an Einfluss, kauft Hotels auf und investiert in die Industrie. Ihre Zurschaustellung von Reichtum in einem Land, das Protzerei misstraut, in Verbindung mit der historischen Rolle der Kolonialherren macht sie gegenwärtig zu den für Kuba unverzichtbaren Schurken.

Während sonnenhungrige Spanier auf der Suche nach Sandstrand und Sex flugzeugweise eintreffen, schleichen sich amerikanische Blockadebrecher durch die Seitentüren über Kanada, Mexiko oder die Karibik herein. Manche widmen sich und ihr Talent selbstlos künstlerischen, wissenschaftlichen oder sozialen Initiativen. Andere bringen die Werte einer Wochenend-Sause mit: Am internationalen Flughafen José Martí traf ich Ende 1995 einen wohlhabenden Gastwirt aus Miami, der prahlte, er habe gerade innerhalb von ein paar Tagen rund 3000 Dollar für auf eigene Rechnung arbeitende Fremdenführer, schöne Frauen, Kleidung, teure Mietwagen, noble Restaurants und üppige Trinkgelder auf den Kopf gehauen. Was er auch tat – von der Einreise nach Kuba über ein Drittland bis zur Heimkehr mit gereiftem Rum und guten Zigarren –, alles verstieß gegen das Embargo. Würde Kuba Flugzeugladungen voller amerikanischer Touristen mit ähnlichen Neigungen verkraften? Kurzum: Wären die Kubaner auf den Tourismus im Stil der Batista-Ära vorbereitet? Wahrscheinlich nicht. Aber ich habe den Verdacht, dass sie bereit sind, es auszuprobieren.

Touristen können das Land praktisch völlig frei bereisen, sprechen, mit wem sie mögen und so viel Geld da lassen, wie sie wollen. Sie halten sich an die traditionellen Sehenswürdigkeiten: das Hemingway-Museum, die Strände bei Varadero, das Tropicana und vielleicht ein Ballett oder ein Theaterstück. Das größte Vergnügen aber bereiten Spaziergänge durch die Wohnviertel und kleinen Orte abseits der internationalen Zentren, wo das Tempo sich von Allegro auf Adagio verlangsamt. Es ist eine Seltenheit, wenn ein Besucher nicht mit der Adresse neu gewonnener kubanischer Freunde heimkehrt, um mit ihnen in Kontakt zu bleiben, vielleicht Notwendiges zu schicken oder sich Gedanken über ihr Schicksal zu machen.

Schnappschüsse erinnern an Ausflügen ins Inselinnere: Ein Oldtimer, kaum größer als ein Gokart, stand in der Kolonialstadt Trinidad in der Calle José Mendoza. Als ich ihn begutachtete, sprach mich Nelson Borrell Martínez an. »Gefällt er Ihnen? Er gehört mir.« Er stürzte in sein Haus, um die Papiere und einen Schlüssel zu holen. Es war ein King Midget, Baujahr 1923, hergestellt in Athens, Ohio. Borrell schloss die Kette auf, die den Midget an einen ausgedienten Strommast fesselte, kurbelte ihn tatsächlich an und fuhr die Straße entlang. »Er braucht so wenig Benzin wie ein Feuerzeug«, sagte er nach seiner Rückkehr. Neu hatte der Wagen 770 Dollar gekostet.

An einem Sonntagmorgen in Cienfuegos war ein 76 Jahre alter, pensionierter Werftarbeiter mit seiner Frau auf dem Heimweg. Sie hatten sich ihre Reiszuteilung abgeholt. Sein 40-jähriger Sohn war einige Monate zuvor an Alkoholismus gestorben. »Unsere gegenwärtige Lage ist Schuld daran«, sagte er. »Natürlich war er schon vorher Alkoholiker, und er wäre ohnehin früh gestorben. Aber im letzten Jahr hat er mit hausgebranntem Fusel angefangen. Der hat ihn umgebracht. Noch zwei Jahre wie dieses, und wir sterben alle den Hungertod.« Seine Frau widersprach sofort. »Ich habe für die Revolution gekämpft«, fuhr er fort. »Früher waren die Dinge schlimmer.« Er sah seine Frau an. »Wir werden sehen, was kommt.«

Strauß-Walzer ritten auf der sanften Brise von Palmira, einer Kleinstadt an einer Landstraße nördlich von Cienfuegos. Die Musik kam von einer 25-köpfigen Band, die für ein Platzkonzert im Ort am kommenden Donnerstag probte. Die Musiker, abgesehen von einer Klarinettistin Männer mittleren Alters oder im Ruhestand, treten fünf Mal pro Jahr auf. Mitten in der landesweiten Hungersnot versammelten sich diese Leute mit Gemeinsinn wöchentlich, um ihren in Würde gealterten Instrumenten Leben einzuhauchen und ihren *paisanos* Freude zu bereiten. »Genau das tun wir«, erklärt Felipe, der 64-jährige Flötist und Barbier des Ortes.

Modernes kubanisches Beförderungsmittel: Ein Fahrradfahrer hält sich am Steigbügel eines berittenen Freundes fest, der durch die Straße Sancti Spiritus galoppiert und ihn hinter sich herzieht.

Zurück in Havanna: In einem vornehmlich von Kubanern besuchten Nachtclub treten in der Fünf-Dollar-Mitternachtsshow Transvestiten auf, die enthusiastisch Sex mit einem Mann simulieren, den sie willkürlich aus dem

Publikum holen. Als das Land seinen statistischen Tiefpunkt erreichte, verhöhnten die Bürger unter Pfiffen die frech aufgeputzten Transvestiten.

Ein Teil des Wirbels um Kuba im Kongress, im Weißen Haus und in den Medien der USA bezieht sich auf die Eröffnung von Pressestellen in Havanna. Glücklicherweise wird in den letzten Jahren verstärkt aus Kuba berichtet. Lange Zeit waren weder Castros Regierung noch eingereiste Journalisten in der Lage, Eindrücke und Informationen verständlich zu vermitteln. »Der Durchschnittsreporter weiß über Kubas Vielschichtigkeit und Castros facettenreiche Persönlichkeit so exakt zu berichten«, schrieb Norman Mailer 1962 vor dem Embargo, »wie ein Pferd in der Lage ist, Grammatik zu unterrichten.« Mailer schlug vor, Fidel solle eine Meute amerikanischer Schriftsteller das Land durchstreifen und ihre Eindrücke festhalten lassen. Er empfahl 18 Autoren, darunter Saul Bellow, James Baldwin, John Steinbeck, J.D. Salinger und Truman Capote. Natürlich kam keine Delegation dieser Art zu Stande, aber die Ergebnisse wären faszinierend gewesen. Sie hätten geholfen, das Land zu entmystifizieren, bevor das Embargo begann, und sie hätten die verknöcherten Berichte, die seither zu uns gelangen, mit Fleisch angereichert.

Die beste Berichterstattung über Kuba in den letzten Jahren stammt nicht von Literaten oder von Fernsehsendern. Sie fand sich auf den Comicseiten amerikanischer Tageszeitungen und erzählte von Zippy, einer Art Clown, der die Insel einige Wochen lang besuchte. Zippy und Griffy, das Alter Ego des Cartoonisten Bill Griffith, bereisen das Land und beobachten Kuba in der Krise. »Ich treffe ständig Kubaner, die ihrer Regierung gegenüber extrem kritisch sind«, sagt Griffy, »aber den Sozialismus weiterhin idealistisch sehen. Machen sie sich selbst etwas vor? Und warum würgt es mich so in der Kehle?« Mit Zippy und Griffy als Fremdenführern erlebten die Amerikaner ein trauriges und freundliches Kuba voll grimmiger Empfindungen und ursprünglicher Gefühle. »Wenn ich noch lange darüber nachdenke, fange ich an zu weinen.«

Beide Länder betonen in den öffentlichen Medien die Härte des anderen. Als der US-Kongress das Helms-Burton-Gesetz gegen Drittländer diskutierte, brandmarkten die Plakatwände in Havanna die Namen der Gesetzgeber und zierten sie mit Hakenkreuzen. In den Vereinigten Staaten ist die Vorhersage von Fidels Sturz ein Hauptthema der Zeitungskommentare und Editorials. Allerdings kann man kaum schneller an Glaubwürdigkeit verlieren, und in den letzten Jahren wetteifern die Texter der Schlagzeilen um genau diese zweifelhafte Ehre: »Fidel Castros letzte Schlacht« (*U.S. News & World Report*), »Die letzten Tage von Castros Kuba« (*New York Times Magazine*), »Castros Kuba – das Ende eines Traums« (*Time*), »Kubas trostlose Existenz« (*Newsweek*), »Warten auf das Ende in Kuba« (*Life*) und das 1992 erschienene Buch mit dem ungeheuerlichen Titel *Castro's Final Hour* (Castros letztes Stündlein) machten sich den Rang streitig.

Als die erste Auflage meines Buches *(Trading with the Enemy – A Yankee Travels Through Castro's Cuba)* bei Zeitschriftenredakteuren für einen Vorabdruck in Auszügen herumgereicht wurde, war die Veröffentlichung in der Hearst-Presse eine Möglichkeit. Hearst, der einst eine Kampagne zu Gunsten einer amerikanischen Intervention auf Kuba entfacht hatte, prägte den Satz: »Gedenkt der *Maine*, zur Hölle mit Spanien!« Ein Redakteur bei Hearst schickte mir eine höchst kuriose Absage: »Es tut mir leid, dass unsere Hausmaxime, wenn es um Kuba geht, ›Finger weg!‹ heißt.« Innerhalb eines Jahrhunderts hatte sich die Außenpolitik des Medienimperiums präzise um 180 Grad gedreht...

Deutlich stärker beunruhigte mich der Bericht eines Mannes, der bei seiner Ankunft in Havanna eine gebundene Ausgabe meines Buches im Gepäck gehabt hatte. Ein Zollbeamter befragte ihn. »Ich schätze, die einzigen Worte, die er verstand, waren ›Feind‹, ›Yankee‹, ›Castro‹ und ›Kuba‹«, schrieb der Reisende. »Offensichtlich hatte er die von Ihnen beabsichtigte Ironie nicht verstanden. Er nahm das Buch, verschwand in einem Büro, kam zurück und gab mir Zeichen, ich solle ihm folgen. Er stellte meine Tasche und meinen Koffer auf eine Theke und begann, ihren Inhalt zu durchwühlen, während ein zweiter Beamter hinzukam und mich über das Buch ausfragte. Er ließ mich den Titel ins Spanische übersetzen, und ich versuchte, ihn klar zu machen, das es eine ironische Anspielung auf den Wortlaut des US-Embargo-Gesetzes war. Der Kerl war nicht beeindruckt. Er schlug die erste Seite des Buches auf und ließ mich die erste Zeile übersetzen: ›Havanna erkannte mich an meinen Schuhen.‹ Das schien ihm Spaß zu machen.« Und damit klappte der Beamte das Buch des Besuchers zu und steckte es zurück in dessen Tasche.

Tom Miller
Frühjahr 1996

Vorwort

Im Sommer 1986 aß ich mit einem Freund, der damals Redakteur bei einem wöchentlich erscheinenden Nachrichtenblatt war, in New York zu Mittag. Ich erzählte ihm, dass ich auf der Suche nach einem größeren Projekt sei, und berichtete ihm von einigen Angeboten. Einige fand ich amüsant, andere waren zu hochtrabend, abwegig oder zu kostspielig. Einige Themen hatten mein Interesse geweckt, aber ich hatte nicht Feuer gefangen und fürchtete, meine Neugier würde lange vor dem Manuskript am Ende sein.

»Kuba«, sagte er. Was auch immer man dieser Tage über das Land liest, fuhr er fort, beschäftigt sich mit Einzelheiten wie Nahrungsmittelverteilung, Menschenrechten, Krankenversorgung, Politik oder Fidel Castro. Oder es sind bösartige Attacken oder unkritische Huldigungen. »Niemand in diesem Land hat ein Buch über Kuba geschrieben, das den Leuten zuhört und ihr Leben beschreibt. Warum nicht eine Weile dorthin ziehen, herumreisen und Eindrücke festhalten?«

Das Projekt gefiel mir; es schien einfach zu verwirklichen und integer, und die damit verbundenen literarischen Risiken waren annehmbar. Kuba war ein Thema, das ich immer im Hinterkopf gehabt hatte. Das Gesetz, das reguläre Beziehungen zwischen Amerikanern und Kubanern verbot – offiziell *Trading with the Enemy Act* (etwa: »Gesetz über den Umgang/Handel mit dem Feind«) genannt –, hatte bewirkt, dass Amerikaner wenig über Kuba und fast nichts über die Kubaner wussten.

Die Idee lockte mich auch, weil ich zwar viele persönliche Erfahrungen in Lateinamerika gesammelt hatte, aber keine in einem kommunistischen Land. Die scheinbar widersinnige Kombination war verführerisch.

Mrs. DeHority hatte mir alles aus ihrer Sicht Notwendige über den Kommunismus beigebracht. Sie war meine Lehrerin in der fünften Klasse in Washington, D.C., kurz nach der McCarthy-Ära. Eines Tages sagte sie zu uns in der Stunde, in der es um aktuelles Tagesgeschehen ging: »In Russland belügt die Regierung das Volk immer. Aber in den Vereinigten Staaten erfahren wir die Wahrheit.« Ich kann mich deutlich erinnern, was ich damals dachte: Moment mal! Vielleicht sind wir es, die belogen werden, und die Russen erfahren die Wahrheit. Woher wissen wir das? Wie *können* wir das überhaupt wissen?

Die Vereinigten Staaten sind durch den *Trading with the Enemy Act* das einzige Land der Welt, das seinen Bürgern verbietet, Kuba zu besuchen. Tatsächlich untersagt das Gesetz nicht, dorthin zu reisen. Amerikaner dürfen lediglich keine US-Währung in Kuba ausgeben. Es existieren jedoch ein paar kleine Schlupflöcher. Dazu zählt: Wer auf Kuba Familie hat, darf dort Dollars ausgeben, aber auch wer zu wissenschaftlichen oder publizistischen Zwecken recherchiert. Also fuhr ich nach Havanna auf der Suche nach Möglichkeiten, mich dort häuslich einzurichten: einmal Ende 1987 für zwei Wochen und zwei weitere Wochen im Herbst 1989.

Mitte 1990 zog ich nach Kuba und kehrte Anfang 1991 in die Vereinigten Staaten zurück, um mit dem Schreiben zu beginnen. Im Jahr nach meinem längeren Aufenthalt in Kuba löste sich der sozialistische Ostblock auf, und als der Sowjetkommunismus im Todeskampf lag, beschleunigte sich auf Kuba der Wandel. Anfang 1992 kehrte ich für ein paar Wochen zurück, um zu sehen, wie es meinen Freunden in einem Land ergangen war, dem ich – seinen Misserfolgen und Unzulänglichkeiten zum Trotz – sehr viel Sympathie entgegenbrachte. Alles in allem, und auf vier Reisen verteilt, hatte ich insgesamt acht Monate in Kuba verlebt. Das Buch erzählt die Geschichte meiner Reise.

Ein paar Worte zur Preisgabe meiner Quellen: Die meisten ausländischen Autoren, die das Kuba der Gegenwart beschreiben, quälen sich mit dem Problem der Namensnennung. Die meisten verwenden Pseudonyme und fügen eine Klausel ein, die eine Übereinstimmung mit lebenden Personen für zufällig erklärt. Das, so wird argumentiert, vermeidet potenzielle Schritte gegen Betroffene. Vorausgesetzt, er oder sie hat nicht um Anonymität gebeten, habe ich das stets eher als Ausdruck der Unsicherheit des Autors denn als Sicherheit für den Beschriebenen empfunden. Es verzerrt die Sicht des Landes und wirft einen zusätzlichen Schleier auf eine Gesellschaft, die sich ohnehin den Blicken entzieht. Ich habe so oft wie möglich die Namen von Kubanern genannt und dabei die gleichen Kriterien angelegt wie beim Schreiben über Menschen in anderen Ländern. Mein Wort darauf: keine falschen Namen.

Tom Miller
Frühjahr 1992

Erster Teil

Havanna erkannte mich an meinen Schuhen. An meinem ersten Morgen in Kubas Hauptstadt wurde das offenkundig. Ich wohnte im *Lido*, einem seriösen kleinen Hotel in der Consulado-Straße zwischen Trocadero und Animas. Dieser Stadtteil, Centro Habana genannt, war überfüllt und lebhaft. Kinder spielten auf den schmalen Bürgersteigen, und geparkte Wagen blockierten Einbahnstraßen. Was Centro bitter nötig hatte, waren Straßenkehrer und ein paar Eimer Farbe. Ich konnte es kaum erwarten, zum Malecón zu kommen, der Uferpromenade, die Meer und Stadt trennt. An diesem drückend heißen Hochsommertag würde ein Bummel über den Boulevard erfrischend sein. Bei zwei kurzen früheren Besuchen hatte ich den stetigen Strom von Menschen aller Gesellschaftsschichten Havannas schätzen gelernt. Man ist nicht wirklich in Kuba angekommen, bevor man nicht über die breiten Bürgersteige des Malecón spaziert ist, sich die Seebrise über die Wangen hat streichen lassen und freundliche Grüße mit Passanten ausgetauscht hat. »Die kürzeste Strecke zwischen zwei Punkten«, schrieb Guillermo Cabrera Infante in seinem Roman *Drei traurige Tiger*, »ist der Bogen des Malecón. Sie ist das Niemandsland zwischen der teuflischen Stadt und der blausten Tiefsee.«

Seit Generationen ist der Malecón Treffpunkt ganzer Familien und heimlich Liebender. Vom Felsufer werfen frühmorgendliche Angler die Köder nach kleinen Fischen aus, während spätabends Anhänger afrokubanischer Religionen Opfergaben ins Wasser schleudern. Exilkubaner in Madrid, Miami und Mexiko City träumen von ihr. Der Malecón schlägt einen weiten Bogen vom Hafen von Havanna zum Paseo, passiert das Hotelviertel und endet an dem Tunnel, der die Wohngebiete Vedado und Miramar verbindet. Ich nahm eine kalte Dusche – andere sind im Lido nicht zu haben – und zog mir ein T-Shirt, Jeans und brandneue weiße Air Nikes an. Ich stolperte über ein paar Rucksacktouristen in der Hotelhalle, dann wandte ich mich nach links dem Bogen des Malecón zu.

Ich ging an einem halben Dutzend Hausfrauen vorüber. Sie füllten ihre Eimer an dem seitlichen Zapfhahn eines großen blauen Wasserlastwagens. Alle paar Minuten kamen junge Männer auf mich zu und sagten etwas in breitem kubanischen Spanisch zu mir, das ich nicht ganz verstand. Ich entschloss mich zu dem einfältigen Lächeln, das ein Ausländer trägt, der nicht versteht, was um ihn vorgeht, und ging weiter. Nach ein paar Häuserblöcken trat ein Muster zu Tage: Die jungen Männer warfen einen Blick auf meine Schuhe und fragten mich dann, obwohl ich keine Armbanduhr trug, nach der Uhrzeit. Auf den fremden Akzent hin heuchelten sie Überraschung und fragten mich, woher ich käme. Dann kam das Angebot: »*¿Cambio? Seis por uno.*« Es war das Mantra der Geldwechsler; sie boten mir sechs kubanische Pesos für einen US-Dollar. Ich schüttelte den Kopf und ging weiter. »*¿Siete?*« Ich muss wie ein Greenhorn frisch vom Schiff ausgesehen haben.

»Sehen Sie«, sagte ich, »ob sechs oder sieben, ich bin nicht interessiert. Das ist mein erster Tag hier. Geben Sie mir eine Chance!« Die Masche war erfolgreich, aber ihre Verfallsdauer lag bei vierundzwanzig Stunden. Ich wusste, dass ein Dollar offiziell etwas über achtzig Centavos wert war. Sie boten mir etwa das Zehnfache an. Die liebenswürdigen Schwarzhändler zogen sich zurück, wobei sie ein letztes Mal von meinem Gesicht zu meinen Schuhen blickten. Jeder sah sie an, als seien sie mit purem Gold geschnürt.

Die Brise, auf die ich gehofft hatte, war an diesem Tag draußen auf See geblieben. In wenigen Wochen würde die Regenzeit beginnen. Die dunklen Wolken hingen tief; es war die Sorte, die Blitz und Donner, aber keinen Regen bringt. Ich ging auf der schattenlosen Straßenseite nach Westen, direkt in die tropische Nachmittagssonne; sogar mein Schweiß schwitzte. Nur ein Ausländer war einer solchen Narretei fähig, und nur ein furchtloser *jinetero* – wörtlich: Jockey, umgangssprachlich aber: Straßengauner – würde sich herüberwagen und versuchen, Geld zu wechseln. Bald hielt mich ein langer, dünner Typ in Shorts und Jesuslatschen an, um sechs Pesos für einen Dollar einzutauschen. Gustavo war sein Name. »Vergiss das Geld«, antwortete ich. »Was soll das mit meinen Sportschuhen?«

»Es sind Nikes, nicht wahr?« Wie er das sagte, klang eher nach einer Feststellung als nach einer Frage. Dabei beäugte er meine Tennies, wie Kubaner Sportschuhe nennen. »Die zeigen uns, dass du ein Fremder bist. Die Tennies, die wir hier kriegen?« Er schnaubte wie ein Pferd. »Sie sind dünn, sie geben keinen Halt, und sie fallen innerhalb von drei Monaten auseinander. Sie kommen aus China, und man muss ein Jahr warten, um ein neues Paar zu bekommen – *vorausgesetzt* sie haben sie auf Lager.« Beim Weitergehen fühlten sich meine Füße schuldig. »Sieben zu eins?« rief er über die Schulter, während er zu einem Dominospiel auf der schattigen Straßenseite zurückkehrte.

Eine halbe Stunde später hatte ich das Focsa-Gebäude erreicht, mein T-Shirt war tropfnass vom Schweiß. Ich rief Ron, den ausgewanderten Schriftsteller aus den Staaten, den ich bei einem früheren Besuch kennen gelernt hatte, vom Telefon in der Hotelhalle aus an. Er arbeitete für einen kubanischen Verlag, lebte allein in einer geräumigen Dreizimmerwohnung im 25. Stock und wartete darauf, dass seine skandinavische Ehefrau rüberkam. Das Focsa – der Name ist eine Abkürzung für eine längst in Vergessenheit geratene Firma – beherbergte privilegierte Kubaner und Fremde aus den Staaten, aus China, Irland, der Sowjetunion und Osteuropa. Die Regimes in Osteuropa brachen so schnell zusammen, dass wohl ein weiteres Land vom Ostblock abgefallen war, bevor mein Fahrstuhl das 25. Stockwerk erreichte. Ron und ich sprachen darüber bei einem kalten Hatuey-Bier und sahen vom Balkon aus der Dämmerung zu, die über die Dächer von Havanna glitt. Vor uns breitete sich die Stadt aus. Wir konnten die Frachter sehen, die in den Hafen stampften, Wäscheleinen auf Balkonen, Fußball spielende Kinder, den Malecón und das Meer dahinter. Ron plante, in den kommenden Monaten wenig in der Stadt zu sein; ich konnte einziehen. Auf unserem Weg zu einem chinesischen Lokal, wo wir den Handel perfekt machen wollten, verfolgten uns weitere Geldwechsler. Das Mandarin liegt gegenüber vom Hotel Habana Libre – dort, wo Fremde und *jineteros* in der Regel erstmals aufeinander prallen. »*¿Cambio?*« *¿Cambio?*«, riefen sie. Wechseln? Wechseln? Ron, der den entnervenden Singsang gewohnt war, schoss zurück: »*Cambio tu fucking madre.*«

Ich ging nach Kuba, weil ich neugierig war, weil niemand die Stärken des Landes eingestehen wollte, weil ich so viel darüber gelesen hatte, weil es verboten war, weil es herzzerreißend schön war, weil so viele Leute es verteidigten, während so viele andere es aufgaben, weil Kubaner tolle Musik und aromatische Zigarren machten, weil sie seit über drei Jahrzehnten ihrem ehemaligen *patrón* die lange Nase zeigten, weil ich es müde war, über Lateinamerikas »Demokratien« zu schreiben, in denen verzweifelte *campesinas*, die weder lesen noch schreiben können, an Straßenecken sitzen und Kämme, Nagelzwicker und unterbewertete Volkskunst verkaufen, während ihre unterernährten barfüßigen Kinder ihre Handflächen nach oben drehen und »Gib mir« sagen, statt zu lernen, einen Stift zu halten oder einen Satz zu lesen; seiner reichen literarischen Tradition wegen, weil meine Lieblingsspieler bei den Washington Senators in den 50er Jahren Kubaner waren, weil ich ein unverbesserlicher Romantiker bin, weil wir hier immer noch einen Flottenstützpunkt haben, weil kubanische Frauen raffiniert und verführerisch sind, weil in den letzten 500 Jahren in der Reiseliteratur nur wenige Städte so enthusiastisch gefeiert wurden wie Havanna, weil ich *Unser Mann in Havanna* mochte und *Der alte Mann und das Meer*, weil ich aus Desi Arnaz rausgeflogen war, weil ich denen, die gegen Kuba hetzten, ebenso wenig traute wie seinen Claqueuren, weil mir das Zwinkern in Fidel Castros Augen gefiel, weil ich nie in einem kommunistischen Land gewesen war, weil ich Rumba lernen wollte, weil Kolumbus hier gelandet war, wegen seiner Hunderte von Kilometern makellosem Strand, weil ein geheimnisvoller Nimbus es umgab …

Für kurze Zeit nach Kuba zu gehen, stellt kein Problem dar. Journalisten und Wissenschaftler dürfen mit einer gewissen Regelmäßigkeit für ein paar Wochen einreisen, locker beaufsichtigt können sie ihrer Wege ziehen. Will man länger bleiben, muss eine kubanische Institution den Aufenthalt genehmigen. Ich hatte an zwei solcher *organismos* geschrieben: die Journalistengewerkschaft und den Schriftsteller- und Künstlerverband. Erstere sagte Nein; und Letztere, unter der Abkürzung UNEAC – Unión de Escritores y Artistas de Cuba – bekannt, sagte: Vielleicht. Mein Mittelsmann schlug vor, ich solle starkes Interesse und Vertrauen zeigen, indem ich persönlich auftauchte – ein Rat, der mich 1987 in ein mit Delegierten voll gestopftes Flugzeug und zum Lateinamerikanischen Filmfestival in Havanna führte.

Kubas hoch entwickelte Filmindustrie zieht jedes Jahr Tausende von Filmschaffenden und -händlern an. Zwei Wochen im Dezember zeigen die zumeist lateinamerikanischen Teilnehmer ihre Produkte, sprechen übers Geschäft, machen Abschlüsse und verleihen einander Preise. Das Festival ist der Traum jedes Cineasten. Kinos in der ganzen Stadt präsentieren der Öffentlichkeit Hunderte von ausländischen Filmen und Dokumentarstreifen. Ich schloss mich der Gruppe aus den Staaten an, die jedes Jahr durch eine der Hintertüren in den US-amerikanischen Reisebeschränkungen schlüpft.

In Havanna traf ich Miguel Barnet, Romancier, Volkskundler, Drehbuchautor und Vizepräsident der UNEAC, zuständig für internationale Angelegenheiten. Wir kamen in einem Restaurant im Capri zusammen, dem Hotel, in dem Ernie Kovacs, Alec Guinness und Noël Coward 1959 bei den Dreharbeiten zu *Unser Mann in Havanna* abgestiegen waren. Ich erklärte, ich wolle nach Kuba ziehen und umherreisen, um ein Gefühl für das Alltagsleben zu bekommen. Mein Interesse läge nicht in der marxistischen Krankenversorgung oder den Quoten in der Zuckerrohrernte, sondern bei den Leuten, die jeden Morgen aufstehen, ihren Kaffee trinken, zur Arbeit gehen, Unterricht nehmen, heimkommen, Abendessen kochen, sich lieben, zum Tanzen gehen, Rum nippen und Gitarren zupfen. »Ich bin kein blinder Verfechter der Revolution«, sagte ich, »aber ich bin aufgeschlossen und recht wohlgesinnt.« Ich überreichte ihm ein paar Bücher, die ich über Lateinamerika geschrieben hatte, als Zeichen der guten Absicht. Barnet erklärte, dass es für den Schriftstellerverband keinen Präzedenzfall gebe, jemanden aus dem Ausland auf diese Weise zuzulassen.

Seit den frühen 60er Jahren hatte kein Schriftsteller aus den Staaten ein Buch mit Reiseeindrücken von Kuba veröffentlicht. In diesem Jahr hatte der argentinische Schriftsteller Jacobo Timerman die Insel ein paar Wochen besucht, doch war das unter der Schirmherrschaft der MINREX, des Außenministeriums, geschehen. Andererseits gefiel meine Idee Barnet so gut, dass er mich zu einem Mittagessen mit einigen anderen hohen Tieren des Schriftstellerverbandes am nächsten Tag einlud.

Wir aßen in einem Restaurant am westlichen Ende des Malecón zu Abend, dem *1830*. Es hätte auch leicht ein Lokal der Künstlerszene in Manhattan sein können: Ein wichtiger Filmregisseur nickte und lächelte von seinem Tisch herüber, ein bekannter Tänzer blieb einen Moment stehen, um zu plaudern, ein viel versprechender Komponist winkte von der anderen Seite des Raums, und ein bekannter Bühnenautor verweilte, um ein paar Schultern zu klopfen. Zwischen *compañero* dies und *compañera* das erinnerte sich Barnet gern an seine Schriftstellertage in Greenwich Village, während der Dichter zu meiner Rechten, Pablo Armando Fernández, sich über einen New Yorker Verleger beklagte. »Der Kerl war drauf und dran, mich zu veröffentlichen«, beschwerte er sich, »aber im allerletzten Moment hat er sich zurückgezogen.« Es war die Art von Fachsimpelei, der man in den Staaten am besten aus dem Weg geht, aber das entspannte Essen mit Kubas kultureller Elite fesselte mich. Gegen Ende des Dinners schien es, als erginge es ihnen ebenso, zumindest aber waren sie ausreichend angetan, um mich zu bitten, einen offiziellen Antrag aufzusetzen.

Der Rest der zwei Wochen verwischt sich zu einer nebelhaften Erinnerung an Film- und Galeriebesuche, Eiskrem, Dokumentarfilme, Musik, kurze Spaziergänge, lange Busfahrten und Gespräche über das Kino. Ein britischer Regisseur verglich die Lobby im Hotel Nacional, dem Zentrum des Filmfestivals, mit dem Carlton in Cannes. »Das ist der Ort, wo alle Geschäfte abgeschlossen werden.« Ein Regisseur aus Uruguay beschwerte sich über *Walker*, den Film über Amerikas Plünderung von Nicaragua im 19. Jahrhundert. »Warum«, fragte er den Produzenten des Films, »sind Sie ein Thema von so grundlegender Bedeutung derart leichtfertig angegangen?« – »Ganz einfach«, war die Antwort. »Wir haben ihn für ein US-Publikum gemacht.«

Die Türen zum großen Ballsaal öffneten sich, und die Menge wogte herein, um ein flottes Quintett zu hören. Es wurde von Arturo Sandoval angeführt, dem heißesten Trompeter südlich von Gillespie. In der Mitte eines langen Solos, schwöre ich, konnte ich hören, wie Sandoval die unverwechselbaren Töne eines Riffs von Iron Butterfly blies.

Am folgenden Nachmittag wurde im Acapulco-Theater ein argentinischer Film vorgeführt. Irgendwann zu Anfang sagt ein amerikanischer Tourist über Buenos Aires: »Es ist eine schöne Stadt, aber überall gibt es lange Schlangen, und die Telefone funktionieren nie.« Das Publikum in Havanna erkannte sich wieder und johlte.

An diesem Abend ging eine Gruppe von uns Ausländern ins Tropicana. Es wurde in den 40er Jahren als Spielplatz für die Superreichen erbaut, die von Miami aus mit dem Schiff für einen vergnügten Abend in die Stadt kamen. Das Tropicana ist ein wundervoll anachronistisches Überbleibsel aus Havannas wilderen Tagen. Während der Revolution feierte Milly Wormold dort in *Unser Mann in Havanna* ihren 16. Geburtstag, und der Sekretär ihres Vaters bespritzte den Chef der mörderischen Geheimpolizei Batistas mit Selterwasser. Der Glamour im Stil von Las Vegas und die ausgelassene Bühnenshow erschienen höchst unpassend in einem Land, das sich rühmte, mit vulgären Exzessen aufgeräumt zu haben. Gut choreografierte Revuetänzerinnen und -tänzer tollten auf der Bühne herum, frech, schwungvoll, farbenfroh. Unterstützt wurden sie von einer kompletten Band und einer großen Sängertruppe.

Am nächsten Tag lief ich in Barnet hinein. Er wirkte übernächtigt, ein Zustand, der von den zehn Filmen pro Tag herrührte, die er sich als Jurymitglied für die Filmpreise des Festivals ansehen musste. »Was halten Sie von der Show?«, fragte er und meinte das Tropicana. Ich erzählte ihm, wie berauschend ich es gefunden hatte. »Da bin ich nicht Ihrer Ansicht. Ich denke, es ist sexistisch.« Wir ließen das Thema fallen und sprachen stattdessen über Domino.

Beim Coppelia Park, der Eisdiele unter freiem Himmel, die so groß ist wie ein Straßenblock, stieg ich mit dem Rest meiner Eistüte, die mir auf die Hand tropfte, in einen überfüllten Bus. Mir fiel eine Kunstgalerie ins Auge, und mit viel *con permiso* bahnte ich mir einen Weg zum hinteren Ausstieg des Busses. Ich besuchte eine Ausstellung mit einigen energiegeladenen keramischen Eindrücken kubanischen Lebens. »Wir haben 1960 eröffnet«, sagte der Direktor der Galería de la Habana stolz, »im zweiten Jahr der Revolution.«

Ein Mann in den späten Zwanzigern warf mir im Souvenirladen der Galerie fortgesetzt Blicke zu. Schmächtig gebaut und zögerlich im Wesen, beobachtete er anfangs, welche Stücke ich mir ansah. Schließlich kam er auf mich zu. »Hallo«, sagte er »sind Sie Ausländer?« Ich bereitete mich innerlich darauf vor, ein Geldwechselangebot abzulehnen. Aber Calixto wollte über Politik und Reisen reden, Kubas Politik und seine eigene Reise im Besonderen. Er wollte raus. Ich verließ die Galerie, Calixto lief wie ein Welpe neben mit her. Wir verabredeten uns für den darauf folgenden Tag. »Wie wäre es mit einem Treffen bei Coppelia auf ein Eis?« schlug ich vor. »Nein, nein, da sind zu viele Menschen.« Er wollte sich lieber vor dem Postamt neben meinem Hotel treffen.

Auf dem Weg zurück zu meinem Zimmer plauderte ich auf der Straße kurz mit einem Mann. Sein gesund und munter wirkender Cockerspaniel zog an der Leine. Ich erwähnte die Theorie, nach der man den Zustand einer Gesellschaft nach dem Aussehen ihrer Hunde beurteilen könne, und dass die Dinge, ginge man von seinem Hund aus, in Havanna wohl recht gut liefen. »Nun, ja«, antwortete er, » in einigen Stadtteilen geht es den Hunden nicht so gut.«

Am nächsten Morgen eskortierte mich Calixto zu seiner Wohnung. Er sprach mit leiser Stimme, wechselte Tonlage und Thema, sobald jemand in Hörweite ging. »Mein Vater besaß etwas Land auf der anderen Seite der Insel. Jeden Tag hatte die Familie Fleisch und Gemüse. Nun gehört das Land nicht länger der Familie. Nach der Revolution wurde das meiste an Kleinbauern verteilt. Meine Familie kann sich nicht mehr von dem ernähren, was sie anbaut.«

Wir kamen bei ihm zu Hause an, ein Zimmer neben der großen katholischen Kirche, für die er Hilfsarbeiten erledigte. Auf seiner Kommode lagen eine Ausgabe von *National Geographic* aus dem Jahr 1937, Fotos vom Libanon und Postkarten aus Mexiko und Polen, von Touristen, die sich mit ihm angefreundet hatten. Er drehte die Lautstärke seines Radios hoch, damit kein Nachbar uns hören konnte.

»Ich gehe in die Kirche«, sagte er. »Ich bin nicht sehr katholisch, aber ich glaube an Gott. Wenn ich mich auf einen Job bewerbe, fragen sie mich immer, ob ich gläubig bin. Das Ergebnis ist, ich finde nie Arbeit. Ich habe ein paar Kurse in Medizin belegt, aber selbst das ist nicht mehr möglich. Ich bin eine Unperson.« Er erzählte, wie es 1980 zum Mariel-Boatlift – dem Massenexodus von über 100 000 Kubanern über den Hafen Mariel – gekommen war. »Als sie das Gelände der peruanischen Botschaft besetzten, um auszureisen, kam ich aus Santiago vom anderen Ende des Landes. Ich war zu spät dran, um mitzugehen. Häftlingen wurde gesagt, dass man ihre Strafe verdoppeln würde, falls sie nicht einwilligten, das Land zu verlassen.«

»Sozialismus. Kommunismus. Theoretisch sind sie großartig – bei weitem besser als der Kapitalismus. Aber die Realität ist anders. Hier haben wir zwei Klassen: die Regierungsklasse und uns, den Rest. Kein System ist vollkommen. Man hat mir erlaubt zu gehen, aber ich brauche einen Bürgen in einem anderen Land. Es wird ewig dauern. Allerdings will ich nicht in die Vereinigten Staaten. Die kulturellen Unterschiede wären zu groß. Ich würde lieber nach Spanien gehen oder vielleicht nach Südamerika. Ich will unabhängig sein.«

Bei Tag trägt Havanna karibische Farben, ein tropischer Regenbogen spiegelt sich in den lächelnden Gesichtern, den Blumen und der Eiskrem. Nachts wird die Luft dunstig, sanft erhellt von den Glaskugeln der Straßenlaternen aus Metall. Unter dieser Beleuchtung, die einem Schwarzweißkrimi würdig gewesen wäre, entdeckten ein anderer Gast und ich eines Abends eine Kunstgalerie um die Ecke vom El Floridita, das zu Hemingways Zeit als »eine der zehn besten Bars der Welt« gegolten hatte. Wir spähten in die Galerie. Zwei Männer im Inneren winkten uns herein. Gemälde von Omar Godínez Lanzó, einem 34-jährigen Künstler, hingen an den Wänden. Godínez, so besagte das Faltblatt zur Ausstellung, war in Havanna aufgewachsen, hatte in Moskau Kunst studiert und in seiner Heimat, der Tschechoslowakei und der Sowjetunion ausgestellt. Zum Glück lehnt Kuba den sozialistischen Realismus für sich als künstlerische Leitlinie ab, und Godínez' Ölbilder lebten von modernistischen Pinselstrichen, die von fern an Picasso erinnerten.

»Woher kommen Sie?« – »Wirklich?« – »Was tun Sie hier?« Ich erzählte ihnen, dass mich das Filmfestival nach Havanna, ein Restaurant in dieses Viertel und die Kunst in das Innere ihrer Galerie geführt hatte. Sie löcherten mich mit Fragen. »Was hielt ich von Havanna? Gefielen mir kubanische Filme? Würde ich Gelegenheit haben, den Rest des Landes zu sehen? War ich von Godínez' Arbeit beeindruckt? Sie schienen erfreut, dass wir ihre Nachtschicht bei der Bewachung der Galerie unterbrochen hatten.

Am folgenden Sonntag machte kein Kubaner Musik, zumindest nicht in der Öffentlichkeit. Der kubanische Komponist und Musiker Enrique Jorrín war am Vortag gestorben. Jorrín hat der globalen Kultur seinen Stempel aufgedrückt. Er hat direkt an der Ecke von Prado und Neptuno in Habana Vieja den Cha-Cha erfunden.* In Würdigung seines Beitrags für die Tanzflächen der Welt, verhängte Kuba einen Tag Staatstrauer. Pianisten verhüllten ihre Tasten, Trompeter dämpften ihr Horn und Schlagzeuger hielten ihre Stöcke still. Ich traf ein paar Kanadier, und wir stießen auf Jorríns Gedenken an. *»¡Qué viva el cha-cha-chá!«*

KOMMUNISTENKINO RÄUMT AB IN CASTROVILLE. Das war die Schlagzeile, die ich mir für *Variety*, die amerikanische Mediengazette, vorstellen konnte, aber ihr Berichterstatter sagte, er könne sie nicht verwenden – Kuba hatte überraschend wenig Preise bei dem Filmfestival bekommen. Bei dem an Oscar-Verleihungen gewöhnten Publikum bekam Kuba hohe Noten für die Abschaffung von Dankesreden und Werbepausen. Oliver Stones *Salvador* gewann eine Auszeichnung für »den besten Film mit lateinamerikanischem Thema von einem Nichtlateinamerikaner«. Der beste abendfüllende Film war *Der Film des Königs* aus Argentinien, und der große Festivalpreis in der Kategorie Bester Film ging an die brasilianische Dokumentation *Land für Rosa*. Doch als alles vorüber war, hatte Cheech Marins *Ein irrer Typ will heim* (*Born in East L.A.*) die meisten Preise gewonnen, einschließlich dem für das beste Drehbuch und der Kritikerehrung »Bester Film des Festivals«.

Zum Ende des Festivals hatte der Filmfan Fidel Castro uns alle in den Palacio de la Revolución zu Abendessen und Cocktails eingeladen. Sein Gast des Abends war der gleichermaßen kinobegeisterte Schriftsteller Gabriel García

---

* Im Englischen zwei Chas, im Spanischen drei, ebenso im Deutschen. »Ich kann nicht erklären, weshalb die Amerikaner das letzte Cha aus dem Cha-Cha-Chá fallen ließen«, schreibt Omar Torres in *Gefallene Engel singen*. »Es war entweder Faulheit oder ein Mangel an Rhythmus.«

Márquez, von Kopf bis Fuß in schickem Weiß. Lateinamerikas Filmelite ließ es sich in der Gesellschaft zweier der außergewöhnlichsten Männer der Hemisphäre schmecken. Bewunderer scharten sich um die beiden, während das Fußvolk – so unauffällig wie Spione in einem Dreißigerjahrefilm – beobachtete, wer sich ihnen am aufdringlichsten an den Hals warf. Zum Stehbüfett in einem riesigen, gut ausgeleuchteten Empfangssaal gehörten frische Meeresfrüchte, gefolgt von gereiftem Rum. Sancho, der kommunistische Ex-Bürgermeister in Graham Greenes *Monsignore Quijote* hätte sich wie zu Hause gefühlt. »Die Partei hat uns nie verboten, die Vorzüge bourgeoisen Wohllebens zu genießen, solange noch sie währen,« sagt Sancho, seine Wahl eines Luxushotels verteidigend. »Kommunismus ist nicht gegen Komfort, noch nicht einmal gegen das, was man Luxus nennen könnte, solange er letzten Endes dem Arbeiter zu Gute kommt.«

Der Schriftstellerverband wird in einigen Monaten anrufen, dachte ich, als ich nach Hause kam. Wir hatten uns kennen gelernt, sie besaßen einige meiner Schriften, ein Exposé über mein Vorhaben, und sie hatten meine Adresse. Was brauchten sie noch, um eine Entscheidung zu treffen? Geduld, mahnte man mich, Geduld. Solche Dinge brauchen Zeit.

Die Verleger in New York hatten ihre eigenen Vorstellungen. Ich traf auf den klassischen Aphorismus der Verlagsbranche, den ich seit Jahren zu hören bekam, und der jedes Mal ausgesprochen würde, als sei es das erste Mal. »Wissen Sie«, sagte mir ein Verleger nach dem anderen, »die Leute sind bereit, alles für Lateinamerika zu tun – nur nicht, darüber zu lesen.« Der Cheflektor eines großen Verlagshauses machte deutlich, dass er ein Anti-Kuba-Buch erwarte. Ein anderer, das Oberhaupt eines hoch angesehenen unabhängigen Hauses, hörte mir aufmerksam zu, als ich meine Gespräche mit dem Schriftstellerverband wiedergab. »Das haben sie denen erzählt«, sagte er mit verschwörerischem Grinsen, »aber wir wissen ja, was Sie tatsächlich vorhaben.«

Wie bitte?

Gegen Ende derselben Woche stellte mich eine Redakteurin der *New York Times* ihrem Chef vor. Wir tauschten Höflichkeiten aus, aber als er von meinem geplanten Aufenthalt in Kuba hörte, brach er plötzlich in eine Tirade aus, weshalb mein Projekt nicht funktionieren könne. »Die werden Sie das nie machen lassen«, polterte er. »Wenn die Behörden Wind davon bekommen, dass ein Amerikaner vorhat, Erkundigungen über das System einzuholen, wird man Sie hochkant hinauswerfen. Oder man wird einschränken, wohin Sie fahren und mit wem Sie sprechen dürfen. Dann, als er begriff, dass er eine Rede hielt – seine Untergebenen waren stehen geblieben und hörten verwundert zu – senkte er die Stimme und streckte die Hand aus. »Gut! Selbstverständlich wünsche ich Ihnen alles Gute, und ich hoffe, dass man Sie reinlässt.«

Wenn zwei Regierungen kaum miteinander reden, ist es für ihre Völker umso schwerer, miteinander zu kommunizieren. Als ich nichts aus Havanna hörte, fragte ich bei der kubanischen Interessenvertretung nach. Kubas Büro in Washington bearbeitet Visa, hält mit Wissenschaftlern und Journalisten Verbindung und pflegt einen Minimalkontakt zum State Department. (Die kubanische Interessenvertretung befand sich damals unter dem Dach der Botschaft der Tschechoslowakei, so wie die Interessenvertretung der USA in der Schweizer Botschaft in Havanna sitzt.) Das Problem, sagten andere in ähnlicher Situation, sei, dass sie niemals Nein, aber nur gelegentlich Ja sagten. Man lässt dich in der Luft hängen und auf eine Nachricht warten, die vielleicht nie kommen wird. Jahre zuvor war ich mit Journalisten und Menschenrechtsbeobachtern an Mexikos südlicher Grenze gewesen und hatte versucht, in die Behelfslager zu gelangen, in denen Guatemalteken lebten, die vor den Militärüberfällen in ihrem eigenen Land geflohen waren. Um Besuchergenehmigungen für die Flüchtlingslager zu bekommen, so sagte man uns, sollten wir offizielle Briefe an die Behörden in Mexico City schreiben und dann auf die Genehmigungen warten, die per Post kämen. Wir lachten alle herzlich darüber und verschafften uns Zutritt zu den Lagern, indem wir uns den Weg an den Wachen vorbei erkauften, erschwindelten, erflirteten oder irgendwie anders erschwatzten – alle außer einem quälend tugendsamen Freiberufler aus Oregon, der seine Zeit an das Hotel gefesselt verbrachte, wo er gewissenhaft auf seinen *permiso* aus Mexico City wartete. Ich wartete auf Antwort aus Havanna, und ich begann mich wie dieser Reporter zu fühlen.

Im Herbst 1989 hörte ich endlich, dass der Schriftstellerverband meinem Plan gewogen sei. Ich könne mir ihre Zustimmung sichern, wenn ich noch einmal nach Havanna führe. Diesmal schloss ich mich einer Gruppe von US-Medienleuten an, die im Begriff war, die Insel zu besuchen. Der Schriftstellerverband hatte zwischenzeitlich ein Großreinemachen hinter sich gebracht. Seine Mitglieder hatten viele frühere Vorstandsmitglieder abgewählt, die man als ein wenig zu großspurig empfunden hatte, und eine neue Leitung eingesetzt. Miguel Barnet jedoch war auf seinen Füßen gelandet und einflussreicher denn je. Ich traf ihn und Miriam Artamendi, die Verbandsvorsitzende für internationale Beziehungen, im Hauptsitz der UNEAC, in einer behaglichen, von Bäumen gesäumten Straße im Stadtteil Vedado. Das prunkvoll verzierte weiße Gebäude, ehemaliger Wohnsitz eines spanischen Bankiers, hatte hohe Decken, Marmorwände und -böden, eine Veranda vor dem Haus, wie geschaffen für ausgiebige und entspannte Gespräche, und eine Schar von Tischen im Schatten tropischer Pflanzen in der Nähe einer Bar, die jeden Spätnachmittag für Mitglieder geöffnet war.

Ich brachte zwei Bücher mit zu dem Treffen. Einige Wochen zuvor hatte ich eine US-Ausgabe von Barnets *Cimarrón* (*Biografía de un cimarrón*) in einem modernen Antiquariat gefunden und übergab es ihm als Geschenk. Er schmunzelte in sich hinein, als er das zwanzig Jahre alte Autorenfoto sah. Ich hatte auch ein Exemplar des gerade erschienen Bildbandes *Walker Evans, Havanna 1933* dabei, ein Geschenk des Verlegers. Wir lachten über den beiliegenden Brief des Herausgebers, in dem er mich bat, das Buch Guillermo Cabrera Infante zu übergeben, sollte ich ihn treffen. Cabrera Infante hatte Kuba Mitte der 60er Jahre verlassen. Ich hatte ihn nur um 25 Jahre verpasst. Ich schenkte sein Exemplar der UNEAC-Bibliothek. (Guillermo, du kannst dein Buch, wann immer du willst, abholen. Es steht im Bücherregal direkt neben der Tür, drittes Fach, links.) Wir tranken starken Kaffee aus Mokkatassen.

»Also, was brauchen Sie?«, fragte er mich endlich.

»Ein Visum, das mir erlaubt, sechs Monate zu bleiben, überallhin zu reisen und mit jedem zu sprechen.«

Er wandte sich Miriam zu und sagte: »Ich sehe da kein Problem. Sie?« Sie stimmte ihm zu; sie bräuchte lediglich eine Möglichkeit, mich per Telefon oder Telex zu erreichen, wenn der ganze Verwaltungskram abgeschlossen sei. Miriam wirkte wie der Inbegriff einer effizienten Bürokratin, machte Notizen, schob Papier hin und her. Sie sollte mein eigentlicher Kontakt zum Schriftstellerverband und anderen *organismos* sein. Sie erzählte mir, dass sie aus Matanzas stammte, eine größere Stadt hundert Kilometer östlich von Havanna. Von da an nannte ich sie »La Plume de Matanzas«.

La Plume ließ mich annehmen, ich würde in ein paar Wochen von ihr hören. Wir tranken unseren Kaffee aus und trennten uns im wärmenden Glanz junger Freundschaft.

◆◆◆

La Plumes paar Wochen dehnten sich zu ein paar Monaten. Ich schickte eine Reihe von Telexen – keine Reaktion. Im Frühjahr 1990 ging ich all meine Kontakte mit Kubanern durch und erklärte sie Punkt für Punkt einem Freund, der mit den Reisepraktiken zwischen den beiden Ländern vertraut war. Er stürzte sich auf meine Erklärung, dass ich weder ein Claqueur der Revolution noch einer ihrer Gegner sei. »*Das* war dein Fehler!« rief er aus. »Du hättest sagen sollen, du seiest einer ihrer Befürworter. Du wärst längst dort.«

Ariel Ricardo, der Pressesprecher in der kubanischen Interessenvertretung, der in der Anfangsphase enthusiastisch gewesen war, schien weniger und weniger optimistisch. Einmal, als ich in Washington war, bot er an, ein Fax an das Amt für Auslandsbeziehungen über seine Sonderleitung zu schicken und es einen Kurier persönlich bei der UNEAC abgeben zu lassen. Begierig nahm ich an und fuhr am nächsten Tag zur Interessenvertretung, um die einseitige Botschaft abzugeben. Es war Zufall: Ich hatte gerade eingeparkt, als Ricardo allein über den Bürgersteig zum Drugstore ging. »Soll ich den Brief für Sie am

Empfang abgeben?«, fragte ich. »Nein, sparen Sie sich die Mühe«, antwortete er. »Ich nehme ihn gleich mit.« Er ließ das schlichte weiße Kuvert in die Innentasche seiner Jacke gleiten, während ich zu meinem Mietwagen zurückging und davonfuhr. Vergangene Zeit, gesamt: fünfzig Sekunden. Wie viele Nachrichtendienste, glauben Sie, haben diese Transaktion beobachtet?

Ich habe diese Frage einer Reihe von Leuten gestellt und die durchschnittliche Antwort ist zwei. Die meisten erwähnten ein Fenster im Mietshaus gegenüber des kubanischen Büros in der 16. Straße, das der wichtigste US-Horchposten sei. Als ich Ricardo das nächste Mal sah, erzählte ich ihm von meiner Umfrage. »Manchmal hilft ihre Überwachung«, sagte er. »Einer unserer Leute wurde im Norden des Staates New York angefahren. Der Fahrer beging Fahrerflucht. Der Bewacher, der ihm folgte, sah den Unfall und verständigte die örtlichen Behörden. Sie haben den flüchtigen Fahrer verhaftet.«

Im Juli 1990 kam ein Telex von La Plume. Mein Visum war fertig. Nach zweieinhalb Jahren, zahllosen inoffiziellen Anfragen und zwei vorbereitenden Besuchen, kam die Genehmigung für den 45-minütigen Flug Miami–Havanna. Als ich mit meinen Habseligkeiten in den 25. Stock des Focsa-Gebäudes in Havanna einzog, schien die endlose Verzögerung sich endlich gelohnt zu haben.

Ich trinke lieber Pepsi als Coca Cola, und ziehe beide Tropicola vor. Unglücklicherweise ist Tropicola nicht nur Kubas bevorzugtes Erfrischungsgetränk, sondern auch sein einziges. Es ist zu stark gezuckert und zu schwach im Geschmack. Ich trank eine Tropicola in einem Straßencafé in Habana Vieja, dem alten Teil der Stadt. Zuvor hatte ich eine halbe Stunde für ein Stück Pizza angestanden. Die Schlange kroch vorwärts, kam unerklärlicherweise fünf Minuten zum Stehen, nahm dann kaum wahrnehmbar wieder Tempo auf und kam wieder zum Stillstand. Ich würde Zen-Geduld lernen müssen, um in dieser Stadt zu überleben.

Während des endlosen Wartens kann man lesen, mit den anderen Leuten in der Schlange sprechen, zuhören, die Rituale in Havannas Straßen beobachten oder Tagträumen nachhängen. Wenn Sie der Letzte in der Schlange sind, haben Sie das Gefühl, das ganze Land stünde vor Ihnen, ein Eindruck, der schwindet, wenn Sie jemand auf die Schulter tippt und fragt *»¿el último?«* – Sind sie der Letzte in der Schlange? Nach dem dritten Halt bewegte sich die Schlange etwas zügiger, und ich bekam mein Stück. Tatsächlich war das Stück so groß wie eine ganze Pizza. Der Teig war warm und schwammig mit einer Schmiere aus Tomatenpaste als Belag. Es schmeckte nach wenig, aber der Nachgeschmack verlangte nach einem Erfrischungsgetränk, das mich zu dem Straßencafé in Habana Vieja führte.

Innerhalb von Minuten saß ich an einem Tisch mit drei blonden jungen Frauen aus der Sowjetunion zusammen. Die *sovieticas* waren ebenso überrascht, einem *norteamericano* zu begegnen, wie ich es war, sie kennen zu lernen. Sie waren als Begleiterinnen der »Kinder aus Tschernobyl« nach Kuba gekommen, jener jungen Opfer der nuklearen Katastrophe, die in einer kubanischen Einrichtung medizinisch behandelt wurden. Sie wohnten im Jugendzentrum José Martí außerhalb der Stadt. Eine sprach Spanisch. »O ja«, sagte sie, »alles an unserem Aufenthalt ist wundervoll« – ihre Freundin stieß sie an, sagte etwas auf Russisch und schnitt eine Grimasse –, »abgesehen vom Essen. Es ist furchtbar. Dies ist der einzige Tag, den wir in der Woche frei haben, und da dachten wir, wir sind heute mal Touristen.«

Einige Blocks die Obispo-Straße hinunter sollte in Havannas wichtigster Buchhandlung, *Moderna Poesía*, der Sabado del Libro beginnen. Jeden Samstag wird ein neues Buch vorgestellt. Oft ist der Autor persönlich anwesend, um über das Werk zu erzählen und Fragen aus dem Publikum zu beantworten. Ich kam spät, aber der Autor des Abends schaffte es gar nicht – Probleme mit dem Verkehr sagte man uns. Der Gastgeber vom Provinzzentrum für Bücher und Kultur entschuldigte sich, und die Menge verlief sich.

Als ich ein paar Tage zuvor mit dem Flugzeug angekommen war, hatte ein Zollbeamter einige Gegenstände in meinem Gepäck extrem sorgfältig untersucht und andere ignoriert. Er hatte buchstäblich jede Seite des *Cuba Update* – eines Magazins, das Aktivitäten auf der Insel unterstützt – untersucht, das sehr kritische Buch *Cuba: A Journey* von Jacobo Timerman hatte er völlig ignoriert. Als er einige Zimtstangen sah, die ich auf die Bitte einer kubanischen Familie in den Staaten für einen Freund mitgebracht hatte, pfiff er nach einer Inspektorin des Landwirtschaftsministeriums. Ich sagte ihr, die Stangen seien für Tee bestimmt; sie nahm sie höflich an sich und erklärte, ich könne Zimt in Havanna bekommen. Ich versuchte, einen unverfänglichen Schwatz über jedes Stück in Gang zu halten, das der humorlose Beamte aus meinen Taschen entfernte: Perlen für eine Kette mit religiöser Bedeutung, Kassetten von Bruce Springsteen, Los Lobos und Tracy Chapman – aber das einzige Lächeln entlockte ihm der Anblick meines Baseballhandschuhs. Schließlich kam er zu vier Videokassetten. »Tut mir leid, aber die werden wir einbehalten müssen.«

»Aber zwei sind leer«, protestierte ich, »und die anderen …«

»Reine Routine«, unterbrach er mich. »Wir sehen uns alle unversiegelten Bänder an. Wir möchten Pornografie aus unserem Land raushalten. Bringen Sie sie dort hinüber.« Er deutete mit dem Kopf auf ein kleines Büro in der Nähe. »Die *compañera* gibt Ihnen eine Quittung.«

Ich tat, was er befohlen hatte, und sie ebenfalls. Videobänder lagen haufenweise hinter ihr auf Regalen gestapelt, sie legte meine dazu, darunter eine PBS-Serie mit Harry Belafonte über kubanische Musik und *Family Portrait* von dem Bostoner Filmemacher Enrique Oliver, der mich gebeten hatte, das Band seinen Verwandten in einer kleinen Provinzstadt zu zeigen. *Family Portrait* ist eine hintergründige und geistreiche Pseudo-Dokumentation über eine kubanische Arbeiterfamilie, die sich der US-amerikanischen Mehrheit anpasst. Olivers Film begegnet beiden Kulturen mit sanftem Spott. Würde Kubas Videopolizei ihn als politische Pornografie einstufen? Ich hatte nicht die leiseste Ahnung. Die Beamtin, die ihn konfiszierte, sagte nur: »Kommen Sie am Samstag mit der Quittung wieder her.«

Am Samstag nahm ich mir ein Taxi zum Flughafen José Martí und schob meine Quittung über die Theke. Meine Befürchtungen waren unbegründet. Ich erhielt die Bänder zurück. An jedem hing ein Papierzettel; auf dem Band von Enriques Film stand einfach: »Familienmitglieder«.

Ich machte es mir zur täglichen Gewohnheit, über den Malecón zu spazieren. Normalerweise ging ich eine Stunde. Oft bedeutete das etwa sechs Kilometer, bei anderen Gelegenheiten kam ich kaum zwei Blocks weit. Es hing davon ab, wen ich traf oder welches Buch ich bei mir hatte. Ich schlenderte über die Seitenstraßen zurück, um auch ein Gefühl dafür zu bekommen, was dort vor sich ging.

Wenn ich nach Westen wanderte, kam ich bald an dem gewaltigen und unverwechselbaren Gebäude der US-Interessenvertretung vorbei. Wie die meisten unserer Botschaften ist seine Architektur so unpassend wie die Außenpolitik, die es repräsentiert. Die Interessenvertretung, die auf einem riesigen Grundstück in bevorzugter Lage an der Uferstraße von Havanna liegt, sieht aus, als sollte sie ein amerikanisches Gebäude im amerikanischen Mittelwesten darstellen. Die meisten Auslandsvertretungen befinden sich heute in Miramar, einem Viertel mit breiten Boulevards und ehemaligen großen Einfamilienhäusern. Die prunkvollen Villen wurden in Schulen, Botschaften, Regierungsgebäude und Wohnhäuser für Ausländer und privilegierte Kubaner umgewandelt. (Die riesige russische Botschaft ist auch dort, noch scheußlicher als die US-Behörden, und das Gebäude ist Gegenstand noch größeren Spotts.) Buchstäblich vor jeder Botschaft steht ein Wachposten und ein »Zutritt verboten«-Schild, das den Bürgersteig blockiert und auf dem zu Lesen steht:

ZONA OFICIAL
NO PASE

Auf dem Schild vor der US-Interessenvertretung kann man lesen:

ZONA OF CIAL
NO PASE

Dies schien eine schlaue, aber wenig gelungene zweisprachige Warnung zu sein, dass der CIA hier zu Hause sei. Es stellt sich allerdings heraus, dass OF

CIAL nicht ein L zu viel besaß, sondern schlicht ein I fehlte. Eine monströs große Plakatwand mit einem Cartoon von Uncle Sam blickt auf das US-Gebäude. Darauf steht: IMPERIALISTEN, WIR HABEN KEINE ANGST VOR EUCH!

Alejandro arbeitete nur ein paar Häuserblöcke entfernt beim ICAP (Instituto Cubano de Amistad con los Pueblos), einem *organismo*, der die Hand über das Meer ausstreckt und Fremden ein freundlicher Gastgeber sein will, gleich aus welchem Land sie stammen. Früh fing ich an, Alejandro gelegentlich Besuche abzustatten. Er arbeitete in der Nordamerika-Abteilung und empfing oft kleine Gruppen aus den Staaten. Er war der optimistischste Kubaner, den ich getroffen habe; jedes Rülpsen Castros stimmte ihn enthusiastisch, die Zukunft Kubas fröhlich. Wer konnte in Alejandros Gegenwart angesichts der bohrenden Probleme des Landes mutlos werden? Wann immer ich eine Dosis Optimismus brauchte, suchte ich ihn auf. Wir hatten uns 1989 kennen gelernt, als ich ihm sagte, ich hoffe, für einen längeren Aufenthalt zurückzukehren. Bei meiner Rückkehr Mitte 1990 begrüßte er mich wie der Vorsitzender einer Burschenschaft, der einen neuen Bruder zum Herbstsemester willkommen heißt. »Also hast du es geschafft! Es ist großartig, dass du hier bist. Es wird dir gefallen. Komm vorbei, wenn ich dir irgendwie helfen kann.«

Das konnte er sofort. Ich suchte die Busstrecke zur Biblioteca Nacional José Martí, der Nationalbibliothek an der Plaza de la Revolución, wo ich hoffte, Tomás Fernández wiederzufinden. Alejandro zeigte mir die Bushaltestelle, an der ein halbes Dutzend Leute wartete. Nach fünfzehn Minuten hielt röchelnd ein roter ungarischer Doppeldeckerbus. Ich hielt zehn Centavos bereit, aber außer mir warfen nur zwei Fahrgäste Münzen in den Geldkasten. Die anderen ging einfach weiter, als hinge an ihren Hemden ein Passierschein. Der Bus, voll gestopft mit Studenten, die Bücher trugen, und Hausfrauen mit Tüten voller Waren, nahm seinen Weg durch Seitenstraßen und Hauptverkehrsadern. Er hielt alle paar Blocks an, ließ Fahrgäste aus- und einsteigen. Trotz des ständigen Wechsels bekam ich nie einen Sitzplatz, ja ich rückte noch nicht einmal in seine Nähe. Ich hatte keine Ahnung, wie ich mich verhalten sollte: ob man zahlt, wo man steht, wann man losspringt und durch welche Tür man aussteigt. Dennoch gefiel mir das kubanische Wort für Bus: *guagua* (gwagwa), wie der Schrei eines Säuglings oder der Klang einer Hupe.

Tomás Fernández arbeitete im ersten Stock der Bibliothek. Er stellte mich Fannie Rushing vor, einer Professorin aus Chicago, die über die Sklavenbefreiungsbewegung im Kuba des 19. Jahrhunderts recherchierte. Ich fragte, wo ich kubanische Literatur über den US-Flottenstützpunkt in der Bucht von Guantánamo und über die Eindrücke Fremder von Kuba im Lauf der Jahrhunderte finden könne. Fernández schlug zum ersten Thema *Bahía Guantánamo* vor, zum zweiten *Women Travellers in the Carribean.*

»Das Abkommen läuft bald aus, nicht wahr?«, sagte Fernández hinsichtlich der Vereinbarung, die es der US-Navy erlaubte, sich in Guantánamo niederzulassen.

»Nun, eigentlich nicht wirklich«, antwortete ich. »Im Grunde gibt es keine zeitliche Begrenzung.«

»Sind Sie sicher? Sie haben uns gesagt, es läuft 1999 aus.« Er machte eine Pause. »Wir haben es immer für ein wenig seltsam gehalten – die Tatsache, dass er noch da ist.« Da waren wir einer Meinung, und er, Fannie und ich verabredeten uns zu meinem Geburtstag am nächsten Sonntag.

Am nächsten Tag besuchte ich La Plume in ihrem Büro gegenüber dem UNEAC-Hauptgebäude. Sie versicherte mir, dass die Verlängerung meines Visums für die vollen sechs Monate, die ich beantragt hatte, in Bearbeitung sei. Ich fragte, ob sie beim MINFAR, dem Ministerium der Revolutionären Streitkräfte, arrangieren könne, dass ich etwas Zeit mit der Brigada Fronteriza verbringe, Kubas Grenzpatrouillen, deren Gebiet den US-Flottenstützpunkt auf der anderen Seite der Insel umschließt. La Plume war so süß wie die Zuckerrohrernte. »Natürlich, ja«, sagte sie und schrieb alles auf. »Ich kümmere mich darum. Übrigens, Barnet hat angerufen; er schafft es nicht, die Verabredung heute einzuhalten. Er ist beschäftigt mit seinen Reisevorbereitungen für China.« Ich überquerte die Straße, um mich auf der Veranda der UNEAC auszuruhen. Dort traf ich auf einen distinguierten weißhaarigen Mann in einer weißen *guayabera* und blauen Freizeithosen, der die Morgenzeitung studierte. Es war Osvaldo Salas, ein Fotograf, berühmt für seine Aufnahme von Castro und Hemingway aus dem Jahr 1960, dem einzigen Treffen der beiden.

»Hören Sie sich das an«, sagte er und legte die Zeitung angewidert zusammen. »Meine Frau ist vor drei Tagen aus der Sowjetunion zurückgekommen. Sie erzählt, die Dinge sind jetzt furchtbar dort. Sie haben nichts zu essen. Es gab eine Demonstration gegen das kubanische Volk!«

Ich stellte mich vor.

»Ich habe vor der Revolution in New York und New Jersey gelebt, in der Bronx, Brooklyn, Port Elizabeth und Hoboken. Kennen Sie Lyle Stuart, den Verleger? Er war etliche Male hier. Er war mein Freund. In der letzten Zeit war er allerdings nicht hier. Heute ist er wütend auf die Revolution.«

»Nun, jeder hat so seine Phasen«, antwortete ich schwach.

»Ich war vierzehnmal in der Sowjetunion«, sagte er, seiner Zeitung einen Stoß versetzend. *»Wissen Sie, dass sie eine Statue von Lenin umgestürzt haben?«*

Kuba trat in die »Ausnahmezeit in einer Phase des Friedens« ein – ein Begriff, den Fidel im ganzen Land verbreitete. Er bedeutete, dass Kuba in eine Kriegswirtschaft ohne Krieg glitt und dass von nun an das Leben schwieriger und zunehmend unbequemer sein würde. Das wurde sogar auf dem Malecón sichtbar, wo der Kurs der Geldwechsler erst auf sieben und dann schnell auf acht sank. Meine Nikes waren ein wenig schmutziger und meine Kleidung weniger auffällig ausländisch. Normalerweise waren die *jineteros* lästig, aber manchmal, wenn ich sie erst einmal überzeugt hatte, dass ich nicht vorhatte, Geld zu tauschen, wurden sie gesprächig.

Eines Morgens kam Jorge, ein Schwarzmarkthändler der Frühschicht, auf mich zu, während ich auf der Kaimauer mit dem Rücken zur Stadt saß. Nach dem obligatorischen Peso-Turnschuh-Ritual entpuppte er sich als harmlos und freundlich. Er fragte, ob ich ihm etwas in einem Dollarshop besorgen würde. Die Dollarshops in den großen Hotels verkauften Produkte aus dem Ausland: alles, von Kleidung, Nahrungsmitteln, und Schuhen bis hin zu Zigaretten, Schmuck und Computern. Der Handel auf dem Schwarzmarkt konnte Jorge ins Gefängnis bringen; selbst das Handeln mit Dollars war illegal. Nur Ausländer und besonders privilegierte Kubaner, die mit von der Regierung herausgegebenem Ersatzgeld einkaufen, hatten Zugang zu den Dollargeschäften. Die Fenster der Läden waren dicht verhängt oder schwarz angemalt, um die exotischen Waren im Inneren nicht zu betonen oder unerwünschte Aufmerksamkeit auf sie zu lenken. Trotzdem wusste jeder, wo sie waren, und häufig baten Fußgänger oder sogar Taxifahrer Ausländer, etwas für sie zu besorgen. Sie boten Dollars an, die sie auf wundersame Weise aus Gesäßtaschen und den Tiefen eines Geldbeutels zogen.

Als ich Jorges Bitte ablehnte, benutzte ich das Wort »*jinetero*«. Das brachte ihn in Rage. »Jeder ist ein *jinetero*«, sagte er wütend. »Selbst Länder. Jeder will irgendetwas von irgendjemandem, und sie tun, was sie können, um es zu bekommen. Leute, Länder, alle.«

Von dort, wo wir saßen, konnten wir die Fremdenpolizei vor dem Hotel Deauville sehen, die dort stationiert war, um für eine gewisse Distanz zwischen Fremden und Kubanern zu sorgen. Jorges Freund Víctor, der in einer kleinen Imbissbude in der Nähe arbeitete, schlenderte herüber und hörte aufmerksam zu. Schließlich machte er den Mund auf: »Kennen Sie den amerikanischen Schriftsteller William Kennedy? Ich habe gerade sein Buch *Wolfsmilch* gelesen. Es ist ein Bestseller in Kuba. Wir sind jeden Morgen hier, wenn Sie mal wieder mit uns reden möchten.« Eine Brise wehte stark genug, um der starken Sonne entgegenzuwirken, und ein kleines Mädchen überquerte die Straße und begann, zu einem Radio zu tanzen, dessen Musik ich nicht hören konnte. Jorge deutete eine Seitenstraße hinauf. »Ja, und ich wohne ganz in der Nähe. Wenn Sie mich brauchen, können Sie mich jederzeit rufen.«

Auf einer früheren Reise hatte es mir die Professionalität und Vorliebe von Havannas Sender für klassische Musik angetan, bei dem ich ein Concerto für Oboe von Vivaldi gehört hatte. Ich werde wehmütig, wenn ich eine Oboe höre. Ich hatte das Instrument in der Highschool gespielt, aber nie sonderlich gut, eher »wie ein Hund, der auf seinen Hinterbeinen geht«, wie Boswell

Samuel Johnson in Bezug auf eine predigende Frau zitierte. »Es wirkt nicht gelungen, aber man ist erstaunt ob der Entdeckung, dass es so etwas überhaupt gibt.« Die Erste Oboe des National Symphony Orchestra von Washington. D.C. gab mir Unterricht und brachte mir bei, Rohrblätter anzufertigen. Auf dem Höhepunkt meiner kurzen Karriere spielte ich im städtischen Orchester der Junior Highschool, der Tiefpunkt folgte einige Jahre später, als ich bei einem Gemeindeauftritt der Operettengruppe zehn Takte zu früh in mein Solo ausbrach und Dirigent, Truppe und Publikum durcheinander brachte. Die Oboe, »ein übles Blasinstrument, das niemand gut bläst« hat mit der Zeit für mich an Bedeutung verloren, ganz aufgegeben, habe ich sie nie. Ich habe es mir zum Ritual gemacht, das Instrument einmal im Jahr herauszunehmen, das spröde Rohrblatt einzuweichen und zehn oder fünfzehn Minuten zu dudeln. Würde ich in Havanna einen Lehrer finden? Auch hier half Alejandro der Optimist mir, das Büro des kubanischen Orquesta Sinfónica Nacional ausfindig zu machen, wo ich mein Anliegen der am Empfang sitzenden Frau erklärte.

»Ah, der Oboist, ja«, sagte die Empfangsdame, als hätte sie mich erwartet. »Er ist im Übungsraum. Er kommt in etwa zwanzig Minuten heraus. Möchten Sie sich nicht setzen?« Ich saß unter Dutzenden von geschäftigen Musikern. Die Geige stimmte, eine Flöte blies, ein Waldhorn übte Tonleitern, eine Klarinette schlug ihre nasalen Töne an und eine Bassfiedel schabte über die Tiefen des Geigenkörpers. Einige Musiker setzten ihre Instrumente zusammen, während andere die ihren einpackten. Typisch hinter den Kulissen.

»Entschuldigen Sie.« Die Empfangsdame tippte mich an. »Möchten Sie *die* Oboe oder *eine* Oboe?« Begeistert, dass es in Havanna mehr als eine gab, sagte ich, jeder Oboist wäre recht. Sie zeigte auf einen Mann, der ein paar Plätze weiter saß. Sein Name war Jesús Avilés, und er war gerade dabei sein Instrument für diesen Tag wegzuräumen. Ich stellte mich vor und erklärte, ich würde gern Oboeunterricht nehmen, wenn ich für einen längeren Aufenthalt zurückkäme. »Unterrichten Sie?« Er stammelte verwundert, dann brachen Fragen aus ihm heraus. Warum ich Stunden nehmen wolle? Auf welchem Niveau ich spielte? Ob ich ein eigenes Instrument besaß? Welche Marke? Eigene Rohrblätter? Eigene Noten? Welche Musik für Oboe ich kannte? Bei wem ich vorher Unterricht gehabt hätte? Wann ich vorhätte, zurückzukehren?

Er überschätzte meine Fähigkeiten und bot mir an, mich zu unterrichten. Auf meinem Stadtplan zeigte er mir das Viertel in La Víbora, wo er wohnte. »Wenn Sie wieder da sind, müssen Sie zum Abendessen zu uns kommen«, sagte er. Meine Frau Laura ist Ökologin und spricht etwas Englisch.« Er brachte mich zur Tür und außer Hörweite der anderen. »Es gibt etwas, das Sie mir vielleicht mitbringen könnten.« Dies war ein vertrauter Refrain bei Kubanern aus allen Lebensbereichen geworden. Normalerweise ging es um

Kleinigkeiten – ein Buch, ein paar Zündkerzen und einmal ein Glas gefilte Fisch –, aber Jesús' Bitte schien mir besonders gerechtfertigt. Er wollte ein paar vorgeschnittene und unbehandelte Bambusstöcke, um daraus Rohrblätter für die Oboe zu schnitzen. Das Einfuhrdefizit reichte von Weizen über Brot bis hin zu Bambus für Rohrblätter.

Ein paar Nachmittage später spielte das Gemeindeorchester der Stadt an der Plaza de La Catedral für die Öffentlichkeit. Es gab zwei weitere Oboisten: der eine, ein angenehm wirkender Mulatte, der andere, sehr schwarz, mit einem Gesicht, das breiter war als lang. Mein Gott, bei allem, wofür Kuba berühmt ist – Zucker, Kaffee, Meeresfrüchte, Kommunismus, Baseball, Klima, Rumba, Literatur, Küste und eine stürmische Geschichte –, wer hätte gedacht, dass es zu alledem noch über Oboisten verfügte?

Nachdem ich mich im Focsa-Gebäude eingerichtet hatte, rief ich Jesús und Laura an und erhielt prompt eine Einladung zum Abendessen. »Nehmen Sie Bus 174 von der 17. Straße nach Süden auf der G-Straße. Steigen Sie in der Nähe vom Monaco-Theater aus. Von dort sind es zu uns nur ein paar Straßen.«

Wer hat wen zuerst imitiert? Miami Havanna oder umgekehrt? Über die Jahre haben sich die Architekten wechselseitig nachgeahmt. La Víbora, das auf die Mitte des 19. Jahrhunderts zurückgeht, gehört zu Havannas ältesten Vororten. Das Viertel von Jesús und Laura in einem Abschnitt aus der Mitte des 20. Jahrhunderts gleicht den netten, ordentlichen Arbeiterhäusern und gepflegten Vorgärten, die man auch in Vierteln von Miami findet. Ein Lada stand in der Auffahrt. Jesús kam zur Tür und nahm mich mit nach hinten, wo er mich mit Laura und dann Pedro, ihrem 15-jährigen Neffen aus Cienfuegos, der bei ihnen lebte, bekannt machte. »Wir haben gerade Urlaub«, sagte Jesús. »Wir gehen jeden Tag in den Park, oder wir bleiben zu Hause oder fahren an den Strand im Osten vor der Stadt. Sehen Sie nur, wie braun ich werde!« Er berührte meinen Arm. »Möchten Sie ein wenig frischen Ananassaft?«

Der Bambusstock, den ich ein paar Freunden früher im Jahr für ihn mitgegeben hatte, reichte, um ein Orchester über Monate hinaus zu versorgen, und Jesús hatte ihn mit seinen Kollegen geteilt. Um an Bambus für Rohrblätter zu kommen, reichten Jesús und die anderen Oboisten normalerweise Gesuche ein, die auf dem Stapel mit den Materialgesuchen anderer professioneller Musiker und Künstler aus dem ganzen Land landen. Diese Formulare reisen durch ein Labyrinth von Bürokraten im Kultusministerium und später im Außenhandelsministerium. Das Rohr muss in Übersee für Dollars eingekauft werden, aber in einem Land, in dem das Geld kaum für Rohstoffe reicht, haben Rohrblätter für Oboen keine hohe Priorität. Auf jedem nachfolgenden Schreibtisch werden am Gesuch der Oboisten weitere Abstriche gemacht. Monate später, wenn der Papierkram in der kubanischen Botschaft in Frankreich ankommt, wo ein Attaché den Bambus tatsächlich kauft, ist der

Stapel mit den Gesuchen aller Oboisten des Landes niedriger als ein gut geschnitztes Rohrblatt. Über ein halbes Jahr nach der ursprünglichen Anfrage trifft der Bambusstock in Havanna ein. Der Staat liefert auch fast alle Instrumente. »Ich habe meines aus Ostdeutschland bekommen«, erklärte Jesús, »als ich dort an einem Konservatorium studierte.«

Laura, eine redegewandte Frau Mitte vierzig, hatte einige Male an wissenschaftlichen Kongressen in Mexiko teilgenommen. »Ich bin nach Gualdalajara gefahren und nach Guanajuato. Ich liebe Mexiko, außer natürlich Mexico City.« Ihr Beruf hatte sie auch in die Tschechoslowakei geführt. »Vor der Revolution mochte ich Coca Cola. Jahrelang bekam ich keine, und dann hatte ich in Prag Gelegenheit, eine zu trinken. Und wissen Sie was? Ich mochte den Geschmack nicht. Ich hatte mich an Tropicola gewöhnt. Ach, nun ja, es ist wahr, wir haben heute in Kuba weniger, zumindest jedoch haben wir Bildung und Gesundheit. Die Kubaner in den Staaten, wenn die von Kuba erzählen, reden sie von einem anderen Kuba. Sie wissen nicht, wie es hier jetzt wirklich ist. Selbstverständlich habe ich Verwandte in Ihrem Land. Sie leben in Atlanta. Sie sind 1945 ausgewandert.«

Laura ging in die Küche, und ich begann meine Oboe für die erste Unterrichtsstunde zusammenzusetzen. Jesús und ich fingen ganz am Anfang an: Ansatz, Körperhaltung, Luftstrom und Position der Finger. Bis zur nächsten Stunde empfahl er mir ein paar einfache Tonleitern und Arpeggios.

Anschließend gingen wir in die Bibliothek, einen Raum mit Regalen voll guter Literatur von Stefan Zweig, Mark Twain, José Martí, Alejo Carpentier, Waldo Frank und anderen. Jesús zog aus einem Regal einen neueren Band mit Steckbriefen von Baseballspielern hervor und reichte ihn mir.

Einmal im Jahr schrubbte Laura das ganze Haus vom Keller bis zum Dachboden. Dieser Hausputz musste in die letzten 24 Stunden stattgefunden haben, denn alles war blitzblank und abgestaubt: Teller, Vitrinen, Porzellan, Böden und Wände. »Ich arbeite jeden Tag von acht bis fünf. Samstags mache ich die Hausarbeit. Ich habe keine Möglichkeit, mir die Arbeit so zu legen, wie ich gerne möchte.« Aber sie hatte Urlaub, und die Mahlzeit für diesen Abend war einige Tage im Voraus geplant worden.

»Das Orchester war letzten März auf Tournee«, sagte Jesús, als Laura Schüsseln mit Erdnüssen und Popcorn hereinbrachte. »Wir sind durchs ganze Land getingelt und haben gespielt – in den Zuckermühlen, auf den Plätzen der Kleinstädte, in den Konzerthallen der großen Städte, in den Bergen und sogar auf einem Militärstützpunkt.« Auf einer früheren Sinfonie-Tournee auf dem Land hatten Zuckerrohrschneider in einer Zuckermühle in der Provinz Las Tunas jedem Musiker am Ende des Konzerts als Zeichen der Wertschätzung ein Säckchen Zucker überreicht. Dieses Mal fand das ungewöhnlichste Konzert auf einem Feld in den Bergen statt. »Die Umgebung lieferte einen großartigen natürlichen Klang. Das Publikum kam zu Pferd und mit Kindern. Die saßen während des ganzen Auftritts auf ihren Pferden. Jesús beugte sich vor, um uns allen Rum einzuschenken. »Das waren *guajiros*, Landleute aus der Sierra, sie hatten nie zuvor sinfonische Musik gehört. Sie verzogen die ganze Zeit hindurch keine Miene. Wir waren nicht sicher, ob sie nur einfach höflich waren oder ob sie sich langweilten.« Laura stellte einen frischen Salat aus Avocados und Gurken in die Tischmitte. »Zum Schluss applaudierten sie wild und schrieen nach einer Zugabe. Sie wollten, dass wir die ganze Sinfonie noch einmal spielen. Sie wussten nicht, dass es mehr als ein Stück geschriebener Musik für Musiker wie uns gibt. Wir nannten sie das jungfräuliche Publikum.«

Eine große Platte mit köstlichem aufgeschnittenem Schweinebraten kam auf den Tisch. Der Dokumentarfilm *For the First Time* aus dem Jahr 1967 hat ein ähnliches Thema wie die jüngste Sinfonikertournee. In dem Film werden einige *guajiritos* – Kinder auf dem Land – gefragt, die nie einen Film gesehen haben, was ein Film ist. »Es ist eine Fata Morgana«, rät ein Kind. »Da gibt es hübsche Mädchen«, sagt ein anderes. »Und hübsche Jungs.« – »Sie handeln von großen Sachen in der Stadt.« Am gleichen Nachmittag baut das Filmteam, mitten in Los Melos im Norden der Provinz Guantánamo, einen Projektor und Klappstühle auf. Der erste Film, den diese Kubaner sehen, ist *Modern Times* von und mit Charlie Chaplin in der Hauptrolle. Die Kinder starren mit aufgerissenen Augen auf die Leinwand und lachen über Chaplin, der Korn von einer Spinnmaschine knabbert. Mütter geben ihren Babys die Brust, und ein kleiner Junge schläft im Schoß seiner großen Schwester ein. Was ist ein Film? Schließlich antwortet ein Kind, als habe es den ersten Menschen auf dem Mond gesehen: »Etwas sehr Schönes von großer Bedeutung.«

»Ja, so in der Art war das«, sagte Jesús über die Tournee des Sinfonieorchesters zu den ländlichen Vorposten. »Wir fuhren in einem gecharterten Bus, aber in einigen unzugänglichen Gegenden mieteten wir einen Lastwagen, der uns und unsere Instrumente transportierte. Wir hatten Anzüge mitgenommen, aber auch unsere *guayaberas*. Wo es einfach zu staubig und schmutzig war, spielten wir in Jeans und Turnschuhen.« Maismehltaschen folgten, sie wurden auf einer weiteren Porzellanplatte serviert. Ich fürchtete, Laura und Jesús hätten für den Abend ihre Nahrungsmittelrationen für einen Monat ausgegeben, plus Geld für das, was vom Freien-Markt-System geblieben war. Ihr feines Porzellan und Glas schimmerte, die Stoffservietten waren weich vom frischen Bügeln.

»Wir spielten für eine Brigade von städtischen Busfahrern, die in einer Zuckermühle arbeitete. Die sind bekanntlich schwer zufrieden zu stellen. Wir hatten großen Erfolg.« Bilden Sinfoniker eine *brigada*, um wie alle anderen Zuckerrohr zu schneiden? »Nein – möchten Sie noch ein wenig Salat? –, weil wir so unerfahren sind und unsere musikalische Laufbahn, wenn wir das

Zuckerrohr verfehlen und uns in die Hand schneiden würden« – er schwang eine imaginäre Machete – »vorbei wäre.« Zu diesem Zeitpunkt knabberten wir frittierte Kochbananen.

»Wir haben auch für die Brigada Fronteriza in Caimanera gespielt.« Das ist Kubas Grenzpatrouille direkt neben dem US-Flottenstützpunkt in Guantánamo Bay. »Und wie haben sie reagiert?« »So, wie man es von Militärs erwartet.« Er imitierte einen feierlich ernsten Soldaten, der kerzengerade dasitzt. »Als es vorbei war, haben sie höflich applaudiert.«

Laura ging in die Küche. »Sie hat nur einmal im Jahr Zeit, diese Nachspeise zuzubereiten«, flüsterte Jesús. »Es ist unser Lieblingsdessert.« Die international renommierte Ökologin kam zurück mit einem wundervollen Ananaskuchen, warm, blättrig, saftig und sättigend.

Tomás Fernández hatte furchtbar gelitten, seit wir das letzte Mal in der Nationalbibliothek miteinander gesprochen hatten. Wir trafen uns in der Lobby des Hotels Capri. In den vergangenen drei Tagen hatte ein Auto seinen Hund überfahren, und in das Haus, in dem er mit seiner Mutter lebte – er ist fast fünfzig –, war am helllichtem Tag eingebrochen worden. Seine beste Hose war weg, außerdem fehlten ein Paar Schuhe und einige Hemden. Am traurigsten aber war er über den Verlust eines Kassettenrekorders, den er benutzte, um Leute über Bücher zu interviewen, und einiger persönlicher Wertsachen.

»Haben Sie den Vorfall der PNR gemeldet?«, fragte ich und meinte damit die Policía Nacional Revolucionaria.

»Ja, aber es gibt so viele Einbrüche heutzutage.«

»Wo war die CDR?« Das ist das Comité de Defensa de la Revolucíon, eine stets wachsame Blockwart-Organisation, deren Aufgabe es unter anderem ist, ein Auge auf ungewöhnliche Vorgänge in der Nachbarschaft zu haben.

Tomasito hätte allen Grund gehabt, schlecht von seiner CDR zu reden. Stattdessen sah er die Sache großzügig: »Nun, dies sind die Kleinigkeiten, die wir verbessern müssen.«

Fannie – die Professorin aus Chicago – und ich nahmen Tomasito mit in das La Cecilia, ein schickes Restaurant auf der Westseite des Viertels Miramar. Wir saßen auf einer Terrasse unter einem Baldachin, inmitten von sprießendem Bambus und tropischen Büschen. Diplomaten und andere gut gekleidete Ausländer speisten in der Nähe. Kurz zuvor hatte die Musikanlage in der Lobby zehn verschiedene Fassungen des kubanischen Liedes »Guantanamera« gespielt, darunter auch eine von Pete Seeger und eine von Julio Iglesias. »Es ist eine komische Sache mit ›Guantanamera‹«, sagte Fernández. »Ältere Kubaner verbinden es mit der Zeit von Batista, als es jeden Nachmittag im Radio als Teil einer Sendung gesungen wurde, die über Tragödien, Morde und Verbrechen aus Leidenschaft berichtete.«

Wir sprachen über Literatur, Eiskrem, Religion und Sport. Die Diskussion war lebhaft und freundlich, keiner von uns zögerte, den anderen aufs Heftigste zu widersprechen. Das Geplauder trieb auf Reisen und Vergnügungen zu. »Warum«, fragte ich, »macht es die kubanische Regierung ihren Bürgern so schwer, das Land zu verlassen?« Das war die hauptsächliche Beschwerde, die ich bisher gehört hatte. Die meisten sagten, sie wollten ihre Heimat gar nicht endgültig verlassen, sondern lediglich einmal ins Ausland reisen, um andere Länder kennen zu lernen. Bis dahin war Tomasito freimütig, loyal und revolutionär gewesen, kritisch nur auf konstruktive und verständnisvolle Weise. Meine Frage jedoch entlockte ihm ein stilles, zur Seite gewandtes Lächeln. Das bedeutete, dass die Antwort so eindeutig mit den grundlegenden Schwächen des Systems verknüpft war, dass jede Bemerkung ein Eingeständnis des Illusorischen bedeutet hätte. Das Lächeln zur Seite ist in Kubas Vokabular der Gesichtsausdrücke ein entscheidendes Element, eine Antwort, die, indem sie nichts sagt, alles sagt. Tomasitos Gesicht normalisierte sich langsam wieder.

»Es ist nicht so, dass die Regierung es den Leuten verbieten würde«, sagte er, »aber die finanziellen Mittel sind einfach nicht verfügbar. Abgesehen davon, alles, was Kubaner brauchen, gibt es hier.«

Wir nahmen ein Taxi zurück zum Coppelia-Park in der 23. Straße, Ecke L, Havannas Partyzentrum am Samstagabend. Tausende von Menschen schlenderten durch den Park, tanzten auf den Straßen, kicherten, sangen, schrieen und scherzten.

Gejohle brach aus, Autos hupten im Vorbeifahren, und die Pfeife eines Polizisten lenkte den Verkehr. Kleine Kinder jagten einander um ihre turtelnden Eltern herum, modisch gekleidete Teenager paradierten voreinander, einige Kinobesucher tauchten aus dem Yara-Theater auf, während andere einen Film anschauten, der auf die Mauer des Habana Libre projiziert wurde. Alle schleckten Eiskrem.

»Wissen Sie, man liest überall in der ausländischen Presse über Menschenrechte«, sagte Tomasito plötzlich, während wir auf den Bus warteten. »Sie schreiben, wie schlecht wir es hier haben. Ich würde von all dem hier gerne einen Film machen.« Seine Arm schwenkte über den Coppelia-Park. »Sie hätten während des Karnevals hier sein sollen. Tausende von Menschen tanzten die Nacht durch, fanden kein Ende. Es war wild! Die Leute haben sich wie verrückt amüsiert! *Glauben Sie wirklich wir missachten hier die Menschenrechte?*«

Menschenrechte waren genau das, was David Evans im Sinn hatte. Evans, der Pressesprecher des State Departments der USA, arbeitete bei der US-Interessenvertretung. Wir lernten uns im Büro seines Chefs, Jay Taylor, kennen, den ich gerade interviewt hatte. Taylor, der seinen Posten in ein paar Wochen verlassen würde, interessierte mich wegen seiner literarischen Neigungen ebenso wie auf Grund seiner Rolle als offizieller Repräsentant in einem Land, zu dem wir offiziell keine Beziehungen unterhielten. Er war ein Mann mit Portefeuille, aber ohne Stelle, der er es hätte vorlegen können. Sein Sohn war Schriftsteller, und er selbst hatte ein Buch über China und Indien verfasst. Wir sprachen über Werke aus und über Kuba und gingen bis ins 18. Jahrhundert zurück.

Taylors Panoramafenster auf der dritten Etage, das von Wand zu Wand reichte, gewährte ihm freien Blick auf die Bucht. Er konnte den Malecón sehen und die Kinder, die mit Reifenschläuchen im Wasser spielten. Ein Teleskop auf einem Stativ in der Mitte seines Büros war auf die Straße von Florida gerichtet. Durch das Teleskop konnte Taylor die Größe, Nationalität und manchmal auch die Fracht der Schiffe erkennen, die in den Hafen von Havanna einliefen. Er beugte sich über den Sucher, spähte angestrengt durch die Linse und spielte ein bisschen an der Einstellung. »Schauen Sie mal«, bot er an. »Sehen Sie das Schiff dort draußen? Das ist ein russischer Frachter.«

US-Journalisten auf Kurzreise in Kuba rufen Evans nicht nur wegen einer Stellungnahme zur Haltung des State Departments bezüglich Kuba an, sondern auch, weil er über eine Menge Insider-Informationen zur kubanischen Regierung und dem Volk verfügt. Wenn er nicht genannt werden will, erklärt man ihn einfach zum »westlichen Diplomaten«. Reporter mit Kurzvisum sind immer in Eile. Evans weist ihnen den Weg zu den *true short stories*, die seiner Regierung am meisten nutzen. Wenige Artikel sind leichter zu schreiben und deuten eine globalere Sicht an als solche, die schon im ersten Satz von »Menschenrechten« handeln. Früher hatte Evans bei der US-Botschaft in Moskau gearbeitet.

»Ich schätze, Sie wissen, dass ich der Mann bin, der hier für die Menschenrechte eintritt«, sagte Evans, nachdem er seine Textbausteine über die US-Politik und Kuba losgeworden war. Ich hatte es versäumt, das Thema zu erwähnen, und er wollte mich nicht gehen lassen, ohne sein wichtiges Anliegen angesprochen zu haben. »Ich habe mich freiwillig dafür gemeldet. Ich habe da ganz entschiedene Ansichten.« Er beschrieb die Situation, wie er sie sah, die Fortschritte und Rückschläge, die er wahrnahm, und was sich für die Zukunft andeutete. Dann hakte er eine Liste von Menschenrechtsorganisationen und ihren Vorsitzenden ab und bot mir an, Interviews zu arrangieren, ganz gleich mit wem. Die Namen waren mir aus Dutzenden von Texten vertraut, die ich im Lauf der letzten Jahre ausgeschnitten hatte, und nun verstand ich auch besser, warum das so war.

Evans war ein energischer Vertreter seiner Sache und unterstrich ihre Priorität. Doch wegen der Scheinheiligkeit, mit der das State Department das Thema ausschlachtete und gleichzeitig die kubanische Wirtschaft sabotierte, bereitete mir Evans' Vorschlag Unbehagen.

Ich fragte ihn nach einer Gruppe, die er unerwähnt gelassen hatte: Ecopacifista, auch bekannt als Sendero Verde (Grüner Pfad). Seine Ziele schienen sich eher an weltweiter Abrüstung und ökologischem Bewusstsein denn an der prinzipiellen Befreiung zu Unrecht inhaftierter Frauen und Männer zu orientieren. Ecopacifista definiert den Begriff Menschenrechte allgemeiner als viele andere Vereinigungen. »Das ist eine sehr interessante Gruppe«, sagte Evans. Im Unterschied zu vielen anderen, ergänzte er, wolle ihr Anführer das Land nicht verlassen. Er sei zufrieden in Kuba.

Mindestens zwei Überwachungskameras verfolgten mich, als ich das US-Gelände betrat; vermutlich beobachteten sie auch, als ich wieder ging. Eine ist direkt über der Tür der US-Interessenvertretung versteckt und erlaubt dem Marineinfanteristen auf Wachposten, zu sehen, wer hinein möchte. Die andere lugt hinter stets zugezogenen Vorhängen im ersten Stock des gegenüberliegenden kubanischen Sicherheitsbüros hervor und versorgt das kubanische Innenministerium mit derselben Information.

Ich hielt auf dem Weg nach Hause bei einer kleinen Bäckerei im Viertel an, um zwei Laib Brot zu je 30 Centavos zu kaufen. Während meines gesamten Aufenthalts gab es in Kuba nur eine Sorte Brot: weiß, lang, harte Kruste und wenig Geschmack. In der Sozialismus-oder-Tod-Bäckerei musste ich nur zehn Minuten anstehen. ¡SOCIALISMO O MUERTE! schien über jeder Bäckerei und jedem Lebensmittelstand zu stehen, ebenso wie über der Hälfte aller Gebäude in der Stadt. Bis vor kurzem hatte der Slogan noch ¡PATRIA O MUERTE! geheißen, aber Fidel hatte neue Parolen ausgegeben. In Havanna war Brot noch auf dem freien Markt zu haben, außerhalb der Hauptstadt stand es bereits auf der Rationierungsliste, die eine gleichmäßige Verteilung schwindender Güter gewährleisten sollte. Wie jeder andere brach ich ein Ende ab und machte mich kauend auf den Weg nach draußen.

Ich sah La Plume einige Tage später. Ich ging die fünf kurzen Blocks zum Schriftstellerverband, vorbei an einem Zeitungsstand, zwei Schulen, drei Kliniken, vier Büsten von José Martí und fünf Buslinien, zu Fuß. Ich sah keine *jineteros* oder Straßenjungen – Erstere hängen nicht in der 17. Straße herum, Letztere gab es nicht. La Plume sagte, dass sie angesichts der schweren Verknappung in der öffentlichen Versorgung, im Verkehr, bei Elektrizität und sogar bei Papier ein oder zwei Seiten benötige, in denen ich mein Vorhaben, mein Interesse und die benötigten Ressourcen erläuterte und wohin ich zu fahren plante. »Die Situation könnte sich nachteilig auf Ihren Aufenthalt auswirken«, warnte sie zuckersüß.

Der einzige Fotokopierer, den ich auftreiben konnte, stand im Keller eines Fotoateliers gegenüber vom Habana Libre. Der Laden war nur wenige Stunden pro Tag geöffnet. Zwei Stunden, bevor man die Türen öffnete, bildete sich eine Schlange, die Bestellung konnte man am nächsten Tag abholen. Die Kopien waren auf maximal vier Stück beschränkt.

Ich ging zum Kopierladen und Fotoatelier wegen einiger Porträtfotos für mein Visum. Als ich am nächsten Tag zurückkam, um sie abzuholen, sagte ein Mann, der in der Nähe saß, etwas zu mir, das ich bis auf das Wort »*menudo*« nicht verstand. Ich wusste, dass er nicht von puerto-ricanischen Affen sprach oder von Maismehlsuppe mit Kutteln. Er deutete immer wieder auf den Boden, bis mir dämmerte, dass mir drei Pesos aus der Tasche gefallen waren. *Menudo* so stellte sich heraus, bedeutet loses Kleingeld in karibischem Spanisch, das sich völlig von allen anderen Spanischdialekten unterschied, die mir bislang begegnet waren. Und auf Kuba bedeutete *Menudo* darüber hinaus Hühnchenteile wie Hals oder Magen.

Der Wortschatz weicht ab und die Aussprache – welche Aussprache? Kubaner sprechen, als hätten sie eine Süßkartoffel im Mund. Dieser Eindruck ist nicht neu; ein Besucher schrieb Mitte des 19. Jahrhunderts, dass er das Spanische, »wie es von den einfachen Leute in Kuba auf der Straße gesprochen wird«, nicht möge, und sagte weiter: »Ihre Stimmen und der Tonfall sind dünn und hastig, sie formen die Laute zu stark mit den Lippen und wirken dadurch zugleich kindisch und leidenschaftlich.«

Ein paar Wochen nach meiner Ankunft nahmen mich Martín, der für den Nachrichtendienst Prensa Latina arbeitet, und seine Frau Sonia, eine Englischlehrerin, mit, um eine Komödiantentruppe im Karl-Marx-Theater zu sehen. 5000 Kubaner lachten über die rasanten Sticheleien, Slapsticks und Monologe der Show, aber mir, dem Ausländer, entging viel. Die Vorstellung war voller Anspielungen, *cubanismos*, die Darsteller feuerten Wortsalven in Spanisch ab. Glücklicherweise halfen mir meine geduldigen Gastgeber weiter. Die Revue verspottete die kommunistische Arbeitspolitik. Sonia behauptete, die vorangegangene Show, eine Parodie auf die vom Staat proklamierten Unterschiede zwischen Ausländern und Kubanern in den Urlaubsorten, sei besser gewesen. Kubaner nennen diese Trennung »Tourismus-Apartheid«.

Die Unterhalter im Karl-Marx-Theater sprachen deutlich, aber für meine Ohren machte das kubanische Alphabet einen Sprung vom R zum T. Sie ließen alle S weg und die Hälfte der anderen Buchstaben auch. Ich wusste nicht, ob eine Rothaarige, die ich am Morgen am Malecón getroffen hatte, prahlte, ihr Vater sei ein *pescador* (Fischer) oder ein *pecador* (Sünder), oder ob Elvis *patillas* (Koteletten) hatte oder *pastillas* (Pillen) nahm. Jemand sagte zu mir, wie schön La Cascada Negra (Niagarafälle) auf einem Bild aussahen, und ich nahm an, er sprach von *la caca negra*. Überall spie man spanische Wörter aus, die dem unverständlichen Portugiesisch ähnelten, das Moritz Thomsen in *The Saddest Pleasure* beschreibt: wie das Schmatzen und Sprudeln von Wasser, das in einen Abfluss wirbelt ..., wie das Zwitschern schlafender Vögel, wie das Summen einer alten schwarzen Frau, wie ein alter Kämpe mit ausgeschlagenen Zähnen.« Kubanisches Spanisch hat weder Vokale noch Konsonanten. Man fragt sich, wie sich diese Leute wohl in der Show *Glücksrad* schlagen würden.

Die Rothaarige vom Malecón mit dem Fischer-/Sünder-Vater erzählte, sie arbeite in der Nachtschicht bei einem Bautrupp. Wir hatten uns in einem Sozialismus-oder-Tod-Imbiss kennen gelernt, in dem wir beide für eine *empanada* anstanden, die wir bekamen, und ein Erfrischungsgetränk, das wir, nach zwanzig Minuten Warten, nicht bekamen – es war ausverkauft. Sie kam aus Baracoa an der Nordostküste. Sie war attraktiv, aber dabei mürrisch und trug eine weite Bluse über einem trockenen Badeanzug. Sie griff nach meinem Notizblock und schrieb scheu die Wörter »bay« und »marina« und »Hemingway«. Ist das nicht süß, dachte ich, all diese Wörter haben mit *Der alte Mann und das Meer*, einem Buch, das allen Kubanern vertraut ist, zu tun. Eine Hochzeitsgesellschaft fuhr vorüber. Die Wagen an der Spitze, nagelneue 57er-Chevys, waren mit Krepppapier geschmückt. Ihnen folgte ein halbes Dutzend düsterer Ladas und ein altersschwacher Packard aus den frühen 50er Jahren. Als die frisch Vermählten uns passierten, kam ein Bekannter der Rothaarigen auf uns zu, und sie verschwand mit ihm.

Später dachte ich über die Begegnung nach. Du Idiot, schalt ich mich. B-a-y ist die spanische Lautschrift für *buy*, und »marina« und »Hemingway« gehören zusammen. Marina Hemingway war nicht, wie ich bis dahin angenommen hatte, die Enkelin des Schriftstellers, sondern ein weitläufiger Yachtklub für Ausländer, westlich der Stadt, mit kostspieligen Boutiquen, Eigentumswohnungen, extrafeinen Lokalen und glitzernden Nachtclubs. Sie wollte, dass ich ihr in der Marina Hemingway etwas kaufte. Sie war eine Prostituierte.

Wegen eines familiären Notfalls kehrte ich für zwei Wochen in die Staaten zurück, und bis ich nach meiner Rückkehr um drei Uhr früh den kubanischen Zoll passiert hatte, gab es keine Taxis mehr. Eine Frau mittleren Alters in einem mit Blumen bedruckten Kleid bedeutete mir verstohlen, näher zu treten; sie und ihr Mann könnten mir helfen, falls ich eine Fahrgelegenheit in die Stadt bräuchte. Pesos oder Dollar? Blöde Frage. Ich willigte für zehn Doller ein, ein fairer Preis unter den gegebenen Umständen, und sie deutete auf eine Straßenecke, einen Block entfernt. Sie wussten, das war illegal – ein Privatwagen, der einen Ausländer gegen Dollar abholt. Zwei Minuten später fuhr ein schöner schwarzer Cadillac Eldorado, Baujahr 1953, vor. Ich folgte meinem Gepäck auf den geräumigen Rücksitz, und wir fuhren los Richtung Stadt.

Am Morgen zuvor hatte die Regierung eine Bombe platzen lassen: Benzin würde drastisch gekürzt werden. Ein aus der Sowjetunion erwarteter Öltanker war ausgeblieben und der Verkehr stand still, so gut wie alle Zapfsäulen in der Stadt waren versiegt. So prekär war die Situation.

»Ich habe vor zwei Tagen voll getankt«, erzählte mein freiberuflicher Chauffeur, »also habe ich genug, um in die Stadt zu kommen.« Und: »Der Caddy braucht eine neue Lackierung«, sagte er weiter.

»Ganz Havanna bräuchte eine. Entschuldigen Sie sich nicht. Es ist ein tolles Auto.« Es war an diesem Abend auch so ziemlich der einzige Wagen auf Havannas Straßen.

Das Paar betrieb einen »wilden« Taxiservice und sammelte am Flughafen Fremde gegen Dollarfahrpreis auf. Beide gingen bei Tag einem anderen Beruf nach. Ein Bericht des Innenministeriums hatte im Frühjahr zuvor die »Schattenwirtschaft« angegriffen und sie als »Untergrundkapitalismus« bezeichnet. Schwarzhändler wie meine privaten *taxistas* waren nicht einfach Individuen, die ein kriminelles Leben führten, betonte der Bericht, sondern vielmehr »eine spontane politische Bewegung hochexplosiver konterrevolutionärer Kraft.« Statt vor dem beleuchteten Eingang des Focsa-Gebäudes vorzufahren, parkten die konterrevolutionären Kräfte auf der anderen Straßenseite. Bevor sie mein Geld nahmen, löschten sie die Innenbeleuchtung des Wagens.

Ich begann, eine Vorstellung von der Schattenwirtschaft zu bekommen, diesem verschlungenen Fluss von Waren und Dollar, der alle Bereiche des täglichen Lebens berührte. Auf einer Party sah ich eines Abends eine Platte mit einer breiten Auswahl sonst nicht erhältlicher Früchte, die eine geradezu unheimliche Ähnlichkeit mit den Tabletts auf dem Büffet im Habana Libre aufwies. Geldwechsler, Prostituierte, wilde Taxis. Kuba war voller Verbrechen ohne Opfer und Opfer ohne Verbrechen. Ein Vergleich mit den USA wäre gehässig und sinnlos. In vieler Hinsicht war Kuba in besserem Zustand als andere lateinamerikanische Länder.

Am nächsten Morgen waren die Straßen Havannas wie ausgestorben. Keine Autos rasten vorbei, wo schwerer Verkehr die Regel gewesen war, keine Lkw-Ladungen voller Arbeiter zogen herdenweise aufs Land zur Kartoffelernte. Eine Familie hätte direkt in der Mitte des Malecón picknicken können, ohne Auspuffgase zu schnuppern. Man hätte meinen können, jeder einzelne Reifen in der Stadt sei platt. Der Klassiksender spielte eine sinfonische Version von Gershwins »I Got Plenty of Nothin'«, und eine neue Übersetzung von William Faulkners *Absalom, Absalom!* von 1936 setzte sich an die Spitze der wöchentlichen Bestsellerliste. Der bekannteste Schriftsteller in den Sachbuchcharts war Che Guevara, sein *Guerilla Warfare* hatte die Spitzenposition knapp abgegeben.

In dieser Woche kehrte ich von meinen morgendlichen Spaziergängen über den Malecón über ein paar enge Hintergassen in den Gegenden Centro und Vedado zurück. Mütter waren früh unterwegs; sie brachten ihre Kinder zum ersten Schultag des Herbsthalbjahres. Hausfrauen bildeten eine Schlange vor dem Sozialismus-oder-Tod-Milchgeschäft und pressten ihre Taschen an sich.

Auf dem Weg nach drinnen hielt jede ihr Lebensmittelkarte in der Hand, auf dem Weg nach draußen manche frische Milch. Ich fragte den Mann, der die Aufsicht hatte, ob die Milch streng rationiert sei oder ob ich sie auch als freie Ware kaufen könne. Um die Angelegenheit zu komplizieren, hatte ich keine leeren Flaschen dabei, die ich hätte eintauschen können, und keine Tasche, um die vollen zu tragen. Ich schätze, ich erregte sein Mitleid, denn er gab mir zwei Flaschen frische Milch für zweieinhalb Pesos, den Preis für die Flaschen inbegriffen, und suchte eine Tasche für mich. Ich ermahnte mich selbst, immer eine zusammengeknüllte Plastiktüte einzustecken; man konnte ja nie wissen, ob man nicht über Milch, Ananas oder Brot stolperte.

Die Bar und Cafeteria *Detroit*, ein Restaurant der Kategorie IV unter freiem Himmel, war zwei Blocks entfernt. (Es existieren sieben Kategorien, eins ist die nobelste.) Gegenüber gab es mal einen Autohändler, sagte der Mann hinter der Theke, daher der Name des Lokals. Für zehn Centavos bekam ich einen Fingerhut voll Morgenkaffee, zu dieser Stunde die einzige Ware auf der Tafel. Die einheimische Mischung in diesem armen Land des köstlichen *café* war mit Zichorie verschnitten. Wie viele Kaffee produzierende Länder exportiert Kuba die beste Ware. Dessen ungeachtet war der *cafecito* ein perfekter Muntermacher. Ein Tisch in der Bar und Cafeteria *Detroit* eignete sich gut, um Havanna beim Aufwachen zu beobachten. Die Stadt hatte sich für die Konferenz der Vereinten Nationen über Verbrechensbekämpfung herausgeputzt. Delegierte aus allen Ländern der UNESCO trafen ein, mit Ausnahme der Vereinigten Staaten und Oman. Evans in der Interessenvertretung in Havanna war der Meinung, die USA hätten teilnehmen sollen. Wenn es zu Veränderungen in Kuba käme, sagte er, würden »Hardliner gegen Hardliner stehen, und indem man an der Konferenz teilnähme, könnte man die Mitte erschließen.« Wer aus den Staaten die Konferenz besuchen wollte, musste dazu eine Genehmigung bei einem Bürokraten in Washington beantragen, dem Zulassungsbeamten für kubanische Exportkontrollbestimmungen im Finanzministerium. Die Reisesperre zäumt ihren eigenen Amtsschimmel.

Mädchen, bulgarische Teenager, fuhren in meinem Flur Rollschuh. Eine Tschechoslowakin scherzte mit dem Liftboy, und ein sowjetischer Junge wollte sein Englisch an mir ausprobieren. Sein Vater arbeitete für die TASS. »Was ist die richtige Antwort, wenn ich Sie frage ›How are you?‹«, wollte er auf der Fahrt vom 25. Stock nach unten wissen. »Ist es ›Sehr gut, danke‹ oder ›Danke, sehr gut‹?« Glücklicherweise stiegen einige Chinesen ein, bevor ich antworten konnte, und als wir die Lobby erreichten, flitzte der *sovietico* nach draußen zum Spielen. Zum Gebäudekomplex der Sowjetischen Botschaft gehörte eine Schule mit 1500 Schülern. Busse holten einige von ihnen jeden Morgen vor dem Focsa-Gebäude ab. Andere ausländische Kinder gingen entweder auf normale öffentliche Schulen oder in die englischsprachige Internationale Schule Havanna. Die ISH, auch sie in Miramar, unterrichtete 120 Schüler aus 27 Ländern in zwei instand gesetzten Herrenhäusern. (Aus Ungarn stammten die meisten, nämlich 16 Schüler.) Ein einziger Schüler besuchte die zwölfte Klasse, er stammte aus Ecuador. Die Direktorin war Britin, das Lehrerkollegium bestand aus Kubanern.

Im Gegensatz zu allen übrigen Schulen im Land, besaß die Internationale Schule einen Kopierer. Benötigte sie Nachschub, schickte die Schule ein Fax oder Telex in die USA, und die Materialien kamen mit dem US-Diplomatengepäck. Die IHS besaß einen Computerraum mit von der US-Interessenvertretung gestifteten Macintosh-Computern. Die 19 Lehrer bezogen ein Grundgehalt von 250 Pesos im Monat und »Vergütungen für Zusatzaufgaben« wie Wache sitzen, Nachhilfeunterricht oder Aufsicht bei außerschulischen Aktivitäten, die in *divisa*-Scheinen – harter Währung – ausgezahlt wurden. »Es gibt auch eine Formel, nach der sie, abhängig von der Anzahl der Jahre im Schuldienst, in Dollar bezahlt werden«, sagte Linda Daly, die Schulleiterin, »plus weitere Dollar für das Unterrichten in der Abendschule. Kuba wird von einer umfassenden und hochgradigen Neurose in Bezug auf die Währungssituation beherrscht. Schüler zahlen in harter Währung, es sei denn, ihre Eltern werden in Pesos entlohnt, doch dies betrifft lediglich ein Viertel. Das Schulgeld beträgt 1200 US-Dollar pro Semester.« Daly zündete sich eine Rothman International Luxury Length an. »Ich kann Ihnen gar nicht sagen, wie untröstlich ich bin, dass dies die letzte Schachtel in der Stadt ist. Die Diplotienda«, ein Kaufhaus, in dem man nur für harte Währung einkaufen kann, »scheint sie nicht länger auf Lager zu haben. Für mich ist das viel schlimmer als die Benzinkrise.«

Der Stundenplan der Internationalen Schule in Havanna orientiert sich an dem konventioneller Highschools in den USA. Die neunte bis zwölfte Klasse wird per Post beim Highschool-Studienprojekt der Universität von Nebraska in Lincoln bestellt. Davon abgesehen ist die IHS die einzige Schule in Kuba ohne Büste von José Martí.

Statt direkt nach Hause zu gehen, nahm ich den Bus – zwei Fahrgäste zahlten für die Fahrt, vier taten es nicht – zur San Lázaro Avenue, die in der Nähe einer kleinen, auf meinem Stadtplan eingezeichneten Sackgasse namens Hamel liegt. Der Name eines Freundes in den Staaten schreibt sich genauso, und ich hatte die Idee, seine Straße zu besuchen. Um zum Hamel zu kommen, musste ich eine weitere kleine Sozialismus-oder-Tod-Bäckerei, ein Gebäude mit einem Porträt von José Martí im Fenster und einen Mann passieren, der an der Straßenecke gebrauchte Schallplatten verkaufte. Zu seiner Sammlung zählten Bobby Vonton, Mario Lanza, Stevie Wonder und Sammie Kay.

Der Hamel war anfangs schwer zu finden: Er versteckt sich in den Hintergassen des Viertels Cayo Hueso. In der Abenddämmerung begann es zu nieseln, und ich dachte, schnell durch die Straße zu gehen würde für meine

Zwecke reichen. Ich war in Gedanken bereits dabei, eine Postkarte an meinen Freund zu formulieren: »Die Straße mit deinem Namen ist zwei Blocks lang, mit den obligatorischen Schlachtrufen der Revolution (Hurra! Hurra! Hurra!) geschmückt, und mit einer *bodeguita*, die Reis und andere Grundnahrungsmittel verkauft. Die Häuser haben einen Anstrich bitter nötig, aber auf den Balkonen im ersten Stock blühen bunte Blumen.«

Stattdessen wurde ich mit einem Wandfries konfrontiert, so lang wie ein Footballfeld, Thema, Wirkung und Ausführung waren überwältigend. Es war kraftvoll genug, um mich wie angewurzelt stehen zu lassen, als hätte ein Blitz mich am Boden festgeschweißt. In einem Land, in dem öffentliche Kunst, gerade an den Mauern, aussieht, als stamme sie fast ausnahmslos von ein und demselben Maler, hob sich das Wandbild im Hamel durch Intensität und Innigkeit ab.

Rauch, Wasser, Gliedmaßen, Augen und Wurzeln wirbelten in Schwärmen um Federn, Göttinnen, Schlangen und Opferungen. Die Gottheiten der Yoruba-Sekte, Yemayá und Ochun, umschlingen einander, Abakuá beherrschen die angrenzenden Segmente des Frieses. Das Wandbild interpretiert die Santería, die wenig greifbare und ungeheuer beliebte Religion, die ein widerspenstiger Bestandteil des kubanischen Alltags ist. Afrokubanische Religionen, die aus dem heutigen Nigeria stammen, haben sich zu einem Brauch entwickelt, der in ganz Kuba und in seinen Nachbarländern fest verwurzelt ist. Das Wandbild im Hamel greift persönliche Santería-Werte auf und macht sie öffentlich. Eine Anmerkung des Künstlers, in kleinen Buchstaben am Rand des Frieses, erklärte, dass das Werk zwischen dem 21. April und dem 24. Juli 1990 entstand. Er hatte es vor dem 26. Juli fertig stellen wollen, dem Gedenktag zum Guerilla-Angriff auf die Moncadakaserne, ein aussichtsloser Einsatz, der nichtsdestoweniger den Auftakt der Revolution signalisierte. Als ich so dastand und das Bild bewunderte, trat ein Nachbar im Miami-Dolphins-Trikot zu mir.

»Gefällt es Ihnen? Das hat ein Mann hier aus der Straße gemalt. Vorher war dort eine nackte Wand. Die *muchachos* haben böse Ausdrücke drangeschrieben. Wenn Sie möchten, mache ich Sie mit dem Künstler bekannt.« Genau in diesem Moment lehnte sich ein Mann, oberhalb und jenseits des Frieses, aus einem Fenster im dritten Stock. »Das ist er, dort drüben.«

»Ich komme gleich runter«, rief der Mann im Fenster. Und so begann eine herzliche Freundschaft mit Salvador González, der seine Einflüsse aus der Santería, Che Guevara und der zeitgenössischen Kunst zieht und dessen Enttäuschung über die Unzulänglichkeiten des Landes seinem Willen, darin zu überleben, ebenbürtig ist.

Er hatte die Arbeit ein paar Monate zuvor vollendet und zeigte sich an Kritik interessiert. González war Mitte 40 und bereit, die halbe Nacht darauf zu verwenden, seine Kunst und seine Inspiration jedem zu erklären, der bereit war zuzuhören. »Ich fing jeden Morgen um zehn Uhr an, und manchmal hörte ich nicht vor zwei oder drei Uhr am nächsten Morgen auf. Nach einer Weile unterstützten mich Nachbarn mit Kaffee, einem Imbiss, sogar mit Farbe, und nachts leuchteten sie, um mir nach Einbruch der Dunkelheit beim Arbeiten zu helfen. Ich hatte keine Vorlage oder irgendein Papier. Die Grundlage meiner Arbeit sind die *cultos sincreticos*«, die synkretistischen Kulte, aus denen die Santería besteht. »Das Bild ist aus meinen Gefühlen entstanden.«

Gefühle sind ein Teil der Geschichte des Hamel. *Filin* – nichts anderes als eine spanische Umsetzung des englischen Wortes »Feeling« – war ein von schmachtenden Sängern wie Nat »King« Cole beeinflusster Gesangsstil, der sich in den 40er Jahren im Haus des Musikers Tirso Díaz in dieser Straße entwickelt hatte. Der Hamel wurde nach einem Amerikaner benannt, der um die Jahrhundertwende in der Modebranche arbeitete.

Ich fragte González, ob die Stadt sein aufwendiges Projekt gefördert hätte, erhielt jedoch keine Antwort, denn er wollte nur über Kunst sprechen. »Ich habe eine Spritzpistole benutzt und einen Kompressor. Ich habe noch andere Gemälde zum gleichen Thema gemacht. Manchmal bittet man mich, Körper zu bemalen, damit die Leute sich beim Tanzen als *santero* – Priester der Santería – fühlen. Das ist mein Geschenk an die Menschheit. Ich wette, in den Vereinigten Staaten gibt es nicht eine Wand, die der afrokubanischen Kultur gewidmet ist, habe ich Recht? Ich will zeigen, dass das Afrokubanische eine lebendige Kultur ist – sogar in einer kommunistischen Gesellschaft. Ich bin ein Mitglied der Kubanischen Künstler- und Kunsthandwerkervereinigung.

Inzwischen waren wir oben in seiner kleinen Wohnung angekommen. Seine Frau Maritza, eine Lederarbeiterin, brachte uns Kaffee heraus, und wir saßen auf den gepolsterten Korbstühlen neben dem Fenster, das den Hamel überblickt. González trug seidene Socken und eine Windjacke aus Seide, auf der »Porsche« stand. Er zeigte mir das Videoband einer Dokumentation von Cubavisión über Religion in Kuba. Eine von der Regierung geförderte Erhebung kam zu dem Schluss, dass weit über die Hälfte aller Kubaner *creyentes* waren, Gläubige – eine dehnbare Kategorie, die Katholiken, *santeros*, Juden, Zeugen Jehovas und andere einschloss. González war zur Wandelbarkeit des afrokubanischen Glaubens interviewt worden. Er hatte nichts übrig für zur Seite gewandtes Lächeln.

»Erinnern Sie sich, eine der ersten Fragen, die Sie mir stellten, war, ob die Stadt das mitgetragen hat. Nein, ich habe es allein gemacht. Es ist eine hohe Berufung. Wenn Sie Ihr Buch verkaufen, bekommen Sie Geld dafür. Ich bekomme die Bewunderung der Leute, die hier vorbeigehen. All diese Leute, die mit mir über den afrokubansichen Glauben gesprochen haben – ich will ihnen helfen. Sie kommen aus der ganzen Welt.« Er holte sein Adressbuch hervor mit Visitenkarten von Professoren und Journalisten aus Europa, den Staaten und Lateinamerika. »Aber ich habe von keinem Einzigen mehr gehört. Sie filmen hier, sie

machen Fotos. So viel ich weiß, stand in einer deutschen Zeitschrift ein Artikel über meine Arbeit, aber so etwas bekommen ich nie zu sehen.«

»Ich weiß, unsere Post ist unzuverlässig, aber nicht ein einziges Mal habe ich später von diesen Leuten gehört. Ist es zu viel verlangt, dass Leute, die etwas von hier mitnehmen, auch eine Kopie ihrer Arbeit schicken? Manchmal habe ich das Gefühl, ich lebe auf einem anderen Stern. Ich bekomme kein Geld für meine Arbeit. Mein Lebenslauf besteht aus der Arbeit, die andere mit meiner Hilfe machen.«

Sein Pudel, Yaco, nass vom Regen und etwas zu anhänglich, rannte auf uns zu. González kletterte auf den Speicher, um mir ein Hemd zu holen, meines war vom Regen durchweicht. Maritza verschwand, um mehr Kaffee zu holen. »Ich würde zu gern etwas über neue Techniken bei Wandmalern in anderen Ländern erfahren. Jemand hat mir von einer neuen Sorte Fassadenfarbe erzählt, gibt es die? Ich möchte auch weiterhin in Kuba Wandbilder malen.«

Isabel Allendes *Von Liebe und Schatten* stieg auf Platz zwei in die Bestsellerliste ein und verdrängte die österreichische Schriftstellerin Christine Nöstlinger. *Seeds of Fire*, eine Anthologie über die Revolution in Augenzeugenberichten, fiel von Platz eins auf Platz fünf der Sachbuchliste. Eine Sammlung von Werken von Anaïs Nin, die in jungen Jahren auf Kuba gelebt hatte, war gerade herausgekommen. Wäre das Buch veröffentlicht worden, hätte man ihre Ansichten genau gekannt? »Die Kubaner sind das zynischste und abgebrühteste Volk der Welt«, schrieb sie nach ihrer Rückkehr in den 20er Jahren in ihr Tagebuch. »[Sie] haben generell keinen Respekt vor Kunst und noch weniger vor der Dichtung.«

Mit diesen Worten im Hinterkopf ging ich zum Schriftsteller- und Künstlerverband, um Barnet aufzusuchen, der gerade von seiner Chinareise zurückgekehrt war. Wir wollten uns rechtzeitig am Mittag treffen, wenn UNEAC-Mitglieder für rund 50 Centavos eine anständige Mahlzeit erhalten. Buchstäblich jeder Arbeitsplatz im Land verfügt über eine Küche und einen Speiseraum, wo die Mitarbeiter gemeinsam essen können. Ich kam 15 Minuten zu spät – an kubanischen Maßstäben gemessen früh –, wofür mich Barnet sanft rügte. Er erweckte bei mir stets den Eindruck, er käme zu spät zu seinem nächsten Termin und sein mühsames Leben fände endlich Erleichterung, wenn er es nur über den Tag schaffte. Er hält im bergigen Umland 25 Chihuahuas und den Termindruck im tropischen Havanna auf gemäßigtem Niveau.

Die Schlange an der Essensausgabe war so lang, dass wir uns, statt anzustehen und zu warten, zu einem vertraulichen Gespräch in La Plumes Büro zurückzogen, während diese beim Mittagessen war. Barnets Englisch war makellos, in Kuba gepflegt und in den Staaten vervollkommnet. Die Recherchen für seinen Roman *La Vida Real* über einen Kubaner in New York hatte er

Mitte der 80er Jahre während eines Aufenthaltes mit einem Guggenheim-Forschungsstipendium in Greenwich Village gemacht. Er verwendet viele umgangssprachliche Ausdrücke, und als ich ihm sagte, ich wolle durch sein Land »rauschen«, hielt er inne, als habe er »durchrauschen« noch nie gehört. Er sog es mit einem flüchtigen Lächeln auf und verleibte es seinem Wortschatz ein.

Ich wiederholte die Warnung, die La Plume mir gegeben hatte, dass das Außenministerium meine Pläne kennen wolle, um zu sehen, inwiefern sie die Ressourcen des Landes belasten würden. »Ich bin mir sicher, dass eine Person…«

Miguel unterbrach mich. »Ich muss Sie ein wenig warnen. Vielleicht werden Sie einiges nicht tun können. Wir leben in einer fürchterlichen Zeit, und die Dinge werden sich verschlechtern. Wenn die Menschen begreifen, dass sie nichts zu essen haben, nun, ich weiß nicht, was dann passiert. Ich kann durch die Welt nach China reisen, aber wenn ich zurückkomme, kann ich noch nicht einmal Benzin kriegen, um meine Hunde außerhalb von Havanna zu besuchen. Ich weiß nicht, warum ich bleibe«, er warf die Arme in die Luft, »aber es gefällt mir. Ich liebe den Wahnsinn daran.«

Seine Reise nach China, auf Einladung des dortigen Schriftstellerverbandes, war gut verlaufen. »Es war wundervoll«, sagte er. »Ich erlebte eine funktionierende Mischwirtschaft. Sie verfügen über Waren aus dem Westen und hochwertige Produkte aus eigener Herstellung.«

Barnet hatte sich einmal für sein Land hervorgetan, als er sich bereit erklärte, den Fall Armando Valladares bei einer Menschenrechtskonferenz in Genf zu erörtern. Valladares, ein Gefangener in kubanischen Gefängnissen, dessen Freilassung nach mehr als 20 Jahren das Ergebnis einer internationalen Kampagne gewesen war, schrieb, als er freikam, *Against all Hope* und wurde durch einen Sonderentscheid des Kongresses US-Bürger und der amerikanische Delegierte für Menschenrechtsfragen bei den Vereinten Nationen. Sein Buch, eine wortgewaltige Enthüllung über die Gefängnisse und das System der inneren Sicherheit in Kuba, war wegen seiner erfindungsreichen Darstellungen und massiven Verzerrungen angegriffen worden. Allerdings machte es den Standpunkt des Autors eindrucksvoll deutlich und wurde in vielen Ländern zum Kassenschlager. »Ich habe ihn zum Gespött gemacht«, erinnerte sich Barnet an die Konfrontation. »Ich sprach anfangs auf Englisch, und er bat mich, Spanisch zu sprechen. Warum? fragte ich. Sie sind nun amerikanischer Staatsbürger. Sie sind der Repräsentant des amerikanischen Volkes, Sie sind sein Botschafter. Ich spreche in Ihrer Sprache. Valladares kam so durcheinander, dass er aufstand und ging. Alle Reporter dort lachten über ihn.«

Ich fragte Barnet nach Jacobo Timermans Besuch; er erinnerte sich an Timerman, der sensibel gegenüber den Feinheiten in der Regierung gewesen sei und Fidel höchst kritisch gegenüber gestanden habe. »Ich sollte in seinem Buch vorkommen. Ich gab ihm ein Exemplar von *La Vida Real,* und es gefiel ihm.«

Barnet wollte wissen, ob ich auf der Straße von *jineteros* belästigt worden sei. Ein wenig, antwortete ich, ich würde jedoch versuchen, sie zu ignorieren und aus ihren Belästigungen Gespräche entstehen zu lassen.

Er war froh, dass ich so schnell und einfach einen Platz zum Wohnen gefunden hatte. Anfangs hatte ich ihm erzählt, ich wolle eine kubanische Familie mit überzähligem Schlafzimmer überreden, mich als Untermieter aufzunehmen. Er hatte mich gewarnt, dass manche Familien einem US-Schriftsteller misstrauisch begegnen könnten. »Oder vielleicht ihre Nachbarn. Nicht dass man die Polizei rufen würde – das tun sie nicht mehr. Aber es wäre ungewöhnlich.« Was die Straßengauner anging … »Seien Sie besser vorsichtig. Ich bin nur einmal ausgeraubt worden. Ich war in Barcelona, und man stahl mir meinen Pass.«

In Kuba gibt es drei Sorten von Pässen: normale Papiere für Staatsbürger, mit denen es schwierig ist durchzukommen, Diplomatenpässe, die nur an den Auslandsdienst gehen, und die roten, die als einmaliges Reisedokument dienen, wenn der Inhaber Kuba bei internationalen Veranstaltungen vertritt. »Rot. Eine wirklich dumme Wahl«, sagte Barnet höchst amüsiert, »Rot zieht die Einwanderungsbehörden magisch an, aus Kuba kommen und einen roten Pass haben.«

Das Gespräch drehte sich um Künstler. Er senkte die Stimme. »Es gibt eine neue Bewegung kubanischer Künstler, junge Leute, die höchst systemkritische Kunst machen. Allmählich kennt sie jeder. Es ist nicht eigentlich Untergrundkunst und niemand kritisiert sie, aber sie werden dadurch berühmt, und«, er wiederholte es mit hoch gezogener Augenbraue, »sie sind höchst systemkritisch.« Er war zu diskret, um mir Namen zu nennen.

Eine groß angelegte Kampagne für den sparsamen Umgang mit allen Ressourcen begann. Plakate vor den Wohnhäusern ermahnten uns: SPART ZEHN PROZENT IM MONAT EIN – von unserem Stromverbrauch. Das Krankenhaus Friar Andrade, berichtete die Tageszeitung *Tribuna*, »ist eines der Klinikzentren im Gesundheitssektor, das als Reaktion auf den Aufruf der Regierung in dieser besonderen Phase in einer Zeit des Friedens mit Energiesparmaßnahmen begonnen hat.« Man berichtete von Kürzungen beim Treibstoff, beim Waschen, in der Küche und in den Büros, wo man unnötige Beleuchtung und den Betrieb von Klimaanlagen gekürzt hatte. Die Schlagzeile einer anderen Zeitung forderte, begleitet von dem Foto eines Zuschauers, der vor dem Fernseher einnickte: »Wenn Sie nicht hinschauen, schalten Sie ab!« Der Artikel empfahl, das Fernsehen einzuschränken und dafür zu sorgen, dass alle Lichter in den übrigen Räumen ausgeschaltet waren, wenn der Fernseher lief. »Setzen Sie alle Ihnen zur Verfügung stehenden psychologischen Mittel ein, um Kinder davon zu überzeugen, den Fernseher nicht als Radio zu benutzen. Ein Fernseher verbraucht zehn Mal mehr Strom als ein Radio… Denken Sie daran, man braucht nicht viel Licht, um fernzusehen. Eine günstig platzierte 20-Watt-Lampe sorgt für eine angenehme Umgebungsbeleuchtung, die Ihrer Sehkraft nicht schadet.« Der Artikel vergaß, zu erwähnen, das 20-Watt-Birnen so gut wie nicht zu finden waren. Heraufbeschworen wurde die gesamte Krise durch die Wirren in der Sowjetunion, deren Öltanker immer seltener zuverlässig einliefen.

An diesem Abend rief Veronica an. Die Russisch-Übersetzerin lebt im Focsa-Gebäude. Sie gießt häufig Rons Pflanzen, wenn er nicht in der Stadt ist. Ihr Fernseher sei kaputt, sagte sie, ob ihr Sohn, ein Teenager, heraufkommen könne, um *Rocque Santeiro*, die beliebte brasilianische Seifenoper, zu sehen. Ron hatte einen lausigen sowjetischen Schwarzweißfernseher, aber er funktionierte. Ich ließ André ein und ging über die Straße zum Hotel Victoria, um in den Staaten anzurufen und die Grundpfeiler einer einstürzenden Romanze daheim zu stützen. Ich fühlte mich wie eine Figur aus einer Geschichte von Graham Greene, ein völlig deplatzierter Ausländer am Empfang eines noblen Hotels in einer Dritte-Welt-Diktatur, der auf Englisch in schlechte Überseeleitungen brüllte, während die verwirrten Einheimischen ihre gestärkten Uniformen anstarren und andere Ausländer in der Hotelhalle vorgeben, nicht zu lauschen, während ich wild gestikulierend mit den Tränen kämpfte. Nein, es war kein hübscher Anblick.

Zum Trost gönnte ich mir etwas Eiskrem im Coppelia. Die erste Schlange, in der man sein Ticket kaufte (50 Centavos pro Kugel), war nur fünf Minuten lang. Die zweite Schlange, an deren Ende man sein Ticket gegen eine Eiskugel eintauschte, verzögerte sich unvorhergesehen, während der glücklose Angestellte auf einen neuen Eimer Eiskrem wartete, diesmal mit Früchten. Das Warten lohnte sich allerdings, denn ich hatte noch nie jemanden gesehen, der Eiskrem austeilte und dabei einen Che-Button trug. Ich holte mir noch eine Kugel.

La Plume de Mantanzas hatte mein Empfehlungsschreiben fertig. In einem Land, in dem die Identifizierung wesentlich vom Arbeitsplatz abhängt, stellten Referenzen, die mich mit dem Schriftstellerverband in Verbindung brachten, eine kaum messbare Hilfe dar. Wann immer ich Bekannten gegenüber erwähnte, dass ich unter der Schirmherrschaft der UNEAC in ihrem Land war, nickten sie respektvoll und sagten: »Ah, la UNEAC.« Mit La Plumes Brief konnte ich unangemeldet bei Beamten erscheinen und zumindest auf eine freundliche Antwort hoffen. Ohne ihn hätte ich mich vielleicht im Netz der Bürokratie verfangen, in dem ein Faktotum in meinem Namen an einem anderen vorbeiredete, bis einer von beiden aufgab.

Das UNEAC-Briefpapier gab, wie alle Regierungsbriefköpfe, das Datum mit dem Zusatz »Año 32 de la Revolución«, 32. Jahr der Revolution, an. Die Vorstellung, dass das Zeitalter der Aufklärung mit dem 1. Januar 1959, dem Tag der Abdankung von Fulgencio Batista, begann, ist nicht nur auf dem Papier zum Gesetz erhoben worden, sondern auch auf Plakatwänden, Zeitschriften und im Radio. Für manche war dies tatsächlich die Genesis; oft hörte ich Kubaner beim lauten Nachdenken über die Verbesserungen in ihrem Leben seit der Revolution mit biblischem Eifer sagen: »Im Anfang…«

Die Schlüsselworte in La Plumes Schreiben waren: »Sr. Miller bereitet eine Reihe von Zeitschriftenartikeln und auch ein Buch über Kuba vor. Wir wären Ihnen dankbar, wenn Sie ihn bei der Umsetzung seines Vorhabens unterstützen würden.« Als sie den Brief übergab, erwähnte La Plume, dass sie das Exposé über meine Vorhaben mit dem Leiter der Nordamerika-Abteilung im Außenministerium erörtern würde, und sagte, ich solle in der folgenden Woche bezüglich der Entscheidung wiederkommen. Übrigens könne ich mein Mittagessen zukünftig nicht mehr bei der UNEAC einnehmen, denn wegen des landesweiten Sparprogramms wären die Kantinen am Arbeitsplatz nicht mehr in der Lage, Außenseiter durchzufüttern.

Ich protzte an diesem Abend bei einem Llamamiento mit dem neuen Schreiben von La Plume. Unter Llamamiento oder auch »Einberufung« versteht man eine Reihe von Treffen, die von der Kommunistischen Partei gesponsert werden, um Vorschläge für die Aussprache auf dem nächsten Parteikongress zu sammeln. Llamamientos fanden abends für Leute aus der Nachbarschaft statt, tagsüber in den Gemeindezentren für Rentner und auf jeder Ebene an den Arbeitsstätten für Arbeiter, damit sie ihre Ansichten äußern konnten. Jeder hatte Gelegenheit, an mindestens einem Llamamiento teilzunehmen.

Die Basisdemokratie, wie man Llamamientos gelegentlich auch nannte, hatte einen fürchterlichen Start. Die meisten Leute in diesem Land stark divergierender persönlicher Ansichten über alles, vom Baseball-Schlagmann, der für den Werfer einspringt, bis hin zum sowjetischen Einmarsch in Afghanistan, fühlten sich einfach nicht wohl dabei, öffentlich zu sprechen. Die Partei trug dem Rechnung und startete einen neuen Versuch; diesmal forderte man die Kubaner auf, sich zu beschweren. Die einzigen Tabuthemen seien Mehrparteiensystem und Sozialismus selbst. Ich erschien in einem Gebäude des Bildungsministeriums zu einem Nachbarschafts-Llamamiento und fragte, ob man als Gast beiwohnen könne. Der Mann am Empfang sah sich das Schreiben vom Schriftstellerverband an und versprach, mein Anliegen dem Parteidelegierten vorzutragen, sobald er am Abend auftauche.

Ich verbrachte den Nachmittag auf dem Kolumbus-Friedhof, einer der farbenfrohsten Begräbnisstätten ganz Amerikas. Ich suchte nach dem Grab von José Raúl Capablanca, der »Schachmaschine«, Kubas internationalem

Großmeister. Bald sollte eine fiktive Biografie des Weltmeisters erscheinen, und ich wollte mit dem Mann Fühlung aufnehmen. Der Cementerio Colón erstreckt sich Morgen um Morgen über Gräber, die zum Teil aus der Mitte des 19. Jahrhunderts stammen Die Fußwege tragen Straßennamen. Die Mausoleen der wohlhabenderen Verstorbenen sind übersät mit abstrakten Mustern, Schnörkeln und erschlagendem religiösen Symbolismus. Ein Totengräber schickte mich zur Achten Straße zwischen A und B, wo ich Capablanca an seinem gewohnten Ruheplatz fand. In die Frontplatte eines großen Grabmals standen eingemeißelt sein Geburts- und Todesdatum, sein Name und »Weltmeister«:

CAMPEÓN MUNDIAL
1921–1927

Ein 1,50 Meter hoher Schachturm aus Marmor stand auf Capablancas Grab, als wolle er seinen Herrn und König verteidigen. Das Denkmal passte zu dem Mann, der gesagt hatte: »Es gab viele Momente in meinem Leben, in denen ich nah daran war, zu glauben, ich könne nicht ein einziges Spiel verlieren.«

Der spätsommerliche Regen hielt am Nachmittag an. In den Straßen von Havanna regnete es in Strömen. Die Fußgänger rannten und suchten Schutz, Sonnenschirme dienten als Regenschirme, und mein Bus war das einzige Verkehrsmittel, das auf der 23. Straße fuhr. Die Wäsche, die auf den Balkonen hing, wurde tropfnass. Die Wellen schlugen tosend über die Ufermauer auf den Malecón und durchnässten jeden, der dort ging oder fuhr. Die Rinnsteine am Straßenrand ertranken unter Sturzbächen. Polizisten leiteten den Verkehr um. Mitten im Donnergrollen brach das Stromnetz zusammen. Fenster und Türen füllten sich mit *habaneros* – den Einwohnern von Havanna –, die dem Spektakel mit karibischem Stolz zusahen, als finde die Flut nur für sie statt. Nach Einbruch der Dunkelheit durchwogte ein träumerischer Duft die Stadt.

Nach einem Abend mit Fidel Mitte der 60er Jahre befand Graham Greene, Castro sei »ein empirischer Marxist, der den Kommunismus nach Gehör und nicht vom Blatt« singe. Wenn das der Wahrheit entspräche, würde *el comandante* in Cafés wie dem San Juan an der Infanta, Ecke 25. Straße, einiges zu hören bekommen. Das San Juan ist L-förmig, ein Schenkel dient als Bar, die ausschließlich Rum verkauft, der andere als Café. Letzteres wurde vom hoch gewachsenen, dünnen, dicht behaarten Florencio geführt, der ein weißes Hemd trug, fleckig von einem hektischen Tag hinter dem Tresen, und seiner Frau, María, fröhlich und pummelig, mit gut frisiertem rotem Schopf und baumelnden Ohrringen. Die ersten fünf Minuten unseres Gesprächs waren eine Kopie desselben Dialogs, in den ich überall geriet; ich war so daran gewöhnt, dass ich das Skript im Voraus hätte schreiben können. Früher oder später jedoch bahnte natürliche Neugier individuellen Persönlichkeiten den Weg, und jedes Geplauder nahm eine andere Wendung. Die Konturen im San Juan gerieten durcheinander, als María lachte und sagte, sie wolle mich heiraten und nach Florida ziehen.

Ich warf Florencio einen Blick zu. »Nimm sie mit«, sagte er, als verscheuche er eine Katze von seinem Tresen, »nimm sie mit!« Er genoss das ebenso sehr wie sie und beide mehr als ich.

»Aber was, wenn es mir hier gefällt? Vielleicht möchte ich, dass wir auf Kuba leben und nicht in den Staaten.« Carlos, der Kellner, stellte meinen Teller weißen Reis und ein Sandwich mit Sardinenpaste auf den Tresen. Gesamtpreis: 65 Centavos.

»In Ordnung,« sagte Maria, »wir fahren in die USA, ich bleibe dort, und du kannst ja wieder herkommen, wenn du möchtest.«

Pedro, zwei Stühle, weiter, fand das besonders komisch. »Sagt mal, habt ihr schon den Witz über die Rede gehört, die Fidel auf der Plaza gehalten hat?«, fragte er und strich sich einen nicht vorhandenen Bart. »›So Gott will‹, sagte er, ›werden wir genug Säcke mit Reis für alle haben.‹ Der jüngere Bruder Raúl beugte sich herüber und flüsterte: ›Psssst, Fidel … es gibt keinen Gott.‹ – ›Das ist in Ordnung, *hermanito*, es gibt ja auch keine Säcke mit Reis.‹«

Florencio schmuggelte mir einen Schuss Rum an der Wand vorbei, die Café und Bar trennt. Auf dem Weg zum Llamamiento schoss ein dunkelblauer Chevrolet Bel Air mit Hardtop, Baujahr 1957, vorbei, gefolgt von einem Olds 88 Golden Rocket aus dem gleichen Jahr. (Castro und sein Gefolge reisten in den ersten Jahren in einer Flotte von Oldsmobiles.) Ich hatte mich an Wagen aus den 50er Jahren gewöhnt. Anfangs warfen die Wagen aus den Jahren vor 1959 natürlich eine Zeitverzerrung über die Hauptstadt. War das eine Filmkulisse oder eine wirkliche Stadt? Autos, die von amerikanischen Autobahnen verschwunden waren, säumten jeden Straßenzug. Oft näherte ich mich ihnen, um sie zu untersuchen, Armaturenbretter zu bewundern, meine Finger über eine Heckflosse fahren zu lassen und, so sie eines besaßen, mich auf das Trittbrett zu stellen. Wenn der Besitzer unter die Haube blickte, gesellte ich mich zu ihm, nur um einen Blick auf die letzten und großartigsten der PS-starken Wagen jener Generation zu erhaschen.

Beim 1957er Chevy, einem der auffälligsten Wagen jener Zeit, zieht sich eine Y-förmige Chromleiste über die gesamte Länge des Wagens. Wie Rock-'n'-Roll-Songs der gleichen Ära legt jedes Auto vergrabene Erinnerungen frei. Ozzie und Harriet kamen mir in den Sinn, die, beide lächelnd, im Hintergrund der Festhalle standen und zu Ricks Band mit den Fingern schnippten. Aber umzingelt von so vielen Wagen aus dieser Zeit, begann ich mich nach härterem Stoff umzusehen: Nur frühe Modelle aus den 50er oder gar 40er Jahren würden mich noch zufrieden stellen.

75 Leute mittleren Alters waren dem Ruf zum Nachbarschafts-Llamamiento gefolgt. Das Treffen war bereits über eine Stunde im Gange, als ich versuchte, unbemerkt hinter einer Büste von José Martí hineinzuschlüpfen. »Dies ist der nordamerikanische Journalist, über den wir gesprochen haben«, verkündete der Versammlungsleiter. »Er wird als Beobachter an unserem Treffen teilnehmen.« Ich lächelte schief, winkte den Anwesenden zu und nahm Platz, als eine Frau in leichten Freizeithosen aufstand, um ihre Beschwerde vorzubringen.

»Nun, ich bin Kommunistin und Revolutionärin, aber wir haben Probleme.« Sie wandte ihr Gesicht dem Publikum zu. »Die Kürzungen beim Strom sind ungerecht. Seit Jahren kommen alle Kinder der Nachbarschaft zu mir, benutzen meinen Plattenspieler und sehen bei mir fern. Sie waren mir immer willkommen. Aber jetzt muss ich zehn Prozent Strom einsparen. Da ich am meisten verbraucht habe, verliere ich am meisten. Das ist nicht richtig.«

»Haben Sie einen Vorschlag für einen Beschluss?«, fragte das Parteimitglied, das durch den Abend führte. Nein, hatte sie nicht.

Eine andere Dame sprach über den Frauenverband. »Er sollte umstrukturiert werden. So, wie er jetzt ist, hilft er uns nicht.«

Ein Mann in einer weiten *guyabera* beschwerte sich über das unberechenbare und mangelhaft instand gehaltene öffentliche Verkehrssystem. »Wir können uns nicht darauf verlassen. Man weiß nie, ob ein Bus kommt oder nicht.«

Bei anderen Llamamientos klagten die Arbeiter über das Rationierungssystem für Lebensmittel, die Qualität der Kleidung und anmaßende Beamte, die in hohe Ämter gewählt worden waren. Würde die Partei Gläubige akzeptieren, der Diskriminierung von Kubanern an Touristenorten ein Ende setzen und die Korruption ausmerzen? Man griff Schuleinrichtungen, die Regeln am Arbeitsplatz und die Bürokratie an.

Jedes Mal, wenn sich die Frau in den leichten Freizeithosen erhob, verriet leises Stöhnen: »Jetzt fängt sie schon wieder an …« Ein erfahrener Parlamentarier verwandelte fast jedes aufgebrachte Thema in einen Beschluss. Als ich die Versammlung gegen 23.30 Uhr verließ, waren fast ein Dutzend Beschlüsse verabschiedet worden, die mit Hunderttausend anderen in der Parteizentrale landeten.

Fabián Cisneros, ein Parteifunktionär, folgte mir, um mir den Ablauf zu erläutern. »Jeder Beschluss wird elektronisch erfasst. Dann filtert man Duplikate heraus und stellt Muster fest. Sie analysieren wissenschaftlich die Tendenzen in der Öffentlichkeit. Auf diese Weise wird jeder Beschluss wahrgenommen. Das ist für uns ein neues Verfahren. Wir nehmen es sehr ernst.«

Die einst verbotene Frucht schmeckte noch immer, aber sie betörte nicht mehr so wie zu Anfang. Langsam gewöhnte ich mich an das Leben in Havanna, die Stadt war kein Tabu mehr. Meine Umgangsformen im Bus wurden besser. Nicht nur nahmen hinter den komplizierten Busstrecken verwinkelte Straßenmuster Gestalt an, ich fing auch an, gewisse Regeln zu begreifen. Fahrgäste stiegen an der Mitteltür, der Hintertür und vorne ein. Fahrgäste, die pflichtbewusst genug waren, um zu zahlen, reichten das Fahrgeld einfach nach vorne weiter und vertrauten darauf, dass andere unterwegs das Geld dem nächsten *compañero* bis zum Fahrer weitergeben würden. Indem ich an dieser einfachen Handlung partizipierte, fühlte ich mich im Alltagswirrwarr der Stadt ein wenig integrierter.

Auf den Gehsteigen gaben mir Karren mit gebrauchten Büchern die Gelegenheit, mit anderen Stöberern zu sprechen. Die meisten Karren boten Lehr- und Geschichtsbücher an, und einer, den ich im Zentrum von Havanna oft aufsuchte, führte auch ein breites Spektrum an Literatur, darunter Werke von Mark Twain, Langston Hughes, H.G. Wells und Daniel Defoe. Ein Typ, mit dem ich dort plauderte, machte mich auf ein venezolanisches Buch über Ecuador aufmerksam, das ich schon seit Jahren suchte. In der Galerie im Obergeschoss der Fototeca, des nationalen Fotografischen Instituts, löste eine Ausstellung des amerikanischen Fotografen Charles B. Waite mit Bildern aus Mexiko zur Jahrhundertwende Diskussionen über das Land der Azteken aus. Langsam fühlte sich Kuba weniger fremd an.

Havanna aber empfand ich als zunehmend stickiger, und das nicht allein der Hitze und Feuchtigkeit wegen. Während die Unterschiede zwischen dieser und anderen lateinamerikanischen Städten sich immer offensichtlicher zeigten, nahmen auch die Parallelen zu. Niemand schätzt ewig überfüllte Straßen, Dieselabgase, lange Schlangen, selbstherrliche Parolen und Papierkram für alles, was größer ist als eine Kugel Karamelleis. (Bei genauerer Betrachtung verlangte auch jede Eiskugel Papierkram.) Jeder versicherte mir, dass ich das wirkliche Kuba sehen würde, wenn ich erst aufs Land führe. Nicht, dass Havanna unwirklich gewesen wäre – tatsächlich war es allzu real –, aber Havanna zu kennen, bedeutete noch nicht, Kuba zu verstehen. Dazu musste ich die Stadt verlassen.

Cienfuegos war mein erstes Ziel, und von dort würde ich Ausflüge zu einem Dutzend weiterer Orte unternehmen können. »Ich bin es müde, in Havanna herumzulungern«, schrieb Edwin F. Atkins, ein Landbesitzer aus Neuengland, 1869 bei seiner ersten Reise auf die Insel, »und ich werde froh sein, nach Cienfuegos zu kommen und etwas zu tun zu haben.« Genau!

Auf dem Weg zu Salvador González, dem Wandmaler, dem ich sein Hemd zurückbringen und von meinen Reiseplänen erzählen wollte, kehrte ich bei einem Imbiss in der Zanja-Straße ein. Die Leute aßen köstlich aussehenden Kuchen, *tatienof* genannt, ein Wort, dessen Herkunft, trotz seines verdächtig russischen Klangs, keiner mit Bestimmtheit feststellen konnte. Das Lokal unter freiem Himmel bot auf Barhockern 40 Gästen Platz. Die Speisekarte bestand aus einem handgeschriebenen Zettel, den man auf einem Anschlagbrett befestigt hatte. Außer *Tatienof* stand noch kalte Milch darauf. Der *Tatienof* erwies sich, als er endlich kam, als leichter Schokoladenkuchen, feucht, fast cremig. Ich bedauerte, nur einen bestellt zu haben. Die Speisekarten in Lokalen wie diesem wechseln von Stunde zu Stunde.

Ein paar Tage zuvor hatte ich in einem kleinen Restaurant vorbeigeschaut, das unter anderem etwas anbot, das *chu* hieß – nicht *cha* oder *Che*, sondern schlicht *chu*. Ich hatte angebissen. »Wie viele?«, fragte die Kellnerin. »*Pues*«, sagte ich zögernd, »*dáme tres.*« Was auch immer *chu* war, eine Person, die drei bestellte, riskierte keine hoch gezogene Augenbraue. *Chu* entpuppten sich als kleine Blätterteighappen, deren käsiges Inneres, irgendwo zwischen Baiser und Quark, fast bitter war. Sie kosteten 30 Centavos das Stück.

Auch für den *Tatienof* bezahlte ich 30 Centavos, für die Milch, schwer und fett, weitere 19 Centavos. Der Kellner wirkte gepeinigt und erledigte alles im Schneckentempo: Bestellungen aufnehmen, sie ausführen, Milch eingießen und Geschirr waschen. Drei weitere Angestellte irrten umher, sahen zu, taten wenig. Von Zeit zu Zeit ging einer ins Hinterzimmer und holte ein neues Tablett mit *Tatienof*, aber genauso oft übernahm das auch die gepeinigte Schnecke. Castro war sich dieses Phänomens bewusst. »Die Kubaner sind das gastlichste, freundlichste und aufmerksamste Volk der Welt«, sagte er bei der Einweihung einer Touristeneinrichtung. »Aber sobald man sie in eine Kelleruniform steckt, benehmen sie sich unmöglich.«

◆◆◆

González und sein Hemd konnten warten. Ich war beschäftigt, einen zeitlosen Zephyr, einen roten kompakten British Ford, zu beäugen. Er sah aus, als schleppe er noch seinen Originalauspuff hinter sich her. Etwas weiter drängte sich ein weißroter Chevy Deluxe, Baujahr 1950, an den Straßenrand. Jalousien verhüllten das Heckfenster. Sterne aus Metall waren auf Tankdeckel und Kotflügel gelötet. Das Auto stammte, dem hinteren Chromschild zufolge, von Helms, einem Händler in Grand Rapids, Michigan.

Dann traf ich Raúl. Er stand auf dem Prado, dem breiten, von Bäumen gesäumten, europäischen Boulevard, der sich vom Malecón bis zur Akademie der Wissenschaften – ursprünglich der dem US-Kapitol nachgebildete Regierungspalast Kubas – zieht. Raúl putzte gerade seinen makellosen, grauen, viertürigen 1948er Plymouth Deluxe, als ich näher kam. Er beharrte, ich solle auf dem Fahrersitz Platz nehmen, während er um den Wagen zum Beifahrersitz flitzte. Er zeigte mir, welche Anzeigen auf dem Armaturenbrett vom Werk kamen und welche er improvisiert hatte. Er glänzte mit einer originalen Motorhaubenverriegelung und einem Seitenspiegel und drückte auf den Anlasser. Er hatte einen Ventilator am Boden angebracht, der direkt von der

Batterie versorgt wurde, und das Radio im Handschuhfach verborgen. »Dort ist es sicherer.«

Die rechte Seite der Vorderscheibe war ein wenig gesplittert. »Vor ein paar Monaten versuchten ein paar junge Diebe, das Auto aufzubrechen. Sie haben es nicht geschafft. Ich sah sie und kam herbeigerannt, bevor sie etwas anstellen konnten.« Wir stiegen wieder aus, und er setzte die Führung um das Äußere des Plymouth fort. Sein Wagen war ein Jahr jünger als ich und in besserem Zustand. Sollte Plymouth je wieder eine Niederlassung in Havanna aufmachen, würde Raúl einen sagenhaften Verkäufer abgeben.

Um seinen Lebensunterhalt zu verdienen, fuhr Raúl auf dem Land Lastwagen. Ob ich den Rest des Landes schon gesehen hätte? Noch nicht, aber das wolle ich unbedingt tun, antwortete ich. Inzwischen war Leonor, seine Frau, zu uns getreten. Wir waren einfach drei *habaneros*, die an ein altes Auto gelehnt, auf dem Prado *pasandro el rato* plauderten. Sie hatten vor der Arabischen Liga von Havanna und deren Kunstgalerie, Kulturzentrum und Restaurant geparkt. Würde ich einfach so von einem Landesteil in den anderen fahren können? Leonor unterstützte die Idee, aber Raúl bremste ein wenig. Bis vor kurzem sei dies möglich gewesen, aber nun, angesichts der massiven Treibstoffkürzungen, schränkten die Behörden Fahrten, Fracht, alles ein. Ich erwähnte, dass ich nach Cienfuegos wollte. »Oh! Das ist nicht weit weg. Das könnten wir vielleicht schaffen.« Er bat um meine Nummer, aber ich habe nie mehr von ihm gehört.

González hatte mein Hemd gewaschen. Er bedeutete mir, ich solle mich setzen, während ein Journalist aus Buenos Aires ihn zu Kunst und afrokubanischer Religion befragte. Das Gespräch wandte sich Che Guevara zu, dem wahren Guerillahelden der Revolution. Che Guevara war der argentinische Arzt, der Ende 1956 Kuba einen Hausbesuch abstattete und erst wieder ging, als der Patient zehn Jahre später genesen schien. Er wurde von bolivianischen Soldaten getötet, als er versuchte, einen weiteren Guerillaaufstand zu entfesseln. »Als ich ein Kind war«, erzählte González dem Argentinier, »war ich einmal bei meinem Cousin auf dem Land zu Besuch, als der anfing zu schreien: ›Schau! Da ist Che!‹ Wir winkten ihm alle zu. Er fuhr in einem Wagen vorbei. Wir konnten sein Haar und seine Mütze sehen, aber sein Lächeln werde ich nie vergessen. Wissen Sie, die Leute, die ihn umbrachten, haben nicht verstanden, dass sie ihm eine viel höhere Bedeutung verliehen, indem sie ihn töteten. Er war der Motor dieses Landes, er war der Stromkreis, der uns alle auflud. Er *war* der Stromkreis und ist es noch. Ich liebe ihn. Che bedeutete so viel für Kuba und für jeden von uns persönlich.«

González führte uns in einen Nebenraum, um uns sein jüngstes Bild zu zeigen: *Olokun*, den maskierten androgynen Herrn der Meere. Höchst sinnlich und intensiv afrokubanisch stellte das Bild Wasser, Wolken, Augen und sanft wogende Gliedmaßen dar. González hatte vor, es der Gruppe »Kubanisch-Peruanische Freundschaft« zu stiften. »Sie tun etwas Ehrenhaftes damit: Sie werden es verkaufen und der Erlös wird Menschen in den *barrios* von Lima helfen.«

Die mit Stift und Spritzpistole hergestellte Arbeit sah aus, als habe ihre Fertigstellung eine Woche oder länger gedauert. »Glauben Sie wirklich?« Er lachte dankbar. »Ich habe einen Tag gebraucht. Ich habe gleich morgens angefangen und bei Einbruch der Nacht war ich fertig.«

La Plume berichtete nie von ihrem Gespräch mit dem Außenministerium über meine Pläne. Stattdessen überreichte sie mir ein paar Wochen später meinen Reisepass, dessen Visum um einige Monate verlängert worden war. Technisch betrachtet, war es am Vortag abgelaufen, aber als ich sie darauf hinwies, lachte sie über meine Sorge. »Machen Sie sich keine Gedanken, niemand wirft Sie ins Gefängnis, nur weil Ihr Visum einen Tag abgelaufen ist.« Ich sagte es ihr nicht, aber genau das war einem amerikanischen Besucher passiert, von dem ich gehört hatte, einem Mitglied der Kommunistischen Partei, begeistert von der Revolution. Er hatte sein Visum überzogen und als die Behörden das erfuhren, klick – Gefängnis.

Glücklicherweise hatte ich die UNEAC und Fidel auf meiner Seite – den Schriftstellerverband, weil er mein Visum genehmigt hatte, und Fidel durch einen Titelblatt-Kommentar, den er abgegeben hatte: »Um Kuba zu besuchen, muss man mutig sein und tief verwurzelte Überzeugungen haben.« Damals sprach er zum Rektor der Universität San Marcos in Peru, der ihm die Ehrendoktorwürde verlieh, aber seine Worte trafen auch auf mich zu.

Die Tatsache, dass eine Bemerkung von Fidel es auf die Titelseite geschafft hatte, war natürlich alles in allem nicht außergewöhnlich. Zusätzlich zu all seinen Titeln ist Fidel Castro auch Kubas Chefredakteur. Seine Ansprachen, Besuche und Kontakte bestimmen die Tagesordnung der nationalen Medien. Wenn er sich räuspert, hat das Nachrichtenwert, und wenn er Schulen, Krankenhäuser, Fabriken, Baustellen, Armeelager, Bauernhöfe oder Forschungslabors besucht, kündet von dem Besuch unweigerlich ein Beitrag auf der Titelseite, der dann weiter führt zum Innenteil mit Bildern, Text und Berichten von ansonsten ruhigen Kubanern, die vor Freude kreischen. Meine Ablagen quellen über von solchen Geschichten: Eine zwölfstündige Tour durch die Provinz Villa Clara füllte zwei Seiten, begleitet von neun Fotos, acht davon zeigten Fidel; ein Besuch bei einer Handelsmesse, die die fortschrittlichen medizinischen Geräte des Landes präsentierte – gut für zwei Seiten, auf denen *el comandante* auf allen neun Bildern posierte; eine Story über einen Tagesausflug zu einigen Bauernhöfen, nahm dreieinhalb der ersten fünf Seiten der Tageszeitung ein, Fidel war auf 14 von 14 Fotos zu sehen. Ein Rekord, um den ihn jeder Politiker beneiden würde.

Von Fidels unterstützenden Worten getragen, besuchte ich Alejandro beim ICAP, dem Internationalen Freundschaftszentrum. Eine Gruppe aus Puerto Rico wurde in ein paar Tagen erwartet, und er war damit beschäftigt, Einzelheiten ihrer Reiseroute abzustimmen. Ich wartete auf der Veranda und las die Briefe, die La Plume für mich gesammelt und aufgehoben hatte. Meine Schwester hatte mir einen Zeitungsausschnitt über einen Wettbewerb unter dem Motto »Sagen Sie Fidels Sturz voraus« geschickt, den eine Gruppe in Washington gesponsert hatte. »Wie lange wird sich Fidel halten? Schicken Sie uns eine Postkarte mit dem Datum, von dem Sie glauben, dass Fidel abdanken/sterben/seine Macht verlieren/gestürzt werden wird. Der Gewinner erhält einen dreitägigen Ausflug in das freie Havanna, der zweite Platz umfasst eine Einladung zu einem Vortrag in Washington über Kubas Übergang vom Kommunismus zur Marktwirtschaft.

Genau diese Art von Kuba-Schelte untergräbt jede Anstrengung, eine vernünftige Beziehung zwischen den beiden Ländern herzustellen. Als ich die Ausschnitte Alejandro zeigte, der den informellen Kontakt zwischen Kubanern und Amerikanern fördern soll, las er sie ungläubig gleich mehrere Male. Ich war von dieser Art kicherndem imperialen Gehabe schon zu weit entfernt, um mich noch darüber aufzuregen. Der Wettbewerb machte sich über Alejandros Land lustig, über dessen Anführer und seinen Helden.

Er starrte den Artikel einfach nur an. »Es ist als Witz gedacht«, sagte er schließlich, »aber sie sind ein wenig zu ernst dabei, nicht war?«

»Und ziemlich arrogant und spöttisch noch dazu«, ergänzte ich.

Alejandro schüttelte den Kopf und nahm den Ausschnitt, um in seinem Büro eine Abschrift davon anzufertigen. Er wollte den Text anderen zeigen.

◆◆◆

Wenn Not herrschte, konnte die Regierung schnell reagieren. Innerhalb weniger Wochen waren Rasierklingen, Zeitungen, buchstäblich alles, wofür man beim Herstellungs- oder Verteilungsprozess Brennstoff benötigte, rationiert oder wurden in geringeren Stückzahlen produziert. Der nächtliche Karneval am Malecón, dessen Lärm mich – in gedämpfter Form – im 25. Stockwerk oft in den Schlaf wiegte, endete nun nachts um eins und nicht mehr um vier, um Strom zu sparen. Selbst das Coppelia litt unter den Kürzungen: weniger verfügbare Eiskrem, weniger Geschmacksrichtungen, kürzere Öffnungszeiten. Einige große Bergwerke stellten den Betrieb ein. Bei allen nicht lebensnotwendigen Aktivitäten gab es Abstriche. Zusätzlichen Strom sparte man durch die Verkürzung der Wochenarbeitszeit ein. Es blieb die einzige Kürzung, die jeder fröhlich akzeptierte.

Ich übte häufiger Oboe als geplant, aber weniger gewissenhaft und nie vor neun Uhr morgens. Der Klang war selbst für Nachbarn, die schon wach waren, seltsam genug, und ich wollte nicht zu viele zu früh erschrecken. Ich setzte meine Spaziergänge über den Malecón bei Dämmerung fort. Das Meer überraschte mich immer wieder mit seiner Leuchtkraft zu dieser Stunde oder seinen satten Blautönen später am Abend. Selbst in der dunkelsten Nacht, ohne Mond, glänzte es immer noch in strahlendem Blau. Es hat seinen eigenen Schimmer, ganz wie die Luft in den Bergen des Landes. Wenn ich wegschaute und wieder hinsah, verblüfften mich die subtilen Schattierungen stets aufs Neue, und doch behielt das Wasser immer seine karibische Tönung. Selbst mitten in der Nacht blieb die Küste klar.

Eines Morgens unterbrach das Telefon mich beim musizieren. Am Apparat war die rechte Hand von David Evans von der US-Interessenvertretung. Mr. Evans und seine Gattin würden in ein paar Tagen eine Gartenparty in ihrem Haus in Miramar veranstalten, sagte er. Etwas ausländische Presse, einige Kubaner, ein paar Diplomaten aus anderen Ländern, ein Barkeeper. Ob ich käme? »Er hat eine Satellitenschüssel«, sagte die rechte Hand. »Sie können Tom Brokaw sehen.« (Tom Brokaw ist ein beliebter US-Nachrichtensprecher und Autor des Bestsellers *The Greatest Generation.*)

»Und was ist der zweite Preis?«, fragte ich. Mit einem unguten Gefühl nahm ich die Einladung an.

In der folgenden Woche standen Streichhölzer auf der Lebensmittelkarte. Eine große Schlagzeile zitierte Castro: JENE, DIE BEREIT SIND ZU KÄMPFEN, SOLLTEN SICH GLÜCKLICH SCHÄTZEN, DENN WIR LEBEN IN SEHR SCHWIERIGEN ZEITEN, DIE GROSSE WEITSICHT UND BEGABUNG VERLANGEN.

Ich plante, die 335 Kilometer bis Cienfuegos mit dem Zug zurückzulegen: die Landschaft zu betrachten, mit Passagieren zu plaudern, erfrischt anzukommen. Dies traf auf Zustimmung, wann immer ich es erwähnte, obwohl sich alle einig waren, dass das Eisenbahnnetz ziemlich fürchterlich sei. Dann ergänzte ich, dass ich hoffte, den *lechero* zu nehmen, den Bummelzug, der in jedem unbedeutenden *pueblito* hielt. Ich hätte ihnen genauso gut erzählen könne, ich hätte vor, im Winter durch den Ärmelkanal zu schwimmen.

»Niemand fährt mit dem *lechero.*« »Er ist sogar noch unzuverlässiger als der normale Zug.« – »Fährt der überhaupt noch?« – »Der braucht den ganzen Tag, und er ist nicht sicher.« – »An den *lechero* hängen sie die schlechtesten Wagons an.« – »Seien Sie kein Narr.« – »Können Sie sich nicht die paar Pesos mehr leisten und den normalen Zug nehmen?« – »Nehmen Sie den Bus.«

Diese sehr vernünftigen Reaktionen bestärkten mich nur in meiner Absicht. »Sehen Sie«, sagte ich, »wenn ich Schnelligkeit und Effizienz wollte, würde ich den Eilzug von Zürich nach Genf nehmen.«

Einmal von meiner Entschlossenheit überzeugt, gaben sie mir Ratschläge: »Halten Sie immer Ihre Tasche fest, selbst wenn Sie einschlafen.« – »Tragen Sie einen Geldgürtel.« – »Vergessen Sie nicht, genügend Wasser mitzunehmen.«

Havanna hat zwei Bahnstationen, die große in Habana Vieja und Tulipán, wenig frequentiert und weitgehend übersehen. Gedruckte Fahrpläne existierten nicht, der Fahrplan und der Fahrkartenkauf änderten sich häufig und unangekündigt. Den Bahnhof anzurufen, war praktisch unmöglich und selbst wenn ich durchgekommen wäre, wäre die Information nicht zuverlässiger gewesen, als wenn ich einen Fremden in der Schlange im Coppelia-Park nach seiner Meinung gefragt hätte. Ich legte einen Morgen fest, an dem ich zum Bahnhof gehen und einen Platz im Zug reservieren würde.

Jesús, mein Oboelehrer, war von meiner Wahl, zuerst nach Cienfuegos zu reisen, angetan. Meine Wohnung lag in der Nähe der Übungshalle der Sinfónica Nacional und des Konservatoriums, an dem er unterrichtete. Er wollte lieber das Gebäude der privilegierten Ausländer betreten, als mich bei sich zu unterrichten. Alle Gäste, ob Fremde oder Kubaner, mussten am Empfang ihren Ausweis zeigen und erhielten einen *permiso*, eine Genehmigung, auf der der Name des Besuchers und seine Passnummer standen. Der vom Bewohner des Hauses abgezeichnete Streifen Papier wurde auf dem Rückweg nach unten dem Fahrstuhlführer ausgehändigt. Die Penthouse-Etage, auf der Meyer Lansky, das Finanzgenie der mafiosen Unterwelt, in den 50er Jahren gewohnt hatte und die nun hochrangige Sicherheitsbeamte beherbergte, hatte einen eigenen kleinen automatischen Privatfahrstuhl. Jene von uns, die nur wenige Etagen unter dem Penthouse wohnten, nahmen die *chiquitica*, wie man den kleinen Lift nannte, häufiger, wenn die anderen zu langsam kamen oder zu überfüllt waren.

Eine Übungsstunde um zwei Uhr bedeutete, dass Jesús eine halbe Stunde früher oder später da sein würde, und nach dem Teil mit der Oboe würden wir für eine weitere Stunde plaudern und Rum nippen. Sehr südländisch, sehr klassisch. Alkohol verbesserte mein Spanisch, würde er auch bei der Oboe helfen?

Jesús bat mich, eine Tonleiter in *si bemol* zu spielen. Ich sah ihn an, als hätte er mich gebeten, Offenbarungen aus dem Koran zu zitieren. Er wiederholte seinen Satz. Schließlich dämmerte ihm, dass ich die Noten von A bis G kannte, mit Kreuzen und Bs dazwischen. Nachdem wir festgestellt hatten, dass mein musikalischer Grundwortschatz meinem Können auf der Oboe entsprach, schrieb er auf:

A = *la*	**F** = *fa*
B = *si*	**G** = *sol*
Bb = *si bemol*	**b** = *bemol*

C = *do*	**#** = *sostenido*
D = *re*	*ejemplo*: **C#** = *do sostenido*
E = *mi*	**Db** = *re bemol*

Dies war, mehr oder weniger, das normale Do-re-mi. Als wir dies geklärt hatten, spielte ich ein paar Tonleitern: *si bemol, fa sostenido, re* und – der Renner bei allen Anfängern – *do.*

»Entspannen sie sich«, riet Jesús, seien Sie locker.« Ich hatte eine Neigung, meine Arme zu verkrampfen. »Sie bekommen bei entspannter Haltung einen besseren Klang als bei angespannter.« Er gab mir ein paar Notenblätter zum Üben und ein Buch mit einfachen Soli, das in der Sowjetunion erschienen war. Er schlug vor, ich solle das erstmal für meine nächste Unterrichtsstunde durchgehen.

Seit ich die beiden zuletzt gesehen hatte, hatten Jesús und Laura an fast verlassenen Stränden an der Südküste Urlaub gemacht und ein Grillwochenende im Haus eines ehemaligen Schülers auf dem Land verbracht. Die erste Sinfonieaufführung des Jahres sollte am folgenden Abend stattfinden; Jesús hatte ein Waldhornsolo im letzten Teil. »Das Konzert wird nicht besonders gut werden, weil alle gerade erst aus dem Urlaub zurückkommen.« Trotzdem, sagte er, würde an der Kasse des Nationaltheaters eine Eintrittskarte auf mich warten.

Vor mir lagen zwei Fotos. Eines war Teil des Artikels »Kuba – Perle der Antillen« aus einer Ausgabe des *National Geographic* von 1906. Das andere stammte aus einer Tageszeitung vom Tag nach meiner Musikstunde. Auf beiden ziehen Ochsen Karren voller Proviant. Ich begann Witze zu hören über die chinesischen Fahrräder, die Kuba bald importieren würde. Es fuhren weniger Busse auf den Straßen, Ersatzteilknappheit und Treibstoffmangel hielten die anderen im Depot. Irakische Truppen war ein paar Monate zuvor in Kuwait einmarschiert, und Desert Shield führte jeden Abend die internationalen Nachrichten im Fernsehen an. Zusätzlich bedroht wurden die bereits schwindenden Reserven des Landes durch unzuverlässige und reduzierte Erdöllieferungen aus der Sowjetunion, verbunden mit Umwälzungen in der Erdölproduktion und -versorgung im Nahen und Mittleren Osten. Das neue langfristige Autarkieprogramm der Insel riet zu Lasttieren und Fahrrädern an Stelle von Verbrennungsmotoren. Eine inländische Fabrik rüstete auf, um die gegen harte Währung importierten Korkverschlüsse der Rumflaschen durch Plastikdeckel zu ersetzen. Bis es die neuen Verschlüsse gab, war Rum schwer zu kriegen; er verkaufte sich auf dem Schwarzmarkt mit hundert Prozent Aufschlag. Tag um Tag wurden sich die Kubaner der Lage, in der ihr Land steckte, bewusster.

Ein Brief nach Hause in die Staaten: »Die Insel befindet sich allmählich in einem sehr kritischen Zustand; er bringt den wirklichen Charakter der Menschen zum Vorschein, und viele haben so wenig Mut, dass sie bereit sind sich hinzulegen und sich von den Dingen überrollen zu lassen. Ich möchte keinen allzu trübsinnigen Brief schreiben, noch möchte ich, dass du glaubst, ich verlöre den Mut, aber du sollst den tatsächlichen Stand der Dinge kennen.«

Glücklicherweise war das nicht mein Brief. Er wurde 1884 von Edwin Atkins geschrieben, einem Mann aus Massachusetts, dessen Familie eine Zuckerrohrplantage bei Cienfuegos besaß. Es hatte eine Serie von Aufständen gegen Spanien gegeben, und weitere brauten sich zusammen. Der 31-jährige Kubaner José Martí, der in New York lebte, war durch Nord-, Mittel- und Südamerika gereist, und hatte zur kubanischen Unabhängigkeit und einer panamerikanischen Literatur aufgerufen.

Es sollte während meines Aufenthalts in Kuba kaum ein Tag vergehen, an dem nicht einige Schriften von José Martí herausgegeben wurden, eine Statue von ihm in einem anderen Land errichtet, eine Lesung seiner Gedichte veranstaltet oder ein Symposium über seine Bedeutung abgehalten wurden. Das Zentrum für José-Martí-Studien, bis zu ihrem Tod Anfang der 80er Jahre das Heim seiner Schwiegertochter, ist eifrig damit beschäftigt, sein in 76 Bänden gesammeltes Werk immer wieder neu zu interpretieren. Zu fast jedem Thema kann man in dem umfassenden Werk des Meisters etwas finden. Radio Martí, der Radiosender der US-Regierung, der ausschließlich in Kuba ausstrahlte, war Teil des karibischen Luftraums geworden. Inoffiziell trägt er eine Vielfalt von Namen, darunter Radio Pepe und Radio Casualidad (»Zufallsradio«, wurde mir einmal mit dem Drehen an einem unsichtbaren Skalenknopf und einem überraschten Blick à la »Guck mal, was da plötzlich aus meinem Radio kommt!« erklärt.). Der Sender ist ist so bekannt, dass ein Kind, das heute in Kuba aufwächst, denken könnte, Radio sei der Name eines der Kinder von José. Um die Glaubwürdigkeit des Senders ist es etwas schlechter bestellt.

Ich ging aus, um nach Calixto zu suchen, dem gläubige Katholiken, den ich drei Jahre zuvor kennen gelernt hatte. Er würde mir eine andere Sicht des Landes vermitteln können. Ein zuvorkommender junger Mann antwortete auf mein Klopfen an der Kirchentür. Ein katholisches Jugendtreffen ging gerade zu Ende, und ein Dutzend äußerst höflicher und ruhiger Teenager lief umher. Padre Pedro sprach mit mir. Der jugendlich wirkende Dominikanerpriester trug frisch geputzte Mokassins mit Troddeln unter der ordentlich gesäumten, leichten weißen Robe. Calixto hatte das Land im Mai 1988, sechs Monate nachdem wir und begegnet waren, verlassen, erzählte er mir. Er sei nach Spanien, dann nach Kanada, Mexiko und, wie der Pater annahm, zurück nach Kanada gegangen. Jemand hatte kürzlich einen Brief von ihm erhalten. Wenn ich in ein paar Tagen wiederkäme, würde er Calixtos Adresse für mich ausfindig machen.

Bei meinem Havannabesuch im Vorjahr hatte ich einen plastischen Chirurgen getroffen, das Oberhaupt der tausendköpfigen jüdischen Gemeinde der Stadt. Wir hatten uns bei einer von der ICAP – der internationalen Freundschaftsinstitution der Regierung – veranstalteten Cocktailparty für die Mediengruppe, mit der ich reiste, bekannt gemacht. Der Doktor, ein ruppig wirkender Mittfünfziger mit Dauerstumpen im Mund, begegnete mir recht freundlich. Mit Nachnamen hieß er Miller, seine Vorfahren stammten aus Litauen, genau wie meine. *Könnten wir…?* Nein, eine Verwandtschaft war wohl doch zu weit hergeholt. Wir verglichen unsere Stammbäume. Sein Vater kam 1924 in die Neue Welt, mein Großvater etwa 30 Jahre früher. Er kannte alle seine Verwandten in der westlichen Hemisphäre. Wir verglichen Millers, Juden und Länder. Chanukka war nur ein paar Wochen entfernt, und ich hatte mir aus den Staaten eine Schachtel Chanukkakerzen mitgebracht. Als wir uns Gute Nacht wünschten, bot ich ihm die Kerzen an. »Hier. Sie sind von den nordamerikanischen Millers für die karibischen Millers.«

Seine Hände zitterten ein wenig, als er sie nahm, sein Gesicht wurde weicher, und seine Augen wurden feucht. Ich hatte die Zahl der Kerzen seiner Synagoge verdoppelt. »Danke«, murmelte er.

Dr. Miller ging fast jeden Abend in die *Schul* zu einem kurzen Gebetsgottesdienst und ich hoffte, ihn dort anzutreffen. Ich kam zu spät zum Gebet, aber ich entdeckte am anderen Ende des Gebäudes ein Theater, das Brecht-Theater. An diesem Abend trat eine kleine Varietétruppe, genannt Los Amigos, auf. Für zwei Pesos nahm ich in dem Kellertheater Platz, das als Theatersaal mit Dinner-Gastronomie hätte dienen können – wenn es Dinner gegeben hätte. 50 kleine Tische waren aufgestellt, Kellner nahmen Getränkebestellungen auf (man hatte die Wahl zwischen Rum und Tropicola), und die Amazing Rhythm Aces spielten in Stereo über eine gute Anlage.

Ein Mann wurde zu mir an den Tisch gesetzt. Er war ausgebildet, um kubanische Geschichte zu unterrichten, aber mangels offener Stellen arbeitete er als Sporttherapeut. Das war mir oft begegnet – intelligente Leute Mitte 20 oder Anfang 30, die, in einem Fach gut ausgebildet, für das es wenige oder keine Stellen gab, in völlig fremden Bereichen arbeiteten, bis sich etwas ergab. Kuba muss über die am besten ausgebildeten und unzufriedensten Arbeitskräfte der Welt verfügen. Wir tranken Rum und aßen aus Papiertüten Erdnüsse. Ich fragte ihn nach José Raúl Capablanca, den Schachmeister. Er schrieb die Namen der drei besten Schachspieler des Landes auf eine Serviette. Das Licht ging aus.

Zwei gut gebaute weiße Schauspieler traten in Begleitung einer Frau auf die Bühne. Sie war Mulattin. Die Männer trugen Sonnenbrillen, schwarze Hosen, kein Hemd und gesprenkelte Jacken – die eine in Gold, der andere in Rot. Die Frau hatte einen schimmernden goldenen Hosenanzug an. Sie hatte den Elan eines Las-Vegas-Showgirls aus der ersten Reihe, mit Zähnen, die ein Schiff bei

Neumond in den Hafen von Havanna hätten führen können. Sie eröffneten das Programm mit einer Bigbandnummer zu Musik vom Band. Sinnlich-süßes Geplänkel zwischen den Männern und einer weiteren Schauspielerin folgte, aber das gewagteste Thema, das sie berührten, war *Drei traurige Tiger*, der Roman von Guillermo Cabrera Infante, der sich vor langer Zeit ins Exil begeben hatte. Sie blendeten aus und leiteten über zu einer Parodie über einen einschläfernden, egomanen Ballettmoderator im Fernsehen, der, nach einer endlosen Einleitung mit zahllosen falschen Endungen, schließlich zwei Ballerinen für einige wenige Sekunden das Tanzen erlaubt. Es hätte Dan Akroyd bei *Saturday Night Live* sein können.

Danach folgte eine Quizshow. »Was haben die Spanier in unser Land gebracht?« fragte die goldgesprenkelte Jacke die rote. »Wein. Wurst. Die Gitarre.«

»Sehr gut. Und was brachten die Afrikaner mit?« – »Musik. Rhythmus.«

»Ja. Und was haben wir jetzt?« *Trommelwirbel.* Die *mulata* trat auf goldenen Stilettos in einem engen, goldenen, trägerlosen Minikleid mit weißem Rüschensaum heraus. Die beiden gesprenkelten Jacken blickten sie trunken vor Glück an.

»Na gut, sprechen wir jetzt mal über das Land zwischen Patagonien und dem Río Grande.« Die Jacken beugten sich zu den Fußgelenken der Mulattin hinunter. »Und hier haben wir Argentinien.« Sie deutete knapp unterhalb ihrer Knie. »Und hier, Uruguay.« Sie blickte etwas nervös drein, als die beiden sich Zentimeter um Zentimeter ihren Oberschenkeln näherten. »Als Nächstes kommen die Andenländer«, zeigte die Goldjacke mit einem Lächeln. »*Rápido, compañéros*«, sagte das Minikleid besorgt, aber schlagfertig. »Lasst uns nach Zentralamerika gehen.«

Die Sinfónica Nacional spielte in der durch und durch modernen Covarrubias-Halle im Nationaltheater, das auf die Plaza de la Revolución blickt. Wenn Fidel auf der Plaza seine Ansprachen hält, ist die Gegend ganze Blocks weit verstopft. Wenn er aber nicht spricht, sieht die Plaza aus wie der Parkplatz eines Einkaufszentrums an einem Sonntagmorgen. Das Konzert, zu dem mich Jesús einlud, feierte den 30. Geburtstag des Orchesters, aber sinfonische Musik, Oper und Balletts haben auf Kuba eine lange Tradition, die bis in die Tage der spanischen Kolonialherrschaft zurückreicht. Schon allein wegen seiner Bekanntheit sorgte Enrico Caruso 1920 für das größte internationale Aufsehen in der kubanischen Geschichte des Galakonzerts. Die Eintrittskarten kosteten jeweils weit über 40 Dollar, und Carusos Gage – 10 000 Dollar pro Auftritt – empörten Presse und Öffentlichkeit. Während des zweiten Aktes einer Aufführung von *Aida* am letzten Abend des Stars in Havanna explodierte eine Bombe im Theater. Caruso, im Kostüm, hielt sich im Büro des Tourneeveranstalters auf, der später schrieb: »Völlige Verwirrung herrschte, mit Angstschreien, als einige Figuren aus der Dekoration, die den Bogen der Vorbühne schmückten, in Trümmern herunterfielen … Eine der Balkonsäulen brach zusammen und verletzte einige Zuschauer … Der Dirigent war wie ein Blitz aus dem Orchestergraben gerannt, als die Bombe explodierte.« Auch die Statisten stürzten aus dem Theater. Caruso und der Veranstalter »eilten hinaus auf die Bühne, wichen Stücken der Kulisse aus, und wollten das Publikum bewegen, ruhig zu bleiben. Die erste Trompete des Orchesters, ein Spanier namens Rivero, war so klug, die kubanische Nationalhymne zu spielen, und der Rest der Männer, die den Orchestergraben verlassen hatten, fielen nach und nach mit ihren Instrumenten ein. Glücklicherweise schien dies das Publikum zu hypnotisieren, und weiteres Unglück wurde verhindert.« Caruso kehrte in sein Hotel zurück. In den Staaten beschuldigte er bitter die kubanische Presse, eine Hysterie gegen ihn entfacht zu haben.

In der Covarrubias-Halle stimmte das Orchester nach dem A der Oboe, es folgte die verworrene Kakofonie von rund 75 Instrumenten, die alle die letzte Gelegenheit nutzen, bevor es still wird. Das Violinkonzert von Brahms eröffnete das Konzert. Etwa 200 Zuhörer waren anwesend, die Hälfte, wie es schien, unter 25. Der Anfang des Semesters an der Universität an diesem Tag, erklärte Jesús Frau Laura, war der Grund für die schwache Besucherzahl, außerdem die Tatsache, dass die meisten *habaneros* nach vier Wochen Urlaub gerade erst wieder zu arbeiten begonnen hätten. Und dann, mit der Benzinknappheit auf ihrem Höhepunkt, wären weniger Leute gewillt, wertvollen Treibstoff auf eine Fahrt zum Konzert zu verwenden; zudem führen weniger Busse. Abgesehen davon, fügte Laura hinzu, sei das Programm des Abends nicht besonders anziehend.

Eine Europäerin, die 1913 zu Besuch war, schrieb: Havannas Orchester »ist gut und besteht aus Schwarzen und Weißen wie die Tasten eines Klaviers, verbunden in harmonischer Verwirrung.« Immer noch richtig. Etwa 20 Prozent des Orchesters waren schwarz, darunter der Konzertmeister, Zenón Díaz Lauzurica. Der Dirigent trug eine weiße Krawatte und Frackschöße, die Männer hatten schwarze Hosen und langärmelige weiße, festliche *guayaberas* an, die Frauen langärmelige weiße Blusen und meistenteils weite, wadenlange schwarze Röcke. Der 35-jährige Solist Díaz trug einen schicken dunkelbraunen Anzug. Den Angaben im Programm zufolge hatte er nicht nur in Kuba studiert, sondern später auch an einem Konservatorium in Odessa, dann am Tschaikowsky-Konservatorium in Moskau. Er hatte in Kiew Schallplatten aufgenommen. Er spielte wundervoll, unterbrochen nur von einem Fünfjährigen, der zu weinen und zu husten begann. Der Ausbruch des Kindes hielt an, die Akustik der Halle gab sein Jammern klar wieder. Seine Mutter, eine Musikerin auf der Bühne, saß auf glühenden Kohlen. War Blut dicker als Musik? Selbstverständlich. Mamá legte ihre Violine nieder und eilte in das Publikum, um ihren Jungen zu holen.

Das nächste Stück war ein Gitarrenkonzert von Leo Brouwer, dem Dirigenten der Sinfonie und umjubelten Komponisten für klassische Gitarre. Der junge Solist, Ileana Mateos, spielte kraftvoll und schneidig, aber das Stück selbst war schlaff. Das Klavierkonzert in G-Dur von Ravel rundete den Abend ab. Die Solistin Dagmar Muñiz war eine Aktivistin, ihr Rumpf wand sich im Rhythmus von Ravels Adagios und Prestos. Ihre Finger tanzten Rumba über die ganze Klaviatur. Jesús spielte sein Solo auf der Tenoroboe.

Zwanzig Leute standen in der Schlange vor dem Coppelia, aber niemand verkaufte Eiskrem-Tickets. »*¿El último?*«, fragte ich die Dame vor mir, wohl wissend, dass sie die Letzte in der Schlange war. Der Kiosk war leer. Mehr *últimos* kamen, und bald schon zog sich die Schlange an der Bushaltestelle vorbei bis zur Ecke 32. Straße und L. Immer noch niemand im Kiosk. Schließlich wanderte etwa ein halbes Dutzend Leute ab. Zeit verging. Ich näherte mich – wie kam das? Die Bude war verlassen, und doch kam ich paradoxerweise meinem Ziel näher. Sollte ich gehen? Verdammt sollte ich sein, wenn ich meinen Platz in der Schlange nach 20 Minuten aufgebe, selbst wenn am Ende nichts war. Die Schlange war das ultimative *último*. Statt eines Kopfes bekam sie einen immer längeren Schwanz. Sie war dem ureigensten Wesen nach kubanisch. Die Leute klammerten sich an ihren Platz in der Schlange ohne Aussicht auf Belohnung. In jener Woche erschien eine Neuausgabe von Lenins *Kunst und Revolution*.

Videogeräte in Kuba verwenden eher Beta als VHS. Um die Bänder abzuspielen, die ich dabei hatte, musste ich sie von einem Format ins andere übertragen lassen. Ich wollte meinem Freund González eine Sondersendung des öffentlichen US-Senders PBS über kubanische Musik zeigen; das andere Band, *Family Portrait*, wollte ich den Verwandten des Filmemachers zeigen, von denen die meisten in der Nähe von Cienfuegos lebten. Die einzigen Normwandler standen im staatlichen Filminstitut, ICAIC (Instituto Cubano del Arte e Industria Cinematográficos). Um die Videobänder auf dem korrekten Weg umzuwandeln, hätte La Plume den Direktor der Abteilung Auslandsbeziehungen beim ICAIC anrufen müssen, der dann eine andere Abteilung ermächtigt hätte, leere Bänder anzufordern, und weitere Büros, die Ausrüstung, Zeit und Arbeitskraft für die Normwandlung zur Verfügung zu stellen. Enrique Oliver, der Regisseur von *Family Portrait*, hatte mir – für den Fall der Fälle – den Namen einer Kollegin beim ICAIC genannt.

Diese Kollegin aufzuspüren dauerte nur einen Morgen, aber nun würde sie leere Bänder auftreiben und Zeit an den Geräten reservieren müssen. Wegen der Energiekrise hatte das ICAIC die außerplanmäßige Nutzung von Geräten und Elektrizität eingeschränkt. Sie würde sie in die Zeit einschmuggeln müssen, die ihrem Team zugeteilt war. Unbespielte Bänder für den privaten

Bedarf waren äußerst schwer zu bekommen, selbst für Mitarbeiter der Film- und Rundfunkbranche. Ich als Ausländer aber konnte im Elektronik- und Spirituosengeschäft im Parterre des Gebäudes, in dem ich wohnte, gegen harte Währung so viele unbespielte Bänder kaufen, wie ich wollte. Ich wählte die Videobänder und einige andere Artikel aus und brachte sie zu einem Schalter, wo sie schriftlich erfasst wurden, und dann zu einem weiteren Schalter, um zu bezahlen; Rechnungsbetrag: 29 Dollar. Die Kassiererin fragte nach meinem Pass, um sich zu vergewissern, dass ich das Recht hatte, Dollars mitzuführen, und nahm anschließend mein Geld. Ich brachte die leeren Beta-Kassetten und die Originalbänder zum Filminstitut und hinterlegte sie auf dem Schreibtisch meiner Kontaktperson. Zehn Tage später gab sie die Bänder in meinem Gebäude ab. Ich war meiner Abreise nach Cienfuegos einen Schritt näher gekommen.

Die Präsentation des Buches *Capablanca*, des biografischen Romans über den Schachspieler José Raúl Capablanca, fand an der Plaza de Armas statt. Man hatte ein Dutzend Schachbretter – in Form karierter Plastikplatten – aufgestellt, für alle, die spielen wollten, und Exemplare des gerade veröffentlichten Buches wurden zu zwei Pesos das Stück verkauft. Zwar hatte Capablancas internationaler Erfolg dem Schach in Kuba neue Popularität verliehen, doch hatte das Spiel bereits lange vor ihm im täglichen Leben eine bedeutende Rolle gespielt. Carlos Manuel Céspedes, im 19. Jahrhundert ein Anführer im Unabhängigkeitskampf, organisierte einmal ein Schachturnier als Tarnung für Ränke gegen die spanische Herrschaft.

Capablanca, der seine Jugend in einem von Spanien beherrschten Kuba und in den Vereinigten Staaten verbracht hatte, wurde 1906, nachdem er sich bereits als bester Schachspieler Kubas profiliert hatte, an die Columbia University geschickt, um Verfahrenstechnik zu studieren. Sein Förderer war ein Industrieller, der seine Zahlungen bald einstellte, weil José Raúl weitaus mehr Zeit im Manhattan Chess Club verbrachte als über seinen Büchern.

Die nächsten Jahre spielte Capablanca überall in den USA und gewann Turnier um Turnier. Europa und Südamerika folgten. Schließlich nahm ihn seine Regierung in den diplomatischen Dienst auf. Es war kein Zufall, dass seine Dienstreisen und die Schachturniere in Übersee harmonierten. Capablanca war ein Botschafter des guten Willens; eine Biografie beschreibt ihn als »dunkelhaarig, mit blauen Augen, mit der Fähigkeit, Charme einzusetzen … ein Schach spielender Rodolfo Valentino.«

1921 schlug Capablanca Emanuel Lasker, einen Deutschen, der den Weltmeistertitel ein Vierteljahrhundert innegehabt hatte. Die kubanische Schachmaschine hielt den Spitzenrang bis 1927, als Alexander Aljechin ihn in Buenos Aires schlug. Das Außenministerium degradierte ihn vom generalbevollmächtigten Minister und allgemeinen Sondergesandten zum Handelsattaché.

Capablancas Einfluss geht nicht auf den Weltmeistertitel zurück, den er relativ kurz besaß, sondern auf seinen persönlichen und professionellen Stil. Ein starkes Ego, ein anmutiges und kraftvolles Spiel und Gewandtheit bei Tennis und Billard machten ihn vor und nach seinen Meisterschaftsjahren zu Hause und im Ausland äußerst beliebt. Ein Schlaganfall im Manhattan Chess Club streckte ihn 1942 nieder; er starb am darauf folgenden Tag. Heute gibt es an jeder Kreuzung in Kuba einen Capablanca-Schachklub.

»Ich mag Schach, auch wenn ich nicht besonders gut spiele«, sagte Fidel Castro einmal in einem Interview. »Ich spiele sehr sorglos, aber ich finde es unterhaltsamer als Domino.« Bobby Fischer schrieb als Widmung für Fidel Castro, als die beiden Egos 1966 in Havanna zusammenkamen, in ein Exemplar seines Schachbuches: »Ich hoffe aufrichtig, dass mein Buch Ihnen helfen wird, besser Schach zu spielen.«

Kuba empfing den amerikanischen Schachmagier weitaus freundlicher als die USA den kubanischen Großmeister Guillermo García González, der bei einem New Yorker Turnier 10 000 Dollar gewann. Das Finanzministerium fror sein Preisgeld auf der Grundlage des *Trading with the Enemy Act* ein. García hätte sein Geld nur erhalten, wenn er Kuba für ein anderes Land der Welt (mit Ausnahme von Libyen, Vietnam, Nordkorea oder Kambodscha) entsagte.

Damit der *Trading with the Enemy Act* in Kraft treten konnte, mussten sich die USA mit der »Ziel«-Nation im Krieg befinden oder zumindest in einem vom Präsidenten erklärten »Ausnahmezustand«. Als John F. Kennedy den Embargo-Beschluss unterzeichnete, traf weder das eine noch das andere zu; stattdessen stützte er sich auf den 1950 von Harry S. Truman ausgerufenen Ausnahmezustand gegen »die Bedrohung durch den Weltkommunismus«. Der Kongress berief sich auf die Rechtmäßigkeit des Beschlusses und verabschiedete 1963 die kubanischen Exportkontrollbestimmungen. Eine dieser Bestimmungen erlaubt dem Finanzministerium, alle Gelder einzufrieren, an denen ein kubanischer Staatsbürger »ein Interesse« hat. Guillermo García, dein Verbrechen bestand nicht darin, zu gut Schach zu spielen, sondern dass du aus einem Land kamst, dass zu böse ist.

Ich erwarb ein Exemplar von *Capablanca* und fragte, ob ich den Autor kennen lernen könne. »Er ist gerade gegangen«, sagte die Verkäuferin. »Da ist er, dort drüben. Das ist sein Vater, der ihn um die Ecke schiebt, sehen Sie?« Sie deutete auf einen dünnen, weißhaarigen Mann, der einen Rollstuhl eine Straße von Habana Vieja entlangschob. Der Autor, Jorge Daubar, war Ende 40. Ich holte ihn ein, und wir gingen in ein überfülltes Lokal, um uns zu unterhalten. Ich erzählte ihm von meinem Interesse an Capablancas Vermächtnis und wie erfreut ich war, als ich von seinem Buch hörte. Daubar spielte das Buch herunter und verwies stattdessen auf seine Krimi- und Agentengeschichten, *policiacos*, wie sie genannt werden. Für einen *policiaco* hatte er bereits einen Vertrag unterschrieben, ein weiterer Vertrag stand vor dem Abschluss. Er hatte eindrucksvolle Ideen für Theater, Fernsehen, Film, sein Werk. Er wollte über Ludlum, John D. MacDonald und Stephen King reden. Wir verabredeten uns auf einen Frühstückskaffee bei ihm zu Hause.

In Havanna geht man zu Fuß, ganz gleich, in welchem Stadtteil man sich befindet. Die Bürgersteige sind selten so breit, dass man ungehindert aneinander vorbeigehen könnte, aber die allgemeine Fußgängeretikette lässt es zu, das man auf die Straße ausweicht. Die Geschichte des Landes wird in den Straßen sichtbar, von Tafeln, die an Bauwerke aus dem 16. Jahrhundert erinnern, über Büsten von Martí bis zu der einfallslosen Architektur von heute.

Die Stadt ist nicht von Elendsvierteln umgeben. Dicht gedrängte Bezirke wie Centro Habana mit handfestem Bedarf an neuem Putz, neuen Sanitäranlagen, neuer Farbe, neuen Leitungen und Renovierungen fielen ihrer Nöte wegen ins Auge, trotzdem war man immer wieder aufs Neue beeindruckt, dass es überhaupt keine Menschen gab, die so verarmt waren, dass sie auf den Bürgersteigen hätten schlafen müssen. Die wenigen Straßenjungen waren klug genug, in den Müllcontainern bei Gebäuden wie dem meinen, wo Ausländer lebten, zu graben.

Eines nachts sah ich um zwei Uhr ein paar Frauen mittleren Alters, die fast schlafend gegen ein Schaufenster in der Galiano-Straße gelehnt saßen. Waren sie vielleicht, fragte ich mich, die ersten Anzeichen, dass die Wirtschaft zusammenbrach? Es stellte sich heraus, dass sie um die Ecke wohnten. Sie wollten die Ersten in der Schlange vor einem Geschäft für Damenbekleidung sein, von dem sie hofften, es würde, wenn es acht Stunden später öffnete, Röcke in ihrer Größe vorrätig haben. Nichts garantierte, dass es die Röcke oder eine Auswahl an Größen, Farben oder Schnitten geben würde – dennoch, sie würden die Ersten sein, die es genau wussten.

Das komplizierte Rationierungsverfahren und die sinkende Verfügbarkeit von Waren warfen ein schlechtes Licht auf das System. Die Menschen besaßen wenig, aber jeder hatte Zugang zur gleichen Menge von dem Wenigen. Dieses System hatte, anders als alle Systeme in Nachbarländern, ein Dach gefunden, unter dem jeder nachts Schutz fand, aber es konnte der Stadtbevölkerung noch immer nicht zusichern, dass die Lebensmittel vom Land rechtzeitig – oder überhaupt – zur Stelle sein würden. Fidel, so erzählte ein Witz, der die Runde machte, geht nach Santiago de Cuba im fernen Südosten der Insel, um eine Rede zu halten. »Ich habe eine gute und eine schlechte Nachricht«, sagt er vor der Menge. »Welche möchtet Ihr zuerst hören?«

»*¡La buena!*« ruft die Menge. Die gute Nachricht!

»Also gut, *compañeros.* Die gute Nachricht ist, dass ihr die nächsten sechs Monate Steine essen müsst!«

Unruhe macht sich in der Menge breit. »Das ist die gute Nachricht?« – »Ist er jetzt vollends übergeschnappt?« – »Steine?« *El lider máximo* breitet, um Ruhe bittend, die Arme aus.

»Die schlechte Nachricht ist, es gibt nicht genug Steine für alle, ihr werdet teilen müssen.«

Anaïs Nin fand, *habaneros* gingen mit einer »sonderbaren Lässigkeit«, als sie sie 1922 in ihrem Tagebuch beschrieb. »Es ist ein langsamer, schleppender Gang, eine betont schwingende Bewegung, eine gleitende, schlangengleiche Körperbewegung, etwas, das auf undefinierbare Weise, die für die Tropen typische Trägheit verrät ... ein Zustand geistiger Apathie, ein überall in Havanna anzutreffendes Übel.«

Ich wusste, was Nin mit dem langsam schleppenden Gang und der geistigen Apathie meinte. Genauso fühlte ich mich, während ich mich in Habana Vieja – das ich O-Stadt nannte, weil man innerhalb weniger Blocks Straßen mit Namen wie Obispo, Obrapía, O'Reilly und Oficios fand – von Barbier zu Barbier schleppte. Der erste Barbier hatte mitten am Tag geschlossen. Ein anderer hatte ein Schild ausgehängt, dass die Belegschaft in Urlaub sei und erst in einer Woche wieder da sein würde. Ein Dritter vergab lediglich Termine für den Nachmittag. An seiner Wand hing der Nachdruck eines Dokuments von 1552, das Juan Gómez, dem ersten Barbier Kubas, die Konzession erteilte. Offensichtlich war dieser Barbier auf der Obispo-Straße ein direkter Nachkömmling von Gómez' Geschäft.

Schließlich fand ich einen in der O'Reilly-Straße, der geöffnet hatte: Salón Soros, benannt nach einer Gegend in der Provinz Pinar del Río. Drinnen gab es drei Stühle, drei Ventilatoren, Spiegel über die Länge und Breite des Geschäftes, und auf dem Boden lag büschelweise Haar. Ein gedrungener Mann in weißen Schuhen war dabei, einem kleinen Jungen die Haare zu schneiden, während der andere Barbier beim Mittagessen war. Als er fertig war, nickte mir Roberto Hechavarría zu, ich solle mich auf seinen Stuhl setzen. Der andere Friseur kam zurück, und bald hatten beide Barbiere Kundschaft. Roberto, gut 60 Jahre alt, verrichtete an mir gute, solide Kamm-und-Scheren-Arbeit für den werktätigen Mann. Er benutzte ein Rasiermesser, um Nacken und Koteletten Form zu geben.

In diesem Jahr hatte Roberto Verwandte in New Jersey besucht, erzählte er einem wartenden Kunden. »Diese Leute arbeiten den ganzen Tag für acht Dollar die Stunde, und am Wochenende kriegen sie das Doppelte pro Stunde bezahlt. Ich habe einen Tag in New York verbracht.« Er hielt im Schneiden inne und konzentrierte sich auf den Big Apple. »Ich fand es herrlich, die Gebäude, der ganze Verkehr, die Menschenmengen und die Geschäfte! Ein Tag, das war genug.« Er war der Experte vor Ort, was Überquerungen des Hudson River anging. »Du kannst durch einen Tunnel hinkommen, die

Fähre oder einen Bus nehmen, oder du fährst mit dem Zug. Selbstverständlich kannst du, wenn du willst, auch mit dem Auto fahren, über die George Washington Bridge.«

Eine Liste von 25 verschiedenen Dienstleistungen war mit Preisen an der Wand ausgehängt, von einer Rasur (26 Centavos) und einem »*champú simple*« (einfache Haarwäsche: 80 Centavos) bis zur Föhnfrisur (sechs Pesos). »Im Moment können wir von denen nicht viele machen.« Er blickte zu seinen Geräten hinüber und nickte der verwaisten Steckdose zu. »Strom.«

Ob sich die Preise über die Jahre sehr verändert hätten? »Warum Preise verändern? Alles kostet in etwa das Gleiche. *Ich war dabei, als die Barbiergewerkschaft im August 1951 die Preise festsetzte.* Es sind noch heute fast die gleichen Preise.« Hechavarría muss heute eine vom Staat festgelegte Tagesquote von Kunden bedienen. Mein Haarschnitt, in jeder Hinsicht vorzeigenswert, kostete 80 Centavos. Ein Freund hatte geraten, das angemessene Trinkgeld betrüge einen Peso. Ich kam rechtzeitig nach Hause, um Channel 6 einzuschalten und mir Wiederholungen von *Benny Hill* anzusehen.

Im Barbierladen hatte ich mich entspannt. Alle waren gesellig, und ihr Spanisch stellte mich nicht vor Probleme, abgesehen von einem Arbeiter, der vom Reparaturdienst für Küchenherde auf der anderen Straße herübergekommen war. Es hatte keine Kommentare über die Regierung gegeben, keine Beschwerden über die Lebensmittelversorgung, keine Jammergeschichten über die gegenwärtige Krise – außer der Geschichte über Fidel, der eines Tages zum Nachschneiden zu dem Barbier geht, bei dem er seit Anfang 1951 Stammkunde ist. »Ich habe über Glasnost und diese Perestrojka gelesen und mich gefragt …«, sagt der Barbier.

Fidel schneidet ihm das Wort ab: »Das ist nichts für uns«, und liest seine Morgenzeitung weiter.

Ein paar Minuten später hebt der Barbier erneut an: »Wissen Sie, was Glasnost und diese Perestrojka angeht …«

Fidel starrt ihn finster an. »Wir sind in einem anderen Stadium der Revolution. Ich will nichts davon hören.« Er wendet sich wieder seiner Zeitung zu.

Fünf Minuten wagt sich der Barbier noch einmal vor: »Ich kann mir nicht helfen, ich wundere mich über Glasnost und diese Perestrojka …«

Fidel legt die Zeitung weg, dreht sich um und droht mit dem Finger. »Wenn du diese zwei Wörter noch ein einziges Mal erwähnst, lasse ich dich zehn Jahre einsperren.«

»Na gut, wie Sie wünschen, *comandante*, aber es erleichtert mir die Arbeit sehr.«

»Erleichtert dir die Arbeit? Wie das?«

»Nun, jedes Mal, wenn ich Glasnost und Perestrojka sage, stellen sich Ihre Haare auf.«

Es gelang mir endlich, Raúl Riesgo aufzuspüren. Der Name war das Pseudonym eines Mitarbeiters bei der fremdsprachigen Wochenzeitung, die von *Granma*, der Tageszeitung des Landes, herausgegeben wurde. Englisch-, französisch-, spanisch- und portugiesischsprachige Ausgaben der Wochenzeitung wurden in Kubas internationalen Hotels, an Zeitungsständen und bei den Konsulaten verteilt. Riesgo hob sich von der Masse der Journalisten ab, weil er nicht nur über die Beziehungen zwischen Kuba und den USA schrieb, sondern auch über innere Angelegenheiten der USA. Ob nun Einheimischer oder Ausländer, er war so angemessen informiert, wie man das von einem Kolumnisten erwarten konnte.

Er konnte auch witzig sein, eine Eigenschaft, die sich in der kubanischen Presse selten fand. Er nannte Jorge Más Canosa von der Cuban American National Foundation (der Organisation der Exilkubaner in Amerika), einer Anti-Castro-Interessengruppe, »Jorge Mehr-Amerikaner-als-Kubaner-Foundation«. Das erschien in dem Artikel, in dem er sich über Televisión Martí amüsierte, die Totgeburt von Radio Martí. (Televisión Martí sollte ein von der US-Regierung gesponserter Fernsehsender werden und von einem Ballon vor der Küste von Florida aus ausschließlich für Kuba senden. Das von technischen, politischen und sogar nachrichtendienstlichen Schwierigkeiten geplagte Projekt kam nie wesentlich über das Senden von Testbildern hinaus.) Riesgo schlug vor, TV Martí solle Star-Wars-Technologie einsetzen, um Millionen von winzigen Sendeballons in die Umlaufbahn zu bringen. Oder *TV-Guide*-ähnliche Heftchen mit farbigen Bildern verteilen, die beim Durchblättern mit 24 Bildern pro Sekunde Fernsehshows wiedergeben. (*TV-Guide* ist der Klassiker unter den amerikanischen Programmzeitschriften.) Auf diesen Artikel hin bekam er Post von einem TV-Martí-Beauftragten; dieser schrieb, der Sender würde ihm gern Videobänder seines Programms zukommen lassen, sollte Riesgo mit dem Empfang des Sendesignals Schwierigkeiten haben.

Ein anderer Artikel spottete über den von Exilkubanern in Florida geschriebenen Entwurf einer Verfassung für das Kuba nach Castro. Riesgos Parodie hob den Unterschied zwischen den ersten Emigranten, die in der kommerziellen und beschlussfreudigen Welt verwurzelt waren, und den unberechenbareren Kubanern hervor, die ihnen, vor allem 1980 in der Mariel-Auswanderungswelle, gefolgt waren. »Alle Emigranten sind gleich«, verkündete Riesgos Verfassung, »aber einige sind gleicher als andere.« »Obwohl die parlamentarische Demokratie das beste System ist, kann eine Überdosis zu irreparablen Schäden führen.« Die Verfassungsparodie forderte, dem neuen Land Florida einzuverleiben, mit seinen »fleißigen und schwer arbeitenden Kubanern und Geschäftsleuten«, während Kuba selbst jene einbringen würde, die »weniger wohlhabend und deshalb für körperliche Arbeit ausersehen seien.«

Riesgo holte mich in seinem Lada ab, und wir fuhren durch den Platzregen zur Bar des *1830*, eines Restaurants am westlichen Ende des Malecón. Die Bar hatte noch nicht für den Nachmittag geöffnet, und wir versuchten einige andere mit ebenso wenig Glück. Schließlich fuhren wir zu ihm nach Hause, in eine hübsch eingerichtete Wohnung im zweiten Stock im Stadtteil Vedado. Als er nach dem Wolkenbruch die Balkontür öffnete, konnte wir die grünen Baumwipfel sehen, überzogen mit in der Sonne glitzernden Regentropfen. Riesgo war ein pensionierter Armeeoffizier, dünn, mit kleinem Schnurrbart.

Riesgo hatte ursprünglich für die inzwischen eingestellte Publikation *Opina* Artikel über kubanische Sitten und Gebräuche geschrieben. »Sie waren satirisch, aber sie vertraten eine Ansicht.« Als ein Freund zum Chefredakteur der internationalen *Granma Weekly Review* berufen wurde, hatte er begonnen, auch für ihn zu schreiben. »Ich bin sehr aktiv«, erklärte Riesgo, während er den obligatorischen Willkommensschluck Rum einschenkte. »Über mein Kurzwellenradio höre ich Voice of America (VOA), BBC, und niederländische, deutsche und französische Sender«, sie alle senden in Spanisch. »Ich ziehe die Nachrichten der VOA vor, bei BBC die Analyse. Die anderen vermitteln mir eine breitere Perspektive.« Und Radio Martí? Er zog ein Gesicht, als hätte ich Meerrettich in seinen Drink geschüttet. »Ich schalte es selten ein, und nur um dann Más Canosas neuesten Schmähungen zu lauschen.«

Durch Freunde an der Universität von Havanna, im Außenhandelsministerium und anderen Ämtern in der Stadt erhielt Riesgo Zeitschriften und Magazine aus den Staaten, Großbritannien und Spanien. »Für mich ist *El País* aus Madrid die beste Zeitung in spanischer Sprache. Von allen Magazinen aus den USA mag ich *Newsweek*, aber das beste Nachrichtenmagazin der Welt muss *The Economist* sein.

Gelegentlich warf er einen Blick in den *El Nuevo Herald*, die spanische Tageszeitung, die der *Miami Herald* herausgibt. Ich hatte ihm gerade einen Artikel aus dem *Herald* über einen Kuba-Reiseführer gezeigt, den Castros Regierung beschlagnahmt hatte. »Glauben diese Leute wirklich, sie werden hier einmarschieren und ihr Eigentum zurückfordern können? Die Kubaner in Miami, sie schwelgen in Surrealismus. Sie stecken in H.G. Wells' Zeitmaschine fest. Ihr traditionelles Kuba gedeiht in Miami, aber hier ist es völlig verschwunden. Sie haben großen politischen Einfluss auf die US-Politik, aber hier in Kuba haben sie fast keinen. Die Cuban American Foundation ist für den US-Genuss im eigenen Land, nicht für den auf Kuba. Es fällt auf, dass die Sprecherin des Außenministeriums, Margaret Tutwiler, sich immer von den Erklärungen der Exilkubaner distanziert.« Als er mich beim Focsa-Gebäude absetzte, bot ich ihm an, die Exemplare aller britischen und US-amerikanischen Publikationen aufzuheben, auf die ich stoßen würde. Er nahm dankbar an.

Tatsache ist, jeder hätte angenommen. Gleichgültig, wie veraltet oder uninteressant ein Magazin war, wem immer ich es anbot, er verschlang es förmlich. Ich gab einem weiblichen Diskjockey, deren landesweit ausgestrahlte Show Hits aus der englischsprachigen Welt präsentierte, eine *Rolling Stone*. Sie benutzte den Klatsch der Zeitschrift, um ihr Programm mit Insider-Infos aus der internationalen Rockszene aufzulockern. Literaturzeitschriften aus Mexiko, Modehefte aus Europa, Buchbesprechungen aus London und New York, ein alternatives Wochenblatt aus Miami, Wochenzeitschriften aus den Hauptstädten der Welt, Sportmagazine, gleich woher – sie alle fanden dankbare Abnehmer, wurden gründlich verdaut und schnell weitergereicht. Ein Dichter sah mich Walker Percys *Der Kinogeher* lesen und bat mich, ihm das Buch zu leihen, wenn ich es ausgelesen hatte. Mein spanisches Exemplar von Isabel Allendes *Geschichten der Eva Luna* gingen durch die Hände von durchschnittlich drei Lesern pro Woche. Die überwältigende Mehrheit der Kubaner bekam keine Druckerzeugnisse außer Regierungspublikationen zu sehen. Einige von ihnen waren gut – *Juventud Rebelde* (*Rebellische Jugend*, damals eine Tageszeitung) druckte lebendige Porträts von Fabrikarbeitern, Musikern und Künstlern, Zuckerrohrschneidern und anderen realen Menschen, detailreiche Artikel, die Korruption enthüllten, und Berichte über Alkoholismus, randalierende Jugendliche und zerbrochene Ehen.

Ein Grund für den Hunger nach ausländischen Publikationen lag auf der Hand: Ihr Import kostete Dollar, eine Währung, die schwerer zu bekommen war als Kaviar. Am Schalter für internationale Fernverbindungen im Habana Libre gab es ein halbes Dutzend Exemplare der *International Herald Tribune* und oft auch ein paar der *New York Times*. Sie trafen kurz nach Mittag einen Tag nach ihrem Erscheinungsdatum ein. Jeden Dienstag wurden drei Exemplare der Sonntagsausgabe der *New York Times* ausgelegt. Außer diesen gab es eine seltsame, stets wechselnde Auswahl anderer Publikationen, darunter *PC World*, *Good Housekeeping* und *Self*. Außerdem die internationalen Ausgaben von *Time* und *Newsweek*. Nachrichtensüchtige, die autorisiert waren, ein paar Dollar auszugeben, konnten sich die *Times*, den *Miami Herald* oder eine ansehnliche Auswahl an Zeitschriften ins Haus liefern lassen. Die Briefkästen in dem Gebäude, in dem ich wohnte, quollen regelmäßig über von ausländischen Periodika. Außer in den internationalen Hotels waren ausländische Publikationen im Allgemeinen nur in Ministerien oder akademischen Einrichtungen erhältlich. Ein graduierter Student der Asienkunde an der Universität Havanna beispielsweise hatte Zugang zu einer Tageszeitung aus Tokio. Der andere Grund, weshalb nur so wenige ausländische Publikationen zum freien Vertrieb zugelassen wurden, war, dass ihr Inhalt sich gegen die Revolution richtete.

Trotz des Mangels an Zeitschriften waren die Kubaner auf allen Ebenen der Gesellschaft gut informiert über Literatur, aktuelles Zeitgeschehen, kulturelle

Strömungen und wissenschaftliche Entwicklungen im Ausland. Diese Eigenschaft ist immer wieder zum nationaltypischen Merkmal erklärt worden und gilt als Resultat der hohen Alphabetisierungsrate, der Neigung von Inselbewohnern, fortwährend auf das zu blicken, was jenseits des Wassers liegt, einer gründlichen Schulbildung und eines hervorragenden Radioempfangs. Lang- und Mittelwellensender aus Mexiko, der Dominikanischen Republik, Puerto Rico, den südlichen US-Staaten und Venezuela sind ohne größere Schwierigkeiten zu empfangen; dasselbe gilt auch für Kurzwellensender. Eine Dame, die in Vedado lebte, vertraute mir an, dass sie, wenn die Wetterbedingungen gut waren, am Spätnachmittag etwa eine Viertelstunde lang Fernsehen aus West Palm Beach in Florida sehen konnte. »Am Anfang war es etwas Neues, aber wirklich, dieser Ätherkrieg, ich weiß nicht, was das ganze Theater soll.« Eine andere Frau erzählte mir, sie höre *Larry King Live*, um ihr Englisch zu üben und über den rechten Flügel in den USA auf dem Laufenden zu bleiben.

All das Gerede über Medien gewann an Bedeutung, als *Granma* auf einem Sondertitel in Fettdruck verkündete, dass bei den Zeitungen Kubas Veränderungen anstünden, da die Zellstofflieferungen aus der Sowjetunion zunehmend unregelmäßiger einträfen. *Granma* würde dünner werden und nur noch an fünf statt sechs Tagen herauskommen. Für Havanna würde es eine gekürzte Samstagsausgabe geben. Andere Publikationen würden weniger häufig erscheinen oder ganz verschwinden, außer der *Bohemia*, einer ehrwürdigen allgemeinen Wochenzeitschrift. Das geschah, um »den Zusammenbruch des Informationssektors zu verhindern. Wir hoffen auch, dass die Maßnahmen vorübergehender Natur sein werden.« Kurz darauf verdoppelte sich an den Zeitungsständen der Preis für die *Granma*. »Die halbe Menge Nachrichten für den doppelten Preis«, sagten die Leute.

La Plume fragte mich nach meinem ersten Ausflug aufs Land. Ich erzählte ihr, dass ich Cienfuegos sehen wolle, die Verwandten eines Freundes aus Boston besuchen, zum Mangrovensumpf der Halbinsel Zapata fahren und nach Playa Girón. Auch nach Trinidad wolle ich und vielleicht hinauf nach Santi Spíritus. »Haben Sie schon jemanden gefunden, der Sie begleitet?« Hatte ich nicht. »Hätten Sie Interesse an einem Aufenthalt im El Castillito?«, einem kleinen, vom Schriftstellerverband betriebenen Hotel im Escambray-Gebirge zwischen Cienfuegos und Trinidad. Ich hatte.

An diesem Abend ging ich zu Fuß zum Haus eines Freundes, der gegenüber vom Zentrum für José-Martí-Studien wohnte. Ein erfrischender Nieselregen kühlte die schwüle Luft ab. Auf dem Rückweg durch die Calzada-Straße kam ich am *Presidente* vorbei, einem gehobenen Hotel, dessen Eingang von einer attraktiven Beamtin der Touristenpolizei bewacht wurde. Ich beobachtete, wie sie zur Ecke vorging und eine nicht minder hübsche junge Kubanerin zu befragen begann. Der Teenager mit kubanischen Augen und karibischem Lächeln trug ein kurzes schwarzes Cocktailkleid. Ihr Benehmen, der Ort, an dem sie stand, und das Kleid verrieten die Prostituierte. Sie war langsam über den Gehsteig geschlendert und hatte Männern in Autos und Touristentaxis Blicke zugeworfen. Die Befragung durch die Beamtin war weder heftig noch bedrohlich, aber sie war eindringlich. Sie stand dem Strichmädchen Auge in Auge gegenüber, ihre Taschenlampe beleuchtete den zögernd hervorgeholten Ausweis. Als die Beamtin sich, leicht aggressiv, vorbeugte, lehnte sich die Prostituierte zurück. Dann tauschten sie die Rollen, die Prostituierte insistierte, und die Beamtin bog sich nach hinten. Von der anderen Straßenseite wirkte die Bewegung der beiden symbiotisch, fast synchron. Sie drohten einander mit dem Finger, ihre Stimmen waren unterdrückt, sie stritten nicht wirklich. Beide wollten kein Aufsehen erregen. Der Nieselregen hatte sich in feinen Nebel verwandelt, und der Vollmond warf die Schatten der beiden als Silhouetten auf eine Mauer. Ich formte mit meinen Händen einen Rahmen um die Szene und nannte sie »Die Revolution bei Arbeit und Spiel«.

Am nächsten Morgen erfuhr ich am Hauptbahnhof, dass der Zug zweiter Klasse nach Cienfuegos von Tulipán abfuhr, der kleineren Bahnstation in Nuevo Vedado. Ich stand eine halbe Stunde in der Schlange am Taxistand, um nach Tulipán zu fahren. Der Mann vor mir hielt die ganze Zeit eine leichte Schimpfkanonade im Gange, doch als er die Spitze der Schlange erreicht hatte, ging er, statt in ein Taxi zu steigen, zum Ende der Schlange zurück und fing von vorne an. Er wartete auf seine Mutter und seine Schwester, die aus Santiago de Cuba kommen sollten – wenn ihr Zug endlich einfuhr, wollte er in der Schlange stehen, damit sie nicht zu lange würden warten müssen. Bis dahin würde er den Kreislauf fortsetzen, sich zentimeterweise vorwärts schieben und dann an das Ende der Schlange zurückkehren. Der Zug aus Santiago hatte bereits eine Stunde Verspätung.

In Tulipán erfuhr ich, dass man im *lechero* nach Cienfuegos Plätze nicht im Voraus reservieren konnte. Man musste einige Stunden vor Abfahrt des Zuges zur Stelle sein.

Zur Abendgesellschaft des Außenministeriums in David Evans' Haus in Miramar nahm ich den Bus, und die breite Auffahrt ging ich zu Fuß hinauf. Das Innere des Hauses sah nach einem typischen Allerweltsvorort in den USA aus. Wie versprochen liefen auf dem großen Bildschirm des Fernsehers die *NBC Nightly News* und berichteten über den Verlauf von *Desert Shield*. 35 Gäste füllten die Gartenveranda. Das Catering für die Party hatte Cabalse übernommen, die Regierungsdienststelle, die Mitarbeiter in Auslandsvertretungen versorgt. Kellner in gestärkten weißen Jacken und mit schwarzer Fliege trugen Platten umher, die man mit Schwedischen Hackfleischbällchen,

Schinkenröllchen am Zahnstocherspieß und Shrimpshäppchen auf Brot (mit Dip) beladen hatte. Ein Barkeeper mixte *mojitos*. Es folgten Pizzaecken. Diplomaten mischten sich unter kubanische Journalisten und Auslandskorrespondenten. Zu den Gästen gehörte auch ein Kubaner, der ein paar Jahre zuvor mit Hilfe der US-Interessenvertretung und Arnaldo Coro Antich, dem Nachrichtenchef von Radio Progreso und kubanischen Fachmann für Hörfunktechnik, einen religiösen Nachrichtenrundbrief gegründet hatte. Coro war der am besten informierte und überzeugendste Gegner von Radio Martí im Land. Er kannte die US-Fernmeldegesetze und ihr undurchschaubares technisches Kauderwelsch besser als die meisten amerikanischen Fachleute.

Coro wurde mir durch Evans' Assistenten vorgestellt, der selbst auf eine interessante Vergangenheit zurückblickte. Er hatte den größten Teil seiner Jugend in Havanna verbracht. Sein Vater, ein angesehener portugiesischer Kommunist, hatte dort dem diplomatischen Corps seines Landes angehört. Der Sohn half, nachdem er für die Büros von Reuters und IPA, einer italienischen Nachrichtenagentur, in Havanna gearbeitet hatte, die portugiesische Abteilung der Wochenausgabe von *Granma* aufzubauen. Einen Tag nachdem er seinen Job beim Nachrichtenblatt der Partei hingeworfen hatte, nahm er die Arbeit auf der anderen Seite der Straße auf. Er marschierte in die US-Interessenvertretung und dort blieb er. So zumindest erzählt er seine Geschichte. Eine seiner Aufgaben bestand darin, in der Happy Hour in der Bar der Journalisten oder auf der Veranda der UNEAC die Nähe zu kubanischen Reportern und Schriftstellern zu suchen.

»Ich bin bei Tele Martí für die Taktik zuständig«, prahlte er. »Ich habe damals Kanal 13 ausgewählt, weil die Kubaner ihn nicht benutzten.« Er erzählte mir, welche Hotels abgehört wurden, wo die kubanischen Sicherheitskräfte arbeiteten und wie hilfsbereit er zu allen war. Ich fragte ihn nach dem CIA-Aufgebot in Kuba. Er antwortete: »Ich habe keine Ahnung von der CIA in Kuba – vielleicht eine kleine.«

Ondřej Kačina, ein junger Reporter bei der staatlichen Nachrichtenagentur der Tschechoslowakei, Československá Tisková Kancelá?, stellte sich an Evans' Veranda-Bar auf Spanisch vor. Er lebte in meinem Gebäude. Als er bemerkte, dass ich aus den Vereinigten Staaten kam, wechselte er rasch die Sprache. »Englisch ist mir angenehmer.« Ich fragte ihn, welche Art von Beiträgen er schreibe.

»Dieser Tage sind wir päpstlicher als der Papst. Alles, was meinen Chefredakteur interessiert, sind verleumderische Attacken auf Castro. Ich arbeite an einem Artikel über die vielen alten amerikanischen Wagen, die überall in Havanna herumfahren. Zu Hause in Prag verstehen sie das nicht. Der einzige Ort, wo ich ihn verkaufen könnte, wären die Staaten. Ich habe Kontakte zum *National Enquirer*. Der zahlt für unterschiedliche Arten von Beiträgen:

soundsoviel nur für die Idee, einen bestimmten Betrag für das Material und einen Entwurf und mehr, wenn man die ganze Geschichte schreibt. Hätten Sie Lust auf eine Zusammenarbeit?«

Jorge Daubar, der Autor von *Capablanca*, war sicher, sein Krimi würde bei Lesern außerhalb von Kuba ankommen. Er saß hinter dem Schreibtisch in seinem Arbeitszimmer und erzählte mir eines Morgens aufgeregt von *Ceremonial de difuntos*, das, wenn es auf Englisch herauskäme, *Das kubanische Totenbuch* heißen sollte. Es erzählte die Geschichte von zwei Männern des Diktators Batista, denen es gelingt, in der Regierung zu bleiben und ihre Gesinnung vor den Beamten Castros zu verbergen. »Auch der CIA kommt vor. Es würde einen perfekten Film abgeben.« (Was war das hier? Ein Werbevortrag?) »Das Manuskript hat annähernd 1000 Seiten.« Allerdings ließen die Kürzungen im Verlagswesen Daubar zweifeln, ob das Buch jemals erscheinen würde. Er suchte in der Ablage nach seinem Vertrag mit Letras Cubanas über *Ceremonial*. Seine Mutter servierte uns starken, schweren Kaffee in Mokkatassen. Sein Vater saß im Wohnzimmer vor dem Fernseher.

Um Daubars Schreibmaschine lagen die für Schriftsteller üblichen Zeitungsausschnitte, Nachschlagewerke und ablenkenden Spielereien. An der Seite stand ein häufig genutztes Radio neben einem Bücherschrank voller großer Literatur. Sie umspannte ein breites Spektrum an Themen, Ländern und Jahrhunderten. »Vor ein paar Jahren ging ein Freund eine Straße hinunter und sah einen Mann, der alte Bücher und Zeitschriften verkaufte. Es stellte sich heraus, dass der Kerl eine vollständige Ausgabe von *Bohemia* hatte, angefangen bei der ersten Ausgabe von 1908.« Daubars Freund telefonierte herum, um das Geld zusammenzubekommen. Zu Daubars privater Zeitschriftensammlung zählte eine vollständige Sammlung von *Enigma*, der internationalen Zeitschrift der Krimiautoren, die in Havanna drei Jahre lang herausgegeben wurde, bevor sie 1989 einging.

Der Standardvertrag für kubanische Bücher sieht einen Vorschuss von etwa 12 Pesos pro *cuartilla* vor, eine 30-zeilige Manuskriptseite. Die Tantiemen fallen in dem Maße an, wie die Verkäufe steigen (eine Praxis, die man New Yorker Verlegern nicht zu Ohren kommen lassen sollte). Der Verleger erwirbt das Recht für 20 000 Exemplare, danach muss ein neuer Vertrag ausgehandelt werden. Der Autor erhält 60 Prozent seines Vorschusses bei Übergabe des Manuskripts, die Hälfte des Rests, wenn es in die Produktion geht, und den verbleibenden Rest bei Erscheinen. Und der Vertrag enthält all den faulen Zauber, der in allen Buchverträgen dieser Welt zu finden ist, der dem Verleger alle Rechte zuspricht und dem Autor lässt, was übrig bleibt. Der Verlag Científica-Técnica hatte von *Capablanca* 11 000 Exemplare verkauft.

»Möchten Sie ein Glas kaltes Wasser?« Um es zu holen, musste Daubars Mutter an den Kühlschrank eines Nachbarn gehen. »Unserer ist seit sechs

Monaten kaputt. Wir haben das Geld, um ihn reparieren zu lassen, und unser Name steht auf der Warteliste. In der Zwischenzeit lassen uns die Nachbarn Lebensmittel in ihrem Kühlschrank kühlen.«

Christoph Kolumbus ist einer der wenigen Reiseschriftsteller, die nach Kuba kamen und nicht über die einheimische Lotterie schrieben. Die Staatliche Lotterie, 1812 unter der spanischen Herrschaft gegründet, florierte während der Unabhängigkeit und unter den nachfolgenden Regimes, bis Castros Regierung ihr ein Ende setzte. Losverkäufer »überschwemmen alle Lokale und öffentlichen Straßen, quälen dich beim Essen, beim Gehen und beim Fahren«, schrieb Richard Henry Dana, der das Land in den 50er Jahren des 19. Jahrhunderts besuchte. »Alle Klassen scheinen in sie zu investieren. Vor allem auf die Sklaven ist ihre Wirkung schlecht, die, durch den strahlenden Traum verlockt, sie könnten ihre Freiheit erkaufen, alles, was sie in der Lage sind zu verdienen, zu erbetteln oder zu stehlen, in die Lotterie investieren.«

Die Lotterie schuf sich eine eigene Fangemeinde, von den gewieften Kindern, die Lose vom Boden aufsammelten, bis hin zu den hohen Beamten, die regelmäßig den Rahm abschöpften. Auch Hospitälern und Waisenhäusern kam sie zu Gute. Die Lotteriekultur hat Witze hervorgebracht, Romane, Lieder und Aberglauben. Auch wenn man sie in den frühen 1960ern verboten hat, etwas so tief Verwurzeltes verschwindet nie völlig. Daubar räumte ein, dass es in der Stadt nach wie vor ein paar illegale Lotterien gebe, allerdings nicht viele. »Sie hören Radio und benutzen die Gewinnzahlen aus Venezuela oder Mexiko. Selbstverständlich könnte ich mich beteiligen, aber ich tue es nicht. Jeder kann das. Wenn man Geld hat, kann man hier alles kaufen.«

Gelegentlich wurden wir durch Anrufe von Freunden unterbrochen, die Daubar zu seinem Buch gratulierten. Andere kamen für ein paar Minuten vorbei, um sich ihr Exemplar signieren zu lassen. Capablancas Schachspiel, erklärte Daubar einem Anrufer, hatte eine schwache Eröffnung, aber es wurde im Laufe des Spiels stärker, und sein Schlussspiel war vernichtend. »Er war ein brillanter Stratege.«

Ich stand 45 Minuten lang in der Brotschlange der Sozialismus-oder-Tod-Bäckerei und erstand zwölf Brötchen zu je sechs Centavos. Dann ging ich ins Yara, um mir den neuesten kubanischen Film anzusehen, *Mujer Transparente*, über Frauen, die versuchen, in einer Gesellschaft zurechtzukommen, die sich so schnell verändert wie sie selbst. Eine Szene spielt in der Halle des luxuriösen Hotels Tritón: Die Angestellten teilen einer Kubanerin, die ihre Verwandte aus den Staaten aufsuchen will, mit, dass sie im Haus weder speisen noch etwas trinken könne, geschweige denn das Telefon am Empfang benutzen. Das Publikum zischte lang und laut bei diesem charakteristischen Beispiel für Tourismusapartheid.

»Tropicollage«, ein beliebtes Lied des kubanischen Sängers Carlos Varela, handelt von diesem Thema.

If you go to a hotel
And you're not a foreigner
They treat you differently.
That is already happening here,
And I want to change it.
And whoever denies this fact
Carries Tropicollage in his head.

Wenn du in ein Hotel gehst
Und kein Ausländer bist,
behandelt man dich anders.
Es geschieht hier schon,
Und ich will das ändern.
Und wer glaubt, das sei nicht so,
Hat Tropicollage im Kopf.

Nach *Mujer Tranparente* lief ein tschechoslowakischer Zeichentrickfilm. Ein Klempner wird immer habgieriger und reicher, während seine Arbeit immer schlechter und schlechter wird. Nach jedem Hausbesuch fährt er in seinem schnittigen neuen Auto weg. Als ein tropfender Wasserhahn, den er gerade erst repariert hat, wieder zu tropfen beginnt, kaum dass er weggefahren ist, repariert ihn der Herr des Hauses in seiner Frustration selbst. Er macht seine Sache so gut, dass er auch bereitwillig einem Nachbarn bei dessen Problem mit der Installation hilft und einen Lohn für die Arbeit mit beschämtem Stolz ablehnt. Bald ist er der Klempner des ganzen Blocks, der jedem hilft, aber Geld immer ablehnt. Als er eines Tages Bargeld braucht nimmt er einen symbolischen Betrag, eine Lösung, auf die er immer häufiger zurückgreift. In dem Maße, wie sein Arbeitspensum ansteigt, wächst auch seine Habgier. Er wird zunehmend nachlässiger, bis eines Tages ein Wasserhahn, den er gerade repariert hat, nachdem er seinen Lohn kassiert und in seinem schnittigen neuen Wagen weggefahren ist, wieder zu tropfen beginnt. Dem Publikum gefiel der Film sehr.

Am Abend suchte ich Reynaldo González, einen Angestellten des ICAIC – des nationalen Filminstituts – in seinem geräumigen Heim in Vedado auf. Er wollte unbedingt *Family Portrait* sehen. González schob den Film in den Videorekorder und sah ihn sich mit unbewegter Miene an. Er zeigte nicht einmal in die Andeutung eines Lächelns über die warme und schlitzohrige Darstellung der kubanischen Kultur, deren Sticheleien sich hauptsächlich gegen Kubaner in den Staaten richteten, die ihre Bräuche mitgebracht haben.

Er nahm den Film sehr ernst, aber immerhin nutzte er die Gelegenheit, über Kubaner in den Staaten zu sprechen.

»Das ist ein Märchen. Sie erfinden ein Kuba«, sagte er wütend. »Das Bild, das sie von uns haben, ist reine Fantasie! Sie veranstalten in den Schulen diese ›kubanisch-amerikanischen‹ Abende. Ich habe einen bei *¿Qué Pasa?* gesehen Das läuft auf PBS. Ihre Vorstellung von uns ist eingefroren, deshalb müssen sie etwas erfinden. Sie setzen uns skrupellos für ihre Propaganda ein, aber sie haben keine Ahnung von unserer Realität. Warum tun sie das?« Er war so verwirrt wie verärgert.

Um meine Besuche bei Mitgliedern der intellektuellen Elite des Landes abzurunden, traf ich mich am nächsten Tag mit dem Cheflektor des Verlages José Martí. Iván Pérez Carrión und ich nahmen in einem Konferenzraum Platz, dessen Wände mit Büchern in Russisch, Englisch und Portugiesisch bedeckt waren. Sein Sekretär brachte uns starken Kaffee.

Das Haus José Martí verlegt ausschließlich fremdsprachige Bücher. Der Autor des Verlages, der sich am besten verkaufte, war Fidel selbst, dessen Ansprachen man übersetzte und für den ausländischen Leser aufbereitete. »Bekommt er Tantiemen dafür?«, fragte ich. »Wer ist sein Agent?« Pérez antwortete nichts weiter als: Castro bekomme die Korrekturfahnen von allem, das unter seinem Namen erscheine, zu sehen.

»Ich höre, Sie recherchieren für ein Buch über Kuba. Erzählen Sie mir davon.«

Ich gab ihm die gleiche Erklärung, die ich den Diplomaten seines Landes in Washington, dem Schriftstellerverband und dem Außenministerium in Havanna gegeben hatte. »Sie werden sicher kein Interesse haben, es hier zu veröffentlichen«, sagte ich. »Oder doch?«

»Vielleicht. Die Dinge ändern sich. Wir brauchen die Perspektive eines Außenstehenden. Ich dachte, wir könnten es an die Tourismusbranche verkaufen.«

»Vielleicht habe ich mich nicht klar ausgedrückt. Dies wird kein Reiseführer von der Sorte ›Biegen Sie an der Plaza links ab, dort steht eine reizende Kirche aus der Kolonialzeit‹. Vielmehr geht es um Erlebnisse und Eindrücke, die nicht alle den Staat zwangsläufig im besten Licht zeigen.«

»Ja, ja, ich verstehe. Aber bis wir so weit wären, das Buch herauszubringen – nun, wie ich schon sagte, die Dinge ändern sich.«

Zu den Dingen, die sich änderten, gehörte eine Verknappung bei Druckerschwärze und Papier. Tatsächlich hatte Iváns Verlag in den letzten zwölf Monaten nur ein Buch herausgebracht: *May the World Know It* (Möge die Welt es erfahren), den Bericht eines mexikanischen Journalisten über den US-Einmarsch in Panama. »Könnten Sie ein Exposé Ihres Buches schreiben und es vorbeibringen? Ich möchte es einigen Leuten zeigen.« Auf dem Weg nach draußen überreichte er mir ein Exemplar von *Der Gleichschaltungsprozess ist nichts Neues*, eine Ansprache von Fidel. Mein Lieblingsbuch aus dem Verlagsprogramm von José Martí ist *The Last American*, über ein paar Nordamerikaner, die nach der Jahrhundertwende, von einem Werber angelockt, auf unerschlossenem kubanischem Land siedeln.

Die Bücher von Editorial José Martí werden nur gegen Dollar verkauft und sind vor allem in Touristenhotels erhältlich; da sie nie auf Spanisch erschienen, kamen sie nie auf die Bestsellerliste. In dieser Woche stand an der Spitze der nationalen Bestsellerliste *Die Zwerge*, ein Sciencefiction-Buch, gefolgt von einer Anthologie mit Gedichten junger Kubaner, einer Sammlung kürzerer Texte von einem polnischen Autor, einem russischen Roman, *Der Meister und Margarita* von Michail Bulgakow, und einem Roman des Kanadiers Hugh MacLennan, *Two Solitudes (Zwei Einsamkeiten)*.

Die Sachbuchliste, von oben: *Kosmetik und Gesundheit* (Untertitel: »nützliche Hilfe zur Bewahrung von Jugend und Schönheit«), *Celia in der Untergrundbewegung* (Augenzeugenberichte über die Rolle von Celia Sánchez Manduley, einer Heldin der Revolution und Vertrauten von Fidel), *Nerven, Nerven … das geht alle an* (eine Übersetzung aus dem Russischen), *Grundlagen des elektronischen Klangs* und *Berichte aus Nicaragua* (Artikel über die sandinistische Befreiungsbewegung). Sachbücher über das Kuba von heute waren sehr schwer zu finden.

Jede Woche fanden Literaturveranstaltungen statt: ein Seminar über Alejo Carpentier, eines über José Lezama Lima, ein Drittes über Martís *Unser Amerika*. Eine Buchausstellung mit zahlreichen Neuerscheinungen aus Mexiko. Eine Ausstellung mit Kinderbuchillustrationen. Eine Lesung von José Martís Werk für Kinder, *Das Goldene Zeitalter*. Ein Auszug aus *Feuerwerk der Eitelkeiten*, das in der *Bohemia* erschienen war. Jedes Wochenende Ballett, Ausstellungen, Oper, Lesungen, Musicals, Stücke, Theater, Kabarett, Galerien, Marionettentheater. Man hätte glauben können, die Stadt sei verrückt nach Kultur.

Die »Besondere Periode« wirkte sich auch auf die Kultur aus. Die Museen strichen einen Tag ihrer Öffnungszeiten. Kinos öffneten später und schlossen früher, »mit dem Ziel, die Stromkosten zu reduzieren«. Dennoch beherrschten Filme das öffentliche Nachtleben, Filme aus Argentinien, Russland, Europa, Mexiko, Brasilien und hauptsächlich aus den Staaten: *Mad Max*, *Kleopatra*, *Ein neuer Stern am Himmel (A Star is Borne)*, *Der blaue Engel*, *Funny Girl*, *Chinatown* und *Mondsüchtig*. Zwei Stücke von Tennessee Williams, *Die Glasmenagerie* und *Endstation Sehnsucht*, standen auf dem Spielplan des Nationaltheaters. In den frühen 60er Jahren hatte man Williams' Stücke sehr häufig aufgeführt.

Tennessee Williams war unter Batista ein häufiger Gast auf Kuba gewesen, um das zu genießen, was Graham Greene Havannas »anrüchige Atmosphäre« genannt hatte. Die Revolution hatte Williams' Begeisterung nicht abkühlen lassen, und bei einem Besuch 1959 lud ihn der Schriftsteller Kenneth Tynan ein, Ernest Hemingway auf El Floridita kennen zu lernen. Williams fand, Hemingway sei »ein Gentleman, der eine sehr rührende Schüchternheit an sich zu haben schien«. Laut Williams, der sich an das Zusammentreffen in seinen Memoiren erinnert, sagte Hemingway: »Sie wissen, dass diese Revolution in Kuba eine gute Revolution ist.« William pflichtete ihm bei, und Hemingway schrieb ihm eine Empfehlung, die er Castro überreichen sollte. Nach endlosem Warten geleitete man Williams und Tynan zu dem Treffen mit dem jungen Führer. »Castro«, schrieb Tynan später, »erklärte Williams, wie sehr er seine Theaterstücke schätze, besonders das ›über die Katze auf dem heißen Blechdach‹. Er hoffe, Mr. Williams werde wieder nach Kuba kommen, vielleicht um dort zu leben.«

Jacobo Timerman klagt in *Cuba: A Journey*, dass weder Williams noch William Faulkner noch Günter Grass in Havannas Buchhandlungen vorrätig seien. »Darüber hinaus gibt es unter Kubas undurchdringlicher Glaskuppel keinen durchschnittlich gebildeten Kubaner, der die leiseste Ahnung hätte, wer diese Schriftsteller sind.«

Im Herbst 1990, als das Stück *Endstation Sehnsucht* produziert wurde, veröffentlichte man Timerman in den Staaten und auf Kuba, Faulkner war gerade von der Bestsellerliste gerutscht und Grass' *Blechtrommel* sollte demnächst erscheinen.

Fidel Castro glaubt, er sei Jude. Oder wenigstens teilweise jüdisch, tief in seiner Vergangenheit. »Castro« gehört zu den verbreiteten Namen unter den Marranen, den spanischen Juden, die unter der Inquisition zum Schein konvertierten, um dem sicheren Tod auf dem Scheiterhaufen zu entgehen. Fidel erwähnte seine Herkunft in einem privaten Gespräch mit Ricardo Subirana y Lobo, einem Chemieingenieur und finanziellen Förderer der Revolution, dem er 1960 einen diplomatischen Posten in Israel gab. Castro, schrieb der Historiker Halperin, »war offensichtlich überzeugt, dass einige seiner Vorfahren, Marranen waren.«

Wenn Castro Jude ist, ist er kein besonders gläubiger Vertreter seiner Religion. Er nimmt nicht am Rosh Hashana, dem jüdischen Neujahrfest, teil, noch kauft er in Habana Vieja in Abraham Berezniaks koscherer Metzgerei ein, wo an den Wänden Nachrichten der jüdischen Gemeinde hängen.

Dem Lebensmittelkartensystem zufolge hat jeder Kubaner alle paar Wochen Anspruch auf eine gewisse Menge Fleisch und Fisch. (Der Anspruch garantiert selbstverständlich noch nicht die Verfügbarkeit.) Theoretisch besitzt jeder Haushalt eine Lebensmittelkarte, *libreta* genannt, in der jedes Haushaltsmitglied mit Namen, Alter und Geschlecht aufgelistet ist. Ich kann mir nicht vorstellen, dass die Lebensmittelkarten von drei zufällig ausgewählten Nachbarn völlig korrekt wären. Verwandte kommen und gehen, Freunde ziehen ein und aus, manche geben eine Wohnung im *libreta* an und trinken ihren morgendlichen *cafecito* in einer anderen. Ein Eintrag auf der Lebensmittelkarte kann besondere Nahrungsmittel genehmigen: aus medizinischen Ursachen, von Alters wegen oder aus anderen Gründen; wer über einen entsprechenden Eintrag verfügt, geht in Spezialgeschäfte. Ein praktizierender Jude zu sein, ist ein solcher Grund. Statt zu ihrem örtlichen Metzger zu gehen, können die Juden an Fleischtagen in Abraham Berezniaks Laden einkaufen. Wer einen Nachmittag bei Abe verbringt, sieht einen bemerkenswerten Strom schwarzer, mischhäutiger und weißer Sephardim, Aschkenasim und ihrer Nachfahren. Sie treten durch die Tür, die zwei Davidssterne aus Metall zieren, und plaudern über Neues aus aller Welt.

An der Wand:

> Verehrter Kunde, um den koscheren Vorgang für das Fleisch, das Sie hier erhalten, abzuschließen, sollten Sie:
> 1) das Fleisch eine halbe Stunde in Wasser einweichen.
> 2) Salzen sie es eine Stunde auf einem geneigten Brett mit Löchern, um das überschüssige Blut ablaufen zu lassen.
> 3) Spülen Sie das Salz ab.
>
> Das biblische Verbot, Blut zu verzehren, verlangt, dass das Fleisch gründlich abgespült wird.
> Koschere Hühner kommen am 5. des nächsten Monats.
> Nach diesem Tag verlieren Sie ihren Anspruch auf diesen speziellen Rationszyklus.
> Achtung, Kinder! Die Organisation Junger kubanischer Juden lädt euch ein zur Vorführung des Films *Von Toledo nach Jerusalem* mit Yehoram Gaon, dem besten Sänger Israels.

Berezniak, untersetzt, hinkend und mit Geheimratsecken, hätte hinter der Theke des Delikatessengeschäfts von Carnegie in New York oder dem Goldenberg's in Paris zu Haus sein können. Er trug schöne Mokassins. Ein Schwarzer kam herein, wechselte mit Abe ein DUU-UA-DIDDI, nahm sein Fleisch, während Abe es sorgfältig auf der Lebensmittelkarte eintrug. (Immer, wenn das kubanische Spanisch klang, wie unter Hochgeschwindigkeit pürierte Kartoffeln, schrieb ich »DUU-UA-DIDDI« in mein Notizbuch.) Ein Junge von 18 Jahren kam als Nächster herein, um die Zuteilung für seine Familie zu holen, dann eine ältere Frau. Ihr folgte ein Paar, das aussah wie bescheiden erfolgreiche Rentner aus Miami. Während sein Gehilfe auf einen Kadaver eindrosch und damit lautstark unser Gespräch zerhackte, machte mich Abe mit den Kunden bekannt, von denen jeder unweigerlich einen Freund oder Verwandten erwähnen würde, der Kuba verlassen hatte und in die Staaten gegangen war.

»Sagen Sie, gibt es dort Antisemitismus?«, fragte Abe. Ich dachte einen Moment nach, dann sagte ich: »Ein wenig, ja.« »Hier haben wir keinen. Jahrelang hat man uns *polacos* genannt«, Polen, »selbst die, die aus Spanien kamen. Die Katholiken überließen uns den Laden für diese Metzgerei in den frühen 40er Jahren.« Eine Figur aus Felicia Rosshandlers Roman *Passing Through Havanna* – er handelt vom Heranwachsen eines Mädchens in der jüdischen Emigrantengemeinde von Havanna während des Zweiten Weltkriegs – erklärt: »Alle Juden werden hier *polacos* genannt, weil die Polen nach der Jahrhundertwende zu Tausenden einwanderten. Jiddisch wird, ob Sie es glauben oder nicht, *el idioma polaco* genannt, die polnische Sprache.«

Berezniak war auch der Verwalter von Adath Israel, dem Tempel um die Ecke von der Metzgerei. Er blies an Rosh Hashana das Schofar, das Widderhorn. Während er das erklärte, ging ein junger Mann mit Brille vorbei und winkte. »Das ist Elpidio. Er arbeitet in der Kirche nebenan, aber interessiert sich für das Judentum.«

Elpidio kam zurück, trat ein und nahm mich in seine Kirche mit. 200 Menschen gingen jeden Tag zur Kirche, zur Sonntagsmesse kamen noch mehr. »Die erste Messe wurde hier 1674 gehalten. Dies ist die älteste Kirche in Havanna. Unten gibt es Katakomben. Wir nutzen sie nicht mehr.« Er zählte die Berühmtheiten auf, die in dieser Kirche gebetet hatten, » auch José Martís Schwester«.

Wieder bei Abe: Eine kleine, dünne Frau, die wie mindestens Mitte 60 wirkte, kam herein. Ein feuchter Zigarrenstumpen hing in dem schiefen Lächeln ihres knorrigen Gesichts. Sie sah sich in dem kleinen Laden um und trat auf mich zu. Plötzlich griff sie mir zwischen die Beine in den Schritt und drückte kräftig zu. Dann warf sie mit krähendem Lachen den Kopf in den Nacken und marschierte davon.

»Sie kommt ab und zu. Sie ist meschugge!« Alle im Laden brachen in Gelächter aus, ich stimmte als Letzter ein. So kurz und so roh es gewesen war, ich war nicht wirklich beleidigt.

Zu Abraham Berezniaks Nachbarn gehörte an diesem Nachmittag ein Mann, der mit nacktem Oberkörper unter der Haube seines schmutzigen grünen Dodge Baujahr 48 werkelte. Ich überquerte die Straße, um einen Blick auf den Wagen zu werfen. »Er hat immer noch seinen ersten Sechszylindermotor«, prahlte er. »Gewaschen wäre er der Traum eines jeden Sammlers«, ein Kommentar, der ihn erfreute. Dann schüttelte er den Kopf und zog mit dem Finger eine Linie in den Schmutz auf der Haube. »Stellen Sie sich das als imaginäre Grenze vor. So ist das hier. Es ist unmöglich, privates Eigentum wie ein Auto von der einen auf die andere Seite zu transferieren, aber die Leute machen es trotzdem immer wieder. Wenn das hier zum Beispiel Ihr Auto wäre und ich es kaufen wollte, könnten wir einen Handel abschließen. Aber Sie wollen es am nächsten Morgen zurückhaben, also schleppen Sie mich zu den

Behörden – nun, Sie haben die Fahrzeugpapiere, und es gibt nichts, was ich tun kann.« Legal können alte amerikanische Wagen nur einer Regierungsbehörde übergeben werden, dafür erhält man einen sowjetischen Lada oder Pesos. Die Behörde verkauft den Wagen – für Dollar – an ausländische Sammler. Eine gewaltige Menge alter US-Fahrzeuge wartet auf Käufer. Paradoxerweise können die Autos nicht wieder nach Hause, denn würde ein Amerikaner eines kaufen, wäre das *Trading with the Enemy* – ein Geschäft mit dem Feind.

Ein Poster an der Wand hinter dem barbrüstigen Dodgebesitzer warb für das Sistema Único de Exploración, ein landesweites Programm, das nach fremden Invasoren Ausschau hielt. Eine Zeichnung stellte einen Mann dar, der seine auf den Horizont gerichteten Augen mit den Händen schützte. *Wenn Sie sehen oder hören,* lautete die Bildunterschrift, *wie Fallschirmspringer abspringen oder Gebäude einstürzen, oder sie entdecken etwas, das wie ein Flugzeugträger auf dem Meer aussieht, oder bemerken verdächtige Flugzeug- oder Hubschrauberaktivitäten oder konterrevolutionäre Bekanntmachungen oder Bomben, rufen Sie die Telefonnummer des Volkssicherheitsrates an.*

Ein paar Parkplätze weiter spielten Kinder auf einem Spielplatz mit Schaukeln, Wippen und Rutschen. Abraham Berezniaks Leben spielte sich in seiner direkten Umgebung ab: sein Zuhause, seine Synagoge und die Metzgerei waren keine drei Blocks voneinander entfernt.

Von Abes koscherer Metzgerei hatte ich durch Adela Dworin und Maritza Corrales erfahren. Die beiden gehören zum festen Inventar des jüdischen Gemeindezentrums, dem Patronato, im Erdgeschoss der Synagoge in Vedado. Ich hatte dort nach Dr. Miller gefragt. Adela war die Geschäftsführerin des Patronato. Maritza schrieb ein Buch über die Geschichte der Juden in Kuba. »Gibt es Diskriminierung gegen Juden hier«, fragte ich. »Es gibt in Kuba keinen Antisemitismus«, sagte Adela entschieden. »Wir kommen alle zurecht. Selbst die PLO unterhält eine Botschaft hier. Sie schicken jedes Jahr Tausende von Studenten. Wir koexistieren. Selbst vor der Revolution wurden Juden hier nicht diskriminiert. Ich habe nie gesehen, dass jemand die Synagoge mit Eiern beworfen hätte. Nie.«

Das Zentralkomitee der Kommunistischen Partei unterhielt ein Büro für religiöse Fragen, erzählte Adela mir, »unter der Leitung von Dr. José Felipe Carneado. Er war ein Mitglied der ersten Kommunistischen Partei in Kuba. Er ist Mulatte und war Anwalt, also weiß er, was Diskriminierung ist. Selbstverständlich können Sie als Angehöriger einer Religionsgemeinschaft nicht Mitglied in der Kommunistischen Partei werden. Also haben wir Leute, die hierher kommen, aber keinen Anspruch erheben, Juden zu sein, sogar einige, die Geld spenden, aber ohne einen Beleg. Sie kommen an den traditionellen Feiertagen, und sie interessieren sich für Bücher über das Judentum. Fidel sagt, Gläubige werden eines Tages Mitglieder der Partei sein.«

Maritza meinte, der Marxismus lasse Religion nicht zu.

»Aber«, konterte Adela, »bei den Llamamientos haben einige Leute die Frage aufgeworfen: Warum können Gläubige nicht Parteimitglieder sein? Die Gläubigen fühlen sich diskriminiert.«

Die zwei verbrachten ihre Nachmittage in der Bibliothek des Patronato, einem Raum, angefüllt mit Werken in Hebräisch, Spanisch, Deutsch und Englisch. Ein Kalender des *Jewish National Fund of Canada* hing an der Wand neben Bildern von jüdischen Schriftstellern. In der Nähe hing eine Liste der jüdischen Gewinner des Lenin-Stalin-Preises. Es hätte mich nicht gewundert, wenn die Bücher im Einstein-Regal von dem Nobelpreisträger bei seinem kurzen Zwischenaufenthalt in Havanna an Chanukka im Jahr 1930 signiert worden wären. Die jüdische Gemeinde feierte seinen Besuch – neben der Akademie der Wissenschaften, dem Yachtklub und einer Heilanstalt nur eine von einem Dutzend Stationen. Am Morgen nach Einsteins Besuch der Synagoge bestand er darauf, die Armenviertel von Havanna zu sehen. Ein Artikel in der Zeitschrift der *Cuban Geographic Society* berichtete, er ging in die schäbigsten Wohnungen in den heruntergekommenen Höfen der Mietskasernen und Absteigen. In seinem Tagebuch erinnerte sich Einstein an »luxuriöse Klubs Seite an Seite neben abscheulicher Armut, die hauptsächlich die farbige Bevölkerung trifft.«

Nach der Revolution hatte Havanna einen Rabbi, der an den Wochenenden aus Miami kam; das Arrangement fand ein Ende, als die USA die Beziehungen zu Kuba 1961 abbrachen. Adela sagte: »Juden brauchen keinen Rabbiner für den Gottesdienst. Jemand muss nur einfach wissen, wie man die Torah liest. Wir hatten Rabbis aus Mexiko und Venezuela zu Gast.« Und was würde geschehen, wenn ein Absolvent einer ausländischen Rabbinerschule kommen wollte?

»Er müsste wie wir leben. Wäre er bereit dazu? Er wäre wahrscheinlich einen anderen Lebensstandard gewohnt. Er müsste sich in einem jüdischen Haus ein Zimmer nehmen und essen, was wir essen. Man findet in einer kommunistischen Gesellschaft keine koscheren Gürkchen.«

»Früher bekamen wir den Passahwein und Produkte wie Matzen früh. Dieses Jahr nicht, also telegrafierten wir einem Rabbiner in New York. Er schickte uns alles, was wir brauchten mit der täglichen Chartermaschine aus Miami: Wein, gefilte Fisch in Dosen, Matzen. Der Mann von der Partei sagte, wir könnten den Papierkram später erledigen. Die Leute bei der Zollbehörde kennen die Juden. Also ging ich *nach* dem Passahfest zu den Zollbeamten und machte alles amtlich.«

Eine höfliche deutsche Studentin im Aufbaustudium, sie arbeitete an ihrer Doktorarbeit über Juden auf Kuba, kam in die Bibliothek des Patronato und nahm ihren gewohnten Platz ein. Sie wohnte in einem Zimmer, das die Universität Havanna in einem Haus nahe der Sowjetischen Botschaft für sie angemietet hatte. Allen Problemen zum Trotz würde sie erwägen zu bleiben, sagte sie, wenn sie nur einen Laden finden könnte, wo es Schwarzbrot gäbe.

Adela fuhr fort. »Dieses Gebäude war ursprünglich ein Kulturzentrum. Wir hatten eine Sonntagsschule, Tischtennis, alles. In der alten Synagoge hatten wir eine Mikwa – eine Art Sauna. Früher gab es in Havanna fünf jüdische Schulen. Nach der Revolution genehmigte man uns eine jüdische Schule. Sie erlaubten den Kindern, Hebräischunterricht zu nehmen. Die Schule lag in Santos Suárez. Die Regierung stellte uns einen Schulbus zur Verfügung. Dann entschied sie, sie habe kein Interesse daran, dass die Kinder Hebräisch lernten. Also erteilten wir den Unterricht selbst an Samstagnachmittagen. Oft kamen 40 bis 50 Kinder. Nun, ein Lehrer starb, und der andere ging nach Israel. Das Oberhaupt der jüdischen Gemeinde war Witwer. Er brachte seinem Dienstmädchen Hebräisch bei und wie man Akkordeon spielt. Er ging schließlich nach Israel, und sie folgte ihm kurze Zeit später. Sie konnte besser Hebräisch als irgendein anderer in Havanna. Als sie Kuba 1981 verließ, schloss die Schule.

Moisés, 20 Jahre alt, kam ein paar Minuten herein. Adela deutete auf ihn. »Sehen Sie, wir haben auch ein paar junge Leute ... Vor drei Jahren beschlossen wir, eine Sonntagsschule für Kinder zu eröffnen. Wir hatten zehn oder zwölf Kinder. Heute sind es ein paar mehr. Die Juden in Venezuela sind sehr hilfsbereit gewesen. Ein Rabbi aus Caracas kam vor drei Jahren und fragte uns, was wir bräuchten. Wir sagten ihm, einen kleinen Bus – einen Minibus, um die Kinder zur Sonntagsschule abzuholen und die alten Leute zum Gottesdienst zu bringen. Zehn Monate später erhielten wir den Bus. Aber jetzt können wir ihn nicht mehr einsetzen, wegen des Treibstoffproblems. – Nun ja, das ist nicht unser einziges Problem. Die meisten Ehen sind heutzutage Mischehen. Es gibt praktisch keine Beschneidungen, nicht nur, weil wir keinen *mohel* haben, sondern weil auch die Krankenhäuser sie nicht durchführen.«

Adela und Abraham, der Metzger, insistierten, ich solle meine Reise nach Cienfuegos lange genug aufschieben, um am Jüdischen Neujahrsgottesdienst teilzunehmen. Ein ausländischer Jude männlichen Geschlechts war für eine kubanische Synagoge ein ziemlich guter Fang, gaben sie zu. »Ich bin nicht sehr religiös«, entgegnete ich, »tatsächlich kann ich mich nicht erinnern, wann ich zum letzten Mal ...«

»Das macht nichts«, sagten sie. »Wir wissen Bescheid. Dann können wir auf Sie zählen?« »Also verpflichtete ich mich zum Neujahrsgottesdienst in einer Synagoge am Abend und in einer anderen am folgenden Morgen«, schrieb ich einer *shiksita* zu Hause in den Staaten. »Ich glaube nicht, dass dies der Grund ist, weshalb ich hergekommen bin. Dennoch, es ist eine legitime Seite des kubanischen Lebens, und es sind wirklich sehr nette Leute. Ich muss zugeben, ich lachte ein bisschen in mich hinein, als mich beide am selben Tag bearbeiteten, zu ihrem Gottesdienst zu kommen. Für einen kurzen Moment war ich der gefragteste Jude in Havanna.«

Im Büro des Schriftstellerverbandes fragte mich La Plume, ob ich eine Begleitung für meine Fahrt nach Cienfuegos gefunden habe. »Lassen Sie mich ein paar Tage vor Ihrer Abfahrt wissen, falls Sie noch niemanden gefunden haben. Ich müsste sonst unter den UNEAC-Mitgliedern einen Begleiter suchen. Sollten Sie vorhaben, ein Auto zu mieten und herumzufahren … nun, Sie kennen die Straßen nicht, und das Escambray-Gebirge ist recht tückisch. Sie wären sicherer, wenn Sie jemanden bei sich hätten. Sie können nicht alleine reisen.«

Ausländischen Journalisten mit kurzen Aufträgen auf Kuba wird üblicherweise vom Außenministerium eine Kontaktperson zugewiesen. Diese Führer verfolgen explizite eigene Ziele, gelegentlich sind sie hilfreich, normalerweise weichen sie aus. Sie sind da, wenn man sie braucht, und gelegentlich, wenn man sie nicht braucht. Der Journalist und sein Kindermädchen kennen die Spielregeln, und auch wenn die Beziehung zwischen beiden manchmal gespannt ist, zerbricht sie nur selten. Da ich nicht unter der Aufsicht des Außenministeriums stand, hatte ich keinen Aufpasser. Ich sah sie immer nur aus der Ferne. Was mich betraf, war La Plume das, was einem Anstandswauwau am nächsten kam, und der Nachdruck, mit dem sie auf einen Begleiter für Cienfuegos bestand, war ihr erster Versuch, diese Macht auszuüben. In der Zwischenzeit bestätigte sie meine Reservierung für zwei Nächte im El Castillito, dem Berghotel des Schriftstellerverbandes, gab mir die Adresse des UNEAC-Büros in Cienfuegos sowie den Namen des dortigen *jefe.*

An diesem Abend stattete ich Salvador, dem Wandmaler, einen Überraschungsbesuch ab. Doch er war ausgegangen, um eine Galerie zu einer Ausstellung seiner Arbeiten zu überreden. Eine Straße weiter hatte soeben eine Versammlung von Anwohnern und Funktionären begonnen. Eine nackte Glühbirne hing an einer Schnur, die man von einer Straßenseite zur anderen gespannt hatte. Unter der Glühbirne saßen die Funktionäre des Viertels und wechselten sich an einem Mikrofon ab, das man an einen Gettoblaster angeschlossen hatte. Etwa hundert Leuten aus der Nachbarschaft hörten stehend den Kleinfunktionären zu, die zu ihnen über bevorstehende Verbesserungen in der Nachbarschaft sprachen. Dann wurde die Diskussion eröffnet. Eine Dame im Kattunkleid klagte über den Zustand ihres Wohngebäudes. »Immer, wenn es regnet, tropft es in die Eingangshalle.« Eine Frau am Kopfende des Tisches schrieb die Adresse auf und ein Mann neben ihr erklärte, man werde sich um das Problem kümmern, sobald Material käme.

Ein Mann mit rundem Filzhut wollte wissen, wann es für die Wohnungen in seiner Straße Farbe geben würde. »Wir warten schon so lange darauf.« Die Dame am Kopf des Tisches schrieb die Adresse auf und der Mann an ihrer

Seite sagte, dass man den Filzhut umgehend informieren würde, sobald die Farbe da sei.

Eine Frau in ausgeblichenen engen Hosen bekundete, die Eingangstür in ihrem Gebäude schlösse nicht richtig. »Wann wird sie endlich repariert?« Die Dame machte sich Notizen, und der Mann versprach, man werde die Tür reparieren, sobald man an das Werkzeug käme.

Dies ging eine halbe Stunde so weiter. Anfangs dachte ich, dies sei eine Versammlung des Verteidigungskomitees der Revolution (Comité de Defensa de la Revolucíon – CDR). »Nein, nein«, sagte das Paar neben mir. »Das ist der örtliche *Poder Popular*«, der Volksrat. »Die Stadt ist in Wahlkreise eingeteilt, und jeder *Poder Popular* ist dafür verantwortlich, das Viertel in einem guten Zustand zu halten. Sie halten regelmäßig Straßenversammlungen wie diese ab. Wir nennen das Basisdemokratie.«

Was denn aus den Zusicherungen würde?

Sie lächelten ins Leere.

Die Café-Bar San Juan lag in der Nähe, und das übliche Publikum verteilte sich auf den Stühlen und hinter der Theke. Das San Juan erwies sich als wertvoller und tröstlicher Ort für gelegentliche Besuche – keine Funktionäre, keine anderen Ausländer, keine Straßenbetrüger. *»Ich liebe diese Bars und Tavernen am Meer, wo die Leute plaudern und trinken, nur um zu plaudern und trinken«*, hatte Nicolás Guillén 1958 in seinem Gedicht »Bars« geschrieben.

Dort schäumt die weiße Welle in Freundschaft
Die Freundschaft der Menschen, ohne Phrasen,
Eine Welle aus »Hallo!« und »Wie geht's denn so?«

Nach einem Abendessen im San Juan, zu dem es Suppe mit mehr oder weniger Huhn gab, hatte ich noch einen Peso Wechselgeld zu bekommen. »Ich schätze, ich werde damit Lotto spielen«, sagte ich witzelnd. »Nicht hier!«, protestierte Florencio, als hätte ich ihn beschuldigt, eine illegale Lotterie zu betreiben. »Nein, keine Lotterie hier!« – »Kann man hier nicht spielen!« stimmten die anderen ein. Aber genauso schnell hatten sie einen Stadtplan auf der Theke ausgebreitet und jeder deutete auf Viertel, wo ich in der Lotterie spielen könnte, wenn ich das wirklich wollte. Die Quote sei normalerweise etwa 35:1, behauptete der Informierteste von denen, die »Nicht hier!« geschrieen hatten.

Fidel hielt eine Ansprache vor der Unión de Jovenes Comunistas, der Union der Jungkommunisten, in der er ausrief: »Und wenn man behaupten würde, 98 Prozent des Volkes glaubten nicht an die Revolution, ich würde weiterkämpfen. Denn ein Revolutionär muss ein Mann sein, der notfalls auch allein für seine Ideale kämpft.«

Die Kommunistische Partei hatte in den 32 Jahren seit dem Sturz Batistas drei Parteitage abgehalten, Versammlungen, zu denen Delegierte von Parteizellen aus dem ganzen Land zusammenkamen, um ein aktuelleres Selbstverständnis zu diskutieren. Die Llamamientos in den Vierteln und Betrieben, deren Beschlüsse auf der Tagesordnung des Parteitages stehen sollten, kamen endlich schneller voran, aber der nächste Parteitag, der ursprünglich für 1990 vorgesehen war, wurde immer wieder vertagt. Schilder verkündeten, dass das Casa de la Trova in der San-Lázaro-Straße – normalerweise ein Ort ruhiger und freundlicher Musik – Schauplatz des nächsten Llamamiento sein würde. Ich kam früh und fragte den Aufsicht führenden Kommunisten, ob ich zuhören dürfe. Er hieß mich willkommen. Dies war mein zweites Llamamiento.

Nachdem ein paar Anwohner eingetrudelt waren, rief der Delegierte die Versammlung zur Ordnung und verlas den offiziellen Aufruf. »*Die Kommunistische Partei Kubas wendet sich heute an alle ihre Mitglieder, die Arbeiterklasse, die Bauern, die Männer und Frauen in den verschiedenen sozialen Bereichen, in allen Organisationen und Institutionen, unsere jungen Menschen und alle Patrioten und Revolutionäre …*«

Als ich während des Vietnamkriegs in den Staaten für Untergrundzeitungen arbeitete, gab es in einigen Redaktionen einen besonderen Aufbewahrungsort für Artikel, die in der geblähten Sprache sowjetischer Apparatschiks dem weltweiten Kampf des Volkes huldigten. Wir nannten diese geheiligte Stelle Kim's Korner – zu Ehren eines der geschraubtesten Sprachgenies, Kim Il Sung in Nordkorea. Kim, eines der beiden Staatsoberhäupter der Welt mit längerer Amtszeit als Fidel (der andere war König Hussein von Jordanien), hatte immer etwas zur Solidarität gegenüber Genossen beizutragen. Als wolle er seine Verlässlichkeit unter Beweis stellen, hatte er eben diese wenige Wochen vor dem Llamamiento demonstriert. Ein Mitglied des Zentralkomitees der Kommunistischen Partei Kubas, das im Komitee zur Unterstützung der koreanischen Wiedervereinigung den Vorsitz führte, kehrte von einer Reise nach P'yong-yang zurück und überbrachte Fidel Kims »Grüße«. *Granma* schrieb, das Treffen sei ein Erfolg gewesen, »ein Gespräch zwischen Brüdern, Waffengenossen im Kampf gegen den Imperialismus und zur Stärkung des Sozialismus.«

Unterdessen verlas man in der Casa de la Trova den Aufruf weiter: »*Nein! Wir werden der Revolution, dem Sozialismus, Leninismus und Internationalismus nicht abschwören. Wir werden unserem Werk, dem gerechtesten und menschlichsten, das je auf kubanischen Boden in Angriff genommen wurde, nicht untreu werden. Niemals werden wir uns dem US-Imperialismus beugen …*«

1970 legten wir in Kim's Korner eine Rede des Genossen Todor Schiwkow ab, dem Ersten Sekretär der Kommunistischen Partei Bulgariens und Vorsitzenden des Ministerrats der Volksrepublik Bulgarien: »Liebe Brüder und

Schwestern, heldenhafte Söhne und Töchter Kubas. Wir überbringen euch die herzlichen Grüße der bulgarischen Kommunisten und aller Werktätigen der Volksrepublik Bulgarien … Wir stehen Seite an Seite neben euch im schweren und noblen Ringen um den Aufbau eines neuen Lebens in diesem wunderbaren Teil der Welt, der den Namen Kuba trägt. Ihr könnt immer auf die brüderliche Unterstützung der bulgarischen Kommunisten zählen, der Menschen in Bulgarien, der Länder der sozialistischen Gemeinschaft und aller fortschrittlichen Menschen. Die große Sowjetunion mit ihrer unerschütterlichen Kraft ist ein Leuchtfeuer für Freiheit, Demokratie, Sozialismus, die Unabhängigkeit der Völker, Frieden und sozialen Fortschritt.« Das ging so weiter und so weiter, ein niederschmetterndes Beispiel kommunistischer Beredsamkeit. Schließlich bewegte sich Schiwkow auf das rasante Finale zu, würdig eines José Raúl Capablanca auf dem Höhepunkt seiner Kunst: »Lang lebe die Freundschaft und die brüderliche Zusammenarbeit zwischen der Volksrepublik Bulgarien und Kuba. Möge sie über alle Widerstände hinweg gedeihen! Möge die sozialistische Gemeinschaft enger zusammenstehen und stärker sein als je zuvor! Lang lebe die Einheit aller fortschrittlichen Kräfte in ihrem Kampf für Frieden, nationale Unabhängigkeit, Freiheit, Demokratie, Sozialismus und Kommunismus und gegen den Imperialismus!« Als ich diese Worte vor 20 Jahren zum ersten Mal las, gab ich meinem Hund den Namen von Genosse Schiwkow.

Der Parteidelegierte in der Casa de la Trova hatte das Verlesen des Aufrufs inzwischen an eine Unterdelegierte abgetreten, die fortfuhr: »*Wir müssen in der Entwicklung sozialer und wirtschaftlicher Entwicklungsmodelle für die vor uns liegenden Jahre voranschreiten … Wir können auf unsere heldenhafte Arbeiterklasse zählen, das Bollwerk der Revolution, die, ihren Traditionen und ihrer Geschichte treu, heute die treibende Kraft im Neuordnungs- und Gleichschaltungsprozess bildet …*«

Mao Zedong wäre zu jener Zeit, als er noch Mao Tse-tung hieß, gleichfalls von dieser Art Sprache beeindruckt gewesen. »Einige unserer Genossen«, sagte er 1942, »lieben es, lange Artikel ohne jeden Inhalt zu schreiben. Und warum müssen sie so langatmige Artikel schreiben?«, fragte der Große Vorsitzende. »Es kann nur eine Erklärung geben: Sie wollen, dass die Massen sie nicht lesen.«

Der Delegierte der Partei löste die ins Stocken geratene Unterdelegierte ab. »*Der vierte Parteitag der Kommunistischen Partei wird den ermutigenden Ergebnissen im Neuordnungsprozess der gesellschaftlichen und sozialen Bereiche Kontinuität verleihen und sie fest in die neuen konkreten Schritte einbinden, die darauf abzielen, die Arbeit der Partei, des Staates und aller anderen Elemente zu verbessern, die mit dem System der revolutionären Institutionen verknüpft sind. Unsere Kommunistische Partei, die Grundlage des politischen Aufbaus der Gesellschaft …*«

Alle Teilnehmer des Llamamiento lauschten aufmerksam. Um mich an diesem glühend heißen Nachmittag wach zu halten, nahm ich ein Buch über japanische Kultur zu Hand, das ich bei mir trug. Es erzählte von einem vor tausend Jahren unter Mönchen in Japan verbreiteten Kult: Sie schrieben ihre Geschichte neu, um sich höheres Ansehen zu verschaffen.

Die Unterdelegierte übernahm das Lesen wieder. Sie und ihr Chef legten einen Zahn zu. Schließlich kam der Parteidelegierte zum Ende: »*Mit ruhigem Optimismus können wir auf unseren Parteitag zugehen. Ein kommunistisches Volk mit seiner Partei als Vorhut, wird stets für die nachhaltige Sehnsucht einstehen, zu existieren, zu gewinnen und uns selbst zu entwickeln.*« Mit gesteigerter Stimme schloss der Delegierte: »*¡Socialismo o Muerte!*« Sozialismus oder Tod!

»*¡Venceremos!*« antwortete die Menschenmenge. Wir werden siegen!

Der Delegierte atmete aus. »Nun, welche Vorschläge habt ihr für den Parteitag?« Niemand sagte ein Wort.

Er sah sich um. »Irgendwelche Beschlüsse, von denen ihr glaubt, sie sollten auf dem Parteitag vorgebracht werden?« Er hielt sein Arbeitsblatt in die Luft.

Stille.

»Also, was haltet ihr von dem Aufruf?«

»Oh! Sehr gut!« – »Sehr umfassend!« – »Gut gemacht!« – »Ganz unsere Meinung!« Das Publikum brach in einigermaßen spontanen Applaus aus.

Der Parteidelegierte blickte ins Publikum, auf das Arbeitsblatt und schließlich auf seine Unterdelegierte. »Nun, dann ist unsere Aufgabe für heute erledigt.« Und damit trug jeder seinen Stuhl in den Nebenraum zurück und ging. Das Verlesen des Aufrufs hatte 45 Minuten gedauert, die anschließende Versammlung kaum eine Minute.

»Was ist passiert?«, fragte ich den Funktionär. »Das letzte Llamamiento, bei dem ich war, dauerte Stunden und fasste Unmengen von Beschlüssen. Ist die Versammlung von heute wirklich vorbei? War's das?«

»Sie müssen verstehen, das sind Rentner.« Seine Assistentin ergänzte: »Ja, und Hausfrauen.« Mein ganzes Leben bin ich ein mittelmäßiger Kapitalist gewesen, aber als ich dem Llamamiento lauschte, wusste ich, dass ich einen lausigen Kommunisten abgeben würde.

Auf meinem Weg nach Hause musste ich einige Male auf die Fahrbahn treten, um den Schlangen auszuweichen, die sich vor den Lebensmittelgeschäften bildeten. Ich konnte mich nicht erinnern, dass die Schlangen auch nur ein paar Monate zuvor so zahlreich oder so lang gewesen waren. Die Regierung begann, scharf gegen »bezahlte Schlangensteher und andere asoziale Elemente…, die vom Schweiß unseres Volkes in diesen Zeiten des Kampfes und der Revolutionsarbeit profitieren« vorzugehen. Einige Kubaner, vor allem Rentner, verdienten sich eine Kleinigkeit dazu, indem sie für andere in den Schlangen warteten. Ich kam rechtzeitig in die Wohnung zurück, um

The Mary Tyler Moore Show zu sehen, die den Sendeplatz von *Benny Hill* am Spätnachmittag auf Kanal 6 übernommen hatte.

Wir hatten einen Minyan, die erforderliche Mindestzahl an Männern für einen jüdischen Gottesdienst. Fast. Das Erdgeschoss in der Adath Israel an der Ecke Acosta und Picota in Habana Vieja, wo sich die Osteuropäer unter der Woche morgens zum Domino trafen, war an diesem Oktobertag für den Neujahrsgottesdienst herausgeputzt worden. Im oberen Geschoss lag die verwaiste alte Synagoge. Als das Viertel sich zum wichtigsten *barrio* für Flüchtlinge aus dem von Nationalsozialisten beherrschten Teil Europas entwickelte, nannte man die Acosta die Jüdische Via Appia. *Polacos* besaßen ihre eigenen Geschäfte und Zeitungen, Lebensmittel und Interessengruppen. Sie aßen in Moishe Pipiks Restaurant.

Mehr als 40 Jahre später hielt sich das Brauchtum auf der Via Appia noch immer. Beim Gottesdienst zu Rosh Hashanah setzten sich alle Männer eine Jarmulke auf und nahmen auf der rechten Seite Platz. Die Frauen, auch sie mit bedecktem Kopf, ließen sich auf der linken Seite nieder. Das Oberhaupt der Adath Israel intonierte vorne seine biblischen Gebete, während die Gemeinde ihre Verse aus Gebetsbüchern oder dem Gedächtnis murmelte. Gelegentlich traf man sich und alle blieben für ein paar Sekunden im Gleichklang, dann glitt jeder wieder in ein autonomes Gebet, als wenn Stränge treibender Seegrasbüschel sich kurz entwirrt hätten, um allein in verschiedene Richtungen davonzutreiben.

Diese verwickelte Tradition, die hier im Keller einer einst majestätischen Synagoge in Havanna gepflegt wurde, war bis hinunter zum letzten Amen über Jahrhunderte vom Brauchtum choreografiert worden. Abraham, der Metzger, brachte zum Vorlesen die Thora heraus, dann blies er das Schofar. In einer halben Stunde war alles vorbei, und wir setzen uns in den angrenzenden Raum und tranken etwas koscheren Wein von Shapiro und einen koscheren Rosé aus Ontario. Jeder von uns erhielt einen Teller mit Hühnchensalat, Süßkartoffeln und einem Stück Brot. Neben mir saß Mauricio, ein jugendlicher Arzt, der Dermatologie studiert hatte und darauf wartete, in einer Klinik zu arbeiten. Auf der anderen Seite saß Noel, ein Schiffsmechaniker, der zwei Wochen Urlaub hatte. Mauricio fragte, ob ich für ihn nach meiner Rückkehr in die Staaten eine Geschichte der Juden in spanischer Sprache suchen könnte. »Alle 6000 Jahre von den Stämmen über den Zweiten Weltkrieg bis zur Gegenwart.«

Als ich am nächsten Morgen in der Synagoge in Vedado ankam, hatten bereits zehn Betende mit dem Neujahrsgottesdienst begonnen. Ich nahm eine Jarmulke vom Stapel und versuchte unbemerkt, in eine der hinteren Reihen zu schlüpfen. Der Gottesdienst fand in einer kleinen Kapelle neben dem Hauptraum statt. Ein Mitglied sagte später zu mir: »Das ist die Spitze des Eisbergs. Der Eisberg ist nebenan. In der alten Zeit kamen hier an den Hohen Festtagen mehr als 3000 Männer sowie Frauen oben auf dem Balkon zusammen. Wenn man die Vorhänge öffnete, hatte man Platz für Hunderte mehr.«

Ein älterer Mann trat auf mich zu und fragte in einem angedeuteten Flüstern, das alle Gebete übertönte: »Sind Sie Jude?« Er sprach in einer seltsamen Mischung aus Spanisch, Englisch und Jiddisch. »Sind Sie beschnitten worden?« Er machte mit den Fingern schnippschnapp. »Wie hieß Ihr Vater?« Morris, was er mit Moishe verwechselte. »Wie lautete der Nachname Ihrer Mutter?« Levy. »Also sind Sie Jude!« Mit diesen Worten griff er nach einem Gebetsschal und drapierte in über meine Schultern. »Sie nehmen an der Lesung aus der Torah teil!«

»Aber ich bin nur ein *judío secular.* Ich kann kein Hebräisch lesen. Ich habe mir nicht ein Wort angeschaut, seit ...«

Er fegte meine Einwände beiseite. »Sie werden an der Lesung teilnehmen! Sagen Sie, sind Sie in Israel gewesen?« Nein. »Aber Sie tragen es im Herzen, ne?« Er setzte sich neben mich.

Der Gottesdienst in Vedado, weniger wirr als der in Habana Vieja, ging weiter, und ich griff nach meinem Notizbuch. Der Schippschnapp-Mann ermahnte mich: »Machen Sie sich keine Notizen. Sie können das nach dem Gottesdienst tun, wenn wir uns unten zum Essen versammeln.« Er berief sich auf die höhere Instanz des vierten Gebots – das Ruhen am Sabbat – und ging gravitätischen Schritts nach vorne, wo er mit dem Laienrabbiner in einen hitzigen Streit über hebräische Aussprache geriet. Der Disput endete so abrupt, wie er begonnen hatte. Der Mann vor mir blickte von seiner Zeitung auf.

Jeder Gläubige wurde nach vorne gerufen, um ein kurzes Stück aus der Thora vorzulesen und die Thora für den nächsten Lesenden zu halten. Schnippschnapp bellte von vorn: »Tom, ben-Moishe, bitte treten Sie an die Heilige Schriftrolle.«

Gesegnete Erleichterung: Flach auf der Thora bei meinem Ausschnitt lag, mit einem aufwendigen Metallllineal gekennzeichnet, eine phonetische Übersetzung aus dem Hebräischen, damit ich meinen Teil aussprechen konnte. Anschließend wünschten wir uns gegenseitig bei gefilte Fisch, Brot und Kuchen ein frohes neues Jahr. Im Tischgebet dankten wir Gott für Tropicola.

Ich beschloss, La Plumes Drängen, es solle mich jemand begleiten, zu ignorieren, und kam, wie empfohlen, zweieinhalb Stunden vor der Abfahrt an den Bahnhof. Ein halbes Dutzend Leute stand bereits an. Bis sieben Uhr hatten sich weitere zwei Dutzend eingereiht, und am Schalter für die 335-Kilometer-Fahrt wurde das Fenster geöffnet. Gleichzeitig ging ein Fenster am anderen Ende der Schalterhalle auf, um Kaffee zu zehn Centavos den Schluck anzubieten. Die Fahrgäste, die ihr halbes Leben in Warteschlangen zugebracht hatten, entwickelten eine für den ahnungslosen Ausländer bewundernswerte Fertigkeit, in beiden Schlangen gleichzeitig anzustehen, ohne ihren Platz in der einen oder anderen aufzugeben.

In den Wagons gab es dünn gepolsterte Plastikliegesitze, ein Gepäcknetz über den Köpfen, in das ich meine Tasche warf, Fenster, die so schmutzig waren, dass sie, seit Fidel nach Havanna gekommen war, wohl nur ein paar Mal gereinigt worden sein konnten. Die Gänge waren sauber. Tatsächlich rief kein Schaffner: »Bitte einsteigen!« Die Fahrgäste stiegen nach und nach ein, und um neun Uhr zuckelten wir aus dem Bahnhof Tulipán.

Im Betriebsbahnhof hing ein Schild, das den Arbeitern erklärte: ETWAS ZU TUN, IST DIE BESTE ART, ETWAS ZU SAGEN. Die Straßen der Stadt waren voll mit solchen einer Schulsporthalle würdigen Sprüchen, aber als wir durch die Vororte tuckerten und aufs Land kamen, waren sie glücklicherweise dünner gesät. Nur gelegentlich verriet eine Statue von José Martí, durch welches karibische Land wir reisten.

Ich befand mich im letzten Wagen und blickte nach Nordwesten, während der Zug Richtung Südosten fuhr. Kurz nachdem wir losgefahren waren, wanderte ein dünner Mann, der ein gewaltiges Bündel schleppte, zum nördlichen Ende des Wagens, und Fahrgäste aus allen anderen Wagen kamen in unseren Wagon und reihten sich, einer nach dem anderen, auf. Ich tat es ihnen nach, denn ich hatte gelernt, mich schnell dem Ende einer Schlange anzuschließen – *»¿el último?«* –, ohne zu wissen, was mich vorne erwartete. Ein Vorrat von, was auch immer, war das Warten wert. Der dünne Mann öffnete sein Bündel und hob einen großen Korb mit frischen Käsebroten heraus, die er für 45 Centavos das Stück verkaufte. Die Dame vor mir sagte, dass dies der einzige Imbiss sei, der auf der ganzen Fahrt verkauft würde. Viele Leute kauften gleich drei oder vier Brote. Selbst in einem fahrenden Zug bestimmen Warteschlangen den Rhythmus des kubanischen Lebens.

Etwa eine Stunde südöstlich von Havanna setzte Regen ein und blies durch die Fenster herein, ein Mahnung, dass sich die Zeit der Hurrikane näherte. Als wir erst einmal die weitere Peripherie der Metropole Havanna hinter uns gelassen hatten, blieben außer mir nur vier andere in meinem Wagen, allesamt Frauen um die 50, die zusammensaßen und sich über den Gang hinweg angeregt unterhielten. Eine stand auf und griff an mir vorbei nach dem Fenster, um den Kniff zu demonstrieren, mit dem man es schloss. Die Kubaner benutzten diesen Zug, um ein paar Stationen von einem kleinen Ort zum anderen zu reisen; ich war der einzige Fahrgast, der die gesamte Strecke zurücklegte.

In meinen Notizen stand: »auf den Feldern arbeitende Männer … anämischer 57er Chevy, abgewürgt an einem Bahnübergang … Enten und Kühe an Flüssen … kleine Stadt, zwei Jugendliche spielen Schach auf einem Parkplatz neben einem mit Spucke auf Hochglanz polierten 55er Chevy ... ältliches Paar auf einem Pferdewagen vor Bejucal in der Nähe einer Möbelfabrik ... Bilder von Lenin und Che an den Mauern von Bahnstationen ... ein paar Stationen lang Arbeiter auf den Plätzen vor mir, die DUU-UA-DIDDI reden ... vom Zug aus in den Straßen von San Felipe keine Autos sichtbar – nur Fahrräder und Pferde ... Käsebrote nicht schlecht ... niemand bekreuzigte sich, wenn wir katholische Kirchen passierten.«

In Güines stiegen zwei uniformierte Polizisten vom Innenministerium ein. Einer deutete auf meine Füße, die auf dem freien Platz gegenüber ruhten. Meine Sportschuhe, die, als sie noch weiß gewesen waren, die Aufmerksamkeit der Straßengauner auf sich gezogen hatten, erregten nun, da sie schmutzig waren, das Interesse der Polizei. Ich stellte meine Füße schnell auf den Boden. Der andere Beamte fragte, ob die Segeltuchtasche im Gepäcknetz mir gehöre. Nachdem ich versichert hatte, dass es meine sei, gingen sie weiter. Fünf Minuten später gingen zwei andere Beamte langsam durch. Sie machten vor mir Halt und fragten nach meinem Ausweis. Man hatte mir meinen kubanischen Ausweis noch nicht ausgehändigt, also reichte ich ihnen meinen US-Reispass. Sie sahen ihn an, zeigten keine Reaktion und gaben ihn zurück.

(Einmal hielt die *guardia civil* einen Bus in Guatemala an, mit dem ich fuhr, und verlangte von allen Ausweispapiere. Sie suchten nach Revolutionären. Hier suchte die Polizei nach Konterrevolutionären. Könnte man die Mittelsmänner nicht einsparen, und die Beamten einfach gegenseitig ihre Ausweise prüfen lassen?)

Die Polizisten zogen weiter in den nächsten Wagen. In dem Moment, in dem sich die Tür hinter ihnen schloss, beugten sich die vier Frauen, die während meines Gesprächs mit den Polizisten wie taub und blind dagesessen hatten, zu mir herüber, und sprudelten förmlich über. »Was wollten sie?« – »Wissen Sie, dass Sie als Kubaner durchgehen könnten?« – »Ja, wir wussten nicht, welche Nationalität Sie haben.« – »Es war klug von Ihnen, eigenes Wasser mitzunehmen«, eine Bemerkung, die, wie ich richtig annahm, eine Bitte um ein Glass Wasser war. »Was machen Sie hier?«

Ein paar Stationen später verabschiedeten sich die Damen. Drei Polizisten stiegen ein und setzen sich in meinem Wagen in die letzte Reihe. Offensichtlich war das ihr gewohnter Platz: Alle zwei bis drei Stationen würde ein Satz Polizisten aus- und ein anderer einsteigen, aber immer würden sie die gleichen Plätze benutzen. Auf halber Strecke nach Cienfuegos, kurz nach Mittag, verkündete ein Schild, dass wir in Pedro Batancourt waren, ein Name, den ich als Herkunftsort einer Freundin aus den Staaten wieder erkannte. Ich schrieb ihr eine Postkarte und erwähnte alles, was ich während unseres 90-Sekunden-Aufenthalts vom Zug aus entdecken konnte. Auf der Liste tauchten auf: heruntergekommene Gebäude, eine große Bibliothek, Pferdewagen, eine kurze Warteschlange, ein paar Autos und, vor der Stadt, üppig grüne Landschaft. Etwas entfernt erstreckte sich ein aus Hunderten von Hektar Zuckerrohr herausgeschnittenes, beeindruckendes, gepflegtes Baseballfeld mit einer großen Kuh in der Nähe der ersten Baseline.

Die Landschaft wogte grün, der größte Teil umfasste bewirtschaftete Felder, ein weiterer Teil wurde gerade erschlossen. Wohnanlagen, offensichtlich aus der Zeit nach der Revolution, bildeten Siedlungen mit kleinen Schulen und weißen zweistöckigen medizinischen Landpraxen. Traktoren und Ochsen arbeiteten auf den Feldern, Mulis und große Lastwagen transportierten die Ernte. Ich kann mich nicht erinnern, jemals Kleinlaster mit Ladefläche in Kuba gesehen zu haben.

Die ängstlichen Warnungen vor dem Reisen mit dem *lechero* erwiesen sich als völlig unbegründet. Es war nicht nur entspannend, sondern ermöglichte zudem Einblicke in die Landschaft, die mir selbst bei einer Autofahrt entgangen wären. Nun, da ich ein wenig vom ländlichen Hinterland gesehen hatte, stimmte ich Ludwig Bemelmans (am bekanntesten ist sein Kinderbuch *Madeline*) zu, der in den 50er Jahren in der Zeitschrift *Holiday* geschrieben hatte: »Landschaften von großer Schönheit, in den weichen Farben von Pissaro und Cézanne und der tropischen Intensität Gauguins, gibt es überall auf Kuba. Die Erde ist ein feuchtes gebranntes Siena, die Zuckerrohrfelder leuchten in üppigstem Grün.« Die Zuckerrohrernte hatte in diesem Teil des Landes noch nicht wirklich begonnen. Allerdings entwickelte man in den Dörfern, sobald es reif war, sofort hektische Aktivität und nahm die Ernte mit einer Vitalität in Angriff, die alle Regierungsformen in Kuba bis heute überdauert hat.

Wir kamen pünktlich in Cienfuegos an, in weniger als acht Stunden. Ich konnte, wie Edwin Atkins 106 Jahre zuvor, berichten: »Ich bin sicher in dieser Stadt angekommen, ohne von Rebellen gefangen genommen worden zu sein.«

Ich stieg im Jagua ab, einem erstklassigen Hotel hauptsächlich für Ausländer. Um dorthin zu gelangen, ging ich vom Bahnhof zum Prado, der Hauptstraße von Cienfuegos, und nahm einen Bus zum Viertel Punta Gorda, der Endstation der Buslinie. Der Unterschied zwischen Havanna und einer Provinzhauptstadt erwies sich sofort als angenehm. Die Menschen schienen weniger in Eile zu sein, lächelten öfter, entspannten sich häufiger auf Parkbänken und hielten an, um miteinander auf eine Weise zu plaudern, die so träge war wie die Brise von der Bucht Cienfuegos am späten Nachmittag. Die Schlangen vor der Eisdiele Coppelia am Prado waren deutlich kürzer als die in Havanna und kamen schneller voran.

Die Vereinigten Staaten erkennen Kuba nicht an, Kuba aber erkennt einen Führerschein aus Arizona an. Diese angenehme Entdeckung machte ich in der Hotelhalle des Jagua, wo ich einen in Mexiko gefertigten Käfer von Volkswagen mietete und gegen Dollar Benzingutscheine erwarb, die an ausgewählten Tankstellen gültig waren. Und ich benutzte meine mexikanische Kreditkarte. Karten aus Kanada, Europa und Lateinamerika werden in Kuba ohne große Schwierigkeiten akzeptiert. Kreditkarten aus den USA allerdings sind ungültig, weil es keine Verbindung zwischen Kuba und Finanzinstitutionen in den Vereinigten Staaten gibt, über die man das Geld gegen die Quittungen eintauschen könnte. Doch kann man das Embargo, wie viele amerikanische Reisende schnell merken, unterlaufen.

Meine Kreditkarte, ausgestellt in Mexiko, erlaubte mir, dem Buchstaben des US-Gesetzes über das Zahlen mit US-Währung in Kuba treu zu bleiben. Auf diese Karte konnte ich in den Dollargeschäften die Käufe gelegentlicher Luxusartikel wie Mignonbatterien, Heineken-Bier und Habano-Rasierschaum (Werbeidee: »Der Rasierschaum, den Fidel benutzen würde!«) für mich und kubanische Freunde abrechnen. Gelegentlich ertappte ich mich dabei, wie ich hilflos rudernd versuchte, interessierten Freunden das Konzept von Plastikgeld, Zinseszins und Zinswucher zu erläutern. Aus ihrer stummen Verwirrung schloss ich, dass ich ebenso gut das Dreifachbonusmeilensystem von American Airlines für Vielflieger hätte erklären können.

Kubaner hatten selbstverständlich keinen Zugang zu Kreditkarten, den in kapitalistischen Systemen gängigen Mitteln, eine Rechnung zu bezahlen, oder zu käuflichen Waren überhaupt. Die kürzeren Schlangen bedeuteten nicht, dass Cienfuegos über mehr Waren oder eine breitere Auswahl verfügte, sondern nur, dass die Leute nicht lange warten mussten, um herauszufinden, was es gab. Eine Plakattafel auf dem Bürgersteig erinnerte die Passanten: WIR ERREICHEN MIT WENIGER MEHR.

Ich machte den Onkel des Regisseurs Enrique Oliver am anderen Ende der Stadt ausfindig und händigte ihm den Brief von seinen Verwandten in den Staaten aus zusammen mit einem Schnappschuss von ihnen und mir auf einem Sofa in Boston. Enrique dachte, das würde ihr Vertrauen in mich wecken. »Er ist unpolitisch«, hatte Enrique über seinen Onkel Francisco gesagt, »aber seine Frau ist eine Anhängerin von Fidel.« Unabhängig von ihren individuellen Loyalitäten nahmen sie mich in ihrem ordentlichen Haus gastlich auf. Wenig später gingen wir los, um in den Straßen von Cienfuegos nach einem Videorekorder zu suchen, um den Film ansehen zu können, in dem Enriques Familie die Hauptrolle spielt.

Beim ersten Versuch fanden wir eine hilfsbereite Familie. Die beiden halbwüchsigen Jungen nahmen widerwillig ihr Rockvideo aus dem Gerät – sehr zur Genugtuung ihrer Eltern –, und wir legten *Family Portrait* ein. Der Onkel erklärte unserem Gastgeber das Band und seinen ausländischen Überbringer. Als der Film anfing, saß Francisco wie gebannt: Er hatte diesen Zweig der Familie seit 20 Jahren nicht gesehen. *El tío* starrte, dem Ton gegenüber völlig gleichgültig, einfach seine Verwandten an. Danach bat er, ihn noch einmal sehen zu dürfen, und folgte diesmal auch der Handlung. Anschließend sagte er, er würde mich zum Abendessen einladen, wenn er etwas zu essen oder zu trinken zu Hause hätte. Er bestätigte die Adressen der anderen Verwandten in Cruces, einer kleinen, 30 Kilometer entfernten Stadt, wo ich hoffte, den Film am nächsten Tag zeigen zu können. Er begleitete mich zur Bushaltestelle. Als Reaktion auf die jüngsten Engpässe hatte man die Straßenbeleuchtung abgeblendet oder abgeschaltet. Für Schriftsteller und alle anderen in Cienfuegos und im ganzen Land hieß es von nun an, mit den Hühnern ins Bett zu gehen.

An diesem Abend aß ich gegenüber von meinem Hotel im La Covadonga, das eine großartige Paella serviert. Erst betritt man den Vorraum und fragt: »*¿El último?*« Wenn man weiß, wer der Letzte ist, sucht man sich einen freien Tisch in der Bar, gesellt sich zu Fremden oder legt die Ellbogen auf den Tresen. Im La Covadonga erhielt ich eine weitere Lektion in Sachen Verhaltensregeln in Warteschlangen: In lockeren Situationen, in denen es keine offizielle Schlange gibt, man also wartend an den Tischen einer Bar sitzt, muss man seinen Vordermann immer wieder fragen, wer dessen Vordermann ist und dann beide Parteien im Auge behalten. Jedes Mal, wenn zwei oder drei Grüppchen in das Restaurant geführt wurden, standen alle auf und setzten sich, in einer wirren Spielart der Reise nach Jerusalem, an Tische, die näher an der Restauranttür standen. Dieses periodische Mischen wirkte zufällig, geschah aber fehlerfrei. Die anderen Gäste in dem Restaurant am Ufer der Bucht waren Seeleute, Gruppen von Dockarbeitern mit ihren Familien und Arbeiter vom Atomkraftwerk, das in der Nähe errichtet wurde.

Cienfuegos bedeutet »hundert Feuer«, benannt aber wurde es nach José Cienfuegos, dem Gouverneur von Kuba, als die Stadt 1819 gegründet wurde. Orlando García, der Vorsitzende des Schriftstellerverbandes von Cienfuegos, nahm mich am nächsten Tag mit auf einen Spaziergang. Orlando war ein Beispiel in der Provinz für den unterschwelligen landesweiten Wandel in der UNEAC. Er wurde 1984, wie er es nannte, »aus der Partei getrieben« – warum, hat er nie erklärt –, aber vier Jahre später konnte er die örtlichen Vorstandswahlen als Unabhängiger für sich entscheiden.

Durch die Gespräche mit Orlando und anderen fing ich an, ihr Spanisch zu imitieren: Ich ließ letzte Buchstaben und sogar gleich ganze Silben weg. Diese S und Z am Ende so vieler Worte, wer brauchte die schon? Mein Mund arbeitete wie eine Vinyl-Langspielplatte noch immer bei 33⅓ Umdrehungen pro Minute, aber mein Ohr gewöhnte sich langsam an das Muster 45 Umdrehungen pro Minute. 78 Umdrehungen pro Minute aber blieben ein unüberwindliches Hindernis.

Schräg gegenüber vom Büro der UNEAC stand das hübsche, ein Jahrhundert alte Terry-Theater. Sein Intendant führte mich durch das reich verzierte

Bauwerk mit drei Rängen, mit intarsiengeschmückten Täfelungen und Fresken. Emilio Terry, dessen Familie das Theater errichtet hatte, war ein armer Venezolaner gewesen. Mitte des 19. Jahrhunderts kaufte Terry, so berichtet Edwin Atkins, kranke Sklaven »für einen Apfel und ein Ei auf, pflegte sie wieder gesund und verkaufte sie zu Preisen zwischen 800 und 1000 Dollar pro Kopf. Dann kaufte er als Markt für seine Neger eine Zuckerrohrplantage.« Seine Zuckermühlen produzierten Schiffsladungen voll Melasse; die Gewinne investierte er in Chemikalien, Medikamente und andere Waren, die er für ansehnlichen Gewinn in Cienfuegos verkaufen konnte. Diese Reichtümer investierte er in Eisenbahnen und Staatsanleihen aus den USA, Frankreich und Großbritannien. Die weit gereiste Familie suchte sich die besten Dekorateure und Materialien, die man für Geld für das elegante Theater einkaufen konnte. Als er starb, besaß Emilio Terry fast 30 Millionen Dollar.

Die erfrischende Fahrt nach Norden zu Enriques Verwandten in Cruces führte mich durch ein paar Dörfer mitten auf dem Land und an Dutzenden von Plakatwänden vorbei. Kubas zweispurige Schnellstraßen wurden in gutem Zustand gehalten. Zwei Kühe standen faul vor einem Schild herum, auf dem rot umrandet in schwarzen Lettern auf weißem Grund stand: WIR MÜSSEN DIE AUFGABE ERFÜLLEN, DIE UNS DIE GESCHICHTE ZUGEWIESEN HAT – FIDEL, DEZ 1989. Weil es auf dem Land weniger motivierende Plakatwände gab, fielen sie stärker auf. Ein Schild in einem Feld bei Palmira, ein paar Kilometer weiter, zeigte eine Soldatin in Milizuniform beim Abfeuern einer Maschinenpistole. Fünf rote Sterne schossen aus dem Lauf. ABWEHRARBEIT lautete die Bildunterschrift. An einer Tankstelle hinter dem Schild tankte ein 58er Oldsmobile 88 mit 54er Cadillac-Motor.

Eine junge Frau winkte, um mitgenommen zu werden. Auf dem Land, in der Stadt und überall dazwischen zog ein ziviles Fahrzeug Dutzende von Leuten an, die winkten, um per Anhalter mitzufahren. Routinemäßige, tägliche Fahrten gerieten durch grauenhaften öffentlichen Busverkehr zu belastenden Abenteuern. Benzin wurde knapper, Ersatzteile fehlten immer häufiger, aber die Unberechenbarkeit blieb. Meine Mitfahrerin arbeitete in einer Zuckerraffinerie. Sie hatte eineinhalb Stunden auf den Bus gewartet, der sonst alle halbe Stunde fuhr, und man erwartete sie an diesem Nachmittag bei der Geburtstagsfeier ihrer Kusine. »Und wenn Sie niemanden gefunden hätten, der Sie mitnimmt?« »Ich hätte gewartet. Bei Einbruch der Nacht wäre der Bus gekommen.« DIE OBERSTE PFLICHT EINES REVOLUTIONÄRS IST DIE ARBEIT. Diese Worte begleiteten ein Bild von Castro im Profil, der im Arbeitsanzug in ein Mikrofon sprach. Inzwischen hatte ich die Zuckerarbeiterin abgesetzt und ein junges Mädchen in geblümtem Kattun einsteigen lassen. (Geblümte Kattunkleider waren das ganze Jahr mit dem Rationierungsbuch erhältlich.) Sie war in Cienfuegos gewesen, um neue Schuhe zu kaufen.

»Sehen Sie sich die an«, sagte sie und zupfte an der ziemlich losen Plastiksohle. »Und die habe ich gerade erst gekauft. Letzten Monat!«

Stille. »Sind die neuen Schuhe besser?«

»Welche neuen?« Sie drehte ihre Handflächen nach oben. »Es gab heute keine Schuhe in den Läden.«

Ich hielt an, um eine weitere Straßenrandparole abzuschreiben: IN KUBA SIND REVOLUTION, SOZIALISMUS UND UNABHÄNGIGKEIT UNAUFLÖSBAR VEREINT. Die Schuhkäuferin warf mir einen irritierten Blick zu. Ich sagte: »Ich mache eine Liste mit *lemas*«, Parolen. »Ich sammle sie.«

Bei dem Wort »sammeln« wurde sie lebhaft. »Ich habe auch eine Sammlung. Ich bin immer auf der Jagd nach Briefmarken von anderen Ländern. Ich habe welche aus Russland, Bulgarien und der Tschechoslowakei.«

Ich setzte sie zu Hause ab und bog direkt hinter einer Plakatwand, die eifrige Bauarbeiter zeigte, von der Hauptstraße ab: DEN SOZIALISMUS AUFBAUEN, WAS AUCH PASSIERT. Meine erste Station in Cruces war das Haus von Adolfina, einer Verwandten von Enrique. Sie lebte in einem kargen Gebäude mit Holzwänden und einem Außenabort hinten, den sie mit anderen teilte. Sie bot mir einen Platz an, dann las sie den Brief von ihren Verwandten in den Staaten.

»Mein Sohn, wissen Sie.«

»Entschuldigung?«

»Mein Sohn, wissen Sie, er ist nicht hier.« Eine ältere Frau schlurfte durch das Zimmer. »Er ist im Gefängnis Combinado del Este bei Havanna. Für ein Jahr, verstehen Sie?«

Um die Wahrheit zu sagen, ich verstand nicht, aber allein die Erwähnung ihres Sohnes ließ uns fast zum Stillstand kommen. »Er hat den Dienst verweigert. Den Militärdienst.« Sie schrieben einander regelmäßig. Sie hatte gerade erst letzte Woche einen Brief von ihm erhalten und ihn wenig zuvor besucht. »Er muss noch weniger als drei Monate absitzen.«

Ich hatte auf der gegenüberliegenden Straßenseite vor einem schmucken, soliden Haus geparkt, offensichtlich das einzige zweistöckige Gebäude in dem 5000-Seelen-Ort. Zur Zeit der Revolution gehörte es einer Familie, die heute längst das Land verlassen hat. Nun bewohnt es ein Bäcker. Adolfina ging mit dem Video von *Family Portrait* über die Straße zu seinem Haus. Sie sprach DUU-UA-DIDDI mit der Ehefrau, die selbstverständlich »Selbstverständlich!« sagte. Wir betraten ein hübsch ausgestattetes Mittelstandsheim. Der Ehemann begrüßte Adolfina ausgiebig – so als habe er sie seit Monaten nicht gesehen. Sie ließen uns den Film allein ansehen. Wie Francisco am Abend zuvor saß Adolfina die ganzen 20 Minuten wie betäubt da. Die Gesichter, die 20 Jahre in ihrem Gedächtnis eingefroren gewesen waren, bewegten sich und sprachen. Ihre Augen wurden feucht, ihr Gesicht hellte sich auf. Unsere Gastgeber gesellten sich zur zweiten Vorführung zu uns und erkannten Enriques

Eltern. »Da ist Zoila! Das ist ja Sylvestre!« Auf ihrem Videorekorder sahen sie ihre einstigen Nachbarn auf den Straßen von Boston, USA.

Ein Pferdewagen rumpelte vorbei, sein Fahrer unterhielt sich angeregt mit einem Fahrradfahrer, der sich mit der rechten Hand an der Seite des Fuhrwerks festklammerte. Ich schaffte es zum nächsten Haus der Familientour, diesmal mit etwa zehn Personen aus vier Generationen, die in dem belebten Haus für ständiges Kommen und Gehen sorgten. Der Familienälteste war noch im 19. Jahrhundert zur Welt gekommen. Mehr als 70 Jahre hatte er in den Zuckermühlen gearbeitet und war noch immer rege. Eine Urkunde vom Wirtschaftsministerium hing an der Wand. Sie würdigte seinen »Einsatz zur Steigerung der Produktion«. Das Dokument feierte ihn als den »herausragenden Arbeiter bei der 2. Ernte des Volkes von Januar bis Juni 1962«. Unterschrieben war es von »Ernesto Che Guevara, Wirtschaftsminister«.

Diese Familie hatte Enrique und seinen Eltern am nächsten gestanden, und ihre Mitglieder fragten mich lang und breit über seinen Erfolg in Hollywood aus. Er lebe mit seinen Eltern noch immer im Sozialwohnungsghetto, erzählte ich, und degradierte ihn damit von einem Cecil B. DeMille zu einem bloßen Woody Allen. Seine Filme seien nicht wirklich landesweit in Kinos gezeigt worden. Das alles war selbstverständlich irrelevant, und als ich ihnen das Videoband von *Family Portraits* zeigte, hätte ich mich in Cruces zum Bürgermeister wählen lassen können. Ein Junge flitzte los, um mir eine Tropicola zu besorgen. Wir sprachen über Sport, Kuba, Blumen und Sprache. Ich verlor völlig den Überblick, wer wer war. Der Ehemann einer der Töchter war im Angolakrieg beim militärischen Nachrichtendienst gewesen. »Wir waren viel im Busch. Jede Siedlung hat ihren eigenen Dialekt. In so einer Situation lernt man, Sprache zu schätzen. Wir mussten in der Lage sein, mit jedem von ihnen zu kommunizieren.«

Sie erläuterten mir den Weg zum Haus des *santero*, der letzten Station auf meinem Ausflug zu Enriques entfernteren Verwandten. Dieser quicklebendige, über 80 Jahre alte Priester der Santería lebte in einer halbbäuerlichen Umgebung am Ortsrand. Obwohl die schwarzen Kubaner die Santería über die Generationen mehr oder minder geheim gehalten haben, bekennen sich in den letzten Jahrzehnten auch immer mehr Weiße zu ihr. »Die Menschen im Ausland sagen, wir hätten hier unter der Revolution keine Religion«, sagte der *santero*, »aber, wie Sie sehen können, haben wir alle Arten von Religionen. Selbst Batistas Bruder Panchín war ein *santero*«.

Der *santero* hatte Enriques Mutter Zoila betreut, die mir eine Kette in Gelb und Grün sowie einige Kräuter und Gewürze für ihn mitgegeben hatte; auch der Zimt, der am Flughafen konfisziert wurde, war für ihn gewesen. Hühner und ein Schwein streunten im Garten zwischen Straße und Seiteneingang umher. Der schlanke Mulatte, dessen Gesundheitszustand bewundernswert war, rief seine dicke weiße Frau herbei und bot mir ein Gebräu an, das unter anderem Wein und Fruchtsaft enthielt. »Es wird Sie stark machen. So viel kann ich Ihnen verraten.«

Nachdem er den Brief von Enriques Mutter gelesen und ihre Geschenke sicher verstaut hatte, holte der *santero* einen Schlüssel. Er bedeutete mir, ihm durch den Hinterhof zu einer Art Schuppen zu folgen. »Ich möchte Ihnen etwas zeigen.« Er schloss die Tür auf und drehte das Licht an. Dämmerlicht erhellte den Raum.

Als sich meine Augen endlich angepasst hatten, starrte ich auf einen urigen und kunstvoll aufwendigen Altar. Kerzen brannten am Boden. Aufgehäuft auf dem Altar, auf Regalen und kleinen, überall im Raum verteilten Podesten lagen Gegenstände, die von Kinderpuppen bis hin zu Macheten reichten, die im Unabhängigkeitskrieg gegen Spanien benutzt worden waren. »Jeder dieser Gegenstände repräsentiert einen anderen *santo.*« Hier lagen 20 Pesos, dort noch einmal 20. »Die Leute kommen und legen Geld auf die *santos.* Ich will das nicht.« Porzellanheilige, Papierheilige, Pappmachéheilige, Glasheilige, Statuetten zu Ehren der Caridad de Cobre, der Santa Lucia, seines eigenen Heiligen San Roque und des Kriegers Changó.

Mein Gastgeber bekannte sich zur Palo-Monte-Sekte der Santería und war Mitglied der Sociedad Spiritual, der Herz-Jesu-Gesellschaft. Ich zeigte ihm einen Artikel über die Santería aus einer Wochenzeitung in Miami. »Die *santeros* in Miami, sie neigen dazu, die Leuten, die zu ihnen kommen, auszubeuten. Geld.« Er rieb die Finger über den Daumen. »Sie ist reiner hier. Die Leute kommen mir ihren Sorgen und Ängsten zu mir. Sie bringen mir Hühner. Fleisch. Es ist freiwillig. Mir ist das alles gleich. Fidel, der hat keinen *santero*, aber er respektiert uns. Wir bieten medizinische und spirituelle Hilfe an.«

Er zündete vor seinem Altar eine Kerze an. Wenn er über den Staat sprach, bewegte er – selbst in der bernsteinfarbenen Privatsphäre seiner Hinterhofkirche – nur stumm die Lippen, um die Worte nicht auszusprechen: »Ich war ein Revolutionär. Ich stehe hinter der Regierung, aber ich mag sie nicht.« Seine Stimme kehrte zurück. »Glauben Sie, es gibt eine Chance auf Beziehungen zu Amerika?«

Er erhob sich, um mir die Puppen auf seinem Altar zu zeigen. Es gibt vier Ebenen von Heiligen. Diese hier – er zeigte auf eine typische Kinderpuppe – »repräsentiert Lucumí. Wissen Sie, die Götter teilen sich mit, indem sie vorübergehend von den Körpern der *santeros* Besitz ergreifen. Mehr tun wir nicht. Wir sind Sprachrohre.« Er schloss die Augen und wiegte sich einen Moment von einer Seite zur anderen. Dann kehrte er ins Hier und Jetzt zurück.

Die Gläubigen sitzen auf dem Sofa, während er ihnen zuhört und von einem abgenutzten Stuhl aus zu ihnen spricht. »Wenn sie krank sind, wollen sie, dass sich jemand um sie kümmert. Diese Kräuter, die Sie mitgebracht haben, sie werden helfen. Sie sind heilkräftig.« Er lehnte es ab, sich ausführlicher über die konkreteren Aspekte der Santería – zu der auch Hühneropfer und Ähnliches gehören – zu äußern. Kleine Spiele und Spielsachen machten einen wesentlichen Teil der Unordnung im Raum aus; eine kleine Plastiknähmaschine thronte auf einem Regal in der Nähe des Altars. Zurück im Haus blickte ein Letztes Abendmahl auf eine Puppe, unter der ein Fernseher stand.

Am nächsten Tag lud mich in Cienfuegos María Isabel, die Chefin der Öffentlichkeitsabteilung des Hotels Jagua, nachmittags zu einem Drink in der Bar neben der Hotelhalle ein. Sie brachte Fefi und Mariela mit, die beide im Tourismusgeschäft arbeiteten. Sie waren alle um die 20, redegewandt, lächelnd und nett gekleidet. Hübsch. Kichernd. Fast dämlich. Sie gefielen mir. Außer uns, dem Barkeeper und einem Lastwagenfahrer, der Bier anlieferte, war die Bar leer. Die drei jungen Frauen stellten viele Fragen. Was hatte mir in ihrem Land am meisten gefallen? Am wenigsten? Welche Filme waren in den Staaten erfolgreich? Welche Popsänger? Hatte ich Paula Abduls letzte Platte gehört? Wie war das Jagua im Vergleich zu Hotels zu Hause? Warum hatte ich von Havanna aus den *lechero* genommen? War Cienfuegos Havanna nicht vorzuziehen? Ich was für einem Haus wohnte ich? Könnte ich ihnen ein Buch in englischer Umgangssprache schicken, wenn ich wieder daheim war? War ich den Reis und die Schwarzen Bohnen schon leid? Sie erzählten mir von ihren verschiedenen Freunden, Ehemännern und Kindern, als die zweite Runde Drinks kam.

María war eine *militante*, ein Mitglied der Kommunistischen Partei. »Man muss ein vorbildlicher Bürger seines Landes sein und dessen Errungenschaften kennen. Wir müssen danach streben, am Arbeitsplatz und zu Hause als Vorbild zu dienen und andere durch unser Beispiel zu ermutigen.« Das war das Glaubensbekenntnis einer Pfadfinderin, Geplapper, das ich fast Wort für Wort von *militantes* im ganzen Land gehört hatte. Mariela, offensichtlich auch in der Union der Jungkommunisten, nickte zustimmend. Auch Fefi sprang auf den Zug auf.

Mehr als eine halbe Million Kubaner gehörten den Jungkommunisten an, deren Mitglieder zwischen 18 und 35 Jahre alt waren. Die meisten traten am Arbeitsplatz ein. Ein Mitglied zu sein, erfordert jedoch keine aktive Partizipation, und Vorwürfe, die Partei schmiere ihr Rädchen mit einer inaktiven Anhängerschaft, wurden regelmäßig laut. Ein Parteimitglied in Havanna berichtete, er habe mehrfach versucht, auszutreten. Er habe Versammlungen absichtlich versäumt, um ausgeschlossen zu werden, und gab sich im Allgemeinen als Bummelant. »Sie behalten mich in ihren Büchern. Sie haben in meinem Betrieb eine Quote zu erfüllen.« Ein 30-jähriger Anhalter erklärte mir einmal: »Vor ein paar Jahren erwog ich, in die Partei einzutreten. Aber sie widmen sich nur Rundumschlag-Themen, mit dem Alltag geben sie sich nicht ab.«

Unter der Führung von Roberto Robaina hatte die Unión de Jovenes Comunistas – die Union der Jungkommunisten – die Rolle der Cheerleader übernommen, die selbst in einer Budweiser-Werbung nicht fehl am Platz wirken würden. Die Mitglieder decken sich mit UJC-Mode ein: Stirnbänder, weiche Schals, farbenfrohe Hemden, kurze Röcke, Badeanzüge, modische Kleider, bemalte T-Shirts, dreifarbige Einkaufstaschen. Sie veranstalten in Parkanlagen Rockkonzerte, Popmusikveranstaltungen am Malecón, Partys am Strand. Komm zu den jungen Roten! Sie schreiben ¡SOCIALISMO O MUERTE! in Farben an die Mauern, die sozialistische Tote aufwecken könnten. (Fassadenfarbe für Häuser aber war so schwer zu bekommen wie eh und je.) Eines Tages suchte ich das Hauptquartier der UJC auf, gegenüber vom Museum der Revolution in Havanna, in dem vergeblichen Bemühen, einen Interviewtermin mit Robertico, wie der Oberste Sekretär Robaina allgemein genannt wird, zu vereinbaren. Der adrette Mitarbeiterstab war erbarmungslos energiegeladen, quirlig, engagiert, und noch die bedeutungsloseste Errungenschaft entfachte ihren Enthusiasmus; ihr ergebener Feuereifer erinnerte an die freiwilligen Helfer in der Präsidentschaftskampagne von Eugene McCarthy 1968. Die UJC war die hurrafreudigste Fangemeinde der ganzen Stadt, aber selbst diese Cheerleader brachten eindeutige Beschwerden vor.

Die nationale UJC kritisierte die träge Bürokratie der Regierung. Sie sprach sich gegen Tourismus-Apartheid aus. In einem Versammlungsbericht fragte ein Mitglied: »Warum berichtet die Presse nicht über die brennendsten, wichtigsten Probleme? Aus Angst, oder ist das Zensur?« Ein Frau erzählte von einem alten Parteimitglied in der Provinz Pinar del Río, das von seinem Aussichtspunkt im Park auf der anderen Straßenseite aus die Namen aller Kirchgänger niederschrieb. »Daraufhin«, sagte die Frau, »hat man ein UJC-Mitglied abgemahnt und beschuldigt, ›Kontakte zu Gläubigen zu unterhalten‹. Davon zu erzählen, schmerzt noch immer. Es ist einfach falsch.« Schließlich sprach Robertico, der damals als stellvertretendes Mitglied im Politbüro des Landes saß, über den Mangel an Freizeit. »Das Erste, was mir tun müssen, ist dafür zu sorgen, *dass* wir freie Zeit haben. Und wenn es *meine* freie Zeit ist, gehört sie mir. Dann mache ich mit ihr, was ich will. Und was das Thema Spaß angeht: Selbst die kleinen Kinder bekommen den Druck zu spüren. Warum sind die Spielplätze nur von acht bis zwölf und von zwei bis sechs geöffnet? Das ist verrückt, und es hat nichts mit der US-Blockade zu tun.«

Und noch ein Tablett Drinks erschien an unserem Tisch in der Bar vom Jagua, und die Reihe war an María Isabel, Fragen zu beantworten. »Wen ich am meisten achte?« Ein schamhaftes Grinsen glitt über ihr Gesicht, als sie meine Frage wiederholte. »Na, Fidel selbstverständlich.« Sie sagte seinen

Namen träumerisch, als wenn sie den Namen ihres neuen Liebhabers verkündet hätte. Ihr Blick machte ihn zum Filmidol, Nationalhelden und dem Born unerschöpflicher Weisheit, der er für viele noch war. COMANDANTE EN JEFE, ¡ORDENE!, lautet ein häufiger Plakatslogan, locker übersetzt: »Wir tun, was immer du sagst, Boss!« Der Boss ist eben der Oberkommandierende ... Es mangelte an Hunderten von Konsumgütern, das Getöse um den Staat, dessen Anführer und seine Philosophie, die 24-stündige Aufmerksamkeit forderte, war das einzige Produkt, das für jeden ständig zu haben war.

»Und Meryl Streep«, sprudelte María Isabel plötzlich heraus. Mariela nickte mit Nachdruck. Fefi lachte.

Die Sache mit Meryl Streep verwirrte mich. María Isabel war nicht die einzige *integrada* – jemand, der durch Arbeit, Partei, Armee oder freiwilligen Dienst in die Gesellschaft integriert ist –, die La Streep zu ihren Helden zählte. Überall im Land wurde mir ihr Name mit einiger Häufigkeit als Favoritin genannt. Nichts im Leben der Schauspielerin erklärte die besondere Anziehungskraft, die sie auf karibische Kinogänger ausübte, dennoch waren die Indizien überwältigend: Meryl Streep zählt in Kuba zu den beliebtesten Figuren. Was ist an der Arbeit von Streep, das ihr einen solch überwältigenden Ruf in Kuba verschafft? Auf Bildschirmen wie Leinwänden sind ihre Filme bestens bekannt: *Kramer gegen Kramer, Jenseits von Afrika, Die durch die Hölle gehen, Sophies Entscheidung, Die Teufelin, Die Geliebte des französischen Leutnants, Silkwood.*

Fefi wollte mehr über Cher und Glenn Close erfahren. Sie alle wussten von John Lennons 50. Geburtstag Anfang des Monats, und dass sich bald sein Todestag zum zehnten Mal jährte. María Isabel begeisterte sich für alles Britische und sprach gut genug Englisch, um es nach ein paar Drinks zu versuchen. »Oh«, gurrte das Mitglied der Kommunistischen Partei, »ich würde mich liebend gern von den Briten kolonialisieren lassen.«

Man kann auf dem fetten tropischen Boden des Landes pflanzen, was man will, und es wird irgendwann wachsen, prahlen die Kubaner. John Muir war von dem verschwenderischen Wachstum bei seinem Besuch auf Kuba 1868 beeindruckt. Muir verbrachte seine Zeit auf dem Land an der Küste bei Havanna. »Ich lief hin und her, sammelte die Schönsten unter den zahllosen Pflanzen und Muscheln am Strand, und nahm mir die Zeit, die Pflanzenproben zu pressen, und im Schatten der üppigen Kletterpflanzen und Büsche bis zum Sonnenuntergang zu ruhen«, schrieb der Gründer des Sierra Club (einer Natur- und Umweltschutzorganisation) in sein Tagebuch. »Die Bäume leuchten von Blüten und dem Licht der Sonne, das von den Blättern reflektiert wird. Die Individualität der Kletterpflanzen verliert sich spurlos in sich verflechtender, windender und auftürmender Harmonie.«

Die Frau von Orlando, dem Chef der Provinz-UNEAC, bestand darauf, ich solle einen Nachmittag zu ihnen zum Essen kommen. Sie arbeitete im Botanischen Garten 15 Kilometer östlich von Cienfuegos. Bei gebratenen Eiern mit Brot und Reis als Beilage schlug sie vor, ich solle auf meinem Weg nach El Castillito, der UNEAC-Zuflucht für Schriftsteller, beim Botanischen Garten vorbeischauen.

Früher kannten die Kubaner die Jardines Botánicos unter dem Namen Atkins-Garten, benannt nach dem Zuckerbaron aus Neuengland, dessen Zuckermühle Soledad über Generationen hinweg einen Großteil der Wirtschaft in der Gegend angetrieben hatte. 1899 erwarb Atkins ein Stück angrenzendes Land mit dem Namen Limones, um dort mit verschiedenen Zuckerrohrarten zu experimentieren. Er lud sofort einige Botaniker aus Harvard ein. »Wir hoffen, eine widerstandsfähigere Zuckerrohrart zu züchten, indem wir robuste Typen mit schwächerem Zuckerrohr kreuzen, das aber mehr Sucrose enthält«, schrieb er. Daraus entstand die Botanische Station Harvard, eine Einrichtung, die nicht nur Zuckerrohrhybride züchtete, sondern sich zu einem Forschungszentrum für das Studium tropischer Pflanzen entwickelte. 1924, in dem Jahr, in dem Gerardo Machado zum Präsidenten von Kuba gewählt wurde, änderte man Namen und Wirkungsfeld der Gärten. Sie hießen nun Botanisches Labor Harvard, und man ermutigte ausländische Wissenschaftler dazu, dort zu forschen und zu leben. Das Land ist nie vorbehaltlos Eigentum von Harvard gewesen, aber eine Stiftung der Universität verwaltet es, und man überließ ihr das Land im Rahmen eines Pachtvertrages auf 99 Jahre.

Während der Revolution wurden die ländlich-bäuerlichen Gebiete bei Tag von Batista kontrolliert und bei Nacht von den Rebellen, die sich in den Bergen im Osten und Südosten der Gärten verschanzt hielten. Die verantwortlichen Amerikaner wahrten eine Kaffeetisch-Neutralität – sie kredenzten beiden Seiten *cafecitos.* Obwohl im Umkreis des Botanischen Gartens keine Kämpfe stattfanden, ermordeten Bastistas Leute zumindest einen Mann, der mit dem Garten in Verbindung stand. Er war Zivilist. Man ließ seinen nackten entstellten Körper an einer nahen Kreuzung liegen. Ende Dezember 1958 brach eine der Anti-Batista-Truppen, die nicht zu den *fidelista* gehörten, »über das Land herein und ›befreiten‹ es«, erinnert sich ein Zeuge.

Harvards Pachtvertrag lief in Castros ersten Jahren aus. Die Übergabe verlief so annehmbar glatt, wie es unter den gegebenen Umständen zu erwarten war. Heute herrscht Kubas Akademie der Wissenschaften über das knapp 100 Hektar große Gelände.

Ein gewaltiger Steingarten in der Form Kubas bildet den Höhepunkt der umbauten Ausstellungsanlagen. Er ist groß genug, um einen Kaktus in jede bedeutende Region zu pflanzen. Alles in allem gibt es in dem Park über 2000 tropische und subtropische Pflanzenarten, von der zur Behandlung von

Arthritis benutzten Tiláncia bis hin zu einem pazifischen Baum, dessen Borke Asthma lindert.

Der Naturlehrpfad der Gärten führt an Bäumen, Bambus, Palmen und Kakteen vorbei, die Länder aus aller Welt gestiftet haben. Fußgängerbrücken leiten über einen ansehnlichen Fluss, der sich durch das Land windet. Die Bäume im Garten sind kräftig und hoch, Zuhause unsichtbarer, angenehm zwitschernder Vögel, quakender Baumfrösche und nicht greifbarer Kreaturen, die mit vernehmlichem Wispern durchs Buschwerk huschen. Es waren nur wenige Menschen dort, und so war die Savanne mit ihren Laubbäumen so erholsam, wie es sich ein Reisender, der durch Südkuba schlängelt, nur wünschen kann.

Cristóbal Ríos Albuerne, leitender Kopf der Gärten, war von meinen Eindrücken angetan. »Wir bemühen uns sehr, mit der weltweiten Entwicklung in der Botanik Schritt zu halten. Aber von Cienfuegos aus und ohne Mittel ist das schwierig. Wir haben jetzt Kontakte zu den *Royal Botanical Gardens* in Kew und inoffiziell auch zur Universität Harvard geknüpft.« Er dachte einen Moment nach. »Und dem Louis-Pasteur-Institut in Straßburg, mit ein wenig Hilfe von der Universität Kentucky. Schüler von der Highschool und Naturwissenschaftsstudenten vom College kommen her, um zu lernen und zu arbeiten, aber durch die wirtschaftlichen Probleme des Landes« – sein Gesicht sagte mehr als seine Worte – »kommen weniger und weniger Besuchergruppen. Wir unterhalten eine Sammlung, die für die Kubaner von großer Bedeutung ist.« Rund 230 »Schutzgebiete« wurden landesweit ausgewiesen, um Flora und Fauna zu bewahren.

Dr. Ríos nahm mich mit ins Labor, den großen Vorderraum im Harvard-Haus, wo Wissenschaftler damit beschäftigt waren, Dias zu katalogisieren, Instrumente zu reinigen und Berichte zu schreiben. Er führte mich in den Bibliotheks- und Rechercheraum. »Wir besitzen eine Computerdatenbank mit allen Pflanzen des Gartens. Das Potenzial, um hier ein Studienzentrum zu errichten, ist groß, aber, wie Sie sehen können, ist unsere Bibliothek recht begrenzt.« Auf dem Weg nach draußen kam ich an einer Forscherin vorbei, die vor einem aufgehängten Plakat von Che Guevara mit Barett in ein langes, schweres Mikroskop spähte. Während Ches kurzer Herrschaft über das Wirtschaftsministerium waren die Gärten in seine Domäne gefallen. Die Forscherin, ihre Instrumente und das Che-Poster erstarrten zu einem weiteren Stillleben der Revolution in ihrem 32. Jahr.

Die Escambray-Gebirgskette ist, durch Kubas Geschichte hindurch, die Heimat der Streitlustigen und Unbeugsamen gewesen. Kommen sie der Regierung in die Quere, heißt man sie Banditen. Hier versteckte sich der dauerhafteste Widerstand gegen den *fidelismo*, angetrieben durch Widerspenstigkeit und die CIA. Topes de Collantes, ein um ein Tuberkulose-Sanatorium aus der Batista-Zeit errichtetes Dorf, liegt auf halber Höhe über der Sierra del Escambray. Viele Kubaner hatten mich vor den kurvenreichen Straßen gewarnt, die durch diesen Teil des Landes führten. Oh, diese Haarnadelkurven! Diese steilen Feldwege! Passen Sie auf die gefährlichen Berghänge auf! *¡Cuidado con las barrancas!* Achten Sie auf die abfallenden Böschungen! Diese Hügellandschaft nannten sie gefährlich? Ha! »Ich könnte dir Berge zeigen», sagte die Rote Königin zu Alice, »im Vergleich zu denen du dies hier ein Tal nennen würdest.«

Ein entsetzlicher Regen setzte auf dem letzten Stück zum El Castillito ein, eine durchweichte Mutter und ihre Tochter baten winkend, mitgenommen zu werden. Das Mädchen trug ein T-Shirt mit der Aufschrift USA!, ihre Mutter hielt Blumen umklammert. Sie befanden sich auf dem Weg zu einem nahen Friedhof, um das Grab ihres Mannes und Vaters zu besuchen. Hundert Meter weiter hielt ich an, um eine Frau mittleren Alters mitzunehmen, auch sie durchweicht. Sie wohnte im El Castillito.

La Plume de Matanzas' Zusicherungen zum Trotz gab es im Büro des Hotels des Schriftstellerverbandes keinen Hinweis auf meine Reservierung. Nichtsdestoweniger versorgte man mich sofort mit einem Zimmer, strategisch günstig zwischen der Bar und dem Speisesaal gelegen. Das Gebäude, ein hübsches, weißes, zweistöckiges Haus, besaß ein rotes Ziegeldach und glatte Kachelböden im spanischen Stil. Ein Säulengang umgab fast das gesamte Erdgeschoss und blickte auf einen Heiligenschein aus Wolken um den Escombray. Zwei vordere Zimmer im ersten Stock verfügten über vornehme rote Holzbalkone.

Guillermo Cabrera Infante beschrieb die Sierra in *Ansicht der Tropen im Morgengrauen*: »Die Luft wird dünn, und manchmal sieht sich der Reisende von Wolken umgeben, und wenn sie wie ein Teppich wirken, dann, weil darunter eine Klippe liegt ... Kräutergrün bedeckt den Boden; die Bäume, Büsche und der Dschungel durchlaufen die ganze Skala von Grün. Baumstümpfe sind überzogen von einer Flechte, die wie grüner Rost wirkt und sich feucht anfühlt ... Tausende von Regentropfenperlen rollen von den Blättern, und bei jedem Schritt gibt das Gras mit einem prasselnden wässrigen Ton nach.«

Der Regen hörte so plötzlich auf, wie er begonnen hatte. Der nasse Fahrgast, den ich aufgelesen hatte, hieß Elisabeth. Sie machte mit einer Freundin, Tatiana, ein paar Tage Urlaub von Havanna. Elisabeth war ein lebenslanger Flüchtling, Tatiana eine Halbemigrantin. Als sie jung war, war Elisabeths Familie vor den Nazis aus Europa geflohen und hatte sich schließlich in Chile niedergelassen. Nach dem Sturz von Allende schloss sie sich mit ihrem Mann anderen Chilenen an, die Zuflucht in Kuba suchten. Tatiana, eine Russin, hatte viele Jahre in Havanna gelebt und einen kubanischen Musiker geheiratet. Die beiden Frauen arbeiteten als Übersetzerinnen. Sie waren die einzigen anderen Gäste im El Castillito.

Wir wurden großartige Kumpel, wir drei. Wir aßen zusammen zu Abend, gingen und fuhren spazieren, tranken zusammen und spielten unter dem Verandalicht Domino – mit den Moskitos von der Nachtschicht. Tatiana war erfüllt von dem finsteren, boshaften Humor der Breschnew-Ära, der sich leicht auf das Kuba der Castro-Ära anwenden ließ. Ich beneidete Elisabeth um ihre Gewandtheit in einem halben Dutzend Sprachen, aber sie winkte nur ab: »Das kann ich nur, weil ich gezwungen war, so viele Länder zu verlassen. Möchtest du aus so einem Grund mehrsprachig sein?«

Der Speiseraum, von dem es hieß, er sei das eigentlich Lohnenswerte an einem Aufenthalt im El Castillito, stand unter der Aufsicht von Andrés, einem kleinen, grüblerischen Koch, der eine hohe Kochmütze und eine fettverschmierte weiße Uniform trug. Doch ach, seine Mahlzeiten waren langweilig. Der Raum selbst aber besaß eine nette ländlich-elegante Atmosphäre, die leicht überholt wirkte. Der Koch hatte offensichtlich ganzseitige Anzeigen in ausländischen Magazinen gesehen, in denen der Küchenchef sich in Hab-Acht-Stellung neben Gästen aufbaute, die dabei waren, ein üppiges Mahl zu sich zu nehmen. Zu Beginn jeder Mahlzeit ankerte der ernst dreinblickende Koch einen Meter vom Tisch entfernt, breitbeinig, die Hände hinter sich gefaltet, und sah uns mit nervösen Augen zu. Er schaute nur einmal auf, als wir auf Ocatavio Paz anstießen, der gerade den Nobelpreis für Literatur bekommen hatte. Er ging nie, bevor wir das Mahl beendet hatten.

Andrés Frau war bei weitem lebhafter. Eines Tages, ich saß unter dem Vordach und sah dem nachmittäglichen Regen zu, berichtete ich ihr von meinen Eindrücken vom Botanischen Garten. »Ich mag keine Kakteen!«, verkündete sie. »*Punto.* Es gab eine Zeit, in der Kakteen jedem zu gefallen schienen. Ich habe sie damals nicht gemocht, ich mag sie immer noch nicht. Ich mag Pinien. Sie nicht?« Sie mochte Edgar Allan Poe und Alejo Carpentier, einen berühmten kubanischen Schriftsteller, der den größten Teil seines Lebens in Europa verbrachte. »Aber José Martí mag ich nicht.« Sie zögerte. »Seine Politik, selbstverständlich ja, aber nicht seine Werke.«

Statt uns noch einmal dem Andrés-Fluch auszusetzen, fuhren wir am nächsten Tag ein paar Kilometer weit nach Los Pinos, zum Ferienhotel für die Offiziere der bewaffneten Streitkräfte und ihre Familien. Elisabeth und Tatiana hatten sich den Zugang zu dem komfortablen und vornehmen Speisesaal in Los Pinos ein paar Tage zuvor erschmeichelt und entdeckt, dass die Speisekarte länger, das Essen besser und das Personal weniger aufdringlich war. »Halt die Klappe, Miller«, riet Elisabeth, als wir uns dem Chef näherten. »Sie werden uns in Dollar bezahlen lassen, wenn sie deinen amerikanischen Akzent hören.« Wir aßen Gulasch, Schweinefleisch, Kürbis und Reis und verweilten bei einem Bier. Los Pinos besaß ein Schwimmbecken, einen Geschenkladen und erfüllte praktisch alle Voraussetzungen für den militärischen Familienurlaub.

Im El Castillito besaß jedes Zimmer ein eigenes Bad mit Dusche, außerdem ein leistungsfähiges Kurzwellenradio und einen Fernseher. Ein UNEAC-Funktionär aus Havanna, der das Berghotel besuchte, hieß es, habe sich ohne Beschäftigung und mit nur wenig Kontakt zur Außenwelt schier zu Tode gelangweilt. Sofort nach seiner Rückkehr nach Havanna habe er Radios und Fernseher bestellt, damit künftigen Gästen die empörende Einsamkeit erspart bliebe. Der BBC World Service war mühelos zu empfangen. Nachdem ich ihn abgeschaltet hatte, fiel etwa eine halbe Stunde schwerer stürmischer Regen, und schließlich hörten auch die Enten unter meinem Fenster auf zu quaken. Spätnachts ist es in der Sierra del Escambray so still, dass man fast einen Menschen schreiben hören könnte.

Die Straße nach Trinidad im Vorgebirge des Escambray schlängelte sich durch Weideland. Zweimal hatte ich zur Seite fahren müssen, um Cowboys und Rinder vom offenen Gelände die Schnellstraße hinunter in die gewaltigen Pferche trappeln zu lassen. Hohes Gras verbarg eine kleine Plakatwand, auf der stand: WILD LEBENDE TIERE ZU SCHÜTZEN, IST EINE GESELLSCHAFTLICHE PFLICHT. Einen Hirsch und einen Vogel hatte man in die Ecke gemalt.

Diego Velázquez, der spanische Eroberer, gründete Trinidad im Jahre 1514. Zumindest steht das so in den Geschichtsbüchern, aber was heißt das schon? Der Satz hat die gleiche Aussagekraft wie »Abraham Lincoln wurde in einer Holzhütte geboren, wuchs auf und wurde Präsident.« Hatte Velázquez mit dem Hammer ein Kreuz in den Boden geschlagen, ein paar seiner Männer zurückgelassen, ein paar Indianer zusammengetrieben, wildes Getreide geerntet oder eine Goldmine gegründet? Was auch immer, es zog einen spanischen Landsmann an, Hernán Cortés, der fünf Jahre später in Trinidad anlegte, bevor er nach Mexiko segelte. Dort stürzte Cortés, indem er europäische Stärke gegen eingeborenen Glauben aufbot, das Reich der Azteken.

Carlos Joaquín Zerquera Fernández lernte diese Grundlagen der lateinamerikanischen Geschichte, als er in Trinidad aufwuchs, dann ging er ins Bankgeschäft. Ich traf ihn in seinem Haus, einem weitläufigen Kolonialgebäude in der Nähe der Stadtmitte. Trinidad profitiert seit Generationen von der gütigen Vernachlässigung durch Havanna; ein großer Teil dessen, was von ihm geblieben ist, stammt aus der Kolonialzeit. Die UNESCO hat den Ort zum Weltkulturerbe gesalbt, an dem nicht herumzupfuschen ist. In seinem detaillierten und umfangreichen Bericht über das Kuba des frühen 19. Jahrhunderts berichtet Alexander von Humboldt, alle Straßen Trinidads seien sehr steil, und die Bewohner dort klagten, wie sie es auch im Großteil des spanischen Amerika täten, über die schlechte Ortswahl der Eroberer bei der Gründung ihrer Städte. – Das Humboldt-Museum der Naturwissenschaften war wegen Reparaturen geschlossen, aber Zerquera – jetzt ganz der Trinidad-

Historiker – schleppte mich in alle anderen Museen der Stadt. Die mit Kopfstein gepflasterten Straßen, die Häuser mit dicken Mauern, die leuchtenden Blumen, die glatten Marmorböden und die Mahagonitreppen in den Museen, das alles fügte sich zu einem Gefühl von gut erhaltenem Wohlstand.

Hübsche Vasen und Tafelaufsätze aus Porzellan schmückten die eleganten Räume im Heim eines einstigen Zuckerbarons, heute ein Museum. Schweizerisches und österreichisches Geschirr hing in den gut erhaltenen Küchen, portugiesische Gemälde schmückten die Wände. »Dieses Museum war das Zuhause einer der ältesten Familien von Trinidad. Sie lebte hier bis 1930.« Eine 1,20 Meter hohe, gusseiserne Glocke stand im Erdgeschoss. Sie stammte von Meneely's of West Troy, New York.

Danach gingen wir in das Nationalmuseum des Kampfes gegen das Banditentum, das, wie die meisten politisch ausgerichteten Museen des Landes, die persönliche Hinterlassenschaft von Kubanern zeigte, die bei der Verteidigung ihrer Regierung gefallen waren. Ein Soldat hatte einen Remington Roll-A-Matic – einen Rasierapparat – hinterlassen. Ein anderer ein Liederbuch. Ein Radiosender der CIA war ausgestellt, aber auch das Poster eines Jungen, der ein Gewehr hob. MEINE BERGE WERDEN NIE EROBERT stand da. In einer Broschüre, von der es hieß, die CIA habe sie finanziert, stand zu lesen: *Wir arbeiten als Sklaven, um den Russen zu dienen! Russen raus aus Kuba!* Eine detaillierte Landkarte von Kuba zeigte die am stärksten vom »*bandidismo*« betroffenen Gegenden. Das Museum sponserte einen Schreibwettbewerb zum Thema »Kampf gegen Banditen«. Der erste Preis betrug 300 Pesos – etwas mehr einen Monatslohn.

Carlos Joaquín nahm mich auf einen Schluck *canchánchara* mit in ein langes, schmales Lokal unter freiem Himmel, das den Namen des beliebten einheimischen Getränks trug. Der eiskalte Drink besteht aus Rum, Limonensaft und Honig. Wir sprachen über die Unterschiede zwischen dem Spanisch, das in Spanien gesprochen wird, und dem kubanischen Spanisch. Musiker spielten für das gut gelaunte Wochenendpublikum, zum Großteil ausländische Touristen.

Das Klima schien günstig für eine Frage, die ich gelegentlich Kubanern über 40 stellte: »Was haben Sie während der Revolution gemacht?« Es war eine Frage, die weder leicht zu stellen noch leicht zu beantworten war. Üblicherweise kamen die Antworten in zwei verschiedenen Geschwindigkeiten: schnelle Inanspruchnahme aktiver, aber nicht näher spezifizierter Unterstützung oder leise gemurmelte Eingeständnisse der Teilnahme. Der ersten Variante mangelte es an Glaubwürdigkeit, die zweite verschleierte oft dunkle und schwierige Taten. Carlos Joaquín war erfrischend. »Nichts. Ich war nicht aktiv. Ich war Buchhalter in einer Bank. Sie werden sich erinnern, ich stamme aus einer sehr alten und konservativen Familie.«

Ich kehrte zurück in mein Hotel an der Playa Ancón außerhalb von Trinidad, um im Meer zu schwimmen. Auf dem Weg passierte ich eine Plakatwand, die posaunte: EINHEIT UND IDEOLOGIE – DIE ZWEI SÄULEN UNSERER PARTEI. Eine andere, im Land sehr verbreitete Parole, verkündete: DIESES LAND IST 100% KUBANISCH. Eine Reisegruppe aus Deutschland, die Cuba Libres in sich hineingoss, hatte die Strandbar in Besitz genommen. Nach einem kurzen Bad wanderte ich ein paar Kilometer Richtung Westen, bis das Hotel längst außer Sicht war. Schließlich stolperte ich über kleine Gruppen von Kubanern, die sich die Zeit am Strand vertrieben. Sie hatten mit dem *campismo* zu tun, einer mehr oder minder beaufsichtigen Form von Ferienlagern unter freiem Himmel für ältere Jugendliche. Jorge, der Redseligste in einer kleinen Truppe, mit der ich plauderte, fragte nach meiner Nationalität.

»Norteamericano.¿ Y tú?«

»Cubano.«

»Ein 100-prozentiger, richtig?«, witzelte ich in Anlehnung an die allgegenwärtige Parole.

»Nein, genau genommen, bin ich zu 50 Prozent Kubaner. Ich bin auch 50 Prozent Afrikaner.« Vladimir fiel ein: »Ich auch.« Sie bildeten eine angenehme Mischung aus Afrokubanern, Mulatten und ein paar Weißen. Jorge erzählte, er sei Korallenhandwerker. Er holte aus einer Tasche ein paar glatt polierte Ohrringe, Halsketten und Armbänder. Korallen, hoch begehrt und bei freischaffenden Tauchern leicht zu bekommen, wurden zu modischem und reizvollem Schmuck verarbeitet, und zwar in solchen Mengen, dass das nicht autorisierte Ernten von Korallen ausdrücklich verboten war, um den gefährdeten Bestand vor Kubas Küste zu schützen. Als ich Jorge danach fragte, winkte er geringschätzig ab. Er verkaufte lieber gegen Dollar direkt an die Kunden, als an den staatlichen Mittelsmann gegen Pesos.

»Ach, ein *jinetero*«, sagte ich und überrumpelte damit Vladimir.

»Woher wissen Sie, was das ist? Ausländer sollen das nicht wissen.«

Jorge ignorierte unseren Wortwechsel. »Ich bin Seehandelskaufmann. Das mache ich. Ich kann Ihnen Langusten verkaufen, Korallen, Fische, alles aus dem Meer, was Sie wollen. Auch Kleidung. So ungefähr alles, was sie brauchen könnten.« Ich lehnte die mir angebotene große polierte Seemuschel zu zehn Dollar ab. Er zögerte. »Fünf Dollar?«

»No, gracias!«

Jorge hielt mit seinen Verbündeten Kriegsrat und kam dann zu der Bank, wo ich Platz genommen hatte, um die Aussicht auf einen der schönsten Sonnenuntergänge der westlichen Hemisphäre zu genießen: glatte 180 Grad Karibik bei Flut. »Hier.« Er streckte mir die Muschel hin. »Wir möchten sie Ihnen schenken.«

Vladimir lud mich zu einem Tanz an gleichen Abend ein. »Das heißt, falls es der Wache nichts ausmacht.« Jorge fragte nach dem Brief, den ich als Lesezeichen benutzte. »Möchtest du das wirklich hören?«, fragte ich. Sie waren sich 100-prozentig sicher. Offenbar stand Nachmittagsunterhaltung beim *campismo* hoch im Kurs.

»Also gut, los geht's. Es ist von einem Freund an einer Universität.« Ich begann zu lesen: »›Eine Studentenverbindung veranstaltete eine Party, und ein paar von den eingeladenen Mädchen brachten unaufgefordert Leute von der Highschool mit, von denen einer schwarz war. Man bat sie, zu gehen, und wie ich gehört habe, benutzte einer von den Verbindungsjungs das Wort *Nigger*. Er erklärte später, er stamme aus dem Süden, und da würden sie die Dinge so handhaben. Der uneingeladene Junge ging und holte eine Waffe aus dem Wagen, die Polizei wurde gerufen, und einer der Polizisten schoss auf den bewaffneten Jungen. Die Kugel durchschlug seinen Arm und tötete einen Polizisten. Der Presse wurde zwei Tage verschwiegen, wer die Waffe abgefeuert hatte. Ein Sprecher der Universität erklärte, es habe sich *nicht* um eine Rassenangelegenheit gehandelt‹«.

Die Gruppe, etwa im Alter der Partygäste, wuchs auf acht oder zehn an. Sie hörten wie gebannt zu; es war totenstill, als ich fertig war.

Dann überschütteten sie mich mit Fragen.

»Kann jeder einfach eine Waffe tragen?«

»Warum hat die Polizei auf ihn geschossen?«

»Warum hat ihn der andere Typ ›Nigger‹ genannt?«

»Sie meinen, auf der ganzen Party war nur ein schwarzer Schüler?«

»Kommt die Polizei auch, wenn die Weißen eine Waffe haben?«

»Natürlich war es eine Rassenangelegenheit. Kann eine Universität einfach so lügen?«

Meine Fragensteller waren alle in einem Land aufgewachsen, in dem es weitaus einfacher war, eine Schulbildung zu bekommen als eine Waffe, und den meisten ihrer Fragen stand ich hilflos gegenüber. Oder, besser gesagt, meine Antworten warfen ein trauriges Licht auf die amerikanische Gesellschaft.

◆◆◆

Ein Spurt um den unkooperativen Wachtposten beim Tanz herum sei nicht möglich, erzählte mir die Gang, als ich am Abend an ihrem Lagerplatz vorbeifuhr. »Lasst uns in die Stadt fahren«, schlug einer vor, und zwei Mädchen und ein Junge aus der Gruppe vom Nachmittag kletterten in den VW und zeigten mir den Weg zum Club Las Cuevas.

Las Cuevas war wegen Renovierungsarbeiten geschlossen. Ich wollte Trinidads Casa de la Trova sehen, ein Treffpunkt einheimischer Musiker. »Da will ich nicht hin«, jammerte meine jüngster Mitfahrerin. »Junge Leute gehen nicht zur Casa, wir gehen lieber tanzen.« Sie schmollte den ganzen Weg über bis zur Casa, aber ihre Freunde schienen sich zu freuen, dorthin zu kommen, oder vielleicht waren sie nur froh, irgendwohin zu kommen. Als wir eintrafen, begannen Los Trovadores de Trinidad, eine Vier-Mann-Band, ein Set mit traditionellen romantischen Balladen. Sie spielten für ein dankbares, gut gekleidetes 200-köpfiges Publikum. Dem Flunsch zum Trotz waren viele junge Leute aufgetaucht. Das Publikum war zu Fuß oder auf Fahrrädern gekommen; mein Wagen war das einzige Auto dort. Ein Schuss Rum an der Bar kostete 50 Centavos. Seltsam war: Zigaretten wurden nur gegen Dollar verkauft, was auf sehr effektive Weise praktisch jeden davon abhielt, sich welche zu besorgen. Einige Männer saßen beim Domino. Fotos einheimischer Musiker, die bis in die 30er Jahre zurückgingen, hingen an den Wänden. Eintritt musste man nicht zahlen.

Wir fuhren noch ein bisschen durch Trinidad, ein Wagen voller unruhiger Geister auf der Suche nach ein bisschen Spaß an einem Samstagabend. »Dieses Buch, das du schreibst, ist über Kuba, nicht?« Der Flunsch wieder. »In Englisch, oder? Na ja ... viele Kubaner lesen auf Englisch.« Sie sagte das eher aus Angst als aus Stolz. Sie wollte ihren Namen nicht gedruckt sehen.

»Keine Angst. In heiklen Situationen verwende ich Namen nicht.«

»Gut, dies ist eine heikle Situation. Mein Vater ist Polizist, und er würde mich umbringen, wenn er wüsste, dass ich mit einem Ausländer unterwegs bin.«

Oh.

Die Stadt wimmele vor Bullen, sagte der Flunsch; in der Casa de la Trova seien massenweise Polizisten in Zivil gewesen. »Sie trugen weiße *guayaberas.* Sie haben versucht, uns auf Fahrrädern zu folgen.« Sie blickte aus dem Rückfenster.

Großartig. Das war genau das, was ich brauchte. An einem Samstagabend in einer Seitenstraße einer Provinzstadt festgenommen zu werden, zusammen mit der minderjährigen Tochter eines örtlichen Polizisten. In meinem Kopf fing ich an, »Schreib die Schlagzeile!« zu spielen. Die beiden anderen Mitfahrer lachten über die stille Tragödie, genossen die Angst des Flunschs. »Kapiert ihr denn nicht? Euch würde nichts passieren. Aber mir ...« Sie schlug ihre Handgelenke gegeneinander und stieß ein atemloses Stöhnen aus. Wir fuhren zurück zum *campismo* am Strand.

»Mein Vater ist Kommunist. Meine Mutter kann mit der Partei nichts anfangen. Und meine Großmutter, sie ist ein altes Klatschweib. Sie hat ein loses Mundwerk.« Sie zog einen Flunsch.

»Fidel ist ein *comemierda*«, ein Scheißkerl. Sie arbeitete die Liste der Leute ab, die sie hasste. »Ich wünschte, er wäre tot. Ich wünschte, mein Vater wäre auch tot. Warum können wir dieses Land nicht verlassen? Warum sind wir so isoliert?«

Der Junge auf der Rückbank ergänzte: »Und warum sind unsere Waren von der schlechtesten der schlechten Qualität?«

Dieser Ausbruch überraschte mich. »Ist das eine verbreitete Ansicht?«

Flunsch. »Ja. Na ja, nein. Unter den Jugendlichen schon. Kannst du dich an diesen Kerl heute Nachmittag erinnern?« Sie beschrieb einen stillen Teenager, der unserer Unterhaltung über die Verbindungsparty zugehört hatte. »Er hat gesagt, ich sei konterrevolutionär, weil ich mit einem Ausländer rede, und dass du beim CIA sein musst. Ich habe ihm gesagt, das bist du nicht.«

»*Muchisimas gracias.*«

»Sie erzählen uns immer, dass Ausländer Infektionen ins Land bringen, zum Beispiel AIDS und Geschlechtskrankheiten.«

»*No, gracias.*«

Auf der Straße, die parallel zum Strand verlief, hielt ich auf dem Seitenstreifen, um meine drei Passagiere aussteigen zu lassen. Ein junger Mann in Zivil mit einer Militärarmbinde trat auf meinen Wagen zu. Er war einer ihrer Freunde. Er hatte bei der Strandwache die Nachtschicht gezogen. Sein herausragendes Unterscheidungsmerkmal war das Gewehr mit Zylinderschloss, das er trug. »Es ist eine *Winchester*«, erläuterte er. Wir sprachen über den Strand, die Sterne und Meeresfrüchte. »Hier.« Er legte sein Gewehr in meine Hände. »Es ist schwer, aber es trifft sein Ziel auf große Entfernung.« Ich zielte auf einen entfernten Busch und reichte das Gewehr zurück. Er redete mit meinen Fahrgästen über den Jungen, der mich einen CIA-Agenten genannt hatte.

»Nein, nein, nein.« Der Strandwachtposten zum Flunsch. »Er hat nicht gesagt, dass du eine Konterrevolutionärin bist, weil du mit einem Ausländer geredet hast. Er nannte dich eine asoziale *gusana.*« In Kuba ist ein *gusano* – wörtlich ein Wurm – jemand, der auf verächtliche Weise die Regierung durch öffentliche Worte und Taten diskreditiert. Im Allgemeinen ist das der Name, den staatstreue Kubaner jenen geben, die sich aus der Heimat geschlichen haben. Am lockersten und allgemeinsten wird er auf jeden angewendet, der zur ersten großen Auswandererwelle gehörte, und auf viele der nachfolgenden Wellen. Castro definierte *gusanos* einmal als »unzufriedene bürgerliche Elemente mit konterrevolutionären Tendenzen«. (Am Flughafen von Miami werden die Matchbeutel, mit denen Kubaner auf Besuch ankommen, von den Gepäckträgern *gusanos* genannt.)

Der Strandwächter kam herüber und winkte mich zur Seite. »*No te preocupes*«, machen Sie sich keine Sorgen. »Der *compañero*, der gesagt hat, Sie seien beim CIA? Er war ihr Freund. Er ist nur eifersüchtig.« Ich wünschte dem Strandwächter, *la gusanita* und den anderen Nachtschwärmern eine gute Nacht und fuhr zurück in mein Hotel.

Die 70 Kilometer von Trinidad nach Sancti Spíritus »sahen aus wie Afrika«, schrieb die Journalistin Martha Gellhorn, Hemingways Ehefrau Nummer drei, als sie Mitte der 80er Jahre bei einem Besuch mit dem Auto die gleiche Strecke fuhr. »Bucklige, knochige Rinder wie die der Massai, Palmen und Ceibas … urwaldgrüne Hügel, braune Täler.« In Sancti Spíritus angekommen, quartierte ich mich im Hotel *Zaza* ein, dessen Name mir weitaus besser gefiel als seine Ausstattung. Benannt war es nach dem See, an dessen Westufer es errichtet worden war. Das Zaza war ausgebucht; ich war der einzige Ausländer. Die Bar, der Swimmingpool und das Restaurant waren voll von Reisegruppen aus Betrieben in Havanna und Cienfuegos. Der interessanteste Teil meines Aufenthalts, abgesehen von einem nachmittäglichen Faustkampf zwischen zwei betrunkenen *machos*, war die Kochsendung *Cocina al minuto* im Fernsehen auf meinem Zimmer.

Gastgeberin von *Cocina al minuto* war Nitza Villapol, eine Dame um die 60, die man fälschlicherweise die kubanische Julia Child genannt hat. Sie trottete durch ihre kleine Küche und bereitete einen Obstcocktail mit Hilfe einer Assistentin zu, die alles andere als eine Hilfe war. Wenn Nitza sich über die Assistentin ärgerte, sprühte sie vor Zorn, war sie mit dem Fortgang des Cocktails zufrieden, lächelte sie; und als sie fertig war, schien sie erleichtert. Nitza Villapol hatte bereits vor der kubanischen Revolution beim Fernsehen gearbeitet und davor beim Radio. Vielleicht abgesehen von Vilma Espín – Raúl Castros Ehefrau, der Vorsitzenden des Kubanischen Frauenverbandes, die Mitglied des Zentralkomitees war und von Plakatwänden lächelte – war Nitza Villapol Kubas bekannteste Frau. Drei Generationen Kubaner, viele von ihnen im Ausland, schworen auf ihren Rat und ihre Kochbücher. Nach ihrer 15-minütigen Sendung stieg der Lärmpegel am Pool an, die Hotelhalle füllte sich wieder, und die Leute kehrten zu ihren Beschäftigungen zurück.

Das Ortszentrum von Sancti Spíritus ähnelte Trinidad, was das Alter, die gepflasterten Straßen und die langen, mit engen Gittern geschützten Fenster anbetraf, aber es mangelte der Stadt an Trinidads Selbstvertrauen und Vitalität. Vielleicht war es die Tageshitze oder die lange Fahrt. Vielleicht war ich einfach nur des Kolonialstils müde. Was auch immer der Grund war, die Begeisterung, die ich woanders empfunden hatte, kam in Sancti Spíritus nicht auf. Ich fuhr einige Male kreuz und quer durch die Stadt auf der Suche nach der Calle El Llano, dem Vernehmen nach der Inbegriff einer Straße aus der Kolonialzeit. Sie wurde ihrem Ruf gerecht, aber ihr auffälligstes Merkmal war kein Bauwerk aus dem spanischen Weltreich, sondern ein Auto aus Detroits Blütezeit: Mitten auf der Calle El Llano parkte ein zweifarbiger Plymouth Deluxe, Baujahr 1934. Wenige Monate, bevor dieses Auto Kuba erreicht hatte, war Gerardo Machado gestürzt worden, und Fulgencio Batistas politische Karriere hatte begonnen.

Das blau-weiße Auto stand vor einem Haus, und als ich es, seinen guten Erhaltungszustand bewundernd, langsam umkreiste, kam sein Eigentümer in kurzen Hosen und Schlappen aus dem Haus, um es mir vorzuführen. »Es hat noch das Originaltrittbrett. Sehen Sie mal.« Er demonstrierte Detroits solide Verarbeitung. Zum Anlassen klappte er die Hälfte der Motorhaube an der Seite hoch und spielte mit ein paar Drähten, dann stieg er ein und brachte den Wagen zum Brummen. Es war eher ein Schnurren. Dann nahm er mich mit auf eine Runde um den Block. Das Auto würde außerhalb von Sancti Spíritus nicht weit kommen, gab sein Eigentümer zu, er selbst wahrscheinlich auch nicht. Auf der Rückseite war ein Schild befestigt. In weißer Farbe stand da

1934 – PLYMOUTH – 1934

Ein Packard fuhr als erstes Auto über die Straßen von Sancti Spíritus dahin. 15 Jahre, bevor der blau-weiße Plymouth auf der Calle El Llano nach Kuba kam, schickte die Packard Motor Company E. Ralph Estep und ein paar Kollegen in einem nagelneuen Kabriolett nach Kuba. Ihre Mission: das Land der Länge nach zu durchfahren. »Wir hatten uns Kuba wie eine Art Nationalpark vorgestellt, mit einem riesigen Netz breiter Straßen«, schrieb Estep. Er erfuhr bald, dass Kuba nur eine Autobahn von 80 Kilometern Länge besaß. Trotzdem, Optimismus, Entschlossenheit und Unwissenheit zu gleichen Teilen gaben ihnen Mut, und Estep und die anderen machten sich von Havanna nach Sancti Spíritus auf. Sie reisten durch Kleinstädte, Hügel hinauf und Hügel hinunter, wo kaum sichtbare Pfade ihre Straßen wurden, und schienen den längsten Teil des Tages mit dem Wechseln von Reifen und dem Zerhacken von tropischem Wildwuchs zu verbringen, der die Straße blockierte. »Wir waren auf Camping nicht eingestellt, da wir angenommen hatten, wir würden unsere Nächte in Dörfern oder Städten verbringen.«

Den Mühen begegnete Estep mit Gleichmut und den Überraschungen mit Freude: »Wir durchquerten neun flache Flüsse und fuhren zahllose kurze steile Steigungen an der flacheren Böschung hoch. Einige der Hänge schienen das Auto hochkant zu stellen, sowohl beim Hinunter- als auch beim Hinauffahren. An mehreren Stellen waren wir gezwungen anzuhalten, um Rillen in den Lehm oder festen Stein zu schlagen, um das Antriebsrad freizubekommen, wenn das Auto über den scharfen Grat eines Hügels fahren sollte.

Endlich, 500 Kilometer später, erreichte die von Packard gesponserte Mannschaft Sancti Spíritus. »Die Stadt empfing uns lautstark. Jede verwinkelte Straße füllte sich mit Massen von Männern, Frauen und Kindern, die aus ihrem Haus gelaufen kamen, um uns bis zum Hotel zu begleiten ... Sancti Spíritus war, was Autos anging, noch gänzlich unbedarft.«

Jorge Daubar hatte vorgeschlagen, ich solle Carlos aufsuchen, einen Freund in Sancti Spíritus. Carlos wohnte im zweiten Stock eines alten Hauses, das mittlerweile vier Familien beherbergte. Ich stellte mich vor. Er war allein zu Hause. Seine Frau besuchte Verwandte. Er hatte viel Zeit. Mein Blick streifte flüchtig einen nicht erhellten Kronleuchter, der traurig über dem Foyer hing. »Ich habe nur eine funktionierende Birne«, gestand er und schmunzelte über die Lage. »Ich warte seit Monaten darauf, dass Glühbirnen auf den Markt kommen.«

Carlos' Leidenschaft war das Schachspiel per Post. Er spielte Partien mit Leuten in Asien, Europa und Mexiko. Er war in der internationalen Organisation zur Förderung des Schachspiels per Post aktiv und zeigte mir ihren jüngsten Rundbrief. Aber er war auch voller Begeisterung für seine Heimatstadt.

»Lassen Sie uns hinausgehen, ich möchte Ihnen etwas zeigen.« Wir erklommen einige steile Stufen zum Dach seines Gebäudes, von wo wir einen Panoramablick auf die Stadt hatten. »Sehen Sie das?« Er deutete auf eine Kirche im nächsten Block. »Das ist eine der ältesten Kirchen, die hier im Land noch ununterbrochen im Dienst sind. Sie geht auf das Jahr 1680 zurück. Ich bin hier geboren und aufgewachsen und bin immer noch stolz auf sie. Ihre Glocke läutet jeden Sonntag zur Messe. Da drüben« – er deutete auf eine enge Seitenstraße – »hatte mein Nachbar mal eine Voliere im Hof, aber es sind keine Vögel mehr drin.«

Carlos, von Beruf Ingenieur, zählte die örtlichen Erwerbsquellen auf: Viehzucht, Zuckerrohrnebenprodukte, Kacheln, Baugewerbe und Landwirtschaftsprodukte. »Dies ist eine sehr ruhige Stadt. Wir zahlen einen Wachmann, der durch die Straßen geht, aber wir haben keine Jugendkriminalität. Ich kann mich nicht mal erinnern, wann es das letzte Mal einen Überfall oder Einbruch gab.«

Ich fragte ihn, aus welchen Quellen er Nachrichten bezöge. »Nun ja, manchmal aus dem Radio. Auf der Arbeit gibt es Zeitung, aber sonst ... Wenn Sie gar keine Nachrichten bekommen, kriegen Sie weder gute noch schlechte, also was macht das schon?«

Haben Sie hier einen Buchladen oder eine Bücherei?

»Wofür halten Sie uns, für Wilde? Selbstverständlich haben wir das.«

Bis ich meine Frechheit begriffen hatte, waren wir wieder bereits wieder unten angelangt. Ich erwähnte, dass ich hoffe, Fidel zu interviewen, bevor ich das Land verließ, und fragte ihn, ob er Fragen hätte, die ich für ihn stellen solle. Er stutzte. »Ja. Ich möchte wissen, warum wir immer das einzige Land sind, das bei den Vereinten Nationen in eine Richtung abstimmt, während alle anderen in die andere Richtung abstimmen. Selbst in Lateinamerika, warum sind wir immer im Recht und die anderen Länder immer im Unrecht?«

»Sind Sie Kommunist?« Es machte mir immer noch Spaß, diese Frage ganz beiläufig zu stellen. Carlos schüttelte den Kopf und lächelte. »Wir haben ein Sprichwort: ›*Tú no eras ni Pionero*‹, du warst noch nicht einmal ein Pionier – in der Massenbewegung der kubanischen Jugend. Kein Pionier gewesen zu sein! Sie fragten mich, ob ich ein Mitglied der Kommunistischen Partei sei –

nun, es ist eine Sache, kein Kommunist zu sein, aber *jeder* war in seiner Jugend Pionier.« Er lachte. »*Tú no eras ni Pionero.*«

Wir schauten bei Nachbarn vorbei und saßen um den Küchentisch, wo man uns starken Kaffee servierte und fanatisch Baseball diskutierte. Der Saisonbeginn der kubanischen Provinzliga – La Liga Nacional – war erst in knapp zwei Monaten, aber der Sport übte eine Faszination aus, die das ganze Jahr über anhielt. Man diskutierte die North American World Series, und natürlich fand José Canseco lobende Erwähnung. »Ist er das wert?« Der Gastgeber fragte nach Cansecos Gehalt. »Ich kann so viel Geld gar nicht begreifen.« Ich erwähnte einige Kubaner, die in den 50er Jahren für die Washington Senators gespielt hatten: Pedro Ramos, Camilo Pascual, Julio Becquer, José Valdivielso. »Das waren immer meine Lieblingsspieler.«

»Meine auch«, sagte der Nachbar. »Wir haben sie immer genau verfolgt.«

»Dann zogen die Senators aus Washington weg, und ich hörte auf, die Majors mitzuverfolgen.«

»Sagen Sie, ich verstehe nicht, wie ein Verein einfach von einer Stadt in die andere umziehen kann.« Ich versuchte, ihm Sportkonzessionen zu erklären. Er sagte: »In Ordnung. Sagen wir, ich wohne in Jacksonville, Florida, und habe das Geld, einen Baseballclub zu kaufen. Was muss ich tun?«

»Nun, zuerst müssten Sie ein Stadion bauen, um Ihre guten Absichten zu demonstrieren.«

»Gut, ich habe ein Stadion. Und dann?«

»Dann müssen Sie beweisen, dass Sie es füllen können. Dafür müssen Sie ein Team finden auf dem Markt, das woanders absolut schlecht ist, und zeigen, dass Sie für die anderen Eigentümer der Mannschaft mehr Geld verdienen könnten als irgendein anderer, der den Club kaufen will. Das dauert ein paar Jahre, und es kostet eine Menge, nur um so weit zu kommen.«

»Aber warum kann ich nicht einfach eine Mannschaft aufstellen?«

Sein 20-jähriger Sohn kam herein und hörte zu. Er fragte nach George Steinbrenner und den New York Yankees.

Als Carlos und ich aufbrechen wollten, überreichte mir der Sohn ein Buch des Historikers Orlando Barrera Figueroa über Sancti Spíritus. Es begann mit den spanischen Eroberern 1514 und gipfelte Ende 1958 mit »Die letzten Tage von 444 Jahren Unterdrückung, Abhängigkeit und Vasallendasein«. Im 346. Jahr von U., A. & V. segelte William Walker, der amerikanische Freibeuter, der fünf Jahre zuvor Nicaragua an sich gerissen und sich zum Präsidenten ernannt hatte, an Kubas Südküste vorbei. Der Freibeuter »führte einen gewaltigen Feldzug … und war in der Stimmung, Kuba zu erobern«. Seine Anwesenheit, schreibt Barrera, machte die spanischen Kolonialstreitkräfte in Sancti Spíritus sehr nervös. (Tatsächlich jedoch hat Walker nie vor Kuba geankert, sondern segelte an Kuba vorbei nach Honduras.)

1895 ging ein jugendlicher britischer Offizier auf Urlaub nach Havanna, um während des Unabhängigkeitskriegs für den Londoner *Daily Graphic* zu berichten. Sein Name war Winston Churchill. Die spanischen Behörden schlugen vor, er solle nach Sancti Spíritus gehen, wenn er eine Schlacht sehen wolle. Er beschrieb die Stadt als einen »gottverlassenen kleinen Ort, sehr ungesund, in dem Gelbfieber- und Pockenepidemien wüten ...« Aber, ergänzte der Biograf Robert Payne, »Churchill fand Gefallen an kubanischen Zigarren«. Auch die spanischen Offiziere in Uniform gefielen ihm und die bärtigen, barfüßigen Soldaten, die sie befehligten. Was die Heimmannschaft anging, so »fand er die Guerilleros ermüdend«, auch wenn sie für ihre Freiheit kämpften. Ein paar Tage später, in einer kleinen Schlacht bei Arroyo Blanco, nordöstlich von Sancti Spíritus, pfiff eine Kugel weniger als 30 Zentimeter entfernt am Kopf des künftigen Premierministers vorbei. »Nichts ist erfrischender, als erfolglos beschossen zu werden.«

Barreras Buch deutet an, Churchill sei mehr gewesen als nur Reporter, vielleicht »ein Spion oder ins Land gekommen, um die kubanische Wirklichkeit und ihren gerechten Krieg zu verzerren«. Churchill selbst gab der Geschichte wenig Anhaltspunkte für Vermutungen. Als unerschütterlicher Zaungast schrieb er: »Ich sympathisiere mit der Rebellion – nicht mit den Rebellen«. Wie der Historiker William Manchester über Churchills Haltung schrieb: »Allein der Gedanke an ein unabhängiges Kuba war so absurd wie, sagen wir, ein unabhängiges Indien.« Churchill war, ergänzt Orlando Barrera in seiner Geschichte von Sancti Spíritus, »bis zu seinem Todestag ein Feind des sowjetischen Volkes und des Kommunismus«.

»Sehen Sie?«, Wir standen wieder vor Carlos' Haus. »Ich habe die Haustür die ganze Zeit, in der wir fort waren, offen gelassen. Es gibt hier keine Verbrechen.«

»Wie man ein Krokodil erlegt«, von Walter D. Wilcox, in einer Ausgabe des *National Geographic Magazine* von 1908: »Ein alter Hut wird über das Ende eines kurzen Stocks gestülpt, den man in der linken Hand hält und über dem Wasser auf und ab bewegt. Das Krokodil geht blind auf den Hut los und wird mit einem kurzen Schlag mit einer Machete hinter den Kopf erschlagen.« Wilcox, der die Fauna eines trübseligen Sumpfgebietes an der kubanischen Südküste beschrieb, fügte an, dass »die Haie ursprünglich von der großen Zahl toter und sterbender Sklaven angelockt wurden, die man über Bord warf.« Wilcox verliebte sich in die Gegend mit ihren Zedern und Mahagonibäumen, Papageien, Fisch- und Silberreihern, den giftigen Äpfeln, harmlosen Schlangen und majestätischen Palmen. Er beschrieb die Schweinebucht.

Die Schweinebucht ist ein großes Gewässer für die Menschen, die in der Nähe leben, aber für den Rest der Welt symbolisiert sie die 1961 gescheiterte Invasion exilkubanischer Streitkräfte, die von der US-Regierung unterstützt wurden. Die Schweinebucht bildete damals den Angelpunkt in den Beziehungen zwischen den beiden Ländern. Sie besiegelte die offizielle Feindseligkeit und führte direkt zu der kriegerischen Politik, die ihren Sinn längst überlebt hat. Die Erwähnung der »Schweinebucht« im Gespräch weckt Bitterkeit oder Stolz, je nachdem, mit wem man in welchem Land spricht. Ziel der Invasion war es, ziviles und militärisches Chaos zu stiften, das im Sturz Fidel Castros gipfeln sollte. Die Invasion der etwa 1400 Männer gewinnt zunehmend an Faszination durch die vielen Informationen, die über die verdeckte Planung und Durchführung seither veröffentlicht oder enthüllt wurden. Durch sie kann man allen Einstellungen, Geldern, Taktiken, dem Patriotismus und dem Verrat nachspüren.

In Kuba bezeichnete man den Ablauf der Ereignisse, den die Amerikaner Schweinebucht nennen, als Playa Girón. Wenn ich Kubanern gegenüber erwähnte, ich wolle an die Playa Girón fahren, suchte ich in ihren Augen stets nach dem leisesten Aufflackern von Zorn, Stolz oder Selbstgefälligkeit. Stattdessen hörte ich: »Es wird Ihnen dort gefallen. Sie ist sehr hübsch.«

Es gefiel mir dort. Sie war sehr hübsch. Um diesen internationalen Hort der Unnachgiebigkeit zu erreichen, musste ich über eine breite Schnellstraße fahren, durch Kleinstädte und schließlich durch Sumpfland mit dichtem Sumpfgras neben einer mit Schlaglöchern asphaltierten Straße. Zu meinen Fahrgästen gehörten zwei Zwölfjährige in Pionieruniformen auf dem Schulweg, ein etwa 30-jähriger Mann, der kein Wort sprach, rundliche Damen auf dem Weg von einem kleinen Ort zum anderen, die mich nur zur Kenntnis nahmen, als sie sich in den beziehungsweise wieder aus dem Käfer quetschten, und schließlich Alejandro, dem man jedes einzelne seiner 70 Jahre ansah – und noch ein paar dazu.

Alejandro war auf dem Weg nach Hause von seiner Arbeit als Wächter einer nahen Ortschaft. Er trug ein angeschmutztes weites Hemd über noch schmutzigeren Hosen und eine Schirmmütze. Er hatte einen Eimer voller Eier bei sich. Seine Worte umgingen seinen Zahn und quollen seitlich aus seinem Mund heraus. Seinem geballten DUU-UA-DIDDI entnahm ich, dass er ein pensionierter *carbonero* war, ein Köhler. Sein ganzes Leben hatte er im Zapata-Sumpf verbracht. Er hatte im Lauf der Jahre keines der Regierungsprogramme in Anspruch genommen, weder um einen neuen Beruf oder Lesen und Schreiben zu lernen noch um in ein besseres Haus zu ziehen. Warum man ihm dieses Angebot gemacht hatte, begriff ich, als ich sein Haus sah. Er lebte in einer mit Palmwedeln gedeckten Holzhütte mit nur einem Raum und erdigem Boden. Er kochte auf einer primitiven Kochstelle und schlief auf einer Decke, die auf einer dickeren Planke lag. Das Ganze wirkte wie ein Vorher-Bild aus einer Werbung für die Errungenschaften der Revolution. »Ich könnte besser wohnen, wenn ich bereit wäre, umzuziehen.« Hühner und Ziegen liefen um sein Haus.

Er lebte dort seit der Invasion. Sein Haus stand 150 Meter von der Hauptzufahrt zur Schweinebucht entfernt – unter US-Bombern, die sich als kubanische Maschinen getarnt hatten, mitten im Weg der kubanischen Truppen, die auf den Strand zurollten, über eine Straße, die für die Invasoren der Weg nach Norden gewesen wäre.

»Wie war das damals?«

Er wedelte wild mit den Armen über dem Kopf und zur Seite.

»Was haben Sie gemacht?«

»Was die Soldaten mir gesagt haben.«

»Und was haben sie gesagt?«

»Bleib drin!«

War ich falsch abgebogen? Über die Jahre hatte ich mich so in die Literatur und die Mythologie der Schweinebucht vertieft, dass mein Kopf, als ich die letzten Kilometer fuhr, in Hintergrundinformationen, Strategien, Bildern und Zahlen schwamm: 2506, 1189, 114, 53 Mio. US-Dollar (Brigadenummer, gefangene Invasoren, getötet, Gegenwert der Lebensmittel, Medikamente und Traktoren, mit denen die USA die Gefangenen im darauf folgenden Jahr freikaufte). Kunstvolle Propaganda, Standfotografie, Dokumentarfilme, Berichte in Romanform, streitlustige Veteranen, endlose Analysen, Experten in den Sonntagsausgaben und Beilagen am Montagmorgen: Ihre Darstellungen schufen tiefe Vorurteile. Doch als ich endlich in der Schweinebucht eintraf, fand ich eine nette, reizvoll gestaltete Ferienanlage vor. Bürgersteige umgaben behagliche *casitas*. Ein Geschenkladen. Restaurant. Disko. Ausrüstung zum Fischen, zum Schnorcheln, für Wassersport. Ein Schwimmbecken. Cabanas in Strandnähe. Ramadas im Sand. Kubaner und Ausländer, die sich in der Brandung tummelten.

Das war nicht die Schweinebucht, die ich mir vorgestellt hatte. Es war zeitgenössische Wirklichkeit. Was hatte ich erwartet? Historische Inszenierungen im Stundentakt? Lebensgroße Nachstellungen der Schlacht aus Pappmaché? Schweinbucht-Videospiele? Wenn die Invasoren gewonnen hätten, würden sie heute T-Shirts tragen mit dem Aufdruck:

MEIN VATER HAT AN DER SCHWEINEBUCHT GEKÄMPFT,
UND ALLES, WAS ICH GEKRIEGT HABE, IST DIESES LAUSIGE T-SHIRT.

Um die Schweinebucht zu finden, die ich mir vorgestellt hatte, suchte ich Zuflucht im Playa-Girón-Museum, wo ich auf Petra George Caro traf.

Petra war meine Führerin, ein 27-jähriges Parteimitglied, versiert im Prickeln des Sieges und der Litanei der Niederlage. Langsam führte sie mich durch die professionell präsentierten Artefakte, Landkarten, Bilder und erbeuteten Waffen. Die Fotos des Zapata-Sumpfes reichten bis zur vorigen

Jahrhundertwende zurück (aber es gab keine von Federico García Lorca, der hier 1930 Krokodile gejagt hatte). Vor 1959 lebten die Köhler in elenden Hütten, erklärte eine Bildunterschrift. »Sie verkauften ihre Erzeugnisse an ausbeuterische Zwischenhändler. Die Menschen waren im Allgemeinen Analphabeten. Das einzige Verkehrsmittel war ein Zug nach Covadonga. Sie hatten keine Möglichkeit, in *zonas civilizadas* zu gelangen. Das Gebiet wurde nicht medizinisch versorgt. Zur Zeit der Revolution versuchte die CIA, Kuba zu unterwandern.«

Petra führte mich durch den nächsten Raum. Mit der Revolution kam die Agrarreform. Große Flächen wurden in kleinere Parzellen aufgeteilt. »Die Revolution legte zwei neue Autobahnen an«, berichtete ein Schild, »auch Landstraßen, Schulen, Kliniken und Touristenzentren. Banken, das Eigentum der Yankee-Monopolisten und der kubanischen Bourgeoisie, wurde verstaatlicht.« Fotos zeigten 14-Jährige in Milizuniformen und Lehrer, die in der Gegend für die weitgehend erfolgreiche Alphabetisierungskampagne gearbeitet hatten.

»Fidel kam und fragte die *carboneros*: ›Wie viele Familien leben hier?‹«, sagte Petra. »Man sagte ihm 70. Also befahl er den Bau von 70 Häusern.« Die jüngere kubanische Geschichte ist voller Fortschrittsparabeln mit Fidel an beiden Enden und dem Volk in der Mitte, eine Beobachtung, die ich für mich behielt.

Der nächste Raum enthielt praktisch eine stundengenaue Darstellung der letzten Tage vor dem Angriff, in denen ein großes Kaufhaus niederbrannte (von der CIA) und Luftstützpunkte bombardiert wurden. Ein detailliertes Organogramm der Invasionsbrigade 2506 gehörte zur ständigen Sammlung.

Wir kamen zu einem aufwendigen Satz Landkarten mit Pfeilen und Emblemen, präzise bis hin zu einzelnen Gebäuden. »Hier gingen sie an Land.« Petra skizzierte die Truppenbewegung mit einem Zeigestock. »Wir rückten hier vor. Ihre Fallschirmspringer landeten dort« – sie deutete auf eine unbewohnte Marsch – »aber unsere Streitkräfte sprangen hier ab.« Sie hatte eine nüchterne Art, den Zusammenstoß zu beschreiben. »Unsere Marine war sehr schwach. Sie hatte bei einer Verteidigung auf See keine Chance.« Sie hätte ein General sein können, der an einer Kriegsakademie Militärgeschichte unterrichtet. »Wir fragten die gefangen genommenen Söldner, warum sie gekommen waren. Keiner von ihnen gab zu, der Brigade anzugehören.« Sie trug ein besticktes Hemd aus Pinar del Río und modischen Schmuck aus Guantánamo. »Einer sagte: ›Ich? Ich war als Koch dabei.‹ Dann fragte Fidel einige, warum sie an dem Angriff teilgenommen hätten. Sie sagten: ›Wir wollten *nuestra patria* zurückfordern.‹ Die Mütter von einigen Männern kamen, um ihre Söhne in der Gefangenschaft zu besuchen.«

Erbeutetes Kriegsgerät nahm den größten Teil des nächsten Raumes ein: eine rückstoßfreie .75 Millimeter-Panzerabwehrkanone, in Stellung gebrachte Maschinengewehre und, im Freien, abgeschossene Flugzeuge und Boote, die die Amerikaner zurückgelassen hatten.

An einer Wand hingen Porträtfotos von allen im Kampf gefallenen Kubanern. Eduardo García Delgado rührte Petra besonders. García, in Havanna bei einem konzertierten Angriff tödlich verwundet, schrieb, als er im Sterben lag, mit Blut FIDEL. In einem Land mit Märtyrerüberschuss verschaffte seine letzte Tat García eine sofortige Heiligsprechung. Ein Foto seiner Leiche, Gesicht nach unten, seine Hand am L, hing neben den Kleidern, die er damals getragen hatte. »Das Museum wurde 1964 eröffnet, aber 1976 neu angelegt. Wir haben jedes Jahr im April sehr viele Besucher.« Petra erzählte mir das im Empfangsraum, wo wir uns nach dem Mittagessen verabredet hatten. Wladimir Iljitsch Lenin sah von jeder Wand auf uns herunter. Ein Medaillon, das bei einem gemeinsamen russisch-kubanischen Weltraumflug getragen worden war, lag auf einem Tisch.

Der Mann, der das Kulturzentrum der nahen Stadt leitete, gesellte sich zu uns. Ich war neugierig und wollte wissen, wie die Invasion in die kubanische Kultur der breiten Masse eingeflossen war. »Welche Musik ist über die Invasion geschrieben worden?« Er schien leicht verwirrt.

»Hat es Lieder über die Invasion gegeben oder Gedichte, die der Invasion gedenken?« Er hob an, eine Antwort zu stammeln. Petra tippte mich auf die Schulter und beugte sich herüber. »Wir nennen den Angriff nicht Invasion«, flüsterte sie. »Hier nennen wir ihn *la victoria.*«

Er wurde lockerer, als ich meine Frage korrigierte. Er und Petra kamen auf »Preludio a Girón« von Silvio Rodríguez, »La Victoria« von Sara González und »XX. Anniversario« von Oswaldo González. »Sie finden die Titel wahrscheinlich im Schallplattengeschäft auf dem Boulevard San Fernando in Cienfuegos.«

Petra gab mir ein Exemplar des 1983 erschienen Buches *Heldenmut und Brüderlichkeit: Internationalismus und Solidarität zwischen den bewaffneten Streitkräften Kubas und der UdSSR*. Ich bat sie, mir den ersten Landungsplatz der Invasoren zu zeigen. Ich wartete draußen auf sie, wo ein glänzender blauer 48er Studebaker neben einem Bibliotheksbus der Provinz parkte. Wir fuhren ein kurzes Stück zu einem friedlichen Strand. Petra fuhr mit der Hand durch die Luft. »Hier gingen sie an diesem ersten Morgen an Land.« Ein paar majestätische Palmen wuchsen aus dem weichen Sand. Lachende Urlauber trotteten in die Brandung. Ich konnte keine Geschichte entdecken. Es war ein schöner Tag am Strand.

Zweiter Teil

In den Tropen fällt es leichter, einzuschlafen, weil die Feuchtigkeit die Augen versiegelt. In der ersten Nacht nach meiner Rückkehr nach Havanna träumte ich einen Strudel aus Bildern und Geräuschen von meiner Reise in den Süden, von den Konturen des Landes, den Menschen und ihrer Energie. Die Reise hatte mich in der Ansicht bestärkt, dass die Kubaner, auch in der sich verschärfenden Krise, ihr Leben nach einem vertrauten Rhythmus lebten, karibisch und synkopisch. Bevor ich nach Kuba gekommen war, hatte ich so viele Urteile wie möglich abgelegt – Vor-, Fehl- und Falschurteile. Nun, zwei Monate später, sammelte ich einen Satz neuer Eindrücke.

Am ersten Morgen meiner Rückkehr war es um sechs Uhr noch nicht ganz hell. Trotzdem konnte ich von meinem Balkon aus die Küstenlinie erkennen und den ersten Verkehr vor Tagesanbruch durch die Straßen rumpeln hören. Ich setzte Kaffee auf und packte meine Taschen aus, übertrug die Namen und Adressen meiner neuen Bekannten, darunter auch die des Chauffeurs, der mich nach Havanna zurückgefahren hatte. Er war ein Provinzkurier, dessen Aufgabe darin bestand, Regierungsdokumente – welche anderen gab es auch schon? – von und nach Cienfuegos zu bringen. Er konnte auch Fahrgäste mit dienstlichem Auftrag transportieren. Durch meinen Status beim Schriftstellerverband hatte ich mich dafür qualifiziert. Nach etwas Papierkram und der Zahlung einer Gebühr war es losgegangen.

Durch die strengeren Transportbeschränkungen und Kürzungen beim Benzin hatten wir die »Carretera Central« mit ihren sechs asphaltierten Spuren praktisch für uns allein. Die Plakatwände entlang der Autobahn waren schon wegen des Fehlens plumper Parolen bemerkenswert – genau genommen kamen sie ohne Worte aus. Sie alle waren künstlerisch, impressionistische Gemälde von ländlichen Idyllen – Zuckerrohr, Wasserläufe, grasendes Vieh, Maisfelder. Der Fahrer verwandte den längeren Teil der Reise darauf, mit seinen fünf Kindern und deren vier Müttern zu prahlen: »Mein ältester Sohn studiert Medizin. Und der Jüngste, für den habe ich gerade das gekauft.« Er zeigte auf ein Bilderbuch für Kinder. »Er ist drei.« Als er sah, dass ich konzentriert arbeitete, wurde er schließlich still. Ich kritzelte in mein Notizbuch und versuchte, aus dem Wort »Havanna« ein Palindrom herzustellen.

Ich blickte auf, als wir uns der Hauptstadt näherten, wo die Kunst am Straßenrand aufdringlichen Schlachtrufen wich. Am Stadtrand fuhren wir unter einer Brücke hindurch, an der die Mahnung hing: DIE FLAGGE DER REVOLUTION UND DES SOZIALISMUS KANN NICHT WEHEN OHNE KAMPF.

Kriegerischer Stolz schien auf die Hauptstadt beschränkt – oder zumindest war sie seine Zentrale. Ich wanderte vom Focsa-Gebäude hinunter zur Durchfahrtsstraße am Meer, dann Richtung Westen. Jemand hatte eine Blumengirlande um José Martís Büste gelegt. Ich atmete die Brise in der Dämmerung und fühlte mich gelöst, ging auf der vertrauten Promenade und nickte den ebenso vertrauten Anglern zu. Herbstliche Nordostwinde hatten die schale Luft des Sommers fortgeblasen, der Malecón wirkte erfrischt, sogar noch einladender und belebender als vor zwei Wochen. Bevor man die Straße in den 50er Jahren der Öffentlichkeit übergab, hatte dieser Teil des Malecón wie ein autobahngroßer Spielplatz für Kinder gewirkt, die ihre Nachmittage damit zubrachten, mit dem Fahrrad über die großartige, geteerte Fahrbahn zu rasen.

Havannas Küste war immer wild gewesen, mit wenigen natürlichen Stränden im üppigen Blattwerk. Kleine Holzferienhäuser sprenkelten das Ufer, aber eine Nord-West-Achse, die sie verband, gab es nicht. 1863 plante der Ingenieur Francisco Albear y Lara eine vom Wasser zurückgesetzte Straße auf einem erhöhten Uferdamm. »Albears Küstenstraße verknüpfte die drei Tätigkeiten, zu denen das Meer, historisch betrachtet, auch in Havanna motiviert hatte«, schrieb ein Historiker: »Handel, Verteidigung und Erholung.«

Möglicherweise wäre ich über den Boulevard Albear spaziert, wenn dieselbe spanische Regierung, die die Pläne in Auftrag gegeben hatte, auch deren Realisierung finanziert hätte. Stattdessen verstaubten Albears Pläne, bis Leonard Wood, der die US-Besatzungstruppen auf Kuba befehligte, 1901 den Bau vorantrieb. Der überarbeitete Gestaltungsentwurf sollte dem Riverside Drive in New York ähneln, allerdings diktierten die Küstenbedingungen etwas, das dem Originalentwurf von Albear eher entsprach. Kilometer um Kilometer, Jahrzehnt um Jahrzehnt, wuchs die Straße weiter Richtung

Westen, so wie es Zeit, Geld, Stadtentwicklung und Diktatoren erlaubten. »An Wochentagen wandeln Aristokraten über den Malecón«, schrieb 1923 ein Kubaner, »am Wochenende aber ist er Schauplatz allgemeiner Vergnügungen«.

Bei Anbruch der Nacht strömen Menschen aus den entlegensten *Barrios* in das Zentrum von Havanna. Und die Masse der Familien, wiewohl von bescheidener Herkunft, drängt in die beleuchteten Seitenstraßen.« José Lezama Lima schilderte »den Bogen des Malecón« in seinem Klassiker *Paradiso* aus dem Jahr 1966 als konstanten Start- und Zielpunkt. Aus der ursprünglich einspurigen Straße über einem felsigen Uferdamm, die vom *castillo* La Punta bis zum Río Almendares führte und die Stadtteile Vedado und Miramar trennte, ist der Malecón gleich einer schwülstigen Metapher mit Havanna gewachsen und verleiht der Stadt einen kosmopolitischen Charakter und internationale Identität.

Dem einige Blocks vom Malecón entfernten Focsa-Gebäude gelingt es immer wieder, seinen klotzigen und seltsam geformten Körper in Bilder von der Skyline der Stadt zu schieben. Das Gebäude hat die Gestalt einer Betongöttin mit flachem, rechteckigem Kopf und bodenlangem Schal, der sich über ihre ausgebreiteten Arme drapiert. Büros füllen den Großteil des Erdgeschosses – fast ein ganzer Straßenblock –, während ein kühlhauskaltes Restaurant, das La Torre, die oberste Etage einnimmt. Das La Torre verfügt über einen eigenen Privataufzug, und die Fenster dort sind geringfügig sauberer als die in meinem Zug nach Cienfuegos. Die Klimaanlage im »La Torre« scheint seit Batistas Tagen auf Hochtouren zu laufen – man benötigt Winterkleidung, allein um einen Tisch zu reservieren. Als das Focsa-Gebäude in den frühen 50er Jahren errichtet wurde, verdrehten die *guajiros*, die vom Land kamen, ihre Hälse, um seine ungeheure Größe zu erfassen. »*¡Coño!*«, sagten sie. »*¡Mira ése!*« »Sch…, schau dir das an!« Spaßeshalber nannten die Leute das Gebäude deshalb jahrelang das »Coño-Haus«. Die Russen empfanden es nicht als Witz, sondern als architektonisches Wunderwerk. Die sowjetischen Apparatschiks waren so beeindruckt, dass sie die Pläne mit nach Hause nahmen und zehn identische Gebäude errichteten. Schon bald bestaunten die Moskauer Bürger Focsa-Klone am Kalinin-Prospekt – fünf auf jeder Straßenseite.

Als ich das Apartment wieder betrat, klingelte das Telefon. Es war Daubar, der mich einlud, um von meiner Reise an die Südküste zu hören. Ich erzählte ihm, dass ich seinen in Romanform gebrachten Bericht über José Raúl Capablancas Leben in einer Buchhandlung in Cienfuegos gesehen hatte.

Als ich am Nachmittag vorbeikam, hatte Daubar einen Gast, José. Wie Daubar schrieb José Thriller und war ein eifriger Leser des Genres. Er ärgerte sich über die UNEAC. »Ich soll im Laufe des Jahres zu einem Krimiautoren-Kongress nach Mexiko fahren. Der Schriftstellerverband bezahlt natürlich Flug und Hotel, aber abgesehen davon beträgt der Spesensatz fünf Dollar. Fünf Dollar, das sind fünf Gläser Cola! Sagen wir, ich träfe Sie bei dem Kongress und wollte Ihnen einen Drink spendieren, dann könnte ich das nicht.«

Daubars Tag hatte mit einem Anruf von einem Freund von Instituto Cubano del Libro begonnen. »Er sagte: ›Du stehst auf der Liste! Du bist die Nummer zwei auf der Sachbuchliste!‹ Das konnte mich nicht besonders begeistern. Die hiesige Bestsellerliste ist ein Witz. Fast jedes veröffentlichte Buch landet auf der Liste. Und außerdem haben sie *Capablanca* auf die falsche Liste gesetzt. Es ist Belletristik.« Das Buch vor Daubar, seit sieben Wochen auf der Liste, hieß *Kosmetik und Gesundheit.* Nur ein einziges kubanisches Buch gehörte zu den fünf meistverkauften Romanen: *Im Namen des Sohnes* von Felix Luis Viera, die anderen Autoren waren Polen, Kanadier, Tschechen und Russen.

José hatte nur ein Buch von Frederick Forsyth gelesen: *Der Schakal.* »Mein erstes und einziges Buch von John Le Carré habe ich erst vor einem Jahr gelesen. Mein erstes! Und das nur, weil ein Freund es aus Übersee mitgebracht hatte. Reisen vermittelt uns einen Eindruck von dem, was andernorts veröffentlicht wird. Wir hungern danach, das herauszufinden. Wir bekommen noch nicht mal Literaturnachrichten aus anderen Ländern zu sehen. Wir wüssten gerne mehr über Krimiliteratur in den Vereinigten Staaten, nicht weil es die Staaten sind, sondern weil der Sektor dort derzeit floriert. Ich würde zu gerne die *New York Times Book Review* lesen, um zu sehen, was sich in der Welt der Belletristik verkauft.«

Daubar meinte: »Ein Grund, weshalb wir in Übersee veröffentlicht werden wollen, ist der Schutz, den wir dadurch zu Hause gewinnen. Es bringt nicht nur Ansehen, es macht uns auch nahezu unantastbar. Zudem vergrößert es unsere Chancen, hier gedruckt zu werden.«

Daubar arbeitete an einem Fernsehspiel über Drogendealer in Miami. Ich erwähnte, dass *Nobody Listened*, eine Dokumentation über Menschenrechte in Kuba, einige Monaten zuvor in den USA landesweit ausgestrahlt worden war. Es war die Art Film, die in Kuba selbst nie in Umlauf geraten würde, deshalb begann ich ihn zu beschreiben. »Zuerst einmal ist er hervorragend produziert, leidlich anprangernd und voller dramatischer und manipulativer Szenen. Die Aussagen sind glaubwürdig – bis auf die von Valladares. Wenn er je hier zu sehen wäre, würde die Regierung ihn als CIA-Propaganda abtun. Er...«

Daubar schnitt mir das Wort ab. »Ich habe ihn gesehen«, sagte er fast sachlich, »vor acht Monaten. Ein Freund hat ihn mir auf Video gezeigt.«

»*Wirklich?!*« Ich war sprachlos, dass eine so leidenschaftliche Anti-Castro-Dokumentation ins Land hatte gelangen können. »Und wie war dein Eindruck?«

Ich hatte Daubars Eltern kennen gelernt, seinen Hund getätschelt, mit seinen Freunden geplaudert; wir hatten über Literatur, die Revolution und das Meer diskutiert. Er war ein ausdrucksstarker Mann mit festen Ansichten, doch jetzt, als ich ihn fragte, was er von *Nobody Listened* hielt, lächelte er seitlich an mir vorbei. Ich wartete. Schließlich schmolz sein Lächeln. »Sehr objektiv«, sagte er. Nun, man konnte über *Nobody Listened* viel sagen, aber »sehr objektiv« gehörte gewiss nicht dazu.

Graham Greene kannte den Unterschied zwischen anständig und unanständig, und in Kuba schwelgte er in beidem. Sein Leben war eine berauschende Mischung aus Literatur, Spionage, Revolution und Sex, und seine Werke provozieren unweigerlich zu großzügigen Huldigungen. Trotzdem sprechen wenige seiner Bewunderer von dem gebildeten und triebhaften Geist, der *Unser Mann in Havanna* kennzeichnet, sein pechschwarzes und witziges Ränkespiel der Batista-Ära über den britischen Geheimdienst. »Die Präsidentschaft neigte sich, bedrohlich ächzend, ihrem Ende zu«, schrieb Greene. Und durch Wormold, einen Staubsaugervertreter und einfallsreichen Geheimdienstaspiranten, verspottete er schurkische Polizeistaaten und Spione in Zivil.

Ich hatte *Unser Mann in Havanna* für eine private Tour durch Graham Greenes Havanna mitgenommen und wanderte über den Prado zum *Sevilla-Biltmore*, dem heutigen *Sevilla.* Es war abgeriegelt und wurde gerade renoviert.

Das *Inglaterra*, wo Wormholds Sekretärin, Beatrice, ihre erste Nacht in Havanna verbrachte und auch Winston Churchill bei seinem ersten Besuch in Havanna im Jahre 1895 abstieg, wirkte so grandios wie eh und je. Es war kürzlich vom Keller bis zum Dach renoviert worden. Sein reich verzierter Speisesaal mit vergoldeten Wänden und Kronleuchtern, die von hohen Decken hingen, erinnerte mich an Hotels in San Francisco. An diesem Abend spielte ein Jazzquartett im Nebenraum des Speisesaals, und Ella, eine belgische Touristin, saß allein an einem Tisch. Sie las *Unser Mann in Havanna.* Ich zeigte kurz mein Buch und setzte mich auf einen Drink zu ihr. »Es ist hübsch dekadent hier«, sagte sie. »Es gefällt mir.«

»Alles schön und gut«, gab ich zu, »aber wir sollten wirklich gehen. Verstehen Sie nicht, Ella?«, sagte ich und schwenkte mein Buch durch die Luft. »Graham war hier noch völlig unausgereift.« Wir sprachen über Wormold, der regelmäßig mit Dr. Hasselbacher – einem deutschen Emigranten, der von Batistas dumpfen Schlägern getötet wurde – Drinks in der Wonder Bar nahm. »Wir müssen die Wonder Bar finden!« Ella biss an.

Der Barkeeper im Inglaterra, der durchaus volljährig aussah, hatte noch nie von einer Wonder Bar gehört, aber Martínez, der Schlagzeuger der Hausband, wusste alles darüber. »Unten waren die Prostituierten, oben die Besoffenen. Es gab Drogen, die Mafia, Bingo und Hunde, Stripperinnen und Musik. Du konntest Lotterielose kaufen, du konntest alles kaufen.«

»Sind Sie sicher, dass sie Wonder Bar hieß?«

»Absolut«, erwiderte Martínez. »Bin oft selbst hingegangen.«

Ella und ich folgten seiner Wegbeschreibung bis zur Ecke Prado und Virtudes und betraten eine dunkle Cocktail-Lounge mit lauter Popmusik, die aus sprunghaften Lautsprechern dröhnte. Der Kellner, der alt genug war, um Bescheid zu wissen, gab an, nie von einer Wonder Bar gehört zu haben. Und was die Sache schlimmer machte, die Lamparilla-Straße 37, wo Wormhold gelebt und seine Atomkraft-Superstaubsauger verkauft hatte, gab es überhaupt nicht. Wir tranken trotzdem auf Wormhold, seine Tochter Milly und natürlich auf Hasselbacher.

Ich hatte ein englisches Paar kennen gelernt. Er arbeitete bei der britischen Botschaft. Sie gaben eine Gartenparty: Ob ich kommen würde? Ich ging hin. Zum Haus, am Ende von Miramar gelegen, gehörte ein Garten mit Pool unter dem Patio. Dem Paar zufolge hatte Frank Sinatra hier gewohnt, wann immer er in den Tagen von Batista nach Havanna kam. »Wir hören ihn zwar nicht singen, aber wir waren doch neugierig, als wir den Boden aufgraben ließen, um die Küche zu erneuern.«

Der Barmann mixte mir einen *mojito*: Rum, Limettensaft, Zucker und Wasser, dazu frische zerstoßene Minze. Ein anderer brachte eine Platte Kroketten heraus. Einige Botschaftsmitarbeiter – soweit ich das beurteilen konnte, meist von der Sicherheitseinheit – stellten sich und ihre Frauen vor. Sie sprachen über den Falklandkrieg. Ein gut aussehender, weißhaariger Mann in Designerpullunder und gestreifter Badehose trat zu uns. Tätowierungen zierten seine Arme. Er erinnerte an Jacko, den Australier in der Eveready-Werbung. »Badehose mitgebracht?«

Nein, ich hatte keine Badehose dabei. Meine einzige Vorbereitung war die erneute Lektüre von allem, was Greene je über das Land geschrieben hatte, in der Hoffnung, eine lebhafte Diskussion über Greene, britische Reiseliteratur und Kuba zu entfachen. Ich hatte genug britische Spionagethriller gesehen und gelesen, um zu wissen, dass englische Diplomaten eine belesene und redselige Bande sind. Ich quetschte mich in eine geliehene Badehose.

Der Eveready-Mann besaß keine bewundernswerten Eigenschaften, und ich mochte ihn auf Anhieb. Auf seinem Zippo-Feuerzeug stand BRITISH AMBASSY CLUB OF ADDIS ABABA (Britischer Botschaftsclub Addis Abeba). Es war seine zweite Berufung nach Kuba und sein 18. und letztes Land vor dem Ruhestand. Er war auf perverse Weise stolz darauf, nicht Spanisch zu sprechen. Ich erzählte ihm, dass ich die Londoner Tageszeitung *The Independent* ihres Schreibstils im Allgemeinen und ihrer internationalen Berichterstattung im Besonderen wegen mochte. Er grinste spöttisch. Er zog den *Daily Mail* und den *Daily Telegraph* wegen der Nachrichten über die Heimat vor. Er fand, ihre Reportagen über Premierministerin Thatcher träfen den Nagel auf den Kopf. »Maggie. Sie ist der einzige Mann, den wir haben.« Gäbe es mehr Männer wie Eveready, »Rule Britannia« wäre mehr als nur der Titel eines Liedes. Er tauchte kopfüber in den Pool.

Ein junger Brite, etwa 20 Jahre alt, kam herein. Er besuchte eine kubanische Kunstschule und spielte Gitarre. Heute würde er sich sein Abendessen verdienen. Zwei Amerikaner waren ebenfalls da, eine Frau und ihr Ehemann, ein Texaner, der erwähnte, er arbeite für die »Admin« – die Verwaltung – der US-Interessenvertretung. Freitags bestand seine Aufgabe darin, auf Havannas Märkte zu gehen und die Verfügbarkeit, Preise und Warteschlangen bei Lebensmitteln festzuhalten.

Oft begleitete ihn seine Frau. »Manchmal sehen wir Leute schon nachts Schlangen bilden.« Sein letzter Auftrag sei in Bulgarien gewesen. »Admin« ist eine verbreitete Tarnung für Spionage und seine Aufgabe, die Wirtschaftsüberwachung, stank nach Geheimdienst. Er hatte die schmierige Visage von einem, der gerade aus den Teergruben von La Brea gekrochen war. Ich dachte an Graham Greenes Bemerkung, er würde »alles nur Erdenkliche tun, um mein klägliches Stöcklein in die Radspeichen der amerikanischen Außenpolitik« zu stecken.

Der Schnüffler empfahl einem Attaché, der plante, in New Orleans Urlaub zu machen, ein paar Restaurants und wandte sich dann an den britischen Sicherheitsmann. »Sagen Sie mal, hat man Ihnen irgendwelche Richtlinien gegeben, wie mit den ehemaligen Ostblockstaaten zu verfahren ist?«

»Ach, in einem Moment gehören sie noch zum Warschauer Pakt, und im nächsten Augenblick sind sie unsere Verbündeten in der NATO. Wir wissen nicht, was wir tun sollen. Es gibt da einen Mann in der tschechischen Botschaft. Der Typ spielt Golf. Feiner Kerl. Wir wissen nicht, ob wir den Kontakt zu ihm melden sollen oder nicht.«

»Nun, diesbezüglich haben wir einige Anweisungen.«

»Ich werde das am Montag bei unserer Mitarbeiterkonferenz zur Sprache bringen.«

»Wir müssen immer noch eine Meldung abfassen, wenn wir sie treffen.«

Eveready wandte sich an mich. »Sagen Sie, was halten Sie von Kuba? Ich würde in das verdammte Land einfallen, das würde ich tun.« Er nickte bedeutungsschwer.

Nach einigen Drinks wurde ihr Englisch immer schwerer verständlich, und einige der Botschaftsangestellten konnte ich überhaupt kaum noch verstehen. Eveready beugte sich zu mir herüber: »Die kommen aus dem Norden von England. Ich komme aus dem Süden.« Am Nebentisch wurde schneller getrunken, Gesang setzte ein. »Tuu-ra-luu-ra-luu-ra-luuu.« Witze über geizige Schotten folgten. »Da sind diese Schotten, die fünf Pence in den Sarg eines verstorbenen Freundes werfen. Ein Jude kommt dazu und sagt: ›Das kann ich überbieten‹, und schleudert einen Blankoscheck hinein.«

»Übrigens: Herzlichen Glückwunsch zu Ihrem neuen Posten. Malawi, nicht wahr?«

»Haben die dort einen Golfplatz?«

»Ich weiß, dass sie ein Bowling Green haben.«

»Ja, und es gibt noch einen in der alten Hauptstadt, wo das Oberkommando Boule gespielt hat.«

Viele Botschaftsangestellte empfingen via Satellit amerikanisches Fernsehen. »Ihre Nachrichten! Das nennen die Weltnachrichten, aber es sind Ereignisse strikt aus der Perspektive ihrer Regierung, nichts über andere Länder.«

»Ich mag CNN. Die leisten gute Arbeit.«

Eveready erhob sich, um an eine alte Wunde zu rühren. »Stimmt, aber ihre Berichterstattung über Liberia war einseitig.«

»Und sie nennen ihre Spiele World Series. Das sind *US*-Series.«

Ich erinnerte sie daran, dass auch zwei kanadische Teams teilnahmen. Wir erhoben die Gläser. »Cheers«, sagte ich im idiotischen Bemühen, eine Brücke über den Atlantik zu schlagen.

»Ja«, erwiderte ein Botschaftsangestellter, »*Cheers, beers, queers and brigadiers*!« (Prost, auf Bier, Schwule und Brigadegeneräle!)

Die Militärs sprachen über den Senegal. Dann wieder die Falklands.

»Die Gurkhas, war schwer, sie zurückzuhalten.«

»Ist es immer.«

»Ja, ich kann Ihnen sagen…«

»Russland hat die zweitbesten Sicherheitskräfte der Welt. Kuba hat von ihnen gelernt. Darum ist Kuba so gut.« Sie debattierten, welche britische Truppengattung die beste sei: Luftwaffe, Marine oder Armee. »Die Royal Air Force ist am professionellsten.«

»Nein, nein, nein. Die RAF ist am kultiviertesten, nicht am professionellsten.«

»Ich habe *Jeopardy* geschaut und eines Tages lautete die Frage ›Dieser Schurke tötete Macbeth‹. Nun, keiner wusste, wer es getan hatte! Es stellte sich heraus, dass es Macduff gewesen war. Ich schlug es nach, und sie hatten Recht. Natürlich meinen sie US-Geschichte, wenn sie in *Jeopardy* von Weltgeschichte sprechen. Ich schaue *Jeopardy* nur, weil es vor *Wheel of Fortune* kommt.«

La Plume de Matanzas war froh, mich zu sehen. »Ich habe Post für Sie. Und bezüglich Ihrer Anfragen bin ich vorangekommen. Ich habe mit der FAR gesprochen«, den Revolutionären Streitkräften. »Man wird uns bald wegen Guantánamo Bescheid geben.« Selbstverständlich wollte sie in meinem Auftrag eine Behördenanfrage formulieren. Die Fernsehköchin, Nitza Villapol, interessierte mich. Würde La Plume ein Interview arrangieren können? »Ah, Nitza! Sie wohnt direkt da drüben«, rief sie und zeigte auf ein Gebäude gegenüber. Sie sprach ihren Namen aus, als kenne sie sie. »Nein, ich habe sie nie getroffen. Aber alle Kubaner haben das Gefühl, sie zu kennen.«

Ich berichtete La Plume über meine allgemeinen Eindrücke von meinem Alleingang im Süden. Sie war ganz Ohr. Ich erzählte von dem Restaurant in Cienfuegos, den Bäumen des Botanischen Gartens, den Trinidad-Museen und Sancti Spíritus, von einem Dach aus betrachtet. Nebenbei erwähnte ich, dass ich, als ich Playa Girón erreicht hatte, Parteimitglieder an ihrer Ausdrucksweise zu erkennen vermochte. La Plumes Gesichtsmuskel strafften sich leicht. Parteimitglieder seien nicht weniger freundlich, setzte ich schnell hinzu, sie verfügten lediglich über eine identifizierbare Sprache. Sie setzte sich auf, drückte ihre Zigarette aus, schaute mir in die Augen und sagte feierlich: *»El idioma del partido es el idioma del pueblo.«* Die Sprache der Partei ist die Sprache des Volkes.

Mein nächster Besuch galt Alejandro. Er war ganz er selbst: Er strahlte und war zu beschäftigt, um lange zu plaudern. Man erwartete eine Gruppe aus den Staaten, und er musste kurzfristig letzte Vorbereitungen für den Ablauf treffen. »Ich könnte herumtelefonieren, aber wissen Sie, es ist einfacher, persönlich aufzukreuzen.«

Ich befand mich auf dem Weg zum Sozialismus-oder-Tod-Marktstand an der Neunzehnten Straße, Ecke A. Mir war zu Ohren gekommen, dass eine Ladung Ananas in die Stadt gekommen sei. Um auf meinem Weg dem Gerücht auf den Grund zu gehen, kaufte ich ein Exemplar von *La Tribuna*, der Tageszeitung der Stadt. Großbuchstaben auf der Titelseite verkündeten: »Nächsten Monat: Zwei Pfund Fisch pro Person.« Das Ananas-Gerücht stimmte, doch auf diesem Markt waren sie bereits ausverkauft.

Aber es gab Knoblauch, Zwiebeln, Süßkartoffeln und einige Knollen, die ich nicht identifizieren konnte. Auf einer Tafel mit Verbraucherinformationen am Eingang waren die in den einzelnen Gemüsesorten enthaltenen Mineralien und Vitamine aufgelistet. Da stand, wie lange sie im Dampfkochtopf gegart werden mussten und wie man die Qualität der einzelnen Lebensmittel beurteilen konnte. Die Tafel enthielt weit mehr Gemüsesorten als die Verkaufskörbe. Im Coppelia alarmierte an diesem Nachmittag ein ahnungsvolles Schild den Eisliebhaber: ACHTUNG! DIE VERWALTUNG ERLAUBT NUR BIS ZU ZEHN TICKETS PRO PERSON. Die Engpässe bedrohten die für Havanna lebenswichtige Leichtfertigkeit.

Im Gegensatz zu anderen Verknappungen wurde die Wohnsituation nicht schlimmer. Sie hatte bereits das Maximum an Beengung erreicht. Der Bedarf an neuen Wohnungen wuchs schneller, als die Vollzeitfreiwilligen der Baubrigaden sie hochziehen konnten. Trotzdem lebte keine Familie auf der Straße, und reiche Herrenhäuser wurden nicht an einzelne Familien verschwendet. Das Kaufen oder Verkaufen von Häusern war illegal, der Umzug in ein besseres Quartier stellte eine betriebliche Sonderzulage dar. Darüber hinaus musste sich jeder mit seiner Wohnung zufrieden geben, bei der Familie oder Freunden einziehen oder tauschen. Eines Tages sah ich eine Gruppe von Leuten auf dem breiten Fußweg herumschwirren, der in der Mitte des Prado verläuft. An die Bäume waren Zettel von Leuten geheftet, die ihre Wohnung mit anderen tauschen wollten. Alles ganz legal.

> **Biete:** Haus mit Wasser und Telefon. Zwei Schlafzimmer.
> Stadtteil Marianao.
> **Suche:** Haus mit einem Schlafzimmer in Lawton.

Oft endeten die Anzeigen mit der Andeutung einer persönlichen Tragödie:

> Großes, modernes, frei stehendes Haus, Wohnzimmer,
> vier Schlafzimmer, eines mit separatem Zugang zur Straße.
> Küchen-/Esszimmer-Kombination, Bad mit Wasserklosett.
> Wasserversorgung über städtische Leitung und Brunnen.
> Gastank. Weg mit Garten. Granitböden und fabrikneue
> Glasfenster.
> **Suche:** zwei Häuser in Guanabacoa.

Und:

> **Tausche:** Großes, gut belüftetes Apartment mit großem
> Esszimmer, zwei Räumen mit Schränken, Spülklosetts,
> Küche, Balkon. 24 Stunden Wasser und Strom.
> **Suche:** Vergleichbar oder kleiner, kleinere Reparaturen kein
> Problem, Bedingung: zwei Schlafzimmer, in allen Stadtteilen
> außer Boyeros.

Manche Schilder standen in Aktenmappen, die man am Baum festgebunden hatte. Eine enthielt eine schematische Zeichnung des verfügbaren Hauses, eine andere Bilder von dem Haus und seinen Bewohnern.

Tauschen, *se permuta*, war an der Tagesordnung. Ein kubanischer Film mit dem Titel *Se Permuta* macht sich über den Vorgang des Tauschens lustig: In dem Bestreben, alle Bedürfnisse ihrer Lieben in Hinblick auf Wohnung, gesellschaftliches Umfeld und Liebe zu befriedigen, laviert darin eine berechnende Mutter ein halbes Dutzend Menschen durch Havanna und Matanzas. Sie bringt ihre Tochter dazu, im Stadtteil Vedado zu leben, denn »in Vedado wird sie Jungen aus einer besseren Schicht treffen.«

Die Leute auf dem Prado schoben sich von einem Baum zum nächsten, um zu sehen, ob jemand eine Wohnung anbot, die ihren Bedürfnissen entsprach. Ein dünner fragte mich, ob ich Wohnungen tauschen wolle. Ich hatte kürzlich angefangen, mir Gedanken über meine Wohnsituation zu machen – das Apartment im 25. Stock des Focsa-Gebäudes würde in den letzten vier Wochen meines Aufenthaltes nicht verfügbar sein. Ich säße auf der Straße. Als der Mann aber feststellte, dass ich Ausländer war, sagte er, er könne mir nicht helfen, so gern er es auch täte.

»Sehen Sie, meine Großmutter hat ein großes Haus und könnte Ihnen ein Zimmer vermieten. Aber am nächsten Tag wäre der CDR, das Komitee zur Verteidigung der Revolution, da und würde fragen, wer Sie sind und was Sie dort machen. Es ist unmöglich.«

Nachdem er erfuhr, welchen Beruf ich hatte, sagte der dünne Mann, sein Bruder sei auch Schriftsteller.

»Wirklich? Ich würde gerne etwas von ihm lesen.«

»Oh, seine Arbeiten wurden nie veröffentlicht. Einiges ist gegen den Staat, anderes über die Natur. Er hebt es auf.« Ich sagte, dass ich trotzdem interessiert sei, ihn zu treffen. Ein etwas älterer, genauso dünner Mann hatte sich zu uns gesellt. Ich fragte, wo sie arbeiteten.

»Oh, nirgends. Wir warten nur auf einen Freund von Fidel, um *traición* zu begehen...«

»...beziehungsweise wir warten einfach, *punto.*« Punktum.

Traición kannte ich noch nicht, und ich schlug in meinem Wörterbuch nach. *Verrat*, stand da. *Verrat.* Oh. Der Mann war einverstanden, dass ich die Arbeiten seines Bruders las, und schwor, mich anzurufen, um ein Treffen auszumachen. Ich habe nie wieder von ihm gehört.

Da wir gerade bei Leuten sind, von denen ich nie wieder gehört habe – es war an der Zeit, Jesús Avilés anzurufen und eine weitere Oboe-Stunde zu verabreden. Wir vereinbarten, uns in der nächsten Woche bei mir zu treffen.

Die Kriminalität nahm zu. Keine Gewaltverbrechen, sondern illegale Schwarzmarktaktivitäten. Ich setzte mich vor den Stapel von Zeitschriften, die sich während meiner Abwesenheit angesammelt hatten, und erfuhr allerlei. Aus *Granma*: »Die Nationale Revolutionspolizei hat 200 Straftäter aus Havanna verhaftet, Gewohnheitsverbrecher, die unserer Wirtschaft schaden, die zunehmende Engpässe und die ›Besondere Periode‹ ausnutzen ... Hartes Durchgreifen wird die ›Parasiten der Gesellschaft‹ weiter ausmerzen.« Wirtschaftskriminelle waren »jene, die hauptsächlich aus Geschäften stehlen und die Ware dann auf dem Schwarzmarkt verkaufen.«

Die Zeitung für Arbeiter, *Trabajadores*, hatte ein Bild von Blumenverkäufern beim Colón-Friedhof abgedruckt, die Preise vor den Kunden verbargen. Das Restaurante Italiano wog das Fleisch, das es servierte, falsch ab. Ein

Mann in der Dulcería La Villa, einer Bäckerei im Stadtteil Cerro, betrog beim Abwiegen der Kuchenstücke. Eine Pizzeria im Zentrum, Casa Vella, erhielt ein Bußgeld, weil sie Pizzastücke falsch abwog. 4353 Kisten Bier und 203 Kisten mit Limonaden waren für private Partys und ein Parteibüro abgezweigt worden, für die sie nicht bestimmt waren. Man entdeckte gebunkerte Lada- und Moskowitsch-Ersatzteile im Haus eines Beamten, der für ihre Verteilung verantwortlich war. »Der Finanzchef der Provinz Matanzas erklärte, die Täter seien Wirtschaftskriminelle, darüber hinaus aber seien dies Verstöße ideologischer Natur.« Und eine Fernsehdokumentation berichtete, dass nach Auswertung einer zweijährigen Wirtschaftsprüfung von 30 Supermärkten »nur zwei keine Verluste durch Diebstahl erlitten. Die Korruption nimmt überhand … Es gibt keine oder nur sehr wenig Sanktionen. Niemand kommt ins Gefängnis. In einem Laden verschwanden innerhalb weniger Wochen 4400 Pfund Reis. Oftmals werden die paar Verwalter, die wegen Unregelmäßigkeiten entlassen werden, in anderen Geschäften wieder eingestellt.«

Bisher hatte ich drei einander überschneidende Wirtschaftssysteme auf Kuba ausgemacht: Sozialismus, Kapitalismus und die Schattenwirtschaft. Der Staatliche Preisgestaltungsausschuss teilte mit, dass seit Inkrafttreten des neuen Strafverfolgungsgesetzes vor sechs Monaten »300 Betriebe inspiziert wurden und zehn Prozent von ihnen offensichtlich außer Kontrolle geraten sind. Diese Beispiele mangelnder Disziplin, die in der Verwaltung der Ressourcen zu Tage tritt, beruht letztlich immer auf der Korrumpierung von Menschen. Sie sollte von allen Revolutionären energisch bekämpft werden.«

Ich hatte Daubar von meinem Interesse am Vermächtnis von Ernest Hemingway erzählt. Ich vermutete, dass das Land seine Gegenwart in seiner Mitte für selbstgefällige Propaganda ausbeutete. Daubar fing an, die Aufrichtigkeit der Beziehung zwischen dem Mann und dem Land zu erklären. Dann kam er auf die Idee, mich mit einem Mann bekannt zu machen, der Hemingway in der guten alten Zeit näher gekannt hatte. Er schlug vor, sich zu einem Drink in der Bar im Zwischenstock des Habana Libre zu treffen.

Das Habana Libre gehörte zu den wenigen öffentlichen Gebäuden, in denen Daubar seinen Rollstuhl relativ bequem manövrieren konnte. Die Bar, nachmittags das Zuhause von Geschäftsmännern und Journalisten aus Übersee, blickte auf den Hotelpool. Kubaner führten fremde Besucher oft hierher – und umgekehrt. Auf der Hauptetage bewegte sich ein steter Fluss von Touristen, Gaunern, Konferenzteilnehmern, privilegierten Kubanern, Zivilpolizei und Prostituierten. Hinter der Lobby lockte die lange Reihe von Telefonzellen für internationale Ferngespräche einen ständigen Strom von Anrufern an; in der Nähe befand sich ein Labyrinth aus Läden mit Waren und Lebensmitteln für alle, die mit Dollar bezahlen konnten.

Daubar saß am anderen Ende der Bar, an einem Tisch neben Hemingways Freund, Fernando Campoamor, und einem Dichter namens Raúl Rivero. Als Ausländer mit Dollars konnte ich ihnen Getränke spendieren, sie mir aber keine mit Pesos. Sie fragten nach meinen Eindrücken von Cienfuegos, Trinidad und Playa Girón. Fernando zog eine Ausgabe von *A Biography of Cuban Rum: Sugarcane's Happy Child* hervor und signierte sie für mich. Auf Seite 103 prangte ein Bild von Hemingway und dem Autor beim Trinken an einer Bar. Das Foto von 1947 trug die Aufschrift: »*Von Ernesto Hemingway (dem elenden Schuft) für Fernando Campoamor, seinen Freund. EH.*«

Zu seiner Zeit war Campoamor ein meisterhafter Bartender gewesen, er gilt noch immer als wandelnde Enzyklopädie des kubanischen Rums. Alle paar Minuten kam ein Freund oder Bekannter am Tisch vorbei, um ihm auf die Schulter zu klopfen, ein bisschen zu schwatzen und dann weiterzugehen. Nach jeder Verabschiedung senkten Daubar, Raúl oder Fernando die Stimme und flüsterten: »Das ist einer unserer besten Journalisten« oder »Da geht ein Reporter, der sein Handwerk versteht« oder »Er ist ein hoch angesehener Beamter der UPEC« (Unión de Periodistas de Cuba, der kubanischen Journalistengewerkschaft).

Ihre Kommentare boten eine konzentrierte Dosis von dem, was ich seit meiner Ankunft ständig zu hören bekam; alle paar Tage machte man mich auf einen anderen einfach großartigen Journalisten aufmerksam. Doch nach dem tagtäglichen Blick in die Zeitungen schenke ich inzwischen den Worten eines argentinischen Journalisten Glauben, der für eine französische Nachrichtenagentur tätig war: »In Kuba grenzt die Beziehung zwischen Realität und Presse an Schizophrenie.«

Ich konnte es nicht mehr ertragen. Daubar war ein Freund. Während Raúl und Fernando plauderten, schenkte ich ihm reinen Wein ein: »Ich höre ständig von all diesen großartigen Journalisten. Wenn diese Stadt so voller fantastischer Berichterstatter ist, warum ist das allgemeine Niveau des Journalismus so abgrundtief schlecht?«

Daubar sog die Frage in sich auf und wiederholte sie dann für Fernando und Raúl. Die Pose, die sie einnahmen, war zum Einrahmen: Drei Autoren, belesen, wortgewaltig und gebildet, alle mit dem gleichen, zur Seite gewandten Lächeln ins Leere. Sie waren in der kurzen Pause zwischen meiner Frage und ihrer Antwort erstarrt. Schließlich ergriff der 71-jährige Campoamor das Wort: »Nun, für die Tageszeitungen arbeiten keine Journalisten, sondern Funktionäre.«

»Und sie funktionieren nicht«, sagte Rivero, der Dichter: »*Como monjas no monjan y obispos no obispan.*« So wie Nonnen nicht nonnen und Bischöfe nicht bischöfen.

»Die echten Schriftsteller schreiben nicht für die Zeitung«, fügte Campoamor hinzu. »Nein, nein«, wiederholte Rivero.

Nein, nein, ja, ja. Die Tageszeitungen verfügen über einen kleinen Rangierraum, der sich manchmal ausweitet. Auf die Qualität eines Journalisten kommt es kaum an. »Dreckige Wäsche« in der Öffentlichkeit zu waschen, stört die Behörden nicht, vielmehr wessen »dreckige Wäsche« aufgehängt wird und wodurch sie überhaupt dreckig wurde. An einem Tag präsentierten die Blätter schelmischen Humor, am nächsten schwülstige Geschichte. Eine Kostprobe des Humors: Fotos von George Bush und Margaret Thatcher nebeneinander bei einem Treffen in Paris, beide gähnend. Überschrift: »Gelangweilt? Oder Verdauungsstörungen? Das wissen nur sie...« Historie vermittelte diese brandaktuelle Schlagzeile: »Nordamerikanische Banken Agenten des Imperialismus«. Der Artikel beschrieb die Verstaatlichung der US-Banken auf Kuba vor 30 Jahren.

Das Schelten der USA war in der kubanischen Presse *de rigueur* – ein Muss – und wegen der lähmenden Blockade verständlich. Eine Schlagzeile in *Granma* fasste es hübsch zusammen: »Zynismus, Volksverhetzung und Mittelmäßigkeit prägen die Kuba-Politik der USA.« Trotzdem unterschied die Presse zwischen dem amtlichen Washington und dem Rest des Landes. Ein paar Seiten später verkündete *Granma*: »Bush wegen gleichgültiger Haltung gegenüber nationalen Problemen kritisiert« neben einem Artikel, der die Anstrengungen beschrieb, einen gefährdeten Wolf im Yellowstone National Park zu retten. Anderntags erschien ein Artikel über den Prototyp eines solarbetriebenen Herdes: »entworfen von US-Wissenschaftlern ... für unterentwickelte Länder« neben einer Beschreibung des Protests gegen die Aggressionen der Yankees in Panama. Als Atlanta 1996 zum Schauplatz der Olympischen Spiele gewählt wurde, prahlte *Voice of America*, Atlanta sei die Heimat Martin Luther Kings gewesen und noch immer ein Zentrum von Bürgerrechtsaktivitäten. Die kubanische Presse beschrieb Atlanta einfach als Ort mit einer der höchsten Verbrechensraten in den Vereinigten Staaten. Und als Frank Capra im Alter von 94 Jahren starb, widmete *Granma* dem verehrten Hollywoodregisseur eine Huldigung von einer halben Seite.

Bohemia pflegte stets eine populäre Mischung aus verwegenem Journalismus und ausgefallenen Themen. Das blieb auch noch eine Weile so, nachdem Fidel an die Macht gekommen war, allerdings war das, bevor die Sowjetunion Macht und Einfluss ausübte. Eine Ausgabe vom April 1959 brachte im Nachdruck eine Enthüllungsstory des *Look* über einen russischen Spionagering.

Wann immer ich im Gespräch das Thema Presse anschnitt, hatten die Leute eine Meinung. Eine kleine Gruppe auf dem Malecón lachte, als ich nach der Glaubwürdigkeit von Zeitungen fragte. »Wir benutzen diese beiden Wörter normalerweise nicht gleichzeitig«, bemerkte eine Frau mittleren Alters. »Sie müssen das verstehen«, erwiderte ein Student von der Universität Havanna eines Nachmittags im Coppelia-Park. »Die Glaubwürdigkeit der

Regierung entscheidet über die Glaubwürdigkeit der Presse. Wenn Menschen wenig Vertrauen in den Staat haben, glauben sie auch den Zeitungen nicht. Oder sie machen sich gar nicht erst die Mühe, sie zu lesen.«

Abgesehen von einigen bemerkenswerten Ausnahmen ist die kubanische Presse einheitlich unterwürfig. Revolutionäre Selbstkritik führt zu nichts. Alle paar Jahre fordert die UPEC Reformen in der Presse. Die Castro-Brüder und Kulturminister Armando Hart haben die Presse gedrängt, sich selbst zu reformieren und kritischer zu schreiben, aber es passiert wenig, und alles beginnt wieder von vorne.

Am Sonntag nach den Drinks mit Daubar, Fernando und Raúl im Habana Libre publizierte die *Juventud Rebelde*, wegen des Papiermangels auf ein Wochenmagazin reduziert, ein ausführliches Interview mit dem Oberhaupt der UPEC, Julio García Luis. »Schauen sie«, sagte García: »Wir haben die Zahlen zusammengerechnet, und bisher hat es nicht weniger als vier Versuche gegeben, die Massenmedien zu reformieren. Ein Bewusstsein, dass dieses Pressemodell… seine Möglichkeiten bereits ausgeschöpft hatte und nicht mit den aktuellen Erfordernissen der wirtschaftlichen und sozialen Entwicklung Schritt hielt, entwickelte sich schon in den frühen 70er Jahren. Diese Art von Presse, die wir beamtenhaft, kleinlaut oder *unamista* nennen könnten, ist an die Grenzen ihrer Möglichkeiten gestoßen… Das Pressemodell, das wir unter dem Sozialismus haben, kann uns nicht dienen, aber wir werden kein kapitalistisches System übernehmen. Wir müssen unser eigenes Modell finden, eines, das zu einer politischen Staatsführung mit Einparteiensystem passt… In Kuba stellt die Presse Menschen oft dar, als sprächen sie alle auf die gleiche Weise und hätten zudem die gleiche Meinung, was selbstverständlich nicht stimmt. Gelegentlich haben wir – lächerlicherweise – versucht, den Menschen eine künstliche Sprache in den Mund zu legen, mit Ausdrücken, die Kubaner traditionell nicht verwenden.« Wie die weiße Königin zu Alice sagte: »Oh, manchmal habe ich bereits vor dem Frühstück an ganze sechs unmöglichen Dinge geglaubt.«

In den folgenden Wochen las ich die Morgenzeitung mit Garcías Kommentaren im Hinterkopf. »Kuba ist keine geschlossene Gesellschaft; die Menschen sind glücklich«, versicherte die Schlagzeile über einem Interview mit einem Australier, der das Land besuchte. »Wir werden weder jemals die Toten vergessen, noch die Prinzipien begraben«, hieß es in einem Bericht über Kubas Kämpfer vom Unabhängigkeitskrieg im 19. Jahrhundert bis zum aktuellen Krieg in Angola. »Die Menschen in Havanna werden weder Fidel noch die Partei im Stich lassen«, lautete die nächste Schlagzeile. »Wir werden dafür kämpfen, dass die Menschen auch unter noch schwereren Bedingungen bereit sind zu arbeiten«, prophezeite eine andere Überschrift. Fidels Worte sind allgemein bekannte Wahrheiten und werden ohne Anführungsstriche als Schlagzeilen verkauft. WIR VERTEIDIGEN UNSERE ERRUNGENSCHAFTEN, EROBERUNGEN, UNSEREN STOLZ UND UNSERE UNABHÄNGIGKEIT war ein typisches Beispiel.

Die Rhetorik in *Granma* erinnert mich an einen Witz über Fidel. Fidel setzt seine übermenschlichen Fähigkeiten ein, um die Heerführer der Weltgeschichte, die er am meisten bewundert, zu einer Waffenschau bei Havannas alljährlicher Maiparade einzuladen. Neben Fidel sitzen Alexander der Große, Hannibal und Napoleon auf der Tribüne. Nach der Hälfte der Parade beugt sich Alexander zu Fidel hinüber und sagt: »Wenn ich Laster gehabt hätte wie diese, ich wäre bis nach China gekommen.« Fidel strahlt.

Hannibal tippt ihm auf die Schulter. »Nun, wenn ich Panzer gehabt hätte wie diese, ich hätte nicht diese stinkenden Elefanten ertragen müssen.« Fidel lacht über das Kompliment.

Sein dritter Gast sitzt unterdessen da, liest *Granma* und ignoriert die Parade. Fidel stupst ihn an. »Na, und was denken Sie?«

Napolen blickt von der Titelseite auf. »*C'est manifique, Monsieur Fidel!*« Er küsst seine Fingerspitzen. »Hätte ich eine Zeitung gehabt wie diese, niemand hätte je von Waterloo erfahren!«

Im Vorjahr war ich gemeinsam mit einem Dutzend Besuchern aus den Staaten mit einigen führenden UPEC-Funktionären in deren Gebäude in der 23. Straße zusammengekommen. Der Vizepräsident des Verbandes, Lázaro Barredo Medina, kritisierte die Arbeit, die er und seine Kollegen bisher gemacht hatten, und zeigte uns den Entwurf einer neuen Sammlung von Richtlinien, die man übernehmen wolle. »Sie werden den alten Weg für immer zerstören«, versicherte er uns. Er spulte einige Statistiken ab: UPEC hat 3800 Mitglieder, 30 Prozent sind Mitglieder der Kommunistischen Partei. Es gibt 53 Radiosender, ein Sender strahlt in Hotels Fernsehen für Touristen aus, zwei nationale Sender, weitere in den Provinzen und eine Gruppe, die Wochenschauen für Kinos produziert. »Pressefreiheit herrscht hier genauso wie überall sonst«, erklärte Barredo. »In den USA handelt es sich in Wirklichkeit um die Freiheit der Unternehmen, und Unternehmen haben eindeutige Interessen. In unserem Falle verteidigen wir unsere nationalen Interessen und nicht die privater Unternehmen.«

Wer sollte Kubanern über Kuba berichten? »Einheimische Kubaner selbst können es nicht auf die richtige Art und Weise tun, denn die Presse ist nicht frei«, sagte ein Ausländer, »und die Schriften, die hier zu dem Thema veröffentlicht werden, können nicht umhin, den Einfluss widerzuspiegeln, der durch eine engstirnige Regierungspolitik auf die Autoren ausgeübt wird.« Das stammt aus *Yankee Travels Trough the Island of Cuba* von Demoticus Philalethes – veröffentlicht 1856.

Wir fragten, wie kubanische Journalisten mit den von staatlichen Öffentlichkeitsarbeitern errichteten Barrieren umgingen. »Reporter können sich hier bei uns, der Gewerkschaft, beschweren, wenn sie finden, dass Ministerien nicht hilfsbereit sind.« »Erst kürzlich«, sagte Barredo, »trafen sich UPEC-Funktionäre mit Pressebeauftragten der Ministerien, um an Problemlösungen zu arbeiten.« Auf eine Frage bezüglich der Zensur antwortete er: »Wenn man zwischen einem Verleger oder einem Zensor wählen muss, ziehe ich den Zensor vor.« In Kuba genössen Journalisten hohes Ansehen, fuhr Barredo fort, und das Land habe Journalistenschulen in Havanna und Santiago de Cuba. »Um hier Journalist zu sein, müssen Sie Druckerschwärze in den Adern haben. Um Verleger zu sein, müssen sie sieben Jahre Erfahrung und einen Universitätsabschluss besitzen.«

Nestor Stamena, ein Sprecher der Rundfunkbranche, erzählte uns über den Austausch zwischen dem kubanischen Fernsehen und CNN. »Wir verwendeten Bilder von CNN über das, was gerade in El Salvador geschah« – die Ermordung einiger Priester –, »weil sie einen Korrespondenten dort haben. Genauso berichten wir über Südamerika und Europa. Wir zollen den Ländern Respekt und wir versuchen, Sensationsmache zu vermeiden. Wir bemühen uns, absolut genau zu sein. Wir übertreiben nicht. Wir haben den Fall der Mauer in Ostdeutschland gezeigt, die Demonstranten und die Menschen, die davonliefen.«

Musikvideos und Filme aus den Staaten werden regelmäßig im kubanischen Fernsehen ausgestrahlt. Einige werden bei Lizenzhändlern in Lateinamerika eingekauft, die meisten aber sind Raubsendungen von Satelliten. Samstags wird im Nachtprogramm um 22.30 Uhr ein populärer Hollywoodfilm gezeigt, der in der Regel das Baseballstadion um 22.15 Uhr leert und die Hälfte der Spaziergänger vom Malecón nach Hause treibt.

Salvador Gonzales, der Wandmaler, war aufgeregt. Für ihn hatte sich eine Möglichkeit aufgetan, eine ausgedehnte Auslandsreise zu machen, andere Künstler zu treffen, neue Luft zu schnuppern und auf unbekannten Straßen zu wandeln. Er wusste zu gut, welchen Wasch- und Schleuderzyklus Reisepapiere durchlaufen, bevor sie gültig werden, und versuchte deshalb, seine Vorfreude zu dämpfen, aber trotzdem: Venezuela rief, und Salvador war bereit, der Einladung zu folgen.

Auch Daubar bereitete sich auf eine Reise ins Ausland vor. Er hatte sich verlobt, und seine peruanische Braut war nach Lima gereist, um die Hochzeit mit der Familie zu planen.

Miguel Barnet war gerade von einem kurzen Lateinamerika-Ausflug zurückgekehrt. Er war außerordentlich heiterer Stimmung; er hatte den auf seinem Buch *Das Lied der Rachel* basierenden Film mitverfasst, und er feierte Triumphe in Havanna, Miami und anderen Spielorten in Lateinamerika. Sein Onkel, ein 70-jähriger Kinobesitzer in Miami, der gerade eine 20-Jährige geheiratet hatte, berichtete, der Film werde in brechend vollen Häusern gezeigt.

Exemplare von Jacobo Timermans Buch über Kuba gelangten langsam in die Hände der kubanischen Intellektuellen, und Barnet hatte allen Grund, sich zu freuen. Timerman nannte ihn »einen charmanten und kultivierten Mann…, einen florentinischen Geist.« Aber das Buch beleidigte ihn. »Er wusste, was er wollte, bevor er kam, und nichts hätte das ändern können. Er ist ein Mann von Intelligenz, aber er kam nur her, um Schwachsinn über Fidel zu erzählen. Er hat mir gesagt, dass er Fidel nicht mag. Als junger Mann mochte er ihn selbstverständlich. Er ist ein böser Mann.« Tomás Gutiérrez Alea (Regisseur von *Der Tod eines Bürokraten*, 1966, und *Erinnerungen an die Unterentwicklung*, 1968) war seiner Meinung. »Er wirkte sehr einnehmend und freundlich, aber sein Buch ist verabscheuungswürdig.«

Luis, der Typ, dessen Ausscheiden aus der Partei ignoriert worden war, wollte mit einem Fuß im Land bleiben und mit dem anderen hinaus. Er war im Namen von kubanischen Künstlern für Vertragsverhandlungen ins Ausland gereist und schätzte seine Ausflüge nach Übersee. Er verglich die innenpolitische Situation gerne mit einer Kaffeekanne für den Herd, die, wenn sie heiß genug ist, überkocht. Trotzdem bewahrte er sich eine wohlwollende Haltung und lebte sein Leben innerhalb der gesetzten Grenzen. Als ich ihn fragte, wo wir in der Nähe seiner Arbeitsstelle zum Essen gehen könnten, antwortet er: »Das Hotel Comodoro ist in der Nähe, aber, ich muss diese unangenehme Feststellung machen – so gerne ich auch ihr Gastgeber wäre, sie akzeptieren nur Dollar, und ich kann Sie nicht dorthin ausführen.«

Das Comodoro besaß einen stilvollen Speisesaal mit Blick aufs Wasser. Luis' Erklärungen über kubanisches Brauchtum waren stets hilfreich. Bei dieser bewussten Gelegenheit sprachen wir über Geld. Nachdem ich in Kuba angekommen war, hatte ich beim Banco International ein Konto eröffnen wollen, besaß aber nicht das hierzu nötige Visum. Ich fragte Luis, wie Banken Privatkonten behandelten. »Es ist das Gegenteil zu eurem System. Je mehr Geld du auf dem Konto hast, umso weniger Zinsen zahlt die Bank.«

»Das widerspricht jeder Faser eines kapitalistischen Muskels«, wandte ich ein. »Das verstehe ich nicht.«

»Sie wollen das Geld lieber im Umlauf halten als auf Sparbüchern. Zum Beispiel – warte, ich werde eine Tabelle für dich zeichnen.«

Pesos	*Zinsen*
0 – 2.000	1,5% oder 2%
2.000 – 3.000	3%
3.000 – 4.000	2%
4.000 +	1%

»Warum sollte man dann das Geld auf der Bank lassen?«

»Genau!«

Einen Monat, bevor ich meine längere Reise nach Kuba antrat, hatte der herausragende Trompeter Arturo Sandoval, den ich bei einer früheren Reise kennen gelernt hatte, sich abgesetzt. Luis wusste genau Bescheid. »Er war auf einer Tournee in Griechenland und sollte sich kurz darauf einer Tournee der Vereinten Nationen mit Dizzy Gillespie in Rom anschließen. Stattdessen ging er in die US-Botschaft und traf Vorbereitungen für Flüge in die USA.« Seine Frau und sein Sohn hielten sich in London auf und stießen zu ihm. Anders als die meisten kubanischen Musiker durfte El Mulo, wie manche Sandoval nannten, zu Tourneen ins Ausland, wo er mit Dollars Ausrüstung erwerben konnte, und er lebte mit seiner Frau, seinem Sohn und einem CD-Player in einem gut ausgestatteten Haus. Sein beneidenswertes Leben war allein der Musik gewidmet. Als man ihm die Erlaubnis versagte, in den Staaten aufzutreten – auch nicht bei gemeinnützigen Veranstaltungen, ein Privileg, dass unbekannteren Kubanern oft gewährt wird –, blieb die Staatsflucht Sandovals einzige Möglichkeit, amerikanische Musikeinflüsse aus erster Hand aufzunehmen. »Sie haben ihn schön hinters Licht geführt«, klagte ein Förderer Kubas und seiner Künstler. In Miami gluckst en seine Anhänger fröhlich: *»El Mulo espanto la mula«*. Frei übersetzt: »Der Hahn hat die Hühner im Stich gelassen«.

Genau einen Monat, nachdem Sandoval Kuba entsagt hatte und praktisch alle durch Radio Casualidad oder *rediobemba* – den Klatsch auf der Straße – Bescheid wussten, gab das das Kubanische Musikinstitut eine Stellungnahme heraus: »Der Verrat des kubanischen Musikers Arturo Sandoval ist bestätigt worden... Der Treuebruch ist verdammenswert, denn es war die Revolution, die es ihm erlaubte, sein Talent zu entwickeln... Die Nation, die sein künstlerisches Können bewundert hat, wird nun die schlimmste Strafe gegen ihn verhängen: Verachtung. Sandoval hat sich entschieden, das Leben eines Überläufers zu führen, und von nun an wird seine Seele käuflich sein.« Seine Musik wurde aus den Geschäften zurückgezogen. Als ich im Musikladen nach irgendetwas von Sandoval fragte, lächelte der Verkäufer ins Leere.

Jesús, mein Oboe-Lehrer, kannt Sandoval seit vielen Jahren. »Wir sind zusammen auf die Musikschule gegangen. Als er ging, waren wir schockiert. Wir konnten nicht verstehen, warum. Er konnte spielen, wann und wo er wollte. Er hatte, was er brauchte.« Abraham Berezniak, der koschere Metzger, schüttelte den Kopf. »Er repräsentierte Kuba, dann hat er es verraten.« In der Nationalbibliothek José Martí wollte Tomasito wissen: »Warum seid ihr Amerikaner so interessiert an ihm?«

Simpel. Sein Jazz war stark durch amerikanische Musik beeinflusst, pulsierte mit ausreichend bekannten Riffs, um vertraut zu klingen, war aber karibisch genug, um stets etwas Neues zu bieten. Kurz nachdem er in den Staaten angekommen war, stellte er eine Band zusammen und nahm ein neues Album auf: *Flight to Freedom.*

Meinem Protest zum Trotz bestand La Plume darauf, mich zu meiner Nachmittagsverabredung mit Nitza Villapol, der Fernsehköchin, zu begleiten. Sie hatte das Treffen arrangiert und, bei Gott, sie würde es durchziehen. Als Nitza endlich auf die Türklingel reagierte, sah sie aus, als hätten wir sie geweckt. Sie trug ein sackartiges Kleid, Pantoffeln, keinen Schmuck und kein Makeup. Ihr nackenlanges, helles Haar war ein bisschen zerzaust. Jetzt, mit Mitte 60, war sie recht schwer und wirkte ein wenig schlampig. La Plume stellte sich und mich förmlich vor.

Nitza Villapol, die Freundin jeder kubanischen Küche, schien sich in ihrem eigenen Wohnzimmer weniger wohl zu fühlen. Sie saß aufrecht da und blickte uns finster an. Ich machte Smalltalk. Sie antwortete kurz angebunden. Ich schwatze noch beiläufiger. Sie wurde grober. Ich versuchte jeden Trick aus dem Journalistennähkästchen, um eine Konversation in Gang zu bringen: Schmeichelei, Provokation, das Wetter, guter Cop/böser Cop, Raffinesse, Grobheit, Frechheit, Tiefgründigkeit. Sie war so geneigt, sich mit mir zu unterhalten, wie José Martí geneigt gewesen wäre, auf einen Handel mit den Spaniern einzugehen. Der Luftzug-Faktor lag an diesem 30 Grad heißen Tag unter Null. Ich dankte La Plume dafür, dass sie das Interview vereinbart hatte, und schlug ihr vor, zu gehen. Sie ging.

Nitza kam langsamer in Fahrt als mein Zug nach Cienfuegos. Die Frage, die die Königin der kubanischen Küche schließlich aus dem Bahnhof schleppte, bezog sich auf die typische kubanische Küche. »Sie besteht aus einem Herd mit zwei Kochstellen, recht hoch, nicht auf dem Boden. Manche werden mit Kohle betrieben, aber die meisten Leute kochen heute mit Gas oder Strom. Auch haben jetzt die meisten Haushalte Kühlschränke.«

Sie starrte mich an, erwartete die nächste Frage und wurde mit einem Mal weicher. »Wissen Sie, was ich heute zu Mittag gegessen habe?«, fragte mich die berühmteste Nahrungsexpertin des Landes. » Muschelsuppe aus der Dose.« Ihre Stimme, plötzlich erfüllt mit einer Mischung aus Ärger, Rache, Mitleid und Kummer, überraschte mich. »Die Kubaner verderben ihr Essen. Und ich kann ihnen noch nicht einmal böse dafür sein. Alles, was sie wollen, ist Schwein, gebratene Bananen und Reis. Man braucht kein Fleisch, um sich gut zu ernähren. Was, zur Hölle, kümmert mich Reis. Weizen ist genauso gut wie Reis. Ich stelle mich für Essen nicht in eine Schlange.«

Sie sprach voller Wut: Zorn auf die Kubaner, Zorn auf deren Gewohnheiten, Groll gegen alles. »Die Menschen wollen ihre Ernährungsgewohnheiten nicht ändern. Sie essen, was sie mögen, nicht, was gut für ihre Gesundheit ist. Das ist sehr frustrierend. Ich hatte geglaubt, ich könnte ihre Gewohnheiten ändern. Jetzt gebe ich ihnen Informationen, und wenn sie sich nicht ändern, ist es ihr Pech. Sie sind zu nörgelig, was das Essen anbetrifft.«

Etwas Merkwürdiges geschah. Einige englische Worte entschlüpften ihr. Ich antwortete auf Englisch, und sie fuhr in gleicher Weise fort. Seit Jahren, so berichtete sie, habe sie keine englische Unterhaltung mit einem Muttersprachler geführt. Sie hatte einen Großteil ihrer Jugend in den Staaten verbracht, und sie sprach fließendes, akzentfreies Englisch mit reichem Vokabular, das sie sich über Fernsehen, Radio und Bücher angeeignet hatte. Persönliche Gefühle traten in den Vordergrund. »Ich bin eine miesepetrige Ziege. Ja, das bin ich, eine miesepetrige Ziege. Mein Leben ist wie eine Keksdose. Alle wollen etwas herausnehmen, aber niemand will etwas hineintun. Ich bin alt. Ich komme nicht viel raus. Ich gehe nicht mehr an den Strand wie früher. Meine Mutter ist alt.« Ihre Mutter, neunzig Jahre alt, saß im Nebenraum, unfähig zu gehen oder zu sprechen. »Ich habe keine Familie und keine Freunde.« Sie blickte mich finster an.

»Sie hat sich um mich gekümmert, als ich jung war und nun, da sie alt ist, kümmere ich mich um sie. Das ist das Einzige, worauf es ankommt. Ich lade keine Leute ein. Ich koche für niemanden. Es ist mir egal, was die Leute denken. Früher habe ich geglaubt, es sei sehr wichtig, beliebt zu sein. Jetzt gebe ich nicht mehr das Geringste darauf. Fragen sie irgendeinen Mann, was er will. Er möchte gefüttert werden, und er will Sex. Ich hatte Freunde. Das ist sehr traurig. Meine Mutter ist im Haus. Ich muss sie füttern – oder sie stirbt.«

Unerwartet schossen stille Tränen über Nitza Villapols Wangen. Wir saßen uns an einem flachen Tisch gegenüber; ich streckte meine Hand aus, wusste nicht, was ich tun oder sagen sollte. »Sie sehen aus, als müssten Sie mal gedrückt werden«, stammelte ich. Sie ergriff meine Hände und drückte sie. »Zehn Millionen Menschen glauben, Sie kennen mich. Aber privat bin ich nicht sehr glücklich. Ich bin so allein. Ich mache Hausarbeit, ich putze das verdammte Haus und spüle das Geschirr. Das ist es, was ich mache. Ich hasse es, Geschirr abzuwaschen. Ich mag Hausarbeit nicht.« Sie imitierte die Rolle einer Glücklichen: »Ich sollte froh sein, für jeden zu kochen, der vorbeikommt.« »Nein«, fuhr sie streng fort, »ich biete nicht mal ein Glas Wasser an, niemandem.«

Tatsächlich war ich seit fast einer Stunde bei ihr, und sie hatte mir noch nicht einmal diese rudimentäre Höflichkeit gezollt, die selbst in den ärmsten Häusern gilt. »Es ist mir völlig gleich.« Sie lief hinüber zum Fenster. Sie besaß die einzigen Jalousien, die ich je in Havanna sah.

Sie wechselte ins Spanische. »Ich war in England, Schottland, Italien, Frankreich und Mexiko, San Francisco, Boston, New York, Miami und Afrika. Menschen haben unterschiedliche Ziele, aber sie sind überall gleich. José Martí sagte, dass wir eher lieben und erschaffen als hassen und zerstören sollten.« Die Tränen kamen zurück. »Ich versuche, mich daran zu halten. Ich versuche, zu helfen, weil es menschlich ist. Meistens schätzen Menschen nicht, wofür sie keinen Centavo zahlen müssen. Der Mensch ist nicht weit vom Affen entfernt.«

Zurück ins Englische. »Es ist nicht leicht, alt zu werden. Junge Menschen denken, wir seien atmende Tote. Sie denken, wir hätten kein Recht auf Besitz. Ich mag Dinge um mich herum. Zum Teufel, ich bin alt. Glücklicherweise lebe ich in einem Land, in dem alte Menschen viel mehr haben als in anderen Ländern. Wir haben Essen, Kleider, Wohnraum und, was das Wichtigste ist: Arbeit. In Kuba bist du im Alter vielleicht einsam, aber hungrig bist du nicht.«

Wieder brach sie in Tränen aus. »Ich kann mit meiner Mutter nicht einmal mehr reden. Alles, was ich habe, ist diese Insel, die ich so sehr liebe.« Sie heulte unkontrolliert. »Ich würde mein Land für keinen Ort der Welt eintauschen. Ich bin so stolz, Kubanerin zu sein. Die einzige Befürchtung, die ich habe, ist, dass meine Arbeit Leuten, die Kuba verlassen haben, zu überleben geholfen hat. Leute haben meine Arbeit gestohlen. Ich habe keinen Pfennig für meine Bücher bekommen. Zum Glück muss ich nicht stehlen, um zu leben. Ich mag Leute, die Kuba verlassen, nicht. Abgesehen von ein paar Ausnahmen hier und da sind sie alle *mezquinos*«, Geizhälse. »Die Spießbürger in der Gemeinde von Miami – sie kaufen meine Bücher, und sie befolgen meine Rezepte. Ich verachte sie. Ich *hasse* sie.«

Ihr Kochbuch, *Cocina al minuto*, ursprünglich in den 50er Jahren veröffentlicht, wurde in Kuba mehrfach neu aufgelegt. In Übersee wurde es vereinnahmt, als wäre es Allgemeingut, besonders heimtückisch geschah das in den Staaten, wo weder ein Vertrag unterschrieben wurde, noch Tantiemen gezahlt wurden, dafür entfernte man Nitzas Namen. Noch beleidigender: *Cocina al minuto* wurde im Englischen mit *The Cuban Flavor* (Der Geschmack von Kuba) übersetzt. Auch in Miami wurde es verlegt, ebenfalls ohne Lizenz. Nitzas Rezepte wurden zumeist Wort für Wort aus dem Original kopiert: die gleichen Zutaten in der gleichen Reihenfolge, für die gleiche Anzahl Portionen, die gleichen Maße, Zutat für Zutat, bis auf die Süßkartoffeln. Ihre Bitterkeit war wohlbegründet.

Doch das täuschte niemanden. In Gesprächen mit unzähligen Kubanern, die ihr Heimatland verlassen hatten, wurde mir wieder und wieder erzählt, *Cocina al minuto* gehöre zu den wertvollsten Besitztümern, die sie in den einen Koffer gepackt hatten, den sie mitnehmen durften. Das Buch ist *Die gute Küche* Kubas. In kubanischen Haushalten und in der gesamten Diaspora ist Nitza Villapols *Cocina al minuto* zur Bibel geworden.

Nitza fasste sich und sprach über die Kost des Landes. Sie sträubt sich gegen die Vorstellung, Köchin genannt zu werden. Sie sei in erster Linie Ernährungswissenschaftlerin, erklärte sie. Anhand des Kochens informiere sie und vermittle Ernährungsgrundlagen. »Seit 30 Jahren versuche ich, die kubanische Ernährung zu verändern. Kuba ist eine Naschkatze. Ich schätze, das ist in allen Ländern so. Zucker ist ein Babygeschmack, und Menschen mit Babys können diesen helfen, indem sie ihnen nicht ständig Süßigkeiten geben.

Zucker hat seinen Platz in der menschlichen Ernährung, natürlich. Aber die Leute setzen ihn ein, um andere Nährstoffe zu ersetzen.«

Weiter: »Ich bin Diabetikerin. Ich verwende ein wenig Zucker, aber nicht jeden Tag. Der Schaden liegt nicht im Zucker, aber in der Art seiner Verwendung. In unterentwickelten Ländern hungern die Menschen. Mit Zucker bleiben sie unterernährt, aber hungern nicht. Fotografen in der Modeindustrie bestehen hier und überall in der Welt darauf, dass es ›in‹ ist, schlank zu sein. Die Modelle von Rubens würden in Kuba keinen Centavo verdienen. Ich würde gerne ein bisschen Gewicht verlieren. Das kann ich, wenn ich Sport treibe. Früher bin ich im Swimmingpool eines großen Hotels geschwommen. Man gab mir die Erlaubnis, dort zu schwimmen, weil die meisten Fremden mich nicht kannten.« Sie holte mir das Glas Wasser.

»Fettleibigkeit ist ein Problem auf Kuba. Wir bemühen uns, Kinder nicht fett werden zu lassen. Fettzellen, die sich in der Kindheit entwickeln, sind wie Schwämme – sie müssen zwar nichts dauerhaft ansammeln, aber sie können später im Leben noch immer aufsaugen. Wenn ein Kind korpulent ist, kämpft es ein Leben lang gegen Übergewicht. Was Ernährung anbetrifft, ist dies das Wichtigste, was im Moment in Kuba eine Rolle spielt. Derzeit probieren die Jugendlichen all diese ausgeflippten Diäten aus.«

Nitza Villapols Karriere hatte 1951 begonnen, als Kuba, eines der ersten Länder mit Fernsehen, erstmals ein regelmäßiges Programm ausstrahlte. Nitza gehörte zur Garde des ersten Jahres und brachte ihre Studioküche seit jener Zeit in die Wohnstuben. Soweit ich gehört habe, moderiert sie die am längsten laufende Fernsehsendung der Welt. Sie hatte auf dem College Erziehung und Hauswirtschaft belegt und Kurse in Ernährungswissenschaft hinzugenommen. »Ich verspürte den Drang, mehr zu lernen. Ich arbeitete bereits beim Fernsehen. Sie nannten mich Kubas Betty Furness. Ich verkaufte Produkte von Leonard, RCA Victor und Stokley Foods. Ich bot Mixer von Osterizer und Pfannen von Sunbeam an.« Nitza lächelte zum ersten Mal, seit ich ihre Wohnung betreten hatte.

Ihr Programm, *Cocina al minuto*, wurde 1958 täglich ausgestrahlt. »Ich hatte nicht die geringste Ahnung, was die Revolution war. Ich hatte keine persönliche Beziehung dazu, außer dass drei meiner Freunde ein Schriftstück unterzeichnet hatten, das Veränderungen forderte. Man war gewöhnt, erwachsene Männer und Frauen Mülltonnen nach Essbarem durchwühlen zu sehen.

Während viele Menschen hungern mussten, aßen die reichen Leute in Cienfuegos Hummer und Riesengarnelen und tranken kräftigen Kaffee. Jetzt werden alle guten Sachen exportiert. Ich würde mich *liebend gern* zu Steak mit Kartoffeln und Tomatensalat niederlassen, mit Käsekuchen als Nachtisch. Und wenn es ein Porterhouse-Steak wäre, umso besser. Aber stattdessen haben wir immerhin Schulen und Krankenhäuser.«

»Wie dem auch sei, meine Freunde haben Kuba alle verlassen, als sie begriffen, dass es kommunistisch ist. Ich hatte ein Hausmädchen, und sie sagte: ›Schauen wir mal, ob Sie noch so froh sind, wenn sie Ihnen wegnehmen, was Sie haben.‹ Ich erwiderte: ›Lolita, das können sie nicht. Ich arbeite mit meinem Kopf und meinen Händen, ich beute niemanden aus.‹« Nitza holte sich ein Glas Wasser.

»Ich mag Fernsehen. Das tue ich wirklich. Ich kommuniziere gerne mit der Öffentlichkeit. Ich bin eine Lehrerin. Und ich unterrichte gern. Der Weg zu guter Ernährung ist schwer. Viele Menschen denken, die abendländische Küche sei die einzig Wahre. Tierische Eiweiße und so weiter. Ich könnte jeden Tag meines Lebens Reis essen, weil ich eine Kubanerin bin, aber ich glaube nicht, dass ein Tourist das könnte.« Sie lehnte sich zurück und plauderte zum ersten Mal, seit wir mit dem Interview begonnen hatten, wirklich lebhaft. »Ich mag vorgekochten Reis, aber die meisten Kubaner tun das nicht. Er ist etwas gelblich und nussig. Ich habe nicht so viele Probleme wie die meisten Kubaner, weil meine Essgewohnheiten internationaler sind. Ich mag Fisch, Gemüse und Fleisch. Ich mag sehr schlicht zubereitetes Essen.«

Einmal rief Gabriel García Márquez bei ihr an. »Ich fand nicht heraus, warum, aber er wollte mich interviewen.« Verschwörerisch flüsterte sie: »Ich mag seine Bücher nicht. Noch nicht einmal *Hundert Jahre Einsamkeit* konnte ich zu Ende lesen. Ich atme gerne, während ich ein Buch lese. Ich mochte sein Buch über Bolívar, aber Belletristik mag ich nicht besonders. Es stellte sich dann heraus, dass er über Nahrung recherchierte und einen Rat brauchte.«

In ihrem Büro herrschte ein gemütliches Chaos. Die Bücherregale standen voller Kochbücher, Bücher über Ernährung, guter Literatur. Sie hob *Elena's Secrets of Mexican Cooking* von Elena Zelayeta als eines ihrer Lieblingskochbücher hervor, auch *Love and Knishes* von Sara Kasdan zählte dazu. Auf ihrem Tisch stand eine tragbare *Remington*. Den Schriftstellerverband gegenüber eingeschlossen, erklärte ich, beherberge dieser Block einige der besten Bücher, die man im Land finden konnte. »Die UNEAC ist Scheiße«, war ihre Antwort. Sie ging zum Fenster hinüber und blickte voller Verachtung hinunter. »Jeden Tag meines Lebens muss ich auf dieses Gebäude schauen. Seit 40 Jahren bin ich bei Radio, Fernsehen und Film. Ich habe mehr als ein Buch und zahllose Artikel geschrieben. Und als ich mich um eine Mitgliedschaft bewarb, haben sie mich abgelehnt.« Sie schlug ihre fröhliche, sarkastische Stimme an. »Sie meinten: ›Sie sind eine Unterhaltungskünstlerin, keine Schriftstellerin.‹« Wäre das Fenster offen gewesen, sie hätte auf das Grundstück der UNEAC gespuckt.

1965 war Nitza als Mitglied eines Expertenteams der Vereinten Nationen nach London und Afrika gereist. »Ich habe fast vier Monate am Queensway in London gewohnt. Das Britische Museum befand sich in der Nähe meines Arbeitsplatzes. Englisches Essen – es ist schlecht und geschmacklos. Ich aß gewöhnlich in einem italienischen Restaurant zu Mittag.« Leises Stöhnen drang aus dem Nebenraum, Nitza entschuldigte sich, um nach ihrer Mutter zu sehen.

Ihr Radio stand im Schlafzimmer. »Ich höre BBC und Kurzwelle aus Kanada und der englischen Karibik, damit ich etwas Englisch höre. BBC ist ein guter Sender.«

Nitzas Vater, ein Kubaner, lebte in den 20er Jahren in New York, wo er ihre Mutter traf, eine kubanische Waise, die von Nonnen in einem Dominikanerkloster in Texas aufgezogen worden war. Er arbeitet bei Macy's in der Exportabteilung für Lateinamerika. »Nach dem Börsenkrach verlor er seine Stelle. Zwei seiner Brüder unterhielten enge Kontakte zu dem Diktator Machado. Einer war dessen Privatsekretär, der andere der Chefbutler des *palacio.* »Mein Vater neigte der politischen Linken zu. Darum ist mein Name Nitza – es ist ein russischer Name. Oder zumindest glaubte das mein Vater. Er gab ihn mir zu Ehren der Oktoberrevolution. Nach dem Job bei Macy's mussten mein Eltern alles verkaufen, was sie besaßen, um die Familie zu ernähren, und mein Vater verkaufte auf den Straßen Eskimo Pies –Vanilleeis mit Schokoladenüberzug. Er kaufte sie am Morgen, und wenn er sie nicht verkaufen konnte, aßen wir sie am Abend. Oft bekamen wir nichts anderes. Das war während der Wirtschaftskrise. Ich war ein sehr dickes Kind.« Sie grinste breit. »Mein Vater sprach gut Englisch, hatte aber einen ausländischen Akzent. In der Schule nannten sie mich eine ›spanische Zwiebel‹. Einmal kam er in die Schule, um mich abzuholen, und ich lief weinend zu ihm. ›Sprich kein Spanisch, Papa, sprich kein Spanisch.‹ Am Wochenende ging er mit mir zu den Palisades – der Steilküste von New Jersey – oder in den Zoo in der Bronx. Er dachte so oft an Kuba. Als er begriff, was die anderen Kinder mir antaten, ging er jeden Sonntag mit mir zum Museum für spanische Kunst beim Riverside Drive. Ich erinnere mich, wie er sagte: ›Das ist deine Kultur. Schäme dich niemals deiner Herkunft.‹«

»Mein Vater wollte nicht nach Kuba zurück, so lange Machado Präsident war, aber meine Mutter sagte: ›Wenn du hier bleiben willst, bitte, aber ich gehe zurück. Kein Winter in New York mehr für mich. Also verkauften wir all unsere Winterkleider und buchten eine Überfahrt dritter Klasse. Das war im Juli 1933. Frauen und Kinder befanden sich in einem Bereich, Männer in einem anderen. Wir waren *aplastados,* zusammengepfercht.« Die Erinnerung ließ Nitza sanft schluchzen. Drei Tage segelten die Villapols auf der *Orizaba,* dem gleichen Schiff, von dem aus ein Jahr zuvor der 32-jährige Schriftsteller Hart Crane in den Tod gesprungen war. »Mein Vater weinte, als wir in den Hafen einliefen. Wir konnten die kleinen Kinder der Schwarzen sehen, die für einen Penny in die schmutzige Bucht sprangen. Die armen kleinen Kinder waren fast nackt, unterernährt und ohne Schuhe. Wir kamen in Kuba nur ein paar Tage vor Machados Sturz an. Ich war neun.«

Señor Villapol verkaufte Versicherungen und leitete eine Druckerei, in der er eine Zeitung der Kommunistischen Partei druckte. Zu seinen Kunden zählte Carlos Rafael Rodríguez, heute der Vizepräsident des Landes.

»Er bat mich nie, meine amerikanische Staatsbürgerschaft aufzugeben oder Kubanerin zu werden, aber als ich volljährig wurde, tat ich es ohnehin. Er war so glücklich.«

»Für die Arbeit im Untergrund war er nicht geeignet, aber wenn die Partei einen Strohmann brauchte, um ein Haus als Zuflucht zu mieten oder ein Büro, um von dort aus zu arbeiten, dann besorgte er es. Nachdem Batista geputscht hatte und dann Fidel die Monarchie angriff, fragte ich: ›Was hast du vor, willst du dich diesem Verrückten anschließen?‹ Ich meinte selbstverständlich Fidel. Batistas Putsch warf das Land um Jahre zurück.«

Sie stand abrupt auf. »Lassen sie mich Ihnen etwas geben. Kommen Sie mit.« Sie führte mich um die Ecke in die Küche. »Ich bin eine freundliche Person, aber ich weiß, ich kann verrückt sein. Hier.« Sie zog eine Grapefruit aus einer Tasche. »Wir haben die besten Grapefruits der Welt. Unser einziger Konkurrent ist Israel.« Sie presste den Grapefruitsaft in zwei Gläser. Ihre Spüle quoll vom Geschirr der letzten Woche über. Jede Ablage war übervoll mit ungewaschenen Töpfen und Pfannen, geöffneten Packungen, verschüttetem Essen, Resten und eingetrockneten Flüssigkeiten. In der am meisten beneideten Küche der Antillen herrschte ein grässliches Chaos. »Am Wochenende räume ich auf. Vielleicht muss ich jemanden anstellen. Es wird zu viel für mich, das Haus und meine Mutter. Früher habe ich mein Bad und meine Küche mit dem Zahnstocher gereinigt. Jetzt hat man mir erzählt, dass wir nach Neujahr kein Reinigungsmittel haben werden, weil so viel davon exportiert wird.«

»Womit werden Sie putzen?«

»Seife! Ich erinnere mich an die Zeiten vor Reinigungsmitteln, als alles mit Seife gereinigt wurde.« Sie griff in eine Tasche und zog Cracker hervor. »Und ohne Reinigungsmittel waschen wir unsere Sachen mit *hoja de maguey*, Agavenblättern. Ihr Saft ist wie Seifenwasser und die Faser wie ein *estropajo*«, eine Bürste. »Der einzige Härtefall, den ich nicht ertragen werde, ist, wenn wir die Fahrstühle ausschalten müssen. Die vier Stockwerke wären eine Last. Ich hatte mit 22 Kinderlähmung. Gehen fällt mir schwer. Sich um meine Mutter und das Apartment zu kümmern, ist mühsam. Aber das kubanische Volk wird sich nicht ergeben. Wir werden nicht zurückweichen. Wir werden überleben. Das mag hart sein, aber es ist möglich.«

Sie öffnete ihren Kühlschrank. »Manchmal fällt bei uns für zwei oder drei Tage der Strom aus und alles, was im Kühlschrank steht, verdirbt.« Sie nahm einen Kuchen heraus und schnitt zwei Stücke ab. Dann stellte sie den Kuchen, die Kekse und den frischen Grapefruitsaft auf ein kleines Tablett und wir gingen zurück ins Wohnzimmer.

»Nach unserem Weggang bin ich noch ein Mal in New York gewesen. Ich war im Cloisters und nahm ein Taxi in die Innenstadt. Ich sagte dem Fahrer, er möge langsam fahren, wenn wir die 137. Straße durchquerten. Er fragte mich, weshalb, und ich erzählte ihm, dass ich dort gelebt hatte. Er sagte: ›Lady, Sie würden da heute nicht einmal bei Tag rumlaufen wollen.‹«

Sanfte Abenddämmerung strömte durch das Fenster und tauchte das Zimmer in ein angenehm gedämpftes Licht. Oder, um es anders zu sagen, es war schon fast dunkel und Nitza hatte das Licht noch nicht eingeschaltet.

»Ich glaube, wenn ich jetzt zurückkehren würde, würde ich meine gesamte Zeit in Theatern und Museen verbringen und beim Schaufensterbummel auf der Fifth Avenue. Es gibt dort sonst nicht viel, was sich lohnen würde, nicht wahr. Würde ich nicht auf Kuba leben, würde ich in San Francisco oder Rom leben wollen.«

Der frisch gepresste Grapefruitsaft war köstlich.

»Die Sendung der letzten Woche behandelte Grapefruits. Ich arbeite nie mit einem Skript. Ich gehe einfach ins Studio und rede. Es kann vorkommen, dass ich ein Rezept wiederhole, aber was ich sage, unterscheidet sich. Ich lese. Ich lese viel. Das ist meine ganze Vorbereitung. Ich liebe das Lesen.«

Nitza hat für ihre Anpassung an die Marktsituation das Lob dreier Generationen von Kubanern geerntet. Wenn Tomaten rationiert sind oder Mangos in Massen aus den Marktkörben quellen, weiß sie Bescheid und passt ihre Sendung entsprechend an. Ihre Nahrungsmittel stammen vom Markt und aus der Bäckerei in der Nachbarschaft, nicht vom gut ausgestatteten *Diplomercado*, wo sie, wenn sie das Privileg wollte, ihre Lebensmittel sicherlich kaufen könnte. *Cocina al minuto,* damals wöchentlich am Sonntagmorgen ausgestrahlt, könnte wie *Granma* sein und vorgeben, Kürzungen existierten nicht, aber ihr Publikum weiß: Sie verwendet nur die Zutaten, die allen zugänglich sind.

Einmal führte sie das Brotbacken vor. Dabei erwähnte sie, dass Kuba seinen Weizen importieren müsse, während ein ungenanntes Land im Norden seine Farmer tatsächlich dafür bezahle, *keinen* Weizen anzubauen.

Wir beendeten unseren Imbiss. »Wann immer ich Suppe mache, tue ich Rum hinein. Gibt es nicht Leute, die Sherry in die Suppe geben? Warum nicht Rum? Kürzlich habe ich in einer regnerischen Nacht auch Rum an die Muschelkremsuppe aus der Dose getan. Es war drei Jahre alter Rum. Wäre er sieben Jahre alt gewesen, hätte sie noch besser geschmeckt. Sieben Jahre alten Rum kann man in allen Gerichten verwenden, die mit Sherry oder Brandy zubereitet werden sollten.«

Endlich schaltete sie das Licht ein.

»Sie *müssen* sich die prähistorischen Wandbilder von Viñales ansehen.« Ich hatte Nitza verraten, dass ich bald in die Provinz Pinar del Río reisen wolle. »Vor der Revolution hieß Pinar del Río ›La Cenicienta‹«, Aschenputtel, »weil die Region sehr arm war. Ich war einmal dort und erinnere mich an einen Jungen, der mit seinem Messer Zuckerrohr schälte, und an ein Mädchen auf einer Schaukel. Es gab einen Unfall, und sie verlor ein Auge. Ihre Mutter meinte: ›Ein Auge reicht.‹ Es war eine sehr ärmliche Gegend. Früher war die einzige Hoffnung ein Lotterielos. Es herrschte ein solch krasser Unterschied zwischen den Armen und der Mittelklasse. In der Zeit der Revolution musstest du entscheiden, ob du auf der Seite des Volkes standest oder bei denen, die das Volk ausbeuten. Es ist relativ leicht, eine Diktatur zu stürzen, aber schwer, eine Gesellschaft aufzubauen. Es ist sehr bedauerlich, dass der so genannte American Way of Life viele Menschen blendet. Die meisten meiner ›Freunde‹ haben das Land verlassen. Ich konnte das nicht, wegen der Art und Weise, wie ich erzogen worden war. Ich erinnere mich an den Tag, an dem Fidel mitteilte, dies werde eine sozialistische Gesellschaft. Aha, sagte ich, davon hatte mein Vater gesprochen. Er ist zwei Jahre vor der Revolution gestorben.«

Das Telefon klingelte, aber der Anrufer legte auf, bevor Nitza das Telefon in der Küche erreichen konnte.

»Wir haben immer noch schwere Zeiten vor uns. Wir haben viel getan, aber wir hätten mehr tun können. Was wir erreicht haben, ist nicht umkehrbar. Der einzige Fehler von Allende in Chile war, die Armee in den Händen der alten Generäle und ihrer alten Anhänger zu lassen. Ich erinnere mich, dass Fidel nicht nach Havanna kam, bevor die alte Garde abgezogen war. Sture Männer! *No se puede dejar la iglesia en manos de Lutero.*« Die Kirche kann man nicht in Luthers Händen lassen.

»Fidel verfügte über eine Bauernarmee. Die Leute waren Analphabeten, aber sie hatten für die Revolution gekämpft, um frei zu sein. Lenin sagte einmal, dass keiner seiner Zeit entkommt. Ich glaube, wenn man etwas wahrhaft liebt, bleibt man dabei. Darum muss eine Revolution vom Volk ausgehen. Ich war ein Gründungsmitglied der Federación de Mujeres Cubanas«, des Kubanischen Frauenverbandes, »und des Comités de Defensa de la Revolución«, des Verteidigungskomitees der Revolution, »die ersten Jahre der Revolution war viel dorniger, als dies heute der Fall ist. Aber mit Hilfe der UdSSR haben wir überlebt. Ich bin kein Mitglied der Kommunistischen Partei, aber meine Gefühle sind die der Kommunistischen Partei.«

»Ich kann verstehen, wenn es Leuten, die das Land vor 1959 nicht gesehen haben, hier nicht gefällt. Die Menschen haben Mülleimer nach Essen durchwühlt. Ganze Familien lebten auf der Straße. Ich hatte einen Abschluss als Lehrerin und konnte fünf Jahre lang keine Stelle bekommen, weil es einfach nicht genug Schulen gab. Und das bei so viel Analphabeten! Man muss das erlebt haben, um es zu verstehen. Es ist nicht leicht hier. Wir wissen nicht, was zwischen heute und dem Jahresende passieren wird. Wir durchleben eine ›Besondere Periode‹. Fidel hat das gesagt.« Sie lachte.

»Viele Leute denken, dass diese Regierung gestürzt wird. Aber eine wahre Revolution gibt vielen Menschen so vieles – Menschen, die nie Schulen oder Krankenhäuser hatten oder die ihrer Hautfarbe wegen diskriminiert wurden.«

Nitza hatte sich fünf Stunden mit mir unterhalten. »Ich frage mich, ob Sie in mir eine Fanatikerin sehen. Denn ich bin, allen Problemen zu Trotz, sicher: Was dieses Land tut, ist richtig. Ich bin überzeugt, wir sind auf dem richtigen Weg.«

Am nächsten Tag war ich von meiner Marathonsitzung mit Nitza erschöpft, kaum fähig, eine Zeitung oder gar eine Unterhaltung zu erfassen. Es war ein Tag für unbekümmerte Aktivität, Besorgungen, Spaziergänge auf dem Malecón, ein Buch, Warten in der Schlange. Letzteres konnte ich vor der Sozialismus-oder-Tod-Bäckerei tun, an der das folgende handgeschriebene Schild angebracht worden war:

BEKANNTMACHUNG
INFOLGE DER BESONDEREN PERIODE, DIE HEUTE BEGINNT, KÖNNEN WIR NUR ZWEI PFUND BROT PRO PERSON VERKAUFEN. DIE PRODUKTION VON SCHNITTBROT WIRD UM 30% GEKÜRZT.
DANKE

Wenn ich mich im *supermercado* direkt nach der Milchlieferung anstellte, konnte ich noch immer einen Liter Milch auf dem freien Markt kaufen. Der Verkäufer dort kannte inzwischen mein Gesicht und verkaufte mir eine Flasche, nachdem er einen Fremden vor mir abgewimmelt hatte. Manchmal lohnte es sich, *el último* zu sein.

Die Morgenstunden des Sozialismus-oder-Tod-*agromercado* waren vorüber, und er würde nicht vor dem späteren Nachmittag wieder öffnen. Auf meinen Weg zurück zum Malecón stoppte ich kurz beim Orquesta Sinfónica Nacional, um Jesús eine Nachricht zu hinterlassen. Der Mann am Empfang, schon halb den Flur hinunter, fragte, wer der Gesuchte sei. »Er ist ein *oboista* im Sinfonieorchester.«

»Was? Ein *comunista* im Sinfonieorchester?«

»Nein, nein, nein. Ein *oboista.*« Ich demonstrierte ein paar Noten auf der Luftoboe. »Kein *comunista.*«

La Plume hatte keine Post für mich, aber sie ließ mich nicht aus dem Büro fort, bevor sie nicht alles über meinen Besuch bei Nitza erfahren hatte. »Ich war mir sicher, Sie würden fünf Minuten nach mir draußen sein.« Sie war ganz Ohr. »Wie ist sie so?« La Plume war auf Einzelheiten gespannt. Nitzas Tränen und Bitterkeit waren mir noch frisch in Erinnerung.

»Sie ist eine sehr komplizierte Frau«, sagte ich und beließ es dabei.

La Plume verfügte über einen Stapel Freikarten für den Kinofilm *Hello, Hemingway*, der am Abend im Cine Yara Premiere hatte. »Möchten Sie zwei Tickets?« Ich ging nach Hause und lud Fernando Campoamor ein, den Film mit mir anzuschauen.

Auf dem Uferdamm des Malecón sitzend, begann ich *Die Mambo Kings spielen Liebeslieder* von Oscar Hijuelos zu lesen. Ein *Buch en su jus* zu lesen, gefällt mir, und Kuba war der *jus* der Mambo Kings. Ein gut geschriebener Roman inspiriert zu literarischer Detektivarbeit. Die Möglichkeiten potenzieren sich mit jedem Straßennamen, jedem Baum und jedem Geruch. Ein großartiges Buch für die Veröffentlichung auf Kuba. Die Gebrüder Castillo waren *puros cubanos*, ganz gleich, in welchem Land sie lebten. Sie würden ihre *cubanidad*, vulgär und poetisch, noch mit ins Grab nehmen. Die Herausgeber in Havannas Verlagswelt waren mit dem Buch vertraut, blieben aber vage in Hinblick auf eine Veröffentlichung in Kuba. In Spanien war eine Übersetzung erschienen und ich hoffte, einige Exemplare als Geschenk für Freunde aufzutreiben.

Ich unterbrach die Lektüre, als ich zu dem Abschnitt über den Imperial Ballroom in Brooklyn kam, und wanderte Richtung Osten zum Prado. Obwohl ich die Strecke in den letzten Monaten regelmäßig zurückgelegt hatte, bemerkte ich erstmals ein Schild neben der Unterführung, die den Gehweg am Meer mit der Stadt auf der anderen Seite verband.

SCHÜTZEN SIE IHR LEBEN,
BENUTZEN SIE DIE FUSSGÄNGERUNTERFÜHRUNG.
DURCH ÜBERQUEREN DER STRASSE GAB ES BEREITS
ZWEI TOTE UND 13 VERLETZTE.

Ein paar Blocks weiter bepinselte eine Gruppe der Liga der Jungkommunisten sorgfältig eine Wand mit der jüngsten dynamischen Wortschöpfung: CUBANOS COMO LAS PALMAS, was in etwa »Kubaner sind frei wie Palmen« bedeutete.

Ich entdeckte Fernando Campoamor in der Traube vor dem Kinotheater und holte ihn ein, als wir das Foyer betraten. Während wir darauf warteten, dass *Hello, Hemingway* begann, erklärte er, wie es zu seiner Begegnung mit Hemingway gekommen war. Der Sturz von Machado im Jahr 1933 hatte wenig an einem in Kubas Mittel- und Oberschicht verwurzelten Brauch geändert – nach wir vor schickte man seine Kinder in eine Schule in den Staaten. Die Campoamors meldeten Fernando und seinen Bruder für ein Semester an der Highschool in Lake Charles, Louisiana, an. »Dort in der Schule schrieb ich ein kleines Buch über Kubas Tragödie und seinen Krieg gegen

Spanien und den US-amerikanischen Imperialismus. Am Wochenende gab es in Lake Charles nichts zu tun, und ein Lehrer schlug eines Sonntags vor, wir sollten mit dem Bus nach Oxford, Mississippi, fahren, um William Faulkner kennen zu lernen.« Campoamor winkte einigen Freunden unter den Premierenbesuchern zu.

»Wir wagten kaum, die Treppe zum Haus hinaufzugehen. Mit unserem schrecklichen Englisch – doch Faulkner taten die beiden kubanischen Kinder leid. Als er hörte, dass wir nach dem Halbjahr nach Havanna zurückkehren würden, schrieb er einen Brief an Hemingway und John Dos Passos, er lebte damals auch in Havanna. Ernest und John. Stell dir vor, ein kubanischer Teenager. Ich hatte Gänsehaut. Als wir wieder in Havanna waren, ging ich zum Ambos Mundos Hotel, wo beide wohnten. Mein Herz pochte. Ich war sehr aufgeregt. Als wir uns trafen, bekam ich einen *abrazo*«, eine Umarmung, »von beiden. Ich trank ein Bier mit ihnen, dann einen Rum, dann einen Scotch. Ich war doch noch ein Kind! Ich nannte Hemingway Mister, nicht *señor*. Erst viele Jahre später nannte ich ihn Papa. Das war besonderen Leuten vorbehalten.« Der Film fing an.

Hello, Hemingway war ein glatter, durchschnittlicher Film im gängigen Hollywoodstil. Die Geschichte folgte der 15-jährigen Larita aus der Arbeiterklasse, die eine Highschool besucht und im Jahre 1956 in der Nähe des Hemingway-Anwesens in San Francisco de Paula, einem Dorf ein wenig östlich von Havanna, lebt. Ihr fällt ein Exemplar von Hemingways *Der alte Mann und das Meer* in die Hände, sie verliebt sich in das Buch und identifiziert sich mit der Allegorie des Menschen, der den Widerständen trotzt. In der Schule sind ihre Leistungen in Englisch erstklassig, und sie kommt in die engere Wahl für ein USA-Stipendium.

Sie unterliegt in der letzten Runde des Wettbewerbs, als die hochnäsige Stipendienverwalterin ihr, als Endrundenteilnehmerin von einer schlichten Volksschule, verächtlich begegnet. Zwischenzeitlich wird ihr Vater, ein Polizist, gefeuert, was zu Hause schweres Unheil anrichtet. Stolz auf ihre Nachbarschaft zur Finca la Vigía, dem Anwesen Hemingways, erlaubt sich Larita, ihren berühmten Nachbarn zu besuchen. Und was würde sie sagen, sollte sie tatsächlich vor dem Mann stehen, den sie verehrt? »Ich weiß nicht«, sagt sie mit nervösem Kichern: »Hallo, Hemingway?« Als sie schließlich zu seiner Haustür gelangt, wird sie von Hemingways Diener davongejagt. Später, als sie sieht, wie Ernesto im Auto an ihr vorüberchauffiert wird, treffen sich die Augen der scheuen 15-jährigen kubanischen Schülerin und die des 55-jährigen Nobelpeisträgers.

Larita, gespielt von Laura de la Uz, wohnt in einem typischen Teenagerzimmer, tapeziert mit einem Bild von Elvis, James Dean, Fabian und Frankie Avalon. Sie sieht Hemingway im *Life Magazin* und hängt sein Bild dazu. Ein hässlicher Streik gegen Batista an ihrer Highschool sorgt mitten in ihrer intellektuellen Entwicklung für Verwirrung. Das bittersüße Ende zeigt eine ermutigte Larita, bereit, der Zukunft entgegenzutreten.

»Na ja, sie haben die richtige Sprache für dieser Ära verwendet«, bemerkte Campoamor, als wir das Kino verließen. »Schuldemonstrationen liefen wirklich ab wie gezeigt. Der Mann, der die Tür der Finca öffnete? Er war wie ein Sohn für Papa. Hemingway hat ihm vollständig vertraut. Er war sein Majordomus, René Villareal. Er führte seine Bücher, entlohnte den Gärtner und den chinesischen Koch. Er hatte sieben oder acht Arbeiter und einige Kühe. René stand Pate für Mario in Hemingways *Inseln im Strom.* »Wollen Sie nicht vorbeikommen, wenn Sie aus Pinar des Río zurück sind? Ich habe einige Andenken an Hemingway, die ich Ihnen gerne zeigen würde.«

Was war das? Ein nationaler Drachenflugtag? Ich konnte mich nicht erinnern, etwas von José, Vladimir oder Fidel über Drachen gelesen zu haben, aber Scharen von Kindern ließen sie über La Lisa, einem westlichen Vorort von Havanna steigen, als ich den Ort – auf dem Weg nach Pinar del Río, 160 Kilometer von Havanna entfernt – passierte. Werktagsschlangen füllten die Gehwege von La Lisa ebenso wie die in den anderen Stadtteilen; vielleicht ein wenig länger. Die Schlange vor einem Warenhaus erstreckte sich mindestens über einen halben Block, fast ebenso lang war die Schlange vor einer öffentlichen Bibliothek, und eine Gruppe von Leuten stand in ihrer Mittagszeit vor der Pizzeria El Globo bis zum Ende des Blocks an.

Ein Pärchen, beide Studenten an der Universität von Pinar del Río, winkte mich heran, als ich auf die *autopista* fuhr. »Was halten Sie von Kuba?«, fragte das Mädchen.

Diese Frage folgte unweigerlich dem ersten »Woher kommen Sie?«, und ich hatte meine stenogrammartige Antwort schon parat. »Es ist ein wunderschönes und mit schweren Problemen beladenes Land«, erwiderte ich – eine Antwort, die nicht nur beide Pole abdeckte, sondern auch einer Meinung entsprach, hinter der ich stand. Ich fragte sie, was sie denn von meinem Land hielten.

Der Junge antwortete: »Wir haben beide Verwandte in den Vereinigten Staaten, aber wir waren noch nie da, also haben wir keine echte Vergleichsbasis. Aber, soweit wir wissen, ist es okay.«

Die Autobahn besaß sechs asphaltierte Spuren; am Straßenrand hingen zahlreiche Parolen. DIE REVOLUTION BEGINNT IM HERZEN, lautete eine. Ein Plakat zeigte eine Ärztin mit einem kleinen Jungen in den Armen. SCHÜTZT DAS LEBEN! riet die Bildunterschrift. Ein paar Kilometer weiter hielt die Comicfigur eines Jungen ein Sparbuch in der Hand. SEINE ERSPARNISSE WACHSEN. Wir überholten einen Mann, der mit der rechten Hand sein Fahrrad lenkte und mit der linken seinen Lederhut fest hielt. Gegen seinen Oberschenkel schlug eine Machete. Weiße Vögel erhoben sich in die Lüfte und landeten auf den Rücken von Kühen, die sich in matschigen braunen Teichen suhlten. Das nächste Plakat verkündete: CHE LEBT. Es zeigte ihn in der berühmten Pose, leicht über den Horizont blickend, als habe er einen Knick im Nacken.

Ich quartierte mich im Hotel Pinar del Río ein. Auf die Mauern der Universität gegenüber hatte jemand USA-feindliche Sprüche gemalt. Man beschrieb mir den Weg zur Zigarrenfabrik Francisco Donatién. Das Gebäude ist ein altes, ehemals elegantes Bauwerk mit Säulen und Bögen vorne und einer Bauernhofausrüstung in musealer Qualität im Innenhof. Es gab einen großen Raum mit Platz für 80 Arbeiter und ein paar Nebenräume für Blattmischer, Qualitätskontrolleure und als Lager. An den Hauptraum grenzte ein Verkaufsraum, an den Wänden hingen Tabakproben verschiedener Qualitäten mit Beschreibungen der Sorte und Verfügbarkeit. Die Poster sahen aus wie Ausstellungsstücke einer Wissenschaftsmesse. Jeder Arbeiter benutzte eine *chaveta*, ein gerundetes Allzweckmesser, mit dem die Blätter geschnitten, das Umblatt geglättet, loser Tabak gestopft und die fast fertige Zigarre beim Versiegeln des Deckblatts fest gehalten wird. Die Arbeitsbänke, *galeras* genannt, enthielten alle Werkzeuge, die zur Herstellung der noblen handgefertigten Genussmittel nötig waren. Jeweils zwei Arbeiter saßen nebeneinander an einer *galera*, neben sich einen kleinen Haufen loser Tabakblätter, in der Nähe einen Stapel größerer Blätter, *capas*, zum Umhüllen der Zigarren. Die *galeras* waren abwechselnd in Zweiergruppen von rund 15 Reihen angeordnet. Ein betäubender Geruch von erntefrischem Tabak verbreitete sich im Arbeitsraum. Dort traf ich Alberto Zubizarreta Fernandéz, der mein Führer sein würde.

»Darf ich um Ihre Aufmerksamkeit bitten«, rief er über den Lautsprecher am Eingang des Raumes. Einige Arbeiter schauten auf; die meisten hielten ihren Blick auf ihre Zigarren gerichtet. *»Wir haben die Ehre eines Besuchers, der sich für unsere Arbeit interessiert. Er ist ein nordamerikanischer Schriftsteller. Lasst uns ihm unser Können zeigen und ihn begrüßen.«* Zubizarreta war fertig, der Raum bebte unter dem Beifall der Zigarrendreher: Jeder Arbeiter nahm dazu seine *chaveta* und schlug damit schnell gegen die *galera*, was einen trommelartigen Lärm erzeugte, ähnlich dem, den ein paar Baseballschläger aus Aluminium hervorrufen, die man an einem Zaun entlangzieht. Je länger der Lärm anhält, desto willkommener ist man.

Zubizarreta – in meinen Notizen nannte ich ihn Zubin Z. Metha – berichtete, dass das Gebäude nach 1868 ein Gefängnis gewesen war, »aber direkt nach dem Sieg verwandelte die Revolution es in eine Zigarrenfabrik. Sie ist ein Nationaldenkmal. Allein in dieser Fabrik drehen wir mehr als drei Millionen Zigarren pro Jahr. Ein guter Dreher kann in einer Stunde mehr als ein Dutzend Zigarren rollen. Wir arbeiten ab 7.30 Uhr bis mittags und von 13.00 Uhr bis 16.30 Uhr mit zwei 15-minütigen Pausen. Samstags arbeiten wir ebenfalls bis zum Mittag. Die Arbeiter erhalten am Morgen Brot und heiße Schokolade. Und sie bekommen hier für weniger als 50 Centavos ein Mittagessen. Wir fertigen sechs unterschiedliche Qualitäten von Zigarren, alle für den Verbrauch im Inland.« Er war mit seiner Vorführung am Ende, und ich wanderte zwischen den *torcedores*, den Drehern, umher und sah ihnen bei der Arbeit zu. Christoph Kolumbus entdeckte auf der Insel Indianer, die Tabak rauchten. Den Berichten des Historikers Hugh Thomas zufolge brachte der italienische Seefahrer den Tabak und die Syphilis mit nach Europa. Zigarren haben Kuba eine Identität, Stolz und eine harte Währung geschenkt. Wilde Debatten drehen sich um die Frage, ob die Qualität der Zigarren aus kommunistischer Produktion so gut ist wie die unter einem kapitalistischem Regime hergestellten Produkte, aber niemand geht so weit, das Beste, was Kuba noch heute zu bieten hat, zu schmälern. Der hochwertigste, feinste Tabak, den Kuba anbaut, wächst in San Juan y Martínez; von PdR – Pinar del Río – aus fährt man nur wenige Kilometer die Straße hinunter.

Bekannte Zigarrenraucher haben immer das Image einer Havanna gesteigert. Arthur Rubinstein schrieb nach dem Besuch von Havanna: »Kein Zigarrenliebhaber kann sich das sinnliche Vergnügen vorstellen, in einem Café zu sitzen, langsam einen hervorragenden, starken Kaffee zu schlürfen und rhythmisch diese göttlichen Blätter Kubas zu paffen.« Es heißt, in den 20er Jahren habe der König von Spanien in Havanna seinen eigenen Zigarrendreher gehabt. Von Federico García Lorca behauptet man, er habe als Jugendlicher von Kuba geträumt, wenn er die faszinierenden Etiketten auf den Zigarrenkisten seines Vaters betrachtete. In den 50er Jahren flog der Komiker Ernie Kovacs übers Wochenende nach Kuba, nur um seinen Humidor aufzufüllen. John Kennedy und sein Presseattaché, Pierre Salinger, rauchten beide Petit Uppmans, und eines Nachmittags – die Beziehungen zwischen Kuba und den USA wurden bereits zunehmend kritischer – bat der Präsident seinen Adjutanten, so viele Uppmans wie möglich zu besorgen. Am nächsten Tag fragte der Präsident, wie viele Salinger habe beschaffen können. 1200, lautete die Antwort. Auf Salingers Worte lächelte JFK und sagte: »Gut.« Und damit zog er den Beschluss hervor, der das Handelsembargo gegen Kuba in Kraft setzte, und unterschrieb ihn.

Kubanische Zigarren haben auch zwei exzellente Bücher hervorgebracht, eines geistreich, das andere weise; Guillermo Cabrera Infantes *Rauchzeichen* und *Tabak und Zucker - Ein kubanischer Disput* von Fernando Ortíz. Cabrera Infante beschreibt, wie er auf einer Rinderfarm John Fords *Westlich St. Louis (Wagonmaster)* im Fernsehen sah. Fidel, der seit der Highschool Zigarren rauchte, betrat den Raum und fragte: »Wer hat eine Zigarre?« Der Autor, der vier Stück in seiner Tasche trug, bot dem Präsidenten eine an. »Gerade, als die Handlung des Films ihn zu fesseln begann..., fragte Castro nach einer zweiten Zigarre. Dann nach der dritten. Glücklicherweise wusste ich, dass *Westlich St. Louis* Fords kürzester Western war, kaum 90 Minuten lang. Bald würde er zu Ende sein. Castro stand auf, zwei Meter von mir entfernt, komplett mit Uniform und mit Pistolen, und bemerkte: ›Zu viele Lieder und nicht genug Indianer‹... Bevor er ging, wandte er sich zu mir um und sagte: ›Ich sehe, es ist noch ein Indianer übrig.‹ ... Er meinte meine letzte Zigarre. Er sprach von ihr, als sei sie ein weiterer Apache. ›Stört es Sie, wenn ich ihn mir ausleihe?‹ Was konnte ich schon sagen? Von mir aus gern, *comandante*? Ich lieferte meine letzte Zigarre ab.« Die drei anderen Zigarren lagen auf dem Boden, »alle kaum angeraucht. Offenbar sind Premierminister miserable Raucher.«

Castro, der das Rauchen Mitte der 80er Jahre aufgab, erklärte Jacques Cousteau in einem Fernsehinterview, eine anständige Zigarre brenne gut, gleichmäßig und sanft. Warum er aufgehört habe? »Das Rauchen war gut für die Wirtschaft, aber nicht so gut für meine Gesundheit.«

Fernando Ortíz' umfangreiches historisches Werk vergleicht die echte und die metaphorische Bedeutung von Tabak und Zucker im kubanischen Wesen. »Zucker entsteht durch Mensch und Maschine. Tabak ist ein großzügiges Geschenk der Natur«, schrieb er 1940, in dem Jahr, in dem Fulgencio Batista eine verhältnismäßig ehrliche Präsidentschaftswahl gewann. »Bei der Tabakproduktion ist Intelligenz der entscheidende Faktor...Tabak ist liberal, um nicht zu sagen, revolutionär. Bei der Zuckerproduktion geht es um die Frage der Macht; Zucker ist konservativ, wenn nicht reaktionär... Die Zuckerproduktion war, wegen des großen räumlichen und industriellen Bedarfs, immer ein kapitalistisches Unternehmen... Tabak, das Kind der ungezähmten Indianer und der jungfräulichen Erde, ist ein freies Wesen, das seinen Nacken nicht unter ein mechanisches Joch beugt.«

Die dem Tabak zugeschriebene liberale Identität geht auf das frühe 19. Jahrhundert zurück, als die Unabhängigkeitsbewegung die Vorleser in den Arbeitsräumen mit Literatur versorgte, die zur Befreiung von der spanischen Herrschaft aufrief. Der Brauch des Vorlesens entstammte, so Ortíz, den Speisesälen der Klöster und Gefängnisse des 19. Jahrhunderts – und hatte »ein klares Ziel: gesellschaftliche Propaganda«. In den 80er und 90er Jahren des 19. Jahrhunderts nutzte José Martí die Vorleser unter den kubanischen Zigarrendrehern in Florida als Sprachrohr für seine Agitation für die Freiheit. Er nannte Tabak eine »anmutige Pflanze« und fügte hinzu, dass die Arbeiter sie behandelten, »als sei jede einzelne Pflanze eine zerbrechliche Dame«. Die Arbeiter im Exil gaben schon bald zehn Prozent ihres Lohnes, um die Rebellion zu unterstützen. Im 20. Jahrhundert entgingen die Vorleser der Bedrohung, durch das Radio ersetzt zu werden. Viele Jahre wurde der Lohn der Vorleser mit Spenden der Arbeiter bezahlt. Inzwischen werden sie wie alle anderen entlohnt.

»Vorleser spielten bei Kubas Entwicklung von der Kolonie zum aufstrebenden Land eine wichtig Rolle.« Segundo Pérez Carrillo erzählte mir das. Er arbeitet als Vorleser in der Fabrik Francisco Donatién. »Ich lese zwei Mal am Vormittag und zwei Mal am Nachmittag. Morgens kommt die Lektüre aus der Zeitung. Ich unterteile sie in internationale und nationale Nachrichten. Im Moment ist der Golfkonflikt beherrschend. Nachmittags lese ich aus einem Buch vor.« Pérez, geboren 1920, als das US-Militär einen Teil des Landes besetzt hielt, begann 1941, als Vorleser zu arbeiten.

»Als ich anfing, benutzten wir keine Mikrofone. Ich habe auch als Radiosprecher beim Sender CMAB gearbeitet.«

Pérez' Titelgeschichte handelte von Belgrad: »›Jugoslawien protestiert gegen US-Einmischung‹. Die jugoslawische Regierung beschwerte sich heute bei den USA über deren Eingriffe in inneren Angelegenheiten. Ein Sprecher des US-Außenministeriums drohte vergangene Woche mit Vergeltungsmaßnahmen gegen Behördeneinrichtungen…, wenn Jugoslawien nicht bereit sei, den Washingtoner Vorgaben zu folgen.« Pérez stand hinter einem Lesepult auf einem Podest, Exemplare der aktuellen *Granma* und der Regionalzeitung *Guerrillero* vor sich. Die Vorderseite des Lesepults war mit bunten Bildern von Reisebüros und fremden Ländern bedeckt.

Der zweite Bericht des Morgens stammte aus Buenos Aires: »Eine überwältigende Mehrheit von Brasilianern, Chilenen und Argentiniern klagt über zu niedrige Löhne. Eine Forschungsgruppe hat Ergebnisse veröffentlicht, denen zufolge 76 Prozent der befragten Brasilianer angaben, ihre Gehälter lägen unter einem annehmbaren Lebensstandard. Nur sechs Prozent der Argentinier und neun Prozent der Chilenen verdienen genug, um tatsächlich auch Geld anzusparen.«

Pérez trug Jeans, ein gestreiftes Sporthemd und eine Brille mit Goldrand. Mit seinem sorgfältig getrimmten Schnurrbart und einer modischen Filzkappe, die er im letzten Jahr in Florida erworben hatte, als er seinen Bruder besuchte, wirkte er sehr elegant. Er trug eine ansprechende alte sowjetische Armbanduhr. Durch seine klare Stimme und den dünnen, aufrechten Körper wirkte Pérez deutlich jünger als 70 Jahre. So wie er aussah, wirkte er, als käme er gerade von den letzten neun Löchern des örtlichen Golfplatzes.

Pérez' nächster Text drehte sich um Moskau, wo, wie die Tabakdreher erfuhren, der Präsident des Obersten Sowjets der UdSSR verkündet hatte, die Große Sozialistische Revolution von 1917 sei die Antwort auf das Bedürfnis nach dauerhafter sozialer Gerechtigkeit gewesen. Dann las er einen Bericht aus Washington vor, demzufolge George Bush die medizinischen Zuschüsse für ältere Menschen gekürzt und andere soziale Programme eingefroren hatte. Der Artikel schloss: »Die Popularität des Präsidenten, der sein Wahlversprechen, die Steuern nicht anzuheben, gebrochen hat, ist innerhalb eines Monats von 75 auf 48 Prozent gefallen.« Während er las, gingen die Arbeiter zum Vorratstisch, um ihre Tabaktaschen aufzufüllen. Nun kam die Nachricht, dass Saudi-Arabien die Stationierung von Truppen erlauben würde, sollten die USA die »militärische Option« wählen, und König Hussein von Jordanien sagte in einem Artikel, im Falle eines Golfkrieges müsse man mit schweren ökonomischen, ökologischen und menschlichen Verluste rechnen. Mitten im nächsten Vortrag, einem Kurzbericht aus Brasilien über die Verbreitung der Elefantenkrankheit (Elephantiasis) in Recife, unterbrach Pérez, um aus dem Stegreif die Krankheit zu erläutern. Er las ausreichend lebhaft, um die Nachrichten interessant zu halten, aber nicht so sehr, als dass sein Stil die Nachrichten überlagert hätte. »Und damit beschließen wir die internationalen Nachrichten.«

Als Pérez aus der Pause zurückkam, nahm er seinen ersten nationalen Artikel von der Titelseite der *Granma*. Unter einem Bild von Lenin stand die in Rot gedruckte Schlagzeile: »Jetzt brauchen wir seine Ideen mehr denn je«. Der Beitrag begann: »An einem Tag wie heute, vor 73 Jahren, erhob sich die Menschheit aus den Abgründen der Geschichte.« Ich spürte, wie mich Pérez' Stimme in Bann schlug, folgte ihr zu Marx und Engels, durch die russische Geschichte, zu Kubas »leidenschaftlicher Bewunderung« für die sowjetische Revolution (»das gerechteste Gesellschaftssystem, das die Menschheit je erdacht hat«) und Kubas Rolle »in den Schützengräben der Dritten Welt.« Während Pérez den geschwollenen Lobgesang auf Lenin und die Russische Revolution vortrug, änderte sich nichts an der Produktivität der Arbeiter. Er rauchte beim Vorlesen abwechselnd Zigaretten und Zigarren. Die Arbeiter in der Francisco-Donatién-Zigarrenfabrik erhielten ihre Frühnachrichten.

Am Nachmittag las Pérez einen französischen Roman aus dem Jahr 1930. Fast die Hälfte der Arbeiter waren Frauen und jede, mit der ich sprach, sagte, sie freue sich am meisten auf den Liebesroman. Dreher verdienen ein monatliches Grundgehalt von 160 Pesos, hinzu kommen Produktionsprämien. »Die meisten von ihnen verdienen 200 Pesos im Monat oder mehr«, klärte mich Zubizarreta auf. »Wir bieten neuen Arbeitern Schulungen an. Vor allem Frauen, weil wir ein Gleichgewicht bei den Geschlechtern halten wollen. Früher war das nicht so.«

Pérez erhielt 141 Pesos im Monat für seine vier Schichten am Mikrofon. »Aber er arbeitet nur ein paar Stunden am Tag und ist dann fertig«, murrte ein Dreher, während der Vorleser die tägliche Kapitelration beendete.

Die Sortierer arbeiteten mit Stapeln ungeschnittener Blätter auf dem Schoß, sortierten und prüften, welches Blatt für die Umhüllung welcher Zigarrenqualität zu verwenden sei. Ortíz: »Die kubanische Nomenklatur für die Farbe des Rauchtabaks allein ist so reichhaltig wie die der Anthropologen für die der menschlichen Rassen ... so wie der Kubaner zwischen der tiefdunklen Schwarzen und der goldfarbenen Weißen unterschiedliche

Frauentypen mit einer großen Vielzahl von Zwischentönen und Mischfarben der Pigmentierungen unterscheidet und sie gleichzeitig nach Farben, Attraktivität und sozialer Stellung ordnet, kennt er auch verschiedene Tabakarten: *claros, colorado-claros, colorado-maduros, maduros, ligeros, secos, medio-tiempos, finos, amarillos, manchados, quebrados, sentidos, broncos, puntillas* und viele andere… Es gibt Sortierer, die 70 oder 80 Tabakschattierungen unterscheiden können.«

»Agatha Christie mögen sie immer«, sagte Pérez nach seiner Nachmittagsschicht. »Ich habe Alexandre Dumas parat, und vielleicht lese ich Hemingways *Wem die Stunde schlägt.* Manche Bücher bringe ich von zu Hause mit, manchmal bringt einer der Arbeiter ein Buch mit, andere leihe ich in der Bücherei. Ich erstelle eine Auswahlliste und die Arbeiter entscheiden in geheimer Wahl. Es ist eine demokratische Entscheidung.« Er machte eine Pause, um seine beiden letzten Worte wirken zu lassen. »Manchmal kann ich ein Buch innerhalb weniger Tage beenden, andere Male dauert es mehrere Wochen. Es hängt von der Länge und den Unterbrechungen ab.« Sein Vortrag vom Nachmittag war durch eine Busladung Schweizer Touristen unterbrochen worden, die mit blitzenden Kameras in den Arbeitsraum eingefallen waren. Auch sie hatte man förmlich vorgestellt und mit dem Klopfen der *chavetas* begrüßt.

Das Drehen war, wie sich herausstellte, ein faszinierender Prozess, aber ich konnte die Abfolge nie vollkommen erfassen. Es ähnelt in etwa dem Drehen einer Zigarette von Hand, ist allerdings aufwendiger und präziser. Einige Dreher fertigen Zigarren vollständig von Hand, andere, wie Félix Monterrey Chacón, nutzen eine mechanische Tischdrehmachine. Zuerst füllte Félix losen Tabak in die Drehmaschine, dann wählte er eine große *capa*, schob sie in die Maschine und führte eine vollständige Drehung aus. Die *capa* wickelte sich um den losen Tabak und formte so einen langen, lockeren Zylinder, den Félix der Vorrichtung entnahm. In diesem Stadium war es eine glatte, primitive Zigarre. Um den Vorgang abzuschließen, versah er die überstehenden Enden der *capa* mit einer Fingerspitze Kleber auf Reisbasis, faltet sie zusammen, schnitt die Spitzen ab und legte die Zigarre neben neun andere in einen Ständer, um einen kleinen Verband von Havannas zu bilden.

Ich fühlte mich in Pinar del Río wohl. Der Ort strahlte, genau wie Cienfuegos, eine gewisse Freiheit aus. Vielleicht lag es auch einfach daran, wieder aus Havanna herausgekommen zu sein. Vom kleinen Balkon meines Apartments im zweiten Stock blickte ich auf ein großes Feld, auf dem sich ein Dutzend Teenager versammelt hatte, um in der Abenddämmerung Baseball zu spielen. Schließlich saß ich im Hotelrestaurant einer Sowjetrussin mittleren Alters gegenüber. Zwei Fremde bei Einbruch der Nacht, allein in der sanften Karibik. Oh, welche Möglichkeiten!

Falsch. Ihr Spanisch war in der Tundra verloren gegangen. Statt zu sprechen, versuchten wir es mit Schreiben; sie schrieb kyrillische Buchstaben. Soweit ich verstand, war sie eine medizinische Beraterin für ein Projekt über Familienplanung in Matanzas und im Westen Kubas auf Urlaub. Allein hierfür benötigten wir fünf Minuten mit Verben im Infinitiv, geschlechtslosen Hauptwörtern und einer Landkarte. Wir verstanden uns einfach nicht und verloren schnell das Quäntchen Sympathie, das wir füreinander empfunden hatten. Man hört immer wieder, Musik sei die internationale Sprache, Humor schlage Brücken zwischen Kulturen und überwinde Grenzen, und Liebe erobere alles. Vielleicht, aber sie und ich teilten weder Musik noch Humor, noch Liebe – kamen nicht einmal in die Nähe derselben –, und wir beendeten unser Mahl mit auf den Teller geheftetem Blick und in bedrückender Stille. Ich erwähne diese langweilige Begegnung nur, weil ich solche Situationen viel häufiger erlebte als fröhliche Treffen mit schillernden Persönlichkeiten, aber es ist schwer, jemanden anderen zu überzeugen, dass allein ins Ausland zu reisen auch bedeuten kann, viel freudlosem Volk und trostlosen Umständen zu begegnen.

Der Mann vom Schriftstellerverband kam nach dem Abendessen. Er war begierig darauf, mich zum Abendkurs Englisch mitzunehmen. Ein Freund von ihm leitete einen Fortgeschrittenenkurs, und wir erklommen die Stufen des Gebäudes. »Während der ›Besonderen Periode‹ können wir in der Halle kein Licht einschalten«, sagte ein Angestellter der Schule, während wir durch eine dunkle Halle voller Baumaterial stolperten. »Nur Licht in den Klassenzimmern.«

15 Teilnehmer saßen an hufeisenförmig angeordneten Tischen vor der Tafel und schauten zu, wie der junge Lehrer das Datum und »Jahr 32 der Revolution« schrieb. Ich wurde als Muttersprachler vorgestellt, ein Nachtisch, dem sie sich nach dem eigentlichen Kurs würden widmen dürfen. Sie sprachen nur Englisch.

»Warum ist dieses Datum wichtig?«, fragte der Lehrer.

Die meisten Kursteilnehmer hoben ihre Hand. Einer sagte: »Weil es der Jahrestag des Triumphes der Sozialistischen Revolution ist, der Aufbruch fortschrittlicher Ideen in der ganzen Welt.«

»Und warum ist es wichtig für Kuba?«

Eine andere Meldung. »Weil die große Oktoberrevolution ein neues System namens Sozialismus eingeführt hat.« Ein Dritter: »Nach dem Zweiten Weltkrieg wurde der Sozialismus im sozialistischen System realisiert.«

Lehrer: »Der beste Weg, der Revolution zu gedenken, ist, an diesem Englischkurs teilzunehmen und sehr hart zu arbeiten, richtig?« Und damit wandten sie sich dem Konzept des Geschworenengerichts zu. Ihr Lehrbuch, in Havanna herausgegeben, enthielt einen Dialog zum Thema, der den Leser durch den Prozess eines wegen Diebstahls Angeklagten führte. Die Geschworenen befanden ihn für nicht schuldig.

Die Gruppe traf sich an vier Abenden pro Woche jeweils zwei Stunden. Die Schüler schienen zwischen 17 und 30 Jahre alt zu sein. Der Lehrer fragte sie nach Filmen und Schauspielern. »Welche Art Filme seht ihr gern?«

»Liebesfilme«, antwortete ein Mädchen. Die Klasse kicherte.

»Sciencefiction«, erwiderte ein Bursche.

»Geht ihr lieber allein ins Kino oder in Begleitung?«

Alle: »In Begleitung! In Begleitung!«

»Und wo geht ihr nach dem Film hin?«

»Ins Coppelia!«

»Ehm…«

»Um Eis zu essen.«

»Welche Schauspieler mögt ihr?«

»Robert Redford.« – »Robert De Niro.« – »Meryl Streep.« Diese landesweite Fähigkeit, in einem Atemzug Vladimir Iljitsch Lenin zu loben und im nächsten Augenblick Meryl Streep, verblüffte mich noch immer. »Dustin Hoffman.«

Sie nannten einige seiner Filme, darunter *Tootsie*, der am Wochenende zuvor ausgestrahlt worden war.

»Was spielt Dustin Hoffman in *Tootsie*, einen Mann oder eine Frau?« Sie wussten es. »Und wie gefiel euch seine Darstellung in diesem Film?«

»Überirdisch!«

In einer Pause besuchte ich einen Englischkurs für Anfänger. Man hatte Klebefiguren mit den Bezeichnungen MANN und FRAU an der Tafel befestigt. Eine der jungen Arbeiterinnen aus der Tabakfabrik, Rosa María Valdés, nahm an diesem Kurs teil. Pérez, der Vorleser der Fabrik, hatte an einer spannenden Stelle mit dem Lesen aufgehört, und Rosa María konnte kaum die Fortsetzung am nächsten Nachmittag abwarten. Sie lerne Englisch, erklärte sie, weil es international sei, es werde in Wissenschaftszeitungen verwendet, es sei die Sprache der Finanzwelt, und es gebe so viele Bücher in englischer Sprache. »Ich bin sicher, wenn man reist, ist es sehr hilfreich.«

Zurück im Fortgeschrittenenkurs, fragte mich ein Teilnehmer, wie mir Spanisch gefalle. Ich antwortete, dass ich erleichtert sei, die englische Sprache als Muttersprache zu beherrschen und Spanisch zu lernen, statt umgekehrt. »Umso sicherer ich mich in Ihrer Sprache fühle, desto mehr genieße ich die Komplikationen und Nuancen meiner eigenen. Englisch muss unglaublich schwer zu erlernen sein.«

»Mögen Sie Spanisch nicht?« Ich hatte mich in meiner eigenen Sprache unklar ausgedrückt.

Natürlich, *bien sûr, claro que sí.* »Meine Güte, wie könnte man eine Sprache nicht lieben, die jemanden, der ein Verbrechen plant, wie den in Ihrer Unterrichtsstunde des Diebstahls Angeklagten, ›*el autor intelectual*‹, den geistigen Urheber, nennt?

YANKEE, GEH HEIM! NIEMAND ERGIBT SICH HIER! Das stand in großen roten Lettern auf der Wand der Universität gegenüber der Hotellobby. Eine Comic-Faust schlug zwischen den beiden Warnungen durch die Wand, als wolle sie sagen: »*Friss meine Faust, Yankee-Abschaum*!« Ein nettes Kunstwerk.

Pérez, der Vorleser, hatte die örtliche Stadtbibliothek im Zentrum erwähnt. Sie war nach Ramón »Mongo« González Coro benannt, einem jungen Mann aus Pinar del Río, der im letzten Monat der Revolution im Alter von 28 Jahren getötet worden war, als er einen anderen Rebellen rettete. Ich schlenderte durch Mongos Bücherei, überflog die Stapel, blätterte in der Kartei und unterhielt mich mit den Mitarbeitern. Was mich am meisten überraschte, war, dass die Biblioteca Provincial Ramón González Coro in vielerlei Hinsicht einer Bibliothek mittlerer Größe in den Staaten glich. Sie umfasste 90 000 Bücher, von denen jedes von jedem Bürger entliehen werden konnte, der einen Bibliotheksausweis besaß. Dieser wiederum war erhältlich, sobald man danach fragte. Es gab eine Auslage, die Neuanschaffungen hervorhob, Kinderbilder schmückten die Wände, da waren Schallplatten, Bücher in Brailleschrift, und in einem voll gestopften Nebenraum lagen alte Zeitungen.

Studenten, deren Abgabetermin für die Hausarbeiten nahten, baten den Bibliothekar wegen der Nachschlagewerke um Hilfe; Rentner entspannten sich an Tischen, die sie mit Schülern von der Highschool teilten, die ihre Hausaufgaben erledigten. In einem Raum zum Buchbinden stand eine große gusseiserne Presse, die Anfang des Jahrhunderts von Chandler & Price in Cleveland gebaut worden war. »Wir nennen sie die Guillotine«, sagte ein Bibliothekar und lachte über die Bauart. Wegen der »Besonderen Periode« hatte Mongo die Öffnungszeiten eingeschränkt, aber das Licht war nicht davon betroffen. Ein Büchereibus fuhr durch kleine Städte.

Bücher in Brailleschrift gab es von José Martí und Fidel Castro. Martís umfassende Arbeiten waren im letzten Jahrhundert so oft, in so vielen verschiedenen Editionen erschienen, dass ein Martí-des-Monats-Club jahrelang im Geschäft bleiben könnte, ohne sich einmal zu wiederholen. Bücher von Anaïs Nin, Kim Il Sung und Jorge Luis Borges füllten die Regale. Aktuelle Lieferungen aus Mexiko umfassten Octavio Paz, Carlos Monsiváis und den Künstler José Clemente Orozco; aus Südamerika gab es Arbeiten von Eduardo Galeano. Carlos Fuentes' *Der alte Gringo*, derzeit das am zweithäufigsten verkaufte Buch des Landes, war kürzlich entliehen worden. Alice Walker, Daniel Defoe und John Dos Passos standen da. Ebenfalls verfügbar: Werke von William Faulkner, Mario Puzo und Theodore Dreisers *Schwester Carrie*, das kürzlich als beliebte Miniserie im Fernsehen gelaufen war. Ana Luisa Alvaro Echevarría, eine Bibliothekarin, hielt das Buch von Gore Vidal, *Burr*, in die Höhe. »Das ist eines meiner Lieblingsbücher.«

José Martí tauchte auch in der Musikabteilung auf, Pablo Milanés sang auf einem Album seine Gedichte. Weitere aufgenommene Schreiber waren: Ernesto Cardenal, Alejo Carpentier und der vor Kraft strotzende Nicolás Guillén. Eine Platte enthielt Reden von Salvador Allende. Das aufwendigste Album bestand aus drei Platten mit Ansprachen von Fidel. Zur Gestaltung der Hülle gehörte der aus 23 Wörtern bestehende Titel – nur für den Fall, dass irgendein Zuhörer ihn kurzfristig vergessen sollte. Mongo besaß auch 250 klassische Musikaufnahmen. Ein Druck von Leonardo da Vincis *Mona Lisa* hing an der Wand über dem Schallplattenregal.

Poster, die der Oktoberrevolution huldigten, beherrschten eine andere Wand, auf allen war Lenin im Hintergrund zu sehen. Eine Biografie von Robert Louis Stevenson hing an der Wand des Kindersaals. Ein Essay-Wettbewerb für Eltern bat um Texte über »soziale und politische Möglichkeiten zur Leseförderung«. Das »Kunstwerk des Monats« war ein Ölgemälde namens *Versuchung* und zeigte einen Jungen, der nach einer verbotenen Frucht griff.

Ich hatte gehofft, einen Artikel von Gabriel García Márquez über Graham Greene zu finden, der Ende 1987 oder Anfang 1988 in der *Juventud Rebelde* erschienen sein sollte. Ob die Bibliothekarin María Blanca Morejón mir helfen könnte, ihn zu finden? Sie nahm die Herausforderung an und begleitete mich ins modrige Zeitschriftenarchiv.

»Sie beginnen an diesem Ende und ich fange hier an«, sagte sie, als wir das richtige Regal gefunden hatten. García Márquez' Kolumne erschien damals jeden Sonntag, und obschon sie sich als interessant erwies – ein Artikel behandelte seine Einreiseschwierigkeiten in die Vereinigten Staaten, ein anderer Seifenopern, ein Dritter die CIA –, gab es nichts über Graham Greene. Ich war schon bereit aufzugeben, als ich María um die Ecke rufen hörte: »Ich habe ihn gefunden!« Sie kam mit der Seite drei der *Juventud Rebelde* vom 24. Januar 1988 angelaufen: »›Graham Greenes 20 Stunden in Havanna‹ von Gabriel García Márquez, ein Bericht über den letzten Besuch des britischen Autors auf Kuba.« Nach überschwenglichen Dankbarkeitsbekundungen für ihre Mühe fragte ich beiläufig, wo ich eine Kopie machen könne. María Blancas Stimme senkte sich. »In dieser Hinsicht besteht leider ein Mangel. Ich wünschte, es wäre nicht so, aber es gibt in unserer Bibliothek keinen Fotokopierer. Lassen Sie Ihre Adresse hier, und ich werde dafür sorgen, dass Sie eine Kopie bekommen.«

In der Woche, bevor ich von Havanna nach Pinar del Río aufgebrochen war, war ich mit einem vollbesetzten *guagua* an der Ecke Paseo und Zapata vorbeigefahren. Aus dem Augenwinkel hatte ich eine dünne rote Steinplatte in der Mitte eines kaum mehr als westentaschengroßen Parks gesehen, der zwischen zwei Straßen eingekeilt lag. Ich hatte von diesem Ziegeldenkmal gehört und bahnte mir nun schnell einen Weg durch eine Phalanx von Halteriemen zum mittleren Ausstieg. An der nächsten Haltestelle öffnete der Fahrer nur die vordere Tür, also griff ich zu einer in Havanna üblichen Sitte der Busetikette: Wenn deine Tür geschlossen bleibt, schlage unaufhörlich gegen den Metallrahmen darüber. Der unerträgliche Krach übertönt den Lärm der Unterhaltungen, des Verkehrs und des laufenden Motors, und der Fahrer öffnet die Tür – oder auch nicht. In diesem Fall tat er es, und ich stieg aus, drei andere folgten. (Wenn nur die Türen zwischen Ländern sich so leicht öffnen ließen!)

Die Gedenkstätte war Julius und Ethel Rosenberg gewidmet, einem amerikanischen Ehepaar, das 1951 verurteilt wurde, weil es in den Jahren 1944 und 1945 spioniert und Geheimnisse über Nuklearwaffen an die Sowjetunion weitergegeben hatte. Das Paar war in einer Verhandlung zum Tode verurteilt worden, die sich im Nachhinein als absolut nicht fair erwies. Eine internationale Kampagne mit dem Ziel, ihre Strafe umzuwandeln, scheiterte, und die beiden starben 1953 auf dem elektrischen Stuhl. Unter den ausländischen Gruppen, die um Gnade baten, war auch die Demokratische Vereinigung kubanischer Frauen.

Das Rosenbergdenkmal hob sich ebenso stark durch sein Design ab wie durch sein Thema. In der Stadt, in der puderweiße Statuen revolutionärer Helden und ihrer Pferde wirkten, als habe man sie alle aus derselben Form gegossen, überraschte das schmale Rosenbergdenkmal durch echte Farbe, wenig Worte und Originalität.

Es besteht aus einer schlichten Platte aus Ziegelsteinen, einen Stein tief, zehn breit und etwa 65 Steine hoch. Neun Zementtauben flattern am oberen Ende über den Worten, die Julius Rosenberg am Tag vor seinem Tod schrieb:

FÜR FRIEDE, BROT UND ROSEN STEHEN WIR VOR DEM HENKER

Eine Kopf- und Schulterbüste des Paares aus Beton bildete den Höhepunkt der Gestaltung, darunter die Inschrift ERMORDET AM 19. JUNI 1953. Vier von Ziegeln ummauerte Scheinwerfer waren auf Bodenhöhe auf das Denkmal gerichtet, Glühbirnen gab es allerdings schon lange nicht mehr. Ein Baum in der Nähe der Säule spendete Ethel und Julius Schatten, und vor dem Ehrenmal wuchsen kleine Pflanzen. Bänke säumten die Fußwege des kleinen Parks. Eine Bushaltestelle an seinem Rand sorgte für einen ständigen Passantenverkehr. Ein dreiköpfiger Arbeitstrupp der Stadt ruhte sich am Boden aus und lehnte sich gegen das Monument. Passanten blieben kurz stehen und betrachteten die Inschrift. Das Denkmal war 1983 von José Delarram gefertigt worden. Ein Dodge, erbaut im Todesjahr der Rosenbergs, stand geparkt in der Nähe.

Kubaner kennen den Fall Rosenberg besser als die meisten Menschen in den Vereinigten Staaten. Mitte der 60er Jahre wurde der Briefverkehr von

Julius und Ethel nachts im landesweiten Radio verlesen. Eine französische Serie über die Affäre wurde im kubanischen Fernsehen ausgestrahlt, und man hatte eine Briefmarke zur Erinnerung an das Paar herausgegeben. Umfassende Publicity begleitete den Besuch eines der Söhne der Rosenbergs vor einigen Jahren. Dann, 1987, brachte Kuba eine Kurzdokumentation über das Geschehen heraus: *Für Frieden und Rosen.* Sie beginnt mit Filmmaterial von Demonstrationen in den USA gegen die Hinrichtung auf dem elektrischen Stuhl und beinhaltet ein Interview mit Vizepräsident Rodríguez, von dem es hieß, er sei Experte für US-Geschichte. Aufnahmen von am Denkmal in Havanna niedergelegten Blumen und Interviews mit Mitgliedern der Künstlerbrigade Kubas für die Rosenbergs *(Artists' Brigade for the Rosenbergs)* sind ebenfalls Teil des Films. Zu dieser Brigade gehört auch Pablo Milanés, dessen Lied »Helden des Friedens« sich dem Fall widmet.

Ich erwähne dies alles, weil ich in Gesprächen über die Rosenbergs in Havanna erfuhr, dass Kuba auch eine Schule nach ihnen benannt hat. Sie befindet sich auf dem Land in der Provinz Pinar del Río. Nach meinem Besuch bei der öffentlichen Bibliothek fuhr ich auf der zentralen Autobahn nach Südwesten, an Tabak vorbei, der am Wegrand unter einem gewaltigen Dach aus Leintüchern wuchs. Ich fuhr fast bis nach Sandino City, eine auf dem Reißbrett entstandene und in den frühen 60er Jahren erbaute Stadt, dann weiter nach Süden, über eine einsame, zweispurige Teerstraße, die sich bis fast an die Küste erstreckte. Ich hielt auf einem großen Schulhof mit zwei- und dreistöckigen Betongebäuden, die durch überdachte Fußwege verbunden waren. Den ersten Mann, der mir begegnete, fragte ich, ob der Direktor zu sprechen sei. Nach ein paar Minuten kam die etwa 30-jährige Direktorin, Rosa Hernández, zu mir. Sie lud mich in ihr Büro ein, wo sie Kaffee anbot und sorgfältig mein Empfehlungsschreiben vom Schriftstellerverband studierte, bevor sie einen Studenten ausschickte, um einen weiteren Angestellten der Schule und einen Lehrer herbeizurufen. »Wir sind heute nicht auf Besuch vorbereitet, wissen Sie. Der Unterricht endet bald, und ich bin nicht sicher, was wir Ihnen zeigen können, aber wir werden uns bemühen.«

Von Hernández und den beiden anderen Lehrern erfuhr ich, dass etwa 370 Schüler im Alter von 14 bis 17 Jahren die Julius-und-Ethel-Rosenberg-Schule besuchten und in zwei Schichten einen halben Tag beim Unterricht und die andere Hälfte bei der Feldarbeit verbrachten. Das Landschulprogramm begann in den späten 60er Jahren und folgte den schlichten weisen Worten José Martís aus dem 19. Jahrhundert: »Am Morgen der Stift, am Nachmittag aber der Pflug.« Ein Schuljahr dauert fast zehn Monate und endet Mitte Juni. Die meisten Schulkinder gehen später auf andere Schulen und nehmen an Programmen für Mittelschulabschlüsse teil. Fast alle stammen aus den angrenzenden Gemeinden von San Juan y Martínez, Guane und Sandino City und fahren am Wochenende nach Hause.

Die Zitronen- und Orangenernte auf dem Schulgelände war gerade abgeschlossen, und am nächsten Tag würde man mit dem Pflanzen zahlreicher Gemüsesorten beginnen. Die Felder lagen hinter der Schule; aber bis dorthin kam ich nicht. Von meinem entfernten Standort sahen sie wie typische Äcker aus. »Wir verkaufen die Ernte, um Freizeitausrüstungen und Vorräte für die medizinische Klinik zu bezahlen.« Die Schule zog Bohnen, Yucca, Süßkartoffeln und Tomaten für den eigenen Bedarf. »Wir versuchen, uns so weit wie möglich selbst zu versorgen.«

Jorge, der kürzlich die Schule für Medizin absolviert hatte und in der Rosenberg-Schule arbeitete, begleitete uns. Zur Schule gehören auch drei Krankenschwestern. »Wir haben 37 Lehrer und fast alle von ihnen haben einen Abschluss.« Auf dem Lehrplan der Rosenberg-Schule standen Mathematik, Physik, Spanisch, Englisch, Biologie, Informatik, Erdkunde und Sport. Ich bekam die spärlich ausgestatteten Chemie- und Physiklabore zu sehen und den Computersaal mit zwei Dutzend Rechnern. Die Bibliothekarin war begeistert, als ich fragte, ob ich auch ihr Reich sehen dürfe, und beeilte sich, den Schlüssel zu holen. Die Sammlung schloss Ray Bradbury, Fidel Castro, William Faulkner und José Martí ein. Man bat mich, mich ins Gästebuch der Schule einzutragen.

Wir spazierten durch das Gebäude, während die Schüler in jeansblauen Hemden und dunkelblauen Miniröcken und Hosen zu ihren Nachmittagsbeschäftigungen eilten. Ich blieb stehen und schaute zwei Jungen an einem handgemalten Schachbrett zu. Der dunklere Junge hatte die helleren Figuren. Zügig hatte er die schwarze Königin und die Türme gezogen, bevor er die Bauern in der Frontlinie seines Gegners niedermähte. Jämmerlich ausmanövriert, ergab sich der hellere Junge, indem er seinen König umwarf.

Ein Junge mit Gitarre lief vorbei.

»Die Schüler spielen in Musikgruppen und treiben nachmittags Sport«, berichtete die Direktorin. Sie können auch Schießübungen machen. »Wir servieren jeden Morgen um sieben Uhr Frühstück. Sie bekommen Brot mit Butter, heiße Schokolade, Kekse und Kaffee. Um zehn Uhr haben sie eine Pause mit Keksen und Limonade, manchmal auch Eiskrem. Um 12.30 Uhr gibt es einen Imbiss und um drei Uhr eine weitere Pause. Essen wird um sechs Uhr serviert, dann bekommen sie Fleisch. *Immer.* Um zehn Uhr abends kriegen sie noch eine Kleinigkeit, bevor sie zu Bett gehen. Natürlich kostet das alles nichts. Die *muchachos* wachsen schnell in diesem Alter. An Essen fehlt es ihnen nie.«

Nahe beim Eingang befand sich ein Porträt von Ethel und Julius, das gar nicht schlecht aussah, daneben hing ein gerahmtes Schild: *Julius und Ethel Rosenberg, Nordamerikaner. Sie liebten den Frieden und waren Opfer des Faschismus ihres Landes. Als sowjetische Spione bezeichnet, wurden sie ohne Beweise vor Gericht gestellt und zum Tod durch den elektrischen Stuhl verurteilt.*

19. Juni 1953. Die Geschichte wird sie freisprechen! Der Geschichtslehrer Martildo de Roque erzählte mir: »Die Schüler wissen über die Rosenberg-Affäre Bescheid. Sie steht in ihren Schulbüchern, und wir besprechen sie auch im Unterricht.«

Wir schlenderten durch die Schlafsäle, nette, saubere Räume mit solide gefertigten, schmalen Etagenbetten, ordentlich gefalteten Kleidern und, an zahlreichen Betten der Mädchen, großen schwarzen Puppen, die oft mit der *santería* in Verbindung gebracht werden. Ein Funktionär der Kommunistischen Partei in Sandino City, Oscar Montelier, begleitete uns. Die Puppen auf den Betten verleiteten mich zu einer Frage nach der *santería* und ihrer Verbreitung unter den Teenagern. »Das wird hier nicht diskutiert.« Rosa Hernández war streng.

»Überhaupt nicht?«

»Nein. Ganz und gar nicht. Im Unterricht wird über Materialismus diskutiert, und so lernen sie auch etwas über Religion. 71 unserer Schüler sind auf dem Weg, Parteimitglieder zu werden.« Montelier nickte.

Wir gingen an einer Statue von José Martí vorbei zu einem Garten zwischen zwei Gebäuden, wo, nach Aussage der Schuldirektorin, Heilpflanzen angebaut wurden. »Mit diesen Kräutern können wir Verbrennungen, Bauchschmerzen und einige Infektionen behandeln. Wir nennen ihn unseren *jardín botánico*.«

Ein paar Dutzend Jungen und Mädchen kamen auf dem Weg zurück in ihre Schlafsäle an uns vorbei. Sie wirkten so fröhlich und albern wie alle Teenager, deren Tagwerk vorüber ist. Ich hielt ein paar von ihnen auf, um sie nach ihrer Schule zu fragen, aber die Neuigkeit eines ausländischen Besuchers zog ein Dutzend mehr an, als ich erwartet hatte, und sie alle stellten Fragen: freundlich, direkt, neugierig und höflich. Als ich vom Parkplatz fuhr, winkten mir zum Abschied 25 breit grinsende Schüler vom Flur des ersten Stocks zu.

Am nächsten Morgen verließ ich das traditionelle Hotel Pinar del Río in der Provinzhauptstadt und checkte im ländlichen, in spanischem Stil gehaltenen Hotel Los Jazmines südlich von Viñales ein. Die vier Etagen des Los Jazmines sind dem Tal von Viñales zugewandt, einer weiten, üppigen Landschaft mit gewaltigen Kalksteinerhebungen, die man *mogotes* nennt. Die Fahrt führte durch eine der heitersten Landschaften Kubas, die ich bisher gesehen hatte, mit winzigen Gemeinden am Rand der sich sanft schlängelnden zweispurigen Straße, mit einem Minimum an nationalistischen Plakatwänden und Massen von Tabakarbeitern, die ihrem Tagwerk nachgingen.

Es war ein warmer Tag, und über den wogenden Feldern hing feuchte Luft, als spräche das Land, weich und einladend, von der ihm eigenen Sinnlichkeit. Die Menschen, die ich mitnahm, waren so freundlich wie ihre Umgebung, entspannt, gemütlich und geduldig. Die zuletzt genannte Eigenschaft kam ihnen zu Gute, denn, was den Busverkehr betraf, bekam ich Vermutungen zu hören, die von ein paar Stunden Verspätung bis hin zu »Ich hoffe, die Strecke ist nicht eingestellt worden« reichten.

Meine Fahrt nach Viñales und dann nach Norden zu dem Küstenort Puerto Esperanza versetzte mich in seltene Hochstimmung. Ich sagte mir: »Mann, ich *liebe*, was ich hier tue.« Was könnte vergnüglicher sein, als in gemütlichem Tempo durch das dunstige karibische Hinterland zu fahren, umgeben von neuen Bildern, frischen Düften und einer Landschaft, die sich selbst zu umarmen scheint? Ich war so glücklich, ich warf den Kopf in den Nacken und stimmte den mitreißenden letzten Refrain von »Oklahoma!« an.

Ich nahm die Zufahrt nach Puerto Esperanza mit zehn Stundenkilometern. Dabei begaffte ich eine Familie in einem überdachten Pferdewagen, auf dem hinten ein stattlicher Korbsessel stand. Ein Mann in Gummistiefeln und ramponiertem Filzhut spannte vor seinem schlichten Zementhaus zwei Ochsen an. Das eigenartigste Fortbewegungsmittel, das ich sah, war ein Schlitten, zu dem zwei Ochsen im Joch gehörten, von dem wiederum zwei Taue zu den Händen des Mannes führten, der mit je einem Fuß auf einem der beiden dünnen sechs Meter langen Baumstämme stand, als seien sie Skier. Die Baumstämme selbst waren an einen der Hinterhufe der Ochsen gekettet, während die Ochsen den Mann und die Stämme zogen.

Ich kroch über alle asphaltierten Straßen des winzigen Dorfes und parkte neben einem Imbiss am Meer. Von der Veranda blickte man durch ein paar prächtige Palmen direkt auf das klare Wasser. Einige Palmwedel lagen am Boden. Der Imbiss bot für weniger als 50 Centavos große Schalen mit köstlichem warmen Reispudding an. Ich trug meine Portion zu einer Bank unter einer Palme und sah zu, wie die Möwen auf das Wasser herabstießen.

Hatte die Parolenbrigade Puerto Esperanza und Viñales einfach übersehen? Der beliebte Ferienort war im ganzen Land bekannt. Nach meiner Rückfahrt parkte ich in einer Seitenstraße in Viñales und spazierte durch den größten Teil des stillen Städtchens. Ich hätte in einer Kleinstadt in einem beliebigen karibischen Land sein können. Die belehrende Atmosphäre, die größere Orte erstickte, fehlte. Ich kam am Schachclub für Kinder vorbei, einem großen Raum mit zehn Spielbrettern für die Kinder von Viñales. Die Häuser hatten gepflegte Blumengärten vor dem Haus. (Oops! Ich fand ein Schild, abgewetzt und einsam in einer Ecke: WIR LEBEN FÜR DIE REVOLUTION UND STERBEN, UM SIE ZU VERTEIDIGEN.) Pferde trabten vorbei, sie zogen einen Wagen, auf dessen Kutschbock ein Pärchen saß. Der Klang der Hufe auf dem Pflaster verlieh Viñales eine bodenständige Geräuschkulisse. Bänke auf der Hauptstraße boten einen Platz in der ersten Reihe mit Blick auf das kleinstädtische Lateinamerika. Ich zog *The Mambo Kings* aus der Tasche und begann zu lesen, in der Hoffnung, ein ruhiger

Nachmittag in Viñales würde mich zerstreuen. Zwei Motorräder mit Seitenwagen schossen vorüber. Ich hatte eben die Stelle erreicht, wo der nette Mann, der für Pepsodent arbeitet, Delores belästigt, die damals in der Bronx lebte und halbtags bei Woolworth arbeitete, während sie davon träumte, zu unterrichten. Ein Truthahn kollerte – in Viñales, nicht in der Bronx –, und ein Mann mit nackter Brust galoppierte ohne Sattel auf einem hübschen Grauen über die Hauptstraße. Zwei Männer unter Strohhüten mit aufgerollter Krempe rauchten Zigarre. Ein zweifarbiges Oldsmobile Baujahr 57 parkte vor einem Haus, dessen Dach bald mit Schindeln gedeckt werden sollte, die an seiner Seite bereits säuberlich aufgestapelt lagen. Delores hatte Nestor Castillo, einen der *Mambo Kings*, kennen gelernt, und die beiden waren beschäftigt, sich gegenseitig zu verführen, aber alles, woran Nestor denken konnte, war María, bei der er auf Kuba sein Herz gelassen hatte.

Eine dünne junge Frau strampelte auf ihrem Fahrrad durch Viñales, gefolgt von einem dürren alten Mann mit einem Schutzhelm, auch er auf einem Fahrrad. Ein barfüßiger Mann mit Glatze in Jogginghosen und ärmellosem Oberteil trottete vorüber. Lärmende Schüler in einem Schulbus kamen, für heute war der Unterricht vorbei. Zwei Mütter schoben gemächlich Kinderwagen die Straße entlang. Ein junges Pärchen schlenderte vorbei, warf mir einen flüchtigen Blick zu und flüsterte dann miteinander. Die Frau kam herüber und hielt mir ihre Tüte mit Crackern zu Hineingreifen hin. Sie trug einen roten Schlapphut. Der Mann in Jogginghosen kam noch einmal vorbei, diesmal auf einem Fahrrad.

Ich aß im Las Brisas früh zu Abend, einem Lokal auf der Hauptstraße, in dessen Bar es nichts zu trinken gab. Ich saß auf einem wackligen Stuhl an einem Tisch, auf dem eine Glasvase mit Plastikblumen stand. Ein weiterer einzelner Gast war zu mir an den Tisch gesetzt worden. Rigoberto Suárez Pérez war Buchhalter der landwirtschaftlichen Kooperative am Ort, deren Mitglieder noch immer das Tal von Viñales bewirtschafteten. Nach dem Abendessen würde er die Abendschule besuchen. Ich bestellte *aporreado de pescado*, eine Art Fischeintopf. Nicht schlecht und billig. Mein Tischgefährte erzählte mir von der Kooperative, einer der Ersten, die nach der Revolution entstanden. Rigiberto interessierte sich für die *Mambo Kings* und kannte Leute in Oriente, wo die Karriere der musikalischen Brüder begonnen hatte. Die Bar im Las Brisas, trotz ihres bedauernswerten Zustandes, war voller Leute aus Viñales, die Zigaretten kauften und auf Essen zum Mitnehmen warteten. Ein Mann hatte sechs solcher Mahlzeiten bestellt, und als sie kamen, leerte er sie alle zusammen in eine große Plastikschüssel.

Nach dem Abendessen entdeckte ich an der Tür der Gemeindebibliothek einen Zettel mit neuen Öffnungszeiten für Kinder. Vorsichtig schob eine Frau ihre kleine Tochter in einem Schubkarren in eine Seitenstraße. In der medizinischen Klinik des Ortes begann gerade die Abendsprechstunde. Die

Häuser hatten Schindeldächer, Veranden, Säulengänge und Fenster mit Jalousien, deren Stäbe frische Luft und einen spähenden Blick zuließen. An einem Fenster hing ein Poster mit Bildern der Revolutionshelden Che Guevara und Camilo Cienfuegos neben einem gleichermaßen großen Bild von Jesus Christus am Kreuz. Ein Geländewagen rollte vorüber, gefolgt von einem Pferd, das ein paar Männer zog, die auf einem zwischen zwei Rädern befestigten Brett saßen. Zwei lachende Jungen spielten Tischtennis; sie benutzten ihre Handflächen als Schläger und den Gehsteig als Platte. In dem Buch standen die *Mambo Kings*, einer Umfrage zufolge, an 50. Stelle auf der Beliebtheitsskala der New Yorker Bands. Ich muss hundert Mal ge-*buenas tardes*-t worden sein.

Dritter Teil

La Plume de Matanzas war nicht mehr da! Ich kam in der Hoffnung in ihr Büro geschlendert, sie zu sehen, wie sie eine Zigarette paffte, Papiere sortierte und sich bemühte, die Krise der letzten Woche zu bewältigen, bevor die nächste ausbrach. Sie würde mich freundlich nach meiner Reise ausfragen, und ich würde sie dann um meine Post bitten. Aber auf ihrem Stuhl saß eine ernste, redegewandte Frau, schwarz, bestimmt, keinerlei Unsinn. Ich staunte nicht schlecht.

»Ach, ist das nicht das Büro von Miriam?«

»Ja, kann ich Ihnen helfen?«

Ich stellte mich vor. Die Frau stand auf und streckte mir die Hand entgegen. »Ich bin jetzt die Leiterin der Abteilung für internationale Beziehungen. Schön, Sie kennen zu lernen. Victoria Peñalber. Wollen Sie nicht Platz nehmen?«

»Was ist mit Miriam passiert? Ich ...«

»Sie arbeitet jetzt im Kulturministerium. Ein ganz normaler Jobwechsel, sonst nichts. Wie kann ich Ihnen helfen?«

Ich erklärte ihr kurz meinen Status in diesem Land unter der Schirmherrschaft ihrer Abteilung und welche Hilfe ich mir von ihr erhoffte.

»Die müssen für Sie sein.« Sie reichte mir ein paar Briefe, die vor fünf Wochen in den Vereinigten Staaten aufgegeben worden waren. Ein weiterer Nebeneffekt des Embargos – die Post wird in beiden Richtungen über Mexiko, Kanada oder einen anderen Drittstaat abgewickelt, um die neunzig Meilen zwischen den beiden Ländern zurückzulegen. Eine Verspätung von drei bis sechs Wochen ist die Regel.

Victoria sagte, sie würde sich meine Guantánamo-Anfrage ansehen. Inzwischen fühlte ich mich mit dem Land so vertraut, dass ich Fidel Castro interviewen wollte. Sie bat mich, einen formellen Antrag zu stellen mit einer kurzen Zusammenfassung, warum ich ihn interviewen wolle und was ich in Kuba täte, und einen Lebenslauf beizufügen.

Endlich bekam ich Jesús ans Telefon, mit dem ich für den kommenden Nachmittag eine weitere Oboenstunde vereinbarte. Als er bei meinem Haus ankam, rief mich die Pförtnerin an, um mir mitzuteilen, dass er noch jemanden dabei habe. Ich gab meine Zustimmung, und sie schickte die beiden in den 25. Stock. Die zweite Person war Pedro, ebenfalls Oboist. Er hatte einen Teil der Bambusstäbe erhalten, die ich Anfang des Jahres nach Kuba geschickt hatte.

Ich hatte mich auf die Stunde vorbereitet, indem ich das erste Stück aus dem sowjetischen Oboen-Notenbuch geübt und unten im Dollarladen eine Flasche Rum gekauft hatte. Für einen blutigen Anfänger ist es etwas entnervend, rechts und links zwei der besten Oboisten des Landes neben sich sitzen zu haben, die seine Technik begutachten. Zum Glück übten sie nur verhalten Kritik und erteilten Ratschläge hinsichtlich der Atmung, Haltung, Noten, der undeutlichen Töne, Stakkatos, der Fingertechnik und des Mundansatzes.

Pedro betrachtete bewundernd und sorgenvoll mein Instrument. Er blies ein paar Tonleitern und Arpeggios und probierte komplizierte Rhythmen, Tonabfolgen und Variationen auf dem Instrument aus, vom tiefsten *si bemol* bis zum höchsten *do*. Mein Gott, dieses alte Ding aus Holz und Metall konnte das alles von sich geben – und so mühelos? Er konnte am Holz und an der Metallverarbeitung auf das Herstellungsjahr und den Entstehungsort schließen. Anfang der 50er, vielleicht Ende der 40er Jahre in Frankreich. Und er wies auf alle möglichen Kleinigkeiten hin, die repariert werden mussten – verschobene Metallmechanik, abgenützte Klappen, leicht gesprungenes Holz, nicht schließende Korkpolster. Er reparierte Holzblasinstrumente. Ob er sich meines Instrumentes annehmen könne? Er würde es mir bis zum Wochenende wiederbringen.

Gut. Wie viel würde das kosten? »Nichts. Die Instrumente von Freunden repariere ich kostenlos. Was die anderen betrifft«, er rieb mit dem Daumen über Zeige- und Mittelfinger, »die müssen bezahlen.«

Als das Vorgeplänkel vorüber war, wandten wir uns dem eigentlichen Geschäft zu. Jesús machte die Rumflasche auf, während ich drei Gläser holte.

Ich erzählte der Oboen-Fraktion, dass ich mit einem Publizisten des kubanischen Sportverbandes einen Termin vereinbart hätte, um mich mit ihm über Baseball zu unterhalten. Ich wollte mit einem Baseball-Team eine Fahrt unternehmen, und unser Treffen diente der Besprechung, ob das wohl möglich sei.

»Mit welchem Team willst du diese Fahrt denn machen?«, fragte Jesús.

»Ich weiß es nicht. Ich weiß nicht, welche gut sind und welche nicht. Ich weiß nicht, wie die Liga organisiert ist, und *wann*, ja *ob* ich überhaupt fahren kann. Das werde ich nächsten Montag herausbekommen.«

Jesús beugte sich vor und fing an, mir das System zu erklären. »Jede Provinz hat ihre eigene Mannschaft in der Liga Nacional. Die Spieler stammen fast alle aus der betreffenden Provinz, mit Ausnahme der Teams aus Havanna, die sich aus Spielern aus dem ganzen Land zusammensetzen. Das liegt daran, dass es schwierig ist, einen gebürtigen *habanero* zu finden. Mein Lieblingsteam ist das von Cienfuegos, und es würde mich freuen, wenn du es auswählen würdest.« Wir stießen auf das Team von Cienfuegos an.

»Ich habe meinen Fanghandschuh mitgebracht, und ...«

»Du meinst, du hast ihn hier? In dieser Wohnung?« Ich holte ihn, und als ich ins Wohnzimmer zurückkam und gerade meine linke Hand hineinsteckte, fragte Jesús: »Rawlings?«

»Mensch, ja, das stimmt. Woher weißt du das?« Der Handschuh trug das Autogramm von Larry Bowa, dem Shortstop, der für Philadelphia und die Chicago Cubs gespielt hatte.

»Die Rawlings stehen in dem Ruf, die besten Handschuhe zu haben.« Pedro nahm ihn mir aus der Hand und probierte ihn an. »Das ist ein guter Handschuh, aber er muss eingeölt werden. Ist ein bisschen steif.«

Das Orquesta Sinfónica sollte in einem oder zwei Monaten ein Hallenbaseballspiel gegen Los Van Van, die heiße, neunköpfige Salsa-Band, austragen. Jesús fragte mich, ob ich im Orquesta-Team mitspielen wolle. »Na ja, ich kenne den Posaunisten von Los Van Van. Er weiß, dass ich ein ...« Mir fiel das Wort nicht ein für jemanden, der kein echtes Mitglied einer Mannschaft ist. »Er weiß, dass ich nicht dazugehöre.«

Jesús wischte meine Sorge beiseite. »*Bueno*«, sagte ich. »*Juego el béisbol mejor que toco el oboe.*« Gut. Ich spiele besser Baseball als Oboe. Als wir die Rumflasche geleert hatten, schüttelte Jesús sie feierlich, um auch ja den letzten Tropfen herauszuholen.

»Als diese Sache durch die Presse ging, feierten das kubanische Volk und seine Regierung gerade den 73. Jahrestag der Oktoberrevolution und erwiesen deren brillantem Führer, Wladimir Iljitsch Lenin, ihre Ehrerbietung.«

In derselben Woche, als diese Meldung in einer kubanischen Zeitung erschien, distanzierten sich das sowjetische Volk und dessen Regierung zunehmend davon, den 73. Jahrestag der Oktoberrevolution zu feiern, und stellten die Brillanz ihres Führers, Wladimir Iljitsch Lenin, in Frage. Überall in der Republik wurden Plakate abgehängt und Statuen demontiert. Die Einwohner von Leningrad hatten allmählich den Eindruck, sie würden sich mit dem alten Namen, St. Petersburg, wohler fühlen.

Der Domingo Rojo, der Rote Sonntag – die jährliche Feier der russischen Revolution von 1917 – wurde in ganz Kuba begangen. Arbeitergruppen und Massenorganisationen wie beispielsweise die Komitees zur Verbreitung der Revolution und die Nationale Vereinigung der Kleinbauern organisierten freiwillige Arbeiterbrigaden, um die Städte herauszuputzen und auf dem Land die Ernte einzufahren. Eine Nebenstraße unweit meines Hauses war von Bussen und Lastern verstopft, in die Arbeiter einstiegen, um einen Tag auf den Feldern zu verbringen. Von meinem Balkon aus konnte ich überall im Vedado kleine Gruppen sehen, die Müll aufsammelten, Büsche stutzten, Gras mähten, unter den Büschen Unkraut jäteten und Fenster putzten.

Ich schaltete den Fernseher an. Die sonst üblichen Shows fielen aus, und wir konnten stattdessen sehen, wie Bautrupps am Domingo Rojo am Pan-Amerika-Stadion arbeiteten, in der Hoffnung, es rechtzeitig zu den Spielen fertig zu stellen. Ein Reporter im Overall fragte die Arbeiter, warum sie dort seien.

»Zu Ehren Lenins!«, antworteten sie grinsend. Außerdem erfuhr der Zuschauer, dass in der Provinz Holguín jetzt die sowjetisch-kubanische Freundschaftswoche beginne. Der Sender nahm sein normales Programm mit der Sendung *¡Hola, Mamá!* wieder auf, in der es um die Frage ging, wie man Zweijährige zur Unabhängigkeit erzieht. Danach kam *Cocina al minuto*, und Nitza erklärte uns, wie man Grapefruitmarmelade einkocht.

Ich ging zum Zeitungskiosk Ecke Presidente und 17. Straße und hoffte, während der entscheidenden 45 Minuten dort anzukommen, wenn die inzwischen wöchentlich erscheinende *Juventud Rebelde* bereits ausgeliefert, aber noch nicht ausverkauft war. Unterwegs beobachtete ich weitere Domingo-Rojo-Aktivitäten: Nachbarn stutzten ihre Hecken, und Wohnungsbesitzer fegten ihren Eingang. Es war, als würde man die Verschönerung eines sonnigen Vereinshauses als internationale Solidarität verkaufen. Havanna war auch meine Stadt, zumindest vorübergehend, und ich schämte mich, weil ich nicht mitmachte.

Ich ging ein paar Blocks weiter zu Nitzas Wohnung. Am frühen Morgen hatte Nitza für Hühnchen Schlange gestanden bei Pío Pío, einem – jetzt lacht nicht darüber, ihr Kubaner! – Fastfood-Laden. Sie hatte von 9 bis 11.30 Uhr gewartet.

»Ich möchte in meiner Sendung gerne Empanandas aus Weizenmehl und Yucca zubereiten, aber diese Woche gibt es keine Yucca auf den Lebensmittelmärkten.«

Ich war schon im Begriff, ihr anzubieten, die Speisen-und-Wein-Kolumne des Sonntagsmagazins der Londoner *Times* herüberzubringen, ließ es dann aber lieber. In der Kolumne ging es um Restaurants in Rom. Das Lieblingsgericht des Autors, »gemischte Grillplatte von Bries, Hoden, Rückenmark, Leber und Darm – jeweils leicht und unterschiedlich gewürzt«, kostete pro Person etwa 70 Dollar. Ich beschrieb kurz, was in dem Artikel stand, und Nitza behauptete, sie würde ihn wirklich gerne lesen. »Es stimmt schon, dass wir so etwas hier nicht essen können, aber ich habe dann wenigstens mehr Ahnung, was sonst auf der Welt los ist. Die einzige ausländische Zeitschrift, die ich regelmäßig bekomme, stammt vom Ernährungsinstitut in Jamaika.«

Nitza musste ihren Müll zum Container an der 17. Straße hinaustragen – zuerst in den Flur, dann mit dem Aufzug in den Keller, diesen durchqueren, die Einfahrt hinauf wieder auf Straßenhöhe und schließlich zu den Mülltonnen. Genau das tat ich am Domingo Rojo, um den 73. Jahrestag der Großen Oktoberrevolution zu begehen und ihrem genialen Führer, Lenin, meine Ehrerbietung zu erweisen – ich trug Nitza Villapols Müll auf die Straße hinaus.

Zwei Freunde, Rolando und Rocío, hatten sich den Domingo Rojo als Hochzeitstag ausgewählt. Ich glaube aber ehrlich gesagt nicht, dass Lenin viel mit ihrer Hochzeit zu tun hatte. Die verworrenen Familienverhältnisse, frühere Ehen, Kinder und Eltern im Exil, erzwangen ebenso wie die komplizierte amerikanische und kubanische Einwanderungs- und Auswanderungspolitik diesen Hochzeitstermin. Die einzige Möglichkeit, es allen recht zu machen, bestand für die beiden darin, zu heiraten und dann in die Vereinigten Staaten umzusiedeln. Rolando sah diesem Umzug in ein anderes Land mit Besorgnis entgegen.

Die Hochzeit fand am Spätnachmittag im ehemaligen Haus einer Familie statt, die 1980 von Mariel in die Vereinigten Staaten geflohen war. Der Staat hatte das Haus unweit des Sports-City-Komplexes konfisziert, zum Palacio de Matrimonio umgebaut und derart protzig ausgeschmückt, dass er geschmacklos wirkte. Jene Wände, die nicht mit Spiegeln versehen waren, trugen die von Motels her bekannten Blumentapeten, aus einer Lautsprecheranlage drangen kratzig alte Klassiker, und im Obergeschoss bedeckte ein roter Tagesüberwurf ein riesiges Doppelbett. Oft wurde das Erdgeschoss für Empfänge nach der Hochzeitszeremonie vermietet.

Rolando und Rocío legten ihre Papiere vor, und dann gingen alle für die offizielle Zeremonie in einen großen Raum. Ein Beamter nahm ihnen die vorgeschriebenen Versprechen ab, und danach setzten sowohl die Brautleute als auch ihre Trauzeugen ihre Unterschrift in ein großes Buch. Die knapp zwanzig Hochzeitsgäste schauten von der Seite aus zu, und als die beiden endlich offiziell verheiratet waren, klatschten alle, klopften einander auf die Schultern und gaben sich Küsschen. Rolando trainierte das Fahrradteam, und viele seiner Rennfahrer tauchten zu dem Empfang in seinem Apartment auf, wo wir alle Süßigkeiten, Kroketten und Empanadas aßen, die von chilenischen Freunden zubereitet worden waren. Nachdem Rocío den Hochzeitskuchen angeschnitten hatte, prosteten wir dem Paar mit Champagner zu. Der Alkohol ließ den Lärmpegel anschwellen, aber durch ihn sprach selbst ich fließend Spanisch.

Am nächsten Morgen legte ich nach meinem Spaziergang über den Malecón meinen üblichen Stopp bei der Sozialismus-oder-Tod-Bäckerei ein. Die Stadt wirkte dank Lenin deutlich sauberer, die Bäume, Schaufenster, Gehsteige und Hecken postkartenschön. Ich war stolz, ein *habanero* zu sein, und beschloss, bei Alejandro, dem Optimisten, im Freundschafts-Büro vorbeizuschauen. Selbstverständlich hatte er am Domingo Rojo teilgenommen und fühlte sich gut, ja zeigte sogar Vertrauen in sein Land und seine Landsleute. »Wir werden es schaffen!«, sagte er wie ein Trainerassistent in der Halbzeitpause. »Spüren Sie das nicht? Die Entschlossenheit ist jedenfalls vorhanden!«

In diesem Moment, als in seinen Adern echte Überzeugung pulsierte, war Alejandros Zuversicht ansteckend, und ich hätte ihm so gern geglaubt. Aber ich hatte mitbekommen, dass selbst Bananen mittlerweile rationiert waren. Ich hatte mich gelegentlich beim Sozialismus-oder-Tod-Lebensmittelmarkt für ein paar Bananen angestellt, und das konnte ich jetzt nicht mehr. Genauer gesagt, Kubaner durften nur eine festgesetzte Menge kaufen, mehr nicht. Rationierung von Bananen in den Tropen? Wird in Newcastle Kohle rationiert?

Eine Tankstelle in meiner Straße, eine, die Regierungsfahrzeugen vorbehalten war, musste ihre Vorräte mit einer Pipette aufteilen. Die Schlange der Autos, die am Straßenrand für Benzin anstanden, reichte um mehrere Häuserblocks. An manchen Werktagabenden stellten sich die Fahrer gegen Mitternacht oder ein Uhr morgens in die Schlange, um sich ihr Kontingent für den nächsten Morgen zu sichern. Kubas ehemalige Verbündete in Europa, deren Wirtschaft am Boden lag und deren Verteilungssysteme für Lebensmittel im Chaos versanken, erhielten aus dem Westen riesengroße CARE-Pakete, eine Belohnung dafür, dass sie den Kommunismus aufgegeben hatten, aber niemand, außer den Kubanern selbst, kam Kuba zu Hilfe. Auf den Domingo Rojo folgte ein trister Montag.

Ich besuchte Fernando Campoamor, jenen Freund von Hemingway und Rumexperten, den ich mit Daubar in der Bar des Habana Libre getroffen hatte. Campoamor war ein beeindruckender Mann, höflich, redegewandt und zuvorkommend. Viele Männer seines Alters und seiner Schicht waren entweder vor Jahren aus dem Land geflohen oder hatten sich aus dem aktiven Leben zurückgezogen, doch Fernando blieb da, war vital und wissbegierig, ein altmodischer *caballero* in einem Land, in dem diese Spezies vom Aussterben bedroht ist. Und er blieb so sanft, wie sein Nachname klingt.

Campoamor lebte in einer komfortablen Zweizimmerwohnung in Vedado. An den Wänden standen Regale mit Büchern von Freud, Ortega y Gasset, Bolívar, Napoleon und Alexander von Humboldt. An auffälliger Stelle prangte eine abgenützte sechsbändige Enzyklopädie des Meeres auf dem Regal. Campoamors Frau war nach mehr als 30-jähriger, sich stets verschlimmernder Parkinson-Erkrankung in schrecklicher Verfassung. Sie saß etwas abseits, aber Fernando bezog sie in unsere Unterhaltung mit ein.

»Ich kann Ihnen ein paar Sachen zeigen«, sagte mein Gastgeber und deutete auf vier große Kartons mit der Aufschrift »Hemingway«. »Die Biblioteca Nacional wird nächstes Jahr anlässlich seines 30. Todestages eine Ausstellung organisieren, und ich bereite diese Stücke für sie vor.« Er ging in die Küche, um uns ein Gläschen Rum mit einem Schnitz Grapefruit am Glasrand zu richten. »Als Ernesto noch auf Kuba lebte, gab es einen inoffiziellen Club der Barkeeper«, erzählte er mit einem süffisanten Lächeln. »Als ich ihn das erste Mal traf, nachdem ich aus Louisiana zurückgekehrt war, lebte er vom Vorschuss für *Wem die Stunde schlägt.*« Während er sprach, schenkte ich meine Aufmerksamkeit sowohl seinen Worten als auch dem Bücherschrank, in dem die großen Werke der spanischen und kubanischen Literatur standen. Ich zog ein mit Widmung versehenes Buch mit Porträts des kubanischen Künstlers Massaguer heraus. Die Zeichnungen zeigten berühmte Persönlichkeiten der Hemingway-Zeit, zum Beispiel die Windsors, Ghandi, Churchill, Chaplin und Shaw. Auch eine Zeichnung von Eisenhower mit einem kleinen schwarzen Mädchen auf den Knien, das an einem Lutscher leckte und *Onkel Toms Hütte* las, befand sich darunter. »Mögen Sie Massaguers Arbeiten? Er war ein wunderbarer Künstler, nicht wahr?«

An einem Ende des Regals stand eine Trophäe, die Campoamor 1934 als Siegespreis bei einem Plakatwettbewerb zum Día de las Américas in Lake Charles, Louisiana, gewonnen hatte. Sein Siegerbeitrag zeigte Benito Juárez, José Martí, Abraham Lincoln und Simón Bolívar. Über dem Regal hing ein Reklameposter für den Spencer-Tracy-Film *Der alte Mann und das Meer.* Unten auf dem Poster stand ein Zitat von Fidel: *Sämtliche Werke Hemingways sind eine Verteidigung der Menschenrechte.* »Das hat er während einer Reise nach Uruguay gesagt.«

Fernando zog einen Stapel Fotos heraus. Das Erste zeigte einen lächelnden Hemingway mit Mary Welsh, der letzten seiner vier Frauen. Campoamor besaß ein Foto des Fells, auf dem Hemingway immer stand, wenn er schrieb, und ein anderes von seiner tragbaren schwarzen Royal-Schreibmaschine. »Zwei Jahre nach seinem Tod hat jemand 80 000 Dollar für diese Schreibmaschine bezahlt. 80 000 Dollar!« Campoamor besaß noch weitere Bilder aus Hemingways Haus, vom Schlafzimmer und eines von einem Bücherregal mit drei Brettern im Badezimmer. Er hatte auch einen Notizzettel, auf dem stand »vom Schreibtisch Ernest Hemingways«, und in Hemingways Handschrift »Finca la Vigía, San Francisco de Paula«, also Name und Ort des Anwesens. Es gab eine Großaufnahme Hemingways, die bei der Verleihung des Nobelpreises 1954 entstanden war. Andere Fotos zeigen Mary und Ernest, er im Smoking, zusammen mit dem Herzog und der Herzogin von Windsor im Restaurante El Floridita. Dann gab es noch eines 1954 bei einer von der Studentenvereinigung der Universität von Havanna organisierten Gala.

Campoamor hatte Martha Gellhorn gekannt (mit der Hemingway von 1940 bis 1945 verheiratet war), die die Finca la Vigía in einer Immobilienanzeige entdeckt hatte. Ich beschrieb ihren unterhaltsamen und rührenden Essay über ihre erneute Reise nach Kuba in den 80er Jahren, und er bat mich, ihm eine Ausgabe zu schicken. »Die brauche ich für mein Archiv.«

Kuba vereinnahmt Hemingway in aufrichtiger Zuneigung. Die universellen Wahrheiten, die in *Der alte Mann und das Meer* angesprochen werden, üben einen immensen Reiz auf das Volk aus, vor dessen Küste der Roman spielt. Es ist ein Buch, das sich in der spanischen Übersetzung ebenso leicht liest wie im englischen Original – ja in Wahrheit kam es mir, als ich es das zweite Mal auf Englisch las, vor, als sei es aus dem Spanischen übersetzt. Bei einer früheren Reise nach Kuba hatte ich eines Abends an dem Treffen eines Nachbarschaftskomitees zur Verbreitung der Revolution in Guanabacoa, einem Vorort von Havanna, teilgenommen. Neben mir waren auch einige andere Zuhörer aus den Vereinigten Staaten gekommen, darunter ein weißhaariger Mann, der eine leichte Ähnlichkeit mit Hemingway hatte. Bei unserer Ankunft wurden wir von den dortigen Jungpionieren – in Uniform – empfangen, die uns mit einem Lied, Salut und Applaus begrüßten. Wir wurden dem örtlichen Polizeichef, dem Arzt der Gemeinde und anderen, die in der Nähe wohnten, vorgestellt. Ein Mitglied des Komitees schaute den Mann mit den weißen Haaren an und sagte: »Wir mögen Hemingway, weil er das kubanische Volk unterstützt hat. Wir betrachten ihn als Kubaner.« Was die Anziehungskraft Kubas auf Hemingway anbelangt, so erzählte sein Freund, John Rybovich Jr., in einem Interview: »Ernest sagte, ihm gefiele Kuba, weil dort beides wundervoll sei: das Fischen und das Ficken. Ich glaube, die haben ihn dort sämtliche Freudenhäuser ausprobieren lassen…«

Heute wandeln die Touristen auf Hemingways Spuren, indem sie im El Floridita und in der Bodeguita del Medio essen und trinken. »Zurzeit bauen sie das El Floridita gerade wieder auf«, erzählte Campoamor. »Es ist, als würde man Chartres nachbauen. Das ist schlichtweg unmöglich. Ich habe vor ein paar Monaten in einem Artikel für die *Opina* geschrieben, wie skandalös es ist, dass sie versuchen, das Original zu kopieren. Das ist eine Fälschung. Ein Mischmasch.«

Über der Bar La Bodeguita del Medio hängt ein Schild. Darauf steht in großen, handgeschriebenen Buchstaben:

MY MOJITO IN LA BODEGUITA
MY DAIQUIRI IN EL FLORIDITA

XII/54

Es ist mit einer unverkennbaren Unterschrift versehen: »Ernest Hemingway«. Kopien dieses Schildes wurden jahrelang in Souvenirgeschäften in ganz Havanna verkauft. In jedem Reiseführer ist es abgebildet. Es ist Teil der Hemingway-Legende geworden. Touristen stellen auf diese Weise einen emotionalen Kontakt zu Hemingway her. *Er* hat hier *mojitos* getrunken, *ich* trinke hier *mojitos*, ergo ...

»Sie wissen darüber Bescheid, nicht wahr?«, fragte Campoamor mit einem verschmitzten Grinsen. »Sie müssen die Geschichte von La Bodeguita kennen. Zuerst war es einfach eine *bodeguita*«, ein kleiner Tante-Emma-Laden. »Da wurde Reis und Zucker und so weiter verkauft. Die Besitzer hießen Martínez, und zu dem Laden gehörte auch eine kleine Bar. Mit der Zeit kamen ein paar Stammgäste. Allmählich tauchten auch Künstler auf. Die Bar entwickelte sich zu einem Treffpunkt für Schriftsteller, Maler und Schauspieler.

Nach der Revolution wollten sie ihr Geschäft ein bisschen für Touristen ausbauen, mit einer richtigen Gaststube, und dort Rind- und Schweinefleisch anbieten. Wir hielten ein Treffen in Miramar ab, im Haus von Leonardo Gómez, der damals die Zeitschrift *Bohemia* herausgab. Auch Martínez war da. Er war ein *guajiro*, aber er war intelligent und wollte seinen Gästen mehr bieten. Wir überlegten, wie wir seinem Laden auf die Beine helfen könnten, und irgendjemand sagte: ›*Mi mojito en La Bodeguita, mi daiquiri en El Floridita.*‹ Das war ein Spaß, nichts weiter.

Gómez sagte: ›Kommt, das schreiben wir auf.‹ Martínez war als echter Geschäftsmann von der Idee begeistert. Na ja, ich hatte all die Sachen in Papas Handschrift zu Hause, und sie beauftragten einen Grafiker, der die Unterschrift nachmachen sollte. Ich protestierte dagegen, obwohl ich die Sache anfänglich lustig gefunden hatte. Das war nur ein privater Scherz unter Freunden gewesen. Aber aus dem kleinen Scherz wurde am Ende eine große Lüge.

Ich war mir nicht sicher, ob wir das machen sollten, deshalb fragte ich den Direktor von INTUR, der staatlichen Tourismusbehörde, ob das seiner Meinung nach in Ordnung sei. Er sagte: ›Wissen Sie, das könnte den Tourismus ankurbeln. Schreiben Sie einfach nichts darüber in der Öffentlichkeit.‹ Das habe ich nie getan, aber die Legende, die wir bei dem Treffen erschaffen hatten, geriet wie eine Lawine außer Kontrolle.«

Campoamor erzählte noch mehr von Hemingway – den die einen Papa, die anderen Ernesto und wieder andere einfach Mr. Way nannten. »Ich habe mich mit Margaux Hemingway getroffen, als sie 1978 hierher kam.« Zu dieser Reise, der Zweck waren Aufnahmen für das Magazin *Playboy*, gehörten Stopps entlang des Hemingway-Weges und in Orten, an die sie sich erinnerte, weil sie als kleines Mädchen dort mit »Großpapa« gewesen war.

Zwei Restaurants, eines in Kalifornien und eines in Italien, finanzierten gemeinsam einen jährlichen Autorenwettbewerb zu Ehren Hemingways, erzählte ich ihm. Das beeindruckte Campoamor dermaßen, dass ich es nicht übers Herz brachte, ihm zu sagen, dass er der »Bad Hemingway Contest« genannt wurde und man sich dabei über Papas Stil lustig machte.

»Viele kubanische Schriftsteller haben ihn gekannt und mit ihm regelmäßig im El Floridita etwas getrunken«, sagte Campoamor. Ein anderer Kubaner hatte mir erzählt, dass Hemingway eines Sonntags dort wie üblich seine Drinks mit dem Schriftsteller Luis Gómez Wangüemert zu sich nahm. »Er war ziemlich betrunken. Enrique Serpa kam herein, und Hemingway sagte zu ihm: ›Es ist gut, dass Sie in einem drittklassigen Land leben, sonst könnten die Leute Ihre Werke lesen.‹ Hemingway mochte die Kubaner als Abstraktum, aber nicht die konkreten Menschen.«

Der Dichter Nicolás Guillén, der Ernesto in den 30er Jahren, während des spanischen Bürgerkriegs, in Madrid kennen gelernt hatte, erzählte in einem Interview: »Hemingway sprach schlecht Spanisch, mit starkem Akzent. Ich sagte ihm: ›Sie sollten mehr mit P&P reden.‹ –›Wer sind P&P?‹, fragte er. ›Prostituierte und Peasants, Bauern‹ ... Er kannte wirklich keine Kubaner. Das weiß ich aus Erfahrung.«

Campoamor hat Hemingways Spanischkenntnisse ein wenig anders in Erinnerung. »Er hat in Spanien Spanisch gelernt. Er hat es täglich gesprochen und kannte sämtliche Schimpfwörter. Die hat er ständig benutzt. Er sprach nicht fließend Spanisch, aber das war kein Problem.«

»Wie stand Hemingway zur Revolution?«, wollte ich wissen. Campoamor hatte ihn in den 40er und 50er Jahren häufig getroffen, und seine Erinnerungen würden gewiss glaubhafter sein als die beiden Darstellungen, die in Hemingway eher ein Opfer als einen Befürworter der Revolution sehen. In einer schrieb Hunter S. Thompson 1964 im *National Observer*, dass »Castros Erzieher den Leuten einredeten, ›Mr. Way‹ habe sie ausgebeutet«. Das kommt einem angesichts der Tatsache, dass Hemingway in kubanischen Schulen gelesen wird und seine Bücher zu den Dauerbestsellern des Landes gehören, komisch vor. Die andere Beschreibung, von Jacobo Timerman in seinem 1990 erschienenen Buch über Kuba, lautete: »Der Hemingway-Kult zielt mehr auf den Tourismus ab als auf sonst irgendetwas … [der Kult] soll den Mythos aufrecht erhalten, das Gefühl erzeugen, Hemingway gehöre hierher, und die Leute überzeugen, Hemingway sei der Nordamerikaner der Revolution.«

Campoamor behauptete: »In der Öffentlichkeit gab er sich neutral, aber er war immer für die Revolution. Das war offenkundig. Man denke nur daran, dass er aus der Zeit des Bürgerkriegs viele Freunde in der Kommunistischen Partei Spaniens hatte. Er hasste Diktatoren.«

Diese Einstellung zeigte sich, als die Regierung ihm eine Auszeichnung verlieh. Hemingways Biograf schrieb: »Obwohl er im privaten Kreis behauptete, er hasse es, unter der neuen Batista-Diktatur zu leben, nahm er von der kubanischen Regierung eine Ehrenmedaille ›im Namen der Schwertfisch-Fischer von Puerto Escondido bis zur Bahía Honda‹ entgegen.« Und nachdem er

1954 den Nobelpreis erhalten hatte, beschloss er, die Medaille dem kubanischen Volk zu widmen. Er übergab sie bei einer öffentlichen Zeremonie Campoamor und beauftragte ihn, sie in der Basilika von El Cobre auszustellen, einer berühmten Wallfahrtskirche auf dem Lande unweit von Santiago de Cuba.

Angeblich reagierte Hemingway 1957 auf einen Bericht in der internationalen Presse, Fidel sei ermordet worden, mit den Worten: »Das ist eine Lüge! Das behaupten die nur, um die Bewegung in Misskredit zu bringen. Fidel kann nicht sterben! Fidel muss die Revolution durchziehen.« Kurz danach, als der Reporter Herbert Matthews von der *New York Times* aus der Sierra, wo er Castro heimlich interviewt hatte, nach Havanna zurückkehrte, lud ihn Hemingway in die Finca la Vigía ein, und Matthews erzählte seinem Gastgeber, dass Fidel am Leben sei und sich in den Bergen aufhalte.

Gelegentlich hörte Hemingway den Radiosender der Guerilla, Radio Rebelde. Sein guter Freund, der Arzt Herrera Sotolongo, sagte: »Hemingway stand immer auf der Seite der kubanischen Revolution.« In *Ernest Hemingway, Jahre in Kuba* von Norberto Fuentes steht, dass er bei einer Spendenaktion für die »*fidelista*-Organisation« eine Statue von José Martí gekauft habe. Gregorio Fuentes, Hemingways Angelfreund und Kapitän seines Bootes, der *Pilar*, erzählte Norberto Fuentes: »Gleich zu Beginn des Aufstands zeigte sich Hemingway damit einverstanden, in der *Pilar* Waffen für die Revolutionsbewegung zu verstecken. Er sah, was ich tat, und hat sich nie eingemischt.«

Als Batista aus Kuba floh, riefen Journalisten bei Hemingway an, der sich damals gerade in Idaho aufhielt, und sie brachten folgendes Statement in Umlauf: »Ich glaube an die historische Notwendigkeit der kubanischen Revolution, und ich glaube an ihre langfristigen Ziele. Ich möchte nicht über Personen sprechen oder über Alltagsprobleme.« Einem Zeitungsreporter, der zu ihm durchkam, sagte er am Telefon, die Nachricht von Castros Sieg erfülle ihn mit Freunde. »Mir hat diese Aussage von Anfang an missfallen«, schrieb seine Witwe Mary Welsh später. Sie überredete ihn, den Reporter zurückzurufen. Er änderte »Freude« in »Hoffnung«. Am nächsten Tag erfuhr das Paar durch den Reporter Herbert Matthews, dass in der Finca la Vigía alles in Ordnung sei.

Im März 1960 traf Herbert Matthews Hemingway ein letztes Mal auf Kuba und stellte fest, dass Papa »noch immer der große Held des kubanischen Volkes ist. Er hält sich in seinem Haus auf und arbeitet, als sei es eine bewusste Geste, um der Revolution Castros seine Sympathie und Unterstützung zu beweisen.« Und warum ist Castro nie auf Hemingway zugegangen?, fragte der Biograf Ted Szulc Fidel bei einem Interview. »Castro sagte lediglich, dass er Hemingway nie kennen gelernt habe, weil es in der Anfangszeit der Revolution so viel zu tun gegeben habe und weil niemand gedacht hätte, dass er so früh sterben würde.«

1960 hatte Ernesto den Eindruck, das »Castro-Klima« habe sich verändert. »Keineswegs zum Guten«, sagte er zu seinem Freund, A. E. Hotchner. »Ich hoffe allerdings inständig, dass die Vereinigten Staaten die Zuckerquote nicht senken. Das wäre wirklich eine Katastrophe. Und dieser Schritt würde Kuba den Russen in die Arme treiben.«

Castro betonte, Hemingway sei »ein Schriftsteller, dessen Anwesenheit hier für uns eine große Freude ist.« 1960 nahm Fidel am Internationalen Schwertfisch-Wettfischen teil, das zu Ehren Hemingways ausgetragen wurde, und gewann im Einzelwettbewerb.

Bei dem einzigen Zusammentreffen der beiden großen Männer überreichte der 60-jährige Schriftsteller und Sportler dem 33-jährigen Revolutionär und Fischer die Trophäe. Auf dem Heimweg berichtete Hemingway seiner Frau von der kurzen Unterhaltung. »Er sagte, er habe *Die Glocke* auf Spanisch gelesen und habe in der Sierra Maestra auf einige der darin dargelegten Gedanken zurückgegriffen.«

Der Roman *Papa und Fidel* von Karl Alexander geht von einer geheimen Freundschaft zwischen den beiden Männern aus. In der Geschichte nimmt sich Fidel Urlaub von der Revolution, um mit Papa auf Wachteljagd zu gehen, und Hemingway überlegt, ein Stück für *Field and Stream* zu schreiben und darin den Kommentar unterzubringen, dass »Castro für einen Kommunisten ein ziemlich guter Schütze ist«. Während Castros Reise zu den Vereinten Nationen in New York verkrümeln sich die beiden, um sich im Yankee-Stadion ein Spiel gegen die Red Sox anzuschauen. Castro springt auf, als Ted Williams einen 3:0-Pitch ins Upper Deck schlägt. »Würden sie Señor Ted Williams als Botschafter nach Kuba entsenden, dann würden sich unsere Länder gut vertragen.«

Hemingway in Kuba, das einzige kubanische Buch, das sich mit Hemingways Aufenthalt in Kuba befasst, beschreibt ihn als klaren Anhänger der Revolution. Fernando Campoamor wird neben anderen darin erwähnt. »Ist die Darstellung in diesem Buch korrekt?«, fragte ich. Campoamor verzog das Gesicht. »Das besprechen wir lieber ein anderes Mal.«

◆◆◆

Fragte ich die Leute, bei wem ich mit zuverlässigen Erinnerungen an Hemingway rechnen könne, fiel häufig der Name Lisandro Otero. Stellte ich dieselbe Frage bezüglich Graham Greene, wurde ebenfalls Otero genannt. Da gab es also einen Mann, der mit den zwei berühmtesten englischsprachigen Schriftstellern des 20. Jahrhunderts befreundet gewesen war. Lisandro und seine Frau, Nara Araújo, Professorin an der Universität von Havanna, lebten zusammen mit ihrer Tochter in einem komfortablen Haus an einer ruhigen, von Bäumen gesäumten Straße in Miramar.

Das Erste, was Lisandro Otero von Hemingway kennen lernte, war seine Faust. Otero war auf Hemingway zugegangen, weil er ihn verehrte, und der Autor reagierte mit einer Geraden. Sie verfehlte Oteros Gesicht knapp, aber die Botschaft, die ihm im El Floridita vermittelt wurde, war eindeutig: Hau ab, Kleiner, du störst! Otero zog sich an seinen Tisch zurück, um etwas zu essen, und stellte am Ende fest, dass sein Idol die Rechnung beglichen hatte. Als er gehen wollte, rief Hemingway ihn zu sich herüber und lud ihn ein, einmal nachmittags bei ihm zu Hause vorbeizuschauen. Das tat Otero, und es war der Beginn einer Freundschaft, die bis zu Hemingways Tod hielt.

Otero gewann in Schriftsteller- und Regierungskreisen an Einfluss. Anfang der 60er Jahre half er, die Komitees für die Verbreitung der Revolution und andere Massenorganisationen auf die Beine zu stellen. Er schrieb weiterhin sowohl Zeitungsartikel als auch Romane. Wie viele Schriftsteller nahm er einen diplomatischen Posten an und war in dieser Mission in der Sowjetunion, in Großbritannien und Frankreich tätig. Wieder nach Hause zurückgekehrt, stieg er im Schriftstellerverband in die höchsten Ämter auf. Dann wurde er allerdings von Mitgliedern aus dem Amt gewählt, die meinten, er gehöre zur Elite, sei arrogant und zu viel gereist.

Von der UNEAC abgewiesen, lehnt er den Verband allerdings inzwischen ab: »Ich hasse Versammlungen mit Intellektuellen. Da gehe ich nicht mehr hin.«

Wann immer ich irgendjemandem gegenüber erwähnte, dass ich herausbekommen wolle, wie sich die Literaturszene historisch entwickelt habe, antwortete man mir: »Haben Sie schon mit den ›offiziellen Schriftstellern‹ gesprochen? Wissen Sie, mit Otero, Barnet, Fernández und so weiter.« Die offiziellen Schriftsteller durften ins Ausland reisen, ihre Werke wurden im Ausland veröffentlicht, sie repräsentierten Kuba bei internationalen Konferenzen und tummelten sich in der ruhmreichen, mit Traditionen überladenen Welt der lateinamerikanischen Literatur.

Im Laufe der Jahre hatten die offiziellen Schriftsteller gelernt, durch Zirkusreifen zu springen, sowohl durch bewegliche als auch durch solche, die in Flammen stehen. Sie hatten sich das schiefe Lächeln angewöhnt. Sie hatten ihre Verpflichtungen erfüllt. Otereo besaß sämtliche Eigenschaften eines Privilegierten.

Vielleicht faszinierte er mich genau aus diesem Grund. Darüber hinaus zeigte er – und nur er – Sympathie für meine Suche nach einem Palindrom auf Spanisch. Als wir eines Abends auf der hinteren Veranda seines zweistöckigen Hauses in Miramar saßen, verschwendeten wir kostbare Zeit und viel Papier mit der Suche nach einem Palindrom aus dem Wort HAVANNA, beziehungsweise noch schwieriger, dem spanischen Namen der Stadt, LA HABANA. Mir fiel NAVAHO HABANA ein. Otero schrieb:

L'ABANA
ANABAL
GUANABANA EN LA HABANA
L'ABANABAL
LAB A NABAL
LA BANA BAL

»Ich habe einen für Sie«, sagte er schließlich. Er schrieb ihn sorgsam nieder, dann reichte er ihn mir mit der selbstgefälligen Zufriedenheit eines Menschen, dem es gelungen ist, in 15 Minuten das Kreuzworträtsel in der Madrider Sonntagsausgabe von *El País* zu lösen. Mit Tinte. DABALE ARROZ A LA ZORRA EL ABAD. Das ist einer der wenigen bekannten Palindrome auf Spanisch, einer Sprache, deren Wortkonstruktion sich nicht dazu eignet, Sätze rückwärts zu lesen. Er bedeutet: *Der Abt gibt der Füchsin Reis.*

Nur um das klarzustellen: Später schlug ich im Wörterbuch unter *zorra* nach und fand heraus, dass es auch zänkische Frau, gerissene Person oder – seltener gebraucht –Prostituierte bedeuten kann. Diese letzte Definition macht das Palindrom lebensnaher und wirft unweigerlich die Frage auf, warum der Abt der Nutte wohl Reis gegeben hat. Aus Schuldgefühlen heraus? Wohltätigkeit? Für erbrachte oder fantasierte Dienste? Hinter diesem Palindrom aus sieben Wörtern steckt eine dunkle Geschichte, eine voller weicher Schatten und asketischem Verlangen, aus der Graham Greene eine erstklassige Kurzgeschichte hätte machen können.

Otero war besser als der Auskunftsschalter in der Öffentlichen Bibliothek von New York. In seinem Arbeitszimmer im Obergeschoss stand ein Computer, und Otero besaß mehr Bücher in den verschiedensten Sprachen, als ich je in einem anderen kubanischen Haus gesehen habe. Fotos an den Wänden zeigen ihn mit Sartre, Greene, Igor Strawinsky, García Márquez, Carpentier und Borges. Es fehlte ihm nur deshalb ein Bild mit José Martí, weil sie sich um 37 Jahre verpasst hatten. Falls ich Informationen über das vorrevolutionäre Kuba bräuchte, solle ich Enrique de la Osa anrufen, riet er mir. Für ökologische Fragen könne ich mit Guillermo García Kontakt aufnehmen, Mitglied des Zentralkomitees für Umweltmaßnahmen. Außerdem kenne sich García mit Hahnenkämpfen aus, einem einst allgegenwärtigen Sport auf Kuba. Inzwischen ist dieses öffentliche Wetten *vedado*, doch der Sport hat ohnehin die meisten seiner Anhänger verloren. Für allgemeine Informationen solle ich Zoila LaPique in der Biblioteca Nacional aufsuchen. Für Fragen nach der Lotterie sei er selbst zuständig – Otero hatte einen Roman, *El juego en Cuba*, »Die Lotterie in Kuba« herausgegeben, in dessen Handlung über Generationen erworbenes Lotteriewissen eingeflochten ist.

Das Wort »*compañero*«, das man allenthalben hört, faszinierte mich. Fiel es den Kubanern schwer, es nach der Revolution zu akzeptieren? »Zunächst haben es viele Leute durch *camarada* ersetzt, aber das mochte auch keiner so richtig. Die Kommunisten sagten *compañero*, ansonsten aber kaum jemand. *Señor* und *señora* galten als Begriffe aus einer bürgerlichen Welt, als bürgerliches Vokabular. Während der Aufbauzeit wurde *compañero* wieder aufgegriffen. Es kommt von *pan* – com*pañ*ero, jemand, der sein Brot mit anderen teilt.« Die Leute haben über das neue Wort im nationalen Vokabular Witze gerissen: »Ein Mann kommt in einem Aufzug einer feinen Dame zu nahe, und sie sagt: ›Ich bitte Sie! Pressen Sie sich nicht so an mich.‹ Er antwortet: ›*Compañera*, das liegt nur daran, dass der Aufzug so voll ist.‹ – ›Quatsch, *compañera*! Meine Pobacken sind *compañeras*, und die drücken sich auch nicht gegeneinander!‹«

Ich erzählte Otero, dass ich hoffte, mit einem Baseballteam herumzureisen, und erwartete, bei ihm auf die gleiche Begeisterung wie überall sonst zu stoßen. »Die Leute sind hier ganz verrückt nach Baseball. Ich kann es nicht ausstehen.«

¡Qué blasfemia! Ich schlug vor, er solle einen Essay über seine Abscheu gegenüber dem Spiel schreiben, überlegte es mir dann aber anders. »Vielleicht lieber nicht. Das wäre verräterisch, nicht wahr?«

»Nein, nicht verräterisch. Reiner Selbstmord. Anfang der 80er Jahre gehörte ich zum diplomatischen Korps der Sowjetunion. Die Situation war grauenvoll – lange Schlangen, schäbige Häuser, kein Brot, wenig zu essen. ›Ja‹, gaben sie zu. ›Aber wir haben das Bolschoi-Ballett, die beste Truppe der ganzen Welt!‹ Gut und schön, aber ... ›Ja, aber wir haben das beste Amateur-Baseballteam der Welt!‹«

Unter dem diplomatischen Korps hatte sich damals das Gerücht verbreitet, Otero plane, auf Dauer in ein anderes Land umzuziehen, ein euphemistischer Ausdruck dafür, dass er überlaufen wolle. Aber Otero kehrte von jeder Auslandsreise termingerecht zurück und nahm wieder sein häusliches Leben auf. Das Gerücht versiegte, dennoch verdeutlicht es die Art und Weise, wie unter den diplomatischen Gesandten getratscht wurde. Außerdem stellte es Otero in ein ganz anderes Licht als früher, als man ihn als Hardliner betrachtete, der den strengen Teil von Fidel Castros klugem Ausspruch über die künstlerische Freiheit durchgesetzt hatte: »In der Revolution alles, gegen die Revolution nichts.« Otero spielte auf Regierungsseite beim Fall Padilla von 1968 bis 1971 eine entscheidende Rolle, als der Dichter Heberto Padilla wegen unzureichenden revolutionären Eifers in seinen Schriften gerügt und verurteilt wurde. Otero wird in Artikeln über die Affäre als »Partyhengst« und »mächtiger Apparatschik« bezeichnet. Damals, als ich mit ihm sprach, wusste ich nur vage über den Fall Padilla Bescheid und brachte ihn nicht mit Otero in Verbindung. Ich wusste, dass er gut bekannt war mit Ernest Hemingway und Graham Greene und sich mit Palindromen auskannte, und das genügte mir.

◆◆◆

Otero holte mich mit seinem Lada beim Focsa-Gebäude für eine Fahrt zur Finca la Vigía ab, die jetzt als Hemingway-Museum dient. Kurz nachdem Hemingway im Juli 1961 in Idaho Selbstmord begangen hatte, kehrte seine Witwe nach Kuba zurück, um seine Angelegenheiten zu regeln. Ihr verstorbener Ehemann hatte in seinem Testament die *Pilar* Gregorio Fuentes und das Anwesen mit dem sechs Hektar großen Grundstück dem kubanischen Volk hinterlassen, aber in dem Haus befanden sich noch einige Sachen, die sie haben wollte, und einige Manuskripte lagen noch in verschiedenen Banken in Havanna.

Fidel kam einmal zu Besuch. Mary Welsh schrieb, dass Castro »auf Ernests Sessel zusteuerte und sich hinsetzte, und ich murmelte, das sei der Lieblingsplatz meines Mannes gewesen. Etwas verlegen erhob sich der Premierminister.

›Nein, nein, Señor, bleiben Sie bitte sitzen.‹«

Sie servierte Kaffee, bemerkte aber später ihren gesellschaftlichen Fauxpas – sie hätte ihm Whisky anbieten sollen. Castro »stieg auf den Turm hinauf, um über die Hügel und die Täler mit Hainen schlanker, weißstämmiger Königspalmen auf Havanna zu blicken. ›Ich kann mir vorstellen, dass Señor Hemingway diese Aussicht genossen hat‹, sagte er.

›Das stimmt. Jeden Tag.‹«

Sessel, Turm und alles Übrige wurden so erhalten, als befänden sich Mary und Ernest lediglich auf einer langen Urlaubsreise und Freunde hätten das Haus für ihre bevorstehende Rückkehr hergerichtet. Martha Gellhorn hatte das Anwesen entdeckt, kurz nachdem sie und Ernest aus dem spanischen Bürgerkrieg zurückgekehrt waren. Sie hoffte, seine Größe und Lage würden eine gewisse Rückzugsmöglichkeit aus dem hektischen Havanna bieten. 1940 kauften sie dem französischen Besitzer die Finca für 18 500 Dollar ab.

Die lange Zufahrt beginnt an einer unscheinbaren Ecke in San Francisco de Paula. Wir fuhren durch einen Tunnel hoher, dicker Bäume und tauchten in unmittelbarer Nähe des Hauses wieder auf. Tropische Gewächse umgeben das um 1880 erbaute Haus, und üppige Palmen überragen das Dach. Die meisten Touristen kamen in gecharterten Bussen hierher, man sah nur wenige Privatautos. Die Besucher können das Haus selbst nicht betreten und müssen sich mit Blicken durch die vielen großen, offen stehenden Fenster begnügen. Die langsam um das Haus schlendernden Touristen, die die Köpfe in Fenster steckten und dann weitergingen, sahen aus, als würde ein Haufen kleiner Diebe den Laden einmal inspizieren. Der Grundriss des Hauses, die Veranden und Fußwege gestatten jedoch einen fast vollständigen Blick auf das Innere, und dieses Verfahren erschien mir ein vernünftiger Kompromiss zwischen Erhaltung und Öffnung.

Privilegien haben ihre Vorzüge: Der Museumsdirektor stellte uns einen persönlichen Führer für einen Rundgang durch das Haus zur Seite. Was mich an diesem Nachmittag am meisten beeindruckte, war nicht die Tatsache, dass es keine Schilder mit der Aufschrift NOCH 5 KILOMETER BIS ZU HEMINGWAYS HAUS oder KAUFEN SIE HIER IHRE HEMINGWAY-ANDENKEN gab, keine Pappfiguren von Papa, den Arm um einen kopflosen Körper gelegt, damit Touristen sich für ein Foto dazustellen können, sondern Hemingways Bücher und die aufgehängten Tierköpfe. Hemingway muss ganz allein Havannas Buchhändler und Tierpräparatoren über Wasser gehalten haben.

Ernest und Mary hatten getrennte Schlafzimmer. In ihrem, einem geräumigen, luftigen Salon, stand ein großes Doppelbett, und ein Gemälde von Dorothy (Mrs. Ezra) Pound hing an der Wand, daneben ein Hirschkopf. Auf einem kleinen Kissen stand: »Skyline Drive«. Ich machte mich daran, mir Titel von Büchern auf den riesigen Regalen zu notieren, aber Otero meinte: »Warten Sie, bis wir in die Bibliothek kommen.« Ich hörte also auf, aber es gelang mir, *How to Travel Incognito, A Date with a Dish* und Bücher von Carl Sandburg und Graham Greene, Homer und Walter Lippmann zu notieren. Die Januar/Februar-Ausgabe der *Partisan Review* von 1961 lag auf dem Nachttisch, ebenso das *Ellery Queen's Mystery Magazine* und eine Ausgabe von *Better Homes and Gardens.* Als wir aus Marys Schlafzimmer hinausgingen, kamen wir an zwei Miniaturkanonen vorbei, die stets bei der Ankunft prominenter Gäste abgefeuert wurden.

Im Wohnzimmer befand sich neben dem Plattenspieler aus den 50er Jahren eine Plattensammlung, die von Louis Armstrong bis zu Tschaikowski reichte. Eine präkolumbianische Keramik aus Peru stand auf einem Tisch unweit des Lieblingssessels, in den Fidel sich versehentlich gesetzt hatte. Eine ansehnliche Sammlung von Kunstbänden und Zeitschriften, wie zum Beispiel *Sports Illustrated* und *Bohemia*, nahmen einen Teil des Raumes ein. Ein großer Teppich von den Philippinen bedeckte den Boden. Einmal stellte Hemingway, in seinem Lieblingssessel sitzend, den Kolben einer Mannlicher Jagdbüchse Kaliber 6,5 auf den Boden und beugte sich vor. »Schau, so werde ich es machen«, sagte er laut Aussage seines Freundes Hererra Sotolongo. »Dann legte er, sich nach vorn beugend, den Lauf des Gewehrs an seinen Gaumen. Mit seiner großen Zehe zog er am Abzug, und wir hörten das Klicken des Gewehrs. Dann hob er den Kopf und lächelte.«

John O'Hara, James Joyce, Goethe, J. D. Salinger, e. e. cummings, Barnaby Conrad, Dostojewski, S. J. Perleman, komplette Werkausgaben von Balzac, Jean Cocteau und Mark Twain füllten die Bibliothek, einen Raum mit hoher Decke und gefliestem Boden. Das Zimmer machte einen ordentlichen, viel genutzten Eindruck. Auf einem Regal standen Hemingways eigene Werke in vielen verschiedenen Sprachen. Eine von Picasso gefertigte Keramikplatte in

Form eines Stierkopfes fand sich in der Bibliothek, darüber hinaus ein Leopardenfell, das an einem senkrecht aufgerichteten Stock hing und aussah, als wolle es jeden Augenblick losspringen. Am anderen Ende der Bibliothek stand der große Schreibtisch. »An den Nachmittagen kam er immer hierher und beantwortete seine Post«, erklärte unser Führer. Als wir aus den Fenstern hinter dem Schreibtisch blickten, konnten wir in der Ferne Havannas Plaza de la Revolución ausmachen.

In Hemingways Zimmer stand auf einem Bücherregal seine Royal-Schreibmaschine auf der Ausgabe von *Who's Who in America* aus den Jahren 1954/1955. Neben der Schreibmaschine lag ein Klemmbrett. »Wenn Hemingway mit seinem Tagespensum fertig war, notierte er sich immer, wie viele Wörter er geschrieben hatte«, erklärte der Führer. Neben der Schreibmaschine befand sich ein Stapel Durchschlagpapier. Am anderen Ende des Zimmers standen zehn Paar Schuhe von Hemingway (Größe 45). Das Badezimmer war ziemlich geräumig, darin eine große Waage und eine persönliche Gewichtstabelle, ein Bidet und ein niedriges Bücherregal mit *Houdini*, *The Art of Cockfighting* und *Beloved Infidel*. In einem kleinen Gefäß war eine Fledermaus konserviert.

Es gab noch weitere Zimmer mit Büchern, Erinnerungsstücken aus aller Herren Länder, Gemälden von Bergen, Stieren und dem Meer. Gewehre, Fotos, geschmackvolle Geschenke, Gedenktafeln, eben alles, damit sich ein Nobelpreisträger und seine Gäste wohl fühlen konnten. Russische Puppen, die ihm vom sowjetischen Diplomaten Anastas Mikoyan geschenkt worden waren, standen auf einem Tisch. Die Köpfe großer Tiere, die Hemingway in Afrika geschossen hatte, hingen an den Wänden. Man konnte kein Zimmer betreten, ohne dass einem ein unheimliches Augenpaar folgte. »Mir ist schleierhaft, wie ein Schriftsteller umgeben von so vielen Köpfen toter Tiere überhaupt schreiben kann«, sagte Graham Greene nach einem Rundgang durch das Haus.

Der Führer begleitete uns die vielen Stufen zum vierstöckigen Turm hinauf, den Mary 1947 für Ernest als Rückzugsort hinter dem Haus hatte erbauen lassen. Seine Angel- und seine Jagdausrüstung befanden sich noch an ihrem angestammten Platz. Auf einer Etage, die früher den zahlreichen Katzen vorbehalten war, werden heute Zeitungsausschnitte, Fotos und Werbeaufnahmen ausgestellt, darunter Bilder von den Dreharbeiten zu *Der alte Mann und das Meer*. Nicht weit vom Turm entfernt befindet sich der Pool der Hemingways, in dem er täglich 800 Meter, sie die doppelte Strecke zurücklegte. Vor allem wurde er als der Pool bekannt, in dem Ava Gardner einst nackt schwamm.

Mittlerweile hatte ich aber genug von Hemingway. Er besaß ein großartiges Haus, er führte ein fantastisches Leben, er konnte mit Wörtern umgehen und besaß eine Menge schöner Dinge, und ich bekam allmählich Hunger.

Otero und ich fuhren nach Cojímar, jenen Ort an der Küste, wo Hemingway seine *Pilar* liegen hatte, zu La Terraza, dem Restaurant am Meer. Für ein unbedeutendes Lokal erlangte es eine erstaunliche internationale Berühmtheit, nachdem es in *Der alte Mann und das Meer* und *Inseln im Strom* vorgekommen war. Es lag direkt am Meer, umfasste einen Raum mit Tischen und Blick auf das Meer und eine Veranda, die für Gäste reserviert war, welche mit harter Währung bezahlten. »Früher konnte man sein Boot direkt bei La Terraza festmachen und vom karibischen Ozean hereinspazieren«, erzählte Otero. »Es besaß ein Holzdach und weiß getünchte Wände.« In den Jahren nach Hemingways Tod verkam La Terraza zu einer Raststätte, in der laut Aussage von *Ernest Hemingway, Jahre in Kuba* »Unmengen Bier aus Pappbechern hinuntergeschüttet wurden«. Castro erfuhr davon, als er 1970 durch die Gegend kam, und ordnete an, La Terraza solle renoviert und »zumindest« in den Zustand der Hemingway-Zeit versetzt werden »mit der gleichen Speisekarte«.

Otero bestand darauf, mich einzuladen, aber wie in praktisch allen ordentlichen Restaurants auf Kuba musste ein Ausländer im La Terraza in Dollar bezahlen. Als mein Gastgeber aus dem Auto stieg, bat er mich zu warten, er würde uns einen Tisch besorgen. »Und wenn wir hineingehen, sprechen Sie nur Spanisch, wenn der Besitzer und die Kellner in der Nähe sind – oder besser noch, sagen Sie lieber gar nichts.« Als Otero einen Tisch ergattert hatte, rief er mich wie er jeden anderen Kubaner rufen würde. Er hob die Hand und pfiff. »*¡Oye, Panchito! ¡Ven acá!*« He, Panchito! Komm rüber!

Als Panchito senkte ich die Stimme, wann immer der Kellner in die Nähe kam. Zum Glück hatten wir einen Tisch in einer der Küche gegenüberliegenden Ecke. Wir unterhielten uns über Hemingway, Literatur und Europa. Baseball kam nicht zur Sprache. Otero hatte die spanische Ausgabe von *The Mambo Kings* gelesen. »Stimmt es, dass der Autor in den Staaten aufgewachsen ist?«

»Ja, aber so viel ich weiß bei kubanischen Verwandten.«

»Seine Beschreibungen der Kultur in Havanna und Santiago zu jener Zeit treffen genau zu. Als sei er dort gewesen. Fantastisch.«

Der Kellner brachte uns eine Flasche trockenen albanischen Wein. Otero schenkte uns ein. »Wenn ich nach Santiago fahre, möchte ich in Erfahrung bringen, ob es dort wirklich zwei Brüder Castillo gab, die im Oriente Musik gemacht haben.« Otero war ein Mann der Literatur und des Journalismus, er verstand meine leicht verrückte Schwäche, Literaturdetektiv zu spielen.

»Es ist ein so warmherziges Buch. *Muy cubano.* Könnte es hier neu aufgelegt werden? Es würde wirklich Anklang finden.«

»Nein.« Er schüttelte den Kopf. »Nein.«

»Warum nicht? Es gibt nur ganz wenige Anspielungen auf Castro. Natürlich sind sie negativ, aber sie fallen nur beiläufig und sind wohl kaum unberechtigt.«

»Das ist nicht der Grund.« Pause. »In dem Buch geht es um die Gemeinde der Exilkubaner.« *Punto,* basta.

Es stimmte, dass fast alle Kubaner, die auf Dauer im Ausland leben, in der Öffentlichkeit als verräterische, geldgierige, zum Abschaum der Menschheit gehörende, mit Drogen handelnde, niederträchtige Fieslinge dargestellt wurden. Zwar schätze ich im Allgemeinen literarische Absolutheiten, aber diese Blockade verwehrte den Lesern in Kuba gute Lektüre mit einer einfachen Begründung: Wieso sollte man Kubaner, die ihrer Heimat den Rücken gekehrt haben, dadurch belohnen, dass man ihre Werke druckte, während hier noch viele Autoren darauf warteten, veröffentlicht zu werden? Die Argumente auf beiden Seiten wurden eigentlich immer widersinniger, da die Verlagsverzeichnisse auf Grund der Papierknappheit ohnehin ständig weiter zusammengestrichen wurden. Otero bezahlte mit Pesos.

Nicht weit entfernt, in einem kleinen Park namens Plaza Hemingway, stand eine von Säulen umgebene Büste von Papa. Sie wurde ein Jahr nach dem Tod des Schriftstellers enthüllt und nach Aussage einer Tafel von *Fernando G. Campoamor mit Unterstützung der Fischer-Kooperative von Cojímar gestiftet.* In der Ferne liegt das kleine Fischerdorf, von dem aus der alte Mann in See stach. Die Fischer stifteten die Bronze für die Büste, indem sie Teile ihrer Schiffsmotoren einschmolzen.

Den folgenden Vormittag verbrachte ich damit, meinen Antrag für ein Interview mit Castro niederzuschreiben. Im Nachhinein betrachtet, hätte ich genauso gut auf der Mauer des Malecón sitzen und ins Meer spucken können. Es war eine Geste, auf die ich mich nicht etwa deshalb einließ, weil ich ernsthaft glaubte, mein Antrag würde den Weg auf seinen Schreibtisch finden, sondern vielmehr um eine Antwort auf die Frage zu haben, die mir gewöhnlich jedes Mal gestellt wird, wenn ich aus Kuba zurückkehre: Hast du Fidel interviewt? Jetzt konnte ich sagen, nein, aber ich habe es versucht.

Ich schrieb, dass ich mich mit ihm über die Orte und Persönlichkeiten unterhalten wolle, die ich während meines Aufenthalts kennen gelernt habe, über Baseball, über Exilkubaner, die Musik der Karibik, die afrokubanische Kultur, die Marinebasis Guantánamo, über die Literatur von und über Kuba und die Ziele der kubanischen Jugend. Ich beendete mein Schreiben mit der Feststellung, dass ich mich auf meinen Reisen durch sein Land bei den Kubanern erkundigt hätte, was ich ihn denn fragen solle, und dass ich nun hoffe, ihm diese Fragen stellen zu können. In meinem Antrag erwähnte ich es nicht, aber ich brannte darauf zu erfahren, warum ausgerechnet das Land Kuba den designierten Schlagmann aufgenommen hatte, eine Entscheidung, die ich als Metapher für Kompromisse und nationalen Zerfall betrachtete.

Victoria, die Nachfolgerin von La Plume, gab meine *solicitud* an einen Bürokraten im Zentralkomitee weiter, der es an einen Funktionär im Ministerrat weiterleiten sollte, welcher es wiederum einem von Fidels Mitarbeitern überreichen sollte. Vielleicht war das Ministerium für Auslandsbeziehungen ein Glied einer Gänseblümchenkette, vielleicht habe ich die Reihenfolge verwechselt oder vielleicht ist mein Schreiben aus einem Autofenster heraus über den Malecón geweht worden und im Hafen gelandet. Wie auch immer, es hätte mir mehr Glück gebracht, hätte ich in der Basilika in El Cobre gebetet. Tausend Anträge ausländischer Autoren für ein Interview mit Fidel seien noch nicht bearbeitet, so wurde mir gesagt. Meiner Versuch war so aussichtsreich wie die Hoffnung auf Schneefall in Cienfuegos. Ist es da verwunderlich, dass ich nie mehr auch nur ein einziges Wort davon hörte?

Beide Endpunkte des Malecón sind sonnig, aber der Ursprung des Wortes für ›Uferpromenade‹, ›Damm‹ und ›Mole‹ liegt im Dunkeln. Jeder hat eine andere Theorie parat, aber selbst die Autorität in Sachen spanische Wortursprünge, *Das Kritische Etymologische Lexikon der kastilischen Sprache*, kann hier keine gesicherte Auskunft geben. Das Madrider Lexikon verfolgt die Herkunft des Wortes Malecón in einem ziemlich langen Eintrag bis ins 13. Jahrhundert zurück. Es spekuliert, Malecón stamme aus dem vorrömischen Sardinien oder Korsika. In einem Seefahrtslexikon aus dem Jahre 1831 taucht Malecón auf, aber könnte es keltischen oder baskischen Ursprungs sein? Eines ist sicher: »Die Suche in kubanischen Dokumenten hat trotz der Berühmtheit von Havannas Malecón zu keinem Ergebnis geführt.«

Ich war inzwischen zu einem regelmäßigen Besucher dieser Hauptverkehrsstraße mit linguistischen Vorfahren im 13. Jahrhundert geworden. Immer zur gleichen frühen Morgenstunde begrüßten mich die Fischer, die Angelschnurrollen auf der Kaimauer drapiert hatten. Malecónierte ich später am Tag – inzwischen war das für mich zu einem Verbum geworden – traf ich häufig die gleichen *jineteros* an. Mein Gehör war schärfer, mein Vokabular größer, meine Zunge schneller geworden, und meine Sportschuhe wirkten offenkundig noch immer wie Fremdkörper, aber zumindest sahen sie nicht mehr so aus, als hätte ich sie eben erst gekauft.

»Die Promenade an der Kaimauer«, schrieb ein Essayist in den 20er Jahren in *Bohemia*, »ist voller Charme und Andeutungen, eine reiche Inspiration für den Maler, für den Dichter und für den Philosophen.« Er beschreibt ein ärmliches Paar, das am Nachmittag »total verliebt herumknutscht«. Das ist eine Szene, die man heute noch häufig sieht und die sich bis in die Nacht hinzieht, wenn sich Paare lange und schweren Herzens verabschieden, um dann traurig in ihr jeweiliges Stadtviertel zurückkehren.

Der Malecón ist, was den internationalen Austausch anbelangt, eine Freihandelszone. Witze werden auf Kosten der unterschiedlichsten Leute gerissen, von unerwarteter Seite auf unerwartete Zielscheiben. Humberto, der im Zentrum Havannas lebt, lachte, als ich ihm von meinen Schuhen erzählte: »*Por mis zapatos me conoce el pueblo habanero*«, sagte ich ihm leicht verzweifelt. Havanna erkennt mich an meinen Schuhen.

»Hast du den über Gorbatschow schon gehört?«, antwortete er mit einem Funkeln in den Augen.

»Er ließ Fidel kommen, um mit ihm über Reformen zu reden. *El comandante* flog hin, aber er kam sturzbetrunken an. Um Gorbatschow seine Verärgerung zu zeigen, schimpfte er schon am Flughafen: ›Sogar von hier aus kann ich sehen, dass die Schuhe an den Füßen vieler Russen an den Nähten auseinander fallen.‹

Gorbatschow war über diese üble Nachrede entsetzt und zog eine Pistole heraus. ›Hier, nimm diese Waffe‹, sagte er zu Fidel, ›ich erteile dir die Erlaubnis, jeden zu erschießen, den du mit kaputten Schuhen siehst.‹ Nun, Fidel suchte in ganz Moskau, und nach ein paar Stunden war er vom Herumlaufen müde. Auf dem Rückweg zum Kreml sah er einen Mann mit kaputten Tennisschuhen auf einer Parkbank liegen, mit Zeitungen zugedeckt. Castro erschoss ihn auf der Stelle. Am nächsten Tag lautete die Schlagzeile der *Prawda*: ›Verrückter kubanischer Führer erschießt Konsul seines Landes in der Sowjetunion.‹«

Wenn ich mich dem Habana Libre näherte, machten sich die Geldwechsler noch immer an mich heran, in jüngster Zeit stand der Dollar bei neun Pesos. Sie waren aggressiver geworden – nicht bedrohlich, aber hartnäckiger, das untrügliche Zeichen einer sich verschlechternden Wirtschaftslage. Victorias Tüchtigkeit beim Künstlerverband hatte mir ein *carnet* eingebracht, ein Dokument, das mich ein klein wenig mehr in die Mainstream-Gesellschaft integrierte. Statt auf Geheiß meinen amerikanischen Pass vorzuzeigen, konnte ich jetzt das gleiche kleine Büchlein zücken, das jeder andere auch besaß, mit einem scheußlichen Foto und der Klassifizierung *técnico extranjero (temporal),* ausländischer Techniker (befristet). Das *carnet* war zudem ein praktischer Beweis für die *jineteros*, dass ich nicht einfach nur ein weiterer Ausländer, sondern jemand war, der unter ihnen lebte. Es bedeutete, dass ich das Recht hatte, in Dollarlokalen mit Pesos zu bezahlen. Endlich war ich auf den Status der zweiten Klasse gesunken.

Ich hatte für den Nachmittag eine Verabredung mit Luis Salmerón Heres in der Werbeabteilung von INDER – dem Sportinstitut des Landes –, um mit ihm über Baseball zu reden. Ausländer wie Kubaner hatten mich gewarnt, dass, gleich, was man von irgendeiner Behörde erwartete, gewöhnlich nur eine oder zwei Personen dies genehmigen konnten. Der Trick bestand also darin, die richtige Person ausfindig zu machen, bevor wochenlange Frustrationen einen am Ende aufgeben ließen. Ich dachte ständig an den Film *Tod eines Bürokraten*, die bissig schwarze Komödie über die unerträgliche kubanische Bürokratie, den ich inzwischen unter die Horrorfilme einordnete. Mir wurde versichert, dass Salmerón genau mein Mann sei, und ich wollte mich nicht von einem desinteressierten Bürohengst ohne Einfluss an der Nase herumführen lassen.

Welch ein Glück, er war es tatsächlich. Er arbeitete in Sports City, einem Mammutkomplex, zu dem Spielfelder, Schwimmbecken, Gymnastikhallen, Büros und eine Fabrik für Sportausrüstung gehörten. Bei der Sicherheitskontrolle zeigte ich mein *carnet* vor und ging zu einem Gebäude in einer Reihe von zweistöckigen senfgelben Häusern, genaue Kopien jener Regierungsgebäude, die während der Zweiten Weltkriegs entlang der Mall in Washington errichtet worden waren. Ich wartete die restlichen 30 Minuten bis zu meinem Termin in einem großen Raum mit Fotos von Fidel in Plakatgröße an der Wand. Sie zeigten Castro, wie er Körbe wirft (dabei trägt er Sportschuhe, keine Kappe, einen Pullover), wie er Tischtennis spielt (ein Béret auf dem Kopf) und wie er einen Fußball kickt (ohne Kopfbedeckung, im T-Shirt).

Auf Salmeróns Schreibtisch herrschte die gleiche Unordnung wie bei einem Sportjournalisten: Endergebnisse auf einem Stapel, Presseveröffentlichungen auf dem nächsten, einen Stapel von Liga-Statistiken, darunter ein Berg von Mannschafts-Spielplänen. Hätte ich mich nach den Namen der besten zehn Base Stealer der Liga Nacional vor zwei Jahren erkundigt, hätte er in das Durcheinander gegriffen und die Liste schneller hervorgezaubert, als man Saturnino Orestes Arrieta Armas (»Minnie«) Miñoso sagen kann. Wir plauderten ein bisschen – meine Begeisterung für die Washington Senators der 50er Jahre kam mir weiterhin zu Gute – und redeten um mein eigentliches Anliegen herum. Schließlich lehnte sich Salmerón in seinem Sessel zurück, seine nicht angezündete Zigarre zur Decke gerichtet, und sagte: »Und, was genau haben Sie vor?«

»Ich würde gerne eine Woche mit einem Team der Liga Nacional unterwegs sein. Ganz einfach. Mit dem Mannschaftsbus mitfahren. In den gleichen Restaurants essen. In den gleichen Motels übernachten. Beim Training dabei sein. Auf der Trainerbank sitzen.« Salmerón warf mir einen fragenden Blick zu. »Ach, machen Sie sich keine Sorgen. Ich weiß über die Sparmaßnahmen bestens Bescheid. Ich werde alle meine Kosten selbst tragen – Restaurants, Hotels, sämtliche Nebenkosten.« Sein Blick wurde immer ungläubiger. »Ich will niemandem zur Last fallen. Ich möchte nur gern mitbekommen, wie der kubanische Baseball von innen her organisiert ist.« Ein solcher Blick – hatte er mich missverstanden und glaubte, ich würde ihn darum bitten, beim Eröffnungsspiel Pitcher der Olympiamannschaft sein zu dürfen?

Er rief einen Kollegen an, er solle zu uns herüber kommen und legte dann eine lange Pause ein. »Sie haben überhaupt keine Vorstellung, wie das hier bei uns läuft, nicht wahr?« Es war eher eine Feststellung als eine Frage.

»Ich glaube nicht. Deshalb möchte ich ja ...«

Er ignorierte meine Antwort und beugte sich vor. »Erstens, die Mannschaften essen nicht in Restaurants. Jedes Stadion hat zwei Speisesäle, einen für das Gastteam, einen für die Heimmannschaft.« Sein Kollege nickte zustimmend. »Zweitens, sie übernachten nicht in Motels, außer in Havanna. Jedes Stadion besitzt im Erdgeschoss einen Schlafsaal. Sie bleiben alle zusammen. Das ist nicht so teuer und außerdem effizienter, weil es die Mannschaft zusammenschweißt.«

»Ach. In diesem Fall würde ich gerne mit einer Mannschaft im Schlafsaal übernachten, falls das überhaupt möglich ist.«

»Wir können diesbezüglich keine Erlaubnis erteilen. Das ist, als würde man in einer Familie leben und dann ihre Streitereien ausplaudern, über ihre Essgewohnheiten herziehen, ja sogar darüber, wie sie schlafen.« (Ja, ja, genau, dachte ich.) »Sie mögen ja eine völlig normale Familie sein, aber natürlich haben sie das eine oder andere kleine Problem. Die haben wir ja alle.« Der Kollege nickte nachdrücklich. »Das ist nicht die Art und Weise, wie hier Sportjournalismus betrieben wird.«

Da hatte er Recht. Ich hatte monatelang den Sportteil gelesen, und hatte noch nie etwas anderes gesehen als dick aufgetragene Lobhudelei. Die Sportseiten von *Granma* waren der Traum eines jeden Publicitymanagers.

»Sagen wir mal zum Beispiel«, meldete sich der Kollege zu Wort, »Sie wollten über die Houston Astros schreiben. Würden die Ihnen einen solch uneingeschränkten Zugang gewähren?« – »Selbstverständlich nicht«, fügte der Kollege hinzu.

»Und Sie müssen noch etwas wissen«, sagte Salmerón. »Das letzte Spiel einer jeweils aus drei Spielen bestehenden Serie wird in einer kleinen Provinzstadt ausgetragen, damit jeder die Chance hat, ein Spiel zu sehen, nicht nur die Fans in den Großstädten.« Der Kollege fügte hinzu: »Natürlich müssen sie nach Matanzas fahren und sich das erste Baseballstadion Kubas anschauen. Es wurde 1874 gebaut.« Ich wollte mir auch eine Reihe von Stadien in Havanna ansehen. Als wir das alles überdachten, kamen wir auf die Forestales, eines von zwei Teams aus Pinar del Río. Es sollte eine Spielserie in Cienfuegos beenden und danach per Bus nach Matanzas für eine Serie gegen die Henequeneros reisen, dann weiter in die Hauptstadt, wo Spiele gegen die Metropolitanos ausgetragen werden sollten.

»Ich werde mit den Ligafunktionären darüber sprechen, und die Leiter der Forestales treffe ich ohnehin am kommenden Wochenende. Rufen Sie mich am Montag an, dann kann ich Ihnen Bescheid geben.« Salmerón war neutralisiert worden. Ich war nicht mehr der schwachköpfige Yankee.

Trotz aller Schimpferei, was für verrückte Autofahrer die Kubaner seien, fließt der Verkehr in Havanna geordneter, ungefährlicher und weniger chaotisch als in jedem anderen lateinamerikanischen Land, das ich besucht habe. Wenn die Ampeln auf Rot umspringen, halten die Autos tatsächlich an. Sie fahren erst wieder los, wenn es grün wird. Meist fahren sie in Meilen pro Stunde nicht schneller als die Zahl der Jahre, die seit der Revolution vergangen sind, oder in Kilometer pro Stunde nicht mehr als das Alter von Fidel. Einbahnstraßen werden selten in beide Richtungen befahren. In Parkverbotszonen steht häufig kein einziges Auto. Die Altstadt von Havanna und Teile des Zentrums wurden für Pferde und Kutschen geplant und gebaut, und es ist ein Wunder, dass die heutigen Autos und Lastwagen die Straßen überhaupt befahren können. Einige wenige wurden zu Fußgängerzonen erklärt. Normalerweise kommt man durch enge Straßen voran, ohne durch abgestellte Fahrzeuge zum Anhalten gezwungen zu werden. Verkehrspolizisten können dazu überredet werden, Verwarnungen auszusprechen anstatt Strafzettel zu verteilen. Zweimal saß ich in Taxis, als wir von Motorradpolizisten zur Seite gewunken wurden. Einmal in Havanna wegen unerlaubten Rechtsabbiegens und das andere Mal auf offener Straße, von einer Autobahnstreife, und zwar wegen zu langsamen Fahrens auf der Überholspur.

Der Hauptgrund für relativ sichere Straßen ist ganz einfach die Tatsache, dass es wenige Autos gibt. Die meisten Familien besitzen kein Auto und verlassen sich auf Freunde, die eines haben. Die Mehrzahl der Autos auf den Straßen waren Regierungsfahrzeuge, deren Fahrer – in der außergewöhnlichen Phase – plötzlich verantwortungsvoll mit ihrer Zeit und dem Benzin umzugehen hatten, anstatt den halben Tag lang private Dinge zu erledigen. Im Herbst tauchten immer mehr Fahrräder in der Stadt auf, und die Zeitungen waren voller Geschichten über eine neue Fahrradfabrik in einer Stadt, über importierte Fahrräder aus China für eine andere Stadt, das richtige Verhalten beim Fahrrad fahren, vorgesehene Fahrradverkehrsregeln, geplante Fahrradwege, Sicherheitstipps und Hinweise, wo man sich Fahrräder leihen konnte. Männer mittleren Alters, die zum ersten Mal seit Jahren unsicher die Straße hinunter radelten, riefen allgemeines Gelächter hervor. Die zuvor unverhältnismäßig geringe Zahl der Fahrradfahrerinnen stieg beachtlich. Im Scherz wurde behauptet, Havanna werde bald wie Ho-Chi-Minh-Stadt in jenen Wochenschauen aussehen, in denen weit mehr Fahrräder als Fußgänger oder Autos zu sehen waren. Viele Leute freuten sich auf Grund der Effizienz auf die Fahrräder, und die Vorteile für die Umwelt wurden ebenfalls massiv hervorgehoben. Aber hinter all dem stand die traurige Erkenntnis: Vereinbarte sowjetische Öllieferungen kamen einfach nicht an, und dies würde sich aller Voraussicht nach wohl auch nicht mehr ändern.

Die Busse nahmen immer weniger ein. Etwa die Hälfte aller Busfahrgäste dachte gar nicht daran zu zahlen. *Bohemia* fragte ein paar Schwarzfahrer nach dem Grund. »Ich zahle erst, wenn sie den Service verbessern!«, schrie ein verärgerter Fahrgast. »Zehn Centavos bringen das Land auch nicht weiter«, flüsterte ein Mann in Anzug und Krawatte. »Keiner hat hier ein Gewissen«, fügte eine kleine alte Dame hinzu. Und schließlich antwortete ein Gymnasiast dem *Bohemia*-Reporter: »Was geht Sie das eigentlich an?«

Die gefährlichste Busfahrpraxis hatte jedoch wenig zu tun mit Missmanagement, Schwarzfahrern oder schlechter Wartung. Es ging vielmehr um jugendlichen Leichtsinn, billigen Nervenkitzel und tollkühnes Verhalten: Bei Bussen, die bereits übervoll waren, stellten sich männliche Teenager halsbrecherisch auf die Trittstufe der mittleren oder hinteren Tür. Häufig fuhren Busse, die gefährliche Schlagseite nach rechts hatten, vom Verkehrsknotenpunkt vor dem Coppelia-Park los. Eine Zeitung berichtete an einem Tag von zehn Unfällen, die darauf zurückzuführen waren, dass Jungen an den Türen hingen. »Jede Woche kommt jemand wegen dieses Verhaltens ums Leben oder wird schwer verletzt.«

REVOLUTIONÄRE WERDEN SICH IN DIESER STADT NIEMALS DEN IMPERIALISTEN BEUGEN. Dieser Satz gehörte zu den Golden Oldies. Er hatte einen exemplarischen, ja fast zeitlosen Touch, ein Slogan für alle Jahreszeiten. Er war gerechtfertigt genug, um mit ihm übereinzustimmen, vage genug, um ihn zu ignorieren und patriotisch genug, um sich darüber nicht zu streiten. In Kuba gibt es eine Einheitsgröße sowohl für Slogans als auch für Kleidungsstücke. Als ich Nitza gegenüber erwähnte, dass ich über die Unmenge von Slogans auf Wänden, Reklametafeln, Lastwagen, Gebäuden, Bussen, Anzeigebrettern, Baustellentafeln, Spielplätzen, Häusern und praktisch jeder ebenen Fläche in diesem Land erstaunt sei, lächelte sie und sagte: »Wirklich? Ich glaube, die registriere ich gar nicht mehr. Für mich gehören sie dazu wie die Palmen.«

Doch jedes Mal, wenn ich eine wehmütig nationalistische Reklametafel sah, fragte ich mich, wer sich diese Maximen wohl ausdachte. Gab es irgendwo einen Raum, in dem eine Reihe von Schimpansen saß und auf Schreibmaschinen herumhackte? Wuchsen die lähmenden Sprüche an Büschen, und falls ja, wer waren die Gärtner, die sich doch bitte an ihre Arbeit machen sollten? Gab es tatsächlich ein Büro, das diese stumpfsinnigen Slogans hervorbrachte?

Offenbar ja. Die Abteilung für Revolutionäre Orientierung ist Wächterin der striktesten Linie diesseits des Äquators. Sie befindet sich in einem Gebäude am Ende der Plaza de la Revolución.

◆◆◆

»Ich habe am Wochenende mit den Funktionären der Liga gesprochen.« Salmerón war beim dritten Anruf an den Apparat gegangen. »Ihrer Reise wurde zugestimmt. Aber anstatt sich in Cienfuegos den Forestales anzuschließen, wäre es sinnvoller, Sie würden in Matanzas zu ihnen stoßen.« Ich stand im Begriff, eine Fahrt durch den Ostzipfel der Insel zu unternehmen, und Salmerón wollte in Kürze mit der kubanischen Nationalmannschaft für eine Reihe von Freundschaftsspielen nach Mexiko, »ins Land der Azteken« reisen. Er bat mich, ihn nach meiner Rückkehr anzurufen, um weitere Einzelheiten zu besprechen.

Salvador Gonzáles war zu Hause, was in diesen Tagen bei dem Muralisten selten vorkam. Seine Kunst fand immer größeren Anklang, was bedeutete, dass er ziemlich häufig unterwegs war, um sich mit Leuten über seine Werke zu unterhalten. In der vergangenen Woche war ich einfach zu seinem Wandgemälde gegangen und hatte es mir angesehen. Ich hatte ihn nicht besucht, noch hatte ich mit seinen Nachbarn gesprochen. In der darauf folgenden Nacht hatte sich das Gemälde in meinem Unterbewusstsein gerührt, und ich träumte, ich sei an einem sehr heißen Ort, und rings um mich herum brenne Feuer. Ich fing an, im freien Fall durch die Dunkelheit auf einen ebenso heißen Ort zuzustürzen, wo ich – es war schließlich ein Traum – sicher auf meinen Füßen landete. Flammen schlugen um mich hoch, aber ich fühlte mich sicher, ja sogar geborgen, als befände ich mich in vertrauter Umgebung.

Ich beschrieb Salvador den Traum. Zunächst schwieg er, dann sagte er: »Den hatten Sie von meinem Wandgemälde?« Ich nickte. »Dann verstehen Sie es.« Sein Lächeln drückte eine Mischung aus Religion, Geographie, Sprache und sämtlichen Ismen aus. Er nickte. »Sie verstehen es.«

Ich erzählte ihm, dass ich am folgenden Tag nach Santiago de Cuba fliegen, dann in andere Städte am äußersten Ende des Landes fahren wolle. Auch Salvador hatte einige Neuigkeiten zu berichten. Eine Gruppe deutscher Musiker, die kubanische Musik spielten und Interesse an der afrokubanischen Kultur hatten, sollte demnächst eine Reise durch das Land beginnen und hatte zugestimmt, vor Salvadors Wandgemälde aufzutreten. Bring Freunde mit, Musiker, einfach alle. Die Hochsaison vor dem Wandgemälde wird Ende Dezember sein.

»Deutsche Musiker, die Rumba und Salsa spielen? Salvador, ich bin ja für interkulturellen Austausch, aber das werden Sie mir beweisen müssen.«

»Ich weiß, das habe ich zunächst auch gedacht. Aber einer von ihnen ist hier gewesen und hat mir eine Aufnahme von ihnen vorgespielt.«

»Ach, ja?«, fragte ich trocken. »Die Afro-Alemanes, klar.«

»Genau! Genau! Die Afro-Alemanes!« Salvador lief in die Küche zu seiner Frau und seiner Mutter. »Wir nennen sie Afro-Alemanes!« Er erkundigte sich nach meiner Reiseroute, dann nannte er mir eine Reihe von Leuten und Orten, die ich besuchen sollte. In Santiago dieses Museum, in Guantánamo jenes. Wenn Sie nach Baracoa fahren, versäumen Sie nicht, Dr. Hartmann zu besuchen. »Er wird Ihnen das Kreuz zeigen, das Kolumbus dort aufgestellt hat.« Luis, ein Freund von Salvador, der die ganze Zeit dabeigesessen hatte, brach sein Schweigen. »Vergessen Sie nicht die Casa del Caribe in Santiago.« Wir breiteten meine Landkarte aus, um ihren Erinnerungen auf die Sprünge zu helfen.

»Es wird ihnen in Santiago sehr gut gefallen«, sagte Salvador. »Die Leute aus Havanna sind in Bezug auf Santiago de Cuba unglaublich snobistisch, aber es ist eine wunderbare Stadt. Wissen Sie, es ist eine Stadt der Schwarzen.« Luis, sein Freund, begleitete mich ein Stück nach Hause, und wir redeten über meine bevorstehende Fahrt, dann, als wir uns dem Hotel Vedado näherten, fragte er mich, ob ich hineingehen und ihm eine Packung Zigaretten kaufen würde, während er auf der anderen Straßenseite wartete.

Der Flug mit der kubanischen Fluggesellschaft nach Santiago dauerte etwa 90 Minuten. Ein Steward servierte uns Tropicola. Ich ging direkt zum Hotel Casagrande, in erster Linie wegen seiner Lage, aber auch wegen seiner literarischen Geschichte. In *Unser Mann in Havanna* übernachtete Wormold auf einer Geschäfts- und Spionagereise im Casagrande. Als Wormold ankam, »war die Nacht heiß und feucht, und das Grün hing im fahlen Licht der schwachen Lampen dunkel und schwer herab«.

Der große vordere Patio des Hotels blickt auf den Céspedes-Park. Im Park tauchte eine kleine schwarze Ziege auf, die vor eine winzige Kutsche mit drei Kleinkindern darin gespannt war. Der Vater folgte und schob die Kutsche von hinten an. Niemand nahm davon Notiz.

Der Mann an der Rezeption gab mir ein Zimmer auf der dritten Etage für 9,5 Pesos. Weder der Aufzug noch die Treppenhausbeleuchtung funktionierten. Das Hotel war in ziemlich erbärmlichem Zustand, eine Tatsache, die die meisten Ausländer entweder ins Leningrado, in dem ich später abstieg, oder ins Las Américas trieb, wo ich bei meinem letzten Aufenthalt in der Stadt übernachtete.

Nirgends erwähnt Greene in *Unser Mann in Havanna* das Casagrande namentlich, aber seine Beschreibung von Wormolds Unterkunft stimmt genau damit überein, und als Wormold eincheckte, »kam er sich wie ein Hochstapler vor, denn das war ein Hotel, das von echten Spionen, Polizeispitzeln und Agenten der Rebellen frequentiert wurde.« Ein gutes Jahr vor der Veröffentlichung des Buches 1958 war Greene auf Kuba gewesen, und mit Hilfe verschiedener literarischer und verdeckter Vermittler hatte man sich auf zwei einander ergänzende Vorhaben geeinigt: Greene wollte Castro interviewen, der damals die Guerillaarmee in der Sierra Maestra kommandierte; und die *lucha clandestina*, die Untergrundbewegung der Stadt, wollte Bekleidung für die *fidelistas* beschaffen. Laut Aussage von Nydia Sarabia, einer Frau aus Santiago, die in Havanna für die *lucha clandestina* gearbeitet hatte, wurde Greene gefragt, ob er nicht einen Koffer ins Flugzeug nach Santiago mitnehmen könne. Die Kleidungsstücke darin waren für die Guerilleros gedacht. Sobald Greene erst einmal in Santiago sei, würde man ihn in die Berge zu Fidel führen.

»Damals kontrollierte Batistas Polizei die Flughäfen und suchte nach Rebellen«, erzählte mir Sarabia. »Greene war für die Aufgabe wie geschaffen. Er war groß, hellhäutig, ganz offensichtlich Ausländer und sah so aus, als habe er absolut keine Ahnung von dem, was damals hier vor sich ging. Er willigte ein, den Koffer mit Pullovern, Socken und Lederjacken mitzunehmen. In der

Sierra war es nachts sehr kalt, und diese Kleider würden den Guerilleros nützlich sein. Ich sollte mit dem gleichen Flugzeug fliegen.« Sarabia verhandelte mit Greene allerdings stets unter einem Pseudonym.

Greene vertraute ihr seinen Verdacht an, nämlich dass ein Bekannter in Havanna, ein *Time*-Reporter, für das FBI arbeite. »Greene kam in einem Jaguar am Flughafen an. Verdächtigerweise tauchte auch der *Time*-Reporter auf und hatte den gleichen Flug gebucht. Greene und ich nahmen während der ganzen Reise nicht ein einziges Mal Augenkontakt auf.«

In Santiago stellte Sarabia fest, dass dem Reporter tatsächlich nicht zu trauen war. »Ich hörte in der Lobby des Casagrande zufällig mit, wie er am Telefon mit dem Servicio Inteligencia Militar sprach. Wir erfuhren, dass der SIM dem Reporter eine Unterhaltung zwischen Greene und mir übermittelte.

Greene brachte den Koffer voller Kleider zum Haus meiner Tante – das war unser verabredeter Treffpunkt –, aber er hielt dort nicht an, weil er glaubte, verfolgt zu werden. Um zehn Uhr am nächsten Morgen konnten wir uns endlich treffen, und ich nahm den Koffer in Empfang.« Bei diesem Geheimtreffen auf der San-Francisco-Straße lernte Greene Armando Hart Dávalos kennen, der sich im Krieg Jacinto Pérez nannte und inzwischen der Kulturminister Kubas und Mitglied im Zentralkomitee der Kommunistischen Partei ist. Hart war eine Woche zuvor in Havanna der Polizeiwache entkommen, als er ins Gericht geführt werden sollte. Als Greene hereinkam, war ein Barbier gerade dabei, seine Haare zu färben und ihn von Armando in Jacinto, von Hart in Pérez, zu verwandeln.

Greene hörte, während er allein durch die Straßen von Santiago bummelte, von drei jungen Schwestern, die Batista-Soldaten mitten in der Nacht aus ihrem Elternhaus entführt hatten. Ihr Vater hieß Fidel Castro und hielt sich in der Sierra auf, »und so wurden sie in Nachthemden als Geiseln in die Kaserne gebracht«, erinnerte sich Greene in *Ways of Escape* (Fluchtwege). Am nächsten Morgen, als die Nachricht die Runde machte, gingen Studenten protestierend auf die Straßen. »In den Geschäften ging man, auf das Schlimmste gefasst, daran, die Läden herunter zu lassen. Die Armee gab nach und ließ die drei kleinen Mädchen frei. Die Soldaten wagten nicht, die Feuerwehrschläuche in den Straßen auf Kinder zu richten, so wie sie sie auf ihre Mütter gerichtet hatten, oder sie an Straßenlaternen zu erhängen, so wie sie ihre Väter aufgeknüpft hätten.«

Unterdessen, so erzählte mir Sarabia, »war die Stadt von Batistas Armee umzingelt, und wir wussten nicht, ob wir Greene in die Sierra bekommen würden, um sich mit Fidel zu treffen. Außerdem berichteten wir ihm von den britischen Flugzeugen, die Batista gerade kaufte, um damit in der Provinz Oriente Rebellen und Zivilisten zu bombardieren.«

Das Interview mit Fidel fiel ins Wasser. Greene checkte beim Casagrande aus und kehrte nach Havanna zurück. Er erzählte Sarabia, er wolle nach Afrika weiterreisen. »Er sagte, dass er vorhabe, die Mau-Mau-Kämpfer zu interviewen. Meinen wirklichen Namen hat er nie erfahren.«

Jahre später schrieb Greene im Rückblick auf die Santiago-Episode, dass die Vereinigten Staaten behaupten könnten, er sei »benutzt« worden, aber »ich habe nie gezögert, mich für eine Sache, an die ich glaube ›benutzen‹ zu lassen, selbst wenn meine Wahl nur darin bestand, mich für das kleinere Übel zu entscheiden«. Obwohl er die Stadt verließ, ohne Fidel interviewt zu haben, erhielt die kurze Reise rückblickend ihren literarischen Wert: Details seines Aufenthalts in Santiago finden sich in *Unser Mann in Havanna* an vielen Stellen.

Während der Essenszeiten folgte man im Casagrande dem Grundsatz, die einheimischen Gäste vorn im Hof zu platzieren, die Hotelgäste dagegen in einem fensterlosen, schlecht beleuchteten Raum auf der Rückseite unterzubringen, der kaum belüftet wurde und trostlos eingerichtet war. Die Klimaanlage war voll aufgedreht, und sie hielt mich, weil sie klapperte und das Tragen eines Pullovers notwendig machte, immerhin wach. Der Innenhof dagegen, luxuriös und weiträumig, bot einen Panoramablick, eine frische Brise, natürliches Licht und freundliche Atmosphäre. Ich war verdutzt, als mir am nächsten Morgen im Innenhof mitgeteilt wurde, dass ich hier nicht frühstücken könne. Vielleicht hatte man mich nicht verstanden? Warum sollten sie mich sonst in den Kerker da hinten schicken? »Nein, nein.« Ich zog meinen Zimmerschlüssel heraus. »Verstehen Sie, ich bin Gast in diesem Hotel.« Das besiegelte mein Exil in der Kühlkammer.

Zwei Frauen mittleren Alters, die auf dem Weg zur Arbeit für einen *cafecito* im Innenhofrestaurant einen Halt eingelegt hatten, bekamen meine Notlage mit und riefen nach dem Manager. Er kam und führte mich an ihren Tisch zurück. »Bitte, setzen Sie sich doch zu uns. Es gibt keinen Grund, warum Sie den Tag nicht auch mit Blick auf den Parque Céspedes beginnen sollten.« Nachdem ich Platz genommen hatte, ignorierten sie mich und unterhielten sich über die Arbeit, ihre Ehemänner und den Haushalt. Und auch ich ignorierte sie höflich und schrieb ein paar Postkarten an meine Freunde zu Hause in den Staaten. Wormold tat dasselbe, während er im Casagrande speiste. »Eine Postkarte ist ein deutliches Anzeichen für Einsamkeit«, stellte er fest.

Ich verbrachte den Vormittag damit, durch das Stadtzentrum von Santiago zu spazieren. Was in Cienfuegos eine angenehme Überraschung gewesen war, wiederholte sich hier erfreulicherweise – Fahrten aus Havanna heraus erwiesen sich als vergnüglich: Die Menschen schienen weniger besorgt, die Bevölkerung wirkte tiefer verwurzelt. Ein britischer Schriftsteller drückte dies um 1870 folgendermaßen aus: »Der Reisende, der sich eine gute Beziehung zu Kuba erhalten möchte, sollte zusehen, dass er schnellstmöglich aus Havanna herauskommt. Die Gerüche und der Lärm dieser abscheulichen Stadt haben mich beinahe umgebracht. Die Ruhe und der Duft auf dem Lande haben mich wieder aufleben lassen.« Ich wünschte mir eine gute Beziehung zu Kuba, und dies sollte mein längster Aufenthalt außerhalb der Hauptstadt sein.

Leider hingen die meisten Gauner und Geldwechsler auf der Calle Heredia herum, und ich war als neues Gesicht ohne Begleitung leicht auszumachen. Ich kämpfte mich durch die Menge von *jineteros* bis zur Niederlassung des Künstlerverbandes durch, einer großen Halle, in der sich hinten eine kleine Bar befand, davor ein Stutzflügel und Fernsehmonitore für Videovorführungen. Auf einer Tafel stand, dass mindestens einmal täglich eine öffentliche Veranstaltung stattfinde – eine Lesung, eine literarische Diskussion am runden Tisch, eine Theateraufführung, ein Film, eine Jamsession, ein Vortrag –, und nach dem zu urteilen, was ich mitbekam, lockten diese Treffen eine große und bunte Menge an.

Ein ernster junger Mann aus Hulguín saß auf einem Stuhl und ordnete seine Papiere. Er gehörte zu einer Theatertruppe, die eine Tournee durch den Ostzipfel der Insel unternahm und Stücke für Kinder aufführte. In ihrer aktuellen Produktion, so erklärte er, ginge es um einen Vogel, der aus der Erdmitte aufsteigt. »Der Vogel ist hässlich, und außer einem kleinen Jungen mag ihn keiner. Die beiden werden Freunde, aber bald wird der Junge von seinen Klassenkameraden geächtet, weil er sich mit einer so unansehnlichen Kreatur angefreundet hat.« Zwei andere Männer gesellten sich zu uns, um sich die Zusammenfassung des Theaterstücks anzuhören. »Bald wächst dem Vogel eine Feder, dann noch eine und noch eine, bis er schließlich der allerschönste Vogel weit und breit ist. Plötzlich ist auch der Junge wieder beliebt.« Der Schauspieler lächelte. Ich lächelte. Die beiden anderen lächelten. »Das ist wirklich eine Geschichte über die Welt«, sagte der ernste, junge Schauspieler. »Oder aber über ein bestimmtes Land.«

Ich hatte gelesen, dass der Daiquiri, benannt nach einem kleinen Küstenort südöstlich von Santiago, ursprünglich in der Bar des Hotels Venus in Santiago kreiert worden sei, und ich hoffte, dieses Getränk dort bestellen zu können. Das Venus lag in einer Seitenstraße hinter meinem Hotel. Es war in noch schlechterem Zustand als das Casagrande. Könnte die C-14-Datierungsmethode bei Staubschichten angewandt werden, hätte ich herausfinden können, wie lange die Bar des Hotels Venus bereits geschlossen war.

Später ging ich noch einmal zum Künstlerverband UNEAC zurück, in der Hoffnung, dort Ariel James, den Präsidenten der Abteilung Santiago, anzutreffen. Der Künstlerverband in der Provinz schien ernste, junge Männer magisch anzuziehen. Dieses Mal sprach ein düsterer Kerl, ein Dramaturg, zu 20 gespannt lauschenden Zuhörern über »die Entschlossenheit, kreativ zu sein«. Er redete von Molière, von den alten Griechen und den zeitgenössischen Spaniern. Danach durfte man ihm Fragen stellen. Eine dieser Fragen nahm fünf Minuten in Anspruch. Mir kam ein denkwürdiges und unerfreuliche Erlebnis in den Sinn. Einmal redete ich bei einer ähnlichen Versammlung in Hermosillo, Mexiko, über die amerikanisch-mexikanische Grenzliteratur, und nach meinen einleitenden Bemerkungen durften Fragen gestellt werden. Die erste Frage dauerte beinahe so lange wie mein Vortrag, und ich murmelte: »Das ist keine Frage, das ist eine Rede.« Ich hatte das ganz leise gesagt, doch leider war das Mikrofon noch eingeschaltet. Meine Zuhörer begannen, sich zu winden, dann ging einer nach dem anderen hinaus. Ich wäre ihnen gern gefolgt. Innerhalb von fünfzehn Minuten saß ich in einem Raum ohne Auditorium. Das einzige Geräusch machte mein Gastgeber, der die Aschenbecher leerte. Die Veranstaltung in Santiago dauerte länger, hatte ein angenehmeres Publikum und einen Redner mit besseren Manieren.

Der Assistent von Ariel James versicherte mir, der örtliche UNEAC-Präsident käme gleich zurück. Ich zog *The Mambo Kings* heraus. Desi Arnaz hatte gerade den Song der Castillo-Brüder »Beautiful María of My Soul« aufgenommen, danach kamen Nat »King« Cole und Xavier Cugat. Ich las von Nestors Tod bis zu der Stelle, an der Cesar unter der Wirkung von Whisky und gebratenen *chorizo*-Sandwiches zusammensackt, als ein dünner Mann mittleren Alters zielstrebig auf mich zukam und sich vorstellte. Es war James, der *jefe* der Provinz. Er wollte meine Fahrt in den Osten arrangieren, zumindest grob organisieren. Ich interessierte mich für Vögel, Wörter, Soldaten und Geschichte. Der Elfenbeinspecht, einst an der Golfküste verbreitet, war jetzt angeblich nur noch auf Kuba, und zwar in diesem Teil der Insel zu finden. Gab es einen Naturkundler, bei dem ich mich darüber informieren konnte? Selbstverständlich interessierte ich mich für die Aktivitäten des örtlichen Künstlerverbandes, ebenso für jene in Guantánamo, der Stadt unweit des US-Flottenstützpunktes. Victoria war es im Büro in Havanna in letzter Minute gelungen, für mich einen Termin bei Kubas Brigada Fronteriza zu vereinbaren. Der Jahrestag von Fidels Landung mit der Yacht *Granma* an der kubanischen Küste 1956 stand kurz bevor, und ich hoffte, die Landungsstelle besichtigen zu können. Und schließlich wollte ich in die Stadt Baracoa an der Nordküste fahren, in der man angeblich auf Schritt und Tritt auf die bis Kolumbus und noch weiter zurückreichende Geschichte stieß.

James tätigte einige Anrufe und verkündete dann, ich habe am späten Nachmittag einen Termin bei der örtlichen Akademie der Wissenschaften, und zwar im Büro des Leiters, Luis Milán. »Die Akademie ist im hiesigen *jardín botánico* untergebracht. Nehmen Sie am Ortseingang die Straße, die zur Playa Siboney führt.« Er fertigte eine kleine Skizze der Sträßchen an.

Auf der Landkarte zeigte er mir die Stadt Banes. »Sie blickt auf eine für einen so kleinen Ort lange Geschichte zurück. Ein berüchtigter Bandit, El Águila Negro«, der schwarze Adler, »stammte aus Banes. Eine der bedeutendsten Zuckerfabriken des Landes befand sich in Banes, und die United Fruit Company unterhielt dort einst eine riesige Plantage. Banes wurde von amerikanischen Firmen beherrscht. Fidels erste Frau stammte aus Banes. Und auch Batista.« James hatte an der Universität von Oriente seine Diplomarbeit über Banes geschrieben, die später als Buch veröffentlicht wurde. Er griff in einen Wandschrank und holte ein Exemplar heraus, das er mit folgender Widmung versah: »In der Hoffnung, dieses Buch möge Ihnen nützlich sein.« Die Darstellung begann mit dem 19. Jahrhundert, als ausländische Kapitalisten die örtliche Zuckermühle aufkauften, und endet im Oktober 1960 mit deren Verstaatlichung. Dem Buch entnahm ich, dass die größte Zuckerfabrik Boston hieß (inzwischen in Nicaragua umbenannt), dass der American Club ein Polospielfeld, einen Billardraum sowie ein Baseballteam besaß und dass für die Arbeit auf den Feldern Jamaikaner angeworben wurden. Hinten in James' Buch finden sich alte Fotos aus dem Betrieb der United Fruit Company, darunter auch eines von einer kleinen Dampfmaschine, die im Hof dazu benutzt wurde, Ausrüstung und Zuckerrohr hochzuhieven, und die Panchito genannt wurde.

Während unserer Unterhaltung hatte ich mir Notizen gemacht. Als ich ging, sah eine Seite meines Notizbuchs folgendermaßen aus:

15 Uhr miércoles
Luis Milán – jefe de planes
jardín botánico
la entrada de san juan
Straße zur playa siboney
águila negro – berühmter Bandit aus Banes
1. Frau Fidel – Banes

Ich wollte in den folgenden zehn Tagen mehrere Fahrten in die Umgebung von Santiago unternehmen, und wir kamen überein, uns danach irgendwo außerhalb des Büros zu treffen.

Ich fuhr mit meinem gemieteten Nissan Baujahr 85 in Richtung Akademie der Wissenschaften. Eine Reklametafel am Straßenrand verkündete:

LANG LEBE DIE FREUNDSCHAFT ZWISCHEN
KUBA UND DER UDSSR!

Nachdem ich von der Hauptstraße abgebogen war, verlor ich den Überblick, verpasste die letzte Abzweigung und fuhr weiter durch eine karge Gegend, bis ich an einer Baumgruppe, dann an einer Reihe hoher Stacheldrahtzäune und mehreren Militärschildern vorbeikam. Vier Soldaten mit Gewehren stürzten sich auf mich.

»Wer sind Sie?«

»Was machen Sie hier?«

Ich war versehentlich zu einer geheimen Militärbasis gefahren. Die Wachen waren dafür ausgebildet worden, Eindringlinge abzuwehren, offenbar kamen nicht allzu viele, und jetzt hatten sie einen leibhaftigen, einen *norteamericano*, an dem sie ihr Können ausprobieren konnten. Ich sagte ihnen, dass ich den Jardín Botánico suche und um drei Uhr dort eine Verabredung habe.

»Ausweis, bitte.«

Einer der Wachen trottete zu dem Wachhäuschen hinüber, um mein Eindringen seinem Vorgesetzten zu melden. Ich zog mein *carnet* heraus, das mich als US-Bürger auswies, der in Kuba lebt. Meinen amerikanischen Pass ließ ich wohlweislich in meiner Tasche.

Zwei Lastwagen hielten an, und vier weitere Wachen kamen auf uns zu. Einer mit einem Klemmbrett übernahm die Angelegenheit. »Was ist das für ein Auto?« Angesichts der Tatsache, dass die Marke vorn und hinten in großen Buchstaben prangte, war die Frage ziemlich überflüssig. Auf den Nummernschildern stand TURISTA, Schilder, mit denen nur die Mietautos für Ausländer versehen sind.

»Nissan«, antwortete ich. »N-i-s-s-a-n.« Er schrieb es gewissenhaft auf. »Ist ein Japaner«, fügte ich in der Hoffnung hinzu, den Stress – seinen, nicht meinen – ein wenig zu mindern. Ich genoss die Sache geradezu. Er schrieb »Japaner« nieder. »Genau«, sagte ich zum Spaß in verschwörerischem Tonfall, »es wurde in Mexiko hergestellt.« Auch das schrieb er gewissenhaft auf, ohne seine finstere Miene zu verziehen. Schließlich notierte er eine Beschreibung von mir, wobei er zwischen meinem Gesicht und seinem Klemmbrett hin und her blickte. Immerhin, ich hatte Sicherheitsbestimmungen verletzt.

Die beiden Lastwagen blockierten den einzigen Platz, an dem ich hätte umkehren und davonfahren können, was ich nun, da die Befragung zu Ende war, auch zu tun gedachte. Sie bewegten sich nicht von der Stelle. Sollte er noch immer nicht alles aufgeschrieben haben? Jedenfalls gefiel mir das, was ich sah, gar nicht.

Gerade als der verantwortliche Offizier bereit schien, mich laufen zu lassen, entdeckte er mein Notizbuch, das aufgeschlagen auf dem Beifahrersitz lag. Der Beweis für meine Verabredung! »Sehen Sie?« Ich deutete auf die entscheidenden Wörter: »*15 Uhr miércoles*, und *jardín botánico.*«

»Was ist das?«, fragte er. »Warum haben Sie seinen Namen aufgeschrieben?« Er deutete auf die Zeile, auf der stand: *1. Frau Fidel – Banes.*

»Ach, Fidels Frau.« Zum Glück habe ich eine unleserliche Handschrift und hatte das in Englisch, also »Fidel's wife« geschrieben. »Fidel's life. *La vida de Fidel. Quiere decir, en todas partes está Fidel.* Das heißt, Fidel ist überall.« Er besah sich mein Notizbuch lange und eingehend, dann schaute er mich an. Nur zufällig hatte ich Batistas Namen nicht aufgeschrieben. Es gab kein stilles Lächeln, nur Schweigen. Dann befahl er den Lastwagenfahrern, zur Seite zu fahren und mich wenden zu lassen.

Ich fand die Straße, die ich zuvor verpasst hatte, und fuhr einen Hügel hinauf auf eine Gruppe niedriger Gebäude zu, wo mich Luis Milán erwartete. Er machte mich mit zwei Wissenschaftlern bekannt. »Ist irgendetwas nicht in Ordnung?«, fragte mich einer von ihnen. Mir war es nicht aufgefallen, aber auf Grund meines unerfreulichen Zusammentreffens mit den Soldaten atmete ich schwer. Die beiden Wissenschaftler hörten mit wachsender Belustigung zu, als ich ihnen erzählte, was gerade geschehen war. »Und ausgerechnet einen *norteamericano* dabei zu erwischen, wie er gegen ihre Sicherheitsbestimmungen verstößt!«, sagte ich.

Die beiden lachten. »Na ja, wenn es Sie tröstet, uns behandeln sie genauso.«

Sie nahmen mich auf einen Rundgang durch die Einrichtungen mit – Laboratorien mit weiteren Wissenschaftlern, eine kleinen Bibliothek mit abgenützten Nachschlagewerken, ein mit Regalen voll gestellter Raum mit Schlangen und anderem Getier und schließlich die Labortische, an denen sie beide, Luis und Gabriel, arbeiteten. Ich hatte ein paar jüngst in wissenschaftlichen Zeitschriften erschienene Artikel über die Schlangenart mitgebracht, die an der Küste unweit von Santiago zu finden ist. Die Artikel basierten auf Forschungen, die ein Paläontologe zusammen mit anderen Wissenschaftlern auf den Bahamas durchgeführt hatte.

Luis und Gabriel ignorierten mich eine Weile, während sie die Artikel überflogen. Wie unzählige andere Wissenschaftler in Ländern, in denen nicht Englisch gesprochen wird, konnten die beiden den schwierigsten wissenschaftlichen Jargon in Englisch fließend lesen, waren aber absolut nicht in der Lage, auch nur ein einziges Wort laut auszusprechen. Luis sprang auf und führte mich in einen Raum mit Regalen voller Tierpräparate. Er spähte auf die Schildchen und zog triumphierend, als sei er der Wissenschaftler gewesen, der sie als Erster klassifizierte, eine lange, schmale Schublade auf, in der sich genau die Schlange befand, von der in den Artikeln die Rede war.

Die beiden erzählten bereitwillig vom Elfenbeinspecht, der zu den größten Spechtarten der Welt zählt und der ganze Stolz der kubanischen Biologen ist. John James Audubon berichtete 1820, diese Spechtart am Mississippi entdeckt zu haben, aber als die Abholzung zunahm – der Vogel lebt von Käferlarven in der Baumrinde –, bekam man den Elfenbeinspecht immer seltener zu Gesicht. In den 40er Jahren wurde er in den USA zum letzten Mal nachweislich gesichtet.

Der Vogel galt als ausgestorben – in jedem Fall aber als stark bedroht –, bis kubanische Wissenschaftler Mitte der 80er Jahre Rindenverletzungen feststellten und Vogelschreie hörten, die nur vom Elfenbeinspecht herrühren konnten. Sie luden ein vom Spechtexperten des amerikanischen Naturkundemuseums in New York geleitetes Team ein, sich ihrer Suche anzuschließen. Auf Kuba war der Vogel früher im Zapata-Sumpf und bei Pinar del Río heimisch gewesen, aber die jetzige Suche sollte südlich von Sagua de Tánamo in den Wäldern stattfinden, die die Flüsse Jaguaní und Yarey in der Provinz Guantánamo säumten. »Nun«, sagte ich, »scheinbar kommen Vögel nach Kuba und *gusanos*, Würmer, in die Vereinigten Staaten.«

Die amerikanisch-kubanische Suche nach dem Elfenbeinspecht »hatte etwas von der Aufregung und Romantik einer Suche nach einem verlorenen Schatz«, schrieben der Teamleiter, Lester L. Short, und ein Kollege über die Expedition von 1986. Ein solcher Schatz flog unweit von ihm über den Fluss Yarey. »Mein Gott, ich habe ihn gesehen«, dachte er, als er einen weiblichen *Campephilus principalis* erspähte. Insgesamt wurden die Vögel achtmal gesichtet. »Wissen Sie, wann Short das nächste Mal kommt?«, fragten mich die beiden im Jardín Botánico. »Er war schon seit einigen Jahren nicht mehr hier.«

Als die Behörden von der Existenz des Vogels erfuhren, richteten sie ein 220 Quadratkilometer großes Schutzgebiet für den Elfenbeinspecht ein und änderten die Planung für ein Autobahnteilstück, das dieses Gebiet durchschnitten hätte. Der Landwirtschaftsminister verbot jedes weitere Abholzen von Bäumen.

Short beschreibt den Ruf des Elfenbeinspechts als ein nasales *kyent kyent.* Andere haben ihn als *wucka wucka* oder *pent pent* oder *week week* oder *yamp yamp* definiert. Audubon meinte, er laute vielmehr *pait pait.* Wir drei waren übereinstimmend der Meinung, dass eine Reise ins Gebiet des Spechtes sich nicht lohne – die Hauptzeit, in der man ihn sichten konnte, war bereits seit vier Monaten vorüber, mein Interesse hielt sich in Grenzen und war keinesfalls wissenschaftlicher Art. Weder Luis noch Gabriel hatten bislang einen Elfenbeinspecht erspäht, obwohl sie an Suchexpeditionen teilgenommen hatten. »Er gibt einen jammernden Ton von sich«, sagte Luis. Nach einigem guten Zureden bot er mir seine Version des Rufs dar. »*Ah-errrr*«, machte er mit einem starken Tremolo. Es klang wie eine gedämpfte Trompete. »*Ah-errrr.*«

Der Spechtruf von Luis hatte einen universellen Klang. Sein Santiago-Spanisch allerdings weniger, ein Dialekt, über den sich die Leute in Havanna dauernd lustig machen. »Finden Sie, dass wir schwer zu verstehen sind?«, hatte mich ein *habanero* vor meiner Abreise gefragt. »Dann warten Sie, bis Sie erst die *santiagueros* hören!« Seine Warnung war Ausdruck der nationalen Rivalität zwischen den beiden Großstädten. Sicher, wenn die Leute von Santiago sprachen, war das eher ein Singsang, aber sie redeten ein wenig langsamer. Doch in beiden Städten müssen die letzten Wortsilben verzuckert sein, denn Kubaner verschlucken die meisten davon. Hätten sie noch mehr Silben verschluckt, dann wäre gar nichts mehr übrig geblieben.

Schade um das arme S. Ein guter Buchstabe, ein aufrecht stehender Buchstabe, ein Buchstabe, dessen Auftreten eine Verbform verändern oder bei einem Substantiv Zeichen für die Mehrzahl sein kann. Aber in Kuba ist er ein missbrauchter, ein ignorierter Buchstabe, als habe er nicht die Rechte, die allen anderen Buchstaben des Alphabets zustehen. Kuba hat einen Überfluss an ungenutzten S. Wo sie nur alle bleiben?

Der S-Überschuss des Landes wird an Gäste in Restaurants verteilt. Das wurde mir in der Kühlkammer des Casagrande klar, wo Geräusche, die die anderen Speisenden von sich gaben, meine einzige Unterhaltung bildeten. Noch weit mehr als in Havanna gaben die Gäste in Santiago, wann immer sie die Aufmerksamkeit des Kellners erregen wollen, ein »s-s-s-s-s-s-st« von sich. Das Geräusch überlagerte alle anderen. S-s-s-s-s-st hat in anderen lateinamerikanischen Ländern die gleiche Funktion, aber dort ist es eine Frage der sozialen Schicht und gilt als schlechtes Benehmen. In Kuba wird in den schicksten Restaurants ebenso gezischt wie in den einfachsten Cafés, bei der Arbeit und auf den Straßen. In einem Restaurant mit schlechtem Service kann man sich vorkommen, als befände man sich in einer Schlangengrube. Richard Henry Dana schrieb 1859 in *To Cuba and Back* über das Geräusch: »Sie geben es klar und durchdringend von sich. Dennoch kommt es einem wie ein jämmerliches, weibisches Zischen vor … Für mich steht außer Zweifel, dass ein Kubaner, wenn nebenan ein Feuer ausbräche, ›P-s-t!‹ machen würde.« Cabrera Infante bezeichnet den Laut in *Drei traurige Tiger* als ein »kubanisches Sauggeräusch, das genaue Gegenteil eines Kusses.«

Wann immer ich ein bisschen angeschlagen oder einfach erschöpft war, war die Sprache die erste geistige Fähigkeit, die nachließ. Meine Möglichkeit, etwas zu übersetzen, ging gegen Null, als sei einfach das Hörgerät abgeschaltet worden. Bei anderen Gelegenheiten täuschte ich schlicht vor, stumm zu sein, ein Trick, den schon W.M.L. Jay 1871 beschrieb, »um vor der Anstrengung zu flüchten, in einer fremden Sprache höflich und gesellig sein zu müssen, und um endlich die Freiheit zu besitzen, meine Augen und Ohren bestmöglich zu nutzen.«

Ich weiß genau, was Sie meinen, W.M.L.! All die bei einem fünfmonatigen Aufenthalt notwendige Höflichkeit und Geselligkeit in einer fremden Sprache hatte mich ausgelaugt. Ich kämpfte auf der Landstraße gegen diesen deprimierenden Zustand an. Ich war auf dem Weg nach Guantánamo, um die Stadt zu besichtigen, deren Reichtum ab dem Jahr 1899 bis 1959 auf die US-Marine zurückzuführen war, und um mich über die Brigada Fronteriza zu informieren, deren Wachposten die Marinebasis beobachten und umgekehrt. Das Lied »Guantanamera« ging mir unentwegt durch den Kopf, während ich Richtung Osten fuhr:

Guantanamera,
Guajira guantanamera,
Guantanamera,
Guajira guantanamera.

Yo soy un hombre sincero
De donde crece la palma,
Yo soy un hombre sincero
De donde crece la palma,
Y antes de morirme quiero
Echar mis versos de alma.

(Mädchen aus Guantánamo,
Schöne aus der Gegend von Guantánamo.
Mädchen aus Guantánamo,
Schöne aus der Gegend von Guantánamo.

Ich bin ein Mann, aufrecht und wahr
unter Palmen bin ich zu Haus,
ich bin ein Mann, aufrecht und wahr
unter Palmen bin ich zu Haus,
und ich singe meiner Verse Schar,
eh ich sterbe, aus mir heraus.)

Je mehr ich mich bemühte, diesen Ohrwurm der immer gleichen Melodie und der von José Martí übernommenen und abgewandelten Worte loszuwerden, desto hartnäckiger setzte er sich in meinem Kopf fest.

Trabajadores, die Arbeiterzeitung, hatte dem Lied erst jüngst einen Artikel gewidmet. Joseíto Fernández, der 1979 im Alter von 71 Jahren starb, hatte viele populäre Songs geschrieben, »aber von allen ist ›Guantanamera‹ das am meisten gehörte Lied, und in allen Teilen der Welt gilt es als Erkennungsmelodie Kubas.«

Fernández trat mit dem Song in den 50er Jahren nachmittags an Werktagen bei einer Radioshow auf, während der er sich Sketche ausdachte, die auf die gewalttätigen Ereignisse in den aktuellen Nachrichten eingingen. 1962 hörte Pete Seeger einen Lagerarbeiter in den Vereinigten Staaten »Guantanamera« mit den Versen von José Martí singen. Er vereinfachte Martís Gedicht in eher fröhlicher Weise, und zwar mit so großem Erfolg, dass der Seeger-Song sogar auf Kuba neben dem traditionelleren Lied gesungen wird. Und für Generationen seiner Fans stellte Seegers Liedübertragung zugleich ihre erste Spanischlektion dar.

Laut *Trabajadores* wurde »Guantanamera« in allen möglichen Rhythmen und Stilen gesungen. »Ich habe fröhliche und witzige ›Guantanameras‹ gehört, katastrophale und völlig falsch gesungene, doch alle Versionen kamen von Herzen.« Aber niemand kann sagen, wer die *guajira guantanamera* war, jenes Mädchen, die Schöne aus der Gegend von Guantánamo, die zu »Guantanamera« inspirierte.

Ich revanchierte mich mit meiner eigenen Version.

*One ton of mierda**
I hear the one ton of mierda
One ton of mierda
I hear the one ton of mierda.

*Yo soy un yankee perdido***
In flagrante delicto,
Yo soy un yankee perdido
In flagrante delicto,
On Thursday more irme quiero
On charming versos de balsa.

(Wiederholung des Refrains)

[Eine Tonne Scheiße …]
**[Ich bin ein elender Yankee …]*

Die Landschaft im Osten der Insel lud dazu ein, bei der Fahrt zu singen. Die Straße schlängelte sich durch kleine Ortschaften, wo Menschentrauben ungeduldig an Bushaltestellen warteten. Eine Lehrerin, die als Anhalterin am Straßenrand gestanden hatte, erzählte mir von ihrer Grundschulklasse und ihrem eigenen kleinen Kind, das bei ihren Eltern in Holguín lebte. Wir absolvierten das übliche Programm: Wo-kommen-Sie-her? und Was-arbeiten-Sie?, und als wir auf unser Alter zu sprechen kamen, sagte sie geheimniskrämerisch: »Kubanische Frauen haben drei Alter. Das Erste ist das Alter, das wir nennen. Das Zweite ist das Alter, das unserem Aussehen entspricht. Und das Dritte ist unser wahres Alter.« Nach den ersten beiden Kriterien zu urteilen, war sie fünfundzwanzig. Ich setzte sie beim Haus irgendwelcher Freunde in Cuatro Caminos ab, wo ich dann am Ortsrand einen Jungen und ein Mädchen aufsammelte, die jeweils einen Strauß frisch gepflückter Blumen umklammerten. Sie wollten das Grab ihres Großvaters besuchen.

In der Stadt Guantánamo kam ich bei meinem Dauergastgeber, dem Künstlerverband der Provinz, an, und Rebeca Ulloa begrüßte mich gut gelaunt, aber mit schlechten Nachrichten. Die gute Laune entsprang der Vorfreude auf eine am selben Abend stattfindende Dokumentation über Frida Kahlo. Sie erwartete eine riesige Beteiligung. Die schlechte Nachricht: Als sie das letzte Mal mit dem Mann von der FAR, der Revolutionsarmee, gesprochen hatte, wusste dieser noch nichts von meinem Besuch. »*No te preocupes*«, riet sie mir mit mütterlicher Gelassenheit. Mach dir keine Sorgen. Es sollte in den nächsten

Tagen unser Mantra werden. Der Offizier habe gesagt, er würde gleich morgen früh zurückrufen. *No te preocupes.*

Der Künstlerverband von Guantánamo war in einem großen Gebäude untergebracht, und zwar an der Straße Máximo Gómez, benannt nach dem dominikanischen Kommandeur der kubanischen Armee im Unabhängigkeitskrieg gegen die Spanier. Das Gebäude besaß eine schmale hölzerne Eingangsveranda, die bis zum Gehsteig hinaus reichte, zwei Holztüren führten in riesige Räume mit hohen Decken. Große Fenster mit Eisengittern ließen Frischluft hinein, aber auch die Blicke neugieriger Passanten.

Etwa 50 Leute tauchten für Rebecas Abendprogramm auf, bei dem außerdem ein Videofilm über Kahlos Ehemann, Diego Riviera, gezeigt wurde. Eine lebhafte Diskussion über Kahlo, Riviera und ihre Kunst schloss sich an. In der Zuhörermenge saß eine Frau aus den Staaten, die kurz nach der Revolution mit einer Tanztruppe eine Tournee durch Kuba unternommen hatte. Die Beziehungen zwischen den beiden Staaten verschlechterten sich, und sie blieb, fasziniert von den Möglichkeiten in diesem neuen Land, einfach hier. Das Erscheinen eines weiteren *norteamericano*, der wie ich quasi gerade erst angekommen war, veranlasste die Kubaner, die Namen ihrer Lieblingsamerikaner aufzuzählen. Einer mochte die Musik von Stevie Winwood, ein anderer war Fan der Oakland Athletics. Ich lernte eine Frau kennen, die eine Reihe von Kurzgeschichten veröffentlicht hatte, welche alle am Rand des US-Marinestützpunkts spielten. In einer von ihnen versucht ein Mann namens José Manuel mit dem Schnorchel unbemerkt in die Gewässer der Basis zu schwimmen, aber ein Suchscheinwerfer entdeckt ihn, bevor er dort ankommt. Als er noch auf der kubanischen Seite der Grenze ans Ufer klettert, wird er von Wachhunden verfolgt, und eine Frau, die Mitleid mit ihm hat, versteckt ihn in ihrem Bett, während ein Offizier ihr Haus nach ihm durchsucht. Nachdem der Suchtrupp abgezogen ist, zieht sie sich aus und gesellt sich zu José Manuel. Am Ende geht er davon, um seinen Plan erneut durchzuführen.

Der für die Dokumentarfilme genutzte Fernseher wurde umgeschaltet auf die nationalen Nachrichten. Ein Meteorologe, der so langweilig sprach wie er aussah, sagte das Wetter vorher. Er konnte keine bunten Bilder präsentieren, keine 3-D-Schichtlandkarten oder von einem Satelliten aufgenommene Filme mit dahinziehenden Wolken, auf die er einen Zeigestab hätte richten können. Er wirkte nüchtern, ernst, fast düster. »Und dabei tippt er so oft daneben«, sagte der Mann, der neben mir saß. »Es heißt, er ist vom Instituto de Meteorología«, dem meteorologischen Institut, »aber wir sagen, er ist vom Instituto Mentirología«, dem Lügeninstitut. Ich fuhr Rebeca nach Hause, und als sie aus dem Auto stieg, erinnerte ich sie daran, dass der FAR-Mann am Morgen anrufen müsse. »*No te preocupes.*«

Aber ich machte mir dennoch Sorgen. Kurz vor meiner Abfahrt aus Havanna hatte ich erfahren, dass ein unbedeutendes Faktotum in der FAR-Bürokratie, das ein paar Wochen später in eine andere Behörde gewechselt war, die Anfrage, die La Plume meinetwegen schon vor Monaten gestellt hatte, abgewiesen hatte. Mein Antrag war nicht weitergeleitet worden. Eigentlich hatte mir La Plume die ganze Zeit versichert, wir würden von jemandem von der FAR hören, der gar nicht mehr dort arbeitete. Victoria dagegen hatte gesagt, es sei inzwischen alles arrangiert, aber in Guantánamo wusste niemand etwas davon. *No te preocupes*, wirklich.

Ich schaltete in meinem Zimmer im Hotel Guantánamo den Fernseher ein und zappte durch die Kanäle. War irgendetwas nicht in Ordnung? Auf Kanal 8 kamen CNN-Kurznachrichten. Ein Sprecher von Warner Records erzählte von Madonnas neuem Videoclip. Bush rang um eine Entscheidung im Golfkrieg. Städter organisierten mitten in den Vereinigten Staaten eine Weihnachtskartenaktion für die in Saudi-Arabien stationierten Soldaten. Sportergebnisse. Die nationale Wettervorhersage. Eine kurze Sendung über die exzentrischen Briten. Klatsch aus Hollywood. Das war nicht Televisión Martí, die schlechte US-Propaganda. Stattdessen empfing ich einen Armeesender der US-Marinebasis. Den konnte in dieser Gegend jeder sehen, einer der geheimen Vorteile, wenn man in der Nähe des Stützpunkts lebte. Sie können die World Series sehen. David Letterman. College Basketball. Und, was das Beste ist, Filme in voller Länge. Kein Embargo, keine Blockade, einfach gesendetes, normales, oberflächliches US-Fernsehen, als würde Kuba die monatlichen Kabelgebühren entrichten. Auch den Radiosender der Marinebasis konnte man empfangen, wenn man auf AM umschaltete. Die Zuhörer bekamen abwechselnd die stündlichen Kurznachrichten verschiedener US-Radiosender zu hören. »Manche von uns lernen auf diese Weise Englisch«, sagte mir ein *guantanamero.*

Am nächsten Morgen schlug ich Rebeca vor, beim Büro der kubanischen Armee anzurufen oder zu der militärischen Anlage hinauszufahren. »*No te preocupes*«, antwortete sie und machte eine beschwichtigende Handbewegung. »Es wird schon alles klappen.« Sie nahm mich auf einen Rundgang durch die Innenstadt von Guantánamo, einer schönen Provinzstadt, mit. Wir gingen zu einem Kunstgewerbeladen, in dem Taschen aus Stoff und Stroh hergestellt wurden. Dann spazierten wir lange durch den Stadtpark. Ein Teenager in einem T-Shirt mit aufgedruckter amerikanischer Flagge kam vorbei. Rebecas elf Jahre alter Sohn, Aron, schloss sich uns an. Wir schauten bei einer Kunstgalerie sowie bei einem Theater vorbei, in dem bald mit den Proben begonnen werden sollte, und machten den obligatorischen Museumsbesuch. Ein Museumsführer erzählte: »Guantánamo wurde 1819 von französischen Exilanten aus Haiti gegründet. In dieser Gegend werden Jamaikaner als Engländer und Haitianer als Franzosen bezeichnet.« Auto zu fahren war hier ein bisschen schwieriger als in anderen Städten. »In Guantánamo haben die Straßen Schlaglöcher«, erklärte Rebeca lachend, als wir durch die Stadt holperten.

Aron sprang von der Rückbank auf und rief: »In Guantánamo haben die Schlaglöcher Straßen.«

Rebeca aß mit mir zusammen im Speisesaal des Hotels zu Mittag. »Kennst du Macondo in *Hundert Jahre Einsamkeit*? Nun ja, Kuba ist in vielerlei Hinsicht wie Macondo.« Rebeca arbeitete auch beim CMKS, einem lokalen Radiosender. Sie versah ihre zweite Amtszeit als Präsidentin des UNEAC der Provinz, eine Aufgabe, auf die sie sich geradezu stürzte. Sie galt als Expertin von Regino Boti, einem kubanischen Schriftsteller und Dichter, der 1958 gestorben war. Sie hatte eine Menge über sein Werk sowie ihre eigenen Gedichte veröffentlicht. Mehrmals im Jahr reiste sie nach Havanna, und einmal hatte sie sogar die Tschechoslowakei besucht. Während wir uns unterhielten, setzte sich ein großer Gast an das Klavier in der Ecke. Er sang ein paar Lieder, dann »Guantanamera«.

»Hast du dieses Lied nicht irgendwann einmal satt?«, fragte ich Rebeca, die ihr Leben lang eine *guantanamera* war.

Rebeca summte mit dem Sänger mit. Ich bestellte zwei *cafecitos.* Sie dachte über meine Frage nach. Die Kaffees wurden gebracht. »Und?« Der Sänger kehrte an seinen Tisch zurück.

Schließlich schüttelte Rebeca den Kopf: »Nein. Wenn wir zusammensitzen und etwas trinken, fangen wir an, es zu singen. Das bekommen wir nie über.«

Wir kehrten um drei Uhr zum UNEAC-Gebäude zurück. Von der Revolutionsarmee hatte niemand angerufen. Ich wurde immer verzweifelter. Ich gab La Plume die Schuld, ich gab Fidel die Schuld, ich gab Don Quayle die Schuld, ich gab der Ineffizienz der Dritten Welt die Schuld, ich gab dem Bossa Nova die Schuld. Ich saß deprimiert an einem Tisch. Rebeca kam herüber. »Ich weiß, ich weiß«, sagte ich, nickte und setzte ein angestrengtes Lächeln auf. »*No te preocupes.*«

Um vier Uhr kamen vier Militärstiefel durch die Halle gestapft, die ein Geräusch erzeugten wie ein Rumba-Solo. Zwei Leutnants der Brigada Fronteriza traten ins Büro des Künstlerverbands. Noch nie war ich so glücklich gewesen, Männer in Uniform zu sehen. Sie hatten gestern Nachmittag mit Havanna gesprochen. Mitten in der Nacht war die Genehmigung erteilt worden, mir die Touristenführung angedeihen zu lassen, und jetzt wollten sie mich zum Hauptquartier mitnehmen, um mir das Museum zu zeigen. Rebeca war ganz aus dem Häuschen, weil Soldaten im Gebäude des Künstlerverbands waren, und fragte, ob auch sie das Museum besichtigen dürfe. »Was habe ich dir gesagt?«, fragte sie, als wir den Leutnants zum Hauptquartier der Brigade folgten. »*No te preocupes.*«

Der Kasernenkomplex der Grenzbrigade lag am Stadtrand. Wachen salutierten, als ich mich dem Tor näherte, und winkten mich durch die Sicherheitskontrollen auf das Gelände. Im Hauptgebäude lagen auf der einen Seite

Büros, auf der anderen befand sich das Museum. Es zeigte, welchen sozialen und menschlichen Tribut der Marinestützpunkt in der Gegend gefordert hatte. Grässliche Fotos von drei Kubanern, die Anfang der 60er Jahre in der Basis umgebracht worden waren, hingen an einer Wand. Und auf einem Schild stand: *Die imperialistische Regierung in Washington hat Guantánamo genutzt, um alle möglichen konterrevolutionären Verstöße zu organisieren und durchzuführen, inklusive der Inhaftierung, Folter und Ermordung von Arbeitern. Sie missbraucht den Luft- und Seeraum; sie schleust Saboteure und Banditen im Dienste des CIA ein und wieder aus. Sie organisiert kriminelle Angriffe auf den Revolutionsrat ... Wie unser Oberbefehlshaber Fidel Castro Ruz sagte: Die Basis stellt »... un puñal clavado en el corazón de la tierra cubana« dar, sie ist ein Dolch, der ins Herz der kubanischen Erde gestoßen wurde.*

Eine Reihe von Fotos zeigte die »Provokation und Unreife des Feindes«. Eine Überschrift lautete: *Ein feindlicher Soldat, der weiß, dass er nicht die Antwort, die er für sein unverschämtes Verhalten verdient, bekommen wird, versucht, die Kubaner an der Grenze zu provozieren.* Zu sehen war ein US-Marinesoldat, der Steine über den Zaun warf. *Zu den Lieblingsbeschäftigungen der Marinesoldaten gehört es, mit ihren Gewehren auf kubanische Stellungen zu feuern und dann abzuhauen.* Die nächsten beiden Bilder zeigten einen Marinesoldaten am Grenzzaun, der das Poster in einem *Playboy* begaffte, und einen Soldaten, der an seinem Wachposten eine Frau in den Armen hielt. Und unter dem letzten Foto stand: *Ein feindlicher Soldat lässt auf seiner Seite des Zauns die Hose herunter und präsentiert seinen Hintern.*

Meine Führer brachten Angel Alaguer Fonseca herein, den einzigen *brigadista*, der seit der Gründung Anfang der 60er Jahre ununterbrochen in der Grenzeinheit Dienst tat. Inwiefern hatte sich die Lage im Laufe der Jahre verändert? »Na ja, beide Seiten haben sich vom Grenzzaun zurückgezogen, deshalb kommt es inzwischen wesentlich seltener zu Provokationen.« Wie dachte er über die Zukunft? »Wenn wir das Sperrgebiet übernehmen, pflanzen wir dort Getreide an.«

Raúl Castro, der Zweite Sekretär der Kommunistischen Partei Kubas, Armeegeneral, Erster Vizepräsident des Staats- und des Ministerrats und Minister der Revolutionsarmee, hatte die Brigade 1964 zum ersten Mal besucht. Alaguer wusste noch das genaue Datum. Raúls Worte von damals prangten an der Wand: »Diese Einheit soll ein Vorbild unter den Vorbildern sein.« José Solar Hernández, ein Oberst, dessen Schultern und Brust Reihen bunter Abzeichen und Streifen zierten, kam herbei und stellte sich vor. »Können Sie morgen um sieben Uhr hier sein? Dann führe ich Sie herum.«

Ich hatte Jorge Nuñez, einem Autor, den ich am Vorabend bei der Veranstaltung über Frida Kahlo getroffen hatte, gesagt, dass ich gerne einen Nachtclub besuchen würde. Jorge meinte, er würde mich zum Club Nevada mitnehmen, dann fügte er hinzu: »Dort verkehren hauptsächlich Leute, die am

Rande der Gesellschaft leben. Es ist ein Klub für Schwarze.« Etwa um 22.30 Uhr kamen wir dort an. Jorge diskutierte mit dem Türsteher herum, der uns schließlich als Paar einstufte, so wie es das Schild NUR FÜR PAARE wollte, und uns Eintritt gewährte. Die wenigen Lampen waren alle auf die Bühne gerichtet, auf der vier *guantanameras* zu Musik vom Band Lambada tanzten. Sie trugen silberne Trikots, dazu dünne schwarze Miniröcke aus Spitze. Als sie ihre laszive Hopserei beendet hatten, setzten wir uns an einen Tisch in der Mitte des Raumes und bestellten etwas zu trinken. Etwa fünfzig Paare waren als Zuschauer da. Auf jedem Tisch lag eine Plastikdecke. Die Wände leuchteten rot. Jorge und ich waren die einzigen Nicht-Schwarzen.

Der Showmaster trug ein italienisches Kellnerjackett, schwarze Hosen und einen akkurat gestutzten Schnurrbart – er hatte etwas von Sal Maglie, dem berühmten Baseballspieler, an sich. Er stellte mich von der Bühne herunter als Reporter der *New York Times* vor. »Also kommt, beweisen wir ihm die Gastfreundschaft Guantánamos und Kubas!« Ich hob meinen Rum Collins zu einem *salud* und erntete höflichen Applaus. Eine Sängerin trat auf. Die vier silbern gekleideten Backgroundtänzerinnen tanzten, als hätten sie kurz vor ihrem Auftritt ihre erste Probe hinter sich gebracht. Jetzt waren sie wie die Dallas Cowgirls aufgedonnert. Im Hintergrund spielte eine Band mit Gitarre, Schlagzeug, Keyboard und Trompete.

Der Showmaster kam zu uns. »Ich wusste nicht, ob Sie ein Reporter von der *New York Times* oder vom *Miami Herald* oder von wem auch immer sind, aber die Leute hier haben schon mal von der *New York Times* gehört, deshalb habe ich die genannt.« Ich sagte ihm, dass ich für überhaupt keine Zeitung arbeitete, aber hoffte, etwas über die Lage rund um die Marinebasis auf kubanischer Seite zu schreiben. Während die Sängerin gurrte und lasziv über die Bühne tänzelte, wechselte der Showmaster das Thema und ging von seinem weltmännischen Geplauder zum Marxismus über. Er wollte mir Kuba erklären.

Der Song war zu Ende, und der redegewandte Routinier eilte wieder auf die Bühne. Er korrigierte meine falsche Vorstellung. »Kommt, wir heißen ihn von ganzem Herzen willkommen!«, sagte er, dieses Mal zu weniger Applaus. Ich hob mein Glas nur noch halb so hoch. Er widmete mir einen Song. Dieser wurden von einem Mann vorgetragen, der in einem gut geschnittenen normalen Anzug mit Krawatte auftrat, einem blauen Hemd, gut polierten braunen Schuhen und gestylten Haaren. Er war ein Schnulzensänger, aber ich bekam von seinem Gesang nicht viel mit, weil sich ein muskulöser Kerl zu uns gesellte und mich willkommen hieß. Er zeigte mir eine Karte als Beweis dafür, dass er 1977 in Mexiko einen Boxkampf bestritten hatte.

Die erste Sängerin hatte sich in Windeseile umgezogen und erschien jetzt in goldenen Pumps, einem gestreiften und gemusterten Trikot und Netzstrümpfen auf der Bühne. Gelbe Bänder hingen ihr am Körper. Ich wollte gerade meinem Gast erklären, was gelbe Bänder mittlerweile bei uns in den

Staaten bedeuten, aber der weltmännische Marxist kam wieder zu uns, diesmal, um mich zu fragen, wo ich denn geboren sei. Washington, D.C., sagte ich, aber ich lebe in Arizona. »Dann sage ich, dass Sie in Arizona geboren sind. Die Vereinigten Staaten sind das einzige Land, in dem die Hauptstadt zugleich die verkommenste Stadt ist.« Er stieg wieder auf die Bühne und begrüßte mich ein drittes Mal, sehr zu meinem Überdruss und dem der Zuhörer. Ich fasste nur noch an mein Glas.

Schon 1990 hatte ich, von den Vereinigten Staaten kommend, die Marinebasis besucht. Theoretisch hätte es einfach sein müssen, von Kuba auf den Stützpunkt zu gelangen. Man musste nur von Guantánamo aus nach Süden fahren, bis man am Nordosttor ankam, dort dreimal klopfen und eintreten. Ähnlich liefen die Dinge, bis Anfang der 60er Jahre die Beziehungen abgebrochen wurden. Um heutzutage von Guantánamo, Kuba, zur US-Marinebasis zu gelangen, muss man 75 Kilometer nach Westen, nach Santiago de Cuba fahren, die Cubana Airlines nehmen und 950 Kilometer Richtung Nordwesten nach Havanna fliegen, dann mit dem täglich verkehrenden Charterflugzeug die 300 Kilometer Richtung Nordwesten nach Miami zurücklegen, schließlich 1400 Kilometer nach Norden bis Norfolk, Virginia, fliegen, sich dort die Genehmigung der Navy einholen und eines ihrer zweimal wöchentlich verkehrenden Flugzeuge von Norfolk Richtung Südosten zum Marinestützpunkt nehmen. Amerikanische Militärflugzeuge dürfen Kuba nicht überfliegen, deshalb müssen die Piloten einen scharfen Schwenk um die Südostküste des Landes drehen und in spitzem Winkel zur schon in Friedenszeiten schwierigen Landung ansetzen. Nach dieser fast 4000 Kilometer langen und 791 Dollar teuren Anreise befindet man sich praktisch wieder genau an dem Ort, an dem man schon vier Tage zuvor war. José Canseco kann einen Homerun weiter schlagen, als die Entfernung zwischen dem tatsächlichen Anfangs- und Endpunkt dieser Reise beträgt.

Warum sind wir Amerikaner in Guantánamo? Die Antwort geht bis auf Kolumbus zurück und reicht bis zur aktuellen amerikanischen Außenpolitik. Eines Tage im Jahr 1494 landete Christoph Kolumbus in der Buch von Guantánamo (er nannte sie Puerto Grande), doch schon vor Anbruch des nächsten Tages ließ er wieder Segel setzen. 1714 nahmen die Engländer die Gegend ein, die inzwischen von Menschen karibischer Abstammung, von Afrikanern und Kreolen, besiedelt war und sich im Besitz Spaniens befand. Die Briten blieben jedoch nur kurz. Während des spanisch-amerikanischen Kriegs landeten dort im Jahr 1898 an einem Juninachmittag 600 US-Marinesoldaten. Der Legende zufolge soll eine provisorische Militärkapelle »There'll Be a Hot Time in the Old Town Tonight« gespielt haben. Die Marines sind noch immer nicht abgezogen. Im Laufe der Jahre ist Guantánamo zu einem Schulterstück geworden, das sich die Amerikaner stolz angeheftet haben.

Die Übernahme der Marinebasis wurde mit dem Platt Amendment besiegelt, einem raffinierten Vertrag, dessen Bestimmungen die Kubaner Anfang des 20. Jahrhunderts auf Druck der Amerikaner gezwungenermaßen in ihre Verfassung aufnahmen. Dieser Verfassungsergänzung zufolge erklärte sich Kuba bereit, den Vereinigten Staaten das Recht auf Intervention zuzugestehen, um die kubanische Unabhängigkeit zu erhalten. Bis 1959 war Guantánamo eine unbedeutende Militäreinrichtung, die bei Matrosen wegen des leichten Zugangs zu Wein, Frauen und der östlichen Spitze eines gastfreundlichen und schönen Landes bekannt war. (Das Platt Amendment wurde 1934 schließlich aufgehoben, doch der Stützpunkt blieb bestehen.) Seit die Tore zwischen den beiden Ländern verschlossen sind, wurden auf beiden Seiten Minenfelder angelegt.

Die Basis nimmt eine Fläche von 116,5 Quadratkilometern ein. Sie ist nach Süden auf das karibische Meer gerichtet, wird jedoch von einer breiten und tiefen Bucht in zwei Teile geschnitten. An den Ost- und Westküsten der Bucht befinden sich Marinehäfen, Strände, Docks und Militärunterkünfte. Die Bucht erstreckt sich weiter nach Norden über die Grenzen der Basis hinaus in kubanisches Gebiet hinein, was zur Folge hat, dass regelmäßig ausländische Frachter auf dem Weg von und zu kubanischen Häfen weiter im Landesinneren durch amerikanische Gewässer fahren.

Der ursprüngliche Vertrag zwischen den beiden Ländern sah eine jährliche Pacht von 2000 Dollar in Gold vor, die immer wieder angehoben wurde und jetzt bei 4085 Dollar liegt. Damit liegt die Pachtgebühr bei etwa 34,5 Dollar pro Quadratkilometer. Im Vertrag steht, dass Kuba die »absolute Souveränität« über die Basis besitzt, doch die Verpachtung läuft erst aus, wenn beide Parteien übereinkommen, sie zu beenden, oder die Marine das Land aufgibt. Deutlicher ausgedrückt: Die Marine verfügt über den Stützpunkt, solange sie will. Mit dem Ergebnis, dass die Vereinigten Staaten in der beneidenswerten Position des mächtigen Pächters sind, der die Pacht festsetzt, das Pachtgebiet kontrolliert und den Besitzer einfach ignoriert.

Die amerikanische Besatzungsmacht hatte ihre Absichten deutlich kundgetan. »Unsere Mission«, erklärte Brigadegeneral Leonard Wood kurz nach der Jahrhundertwende, »bestand darin, eine angelsächsische Republik in einem lateinamerikanischen Land aufzubauen, in dem über 70 Prozent der Bevölkerung Analphabeten sind. Mit einem Wort: in wenig mehr als drei Jahren eine südamerikanische Militärkolonie zu gründen, die genau unserer großen Republik entspricht.«

500 Marines bewachen den Grenzzaun rund um die Basis. Fast 1900 Marinesoldaten und ihre Offiziere bilden Mannschaften von Schiffen der Atlantikflotte aus, checken jedes Schiff gründlich durch und überwachen den Luftraum über der Osthälfte Kubas. Das ist die offizielle Mission von Gitmo, wie die Basis genannt wird.

Eines Abends ging ich an den Grenzzaun. In einem Wachturm bei Posten 31 hatte ein Marinesoldat ein M-16 über der Schulter hängen und schaute über den Zaun nach Kuba hinein. »ICHUNTEROFFIZIERLANCEHEDGES-BERICHTEPOSTEN31ALLESSICHERKEINEBESONDERENVORKOMM-NISSE«, sagte er. »ALLEALLGEMEINENBEFEHLEUNDSONDERBEFEH-LEBLEIBENUNVERÄNDERT. MEINLETZTERBERICHTUM19.45.FAHRZEUGRICHTUNGOSTENAUF-DERCASTROBARRIERROAD.« Zumindest klang so die heruntergeleierte Meldung von Unteroffizier Lance Hedges an seinen Vorgesetzten. Von seinem Wachturm aus konnte Hedges die Lichter in nahen kubanischen Städten leuchten sehen. Mit dem Nachtsichtfernglas konnte er Genaueres erkennen. Früher auf seiner Wache, die von 16 Uhr bis Mitternacht dauerte, hatte er gemeldet, dass ein kleiner kubanischer Militärlaster die Castro Barrier Road entlanggefahren sei, so hatten die Marines den breiten, unbefestigten Weg getauft, der auf der kubanischen Seite am Grenzzaun entlangführte. »Die schalten ihre Scheinwerfer ein und aus«, stellte Hedges fest. »Dahinter steckt kein erkennbares System.«

Der Kamerad von Hedges drückte sich das Fernglas an die Augen und deutete auf den nächsten kubanischen Posten.

»Wonach haltet ihr hier Ausschau?«, fragte ich.

»Bewegungen.«

»Unser Befehl lautet, kubanische Soldaten zu erschießen, die auf die Basis vordringen wollen«, erklärte Leutnant Joseph Dennison, Hedges' Vorgesetzter, »und Amerikaner mit der Waffe daran zu hindern, auf die kubanische Seite zu wechseln.« Zugführer Orlando Ortiz fügte hinzu: »Wir sind allerdings ziemlich sicher, dass niemand auf ihre Seite überwechseln will.«

»In Vollmondnächten kann man die Umrisse der Gebirgskette auf der anderen Seite erkennen«, erzählte mir ein Wachposten. »Es ist sehr still. Die Kubaner schlafen in ihren Posten da drüben. Der rangniedrigere Soldat lehnt am Geländer, und man kann sehen, dass er vor sich hin döst. Sobald sie sich ihre Waffen umhängen und anfangen, Patrouille zu gehen, dann weiß man, dass in 20 Minuten ihre Ablösung kommt. An einem Sonntag pro Monat führen sie so etwas wie eine Übung durch. Sie sind ziemlich gut. Allmählich werden die zu richtigen Profis«, erklärte der Soldat. »Fast so gut wie unsere Armee.«

»Sie unterscheiden sich nicht sehr von uns«, sagte Leutnant Dennison über die kubanischen Soldaten auf der anderen Seite des Zauns. »Sie arbeiten lediglich für einen anderen Boss. Wir stellen für sie keine Bedrohung dar. Wir sind schließlich nicht hier, um Schwierigkeiten zu machen. Vielleicht liege ich da falsch, aber ich glaube auch nicht, dass die irgendwelche Schwierigkeiten haben wollen.« Dennoch hat die Navy unter der Hauptstraße zwischen dem Grenzzaun und der Basis Löcher gegraben und sie für den Fall einer kubanischen Invasion mit Sprengstoff gefüllt.

Immer wieder zuckten Blitze am tropischen Nachthimmel auf. Unteroffizier Lance Hedges gab gerade seine Meldung über Funk durch, als ein anderer Soldat ihm das Essen, bestehend aus Roastbeef, Mais und Kaffee, brachte. Er hätte ein siebengängiges Soldatenmenü vorgezogen: eine Pizza und einen Sechserpack Bier.

Auf den ersten Blick wirkt die Marinebasis wie jede andere Militäreinrichtung. Innerhalb ihrer Grenzen gehen Kinder zur Schule, fahren Erwachsene auf geteerten Straßen herum, gehen Mädchen ins Pfadfinderlager, und alle kaufen in Geschäften auf der Basis ein und essen im einzigen McDonald's auf Kuba. Die Sportmannschaft der High School spielt bei schulübergreifenden Wettkämpfen gegen andere Teams in der Liga des Verteidigungsministeriums, gegen Mannschaften aus Island, den Bermudas und Neufundland. Offiziere und ihre Familien können in der Basis komfortabel wohnen, und die Unterkünfte für alle anderen sind angemessen. Für die Freizeit stehen ein Fitnessclub, fünf Freilichtkinos, ein Tauchclub und andere Aktivitäten zur Verfügung. Gitmo besitzt sogar einen Golfplatz und einen Reitclub. Für Offiziersfamilien ist Gitmo der Ferienclub der Marine. Für die meisten Soldaten wird das Jahr am tropischen Strand der Navy allerdings schnell langweilig. Der Kaplan des Stützpunkts sagte zu mir: »Durch die Isolation wird eine gute Ehe hier gefestigt, aber eine brüchige geht hier endgültig kaputt.« Im Museum in der Bibliothek werden Muscheln ausgestellt, alte Flaschen (eine von 1890, eine andere – Orange Crush – von 1920) sowie Fotos aus dem spanisch-amerikanischen Krieg. Ein Steinmonument steht an der Stelle, an der Kolumbus einst landete und die heute Fisherman's Point genannt wird.

Der Kommandeur von Gitmo zur Zeit meines Besuchs hieß John Boyd. Er war sowohl Bürgermeister von Gitmo wie auch Militärkommandeur. Insgesamt lebten etwa 9000 Menschen auf der Basis, die Zivilbediensteten und deren Familien ebenso inbegriffen wie die Ausländer – vor allem Jamaikaner und Haitianer –, die dort arbeiten. Wir trafen uns in Boyds Büro.

Könnte der Auftrag von Gitmo auch irgendwo anders erfüllt werden?, fragte ich ihn. Könnte die Navy die Luken dicht machen und einfach davonfahren? »Roosevelts Roads in Puerto Rico wäre eine passende Alternative«, antwortete er, »aber die wäre teurer zu unterhalten.«

Boyd sprach über das internationale Gerangel. »Falls Castro es wollte, könnte er diesen Zaun in Windeseile niederreißen. Zunächst einmal wären wir in der Minderzahl und ausmanövriert. Uns würde nichts anderes übrig bleiben, als durchzuhalten, bis Verstärkung aus dem Norden käme. Wir haben Waffen, die im Falle eines Falles 25 Meilen in kubanisches Gebiet hineinreichen.«

Die militärische Abwehrausrüstung ist auf einem nach Stephen Crane benannten Hügel aufgebaut. Dieser Schriftsteller war während des spanisch-amerikanischen Krieges für den *New York Herald* tätig. Das Luftabwehrzentrum, ein Dutzend Antennen, Satellitenschüsseln und anderes Hightech-Gerät, überwacht den Luftverkehr über Kuba. Zweimal jährlich führen die Marines ein großes Manöver durch, als stünde eine kubanische Invasion unmittelbar bevor.

Bevor die Tore geschlossen wurden, war die Basis der größte Arbeitgeber der Gegend. Tausende von Kubanern arbeiteten in Gitmo. Sie lebten in den umliegenden Städten und kamen jeden Morgen per Bus oder Fähre zur Arbeit. Sie hatten sogar eine Gewerkschaft. Nachdem die Beziehungen abgebrochen wurden, ermöglichte ein informelles Abkommen den kubanischen Pendlern, weiterhin auf der US-Basis zu arbeiten – ohne neue Arbeitsverträge. Anfang 1992 waren noch immer 27 Kubaner in Gitmo beschäftigt, allerdings nahm ihre Zahl langsam ab. Jeden Morgen um sechs Uhr zogen sie in einer Umkleidehütte vor der Basis ihre Arbeitskleidung an und liefen die letzten hundert Meter zu Fuß über einen Viehpfad hinunter zum Nordosttor. Sie gehören zu den letzten flüssigen Tropfen in unserer eisigen Beziehung.

Der 65 Jahre alte Santiago Pérez, ein Sandstrahlarbeiter, war einer dieser typischen Pendler. Nachdem er 34 Jahre lang täglich von seinem Wohnort Caimanera zu Fuß, per Boot und Bus zur Arbeit gekommen war, zwang ihn sein Gesundheitszustand zum Aufhören. Seine Marinekollegen luden ihn zum Essen ein und geleiteten ihn bei seinem endgültigen Abschied bis zum Tor. Die anderen Pendler halfen ihm, Metallcontainer, beladen mit Kleidern, Stereoanlagen, Videorekordern und anderen Waren, die er mit seinem Dollarlohn gekauft hatte, hinüberzuschleppen. An seinem letzten Arbeitstag darf ein Arbeiter nämlich alles, was er möchte, nach Kuba einführen. An allen anderen Tagen ist dies verboten.

Die Pendler waren in Kuba stets ein heikles Thema. Wie standen die Leute in Pérez' Heimatstadt Caimanera zu den Pendlern? »Zuerst gab es Missverständnisse im Umgang mit uns, aber inzwischen lassen sie uns in Ruhe.« Als er sich daran machte, den Stützpunkt für immer zu verlassen, nahmen seine kubanischen Kollegen, die im Exil auf der Basis leben, ein letztes Mal seine Hand und drückten sie fest. »*Tranquilo*«, sagten sie gerührt. »*Siempre tranquilo.*« Friede sei mit dir.

Die kubanischen Kollegen im Exil, die Pérez Lebewohl sagten, waren einst selbst Pendler gewesen, die eines Tages einfach beschlossen, nicht mehr nach Hause zu gehen. Es sind so viele Kubaner geblieben, dass sie inzwischen ihre eigenen mietfreien Unterkünfte, ein Restaurant und ein Gemeindezentrum besitzen. Während ihre Männer bei der Arbeit sind, schalten viele kubanische Frauen den Fernseher an – nicht die Kabelsender, die der Stützpunkt anbietet, sondern spanischsprachige Sender aus Kuba. Sie schauen sich Seifenopern, Nachrichten und Spielfilme an. Denn so wie die Stadt Guantánamo die US-Sender von der Basis empfangen kann, so empfängt die Basis kubanische Sender von Guantánamo. Kein Embargo, keine Blockade, einfach gesendetes, normales, oberflächliches kubanisches Fernsehen. Auch kubanische Radiosender gelangen über AM auf die Basis. Die Hörer lauschen den Nachrichten von Radio Reloj, dem 24-Stunden-Nachrichtensender des Landes.

Kubaner riskieren ihr Leben, wenn sie versuchen, durch Quallenschwärme zur Basis zu schwimmen oder auf alten Reifen dorthin zu treiben. Doch sie tauchen immer häufiger in Gitmo auf. Bei vielen Kubanern ist es ein bekannter Fluchtweg. Ein junger Straßengauner, den ich im Céspedes-Park in Santiago traf, überlegte sich, ob er es wagen sollte. »Ich denke, ich könnte es bei Nacht durchs tiefblaue Meer schaffen«, hatte er zu mir gesagt. »Sogar trotz der Haie.«

Die Navy will die Anwesenheit von »Zaunhüpfern«, wie sie genannt werden, »weder bestätigen noch dementieren«. Stattdessen werden die Neuankömmlinge schnell nach Florida geschafft, wo sie behandelt werden, als seien sie von der Küstenwache aufgegriffen worden oder ans Ufer geschwommen. Unter den Wachen der Marines wird es als gutes Zeichen betrachtet, einen Zaunhüpfer herüberzubringen. Zwischen 1964, als erstmals Listen geführt wurden, und Anfang 1992 hatten es jedes Jahr durchschnittlich 137 Zaunhüpfer geschafft, auf den Marinestützpunkt zu gelangen.

Gitmo rühmt sich selbst, alle Vorzüge einer Kleinstadt zu bieten und unter wenigen jener Plagen zu leiden, die sonst überall grassieren. Das Schlimmste, womit die Navy zurzeit zu tun hat, sind betrunkene Matrosen. Verstöße gegen die Vorschriften der Marine sind eine weit ernstere Angelegenheit. Im Sommer 1986 saßen an einem Samstagabend ein paar Soldaten in der Kaserne und schauten sich eine Videoaufnahme von *Animal House* an. Am anderen Ende des Ganges schlief der Obergefreite Willie A. Keiner der Soldaten mochte Willie – sie sagten, er sei ein Simulant, der immer wieder Krankheiten vortäusche, der illoyal, unzuverlässig und feige sei und Befehle nur zögerlich befolge. Einer der Offiziere bezeichnete ihn als »einen der zehn schlechtesten Soldaten, die ich in meinem ganzen Leben kennen gelernt habe«.

Einige in der Kaserne behaupteten, er habe einen Kameraden verpetzt, der über den Grenzzaun Richtung Kuba geschossen habe. Sie wollten ihn nicht in ihrer Mitte haben, und als sie dem diensthabenden Offizier, Oberst Sam Adams, ihre Meinung mitteilten, stimmte er zu, Willie solle in der kommenden Woche in einen anderen Zug versetzt werden. Und an diesem Wochenende, so wurde Adams zitiert, »sollten sie ihn schwitzen lassen.« Als seine Einstellung Willie gegenüber in der Kaserne die Runde machte, hatte ein Leutnant bei einer Truppenbesprechung bereits gesagt: »Bringt ihn nicht aufs dritte Deck, um ihn ins Wasser zu werfen und umzubringen, aber sollte er mitten in der Nacht die Treppe hinunterfallen, na schön.«

Gegen zwei Uhr am Sonntagmorgen, als Willie schlief, drangen zehn Soldaten in seine Stube ein, verbanden ihm die Augen, steckten ihm einen Zipfel vom Bettzeug in den Mund und verpassten ihm einen ordentlichen Haarschnitt. »Er war so stolz auf seine Haare«, sagte einer der Angreifer später, »und verwendete Gel, um auszusehen, na ja, wie würde man sagen, eben wie einer im *Gentleman's Quarterly*.«

Das wäre eine typische Denkzettelaktion, im Marinejargon »Code red« genannt, gewesen, das heißt, jemanden fertig zu machen, um ihm eine Lektion zu erteilen, hätte der Knebel nicht Willies Luftröhre blockiert und dazu geführt, dass sich seine Lunge mit Flüssigkeit füllte. Er wurde mit Atemnot in die Ambulanz des Basiskrankenhauses von Guantánamo eingeliefert, hustete Blut, klagte über Blindheit, war dem Tode nahe. Sie flogen ihn in ein Krankenhaus nach Miami aus, und es folgten Behandlungen in weiteren vier Krankenhäusern, auch im Bethesda Marinehospital.

Köpfe rollten. Oberst Adams, ein angesehener ehemaliger Profifootballspieler, wurde in das Camp Lejeune, North Carolina, strafversetzt. Die Schuldigen kamen vor das Kriegsgericht. Einige akzeptierten die »unehrenhafte« Entlassung. Mindestens einer wurde zu 38 Tagen Militärgefängnis und 30 Tagen Ausgangssperre verurteilt. Bei einem anderen wurde das Verfahren auf Grund verschleppter Verhandlungen eingestellt. Ein Dreisterne-Marinegeneralleutnant kam eigens von Washington angeflogen und stauchte das gesamte Marinekontingent auf Guantánamo zusammen. Die Soldaten ließ der General in seiner Ansprache wissen: »Wollte sich jemand so einen Scherz mit mir erlauben, er wäre ein toter Mann.«

Diese traurige Episode der Marinegeschichte hätte einfach als Legende unter der Truppe vertuscht werden können, hätte Aaron Sorkin, ein junger Dramaturg, nicht Wind davon bekommen und sie als Grundlage für ein leidenschaftliches Gerichtsdrama herangezogen. Im November 1989 wurde *A Few Good Men* in der Music Box am Broadway uraufgeführt. Tom Hulce spielte eine der Hauptrollen, und das Stück lief immerhin 14 Monate lang. Thema des Dramas waren die gegensätzlichen Werte Loyalität, Gesetz, Ehre und Moral. Auch ein auf dem Schauspiel basierender Film wurde über die Ereignisse in Guantánamo gedreht – in *Eine Frage der Ehre* spielten Tom Cruise, Demi Moore und Jack Nicholson in den Hauptrollen.

Ich lernte einen Exilkubaner namens Harry kennen, der im Unteroffiziersklub der Basis arbeitete. Er hatte in den 50er Jahren in Caimanera gelebt, als die Stadt noch für Prostituierte und Matrosen geöffnet war. »Die kubanische Regierung hat sich um die Frauen in Caimanera gekümmert, und die Navy um die Männer. Die Mädchen sind aus dem ganzen Land gekommen. Das war ein Betrieb, der rund um die Uhr lief. Ich war ein richtiger Playboy. Hab' wie verrückt Party gemacht. Ich hatte immer eine Frau. Die wollten mich aber nicht in den Bambú Club und ins Casino lassen, weil ich schwarz bin.« Er klopfte sich auf die Haut. »Das hat mich angekotzt.«

Eine Zeit lang pendelten an die 600 Arbeiter täglich von Banes zum Stützpunkt. Sie passten sich dem amerikanischen Militär bestens an, weil sie in einer Stadt aufgewachsen waren, die von einer multinationalen amerikanischen Firma beherrscht wurde. »Der Vater von Batista und meiner waren gute Freunde. Sie waren wirklich arm. Als Batista dreizehn Jahre alt war« – das muss also 1914 gewesen sein –, »hat Emilio Galicia seine Uhr in der Toilette liegen gelassen. Batista hat sie geklaut und ist aus Banes verschwunden, und so ist er Präsident geworden. Er hatte Geld und hat die kleinen Leute vergessen. Ich erinnere mich, wie ich Fidel 1947 zusammen mit seinem Schwager Rafael in einem roten Cabrio herumfahren sah. Sie waren auf dem Weg zum American Club.«

Im Sommer 1963 schlich sich Harry auf den Stützpunkt. »In Caimanera gab es einen Schwarzmarkt für Pässe. Ich habe einen konfiszierten Ausweis benutzt. Mein erster Job auf der Basis war, Tische abzuräumen. – Ich bete darum, dass die Basis geöffnet wird. Fidel hat ja einiges Gutes getan, aber ich gehe nicht nach Kuba zurück. Ich glaube Politikern nicht. Die kommen und gehen, aber Kuba ist das Land, in dem ich geboren bin.«

Die US-Einwanderungs- und Einbürgerungsbehörde stufte Harry als »dauerhaft ansässigen Ausländer« ein. Er hätte vor Jahren richtiger US-Bürger werden können, aber damals beschloss er, seine kubanische Staatsbürgerschaft zu behalten. Warum hatte er die Nabelschnur nicht durchtrennt? Ich erwartete eine Antwort, die einen gewissen Patriotismus zur früheren Heimat zum Ausdruck bringen würde, einen Hauch Loyalität dem *fidelismo* gegenüber.

»Ganz einfach«, erklärte Harry. »Das hängt mit meinem Job zusammen. Wäre ich US-Bürger, dann könnten sie mich entlassen. Als ›dauerhaft ansässigem Ausländer‹ können sie mir nicht kündigen. Als Kubaner kann ich meinen Job nie verlieren. Ich habe noch ein Jahr, bis ich in Rente gehe. Dann mache ich es.« Er lachte. »Ich hab den Antrag schon gestellt.«

Von Zeit zu Zeit mischten sich die USA von dem Stützpunkt aus in kubanische Angelegenheiten ein. 1912, während des Aufstands der Schwarzen im Ostteil des Landes, besetzten Truppen von der Basis und andere, die von den Staaten hergebracht wurden, einige kubanische Städte, angeblich, um amerikanische Anlagen zu schützen und es somit den kubanischen Kräften zu ermöglichen, die Rebellen zu verfolgen. Und Kuba kann belegen, dass amerikanische Waffen, Munition und Landebahnen Batista 45 Jahre später bei seinem letztlich erfolglosen Kampf gegen die Rebellen unterstützten.

Olga Miranda, eine ranghohe Expertin im Außenministerium in Havanna, ist mit dieser Geschichte bestens vertraut. Ich verabredete mich mit Dr. Miranda, um mir von ihr die offizielle kubanische Politik im Hinblick auf den Marinestützpunkt erläutern zu lassen. Wir trafen uns im prunkvollen Wohnzimmer einer gut erhaltenen ehemaligen Villa in Havannas Stadtteil Vedado.

Eine Sekretärin schenkte mir eine kleine Tasse starken Kaffee ein. Dr. Miranda brachte einen dicken Ordner mit, auf dem »Guantánamo« stand. Sie sagte, die USA hätten Kuba Anfang des 20. Jahrhunderts mit dem ursprünglichen Vertrag über den Tisch gezogen und 1934 mit dem Folgeabkommen noch einmal.

»Wir betrachten es als Besatzung«, erklärte sie. »Seit der Revolution kommt es entlang der Grenze zu Gewalt und Provokationen. Zu Morden!« Ihr Körper schüttelte sich vor Abscheu. »Das ist ein Teil der ungelösten Geschichte. Bei einer Volksbefragung wurde der Vertrag abgelehnt.« Sie zeigte mir die Kopien des *Platt Amendment* von 1901, das die US-Regierung Kuba aufgezwungen hatte, Telegramme von und an die USA und den Bericht einer europäischen Konferenz, in der die Rückgabe des Stützpunkts gefordert wurde.

»Wir wünschen uns eine saubere Lösung, um diesen Hauptspannungspunkt zu beseitigen. Es ist ein wichtiges Thema auf der Tagesordnung zwischen beiden Ländern. Rechtlich gehört der Stützpunkt uns. Seit der Revolution wurde keiner der Schecks für die Pacht eingelöst. Für uns sind sie nicht gültig.«

»Entschuldigen Sie, aber so viel ich weiß, *wurde* der Scheck von 1959 eingelöst.«

»Ach, ja gut.« Sie lächelte. »In den ersten Monaten der Revolution war uns das alles nicht ganz klar. Fidel und Raúl haben uns geraten, Geduld zu haben.«

»Und, wie viel Geduld haben Sie? Die USA halten Guantánamo jetzt schon fast ein Jahrhundert lang.«

»Wir sind zuversichtlich, dass eines Tages unsere ganze *patria* wieder uns gehören wird. Das Ganze ist für uns sehr schmerzlich.«

Hätte Kuba jeden Pachtscheck, den es seit 1959 erhalten hat, eingelöst, investiert und zu einem Zins, der dem durchschnittlichen Dow-Index entspricht, immer wieder neu angelegt, dann wäre das Land Anfang 1992 um 372 310,68 Dollar reicher gewesen. Ihre Einlösung hätte allerdings die Anerkennung der Legitimität der Basis bedeutet. Stattdessen zeigt Fidel, der Meister der Fototermine, die Schecks als Anschauungsobjekte herum. Als Jacques Cousteau ihn nach Guantánamo fragte, zog der Premier eine Schublade seines Büroschreibtischs auf, holte einen Umschlag heraus und legte die Schecks des amerikanischen Finanzministeriums aus, als spiele er Patience, damit die ganze Welt sie sehen konnte.

Jack Neal, ein ziviler Baukoordinator auf dem Marinestützpunkt, hatte vor der Revolution mit seiner Frau in Guantánamo, Kuba, gelebt. »Ich bin auf Erinnerungsstücke an die Städte auf der anderen Seite gestoßen«, sagte er in seinem Büro auf der Basis. »Sie hatten die besten Leute der Welt. Es war ein schönes Land. Aber um 1958 wurde von den verschiedenen Splittergruppen aus dem Hinterhalt geschossen. Fidel war in diesen Bergen, Raúl in jenen.« Er nickte in Richtung Westen und Norden. Gerade in diesem Sommer hatte Raúl Castro 29 Männer, die in Gitmo arbeiteten, sich aber auf freiem Fuß in Kuba aufhielten, aufgegriffen und für drei Wochen inhaftiert. »Mehrmals ist auf mich geschossen worden, deshalb sind wir wieder auf die Basis gezogen. Viele der kubanischen Arbeiter hier haben Geld für die Revolution gesammelt. Sogar einige Amerikaner haben etwas gespendet. Alle schienen Castro zu unterstützen.« So auch drei Marinesoldaten, die sich unentschuldigt von der Truppe entfernten, um sich für eine Weile der Guerilla anzuschließen.

Nach der Revolution wurde die Prostitution verboten, aber während des Aufstands hatten Castro und seine Guerilla sie unterstützt. Nydia Sarabia, die Frau, die 1957 Graham Greene bei seiner Reise nach Santiago geholfen hatte, erzählte mir: »Die Prostituierten, die es auf die Marinesoldaten in Guantánamo abgesehen hatten, haben sich für ihre Dienste mit Waffen bezahlen lassen. Sie bekamen Gewehre, Kugeln und Granaten. Wir haben alle Waffen gekriegt, die vom Zweiten Weltkrieg noch übrig waren. Die Matrosen mussten zweimal zahlen, einmal mit Waffen, und dann haben viele Prostituierte darauf bestanden, auch noch mit Geld bezahlt zu werden. Das Geld haben sie natürlich behalten. Aber auch die gutbürgerlichen kubanischen Frauen haben mitgeholfen. Sie wurden in den Klub der Basis eingeladen und bekamen für die Revolution, was sie wollten. Wir hatten den *red de mujeres*«, das Frauennetzwerk, »der die Guerilla unterstützt hat. Außerdem haben wir auch Sachen von den Matrosen auf der Basis gekauft, zum Beispiel Granaten für fünf Pesos das Stück und Kugeln, jeweils für 50 Centavos. Brownings, Winchester, Springfields. So stammten also während der Revolution viele Waffen aus der Marinebasis der Vereinigten Staaten.

Oberst Solar erwartete mich um sieben Uhr morgens, als ich vor dem Verwaltungsgebäude der Brigada Fronteriza vorfuhr. Er bot mir Kaffee an und forderte über eines der vier Telefone auf seinem Schreibtisch vom Wagenpark einen Kleinlaster und einen Fahrer an. Ich sagte ihm, dass man mit mir in diesem Jahr bereits die übliche Besichtigungstour um die Marinebasis gemacht habe. Jetzt sei er an der Reihe, mir *un gran baile del mambo y la rumba*, also etwas ganz Besonderes, zu bieten.

Wir fuhren nach Osten durch die Außenbezirke von Guantánamo in Richtung Basis, überholten 30 Radfahrer in schwarzen Stretchshorts, die vermutlich eine 100 Kilometer lange Wettfahrt vor sich hatten. »Sehen Sie diesen Garten dort?« Solar deutete auf ein Gelände neben einem Wachhaus, vor dem ein junger Soldat salutierte und uns zuwinkte. »Wir pflanzen Bananen und Yuccas an. Wir versuchen, so autark wie möglich zu sein.«

Wir unterhielten uns über Kubas Kriegsveteranen, die in Afrika gedient hatten (er selbst war zwei Jahre in Angola gewesen), über die Rivalität zwischen Havanna und Santiago de Cuba, und über die Chancen des Teams von

Guantánamo in der bevorstehenden Baseball-Saison. Solar hatte beim Militär Karriere gemacht, äußerte zurückhaltend Stolz auf das Militär, die militärischen Leistungen und die Professionalität der Armee. Er war 1938 geboren, in dem Jahr, als die Kommunistische Partei Kubas legalisiert wurde. Die Armee jedes Landes wäre stolz, einen Soldaten seines Kalibers in ihren Reihen zu haben, er aber könnte nirgendwo sonst glücklich sein außer in den Fuerzas Armadas Revolucionarias.

Wir bogen nach rechts ab, dann nach links, fuhren ein paar Kilometer weiter einen leichten Anstieg hinauf. Schließlich stiegen wir aus und gingen einen felsigen Pfad bergauf. Ein Trupp ziviler Bauarbeiter schuftete mit nackten Oberkörpern zu Musik aus einem Kofferradio. Bald standen wir unter einer belaubten *ramada* hinter einer brusthohen Steinmauer, die an der Südseite eines Berges namens Malones errichtet worden war. In der Ferne glitzerte der karibische Ozean. Der US-Flottenstützpunkt lag zwischen uns und dem Meer. Marinesoldaten hatten mir den Malones von der Basis aus durch ihre Ferngläser gezeigt. Die Kubaner nennen den Berg El Mirador. Die Marine nennt ihn Castros Bunker, weil man davon ausgeht, dass Fidel von dort aus von Zeit zu Zeit in die Basis späht. (Ein Marineleutnant hatte für mich Fidel nachgeahmt, mitsamt Zigarre und so weiter, wie *el comandante* dem Gerücht nach diesen Aussichtspunkt besucht.) Oberst Solar deutete auf die wichtigsten Gebäude der Basis, er kannte die jeweilige Lage genau und sogar die Namen. Und er wusste über das Luftabwehrzentrum Bescheid, die Kaserne und die ausgeklügelten Einrichtungen zum Andocken der Schiffe. Ich erwähnte die *USS Nashville*, ein Schiff, das fast so lang ist wie zwei Fußballfelder und auf dem ich damals, als ich auf der Basis war, einen Rundgang gemacht hatte. »Ach ja«, sagte er ganz sachlich. »Wir kennen das Schiff.« Die Sicht war so klar, wie sie sich ein Feind nur wünschen kann.

Ich schaute auf das Tor hinunter, durch das die Pendler jeden Morgen zur Arbeit gingen, und auf die amerikanischen Wachtürme, die in regelmäßigen Abständen zwischen dem Westtor und der Bucht aufgereiht standen.

»Wenn Sie sich hinsetzen und mit Ihrem Gegenüber sprechen könnten«, fragte ich den Oberst und deutete auf den Marinestützpunkt hinunter, »was würden Sie dann sagen?«

»Ich will mit denen gar nicht reden«, antwortete er wohl überlegt. »Das ist unser Land, unser Territorium. Das ist keine echte Grenze. Ich würde mit ihnen reden, wenn sie uns mit Respekt und Freundschaft behandeln würden. Sobald den Vereinigten Staaten klar wird, dass das Land uns gehört, werden wir sie wieder in unser Herz schließen. Wir haben täglich mit ihnen zu kämpfen, nicht militärisch, sondern politisch und diplomatisch.«

Auf Grund eigenartiger Zu- und Umstände war auch die Regierung von Großbritannien mit dem Problem befasst. Ich hatte erst vor kurzem von einer Engländerin gehört, die auf der US-Marinebasis lebte und für ihr Neugeborenes eine britische Geburtsurkunde haben wollte. Sie nahm Kontakt zu ihrer Botschaft in Havanna auf, die nun vor einem Dilemma stand. War das Kind auf Kuba geboren? In diesem Fall sollte die Botschaft von Großbritannien diese Urkunde ausstellen. Oder aber auf US-Territorium? In diesem Fall läge die Zuständigkeit bei einem britischen Konsulat in den Vereinigten Staaten. Die Botschaft wandte sich an London und fragte um Rat. Die Antwort: Stellen Sie die Geburtsurkunde in Kuba aus.

»Es ist für die Amerikaner sehr teuer, hier eine Basis zu unterhalten«, fuhr Oberst Solar fort. »Sie ist wie eine Insel auf einer Insel. Wir sind vorbereitet – defensiv, nicht offensiv. Wir sind bereit, unser Land zu verteidigen.« Er suchte mit den Augen den Luftraum über dem Stützpunkt ab. »Niemand kann auf unser Territorium vordringen. Das ist jedenfalls Fakt.«

Solar ging mit mir zu einem großen runden Loch im Erdreich hinter dem Aussichtpunkt, dort, wo der Bautrupp bei der Arbeit war. Er sagte, es solle ein Aufzugschacht tief in den Berg, auf dem wir standen, getrieben werden. Auf halber Strecke den Hügel hinunter bogen wir vom Hauptweg ab und gingen auf einem anderen Felspfad an einigen Bäumen vorbei. Plötzlich standen wir vor dem verborgenen Eingang zu einem gewaltigen befestigten Betontunnel. Zwei Soldaten bewachten diesen Zugang. Es handelte sich um ein tief im Berg verborgenes Geheimversteck und Kommandozentrum der kubanischen Armee.

Wir gingen einen langen, gefliesten Gang entlang, der mich an den Tunnel unter dem Kapitol in Washington erinnerte, allerdings war dieser hier sicherer. An diesem Tag war der Elektrogenerator ausgeschaltet, deshalb leuchtete uns ein Soldat mit einer Taschenlampe den Weg. Der Militärbunker wirkte dadurch noch unheimlicher. Wir gingen einen weiteren Korridor entlang, an dessen Wänden gerahmte Bilder der Landschaft, der Brigada bei der Arbeit und der Castro-Brüder hingen.

Am Ende eines zweiten Korridors passierten wir einige Sicherheitsschleusen und betraten einen runden Raum. Auf einem niedrigen Tisch lag eine Reliefkarte des US-Marinestützpunkts. Sie war so detailliert, dass man sogar die Straßen in den Vierteln, in denen die Familien wohnen, und die Nebengebäude in Sicherheitszonen erkennen konnte. Das kubanische Militär kannte die Basis besser als die meisten Amerikaner, die dort lebten. Ein unterirdischer Konferenzraum, der einem Bombardement standhalten konnte, lag am Ende des Flurs. Oberst Solar setzte ein schwaches Lächeln auf. »Den nutzen wir für Meetings, vor allem, wenn Raúl kommt.«

Wir fuhren mit dem Lastwagen zur Kaserne zurück. Die klimatisierten Unterkünfte direkt hinter dem Fußballfeld waren blitzsauber, und in jedem Schlafsaal standen 40 Etagenbetten. Ein Bild von Lenin hing an der Wand. Wir aßen in der Messe – so ordentlich wie die Marine-Cafeteria auf der anderen Seite –

und gingen anschließend in einen Garten hinaus, in dem Zwiebeln, Tomaten und Paprika wuchsen.

Oberst Solar wollte mir nicht sagen, wie viele Soldaten der Brigada Fronteriza angehören, aber mir scheint eine Zahl von mindestens 500 eine vernünftige Schätzung zu sein. Sie verfügen über eine Sporthalle, ein Schwimmbad, eine Freizeithalle, eine Bar, eine Sauna sowie Squash- und Basketballfelder. Im Lenin-Martí-Zimmer sollte in Kürze ein Schachturnier stattfinden. Soldaten spielten Tischtennis und Domino oder schmökerten in der Bibliothek. Zu den erhältlichen Autoren gehörten Joseph Heller, Engels, Gore Vidal, Gorbatschow und Castro. An diesem Abend wurde im Kino *Robocop* gezeigt.

Während die USA und ihre Verbündeten die Desert Shield-Übung abhielten, führte die kubanische Armee als Reaktion auf die gesteigerten Aktivitäten auf dem Stützpunkt in Guantánamo das durch, was sie als die kubanischen Shield-Manöver bezeichnete. Castro sagte: »Es ist für uns besser, zwanzigmal mobil zu machen, ohne dass je etwas passiert, ja hundertmal mobil zu machen, ohne dass etwas passiert, als unvorbereitet von einem Angriff betroffen zu sein.«

Eine beträchtliche Fläche des Geländes der Brigada Fronteriza wurde als Ackerland genutzt. Das von Solar geäußerte Ziel, autark zu sein, wurde hier mit intensivem biologischem Anbau von Bananen und Fruchtwechsel verfolgt. »Wir pflanzen jährlich 200 bis 250 Bäume«, erklärte er.

»Wir setzen hier erstmals weibliche Freiwilligenkräfte ein. Das ist eine der ersten Einheiten, denen sie zugewiesen wurden. Es klappt sehr gut.« Der Frauenschlafsaal ähnelte weitgehend jenen der Männer, mit Ausnahme der vielen großen Puppen, die auf den Betten saßen. Vier Soldatinnen kamen auf uns zu, und Solar schlug vor, ich könnte mich mit ihnen unterhalten. Alle vier trugen Ohrringe, hatten Blumen im Haar und ein breites Lächeln im Gesicht. Kuba hat eine hübsche Armee.

Auf Solars Anordnung wartete ein Militärboot mit zwei Mann Besatzung in der Bucht von Guantánamo auf uns, das uns, nur knapp einen Kilometer an der Basis vorbei, nach Caimanera hinüberbringen sollte. Es sind jene Gewässer, die Kubaner durchqueren, die über den Marinestützpunkt in die USA fliehen wollen, aber der Oberst spielte die Sache herunter. »Das versuchen nur acht oder zehn Leute pro Jahr«, sagte er und lag damit laut US-Statistik um etwa fünfzehn daneben. »Und es handelt sich hauptsächlich um Leute, die Schwierigkeiten mit dem Gesetz haben.«

Wir machten fest und gingen durch einen Hinterhof, in dem eine Partie Domino die ganze Aufmerksamkeit auf sich zog. Und wir blieben lange genug, um mitzubekommen, dass der älteste Spieler die mittägliche Partie gewann. Diese Dockarbeiter in Shorts und weiten Hemden blickten nicht ein einziges Mal auf, als der Ausländer und der Oberst vorbeigingen.

Caimanera, eine Stadt, die sich laut Navy-Legende Ausschweifungen hingab, ist inzwischen so gründlich gesäubert worden, dass heute nur noch ein paar der alten Gebäude stehen, in denen einst Bordelle untergebracht waren. Eines wurde in einen Handwerksbetrieb umgebaut, das andere in eines der auf Kuba allgegenwärtigen Museen. Am Ende der Straße hing ein kleines Schild, auf dem Raúl Castro zitiert wurde: WITZE, HALBWAHRHEITEN UND LÜGEN ENTZWEIEN DAS VOLK UND SIND KONTERREVOLUTIONÄR.

Nach der Revolution hat das Land viel Geld nach Caimanera gepumpt, neue Mietshäuser wurden gebaut, und ehemalige Prostituierte erhielten eine Ausbildung für respektablere Berufe. Die Stadt, deren Wirtschaft auf Salzgewinnung basiert, wurde buchstäblich neu errichtet. Jeder, den ich traf, hatte allem Anschein nach einen Verwandten, der einst auf der Marinebasis gearbeitet hatte. Gitmo war wie ein Geburtsmal, so allgegenwärtig, dass man es fast nicht mehr bemerkte. Am Stadtrand hieß es auf einer Reklametafel, Caimanera sei

KUBAS ERSTER ANTI-IMPERIALISTISCHER BUNKER.

Es war in diesem anti-imperialistischen Bunker leicht, auf die Leute zuzugehen und mit ihnen zu plaudern. Eine Frau erzählte von den Überflügen und dem Donnergrollen der Marinekriegsspiele. »Vor fünf Jahren, als die ihre Manöver durchgeführt haben, waren die Erschütterungen so stark, dass man nicht einmal ein Glas Wasser auf den Tisch stellen konnte. Wir mussten das Radio aufdrehen, um sie zu übertönen.« Eine Künstlerin erzählte mir in ihrer Galerie von ihren Gemälden. Jungen in weißen Karateanzügen, die ihre Kicks übten, winkten mir zu. Ein pensionierter Busfahrer stand auf seiner von Blumen gesäumten Eingangsveranda und berichtete: »Vor der Revolution gab es hier viel zu tun, aber keine richtige Arbeit. Jetzt schon.«

Den Pendlern im Ruhestand wie beispielsweise diesem Busfahrer standen für ihre Dienste Pensionen der US-Regierung zu. Doch der »*Trading with the Enemy Act*« verbietet, das ihnen zustehende Geld auszuzahlen, eine Summe, die sich 1991 auf geschätzte 4,5 Millionen Dollar belief, es sei denn, sie verlassen ihre Heimat und geben ihre kubanische Staatsbürgerschaft auf. Unmittelbar vor meiner Abfahrt aus Caimanera kam ein Mann lächelnd aus einem direkt an den Bürgersteig angrenzenden Schießstand, an dessen Wand ein Slogan von Fidel geschrieben stand: JEDER KUBANER SOLLTE SCHIESSEN KÖNNEN, UND ZWAR GUT.

Wir fuhren mit dem Boot zum Hauptquartier der Brigade zurück.

Die Hauptstraße von Guantánamo nach Baracoa ist zunächst eine wunderschöne Strecke und führt am karibischen Ozean entlang, biegt dann nach

Norden ab und wird zur heimtückischsten Straße, auf der ich je gefahren bin. Diese zweite Hälfte war zudem das letzte große Verbindungsstück im nationalen Verkehrsnetz, das fertig gestellt wurde. Baracoa am nordöstlichsten Zipfel der Küste war bis nach der Revolution, als eine unter Batista begonnene Hauptstraße vollendet wurde, vom normalen Verkehr abgeschnitten. Bis dahin erreichten Waren und Menschen den Ort entweder per Flugzeug, per Schiff oder aber über schreckliche, unbefestigte Straßen mit dem Pferd, dem Motorrad oder einem Jeep. Die Bewohner von Baracoa waren stolz auf diese Isolation, aber praktische Erwägungen machten eine Verbindung zwischen der Stadt und dem Rest des Landes unumgänglich. Die Straße umfasste 180-Grad-Kehren, scharfe Kurven, steile Anstiege, und überall lagen die Hinterlassenschaften eines Sturms, der am Vorabend getobt hatte, herum. Zweige und Steine waren auf La Farola verstreut, wie die Straße heißt, und Arbeitstrupps waren noch nicht bis hierher vorgedrungen. An manchen Stellen mussten ich und die Anhalter, die ich mitgenommen hatte, in einem heftigen Gewitterregen aussteigen und Erdklumpen, Zweige und kleinere Felsbrocken, die auf die Straße gefallen waren, wegräumen. Dann, keine zehn Minuten später, schien die Sonne, die Straße war frei, *guajiros* liefen herum und gingen ihren Alltagsgeschäften nach.

In diesem Teil des Landes fehlten die Propagandatafeln mit den revolutionären Parolen, die man sonst überall und jederzeit findet, allerdings starrten Besuchern an jedem Gebäude die düsteren Augen von José Martí entgegen. Genauer gesagt, hatten auf dem ersten Teilstück der Strecke hierher fünf Reklametafeln hintereinander gestanden, die im typischen Stil der Straßenwerbung die Revolution anpriesen, so ansprechend wie das Meer, an dessen Küste sie aufgestellt waren. Bei der ersten blickte einem das freundliche Gesicht von Máximo Gómez vor einer kubanischen Flagge entgegen, daneben standen die Worte: DIE KUBANISCHE REVOLUTION LEBT NICHT NUR IN DEN HERZEN. Auf dem nächsten Schild hieß es: SONDERN AUCH IN DEN KÖPFEN IHRER KINDER, dann: SIE LEBT IM WIND UND IN DEN PALMEN (daneben erhobene Macheten), IN DEN SCHLUCHTEN UND HÖHLEN (vor dem Gemälde einer ländlichen Szene) und schließlich, SIE LEBT IN GANZ SÜDAMERIKA (mit einer Landkarte sämtlicher südamerikanischer Länder von Mexiko bis Argentinien).

Baracoa wurde 22 Jahre nach der Ankunft von Kolumbus gegründet. Es war die erste Siedlung auf der Insel. Ihre strategische Lage machte den Bau von Türmen und Befestigungsanlagen erforderlich, um sie gegen feindliche Schiffe und Kavallerie verteidigen zu können. Eine der Bastionen stand hoch auf einem Berg mit freiem Blick auf den karibischen Ozean. Inzwischen ist sie zu El Castillo umgebaut worden, einem luxuriösen Hotel mit großem Speisesaal und leerem Swimmingpool. Ich meldete mich an der Rezeption an und fuhr dann zum Matachín-Museum im ehemaligen Fort Matachín hinüber.

Salvador González hatte mir in Havanna empfohlen, Alejandro Hartman Matos in Baracoa zu besuchen. Das hatten mir auch Ariel James in Santiago und Rebeca Ulloa in Guantánamo geraten. Dr. Hartman, der Direktor des Matachín-Museums, war das wandelnde Lexikon der Stadt. Baracoa erstreckte sich entlang der Küste von Ost nach West, umfasste nach Norden und Süden aber nur wenige Straßen und eine schöne Uferpromenade. Das Museum von Dr. Hartman lag am östlichen Ende von Baracoas Malecón.

Dr. Hartman war in seinem Büro. Er freute sich über jeden Besucher von außerhalb, der es ihm ermöglichte, seine normalen Pflichten ruhen zu lassen und dem Gast die Stadt und ihre Geschichte zu präsentieren. Ich war gedanklich jedoch beim zunehmenden Mangel, den ich in den letzten Wochen beobachtet hatte, bei immer längeren Warteschlangen, stärkerem Gemurre und lauteren Klagen über die Verteilung von Lebensmitteln und Bekleidung. Hartman und ich waren gleich alt, und wir fühlten uns einander sofort verbunden. Der erste Hartman in Kuba, ein 1820 eingewanderter Deutscher, hieß Philip Hartman Müller. Hartman und ich unterhielten uns über Marx und Literatur, die USA und die Geschichte. Er zitierte Sartre und Carpentier, Martí und Castro. Für das Lebensmittelproblem hatte er eine Lösung parat.

»Hätte jeder Kleinbauer ein Stück Land und würde der Staat die Preise für landwirtschaftliche Erzeugnisse festlegen, dann wäre dieses Land in drei Monaten wieder auf den Füßen. Wir wollen der Welt beweisen, dass Sozialismus möglich ist. Das, was wir tun, hat vor uns noch niemand versucht. Und jetzt müssen wir es allein durchziehen. Marxismus und Darwinismus – damit ein Organismus wachsen kann, braucht er einen Gastorganismus, aber zumindest muss er in Beziehung zu einem anderen stehen. Das war für uns bislang die Sowjetunion. Jetzt müssen wir unser Ziel ohne Hilfe erreichen. Alle sozialistischen Länder, auf die wir uns wirtschaftlich verlassen haben, experimentieren inzwischen mit einem anderen System herum. Der Kapitalismus interessiert mich nicht. Sind Marxismus und Darwinismus unvereinbar? Ihre Beziehung ist wackelig, aber sie sind auf Dauer miteinander vereinbar. Der Kapitalismus stellt kein Problem dar, er ist eine Lösung – aber nur auf kurze Sicht. Die Leute hier im ganzen Land machen sich große Sorgen. Die Stadtbewohner, die Fabrikarbeiter und die anderen, die freiwillig auf den Feldern schuften, strengen sich gewaltig an, aber sie sind eben keine Bauern. Das sind harte Zeiten. Und sie werden noch härter werden.«

Hartman erzählte mir von einem für die hiesige Wirtschaft typischen Mann aus Baracoa. »Er lebt vom Schwarzmarkt. Das muss er. Er hat ein Auto und beschafft sich damit das Benzin. Dieser Mann und seine Familie sind keine sesshaften *jineteros*. Das sind anständige Leute. Einfacher ausgedrückt, seine Familie könnte ohne den *mercado negro* nicht überleben. Sie bekommen Fleisch auf den Tisch, Benzin ins Auto und sogar Rum zu trinken.«

Wir unternahmen eine Rundfahrt durch die Stadt. Es herrschte kaum Verkehr. Ein Junge auf einem Fahrrad lenkte mit der linken Hand, während er mit der rechten Hand eine Gitarre auf seiner Schulter hielt. In den Straßen von Baracoa waren so wenige Autos unterwegs, dass die Leute auf mein fünf Jahre altes japanisches Mietauto reagierten, als käme ich mit einem nagelneuen Jaguar XKE daher.

Ich sah eine Ansammlung von Frauen in einer ungeordneten Schlange anstehen und fragte Hartman, was sie dort täten. »Sie stehen an, um eine Nummer zu bekommen, damit morgen, wenn das Geschäft eröffnet wird, eine gewisse Ordnung gewahrt wird.« Die Casa del Chocolate, das Haus der Schokolade, lockte mich, aber es war vor ein paar Monaten geschlossen worden, und noch war keine Wiedereröffnung in Sicht. Wir kamen am Hotel de La Rusa vorbei, das eine Russin, die vor der Revolution in ihrem eigenen Land nach Kuba geflüchtet war, gegründet hatte. Fidel und Che seien hier abgestiegen, erzählte Hartman.

»Hallo, Zimmerservice? Könnten Sie uns schnellstmöglich schwarze Bohnen und Reis heraufbringen? Hören Sie, wir haben es etwas eilig. Am besten, Sie bringen auch eine Flasche Rum. Zimmer 236. Castro. Richtig. Das schreibt sich C-a-s-t-r-o.« Er legt die Hand auf die Sprechmuschel des Telefons. »Mensch, Che, ist mein Name denn so schwierig? Weißt du, wenn wir diese verrückte Revolution gewinnen, dann werde ich dafür sorgen, dass jeder in diesem grässlichen Land lernt, wie man ihn schreibt.« Und das war der Anfang der großen Alphabetisierungskampagne.

Als wir vor Hartmans Büro aus dem Auto stiegen, hörten wir eine Band in der Straße hinter dem Museum spielen. Sie gehörte zu einem Leichenzug. Die ganze Stadt war zu diesem Anlass erschienen. »Leichenzüge sind Teil der spanischen Traditionen, die wir bewahrt haben. Solche gibt es hier häufig.«

Diese kleine Provinzstadt faszinierte mich auf den ersten Blick. Am nächsten Morgen, auf meinem Weg hinüber zu Hartman, mit dem ich mich in seinem Museum treffen wollte, kam ich an Schulkindern in blauen Pionieruniformen vorbei, an Hausfrauen, die Wassereimer im Rinnstein ausleerten, an Leuten, die hofften, irgendetwas zum Einkaufen zu finden, und an Fabrikbussen, die die Arbeiter einsammelten. Ihr Schritttempo war gemäßigt, denn Eile würde ohnehin zu nichts führen. Es waren nicht genügend Kunden da, so dass vor der hiesigen Sozialismus-oder-Tod-Bäckerei keine Schlange stand. Eine kräftige, warme Brise blies vom Meer. Auf Baracoas Malecón gab es nur wenige Nichtstuer, ich war der einzige Spaziergänger.

»Haben Sie den Artikel in *National Geographic* über Havanna gesehen?«, fragte mich Hartman in seinem Büro bei einer Tasse Kaffee. Hartman hatte seine Ausbildung in der Hauptstadt gemacht und in Havanna gearbeitet, und noch immer fuhr er häufig dorthin.

Den Artikel hatte ich gelesen. »Die Stadt wurde fair dargestellt, meinen Sie nicht?«

»Das habe ich gehört, aber ich habe den Artikel nie gesehen. Ich habe das Magazin abonniert. Zwar dauert es lange, aber es kommt immer an. Bis auf diese eine Ausgabe. Als ich den Umschlag geöffnet habe, war *das* drin!« Er gab mir eine landwirtschaftliche Zeitschrift aus der Sowjetunion.

Staatliche Zensur? Die Havanna-Ausgabe war in Zusammenarbeit mit städtischen Beamten verfasst worden, sie hätte ihnen also gefallen müssen. War dieser zahme und wohlwollende Artikel unter die Zensur gefallen? Eine weniger düstere, gnädigere Erklärung wäre, dass irgendjemand vom Postamt von diesem Artikel gehört hatte, Hartmans Exemplar für seine eigene Familie mit nach Hause nahm und es durch dasjenige Magazin ersetzte, das eben am besten in den Umschlag passte.

Hartman prahlte mit rund 56 archäologischen Stätten in der Umgebung von Baracoa. Sein Museum zeigte die einheimische Bevölkerung aus der Zeit vor Kolumbus bis in die Gegenwart. »Wir haben Knochen der Taino gefunden«, der Indianer, die vor Kolumbus hier lebten und ein hoch entwickeltes Landwirtschaftssystem besaßen, »außerdem Keramikschalen aus dem 10. Jahrhundert. Die Taino waren klein und hatten eine glänzende, olivenfarbene Haut. Das kann man an den Baracoanern noch heute sehen, obwohl so gut wie alle Indianer von den Konquistadoren umgebracht wurden.«

Hartmans Museum war um einige Klassen besser als die meisten städtischen Schatzkammern der Vergangenheit. Man könnte auf die meisten Museen verächtlich herabblicken, die in ganz Kuba wie Pilze aus dem Boden geschossen waren und die Revolution verherrlichten, aber in sämtlichen Ländern der Erde sind die Museen ein Hort des nationalen Chauvinismus. Kuba trägt den seinen einfach mit seiner *guayabera* spazieren. Die Geschichte der Insel erhält jedoch, wenn sie so gut dargestellt wird wie im Matachín-Museum, ihre echte Kontinuität, weil hier ein Eindruck von der verschwommenen Vergangenheit der Insel vermittelt wird.

Wir kamen zu einem Ausstellungsstück, auf dem es hieß: *Die Konquistadoren zerstörten und raubten die Reichtümer der Indianer nicht nur, sondern rechtfertigten dies, indem sie Hunderte von Unwahrheiten über die indianischen Gebräuche in Umlauf brachten.* Als wir in den nächsten Raum eintraten, in dem es um Seeräuberei und die britischen Kriegsschiffe ging, trat ein unscheinbarer Mann durch die Haupttür. »Schauen Sie ihn an. Er ist Indianer«, sagte Hartman so laut, dass der Mann es hören konnte. »Verstehen Sie?« Er redete über ihn, als sei er eine Schaufensterpuppe. »Er hat diese leicht bronzefarbene Haut. Er ist ein Freund. Hat bei der Revolution mitgemacht. *¡Chico!* Ich möchte dich gern einem ausländischen Besucher vorstellen.« Chico blieb stehen, kämmte sich die Haare und kam dann auf uns zu. »Ich habe ihm gesagt, dass du in der Revolution mitgekämpft hast.«

Mir fiel nichts anderes ein, als zu fragen: »Wann? Wo?«

Seine Antworten fielen fast so knapp aus wie meine Fragen. »1975. Hier in der Gegend.« Sein Name war José Luis Rodrígez. Er war 48 Jahre alt.

»Chico, erzähl ihm vom Rest deines Militärdienstes.«

»Ach ja. Nun, ich war in Angola.« Der Nachkomme der Taino-Indianer machte sich wieder daran, sich die Haare zu kämmen. »Und in Äthiopien.«

Ich erfuhr vom französischen Einfluss auf die Kaffee- und Zuckerproduktion und von der United Fruit Company. Ich sah Kronen, Macheten und einen Federkiel, den die *mambís* – Unabhängigkeitskämpfer – um 1890 benutzt hatten. Auf ein Bild von Arbeiterstreiks Mitte des Jahrhunderts an der einen Wand folgte ein anderes von dem Haus, in dem die hiesige *fidelista*-Bewegung gegründet wurde. Hartmans Indianerfreund hätte in diesem Raum ebenfalls ausgestellt sein können, wie er sich die Haare kämmte und auf unverblümte Fragen knappe Antworten gab. Als Nächstes kamen Bilder von »Eindringlingen und Konterrevolutionären, die von Washington eingeschleust wurden«, und von jenen fünf Männern aus Baracoa, die im Kampf gegen sie fielen. Hartman wandte sich mir zu. »Wenn die Vereinigten Staaten Kuba angeblich so wohlgesinnt waren, warum haben sie dann nicht jenen Leuten geholfen, die sie am dringendsten gebraucht hätten, anstatt die schlimmsten Elemente der kubanischen Gesellschaft zu unterstützen? Schauen Sie sich diese Statistik an.« Er deutete auf eine Tafel an der Wand:

ERRUNGENSCHAFTEN DES SOZIALISMUS IN BARACOA

	1959	*1989*
Ärzte	4	117
Krankenschwestern	4	361
Zahnärzte	1	39
Busse	0	103
Kultureinrichtungen	0	18
Sportzentren	1	26

Mein Lieblingsbild in diesem Museum zeigte Magdalena Monasse, die Russin, die das kleine Hotel geführt hatte. Sie trug einen großartigen Hut, Sonnenbrille, eine Anstecknadel vom Roten Kreuz und eine *fidelista*-Flagge.

Ich verbrachte den späten Nachmittag auf dem Hauptplatz der Kleinstadt, der genau genommen ein großes Dreieck ist und früher Plaza Cacique Hatuey hieß, ich beobachtete die Leute und redete mit ihnen. Zwei etwa zehn Jahre alte Mädchen spielten Schach, während eine Freundin von der Seite ungebetenen Ratschläge erteilte. Neben ihnen spielten zwei junge Männer Dame. Eine junge Frau in einem völlig zugehängten Kiosk verkaufte die Provinztageszeitung und *Granma*, die jeden Tag gegen Mittag aus Havanna kam. Zwei Teenager spielten Tischtennis. Vier alte Männer saßen um einen Tisch und waren in eine Partie Domino vertieft. Sie sahen aus, als säßen sie schon seit jenen Tagen hier im Park, als Batista noch als Unteroffizier in der Armee diente. Am anderen Ende des Platzes, einem Schönheitssalon gegenüber, unterhielt eine städtische Holzbläserkapelle die langsam vorbeischlendernden Passanten.

Statt der Schulmädchen hatten inzwischen zwei athletische Jungen von etwa 15 Jahren beim Schachbrett Platz genommen. Am Ende jedes Spiels ging der Verlierer davon, und wie aufs Stichwort tauchte ein anderer Gegner auf, um gegen den Gewinner anzutreten. Drei Gewinner später trat ich heran, als sei ich Teil des täglichen Ablaufs auf der Plaza von Baracoa. Der letzte Gewinner nickte. Wir wählten die Farben entgegengesetzt zu unserer Hautfarbe. Er setzte mich mit Leichtigkeit schachmatt. Die Sonne war inzwischen untergegangen, und im Park wurde es dunkel. Es kreuzte kein neuer Gegner auf. »Noch eine?«, fragte ich. Das waren die ersten Worte, die zwischen uns fielen. Er nickte. Nach fünf Zügen kam der für die Freizeitaktivitäten Zuständige und sammelte die Sachen von allen Tischen ein. »Bis zur Ausnahmezeit haben wir hier bis spät unter den Lampen gespielt.« Die Blaskapelle hatte ihr Repertoire noch nicht erschöpft. Ich ging hinüber, als die Band gerade ein Medley aus Broadway-Songs, Filmmelodien und Marschliedern spielte. Ich beneidete den Oboisten, war fasziniert von seiner Stellung im Leben – er war nichts weiter als Musiker in einem karibischen Kleinstadtensemble. Ich konnte mir nichts Verlockenderes vorstellen, als in der Stadtkapelle von Baracoa Oboe zu spielen.

Hartman wohnte ein paar Häuserblocks weiter in einem geräumigen Haus an einer ruhigen Straße neben der Kirche der Baptisten. In seinem Garten hinter dem Haus wuchsen Avocados, Limonen, Bananen und *guanábanas.* Ein Jesusgemälde hing an der Wand. Wir setzten uns in das vordere Zimmer, und bald gesellte sich seine Frau Nydia zu uns. Hartman war ein Bewunderer Che Guevaras, er schwärmte von seiner Philosophie und seinem Optimismus. Für Hartman und viele andere war Guevara ein Symbol, dessen beste Jahre mit ihren eigenen zusammengefallen waren. Nydia sagte: »Wir würden Sie gerne zum Abendessen einladen, aber wir können Ihnen nichts anderes servieren als gebratene Eier.«

»Und vielleicht etwas Yucca«, fügte ihr Mann hinzu. Er schaltete den Farbfernseher ein. »Früher hätten wir Ihnen auch Fisch anbieten können.«

Wir schauten uns an, wie ein älterer kubanischer Journalist über sein Leben interviewt wurde, immerhin hatte er in den 50er Jahren ein paar Jahre in den Vereinigten Staaten verbracht. »Ich habe bei der US-Air Force gedient«, erzählte er dem Reporter, der von dieser Enthüllung erschüttert zu sein schien. »Das war unlogisch, aber ich lernte Englisch und eignete mir außerdem einige technische Fähigkeiten an.« In seiner Karriere hatte er aus England, Vietnam und Spanien nach Kuba berichtet. Nydia brachte jedem von uns eine große Schale Vanilleeis mit viel Schokoladesirup.

Wenn Angehörige des Stammes der Maisí von einem nahen Land sprechen, dann meinen sie damit Haiti. Ich wollte unbedingt Maisí sehen, die 38 Kilometer von Baracoa entfernt an der östlichsten Spitze Kubas leben. Hartman und ich fuhren über geteerte Straßen durch kleine Ortschaften und kamen schließlich zu einer unbefestigten Straße. Der Regen, der meine Fahrt über La Farola behindert hatte, hatte auch dem Weg zu den Maisí zugesetzt. Das Grünzeug wuchs so dick wie der Morast, durch den wir fuhren. Zwischen Palmwäldchen und dichten Dschungelbüschen konnten wir im Hinterland hier und da *bohíos* ausmachen, die mit Stroh gedeckten Hütten der Maisí. Der Nissan kämpfte sich vorwärts, bis sich zeigte, dass die Straße selbst im ersten Gang nicht mehr befahrbar war. Wir ließen das Auto stehen und gingen zu Fuß weiter.

Bald kamen wir nach Abra de Yumurí, einer Siedlung an der Mündung des Flusses Yumurí in den Atlantik. Um zu den Maisí zu gelangen, hätten wir einen Jeep benötigt – zunächst, um eine 75 Meter lange Holzbrücke, die den Yumurí überspannte, zu überqueren, und um dann einen rutschigen Berg hinaufzufahren.

Doch Abra de Yumurí stellte mich in meiner Suche nach dem äußersten Ende Kubas zufrieden. Das einzige Geschäft war das Café Yumurí, in dem eine kahle Glühbirne über einem Kühlschrank und einem rustikalen Herd hing. Vier Männer spielten auf der Eingangsveranda Domino. Alle kannten Hartman. Er wurde wie ein wohlwollender Kazike, das hiesige politische Oberhaupt, begrüßt, das sich nach dem Wohlergehen und nach dem Stand der Ernte erkundigt. Wir gingen über die Brücke. »Sie ist aus Zedernholz gezimmert. Ihr Bau zeigt den französischen Einfluss in dieser Gegend.« An den Brückenträgern waren Kanus festgebunden. Hartman deutete auf eine Stelle direkt gegenüber am Berg, der sich aus dem Fluss erhob. »Wenn die Maisí Bananen liefern, werden diese mit Lasttieren bis zu einer Stelle dort drüben transportiert. Dann werden sie in eine Seilbahn gelegt und an der Talstation in Boote verladen.« Hartman ging davon, um sich mit jemandem zu unterhalten. Ich konnte über dem Rauschen des Yumurí, der sich in den karibischen Ozean ergießt, nichts weiter hören als das schwache Klicken von Dominosteinen.

Ein wenig entfernt beugten sich stämmige schwarze Frauen in losen Kleidern hinunter, um Eimer mit dem Wasser der Flussmündung zu füllen, so wie es Frauen an den Küsten anderer Inseln überall in der Karibik im gleichen Augenblick vermutlich ebenfalls taten. Bis wir wieder über die Brücke zurückgingen, hatten die Freizeitaktivitäten mehr an Schwung gewonnen. Die vier Dominospieler legten gerade eine Pause ein, aber ganz in der Nähe, auf dem Sumpfland entlang des karibischen Ozeans, hatten ein paar energiegeladene Jungs, kaum zehn Jahre alt, mit einem Baseballspiel begonnen. Sie spielten mit einem harten Gummiball und einem Stock als Schläger. Sie hatten insgesamt einen Handschuh, und ihr Außenfeld erstreckte sich bis zu den Kleinen Antillen. Alle trugen Shorts, ein paar T-Shirts und ein Junge hatte sogar Schuhe an den Füßen. Wenn man von diesem herrlichen behelfsmäßigen Spielfeld bis Haiti schlägt, sollte man ein Ground Rule Double zugesprochen bekommen. Einmal fiel ein schlecht geschlagener Ball in die Mündung des Yumurí und wurde von einer voll bekleideten Frau, die bis zur Taille in dem an dieser Stelle brackigen Gewässer stand, wieder herausgefischt. Das waren die zukünftigen Stars der Liga Nacional, wenn sie gut genug spielten, der Liga Selectiva, und zählten sie zu den Besten, der Nationalmannschaft, die im Ausland gegen andere Nationalteams spielt.

Ein Linkshänder drosch den ersten Pitch bis an den Rand von Kuba. Ein barfüßiger Outfielder fing ihn zwischen den Muscheln und kleinen Steinen des lehmigen Karibikstrands auf. Der Linkshänder rannte über einen Muschelhaufen, der als Home plate diente, als ein Außenfeldspieler den Ball vom hellblauen Meer hereinschlug. Diese Kinder waren bei jedem Pitch leidenschaftlich bei der Sache. All das Getöse der Baseball-Diplomatie, von Überläufern und der Kontroverse zwischen Amateurstatus und staatlich gesponserten Athleten wurde von den Schreien dieser glücklichen Kinder, die am Strand auf und ab sprangen, als die stärkste und gesündeste Vision übertönt, die ich auf meinen Weg mitnehmen konnte. Ich habe dieses Bild im Kopf behalten, sowohl die romantische als auch die reale Seite, in der Angst, ich könnte vielleicht nie wieder in meinem Leben Zeuge eines solch unverfälschten Baseballspiels werden.

»Tausend Zungen reichten nicht aus, die neuen und schönen Dinge zu beschreiben, die ich erblickte, denn es war eine zauberhafte Szene.« Das schrieb Kolumbus, nachdem er 1492 Baracoa gesehen hatte. Jedenfalls werden ihm diese Worte zugeschrieben. Und natürlich war es nicht Baracoa, sondern das Land, das er von seinem Schiff aus sichtete. Außerdem wurde ein großer Teil von Kolumbus' Reisebericht rekonstruiert und nicht direkt seinen Schriften entnommen, deshalb kann es durchaus sein, dass er in Wirklichkeit einen ganz anderen Ort beschrieb.

Hartman sprach mit Sachverstand von den Indianern der Zeit vor Kolumbus, von der spanischen Eroberung, dem französischen Einfluss, der Unabhängigkeit von Spanien, dem US-Neokolonialismus, der Revolution und ihren Auswirkungen. Aber auf den Besuch von Kolumbus war er besonders stolz. Dr. Hartman hatte viel Zeit und Mühe darauf verwandt zu beweisen, dass Kolumbus nicht nur in die Bucht bei Baracoa segelte, sondern hier auch ein Kreuz aufstellen ließ. Hartman ging mit mir hinüber zu Nuestra Señora de la Asunción, so hieß Baracoa ursprünglich, und zwar zu einer Kirche, die 1805 über einer älteren errichtet wurde. »Kolumbus beschreibt das Yunque-Gebirge, so wie man es von der Bucht aus sieht, als graue und schwarze Berge.

Er nannte die Gegend Porto Santo, weil sie ihn an einen portugiesischen Heiligen denken ließ. Und er nannte die ganze Insel Juana nach der spanischen Infantin Doña Juana. Sie sollten *Cuba Before Columbus* lesen. Der Autor, Mark Harrington, war 1915 hier. Er hat über die Indianerkultur und die archäologischen Stätten geschrieben.« Wir gingen in die Kirche und warteten auf Valentín Sanz, den jugendlichen *padre* von Baracoa.

Das berühmte Kreuz wurde von Kolumbus am Ende einer kleinen Bucht aufgestellt, und zwar laut Bericht der ersten Reise, so wie er von Bartolomé de las Casas zusammengefasst wurde, »auf ein paar großen Steinen«. Was wir aus den folgenden Jahrhunderten über diese Stelle wissen, umfasst Fakten, Spekulationen, Schlussfolgerungen, mündliche Überlieferungen, Annahmen, Logik und jene Art von Geschichte, die nachträglich ersonnen wird, so wie dem *mojito* in La Bodeguita del Medio die Legende angedichtet wurde, hier habe Hemingway das Getränk besonders gern getrunken. Trotzdem, das offizielle Wissen besagt, dass das Kreuz 1510 von den Expeditionsmitgliedern von Diego Velázquez unter einem Weinstock entdeckt und genutzt wurde, »um die Eingeborenen zu bekehren«. Baracoa wurde die erste spanische Siedlung auf der Insel und zugleich Hauptstadt. Noch im gleichen Jahrzehnt versteckte man das Kreuz wieder, damit es nicht in die neue Hauptstadt, Santiago de Cuba, gebracht werden konnte. Das Kreuz wurde 1530 in die hiesige Kirche getragen, die im Laufe der Jahrhunderte verschiedene Plünderungen durch Piraten überstand. Bei einem der Angriffe im 18. Jahrhundert, bei dem der Rest der Kirche zerstört wurde, konnte das Kreuz gerettet werden. Als der Neubau der Kirche, in deren Eingang Hartman und ich jetzt standen, vollendet war, wurde das Kreuz hier zur sicheren Aufbewahrung untergebracht.

Dort befindet es sich noch immer. Pater Valentín ging, um es zu holen, während Hartman und ich bei der Kanzel warteten. »Das Kreuz wurde am anderen Ende der Bucht entdeckt«, sagte Hartman. »Ursprünglich stand es auf einem 2,30 m hohen Hügel. Im Laufe der Jahre haben sich Souvenirjäger Stücke aus dem Kolumbus-Kreuz herausgeschnitzt. Es war nicht gut geschützt.«

Der *padre* trug das Kreuz hinaus. Es bestand aus dunklem Holz, war etwa einen Meter hoch, etwas über einen halben Meter breit und mit Metall verziert, das im 18. und 19. Jahrhundert angebracht worden war. Wir gingen mit dem wertvollen Stück Geschichte um, als sei es ein normales Familienerbstück. Als wir das 500 Jahre alte Kreuz in der Hand hielten, berichtete Valentín, an Wochenenden kämen bis zu 250 Gläubige zur Messe in seine Kirche, an Wochentagen zur Morgenmesse etwa 15. »Außer mittwochs. Da sind es 50.«

Ich gab Hartman das Kreuz zurück. »Sie haben Holz angefasst, das Kolumbus berührt hat«, stellte er fest.

Hatte ich das wirklich? Hartman sagte, Wissenschaftlern aus Europa zufolge habe Kolumbus das Kreuz am Sonntag, den 1. Dezember 1492 in Baracoa aufgestellt. Mitte der 80er Jahre brachte ein Forscher vom kubanischen

Forstwirtschaftsinstitut in Havanna einen belgischen Spezialisten, R. Dechamps, nach Baracoa, der die Authentizität des Kreuzes bestätigen sollte. Dechamps nahm einen vier Zentimeter langen Splitter des Kreuzes mit nach Tervuren, ins Königliche Museum Belgisch Kongos. Der kubanische Holzexperte reiste mit ihm. Sie verglichen das Holz des Kreuzes mit Exemplaren Tausender verschiedener Bäume aus Europa, Afrika und Südamerika und reduzierten das in Frage kommende Holz auf eine Art, die etwa 100 Spezies umfasst, von welchen 26 auf Kuba wachsen. 20 davon wurden auf Grund der Baumgröße ausgeschlossen. Blieben also noch sechs. Sie kamen zu dem Schluss, dass das Kreuz von Kolumbus aus *Coccoloba diversifolia* – der geläufige Name lautet im Spanischen *uvilla* – hergestellt wurde, einem eng mit der Seetraube verwandten Gewächs. Sie gedeiht just in der Gegend, in der das Kreuz angeblich entdeckt wurde. Die Schlussfolgerung der Wissenschaftler in Belgien: »Kolumbus hatte das Kreuz nicht aus der Alten Welt mitgebracht. Es war genauso kubanisch wie Baracoa.« Falls sie Recht haben und Kolumbus einheimisches Holz für das Kreuz nutzte, dann wäre er der erste Weiße gewesen, der in der Neuen Welt Bäume fällte. Padre Valentín sagte: »Das ist die älteste Reliquie der Neuen Welt.«

Die nächste Station auf Hartmans Kolumbustour durch Baracoa war die Bucht, in der Kolumbus gelandet war und das Kreuz hinterlassen hatte. Wir trotteten an Weinstöcken vorbei, die bis auf den Boden hingen, stolperten über verborgene Wurzeln und erreichten schließlich den Strand der kleinen Bucht. »Kolumbus hat hier acht Tage mit seinem Schiff vor Anker gelegen.« Etwas oberhalb von uns war ein Bautrupp mit der Errichtung eines großen Gebäudes beschäftigt. »Dort entsteht ein Hotel. Es wird auf die Bucht blicken, in der Kolumbus an Land ging und das Kreuz aufstellte. Es soll 60 Zimmer haben, einen Pool, eine Bar, ein Restaurant und ein Kabarett. Die Gäste werden hier an einem natürlichen Strand baden können. Es soll Hotel Porto Santo heißen, nach dem Namen, den Kolumbus dieser Gegend gegeben hat.« Sie hofften, es fertig zu bekommen, bis der ganze Wirbel rund um die Fünfhundertjahrfeier einsetzen würde.

Hartmans Kolumbus-Legende kam mir überzeugend vor, bis ich nach Santiago zurückkehrte, wo mir Ariel James im UNEAC-Büro etwas ganz anderes erklärte: »Dort ist Kolumbus nie gelandet.« Wir breiteten meine Kuba-Karte auf seinem Schreibtisch aus. »Wenn man sein Bordbuch liest, dann weiß man, dass er *hier* an Land gegangen ist.« Er tippte mit dem Finger auf Guardalavaca an der Nordküste, westlich von Baracoa.

»Aber laut Hartman ...«

»Das ist eine Theorie. Nichts weiter als eine Theorie. Es wurden umfangreiche Forschungen durchgeführt, um festzustellen, wo Kolumbus an Land gegangen ist. Die sind abgeschlossen. Es war zweifellos nicht bei Baracoa.«

»Ist diese Kontroverse ...«

»Das ist keine Kontroverse. Es gibt einfach nichts, was beweisen könnte, dass Kolumbus jemals dort war. Die Historiker-Gesellschaft des Landes ist zu dem Schluss gekommen, dass er *hier* an Land gegangen ist. Experten aus Spanien und anderen Ländern haben die angeblichen Landungsstellen und das Bordbuch von Kolumbus analysiert. Es ist unmöglich, dass Kolumbus dort gelandet ist.«

»Und das Kreuz? Ich dachte, seine Echtheit sei nachgewiesen worden.«

»Ja, sie wurde bestätigt. Was das Alter und die Art des Holzes anbelangt. Aber nicht im Hinblick auf seine Herkunft.«

Ziemlich verwirrt meldete ich mich für eine Nacht bei der Rezeption des Motels Leningrado an, da ich am nächsten Tag in die Sierra Maestro fahren wollte. Ich wählte das Leningrado, weil es am Berg San Juan lag, Schauplatz der berühmten Schlacht zwischen amerikanischen und spanischen Truppen, in der Roosevelt eine Hauptrolle spielte, während Stephen Crane und eine Horde ausländischer Journalisten zuschauten. Spanien gab auf, die US-Soldaten hatten Kuba befreit.

So lautet die verbreitete Legende. Aber kubanische Unabhängigkeitskämpfer waren bereits im Begriff, die Spanier zu schlagen, und die Spanier hätten sich ohnehin bald aus dem Land zurückgezogen, auch wenn die amerikanischen Soldaten nicht eingegriffen hätten. Außerdem stand ein Kontingent von *mambís*–kubanischen Freiheitskämpfern – am Berg San Juan. Doch nach der Legende könnte man den Eindruck gewinnen, Kuba habe nur den Berg zur Verfügung gestellt, sich zurückgelehnt und dem Kriegsspiel lediglich zugesehen. Als die Spanier vor den amerikanischen Truppen kapitulierten, wurde die spanische Flagge durch Stars and Stripes ersetzt, und man verwehrte den *mambís* den Zugang nach Santiago. Kuba war in seinem Unabhängigkeitskrieg einfach von der spanischen Hand in die amerikanische übergegangen, als sei das Land ein Preis in einer Gameshow.

Da der Berg San Juan in jedem US-amerikanischen Geschichtsbuch erwähnt wird, erwartete ich, einen fast unbezwingbaren Koloss mit zerklüfteten Felsen und steilen Hängen zu sehen. Der Türsteher des Leningrado wies mir den Weg nach oben. »Folgen Sie einfach nur immer dieser Straße dort drüben.« Die Steigung der geteerten Straße war kaum spürbar, und schon nach zehn Minuten war ich an einem ebenen Stück mit Unmengen von Tafeln und Monumenten angekommen. Ein Paar begegnete mir auf seinem Weg zu einem nahen Vergnügungspark. Ich fragte, wie ich auf den Gipfel von San Juan gelangen würde. Sie schauten sich um, dann wieder mich an. »Bin ich schon da? Ist es hier?« Nach all meinen im Geschichtsunterricht geweckten Erwartungen kam mir dieser Hügel vor, als sei er zu nichts anderem geeignet, als eine Wasserwaage zu testen. Der San Juan ist ein jämmerlicher Buckel.

Roosevelt und seinen Rough Riders folgten an diesem Tag Hunderte anderer Soldaten in den Kampf, und es mussten große Verluste hingenommen werden. Falls das ein großer Sieg sein sollte, so glaubten die damaligen Beteiligten jedenfalls nicht daran. Roosevelt berichtete Präsident McKinley später: »Wir standen knapp vor einer entsetzlichen militärischen Katastrophe.«

Der Hügel ist schön gestaltet mit Palmen und Pinien, und bietet einen 360-Grad-Rundumblick auf die umliegenden Täler. In der Nähe kann man das Riesenrad des Freizeitparks sehen und eine Reihe von Monumenten sowie das Grab des Unbekannten *mambí* besichtigen. Ein paar Wachtürme und Kanonen sind noch erhalten. Von den kleineren Gedenktafeln verweisen nur zwei auf ausländische Unterstützung, und dann auch nur als Hinweis, dass die US-Armee hier nicht allein agierte. Das Hauptdenkmal erinnert an das vergossene Blut *der tapferen und aufrichtigen kubanischen Aufständischen und jenes der großzügigen amerikanischen Soldaten, das ein Bündnis von Freiheit und Brüderlichkeit zwischen beiden Nationen besiegelte.* Nirgends auf dem Berg San Juan werden Roosevelt und seine Rough Riders erwähnt. Nicht ein einziges Mal. Auf einer letzten Tafel hieß es: *Zeigen Sie Ihr Interesse an dieser Stätte – kümmern Sie sich um das Gelände und die Monumente, die es zieren.*

Ich fuhr mit dem Bus zum Céspedes-Park neben dem Hotel Casagrande, wo ein Mann mit einer Kappe, auf der 100% FÜR NORIEGA stand, einem anderen vorsang, der ohne Kopfbedeckung neben ihm auf einer Bank saß. Am Ende der Straße befand sich die Casa de la Trova, der Treffpunkt unter freiem Himmel für die Sänger der traditionellen einheimischen Musik. Ich hatte *The Mambo Kings* fertig gelesen und wollte jetzt sehen, ob sich irgendwelche betagten Musiker noch an die im Buch dargestellten Brüder, an Cesar oder Nestor Castillo, erinnerten, die vor 50 Jahren Geschichte geschrieben hatten. Gerardo Aldana Calzado bot mir seine Hilfe an. Gerardo arbeitete in der Casa de la Trova und betrachtete meine Suche als großartige Gelegenheit, einige der älteren Mitglieder der früheren Musikszene von Santiago kennen zu lernen. Wir verabredeten, uns ein paar Tage später zu treffen, sobald ich von meiner kurzen Reise zurück sein würde.

An diesem Abend fand das Eröffnungsspiel der Baseballsaison statt. Das Spiel wurde aus Matanzas übertragen, wo der Kapitän der Mannschaft der Henequeneros während der Zeremonien vor Spielbeginn in dem Stadion eine Ansprache hielt. Er setzte den Sieg auf dem Spielfeld mit dem Sieg auf den Zuckerrohrplantagen gleich. Für beide begann nun gerade die Saison. Auf der Zuschauertribüne hoben Jungpioniere große Pappschilder in die Höhe, auf denen stand:

¡MATANZAS! ¡PIONEROS! ¡SOCIALISMO!

Los, Team, los!

Auf Kuba gibt es keine herumreisenden Vertreter, daher auch keine Vertreterwitze. Allerdings brauchen Witze auf Kuba keine Vertreter, sie verbreiten sich auch so in Windeseile, werden in den Stadtvierteln weitergegeben, auf den Zuckerrohrfeldern, in Bussen und Warteschlangen. Die Witze sind direkt, doppeldeutig, politisch, sexistisch, global und lokal. Zielscheibe sind die Castro-Brüder, lästige Nachbarn, die Bürokratie, die Lebensmittelknappheit, sexy Frauen und Machos. Es verging kaum ein Tag, an dem mir nicht irgendein Anhalter einen Witz erzählte, ob nun einen flapsigen, komplizierten, dummen oder raffinierten. Viele davon verstand ich nicht, weil sie kubanische Modeausdrücke beinhalteten, Flexionsformen, die für das Ohr eines Ausländers zu kompliziert waren, implizite Pointen besaßen oder auf allgemeine Vorurteile abzielten, die mir nicht geläufig waren.

Einen Witz erzählte mir eine Frau, die ich auf dem Weg zur Stätte der zweitwichtigsten Landung in der Geschichte Kubas mitnahm. In diesem Fall stand zweifelsfrei fest, wo diese Landung stattgefunden hatte – an der Playa las Coloradas, der Ostseite des Golfs von Guacanayabo an der kubanischen Südküste. Und es stand weder außer Frage, wann sie stattfand, nämlich Anfang Dezember 1956, noch warum – um eine Revolution zum Sturz von Fulgencio Batista anzuzetteln. Und auch nicht durch wen, nämlich durch Fidel Castro, Raúl Castro, Che Guevara und 79 weitere Rebellen.

»Haben Sie den von Bush und Fidel vor dem Tor zur Hölle schon gehört?« Ich hatte gerade die Brüder Castro erwähnt, und das veranlasste die Anhalterin, mit dem Witz herauszurücken. »Nun, Bush und Fidel erkennen einander«, fuhr sie fort, »und kaum hat der Teufel hereingelassen, platzen beide los: ›Ich muss mein Büro anrufen und sie wissen lassen, dass *der* hier ist.‹ Der Teufel lässt Bush sein Telefon zuerst benutzen. Nachdem dieser Quayle angerufen hat, sagt der Teufel: ›Das macht hundert Dollar.‹ Dann ruft Fidel Raúl an und teilt ihm mit: ›Bush ist hier!‹ Daraufhin sagt der Teufel: ›Gut, das macht fünf Centavos.‹

›Was, fünf Centavos?‹, beschwert sich Bush. ›Ich habe hundert Dollar bezahlen müssen!‹

›Na klar‹, antwortet der Teufel, ›schließlich war dein Anruf ein Ferngespräch, seiner dagegen nur ein Ortsgespräch.‹«

Anstatt die Hauptstraße zu nehmen, machte ich den Umweg zur Stadt El Cobre, an deren Rand auf einem Berg die berühmteste Kirche Kubas steht. Ich setzte die Anhalterin bei einer Straßenkreuzung ab, an der ein Schild stand, das auf ein Baptistenseminar hinwies, und fuhr in die Stadt hinein, in der in jedem Jahrhundert bedeutende geschichtliche Ereignisse stattgefunden haben: Mitte des 16. Jahrhunderts wurde eine Kupfermine eröffnet und mit Sklavenarbeit betrieben; im 17. Jahrhundert fanden drei junge Fischer eine hölzerne Marienstatue mit Jesuskind, in die angeblich geschnitzt war: »Ich bin die Jungfrau der Barmherzigkeit«; im 18. Jahrhundert kam es zu einer erfolgreichen Sklavenrevolte; die längst aufgelassene Kupfermine wurde im 19. Jahrhundert wieder eröffnet – dieses Mal stellte man freie Arbeiter ein; und schließlich wurde die Barmherzige Jungfrau im 20. Jahrhundert vom Papst zur Nationalheiligen Kubas erklärt.

An diesem Morgen war die Basilika noch nicht für Besucher geöffnet – die Frühmesse war noch im Gange –, deshalb fuhr ich auf den Hauptplatz der Stadt und parkte dort vor einem der beiden Cafés. Ich ging in beide hinein und schaffte es so, einen Fingerhut voll Kaffee, ein Glas Milch und ein paar gebratene Teile zu ergattern, die mir wie eine Kreuzung aus Kartoffelpuffern und Donuts vorkamen.

Die Basilika der Barmherzigen Jungfrau interessierte mich nicht so sehr wie eine ihrer Seitenkapellen, in der viele Gläubige der Jungfrau im Laufe der Jahre Votivgaben dargebracht hatten. Eine Busladung Medizinstudenten besichtigte zusammen mit mir die Kapelle. Überall an den Wänden hingen Krücken, Beinprothesen, Militärorden, Banner der Revolution, Polizeiausweise, Briefe, Medaillen eines russischen Besuchers und ein Abzeichen von den Panamerika-Spielen in Indianapolis im Jahr 1987. Manche Leute bezeichnen El Cobre als das Lourdes Kubas. Ich hoffte, die Nobelpreis-Medaille zu entdecken, die Hemingway dem kubanischen Volk gestiftet hatte. Sie war hier in dieser Pilgerstätte untergebracht worden.

Die Medaille fehlte. Das einzige unter Glas befindliche Objekt war ein *Life*-Magazin, auf dessen Titelbild Hemingway die Medaille seinem Freund Fernando Campoamor überreichte.

Schwester Lucía, die in der Basilika arbeitete, erzählte mir die Geschichte. Am 6. Mai 1988 traten zwei etwa 20-jährige Kerle in die Kirche. Sie durchtrennten die Telefonkabel, zerbrachen das Glas, das Ernest Hemingways Nobelpreismedaille schützte, steckten sie ein und flüchteten in einem wartenden Taxi. Das beschwor die Empörung der ganzen Nation herauf. Zwei Tage später meldete ein Juwelier aus Santiago, er habe die Medaille unter einem Stein unweit seines Hauses gefunden. »Die ersten Berichte in den Medien waren korrekt«, sagte Schwester Lucía. »Aber als sie die Sache dann hochspielten, nun, das war nicht so gut. Eine Weile herrschte hier große Aufregung. Jetzt befindet sich die Medaille in der Obhut des Erzbischofs von Santiago. Sie wird uns wieder zurückgegeben, sobald wir hier für eine sichere Aufbewahrung sorgen können.«

In Bayamo hielt ich für das Mittagessen bei einem Hotelrestaurant an und nutzte mein Zweite-Klasse-Privileg als »ausländischer Techniker (zeitlich begrenzt)«. Offenkundig kam das hier nicht allzu häufig vor, und es wurden zwei stellvertretende Direktoren und ihr Chef konsultiert, bevor sie mir den Status eines Gastes, der mit Pesos, nicht mit Dollars bezahlen darf, gewährten.

An der Hauptstraße sprangen jedes Mal Unmengen von Anhaltern auf und ab, sobald Personenwagen vorbeikamen, als wollten sie unbedingt bei der Spielshow *Geh aufs Ganze!* mitmachen. In Stadtgebieten beugten sich Kubaner, die hofften, mitgenommen zu werden, auf die Straße vor, sobald man um eine Kurve kam oder das Tempo auf ein paar Stundenkilometer verlangsamte. Auf dem Land dagegen stand eine Person an der Straße, während sich ihre Begleitung im Hintergrund hielt. Westlich von Bayamo hieß es auf einer Propagandatafel:

IM KERN EINES JEDEN PROBLEMS STECKT BEREITS SEINE LÖSUNG.

»Was halten Sie davon?«, fragte ich meinen Fahrgast, um das Gespräch mit dem Mann in Gang zu halten, der, seit er eingestiegen war, Fidel aus ganzem Herzen gelobt hatte, die Sache dann aber abschwächte, die Revolution für ihre glorreichen Errungenschaften pries, sie dann jedoch wegen ihres erbärmlichen Zustands verfluchte, über die erschreckende Kriminalitätsrate in den Vereinigten Staaten und die großartigen Filme redete, die dort gedreht würden. Sein Telefon zu Hause funktionierte jetzt schon seit zwei Monaten nicht mehr, und er hatte sich mittlerweile an das Dasein ohne Fernsprecher gewöhnt. Er war auf dem Weg zu einem Onkel, der als Buchhalter in einer der Zuckerfabriken arbeitete. Er freute sich, dass ein Ausländer die Landungsstelle von Fidels Boot besichtigen wollte, einer ziemlich großen Yacht aus zweiter Hand, für 15 000 Dollar einem Amerikaner namens Ericson abgekauft, der sie *Granma* getauft hatte. Ericson muss wohl einer von der netteren Sorte gewesen sein.

Ich kann jedem eine ruhige Fahrt an einem Werktagnachmittag durch das östliche Kuba nur empfehlen. Südlich der Hauptstraße erstreckt sich die Sierra Maestra, in der ein tiefblauer Schleier die Siedlungen und die Geschichte verbirgt, 80 Meilen vom Golf von Guacanayabo bis zur Stadt Santiago de Cuba. Ich nahm eine kleinere Straße durch Zuckerrohrfelder und Kleinstädte, kam an neuen Mietshäusern, Gemischtwarenläden und Kliniken vorbei. Zahllose Reiter, die Macheten an die Hüften gebunden und Lassos an den Sätteln hängen hatten, ritten vorbei. Sie trugen vom Schweiß gefleckte Strohhüte mit hochgebogener Krempe auf dem Kopf. Die Straße war in bewundernswertem Zustand.

Die Fahrt parallel zur Sierra hat mich nachhaltig beeindruckt, nicht, weil sie außergewöhnlich traumhaft, sondern vielmehr weil sie ganz normal war. Die Anhalter fuhren auf dem Weg zur und von der Schule, zur Familie oder zur Arbeitsstätte jeweils nur etwa 20 Kilometer mit. Wenn die Mängel des Landes auch zu irreparablen Rissen führten, so lagen seine Vorzüge doch für jeden erkennbar in der Luft. Die Leute in der Provinz Oriente lebten in ihrem eigenen

Tempo, gleichmäßig und hartnäckig. Sie waren Teil ihres Landes, anpassungsfähig genug, um seine Konturen auszufüllen, langsam genug, um sich auf seine Hitze einzustellen. Eine Propagandatafel zeigte einen sterbenden amerikanischen Adler, daneben die Worte:

WIR WERDEN HEUTE EBENSO WENIG NACHGEBEN WIE GESTERN.

Bei Manzanillo machte die Hauptstraße einen Bogen Richtung Süden. Miguel, ein 70-jähriger Mann, schwenkte seine Machete, damit ich anhielt. Er hatte Säcke voll Korn dabei, das er auf dem Rücksitz verstreute. Eine Weile lang fragte er mich nach dem Woher und Wohin aus, aber dann konnte ich ihm eine Tirade gegen Fulgencio Batistas Tyrannei und die Notwendigkeit, ihn zu stürzen, entlocken. Er redete im Präsens und war ein bisschen verrückt. Dann machte er einen zeitlichen Sprung und beschrieb die Lage, wie sie sich Anfang der 30er Jahre präsentiert hatte. Ich war versucht ihm zu sagen, dass Gerardo Machado längst gestürzt war, die Alliierten den Zweiten Weltkrieg gewonnen hatten, die Dodgers Brooklyn verlassen hatten, und ach ja, dass Batista aus dem Land geflohen war.

Das karibische Meer lag zu meiner Rechten, fruchtbare Felder zur Linken. Bei einem eindrucksvollen Sportkomplex in Campechuela, einer Küstenstadt, hieß es am Zaun: *Wir treiben nicht einfach Sport, um Sieger hervorzubringen, die einen Eindruck unserer technischen Errungenschaften vermitteln. Wir treiben Sport zum Wohle unserer Jugend, zum Wohle des ganzen Volkes.* In der nächsten Stadt Richtung Süden, Media Luna, waren unzählige Fahrradfahrer unterwegs, mehr als irgendwo sonst bisher auf Kuba. Ein Teil der ersten Schiffsladung von Fahrrädern aus China war wohl hierher gelangt. Eine neue Propagandatafel zeigte das Bild einer glücklichen Familie, die gemeinsam Fahrrad fuhr. Die gleiche Szene spielte sich auch live in den Straßen der Stadt ab.

Der starke Geruch der Zuckerernte durchströmte Niquero, die nächste Stadt im Süden. Fast jeder, an dem ich vorbeikam, hatte etwas damit zu tun. Der Geruch war nicht die feine Süße, die eine gewöhnliche Packung handelsüblichen Zuckers verströmt, oder das weniger scharfe Aroma, das einem Sack Rohzucker entsteigt. Der Duft, der über Niquero lag, hatte etwas Schweres, Erdiges, Grobes an sich, stechend und lebendig. Er hing monatelang in der Luft. Trotz der technischen Entwicklung erzeugt Zucker noch immer den gleichen »Dampf, Feuer, Rauch und eine Menge Schufterei«, wie ein Besucher Mitte des 19. Jahrhunderts schrieb. Fotos, die der New Yorker Charles DeForest Fredricks um 1850 machte, handkolorierte Postkarten der Zuckerherstellung um 1920 und jüngere Porträts knochiger, schwitzender Arbeiter von Sabastião Salgado zeigen jeweils Arbeiter bei anstrengenden Tätigkeiten, vom Schneiden des Zuckerrohrs bis zum Aufstapeln der Säcke mit raffiniertem

Zucker für den Export. *Gan-Eden*, ein 1854 erschienenes Buch von William Henry Hurlbert, beschreibt atemlos die Zuckerherstellung zur Zeit der Sklaven auf Kuba: »Wild aussehende, halb nackte Horden von Negern, viele davon brüllen einander in den wilden Dialekten der afrikanischen Küste Späße zu, trampeln zur Plattform der Mühle hinauf und werfen ganze Arme voll Zuckerrohr zwischen die schweren Rollen der Mahlmaschine ... Riesige Öfen glühen dank des heftig lodernden Brennstoffs, der aus getrockneten Rohrstängeln besteht.« Der »milchige Strom Zuckersaft ... erfährt alle möglichen Transformationen, köchelt hier, schäumt dort, hier gemächlich und träge als trübe braune Masse, dort brodelnd und sprudelnd, ein wogender See flüssigen Goldes, der seine angenehmen Dämpfe in dichten weißen Schwaden emporsteigen lässt. ... Zucker liegt in der Luft, der Boden ist gelb vom Zucker, die Hunde lecken den Zucker aus den flachen Pfannen, die kleinen, nackten Neger, die an den Türen herumstehen, sind vom Zucker verschmiert.«

Die Fabrik selbst lag nördlich von Niquero, aber sie nahm die ganze Stadt in Beschlag. Güterwagen auf Rangiergleisen, Lagersilos, Zuckerrohr, das von den Ladeflächen der von Ochsen gezogenen Karren fiel, Container voll frisch geerntetem Zuckerrohr, Traktoren, die immerhin bis zu sechs Lagerbehälter rohen Zuckerrohrs heben konnten, Lastwagen voller Frauen mit Strohhüten, die nach ihrem Arbeitstag auf den Zuckerrohrfeldern zu ihren Schlafsälen zurückkehrten, kamen an einem anderen Lastwagen vorbei, der die Frauen der nächsten Schicht hinausbrachte. Zucker macht drei Viertel des kubanischen Exportvolumens aus, und Niquero strengte sich rund um die Uhr an, seinen Teil dazu beizusteuern.

Zuckerrohr wuchs hier, ganz gleich, ob das Land einer multinationalen Firma, einer staatlichen Kooperative oder einer Familie gehörte. Seit Ende des 16. Jahrhunderts bestimmte es die kubanische Kultur und Wirtschaft, und es trug mehr zum Patriotismus bei als irgendwelche Regierungen von oben herab beeinflussen konnten. Oft fragte ich Leute, die über ihr System murrten, ob sie je an der Ernte teilgenommen hätten. Dann entspannten sich ihre Körper, ihre Mundwinkel zogen sich nach oben und ihr Blick wurde sanfter. »Ja«, sagten sie, »ich habe vor Jahren einmal zwei Wochen, einen Monat, zwei Monate oder eine ganze Saison mitgearbeitet.« Das wiederholte, anstrengende Bücken und die Routine beim Aufschlitzen des Zuckerrohrs brachten sie dem Wesen ihres Volkes näher und verstärkten ihr Identitätsgefühl. Ihre politische Loyalität mochte ja nachlassen, aber König Zucker erwiesen sie ausnahmslos ihre Ehrerbietung.

Castros Gruppe hieß M-26, Movimiento 26, und zwar auf Grund des von Fidel angeführten erfolglosen Angriffs vom 26. Juli 1953 auf die Batista-Kaserne in Santiago. Das Datum des Überfalls, am 100. Geburtstag José Martís, wurde auf 26 verkürzt. In ganz Kuba galt die Zahl 26 als Symbol für den Beginn des Guerillakriegs. Fidel wurde festgenommen, vor Gericht gestellt, ins Gefängnis gesteckt und schließlich nach Mexiko ins Exil geschickt, dem Ausgangspunkt für seine Rückkehr mit der *Granma* Ende 1956. Seine zweistündige Verteidigungsrede bei seinem Prozess gilt als eine der bemerkenswertesten Ansprachen vor Gericht der ganzen lateinamerikanischen Geschichte. Er machte sich für den Sturz Batistas stark, verwies auf die europäische Geschichte, die erbärmliche Lage im ländlichen Kuba, zitierte die Theologie, berief sich auf verschiedene Philosophen und auf José Martí. Er beendete seine Rede: »Verurteilen Sie mich, das macht nichts aus. Die Geschichte wird mich freisprechen.«

◆◆◆

»Das war keine Landung«, beschrieb Che Guevara später die erbärmliche Ankunft der *Granma* an der Playa las Coloradas, »sondern ein Schiffbruch.« Alles, was bei der siebentägigen Überfahrt der Revolutionäre von Tuxpán, Mexiko, schief gehen konnte, ging schief. Ein Sturm machte die Mannschaft seekrank, brachte sie vom Kurs ab und verspätete ihre Ankunft. Sie kenterten im schlammigen Sumpfland südlich von Niquero, ihrem ursprünglichen Ziel, gingen von Bord, und es war niemand da, der sie in Empfang genommen hätte. Nachdem sie vor Sonnenuntergang zwei Stunden bis zur Taille durch den Mangrovensumpf gewatet waren und von Moskitos geplagt wurden, die sich freudig an den Rebellen gütlich taten, erreichten die Aufständischen *terra firma.* Eduardo Galeano beschreibt die Szene in seiner Trilogie *Memory of Fire*, seinem meisterhaften Überblick über die Geschichte Lateinamerikas: »Die Überlebenden blicken zum Himmel, um sich zu orientieren, aber sie verwechseln die Sterne. Ihre Rucksäcke und ihre Waffen versinken im Sumpf. Sie haben nichts zu essen außer Zuckerrohr, und sie hinterlassen entlang ihres Pfades dessen verräterische Überreste. Sie verlieren ihre Kondensmilch, weil sie die Dosen falsch herum mit sich tragen. In einem Augenblick der Unachtsamkeit vermischen sie ihren geringen Rest Süßwasser mit Meerwasser. Sie ... haben insgesamt sieben Gewehre, wenig feuchte Munition und unzählige Verletzungen und Wunden.« Fidel Castro erfüllte sein Versprechen, in das Land, aus dem er ins Exil getrieben wurde, zurückzukehren, und eine Revolution anzuzetteln. (Ein russischer Regisseur bat Castro 1960 laut *90 Miles from Home* von Warren Miller, die Landung nachzuspielen und durch den Sumpf zu waten. »Aber Fidel sagte ihm, er solle sich dafür einen Schauspieler suchen. Fidel meinte, er habe das einmal gemacht und das reiche ihm.«)

Ich erreichte die Stelle gerade, als das Museum der *Granma*-Landung geschlossen werden sollte. Raúl, der Spätschichtwärter, führte mich durch das Museum, einen niedrigen Bau neben einer großen Tribüne, die für Massenversammlungen und Shows genutzt wurde. Die Snackbar bei der Landungsstelle der *Granma* war bereits geschlossen. In dem Museum erfuhr ich, dass Exilkubaner in Miami Geld für die Expedition der Revolutionäre aufgetrieben hatten, indem sie von Fidel gegengezeichnete Fünf-Dollar-Schuldscheine verkauften. Gleich nach der Ankunft der *Granma* gab Batistas Militär bekannt, das Boot sei gekapert und die Passagiere festgenommen worden. United Press verbreitete telegrafisch die Nachricht, Castro sei tot, und schickte die Bestätigung hinterher: »Luft- und Marineeinheiten fingen die Yacht ab, als sie in kubanische Gewässer fuhr, was den Tod von Fidel Castro und seinem Bruder sowie von 38 weiteren Expeditionsmitgliedern zur Folge hatte.« Ein Polizeiplakat erbat Informationen über »eine Rebellengruppe, die mit Fidel Castro, Raúl Castro und ... anderen Anführern in Verbindung steht«. Die Regierung stellte eine Belohnung zwischen 5000 und 100 000 Dollar in Aussicht »für den Kopf von Fidel Castro. Anmerkung: Der Name des Informanten wird nicht bekannt gegeben.«

Der Wächter wies mir den schön angelegten Weg an Mangroven vorbei hinunter zu der eigentlichen Stelle, an der die *Granma* vor der Küste im Sumpf kenterte. Außer mir ging niemand den Weg hinunter. Doch alle paar Minuten kam mir jemand entgegen. Die Leute hielten alle ihre Schuhe in der Hand, ihre Hosen waren hochgekrempelt und ihre Füße nass. Jedem Touristen, der mir entgegenkam, entbot ich ein »*¡Bienvenido, comandante!*«, als sei er Castro, der soeben an der Küste gelandet sei. »Sind die anderen in der Nähe?« Ein Mann meinte, ich solle mich ein wenig beeilen, denn bis ich wieder zurückkäme, sei es sicher schon dunkel. Das Dickicht ringsum wurde immer undurchdringlicher, und auf dem Weg reichte mir das Sumpfwasser bis zum Schienbein. Winzige Eidechsen und andere kleine Kreaturen warteten auf die Dämmerung. Die knorrigen Bäume waren so dick, dass ihre Äste ein natürliches Dach über dem zementierten Damm bildeten. Es war, als würde ich durch einen Tunnel gehen. Millionen von Moskitos sangen ihr eintöniges Lied.

Ich konnte, als der Weg aus dem Sumpf herausführte, am Ende des Tunnels den Golf von Guacanayabo sehen. Irgendjemand hatte in den Zement geschrieben: ABAJO EL IMPERIALISMO! – Nieder mit dem Imperialismus! Der Weg endete an einem breiten Pier aus Zement und Holz, von dem man auf das Wasser blicken konnte. In diesem Land, in dem es so viele Slogans gibt, dass man sie kaum noch registriert, hob sich die Landungsstätte der *Granma* deshalb hervor, weil hier Schlagworte fehlten.

Ich war froh, allein zu sein. Ein paar Vögel zwitscherten, irgendetwas erzeugte auf dem Wasser Rippen, die Sonne war im Begriff unterzugehen. Die Landungsstelle bildete den Dreh- und Angelpunkt zwischen der Notwendigkeit eines Volksaufstands und seinem Sieg. Von dieser Stelle aus entfachte Fidel Castro den Kampf der Gruppen von Intellektuellen, Arbeitern, *campesi-*

nos und Studenten, die bereits in den Startlöchern standen, um den Sturz Batistas herbeizuführen. Etwas weiter im Nordwesten trieb ein kleines Boot auf die Küste zu.

In den drei Monaten nach der Landung der *Granma* hatte die Batista-Regierung noch immer nicht herausgefunden, wie sie ihre beachtliche Armee einsetzen konnte, um die Guerilleros in den Bergen zu bekämpfen. Um die Geheimhaltung ihrer Bemühungen war es am 24. Februar 1957 geschehen, als die *New York Times* den ersten von drei Artikeln über Castro in der Sierra Maestra veröffentlichte, den der Reporter Herbert Matthews unter dem Titel »Besuch im Versteck eines kubanischen Rebellen« herausbrachte. Da es Castro gelungen war, Matthews an Armeeposten vorbei in die Berge und wieder heraus zu schleusen, hatte er seine erste öffentliche Schlacht gewonnen, so wie er die meisten folgenden gewinnen sollte.

M-26 war nicht die einzige Guerillagruppe, die auf dem Lande operierte, aber Castro und seine Leute galten auf Grund seiner Persönlichkeit und der Organisation als Symbolfiguren des Kampfes gegen einen ausgelaugten, korrupten und zunehmend despotischen Diktator.

Nach allem, was man so hört, war Kuba in den entscheidenden Jahren 1957 und 1958 ein äußerst aktives und turbulentes Land. Sowohl Hollywood als auch das organisierte Verbrechen beehrten Havanna immer wieder. Frank Sinatra und andere Entertainer aus den Staaten traten dort auf. Steve Allen gastierte mit seinem Varieté am Sonntagabend im Hotel Riviera am Malecón.

Urlauber, die meisten aus den Vereinigten Staaten, strömten in die Hauptstadt, und zwar nicht nur wegen der Strände und des Sonnenscheins, sondern auch, um Glücksspiel, Sex auf der Bühne, Prostitution und Drogen zu erleben und zu konsumieren. Fulgencio Batista übte das Amt des lächelnden Majordomus aus, der hinter seinem Rücken einen Totschläger bereithielt. Havanna war damals die größte Grenzstadt Amerikas.

Die meisten Bewohner der Hauptstadt, die von der Skrupellosigkeit des Majordomus zunehmend beunruhigt waren, schreckten vor offenen politischen Aktivitäten zurück, aber eine aktive Untergrundbewegung führte Überraschungsoperationen durch, die zwar häufig nicht erfolgreich waren, aber die Regierung allein schon auf Grund der Unverfrorenheit alarmierten. Geheimgruppen unterstützten diese Bemühungen ebenso wie ein paar reiche Industrielle. Auf dem Land, wo die erbärmlichen Zustände mit denen anderer lateinamerikanischer Nationen vergleichbar waren, bot man den Guerillakämpfern häufig Unterschlupf und ernährte sie.

Über die Landungsstelle der *Granma* hatte sich eine sehr stille Nacht gelegt, und als ich gerade zu meinem Auto zurückkehren wollte, kam Raúl, der Nachtwächter, herüber, um ein bisschen zu plaudern und mir eine frisch heruntergefallene Kokosnuss zu spendieren.

Ich hatte gehört, dass sich nicht allzu weit von der Playa las Coloradas entfernt ein hübsches Hotel befinden sollte, aber die Angaben waren vage. Ich folgte nach meiner deutschen Kubalandkarte einer Straße, die mich zum richtigen Ort hätte führen sollen, aber ich landete in Cabo Cruz, an der äußersten Spitze der Halbinsel, am Westzipfel der Provinz Granma. Die Karte war falsch, die Straße, die ich suchte, gab es gar nicht. Ein Mann, der im Dorf auf einer Bank saß, lachte, als ich ihm erklärte, warum ich hier gelandet sei. Ich war nicht der Erste, der von den Deutschen auf den falschen Kurs gelockt worden war. Um zu dem Hotel zu gelangen, musste ich umdrehen und nach Norden an Niquero, der Zuckerstadt, vorbeifahren, dann Richtung Südosten zur Küste. Der einzige Anhalter, den ich aufgabelte, war ein Schulbusfahrer. Noch um neun Uhr abends ging es in Niquero laut und geschäftig zu, die Zuckerarbeiter schufteten bis in die Nacht, und so sah ich weitere Güterwagons, Ochsenkarren, Traktoren und Container. Die Fabrik stieß vor einem klaren, dunklen Himmel weißen Dampf aus. Ich fuhr hinter einem mit Zuckerrohr beladenen Lastwagen her, der ein Rohr nach dem anderen verlor.

Das letzte einsame Straßenstück, etwa 30 mit Schlaglöchern übersäte Kilometer durch die Sierra Maestra, war von riesigen historischen Hinweisschildern mit großen Darstellungen der ursprünglichen Mitglieder der M-26 in den Bergen gesäumt. Auf jedem Schild war detailliert erklärt, wer die Straße an diesem speziellen Punkt und unter welchen Umständen überquert hatte. Auf einem hieß es, Raúl Castro sei an dieser Stelle vorbeigekommen, während ein anderes Che Guevaras Marsch durch die Sierra schilderte. Um elf Uhr fuhr ich schließlich am Eingang des Hotels vor dem Wachhäuschen vor.

Der Wächter saß in jener Art Kiosk, die normalerweise ausländische Botschaften schützen, nicht aber kubanische Hotels. Schilder wiesen auf der einen Seite den Weg zum Strand, zu einer Disko und zum Reiten, in die andere Richtung zum Tennis, dem Pool und dem Fahrradverleih. Das Hotel Marea de Portillo war leider wegen Betriebsferien geschlossen und sollte in zwei Wochen wieder eröffnet werden. Die nächstgelegene Unterkunft gab es in Manzanillo, etwa 60 Kilometer die gleiche Straße zurück. Ich säße seit acht Uhr früh hinter dem Steuer, erzählte ich dem Wachmann. Ich könne unmöglich noch einmal eine Stunde durch die Sierra fahren. »Wenn es Ihnen nichts ausmacht, parke ich einfach hier und schlafe im Auto.« Er verschwand für kurze Zeit, und als er zurückkam, teilte er mir mit, der Hoteldirektor erwarte mich am Eingang.

Der Direktor gestattete mir, für eine Nacht zu bleiben. Eine kleine Mannschaft war dabei, das Hotel für den Ansturm von Kanadiern vorzubereiten, die ab Mitte Dezember als Pauschalurlauber hier einfallen. Chartermaschinen fliegen von Toronto nonstop nach Manzanillo, wo die Urlauber am Flughafen von einem Bus abgeholt und direkt ins Hotel gebracht werden. Die meisten Zimmer waren mit Radio, Telefon und Fernseher ausgestattet. Die

Radiosender von Jamaika waren klar zu empfangen. Der endlose Strand hatte feinen, dunklen Sand. Wollen Sie tauchen? Sich ein Moped mieten? Volleyball spielen? Das Hotel Marea de Portillo stand jedem offen, nur nicht den Kubanern. Es war der Club Méditerranée des Sozialismus.

Am Vortag hatte mich eine meiner Anhalterinnen eingeladen, sie und ihre Familie auf ihrem Bauernhof zu besuchen. Jetzt, auf dem Rückweg nach Santiago, überlegte ich, ob ich ihr Angebot annehmen sollte. Die ersten Anhalter an diesem Morgen waren zwei Kühltechniker auf dem Weg zu einer Raststätte namens Sevilla. »In Spanien?«, fragte ich. Der eine fand das wenig amüsant, der andere sagte: »Ja.«

Ein weiterer Anhalter, ein Polizist in Zivil, hatte kleine, mit Bohnen gefüllte Tüten dabei. An einer Stelle riet er mir, langsamer zu fahren. »Hier gibt es eine Radarfalle«, erklärte er mir grinsend. »Und ich will Sie nicht bei mir im Büro sehen.« Er engagierte sich für die Resozialisierung frisch entlassener Gefangener. Ich fragte ihn ein wenig nach dieser Arbeit aus. »Die Vorgaben macht unser Oberbefehlshaber«, antwortete er. Als ich ihn in Manzanillo absetzte, bestand er darauf, dass ich eine Tüte Bohnen annahm. »Meine Familie hatte dieses Jahr eine sehr gute Ernte. Das sind Geschenke für meine *compañeros* bei der Arbeit. Bitte, nehmen Sie eine Tüte.«

Ich habe die Anhalterin, ihren Bauernhof und ihre Familie nicht gefunden. Nachdem ich mich eine Stunde lang zwischen den Städten Contramaestre und Palma Soriano bei Passanten erkundigt hatte, war ich schon fast im Begriff weiterzufahren, als mir ein Mann den Weg zum Haus des Onkels der Anhalterin wies. Es stand etwas zurückgesetzt an einer Zufahrtsstraße, die parallel zur Hauptstraße verlief. Eine kleine Einbahnstraße zweigte davon in eine andere Richtung ab. Vor dem Haus lagen Teile schwerer Landmaschinen. »Wir warten auf Ersatzteile«, erklärte die Hausherrin ohne einen Anflug von Ironie. Ihr Name war María, ihr Mann hieß Manuel. Das Haus war wohl das Gemeindezentrum des Ortes. Es schauten so viele Leute herein, gingen vorbei, winkten im Vorüberlaufen oder kamen kurz auf einen Plausch herein, dass man zwangsläufig den Überblick über die Verwandtschaftsverhältnisse verlor. María sagte, die Familie der Anhalterin, ihrer Nichte, lebe ein paar Kilometer entfernt auf der anderen Seite der Hauptstraße, aber dort sei jetzt niemand zu Hause. Ob ich nicht einfach kurz hereinkommen und auf der Eingangsveranda Platz nehmen wolle?

Marías und Manuels Eingangsveranda blickte auf die Sierra Maestra. Die Berge dehnten sich in beide Richtungen aus, so weit das Auge reichte. Sie erinnerten mich an die »Majestät der Berge« aus »America the Beautiful«. Das sagte ich zu einer ihrer Töchter, und sie erzählte mir, die am nächsten gelegene Zuckerfabrik heiße *Free America*. Bald tauchte auch eine zweite Tochter auf, ebenfalls im späten Teenageralter. María schenkte jedem von uns ein Gläschen Rum ein. Dann noch eines, dazu gab es einen kleinen Imbiss. Ich ging zu meinem Auto und holte eine Flasche Rum, die ich unter dem Sitz verstaut hatte. Die Schwestern waren der Inbegriff der klassischen *guajiras*, der unschuldigen, zurückhaltenden, rücksichtsvollen und fügsamen Schönheiten vom Lande mit strahlenden Augen. Wir saßen auf der Veranda und bewunderten den herrlichen Anblick der Sierra. Die Mädchen wollten alles über Nitza, die Fernsehköchin, wissen. Wie ist sie wirklich? Hat sie für Sie gekocht? Sie kannten andere Länder vom Schulunterricht, aus Büchern und Zeitschriften, aber hauptsächlich aus Film und Fernsehen. »Ich würde gern nach Mexiko reisen«, sagte die Jüngere. »Und ich nach Spanien«, erklärte die Ältere. Eine dritte Tochter – vielleicht aber auch eine Nichte oder Freundin – hatte sich zu uns gesellt, und ihr Traumziel war Frankreich. Sie trug schmale Silberarmreifen und an jedem Finger einen Ring.

Sie holten einen Kassettenrekorder, und ich kramte im Kofferraum meines Autos nach meinen Kassetten. Ich legte Los Lobos ein, und María bestand darauf, ich müsse mit den Mädchen auf der Veranda tanzen. Sie waren einverstanden. Die Sache nahm allmählich Züge einer typischen Bauerntochtergeschichte an. Hätte ich noch ein bisschen mehr getrunken, dann hätte ich ihnen erzählt, ich sei ein Clown und hätte sie gefragt, ob sie nicht in meinem Zirkus auftreten wollten.

Der Vater der Bauerntöchter, Manuel, kam nach Hause. Er war ein mürrischer Mann von 66 Jahren. Er besaß den unglaublichen Stoizismus jener Leute, die W. Eugene Smith einst fotografierte, und das Benehmen von Bergarbeitern, wie ich sie im Südwesten der Vereinigten Staaten, in Mexiko und den Anden gesehen hatte. Der Freund der ältesten Tochter kam mit dem Fahrrad an. Ein anderer Kerl ritt hoch zu Ross daher. Eine halbe Stunde später fuhr ein von Pferden gezogener Karren mit weiteren Freunden vor. Ein höflicher, städtisch gekleideter Mann trat näher und ging ins Haus. Er saß in der Ecke des Wohnzimmers und sagte kein einziges Wort.

Manuel hatte sich gewaschen, die Haare gekämmt und sich eine hübsche weiße *guayabera* angezogen. Wir saßen im Wohnzimmer unter einem Bild von Fidel und unterhielten uns. Manuel hatte insgesamt dreizehn Kinder, von denen die meisten bereits erwachsen waren und das Elternhaus verlassen hatten. George Bush und die Golfkrise, die damals gerade ihren Siedepunkt erreichte, wurden in der Presse mit der Benzinknappheit in Verbindung gebracht, die zu Kubas »Besonderer Periode« geführt hatte. »Bush und sein Desert Shield sind für die ›Besondere Periode‹ verantwortlich«, sagte Manuel.

»Aber die ›Besondere Periode‹ begann schon etwa eine Woche, nachdem die Truppen zum Golf geschickt wurden. Und der Irak hatte Kuwait davor überfallen. So etwas Kompliziertes wie die Besondere Periode muss monatelang vorbereitet worden sein. Glaubst du nicht, das Problem hängt vielmehr damit zusammen, dass sich Kubas Handelspartner vom sozialistischen Lager verabschieden?«

Wolken zogen über die Sierra Maestra hinweg. Noch eine Tochter kreuzte auf und fütterte ihr fünf Wochen altes Baby mit der Flasche. Manuel registrierte, dass ich das Porträt von Castro betrachtete. »Warum mögt ihr ihn so?«, fragte ich.

»Er wird sicher einen Plan haben. Er wird das Problem ganz im Sinne des einfachen kubanischen Volkes angehen.« Manuel war nicht nur Mitglied des hiesigen Komitees zur Verbreitung der Revolution, sondern Bereichskoordinator von fünf dieser lokalen Komitees. »Sag mal, könnt ihr in den Vereinigten Staaten schreiben, worüber ihr wollt?«

»Ja. Ob man es dann schafft, dass es veröffentlicht wird, ist allerdings eine andere Frage. Das hängt hauptsächlich vom Markt ab. Und hier? Kann man hier schreiben, worüber man möchte?«

»Nicht über Aktivitäten von Konterrevolutionären. Die würden einem den Kopf abschlagen!« Manuel fuhr sich mit dem Zeigefinger quer über den Hals. Er war kein Mann, der in Metaphern sprach.

Ich warf einen Blick auf meine Uhr. »Na ja, ich muss jetzt los. Deine Töchter haben mir gesagt, dass es in Palma Soriano ein Hotel gibt, und wenn ich jetzt losfahre, komme ich dort noch an, bevor es dunkel wird.« Ich machte Anstalten, mich zu verabschieden.

»Willst du zum Abendessen bleiben?« Er rief seiner Frau in die Küche zu: »Er bleibt zum Abendessen.« Dann schaute er wieder mich an. »Wir sind wie die meisten Kubaner. Wir mögen unseren Reis mit Bohnen.«

María tischte uns mehr auf als nur das. Zuerst kamen *tamales*, die im Hinterhof über einem kleinen Feuer gebraten worden waren. Dann *guiso de maíz*, eine Maissuppe mit Reis, Bohnen, Karotten und ein paar Tomaten. Schließlich servierte uns María *picadillo de carne*. »Mindestens einmal im Monat haben wir Fleisch auf dem Tisch«, sagte Manuel. Sie aßen weit besser als die Leute in der Stadt. In ihrer Küche lagerte mehr Gemüse als ich an vielen Marktständen in Havanna gesehen hatte.

Manuel und ich gingen ins Wohnzimmer zurück, das durch einen Bücherschrank von der Wohnküche abgetrennt war. Ein Haufen Aufkleber zum Nationalen Tag der Verteidigung lag auf einem der Regalbretter. »Ich bin keine 500 Meter von hier entfernt geboren.« Vor der Revolution hatte Manuel auf einer Kaffeeplantage gearbeitet.

Zwei Pferde kamen vor das Haus getrottet, die Reiter stiegen ab, um ein paar Minuten zu plaudern. Die Besucher verteilten Schmutz im ganzen Haus, und sobald sie gegangen waren, fegte eine der Töchter rasch sauber. »Während der Revolution überbrachte ich Nachrichten in die Rebellenverstecke. Ich bin mit einem Pferdekarren gefahren. Kaum 20 Kilometer von hier hat eine Schlacht stattgefunden. Gleich nach der Revolution habe ich bei der Zuckerrohrernte geholfen.«

»Gibt es in der Gegend noch irgendwelche Konterrevolutionäre?«

»Nein! Denen haben wir die Köpfe abgeschlagen! Wir haben eine Volksregierung. In den Vereinigten Staaten gibt es Millionäre, aber ihr habt auch viele Obdachlose. Ihr habt eine schwarze Bevölkerung, die selbst allen Grund hätte, eine Revolution anzuzetteln. Fidel sagt über die USA, dass das amerikanische Volk Kuba nicht feindlich gegenübersteht und umgekehrt.« Manuel hatte eine Machete an seine Seite gebunden, als gehöre sie zu seiner Kleidung.

»Wir hatten hier eine Arbeiterrevolution. Davor waren alle arm. Und jetzt – einer meiner Söhne ist auf dem College. Ein anderer ist Ingenieur in Havanna. Er war in der UdSSR. Alle meine Kinder haben eine Ausbildung, soweit sie es eben wollten. Welches andere Land der Welt kann das von sich behaupten? Schau dir die Säuglingssterblichkeitsrate an.« Manuel war Nutznießer des Gesetzes zur Agrarreform, durch das große Landbesitze aufgeteilt wurden. »Solange an diesem Gesetz festgehalten wird«, stellte Amiri Baraka, damals unter dem Namen LeRoi Jones bekannt, nach einem Besuch 1960 fest, »wird die Mehrheit des kubanischen Volkes Fidel Castro lieben, selbst wenn bewiesen werden sollte, das er der Teufel in Person ist.«

Manuel, jetzt im Ruhestand, leitete eine Produktionsbrigade auf einer nahen Plantage. Um sieben Uhr stand er plötzlich auf und schaltete den Flutlichtscheinwerfer an der Vorderveranda ein. Er setzte seinen Strohhut auf und schaute hinaus. »Nach dem Abendessen spielen wir Domino. Wär schön, wenn du mitmachst.« Eine Frau, die in einem Haus auf der anderen Straßenseite wohnte, schaute vorbei. Sie erwartete ihre Mutter am nächsten Tag von einem Verwandtenbesuch in den Staaten zurück.

Ich fragte Manuel nach den Komitees zur Verbreitung der Revolution. In den Städten nahmen sie eine wichtige Stellung ein, aber auf dem Lande waren die Komitees weniger sichtbar. »Das ist ganz einfach. Wir sorgen für die revolutionäre Wachsamkeit. Wir wissen rund um die Uhr, was hier in der Gegend los ist. In Zone fünf haben wir 336 Mitglieder im Alter von über 14 Jahren. Das Komitee wacht über die Gemeinde, sowohl über die guten wie über die schlechten Mitglieder. Ein Angehöriger des Komitees weiß alles, was vor sich geht. Er entwickelt die ideologischen Vorgaben für die *compañeros.*«

Der erste der Dominospieler kam an. Dann auch Dénices, eine knapp 40-jährige Lehrerin, die in dem kleinen Schulhaus 25 Meter von Marías und Manuels Heim entfernt unterrichtete. Manuel machte uns miteinander bekannt. Sie lebte in einem Häuschen mit zwei Zimmern zwischen Manuels Haus und der Schule, und sie fuhr jede Woche nach Santiago, wo sie an Fortbildungskursen in Pädagogik teilnahm. Über ihrem Kleid trug sie einen karierten Pulli; sie hatte den Mund voller äußerst gesunder Zähne. Sie wurde wie ein Familienmitglied behandelt.

»Ich bin seit 1960 in der Kommunistischen Partei«, sagte Manuel. »Ziel der Partei ist es, die Massen zu lenken. Wenn es ein Problem gibt, dann regelt es manchmal das Komitee, manchmal die Kommune. Ich stehe zwischen der Kommune und dem Volk. Wir wollen gar nicht mehr Leute in der Partei haben.«

»Warum nicht?«

»Wenn wir mehr Mitglieder hätten, kämen sie aus der Bourgeoisie, nicht aus der Arbeiterschaft. Heutzutage gibt es hier keine Bourgeoisie. In Kuba ist die Bourgeoisie für immer ausgestorben.«

Wir gingen hinaus, wo sich die Dominospieler für ihre abendliche Runde versammelt hatten. Eine der Töchter verkrümelte sich Arm in Arm mit ihrem *novio*, ihrem Verlobten, hinter das Haus. Ein 16-jähriger Nachbarjunge lehnte sich im Hof gegen ein Geländer und starrte auf die dunkle Sierra. »Ich arbeite während der Zuckerrohrernte auf den Feldern«, erzählte er. »Dort drüben.« Er nickte in Richtung Südosten. Er war allem Anschein nach weniger begeistert vom Zuckerrohrschneiden und – wie sich im Laufe unserer Unterhaltung zeigte – auch von seinem Land.

Domino? Ein Glücksspiel. Keine Strategie. Köpfchen ist eigentlich nicht erforderlich. Das Glück, welchen Stein man zieht. Zufällig. Zeitvertreib. Keine klugen Züge wie beim Schach.

Ha! Der Spaß ging auf meine Kosten. Die abendliche Spielrunde gab es nun schon seit Jahrzehnten, vielleicht sogar schon vor der Revolution. Zuerst schaute ich zu. Die vier Männer spielten raffiniert. Anfänglich sah es so aus, als würden sie ihre Steine wahllos hinknallen, ohne darauf zu achten. Aber im Verlauf des Spiels wurde ein Muster erkennbar, genau wie beim Pokern, wenn man heimlich die Karten zählt. Die Tochter und ihr *novio* schauten um die Ecke, und sie blinzelten in der plötzlichen Helligkeit. Sie schloss gerade den obersten Knopf ihrer Bluse. Der *novio* kam herüber und schaute dem Spiel zu. Einer der Spieler stand auf, um zu gehen, und Manuel gab mir ein Zeichen, ich solle seinen Platz einnehmen. Das junge Paar schlenderte wieder davon hinter das Haus.

Das Dominospiel war aus der spanischen Region Andalusien nach Kuba gekommen, und zwar durch Soldaten, die im Unabhängigkeitskrieg Ende des 19. Jahrhunderts gegen Kuba gekämpft hatten. Einige der Soldaten blieben auf Kuba, und das Spiel verbreitete sich, abgeändert durch ein ähnliches Spiel, das die Chinesen, die in zunehmender Zahl auf die Insel auswanderten, einführten. Aus der Synthese der beiden Spiele entstand laut Modesto Vázquez González das, was wir heute als kubanisches Domino kennen. »Durch den gewaltigen Exodus von Kubanern, die vor der Diktatur Castros flohen«, schrieb Vázquez in Mexiko in seinem beeindruckenden, 560 Seiten umfassenden Buch über Geschichte, Regeln, Taktik und Zeremoniell des Spiels, »hat sich das kubanische Domino inzwischen in alle vier Himmelsrichtungen verbreitet und ist überall auf Interesse gestoßen.« Es ist »die jüngste und perfekteste Weiterentwicklung des Dominospiels in ganz Lateinamerika«. Castro persönlich spielt laut Aussage des Fotografen Lee Lockwood, der einmal Zeuge war, wie der Premier 17 Stunden am Stück durchspielte, Marathon-Dominopartien. Graham Greene schrieb, dass einmal, als er mit Castro in eine kleine Stadt kam » ... zwei Männer in einer Bar beim Dominospiel saßen und er sich zu ihnen setzte und mitspielte.« Wieder bogen Manuels Tochter und ihr *novio* um die Ecke. Und wieder knöpfte sie ihre Bluse zu.

Ich hatte das Buch von Vázquez noch nicht gelesen, als ich mich an Manuels Tisch setzte, aber selbst wenn ich es eifrig studiert hätte, hätte mir das hier wahrscheinlich wenig geholfen. Einmal, als der Spieler zu meiner Rechten mit einem bestimmten Stein begann, tat ich den nächsten Zug und blockte ihn mit einem Pasch ab. »Nein!«, wies mich Manuel zurecht. »Mach den Eröffnungszug nicht kaputt!« Ich hatte keine anderen Steine, die ich hätte ausspielen können, aber Manuels Zurechtweisung war ideologischer Natur. Sein Ratschlag kam schnell und wütend. Und am Ende jedes Spiels: »*¡Dale agua!*« Misch die Dominos!

Manuel missachtete eine von José Ricardo O'Farrill, dem besten kubanischen Dominospieler der 30er Jahre, aufgestellte Grundregel: Zeige weder Zufriedenheit noch Abscheu gegenüber einem anderen Spieler. (Die weiteren Richtlinien lauten: Schüchtere die anderen nicht ein; frag nicht, welcher Spieler welchen Stein gelegt hat; frag keinen anderen Spieler, warum er einen bestimmten Stein gelegt hat; zähle nicht laut mit; keine stumme Kommunikation mit den Augen oder Händen; spiel weiter und diskutiere nicht über das Spiel; spicke nicht; beleidige, belästige, beunruhige oder unterbrich andere Spieler nicht.) Als mir Manuel wieder einmal ungebetene Ratschläge erteilte, bekam ich den Zorn aller fünf lokalen Komitees zur Verbreitung der Revolution zu spüren. Von unseren etwa 15 Spielen gewann ich zwei. Die Kommunisten schlugen mich beim Domino mit Leichtigkeit.

Ich machte Anstalten, abzufahren, aber Manuel wollte davon nichts hören. »Komm mit!« Er führte mich in ein kleines Haus nebenan, das zum Bauernhof gehörte. Im Wohnzimmer saßen mehrere Leute vor einem Farbfernseher. Ein Dokumentarfilm über Chile lief, aber der eigentliche Grund, warum sich alle um den Fernseher versammelten, war *Roque Santeiro*, die brasilianische Seifenoper, die sie sich anschauen wollten. Dort, am Rande der Sierra Maestra, versammelten sich an drei Abenden in der Woche sechs Revolutionäre im Halbkreis, um die neuesten melodramatischen Ereignisse des brasilianischen Fernsehens mitzubekommen.

Während die Sendung lief, kam der Mann, dessen Platz ich beim Dominospiel eingenommen hatte, herein und schwenkte eine leere Flasche. »Nichts«, sagte er traurig. »Ich konnte nirgends Rum kriegen.«

Bevor ich mich verabschieden konnte, sagte Manuel: »Wir haben dir ein Bett organisiert. Dénices wird bei uns im Haus schlafen, und kannst ihr Zimmer nehmen.«

Die Wohnung von Dénices war sauber und voll gestellt. Im vorderen Zimmer stapelten sich Kleider und Bücher. Wir unterhielten uns, während sie ein paar Sachen zusammensuchte. Sie war bei Zeugen Jehovas aufgewachsen, die, wie sie sagte, ihr ein bestimmtes Spektrum an Verhaltensweisen beigebracht hatten. »Das ist eine Religion, deren Ansichten sich nicht mit unserer Regierung vereinbaren lassen. Sie salutieren nicht vor der Flagge und tragen auch nicht das Halstuch der Pioniere, aber sie engagieren sich.«

Ich hatte gehört, dass die Revolution auf dem Land stärker unterstützt wurde als in den großen Städten. Warum?, fragte ich sie.

»Das Leben hat sich hier nachweislich stärker verändert. Schauen Sie sich Manuels Familie an, dann verstehen Sie es. Stellen Sie sich vor, was sie jetzt tun würden, welche Ausbildung sie genossen hätten, wenn die Revolution nicht stattgefunden hätte. Davor gab es auf dem Land praktisch keine Bildung. Die Schule, in der ich unterrichte, ist ein Ergebnis der Revolution. Bei uns wird nicht auswendig gelernt, wir unterrichten praxisbezogen. Und der Schulbesuch ist für alle kostenlos. In den Vereinigten Staaten muss man Schulgeld bezahlen.«

»Muss man das?«

»Soweit ich weiß, kostet der Schulbesuch etwas.«

»Na ja, indirekt, denke ich – Vermögens- und Einkommenssteuer fließen in öffentliche Schulen, und Privatschulen verlangen Schulgeld. Aber nein, der Besuch öffentlicher Schulen kostet nichts.« Dénices nickte.

Der Bildungsminister war in der Vorwoche entlassen und sein Nachfolger schon ernannt worden. Welche Hoffnungen wurden in den neuen Mann gesetzt? »Verbesserungen!«

Sie zeigte mir das Schlafzimmer. Über dem Doppelbett hing ein Moskitonetz. Ein Kurzwellenradio stand auf einem Tisch daneben, auf dem auch ein Stapel Bücher über die Geschichte des Landes lag. »Scheuen Sie sich nicht, in die Bücher hineinzuschauen. Oder das Radio einzuschalten.« Ich fragte, ob man damit Radio Martí empfangen konnte. Ohne mir direkt zu antworten, sagte sie: »Radio Martí zeichnet ein negatives Bild von den Vereinigten Staaten. Es erweckt den Eindruck, dort würden alle Kuba hassen. Wir sind nicht gegen das Volk der Vereinigten Staaten. Wir verstehen, dass sie Probleme haben, genau wie wir.« Wir gingen wieder in das vordere Zimmer. »Wollen Sie heute Abend noch duschen?«

»Das würde ich gern, aber falls ...«

»Gut. Dann mache ich das Wasser heiß. Hier ist ein Handtuch und eine Seife. In einer Viertelstunde ist es warm genug.« Sie öffnete die Tür und ging mit mir ins Nebengebäude, wo sie einen Eimer füllte und darunter einen Campingkocher entzündete. »Vergessen Sie nicht, Badeschuhe anzuziehen, wenn Sie zum Duschen gehen.«

Dénices ging gerade zu Manuels Haus, als dieser heraustrat, um mir gute Nacht zu wünschen. »Ist alles klar?« Er wollte mir von dem Haus erzählen, in dem ich übernachtete. Es war stets für den Schullehrer reserviert, und dieser wurde fast immer in Manuels Familie aufgenommen. »Wenn Dénices die Arbeit hier aufgibt, um weiterzustudieren, bekommt sie ihr volles Gehalt. Sie erhält 232 Pesos im Monat. Plus Unterkunft und Essen, wenn sie in Santiago studiert. Und jetzt sag mir, ob irgendein anderes Land solche Chancen bietet?« Wir schüttelten einander die Hände und wünschten uns eine gute Nacht. »Übrigens«, fügte er im Hinausgehen hinzu, »ist deine Autotür zugeschlossen?«

Folgendes las ich in einem von Dénices' Geschichtsbüchern: Zu den US-Sabotageakten im Frühjahr 1961 gehörte auch die Bombardierung zweier Landeplätze in der Gegend von Havanna, eines weiteren in Santiago. *Unser Oberkommandierender ordnete unverzüglich die Mobilmachung der Rebellenarmee und der Nationalen Revolutionsmiliz an. Bei der Beerdigung der Opfer erläuterte Fidel in seiner Ansprache den sozialistischen Charakter unserer Revolution. Unser Oberkommandierender verkündete der Welt auf dem Friedhof Colón vor einer großen Menschenmenge, dass die schönste Blume, die man den gefallenen Helden darbringen könne, die sozialistische Revolution sei. Es war ein bewegender Augenblick.* Ich schlief ein, begleitet vom Quieken von Schweinen und dem Zirpen von Grillen, den Geräuschen des ländlichen Kuba.

Am nächsten Morgen wachte ich früh auf und öffnete den einfachen hölzernen Fensterladen. Die tropische Sonne flutete herein und tauchte alles in ihr Licht. Draußen im Schulhof fütterte ein Junge die Schweine. Vögel zwitscherten. Der Mais stand mannshoch. Ich schrieb in mein Notizbuch: »Endlich habe ich Kuba von innen gesehen, so wie es gern von außen betrachtet würde.«

»Entschuldigen Sie. Ist der Erzbischof zu sprechen?«

»Bitte warten Sie hier, ja?«

Dieser Wortwechsel fand im Büro der römisch-katholischen Diözese von Santiago de Cuba statt. Ich war von Manuels und Marías Bauernhof direkt hierher gefahren. Der Erzbischof bewahrte laut Aussage von Schwester Lucía in El Cobre die Nobelpreismedaille von Ernest Hemingway auf. Mirta Zayas, der Assistent des Erzbischofs, kam in die Lobby zurück. »Er ist bis Dienstag nicht in der Stadt. Kann ich Ihnen irgendwie helfen? Ich bin sicher, ich kann in seinem Namen sprechen.«

Ich erklärte ihm, dass ich die Hemingway-Medaille sehen wolle. »Ist sie hier oder in einer Bank?«

»Sie befindet sich im Tresorraum einer Bank.«

»Wie gut, dass Banken hier am Samstag den ganzen Tag geöffnet haben. Ich reise morgen von hier ab. Wäre es möglich, sie heute noch zu sehen?«

»Nein. Nur der Erzbischof kann dazu die Genehmigung erteilen.«

»Ich verstehe. Sagen Sie mir bitte, welche Bank es ist? Das würde mir schon weiterhelfen.«

»Eine Bank in Havanna.«

»Das ist ja wunderbar. Dort bin ich nächste Woche. Vielleicht kann ich dann die Genehmigung bekommen, sie zu sehen.«

»Niemand ist dort ermächtigt, das zu genehmigen.«

»Ach. Kann ich in diesem Fall eine Notiz für den Erzbischof hier lassen und ihm die Umstände erklären?«

»Nein, so kann er das unmöglich genehmigen.«

»Wie wäre es per Telefon oder Brief?«

»Das wird nichts nützen.«

»Für mich klingt das ganz einfach.«

»Ich arbeite nun schon seit Jahren eng mit dem Erzbischof zusammen. Das ist nicht seine Vorgehensweise. Er wird es nicht tun.«

»In welcher Bank in Havanna befindet sich die Hemingway-Medaille?«

»Das kann ich Ihnen nicht sagen.«

»Aber sicher ...«

»Er wird es nicht genehmigen. Sie wird nächstes Jahr nach El Cobre zurückgebracht.«

Am Tag, als ich diesen Abschnitt schrieb, wurde ich wieder an die Sexualität auf Kuba erinnert, dieses Mal durch einen Artikel im *Condé Nast Traveler*. Der Journalist Enrique Fernández hatte zusammen mit einem Fotografen Santiago de Cuba besucht und berichtet, dass auf der Veranda des Hotels Casagrande »zwei hübsche schwarze Mädchen uns bemerken, und eine von ihnen streckt uns ihr Hinterteil provozierend entgegen, als sie plötzlich feststellt, dass wir Fotos machen.« Berichte über Kuba, ob aus dem Land selbst oder von außerhalb, spielen unweigerlich auf die Sexualität der Kubaner an, doch niemand war dabei so weit gegangen wie Waldo Frank. Frank, ein Schriftsteller aus den Vereinigten Staaten, der sich in seinem 1961 erschienenen Buch *Cuba: Prophetic Island*, großzügig für die Revolution ausgesprochen hatte, betrachtete eine Landkarte von Kuba. Wie viele andere meinte der 72-jährige Schriftsteller einen Alligator zu erkennen, dessen Kopf nach Südosten und dessen Schwanz nach Westen zeigte. Dann drehte er die Karte von Kuba um, so dass die Wölbung im Golf von Mexiko lag, und zog die inhaltsschwere Schlussfolgerung: »Kuba hat die Form eines Phallus. Sein Skrotum ist Oriente (der frühere Alligatorenkopf). Er zeigt erigiert nach Norden und Westen, dringt in die weit geöffnete Vulva von Florida und Yucatán in Richtung des gewaltigen Schoßes des Golfs ein, dessen Nordufer das Angelsächsische repräsentiert, während Mexiko – Amerindia – den Westen und Süden abschließt. Das sind die Mutterorgane. Kubas Eindringen symbolisiert das neue Einwirken der Revolution aus dem Osten – Kuba, Afrika, Europa – auf die Mutter Mittelamerika.« Franks Metapher erreicht dann ihren Höhepunkt: »Florida und Yucatán, die Nord- und Südamerika repräsentieren, sind die Vulva, die zum Schoß von Amerikas Zukunft führt, und sie sind von Kuba befruchtet worden.«

Nun ja!

Mit sechs Sätzen hat Waldo Frank das häufig langweilige Gebiet der politischen Kartografie psychologisch befruchtet. Doch für jemanden, der sich intensiv mit Kuba befasst, sind sexuelle Anspielungen eher die Regel als die Ausnahme. Als ich mich daran machte, den Berg an Literatur von und über die Insel zu bezwingen, war ich über die häufige Beschreibung von *las nalgas cubanas*, die kubanischen Gesäße, überrascht. Nach einer Weile wurde *el culo*, der Arsch, ein fester Bestandteil der Literatur. Es gab kaum ein Werk, in dem nicht auf *el trasero*, den Hintern, angespielt wurde. War das mein eigenes, privates *vedado* oder hatte sich eine literarische Obsession mit einem wahren Zug der kubanischen Kultur verbunden? Ich fragte viele Leute, die sich mit diesen Dingen weit besser auskannten als ich. Jesús, in der Bibliothek des Schriftsteller- und Künstlerverbandes, fielen gleich ein halbes Dutzend Zitate von *nalgas cubanas* ein, darunter ein Lied aus den 40er Jahren: »*El Volumen de Carlota*« – »Der Umfang von Carlota« – über Carlotas Hintern: »*¡Pero qué volumen tiene Carlota!*« Meine Güte, wie dick Carlotas Hintern ist! Andere empfahlen mir verschiedene Gedichte, Lieder, Kurzgeschichten, Essays und Reiseberichte. Ein Professor in Yale riet mir, über Kuba hinaus die ganze Karibik zu berücksichtigen, wo »die Faszination des *culo* durch afrikanische Kulturen zu uns gekommen ist.« Die *culona* sagte er, sei eine volkstümliche Gestalt. »Sie ist eine schwarze Frau mit hervorstehendem Hintern, der durch irgendeinen Apparat unter ihrem Rock angehoben zu sein scheint.« Die inzwischen verstorbene Lydia Cabrera, eine Expertin auf dem Gebiet der afrokubanischen Tradition, schrieb von einer Legende, in der Frösche den kubanischen Frauen ihr Hinterteil vermachen.

Bald fand ich genug Material, das einen »Culophilen« monatelang beschäftigt hätte. *El trasero* ist zu einem Teil der nationalen kubanischen Ehe geworden. Manche der ausgewählten Texte, auf die ich stieß, beschreiben diesen Fakt, andere analysieren ihn, und wieder andere schwärmen davon. Sie sind abwechselnd lyrisch, grob, liebevoll, wunderbar, dämlich und sinnlich. Viele Texte belegen einfach das Entzücken über kubanische Frauen und die Aura der Sinnlichkeit, die die Insel umgibt. (Anthony Trollope bildet eine Ausnahme, er schrieb 1859, kubanische Frauen seien recht sittsam, aber nicht sonderlich attraktiv.)

Die erste Anspielung auf *el culo cubano*, die ich finden konnte, erschien 1854, als Maturin M. Ballou in *History of Cuba, or Notes of a Traveller in the*

Tropics schrieb: »Die Füße der Damen in Havanna sind eine Zierde und wie zum Tanzen geschaffen, jedoch mit einer Rundheit der Figuren, die an Symmetrie und Form nichts zu wünschen übrig lässt … Die kubanischen Frauen haben einen verblüffenden und ansprechenden Charme, jede ihrer Bewegungen ist voll angeborener Anmut; alle Gliedmaßen sind gelenkig und geschmeidig.«

»Elegie für María Belén Chacón« (1930), jenes Gedicht, das Emilio Ballagas in den Rang eines führenden Schriftstellers erhob, erzählt das traurige Schicksal einer Wäscherin:

María Belén Chacón, du mit deinem wiegenden Hintern
Von Camagüey bis nach Santiago, von Santiago bis nach Camagüey.

Der kubanische Dichter Nicolás Guillén zelebrierte den erotischen Nationalismus in seinen Gedichten: »Der Äquator wand sich um ihre Taille wie um eine kleine Welt … /Gekrönt mit einer Palme/wie eine neu angekommene Göttin/Bringt sie das unbekannte Wort/den starken Hintern/die Stimme, die Zähne, den Morgen und den Sprung.« Der unnachahmliche Beny Moré, »El Bárbaro del Ritmo« (»Der Barbar des Rhythmus«), sang »Mulata con cola« zu einem extrem schwingenden Rhythmus. Die Verse verweisen auf die Bewegungen des Hummers, insbesondere seines Schwanzes. »Ich liebe Frauen, die einen solchen Hintern haben«, sang Moré, »die dicke kubanische *mulata*, wie köstlich, wie süß.« Ludwig Bemelmans war von einem erfolgreichen Schneider in Havanna begeistert und schrieb im Dezember 1957 in *Holiday*: »Dieser kubanische Dior hat eine Art von Hintern-Halter entworfen, ein eingenähtes Stück, das den Hintern besonders hervorhebt. Es hält dieses Körperteil in Form, und die Mädchen, die es tragen, haben plötzlich einen ganz neuen Hüftschwung.« Alejo Carpentier beschrieb in *Guerra del tiempo (Krieg der Zeit)* 1958 eine kleine schwarze Frau, »deren Hintern herausragt wie Chorgestühl …« Kenneth Tynan schrieb während seines Besuchs im ersten Jahr der Revolution in *Holiday*, er sei enttäuscht, dass das Militär in ehemals gut gehenden Nachtklubs patrouilliere: »Es ist, als hätten die Amish People Las Vegas übernommen … In den Bars am Ufer schnattern noch immer Mädchen, die auf neue Freier aus sind, und setzen – vor allem die schwarzen – ihre unglaublichen Hintern in Szene.« – »Es ist ein provozierendes Spiel, starr auf irgendeinen Teil des menschlichen Körpers zu stieren, zum Beispiel auf Ohren oder auf Bäuche«, schrieb Edmundo Desnoes 1967 in seinem Roman *Memorias del subdesarrollo (Erinnerungen an die Unterentwicklung)*. »Ich will nicht auf die unterschiedlichen Formen und Größen eingehen, die weibliche Hintern hier haben. Bei manchen kubanischen Frauen erreicht das S, das vom Bauch und vom Hintern gebildet wird, einen bestimmten Punkt, an dem es sich zu verselbständigen scheint, unproportional zum Rest des Körpers wirkt, ja sogar seine eigene Persönlichkeit annimmt.« In *Paradiso* (1966) beschrieb der kubanische Schriftsteller José Lezama Lima eine Frau aus Havanna: »Die schöne Kontur ihres Rückens führte hinunter zu ihren massigen Pobacken, wie ein tiefer, dunkler Fluss zwischen zwei dicht bewachsenen Hügeln.« Leroy Lucas fasst in Elizabeth Southerlands *The Youngest Revolution* (1969) seinen Eindruck in einem Satz zusammen: »Als ich die Straße entlangging und all diese großen, schwingenden Ärsche sah, wurde ich fast verrückt.« Ein Mann beschreibt in Miguel Barnets *Canción de Rachel*, erschienen 1969, einige Prostituierte, denen er begegnet: »Sozusagen gerade erst angekommene Landpomeranzen, noch den Berggeruch unter den Achseln. Aber hübsch, rund, gut gewachsen mit schönen Hintern.« In Matanzas sah Andrew Salkey (*Havana Journal*, 1971) »Frauen mit wunderbar hoch stehenden Hintern und einem langsamen, wiegenden Gang.« In Oscar Hijuelos' *The Mambo Kings Play Songs of Love* von 1989 schrieb der Musiker Cesar Castillo »hemmungslose Verse, die an Obszönität grenzten, und ersetzte einfach Wörter durch andere (›*Bésame Mucho*‹ statt ›*Bésame Culo*‹).« Auch Jacobo Timerman beschäftigte sich in *Cuba* (1990) mit *nalgas cubanas*: »Eros wird in Kuba sehr erfreut sein und braucht keine Stimulation ... Der weibliche Hintern im Allgemeinen, und insbesondere jener der Mulattinnen, spielt im Alltagsleben eine wichtige Rolle. Frauen zeigen ihren Hintern – je größer, desto besser –, wackeln damit freizügig und rhythmisch hin und her und bedanken sich für anerkennende Blicke mit einem Lächeln ... Ja, die Leute sagen mir, das habe mit dem karibischen Ozean, der Hitze, Afrika, der Musik, dem Duft der Vegetation, der Sklaverei und der Mischung der Kulturen zu tun. Die Revolution hat die Grundrechte unabhängig vom Geschlecht garantiert, doch keine Revolution könnte mächtiger sein als die der kubanischen Erotik ... Die Geschlechter erhielten in Kuba gleiche Rechte, aber Hintern haben bestimmte Werte und Bedeutungen, eine Unterscheidung, die hier weit wichtiger ist als in anderen Kulturen.« In seinem Beitrag für die Januarausgabe 1991 von *Mirabella* schrieb Mark Kurlansky, sein Taxifahrer in Havanna »starrte gebannt auf eine Fußgängergruppe, drehte sich dann zu mir um und flüsterte etwas, was ich nicht ganz verstehen konnte. Ich umklammerte mein Notizbuch und bat ihn, das zu wiederholen. ›*Las prietas son muy grandes atrás*‹, flüsterte er. Er wollte mir nur sagen, dass ›dunkelhäutige Frauen große Hintern haben‹.« Im Juli 1991 klärte Elizabeth Hanly die Leser der Zeitschrift *Allure* über die *sandunga*, die wiegende Bewegung des Körpers, auf: »Ein sanftes Lied, das beim Knöchel beginnt und sich bis kurz über den Hintern hinauf fortsetzt.« Aus Havanna berichtete sie: »*Sandunga* wäre ohne den Eckstein der kubanischen Schönheit, den Hintern, nicht *sandunga*. ›Ich würde nicht unbedingt sagen, dass der kubanische Hintern immer besser ist, er ist jedenfalls immer größer‹, sagt Oswaldo Salas«, der Fotograf. »Während wir uns unterhalten, fällt mir auf, dass der Marmorschwan neben uns in der Hotellobby den Hintern einer

Frau hat … Ungeachtet der nationalen Kampagnen zu Verminderung von Geschlechterklischees nähen sich kubanische Frauen ihre Jeans und Uniformhosen an der Taille enger, um die natürlichen Rundungen besser hervorzuheben. Die Physiotherapeutin Ana Frenández ist überzeugt, dass ›wir ohne Hintern in Bewegung hier nie jenes Gefühl erreichen würden, das wir entwickelt haben‹.« Im folgenden Monat zog *National Geographic* mit einem Bericht über Kuba nach, in dem von einem vorübergehenden Stromausfall in Santiago die Rede war. »Schon nach 20 Minuten gehen die bunten Lichter wieder an, noch mehr Bands und Schönheiten gehen vorbei und Passanten geben hemmungslos ihre Kommentare ab. ›Diese Männer sind schrecklich‹, sagt die Dolmetscherin des Autors lächelnd. ›Macht es den Frauen denn nichts aus?‹ – ›O, nein‹, antwortet sie. ›Auf Kuba lieben es die Frauen, wenn sie hören, dass man sie bemerkt hat – man darf natürlich nicht zu dünn sein, vor allem am Hintern. In diesem Falle sagen die Männer nämlich meist, *está infumable*, die kann man nicht rauchen.‹« In seiner Krankenhausszene in *Los Gusanos* (ebenfalls 1991 erschienen) zeigt John Sayles die typische männliche Reaktion: »›Schauen Sie sich das an!‹ Roosevelt starrt auf den Hintern von Luz, während sie aus dem Aufenthaltsraum walzt. ›Guter Gott, kubanische Frauen!‹« In Cristina Garcias Roman *Kubanische Träume* (1992) wird Felicia, als sie sich für einen Job als »internationale Hostesse« bewirbt, aufgefordert, nackt zu paradieren. »Felicia spürte, während sie sich bewegte, ihren breiten Orangenhaut-Hintern verführerisch beben. ›Für Europa ist Ihr Hintern zu groß‹, teilte ihr Madame Thibaut mit. ›Aber hier geht er schon.‹« Eine gebräuchliche Redensart lautet: »*Niña, si cocinas como caminas, me como hasta la raspa.*« Mädel, wenn du kochst, wie du läufst, dann lecke ich den Topf bis auf den letzten Krümel aus.«

Ich kam in der Casa de la Trova in Santiago zu früh für meine Verabredung mit Gerardo Aldana an, der mir helfen und mich bei meinen literarischen Nachforschungen über die Mambo Kings unterstützen wollte. Um mir die Zeit zu vertreiben, schlenderte ich zum Céspedes-Park, wo Pedro, ein *jinetero*, mich anhielt. Ich sagte ihm, dass ich keine Dollars in Pesos tauschen wolle. »Nein, nein. Ich will nur reden.« Pedro arbeitete halbtags und hatte vier Kinder.

Er erzählte von seinen Freunden, die Ausländerinnen geheiratet hatten. »Ich kenne Männer, die sich an Frauen aus Deutschland, Australien, den Philippinen, Italien oder Finnland gehängt haben, um hier herauszukommen. Und natürlich aus Spanien. Sobald sie in ihrem neuen Land angekommen sind, hat ihre neue Frau ausgedient. Sie ist ihr Ticket in die Freiheit. Sollten sie die Grenzen aufmachen, wäre ich in einer Minute fort. Gib mir deine Telefonnummer. In spätestens einem Jahr bin ich in deiner Stadt.« Dann setzte Pedro zu einer Tirade über die staatliche Korruption an, die hochnäsigen Beamten und die Regierungsmitglieder, die jeden Bezug zur Realität in Kuba verloren hätten. Er schimpfte, er fluchte, er verunglimpfte die Leute mehr als jeder andere, den ich bis dahin getroffen hatte. Er vergrößerte mein Vokabular. Am Schluss sagte er: »Aber Fidel, der ist O.K. Es sind die unter ihm, die so schrecklich sind.«

Gerardo war in der Casa de la Trova angekommen, während ich Pedro zugehört hatte. An diesem Tag sollten 15 Musikgruppen spielen, und alle waren auf einem Plakat am Eingang aufgelistet. Die Bühne bestand aus einer einfachen, erhöhten Plattform, davor standen zwei Dutzend Klappstühle. Die meisten Musiker saßen am Bühnenrand. Die Rückseite zeigte zur Calle Heredia, was die Casa einerseits gemütlich, andererseits gut erreichbar machte. Das Cuarteto Santiaguero, das Santiago-Quartett, hatte seinen Auftritt gerade beendet, und nun sollte das Cuarteto Patria an die Reihe kommen. Danach waren noch zwei Sieben-Mann-Bands angesagt, Sones de Oriente und Típico Oriental. Der Name einer anderen, Melodías de Ayer, Melodien von Gestern, prangte an prominenter Stelle an der Wand und passte zu den Bildern der Bands vergangener Zeiten. Es gab auch Fotos zweier Dichter, die in der Casa aufgetreten waren, nämlich Carlos Puebla und Nicolás Guillén.

Ein Mann mit schwarzem Schnurrbart, einem blauen Pullover und einer blauen Hose sang Liebeslieder an die Palmen. Seine Stimme war schwermütig, aber er klimperte auf seiner Gitarre herum, als seien seine Hände erfroren. Eine große Frau mit strähnigen Haaren, blauen Ohrringen und einem schimmernden Regenbogenkleid begleitete ihn. Sie gab mit *claves*, Klangstäben, den Takt vor. Zwei Jungen begleiteten sie im Hintergrund auf Gitarren. Schließlich betrat eine einzelne Frau die Bühne. Sie war einfach von der Straße hereingekommen, war schlampig gekleidet und trug Sandalen. In der linken Hand hielt sie ein Buch mit Liedertexten. Ihre klare Altstimme reichte über mehrere Oktaven. Sie und die anderen Musiker strahlten eindeutig Authentizität aus. Die alten Plattenhüllen und Bilder an der Wand passten zu den melancholischen Boleros, die diese Sänger von sich gaben. Zwei Fotografen aus Europa sausten mit einer Geschwindigkeit herum, die weit über jene der Musik hinausging.

Gerardo und ich begannen unsere Suche nach den Castillo-Brüdern der *Mambo Kings* bei der Leiterin der Casa de la Trova, Luisa Blanco Brito. »Versucht es bei Pepín – du kennst doch Pepín, nicht wahr, Gerardo? Er hat ein Gedächtnis wie ein Lexikon. Er kann sich an Namen und Daten erinnern. Er ist alt, und es ist ein bisschen schwierig für ihn herzukommen, aber er taucht hier jeden Tag zwischen elf und eins auf. Gerade fällt mir ein, da war doch vor vielen Jahren einer namens Castillo. Er hat Boleros gespielt, der war immer hier. Einmal hat er in Mexiko eine Goldmedaille gewonnen.« Sie klatschte den Rhythmus, den er immer spielte: /// ////. »Er hatte *claves*, und manchmal spielte er Triolen, so in etwa: /// ///.«

Gerardo und ich fuhren ungefähr zehn Minuten mit dem Bus in einen Stadtteil von Santiago mit vielen Reihenhäusern. Wir fragten nach Pepín Martinez, dessen Nachbarn uns sein Haus zeigten. Er war dünn, 74 Jahre alt, in guter gesundheitlicher Verfassung und trug eine grüne Sonnenbrille, und über seiner bronzefarbenen Haut einen Pullover und eine karierte Hose in gedeckten Farben. Sein Haar war schütter und weiß. Gerardo, der ihn flüchtig kannte, stellte mich vor. »Ich weiß, das klingt seltsam, aber ich hoffe herauszubekommen, ob es in den 30er und 40er Jahren einen Musiker gab, Cesar Castillo, der in Santiago aufgetreten ist.« Die Frage faszinierte Pepín. »Er und sein Bruder, Nestor, sind die Hauptfiguren in einem Roman, den ich gerade gelesen habe. Natürlich ist das Fiktion, aber dennoch ...«

»Lassen Sie mich mal nachdenken.«

Seine Art nachzudenken bestand darin, die Geschichte seines Lebens zu erzählen. Gerardo lauschte jedem einzelnen Wort. »Am 11. November 1924 habe ich angefangen, mich in Manzanillo mit Musik zu beschäftigen, zuerst mit kubanischer Musik, dann mit italienischer.« Pepín ging ins angrenzende Zimmer und holte einen dicken Umschlag mit Fotos. »Hier, das bin ich mit zehn, in Manzanillo. Mein Name war José Francisco Estrada Mujica, aber man nannte mich Francisquín. Mit 14 habe ich in einer Kinderband Trompete gespielt. Wir sind durch das Land gezogen.« Das war also 1930, in dem Jahr, als Machado die Universität von Havanna nach den Demonstrationen gegen sein Regime schloss.

Nichten und Neffen, Großnichten und Großneffen kamen durch das lange, schmale Wohnzimmer, und jeder stellte sich Gerardo und mir vor. »Ich habe 1937 bei der Gründung der ersten Musikergewerkschaft mitgewirkt.« In jenem Jahr waren auf Kuba besonders viele Arbeiterorganisationen entstanden.

»1937«, sagte ich. »In dem Buch war das jenes Jahr, in dem Cesar Castillo in den Tanzsälen Santiagos spielte.«

»Ich kann mich an keinen Castillo erinnern. Dieser Autor muss ihn sich ausgedacht haben.«

»Na ja, natürlich, aber ich wollte mich trotzdem danach erkundigen.«

Pepín lächelte viel und hatte ein gutes Gedächtnis, und er wollte seine beiden Besucher noch nicht so schnell gehen lassen. »Nun, Chepín Chovén hatte eine Band – Orquesta de Sabor. Er hatte eine Trompete, einen Bass und eine Posaune. Warten Sie – da gab es einen Castillo. Pepe. Einen Klarinettisten. Er ist hier gestorben. Sein Sohn Alcides hat Trompete gespielt. Er war der Leiter der Musikkapelle der Provinz. Alciviades Castillo ebenfalls. Er hat im Nationalen Symphonieorchester Violine und Trompete gespielt.«

Pepín holte noch mehr Fotos heraus. »In Bayamo war ich als Horacio Mendoza bekannt. Ich musste mir einen anderen Namen zulegen, weil ich gegen Machado gekämpft habe.« Er zeigte uns Bilder von sich aus dem Jahr 1928 in einer Musikkapelle und eines aus den 40er Jahren in Puerto Rico.

»1943«, als Batista Präsident war, »habe ich in der Hatuéy-Brauerei-Kapelle gespielt. Sehen Sie?« Die Band trug schicke Anzüge und weiße Schuhe. »Und auch für die Bacardi-Rum-Band.« Familienfotos, Landschaftsszenen und ein großes Poster von Fidel bedeckten die Wände von Pepíns Wohnung. »Damals war ich Mitglied des Partido Socialista Popular.«

Noch mehr Fotos. »Ach, da ist ja das, nach dem ich suche. Von der Musikergewerkschaft, wie sie den Triumph der Revolution feiert!« Darauf waren Männer zu sehen, die *campesino*-Strohhüte trugen, Bier tranken und sehr glücklich dreinschauten. Ein Mann spielte auf der Flöte. »59 Musiker aus Santiago haben sich an der Revolution beteiligt.« Das nächste Bild zeigte Pepín in der hinteren Reihe mit anderen Arbeitern in den Zuckerrohrfeldern. Alle trugen Macheten in der Hand.

»Hier.« Er lächelte breit. »7. Juni 1959. Das erste Treffen des Exekutivkomitees der Provinz-Musikergewerkschaft. Ich bin ganz stolz, dass ich der Leiter der ersten Nationalen Revolutionären Miliz-Kapelle war. Das war auch 1959.«

Alejandrina, Pepíns Frau, kam herein. »Sie kommt aus Spanien«, sagte er liebevoll, als er uns vorstellte. »Aber ich? Ich bin ein Eingeborener!« Er lachte darüber und schaute sich dann schweigend noch mehr Fotos an.

»Wir machen Musik.« Seine Stimme hatte auf einmal einen anderen Klang. »Aber es ist das Gewehr über der Schulter, das zählt. Selbst bei der Zuckerrohrernte ist das Gewehr stets in der Nähe. Denken Sie an Martin Luther King. Man hat ihm in den Kopf geschossen. Eine Revolution wird mit Waffen, nicht mit der Bibel oder Musikinstrumenten oder Macheten gemacht. Fidel Castro hat gesagt, die Revolution wird durch bewaffneten Kampf gelingen.«

Jeweils am Montag, Mittwoch und Freitag kamen andere Musiker zu Pepín nach Hause. »Wissen Sie, Klarinetten, Hörner, Percussion. Eine Jamsession. Man kann uns hier im Hinterhof zuhören.«

Gerardo und ich kehrten zur Casa de la Trova zurück, wo eine Gruppe namens Guitarras y Trovadores, Gitarren und Troubadoure, gerade bei ihrer letzten Nummer war. Sie sangen, dass die Straßen von Santiago voller Leidenschaft seien und die Landschaft im Osten Kubas schöner als der Himmel. Wenn ich die Augen schloss, konnte ich beinahe Cesar und Nestor Castillo hören, wie sie Liebeslieder spielen.

Vierter Teil

Auf dem Weg vom Flughafen nach Havanna fuhr mein Taxi an einem städtischen Park vorbei, in dem sich unzählige junge Leute tummelten. Mehrere Bands spielten auf einer Seite des Platzes, und die Menge war in blumige Gewänder gekleidet. Ich bat den Fahrer zu halten. Aus einer Lautsprecheranlage erklang: »She loves you, yeah, yeah, yeah.« Tausende Jugendliche Havannas sangen Beatles-Songs. An diesem Wochenende war der zehnte Todestag von John Lennon, und die Jugend der Stadt wollte eine Gedenkfeier abhalten. Als die Beatles weltweit Berühmtheit erlangten, war ihre Musik in Kuba *vedado*, verboten, doch jetzt war sie in Mode und wurde sogar gefördert. Die beliebten Bands Síntesis und Gens spielten sie, die berühmten Sänger Pablo Menédes und Carlos Varela traten mit ihren Liedern auf. Ein Team von Cubavisión filmte das Konzert für eine einstündige Sondersendung. Die Musiker »huldigten einem Künstler, dessen Lieder die Musik der zweiten Hälfte des 20. Jahrhunderts veränderten«, berichtete *Granma*. Viele Fans schwenkten Poster von Lennon.

An diesem Nachmittag zog ich aus dem ehrwürdigen Fosca-Gebäude in ein kleines Hotel um, das einen Block entfernt war und vom Ministerium für Höhere Bildung geleitet wurde; es hieß *Hotelito del M.E.S.* (Ministerio de Educación Superior). Die meisten Gäste waren Lehrer aus der Provinz, die in der Stadt an Workshops teilnahmen, oder Ausländer, die sich in Kuba mit staatlichen Erziehern treffen wollten. Das Hotel nahm auch »Walk-in«-Gäste auf, und meine *compañeros* im Schriftstellerverband hatten arrangiert, dass ich dort ein Quartier bekam. In jedem Zimmer gab es ein Bad mit Dusche, einen Farbfernseher und ein mit dem Empfang verbundenes Telefon, das häufig sogar funktionierte. Im Erdgeschoss befanden sich zwei Speisesäle, einer für Kubaner und einer für Ausländer. An der Vorderfront des Gebäudes war ein Briefkasten angebracht, der keinen Boden besaß. Ein halbes Dutzend Buslinien führten an dem Block vorbei. Das Ministerium betrieb noch ein Hotel in Habana Vieja, das Ambos Mundos, in dem laut einer Tafel am Eingang Ernest Hemingway bei seinem ersten Aufenthalt in Havanna abgestiegen war. Vom Hotelito del M.E.S. hatte ich es einen Block näher zum Copelia, dem Eispalast mit köstlichen Leckereien, und nur ein paar kurze Blocks zum Malecón.

Ein Buch mit 25 Vampirgeschichten führte in dieser Woche die Roman-Bestsellerliste an. Theodore Dreisers *Schwester Carrie* lag auf Platz drei. Eine Biografie des kubanischen Pianisten Ernesto Lecuona stand auf Nummer eins bei den Sachbüchern. Es folgte ein Werk mit Augenzeugenberichten von Bolivianern über Che Guevaras Guerilla-Bewegung. Die Nummer fünf bei den Sachbüchern erinnerte mich daran, dass ich Salvador besuchen wollte – es handelte vom »filin«, dem musikalischen Gefühl, das auf dem Hamel Popularität erlangte, wo Salvadors Wandgemälde noch immer die Passanten faszinierte.

Zu ihm kamen viele Besucher. »Sie kommen fast jeden Tag. Ich freue mich, dass sie meine Arbeit schätzen. Deshalb mache ich sie ja. Aber schau:« Wir saßen am Fenster, und draußen auf dem Hamel bewunderten einige Ausländer seine Kunst. Ein Straßenjunge begleitete sie. »Die *jineteros* führen Touristen in der Stadt herum und zeigen ihnen Dinge wie meine Kunst, und die Ausländer bezahlen sie in Dollars. Und was kriege ich? Nichts.« Voll trauriger Ungläubigkeit schaute er hinaus. »Das hat erst vor kurzem angefangen. Ein Werk von mir wurde für 2000 Dollar ins Ausland verkauft. Die Regierung bezahlte mich in Pesos. Weißt du«, sagte er nach einer langen Pause, »ich hätte mich im Hafen von Mariel mit einschiffen dürfen, aber ich bin ein Revolutionär. Ich will in dem Land sterben, in dem ich geboren wurde. Ich möchte nicht Teil einer politischen Auseinandersetzung von irgendjemand sein. Ich liebe Kuba. Dieses Land, es ist meine Heimat. Fidel, der hat Charisma, doch es ist immer das Alte, immer das Alte. Er erzählt uns andauernd, wie gebildet und gesund wir sind. Das wissen wir.« Salvador nahm mir das Versprechen ab, zu kommen, wenn die Afro-Alemanes spielten. »Im Anschluss veranstalten wir hier oben eine Fiesta.« Wir verließen das Gebäude gemeinsam; ich ging in mein neues Zimmer und Salvador zu einer Party, wo ein Freund in den Santería-Kult eingeführt werden sollte.

Gesegnet seist du! María Blanca Morejón, Bibliothekarin in Pinar del Río, die mir geholfen hatte, García Márquez' Arbeit über Graham Greene zu suchen, hielt Wort. Ich hatte in Havanna mehrfach erzählt, dass ich den Artikel gefunden hatte, und man ihn mir nachschicken wollte, weil es in der Bibliothek keinen Kopierer gab. Ich erntete überall ein nachsichtiges Lächeln. »Das haben die nur aus Höflichkeit gesagt.« – »Du rechnest doch nicht wirklich damit, den Text zu bekommen, oder?« Doch als ich beim Schriftstellerverband meine Post abholte, war ein Umschlag aus Pinar del Río dabei, und darin steckte der mit rotem Farbband getippte Artikel, der vier Seiten auf langem blauem Luftpostpapier füllte. Jemand hatte sich hingesetzt und den ganzen Artikel abgeschrieben, Wort für Wort. Haben Bibliothekare einen Schutzheiligen?

Pablo Armando Fernández saß in der Halle des Schriftstellerverbandes. Ich ging zu ihm und erzählte ihm von der unerwarteten Post. Fernández, Herausgeber von *Unión*, der Literaturzeitschrift des Schriftstellerverbandes, war begeistert. Die blauen Augen des 60-jährigen strahlten. »Manchmal funktionieren solche Dinge!« Ich hatte Pablo Armando 1987 durch Zufall in der Haupthalle des Flughafens von Miami kennen gelernt, als wir beide zum Gate für die Chartermaschine nach Havanna gingen. Der Dichter und Essayist kehrte von einem literarischen Symposium heim. Ich traf ihn während dieser und während aller nachfolgenden Reisen immer wieder in der Stadt; ausländische Besucher halten ihn für einen genialen Gastgeber, literarisch gebildet und redegewandt. Sein Vater war ein spanischer Katholik, seine Mutter eine spanische Jüdin. Sein breites Wissen erwarb er als kubanischer Jugendlicher in einer von Amerikanern beherrschten Zuckerstadt, dann als Teenager und Twen bis zum Alter von 28 Jahren in New York, wo er die Columbia-Universität besuchte, in einer Buchhandlung arbeitete, sich als Geschäftsmann betätigte und literarische Beiträge zur Revolution verfasste. Er hat ein Gesicht wie von einem Filmplakat, eine volle weiße Haarmähne und einen Spitzbart à la Rasputin – er sieht aus wie eine Art hübscherer Uncle Ben auf den Reis-Packungen. Seit seiner Rückkehr kurz nach dem Sieg der Revolution hatte er in Gunst gestanden, war in Ungnade gefallen, dann wieder in Gnaden aufgenommen worden. Fernández hat sich bequem eingerichtet in einer Position, die ihm Verantwortung und Ansehen einträgt, er ist einer der »Offiziellen Schriftsteller«.

Er liebt Ausländer, hängt an ihnen. Selten sah ich ihn länger als eine Stunde, ohne dass er einen Gast aus Übersee verließ, sich mit einem zweiten traf, einen dritten bewirtete. LeRoi Jones schrieb, dass Fernández ihn am Flughafen von Havanna begrüßt habe. Während eines Besuchs im Jahr 1960 aß der amerikanische Dichter Lawrence Ferlinghetti abends mit ihm in einem Restaurant, aus dessen Küche Fidel Castro auftauchte. »Seine Energie und Kraft umhüllten uns wie eine Aura«, schrieb der Journalist Warren Miller, als er und seine Frau Fernández Ende der 60er Jahre kennen lernten. Andrew Salkey, ein Schriftsteller aus Jamaika, widmete 1971 sein *Havana Journal* »dem Volk Kubas und Fidel«, auch »dem Andenken von Che« – und Fernández. Salkey schrieb: »Er schien mir der glücklichste und scharfsinnigste

Mann zu sein, dem ich je begegnet war. Er war wie sein Lieblingswort, ›schön‹. Er war glücklich und traurig zugleich. Er gewann und verlor. Er war nicht umsonst ein Dichter.«

Ernesto Cardenal, der nicaraguanische Befreiungstheologe und zeitweilige Kulturminister, zitiert Fernández ausführlich in *In Cuba.* James Michener empfand sofort Zuneigung für Pablo Armando und veröffentlichte in *Sechs Tage in Havanna* nicht weniger als vier Farbaufnahmen von dem fotogenen Dichter, darunter ein zweiseitiges Faltblatt der beiden Schriftsteller, die einander an einem Tisch in La Bodeguita del Medoi gegenübersitzen. Fernández' Haltung bleibt der Regierungsposition immer so nahe, dass ihn das Außenministerium für Interviews mit Schriftstellern einsetzt, die auf Besuch weilen, doch sie weicht so weit davon ab, dass auch die Interessenvertretung der USA in Havanna ihn dafür einsetzt. Als Folge davon zählen Fernández' angepasste Freimütigkeiten zu den am häufigsten zitierten Ansichten, die von der Insel kommen. Praktisch jedes Buch von einem Ausländer, auf das ich in Kuba stoße, scheint Fernández zu huldigen. Ist er in einem Buch nicht erwähnt, wittere ich falsches Spiel. Ein kubanischer Schriftsteller sagte zu mir, für ihn sei eine Erwähnung Pablo Armandos ein Glücksbringer.

Es gibt nur einen einzigen ausländischen Schriftsteller, den Pablo Armado Fernández nicht mag: Jacobo Timerman. »Er ist verrückt. Er ist ein marxistischer Zionist. In seinem Buch erzählt er Lügen. Er sagte, meine Vorhänge seinen alt und schmutzig. *Wir hatten in meinem Haus nie Vorhänge, seit ich geboren bin. Nie!*«

Ich schaute mir die beleidigende Textstelle an. Timerman trinkt *bei* Fernández mit einigen der offiziellen Schriftsteller etwas: »Wir trafen uns in einem alten, geräumigen, sauberen Haus, doch die Vorhänge und mehr als ein Möbelstück hätten dringend der Reparatur bedurft.«

Fernández nahm mich mit in sein Haus. Das alte, leicht verfallene zweistöckige Gebäude steht in Miramar gegenüber der ghanaischen Botschaft. Im Erdgeschoss stehen ein Klavier und ein Computer, seine Frau und sein Sohn spielen auf Ersterem, er selbst auf Letzterem. Die Stühle im Wohnzimmer sind bequem, Vorhänge gibt es dort nicht. Pablo Armado machte die Läden zu, um das Mittagslicht auszusperren, und man hatte das Gefühl, es sei eher acht Uhr abends als zwei Uhr nachmittags. Dann stellte er einen Ventilator auf den Boden, um die restliche Hitze zu verteilen. Im Vormonat war Jay Taylor, damals Leiter der amerikanischen Interessenvertretung, zum Abendessen da gewesen. Der Strom fiel aus, also dinierte man bei Kerzenlicht. »Taylor ist sehr belesen. Ich mag ihn. Er ist nicht schlecht für uns. Natürlich ist er nicht wie Wayne Smitz«, Leiter der Abteilung unter Jimmy Carter, »aber er interessiert sich sehr für Bücher«. Pause. »Natürlich ist er der Feind, aber er ist auch ein Freund.«

Ich erwähnte, was ich bei den Leuten vom Außenministerium überall festgestellt hatte: Nach vier oder fünf Dienstzeiten in Übersee gehen sie entweder in ihrer Umgebung auf, oder sie werden gleichgültig gegenüber dem Volk und dem Land, in dem sie sich aufhalten, und beschränken sich auf ihren Schreibtisch-Job. Eine Begegnung mit der ersten Sorte kann erfreulich sein; die andere ist meist so amüsant wie ein Büroangestellter der Stundungsstelle im Finanzamt.

»Das gilt für Diplomaten aus jedem Land.« Fernández war von 1962 bis 1965 Kulturattaché an der kubanischen Botschaft in London gewesen. »Wir hatten dort einige Leute, die zur Arbeit kamen, dann direkt nach Hause gingen und Fernsehen schauten. Einige von ihnen bemühten sich nicht mal, Englisch zu lernen. Sie gingen in London nie aus.«

Kulturattaché – für viele eine ehrenvolle Position. Für Guillermo Cabrera Infante, einst selbst offizieller Schriftsteller, ist kubanischer Kulturattaché »ein etwas bedeutenderer Posten als der eines Pförtners«. Cabrera Infante spricht aus Erfahrung – Mitte der 60er Jahre war er kubanischer Kulturattaché in Belgien (wo es keinen Pförtner an der Botschaft gab). Als ich von Cabrera zu sprechen begann, lief Pablo Armando zu Hochform auf und wies mich auf die Verschmelzung von Politik und Literatur hin. »Schau dir diejenigen an, die weggehen. Sie schreiben nie so gut wie vorher in Kuba. Am schlimmsten sind die, die sich in Miami niederlassen, denn sie wenden ihre Energie gegen Kuba auf. Reinaldo Arenas« – der 1980 in die Vereinigten Staaten ausreiste, weil er in Kuba wegen seiner konterrevolutionären Homosexualität verfolgt wurde – »war ein brillanter Schriftsteller. Schau ihn dir jetzt an. Seine letzten Bücher sind schlecht geschrieben.«* »Heberto Padilla hat nichts wirklich Neues geschrieben. Er zielt mit allem auf Kuba. Diese Leute glauben, Miami sei das Zentrum der Literatur. Pah!« (Fernández ist der einzige Mensch, den ich kennen, der tatsächlich »pah!« sagt.) – »Die besten kubanischen Schriftsteller sind nach Barcelona, Paris, London oder New York gegangen.«

»Cabrera Infante lebt in London«, sagte ich. »Rechnen Sie ihn auch dazu?« Zu Beginn der Castro-Ära waren die beiden Kollegen bei einer literarischen Wochenzeitung gewesen.

»Ja, aber seine besten Sachen hat er in Kuba geschrieben.« Fernández unterstrich dies mit einer Bewegung des Fingers. »*Drei traurige Tiger* ist ein wunderbares Buch, ein großartiges Buch. Seither hat er nichts Erwähnenswertes hervorgebracht.«

»Was ist mit *Ansicht der Dämmerung in den Tropen*?«

»Pah, das war nichts.« Ich hatte Fernández noch nie schief lächeln sehen. »Nun, ich habe nichts gegen die, die weggehen. Es sollte allen erlaubt sein zu

* Arenas, der an AIDS litt, nahm sich vier Monate nach meinem Gespräch mit Fernández in seiner Wohnung in Manhattan das Leben.

gehen, wenn sie wollen, aus jedwedem Grund, irgendwohin, und dann zurückzukommen, wenn sie wollen.«

Ein paar Wochen später traf ich Pablo Armando erneut, wieder in der Halle des UNEAC. Er sah schmuck aus in seiner meerblauen *guayabera*, weiten weißen Hosen und Sandalen. Ich hatte eine neue Ausgabe des *Esquire* dabei. Er nahm sie mir aus den Händen und begann sie durchzublättern. »Diese Zeitschrift hatte ich in den 60er Jahren abonniert. Helen Lawrenson war hier in Kuba. Vor Jahren schrieb sie einen berühmten Artikel: ›Latinos sind lausige Liebhaber‹«. Er konzentrierte sich auf die Anzeigen. »Schau dir die Qualität der Fotos und der Reproduktionen an! Schau sie dir an.« Er deutete auf Elizabeth Taylor in einer Anzeige. »Sie ist älter als ich. Sie sieht wunderbar aus!«

Ich erwähnte, dass ich vor ein paar Monaten im amerikanischen Flottenstützpunkt in Guantánamo gewesen war. »Oh, dorthin würde ich *gern* gehen. Ich möchte eine amerikanische Geschäftsstadt in Kuba mit einer amerikanischen Militärstadt in Kuba vergleichen.«

Ein Mann betrat das UNEAC-Gebäude. Pablo Armando winkte ihm einen lässigen Gruß zu und sagte dann zu mir: »Er ist ein wichtiger Mann hier. Er tut nichts und genehmigt nichts. Er macht sich nichts draus. Alles, was er will, ist, in andere Länder zu reisen und die Frauen zu ficken. Das ist unglaublich kubanisch. Ihm ist egal, wer sie sind. Er will es tun, damit er prahlen kann: ›Ich hab drei Frauen in Portugal gefickt.‹ – ›Ich verbrachte eine ganze Woche mit einer Frau und fickte sie viermal am Tag.‹ Leute wie er kommen mit Krankheiten zurück. Ihre Jobs sind ihnen gleichgültig. Sie wollen nur ficken. Das ist sehr kubanisch, dieser – dieser – dieser Machismo. Pah.«

Ich könnte etwas von Alejandros Optimismus brauchen, dachte ich. Als ich jedoch beim ICAP nach ihm fragte, sagte man mir am Empfang, er arbeite auf dem Land. Immer mehr *habaneros* taten das. Turnusmäßige Einsätze von drei Wochen auf staatlichen Farmen waren das Übliche. Die meisten Arbeiter versahen diesen Dienst sogar gerne. Die zurückbleibenden Büroangestellten stellten überrascht fest, dass die Leistung sich bei einer sinkenden Zahl von Bürokraten erhöhte. Einige Arbeiter wurden aufgefordert, aus der Hauptstadt für Halbjahreseinsätze auf Farmen zu übersiedeln, wo man ihnen eine anständige ländliche Behausung zusicherte. Ich lernte einen kennen, dem man gesagt hatte, wenn er und sein *compañero* das Angebot nicht annähmen, würden sie entlassen.

Auf dem Rückweg zum *hotelito* machte ich bei der Sozialismus-oder-Tod-Bäckerei Halt, wo ich meinen Augen kaum traute: die Schlange war kurz, und die Kästen waren voll. Eine Frau, die in der Nähe arbeitete, wie ich wusste, kam eben mit ihrer Beute heraus. Unsere Unterhaltungen waren immer oberflächlich und angenehm freundlich gewesen. »Was für ein Glück für uns«, sagte ich. »Eine so kurze Schlange. Ich kann in genau einer Minute vom *último* zum *primero* aufsteigen.«

Sie sagte: »Vor fünf Minuten, als sie das ganze Brot von hinten hereinbrachten, war niemand da. Sie sind zur rechten Zeit gekommen. In zehn Minuten wird die Schlange bis zur Ecke reichen.« Wir waren dabei, uns zu verabschieden, als sie mich plötzlich offen ansah. »Wissen Sie, dass die Leute auf dem Land Zahnpasta verwenden, um ihre Kleider und sich selbst zu waschen? ›*¡32 y P'alante!*‹« Sie spuckte verächtlich aus – in Richtung der farbigen Plakate, die das 32. Jahr der Revolution feierten – 32 und weiter voran! »Ha!« fauchte sie. »Eher *32 y P'at-rás!*« – 32 und rückwärts. »Ich sehe die Rationierung in den ersten paar Jahren der Revolution ein. Sogar zehn Jahre lang. Aber wir sind im 33. Jahr der Revolution, und das Volk nimmt es einfach hin. *Ich habe dem Land meine Jugend gegeben, meine aktivsten Jahre.* Jetzt bin ich in den Fünfzigern, und man verlangt immer noch von uns, Opfer zu bringen.« Sie machte auf dem Absatz kehrt und ging mit ihrer Tasche voller Brote davon. Die Schlange reichte bereits bis auf den Gehsteig.

Havannas Fernsehkanäle und alle Rundfunkstationen sprachen aufgeregt vom bevorstehenden Filmfestival, offiziell bezeichnet als Internationales Festival der Neuen Lateinamerikanischen Filmkunst. Sogar CMBF, der Sender für klassische Musik, stimmte ein. Dieses Mal flog ich nicht rasch her und gleich wieder zurück wie bei einem früheren Filmfestival, deshalb konnte ich die Invasion von Filmemachern, Reportern und Cineasten sozusagen aus dem kleinen Unterstand des hiesigen Teams beobachten. Es bedeutete, dass sich Havanna, seit langem eine für die Filmkunst offene Stadt, zehn Tage lang in sämtlichen Kinos der Stadt endlosen Filmgenüssen hingeben konnte. Sogar Filmtheater in den Provinzen erhöhten die Preise. Ein Spielfilm aus Ecuador, *Die Tigerin*, zog überraschend viele Zuschauer an – anfangs, weil es der allererste Film in voller Länge war, der aus diesem Land kam, dann wegen der lustigen Geschichte von Nonnen, *campesinos* und ländlichem Recht. Die meisten Filme in der Stadt waren öffentlich, die Schlangen waren oft lang und gerieten gelegentlich außer Kontrolle.

Als Hauptereignis galt die Premiere des Films *Havanna* mit den Stars Robert Redford und Lena Olin. Der Film startete in der gleichen Woche wie die Erstaufführungen in New York und Los Angeles. Für das Galaereignis bekam man nur schwer Karten. Der Regisseur Sydney Pollack ließ sich einfliegen. Die Polizei sperrte die umliegenden Straßen ab, auf denen sich *habaneros* drängten, die keine Chance hatten, in das Kino zu gelangen. Dort versammelte sich Havannas Kulturadel, und wenn Kuba noch Anlässe zum Tragen von offizieller Abendgarderobe bot, dann war dies einer. Die neueste lateinamerikanische Mode defilierte an den Kartenkontrolleuren vorbei. Die Männer trugen ihre besten *guayaberas*, die Frauen glitzernde Kleider und funkelnden Schmuck. Havannas Highsociety traf sich im Karl-Marx-Theater.

Pollack eröffnete die Vorstellung. Der Film, der in der letzten Woche des Batista-Regimes spielt, war in der Dominikanischen Republik gedreht worden, weil amerikanische Gesetze das Drehen in Kuba verboten – es hätte »Geschäfte mit dem Feind« bedeutet. (Das hielt jedoch, wie ich bemerkte, Angehörige der amerikanischen Interessenvertretung keineswegs davon ab, eine Sitzreihe zu belegen.) Die 5000 Besucher ehrten Pollack und seinen Dolmetscher mit einer Standing Ovation. »Ich muss verrückt sein, *Havanna* in Havanna zu zeigen«, sagte er. »Ich entschuldige mich bei Ihnen allen für alles, was nicht authentisch ist. Ich bringe Ihnen und Ihrem Land größten Respekt entgegen.« Danach verließ Pollack das Karl-Marx-Theater, und auf der Großleinwand erschienen Hollywood-Bilder von Havanna Ende 1958.

Robert Redford, ein ergrauter Spieler aus den Staaten, lernt Lena Olin kennen, die europäische Frau des Revolutionärs Raúl Julia, und hilft ihr aus einem Impuls heraus, Waffen nach Kuba zu schmuggeln. Raúl Julia kommt scheinbar im Kampf ums Leben. Redford und die Witwe verstehen sich bald prächtig, da erreicht sie die Nachricht, dass Julia nicht tot ist; er wurde nur verschleppt und gefoltert. Sie spielt mit dem Gedanken, Redford in die Staaten zu folgen. Der Film spielt vor einen Hintergrund von Revolution, Unterdrückung und Verzweiflung. Das Ganze hat eine flüchtige Ähnlichkeit mit dem kaum sehenswerten Sean-Connery-Film *Kuba* von 1979 und eine raffinierte Ähnlichkeit mit *Casablanca.*

Pollacks gründliche Recherchen machten sich bezahlt, zumindest was die Schauplätze angeht. Seine Straßen im Santo Domingo von 1990 sahen genau nach Havanna von 1958 aus, wie mir etwas ältere Leute hinterher erzählten, bis zu den Läden und Kreuzungen. Hätte er in Havanna selbst gedreht, würde er den Malecón stärker genutzt haben, sagte er später. Das Publikum lachte voll Zuneigung bei der Erwähnung des Musikers Enrique Jorrín und stieß bei der Schilderung des Kommunismus und der Revolution weitere Lacher aus. Am Ende spendete die Menge höflichen Applaus. Ein Kubaner, den ich mitnahm, sagte: »Kein Guerillera würde handeln wie Lena Olin.« Am Ausgang traf ich José, einen Freund im Alter von etwa 50 Jahren, und fragte: »War das historisch exakt?«

»Ja, viel genauer als die meisten Filme über die Revolution, unsere eigenen eingeschlossen. Aber die Art, wie Pollack es darstellte, die Nacht in der Batista flieht, ganz Havanna ist auf den Straßen, plündert und zerschlägt Fenster und feiert – so war es nicht. Die Nachricht von Batistas Weggang verbreitete sich erst am nächsten Morgen. *Dann erst* begannen wir zu plündern, Fenster zu zerschlagen und zu feiern.«

Tags darauf saß Sydney Pollack bei einer Pressekonferenz rund hundert Journalisten gegenüber. »Der Film war erniedrigend für Frauen«, begann eine freie Journalistin, die für die BBC über das Ereignis berichten sollte. Applaus. »Er ist typisch für die imperialistische Haltung der Amerikaner«, sagte ein Delegierter aus Lateinamerika. Mehr Applaus. Pollack saß an einem Tisch und schrumpfte bei jedem Vorwurf, den man ihm entgegenschleuderte, mehr zusammen. Obwohl er ein Freund voller guter Absichten war, verkörperte der weiße Hollywood-Regisseur mittleren Alters die amerikanische Mainstream-Kultur, und die fortschrittliche Presse wollte ihn nicht ungeschoren davonkommen lassen. »Ihr Verständnis der Revolution ist mangelhaft.« Applaus. »Warum haben Sie für Ihre Revolutionärin keine *latina* als Schauspielerin gewählt?« Stärkerer Applaus. »Was Sie zeigen, ist nicht das wirkliche Lateinamerika.« Der Applaus dauerte an. Bei einem Fußballspiel hätte man den Journalisten eine Strafe für wüste Drängelei erteilt.

Pollack wehrte sich behutsam: »Ich ziehe es vor, durch eine Liebesgeschichte über Politik zu reden. Wann immer ein Mann und eine Frau in einem Schlafzimmer sind, findet Politik statt. Die besten Liebesgeschichten ereignen sich in stürmischen Zeiten.« Ein Kubaner dankte Pollack dafür, dass »Sie die Revolution als Schauplatz für Ihren Film benutzten«. Darauf folgte der dümmste Kommentar des Tages, von einem *Bohemia*-Vertreter: »Nicht wir sollten Ihnen für die Verwendung einer Revolution als Schauplatz danken, sondern Sie sollten uns dafür danken, dass wir eine Revolution gemacht haben, die Sie als Schauplatz verwenden konnten.«

Pollack hätte einen angenehmeren Nachmittag verbracht, wenn er freiwillig zum Zuckerrohrschneiden nach Niquero gegangen wäre. »Ich wollte eine Liebesgeschichte drehen«, erklärte er. »Die Wochen, die dem Sturz Batistas vorausgingen, waren von Unruhen, Stress und explosiver Aktivität erfüllt, das wollte ich als Hintergrundgeschehen haben.« Schließlich sagte er gereizt: »Ich habe meinen Film gedreht. Ich habe nicht euren Film gedreht.« Applaus.

Am Tag darauf erhielt ich diese Einladung:

Casa de la comunidad hebrea le invita a la fiesta de
CHANUKKA

Chanukka in Havanna! Ich hatte schon damit gerechnet, die gesamte jüdische Gemeinde zu diesem fröhlichen Anlass versammelt zu sehen. José Miller, der Arzt, dem ich im vergangenen Jahr eine Schachtel Chanukka-Kerzen geschenkt hatte, begrüßte in seiner Eigenschaft als Vorsitzender der Jüdischen Gemeinde Hunderte von Festgästen an der Eingangstür, einen nach dem anderen. Das alljährliche Chanukka-Fest führte Juden, Halbjuden, Nichtjuden, einheimische Ausländer und neugierige Touristen zusammen. Einige Touristen, die wegen des Filmfestivals nach Kuba gekommen waren, entschieden sich lieber für das Jüdische Gemeindezentrum als für die Festivitäten des Abschlussabends, bei denen *Hello, Hemingway* den Hauptpreis gewann und die amerikanische Rap-Gruppe *Paris* genauso viele Zuschauer begeisterte wie verwirrte. Luis Chanivecky, der nette Pensionär, der als Schatzmeister der Gemeinde fungierte, trat lächelnd zu mir, ein Baby auf dem Arm: »Möchten Sie den jüngsten Juden Havannas kennen lernen? Hier ist er.« Abraham Berezniak, der koschere Fleischer und Verwalter einer der Synagogen in Habana Vieja, kam mit seiner Familie. Ich fragte ihn, ob von den Aschkenasim-Domino-Champions jemand da sei. Noch nicht, antwortete er, doch er hoffte, dass der in Frankreich geborene, über achtzig Jahre alte Roberto Levy kommen würde, ebenso Samuel Nisenbaum, ein Pole über siebzig, der sich Ende der 30er Jahre in Kuba niedergelassen hatte. »Ich weiß nicht, ob sie die besten im Domino sind oder einfach am meisten Glück haben. Sie gewinnen offenbar immer.« Abrahams Frau war Nichtjüdin, ebenso Dr. Millers Frau. Die entmutigendste Statistik für Kubas schwindende jüdische Gemeinde war erst vor kurzem eingetroffen: 92 Prozent der verheirateten Juden in Kuba hatten nichtjüdische Ehepartner.

Dr. Miller griff zum Mikrofon. »Ich möchte alle zur Feier des Lichterfestes willkommen heißen.« Wir wurden an lange, weiß gedeckte Tische gesetzt, auf denen Vasen mit Rosen standen. »Wir halten unser Chanukka-Fest immer an einem Sonntag ab, und dieses Jahr fällt er auf den sechsten Abend.« Miller lenkte die Aufmerksamkeit auf die Fremden, die gekommen waren. »Wir leben in Kuba, wo wir eine Synagoge haben, um Sie alle willkommen zu heißen.« Er stellte den Versammelten einige der Verantwortlichen der örtlichen Gemeinde vor und dankte den Frauen für die sorgfältige Vorbereitung der Zusammenkunft. Wäre es eine größere Gemeinde gewesen, hätte er der Frauenorganisation Hadassah gedankt. Dr. Millers Begrüßung war eine der wenigen Reden in Kuba, die nicht mit »*¡socialismo o muerte!*« schlossen.

Vier kichernde Mädchen traten auf die Bühne und sangen ein Lied. Es endete mit einem so falsch gesungenen Solo, dass sich die Sängerin bestimmt noch nach zwei Jahrzehnten voll Entsetzen daran erinnern wird.

Julie Avram, eine 21-jährige Studentin aus Caracas, sprach als Nächste: »Ich besuche eure Stadt wegen des Filmfestivals, aber ich hatte das Gefühl, es sei wichtiger für mich, hier zu sein als bei der Preisverleihung.« Sie sang ein Lied auf Hebräisch und hielt einen Vortrag über die jüdische Diaspora. »Wo immer wir Juden sind, in Kuba, in Venezuela, Miami oder Ecuador – wir feiern gemeinsam.«

José Martí war beeindruckt gewesen von einer Chanukka-Feier, an der er in New York teilgenommen hatte, und hatte in einer venezolanischen Zeitung darüber berichtet. »Für Juden«, schrieb er, »ist religiöse Gleichgültigkeit nicht nur ein Verbrechen, sie ist Verrat.« Julie verteilte Exemplare von *Rumba a Tu Juadísmo (Dein Weg zum Judentum)*, einer Zeitschrift der Jüdischen Gemeinde Venezuelas.

Dr. Miller zündete die *Schammes*-Kerze mit einem Feuerzeug an und bat dann einige Jugendliche, jede der sechs übrigen Kerzen anzuzünden. Schließlich ging die Küchentür auf, und das fröhliche Mahl begann: Grapefruit, Kopfsalat, Tomaten, Hühnersalat, Käse, ein Brötchen; ein Stück Schokolade und Kuchen zum Nachtisch. Dem beeindruckendsten Gang waren Wochen voller Sorgen um die Zutaten vorausgegangen: Kartoffel-Latkes. Es war *un milagro*, ein Wunder, dass die Juden vor mehr als 2000 Jahren genügend Öl hatten, um Licht für acht Nächte sicherzustellen, und man konnte es zumindest *un milagrito* nennen, dass der Patronato es schaffte, genügend Kartoffeln und Eier für Latkes aufzutreiben, um die Teilnehmer der *fiesta de* Chanukka zu verköstigen.

Carlos Ruiz de la Tejera, ein äußerst profilierter Schauspieler und Komödiant, trat nach dem Essen auf die Bühne und hielt einen Monolog über das Leben in Kuba. Er machte sich lustig über die Königliche Akademie in Madrid und sprach über die überfüllten *guaguas*, die Busse. »Sie sind bestimmt ein ungewöhnliches Hilfsmittel um Menschen kennen zu lernen!« Ruiz de la Tejera hatte seine Routinedarbietung so perfektioniert, in Rhythmus gebracht und mit würzigem Humor unterlegt, dass er vom Fest direkt zur *Tonight Show* hätte gehen können.

Danach, in der Vorhalle, lernte ich einen Mann kennen, der in Havannas jüdischer Gemeinde tätig gewesen war, bis er 1961 nach Miami auswanderte. Vor lauter Heimweh war er auf Besuch gekommen. »Ich zog in die Staaten, weil ich Freiheiten haben wollte, die ich hier nicht bekommen kann. Wissen Sie, wir Juden können es riechen, wenn unsere Freiheiten schwinden. Wir spürten es seit Jahrhunderten. Wir dachten, wir würden eine kubanische Revolution unterstützen. Wir wussten nicht, dass wir eine kommunistische Revolution unterstützten. Zwei meiner engsten Freunde leben noch immer hier. Einer von ihnen sitzt mit seiner Frau dort drüben.« Er deutete auf ein Sofa in der Nähe. »Fände morgen eine Wahl statt, würde sie gegen Fidel stimmen. Er, er ist sich nicht sicher, was er tun würde. Der andere Freund ist ein voller Nutznießer des Systems. Er kauft in Geschäften ein, wo er nicht anstehen muss. Er ist privilegiert. Er würde das Land gegen alles und jeden verteidigen.« Wir traten auf den Gehsteig hinaus.

»Ich ging neulich in die Altstadt, um die Häuser anzuschauen, in denen ich aufgewachsen war. Es brach mir das Herz zu sehen, in welchem Zustand sie sich befinden. Ich würde sie nicht einmal meiner Frau zeigen. Das war eine so schöne Stadt. Warum mussten wir sie umkrempeln? Jetzt sieht alles schlimm aus. Die Menschen, die von der Revolution profitiert haben, sind auf dem Land. Der Staat hat eine solche Revolution nicht gebraucht. Mexiko oder Ecuador vielleicht, Länder, in denen weit verbreitete Armut herrscht, aber Kuba doch nicht. Man muss sehr idealistisch und aufopfernd sein, um das Leben hier jetzt zu mögen.«

Ein paar Tage später, auf dem Rückweg von einem Bummel entlang dem Malecón, kam ich am Eingang der US-Interessenvertretung vorbei und sah einen kleinen Mann mit einer Jarmulke, dem Käppchen der Männer. Ich sagte auf Englisch zu ihm: »Man sieht in der Gegend hier nicht viele Jarmulkes.« Verblüfft antwortete er: »Sind Sie Jude?« Der Mann, ein extrem orthodoxer Jude, war für einige Tage nach Havanna gekommen und wohnte in einem Touristenhotel. Er lud mich ein, später am Abend dort vorbeizukommen.

In seinem Zimmer fragte ich ihn, womit er seinen Lebensunterhalt verdiene. »Sagen wir einfach, dass ich Elektroingenieur bin.« Er schaute zur Decke. »In dem Zimmer hier befindet sich ein sehr aktiver Rauchdetektor.« Damit gab er zu verstehen, dass er beim US-Außenministerium unter Vertrag stand und elektronische Routinekontrollen amerikanischer Botschaften im Ausland durchführte.

Er nahm an, dass das Zimmer verwanzt war. »Ich habe deswegen meinen Rabbi aufgesucht. Sie wissen, dass es nach jüdischem Gesetz verboten ist, am Sabbat elektrisches Gerät zu verwenden. Ich befand mich manchmal in Situationen, in denen ich wusste, dass ich am Sabbat in ein Mikrofon sprach.« Er schaute zu dem Rauchdetektor hinauf. »Ich machte mir große Sorgen, weil ich fürchtete, gegen jüdisches Gesetz zu verstoßen. Mein Rabbi sagte, das sei schon in Ordnung, Gott verstehe das schon.«

Der Wanzensucher interessierte sich leidenschaftlich für die jüdische Gemeinde Kubas. »Ich habe nur das offizielle Havanna gesehen. Es ist mir nicht erlaubt, in der Stadt herumzuwandern, außer in Begleitung einer anderen Person aus den Vereinigten Staaten. Vorschriften.« Er aß streng koscher und brachte nicht nur seine eigene Nahrung mit, sondern auch Kochutensilien, Tafelgeschirr und Servierschüsseln. Außerdem hatte er Bänder mit israelischer Musik dabei, Bibeln, Wein, eine Kochplatte, Mischsuppen, gefilte Fisch, Salami, Schwarzbrot – einen halben Haushalt.

»Wenn ich in ein anderes Land muss, reise ich immer mit einem Koffer voll gewisser Dinge für Juden dort, die sie brauchen können.« Der Mann praktizierte *tzedekah*, die jüdische Form der Nächstenliebe, wie sie in der Thora gelehrt wurde. Er breitete seine Reisegeschenke auf dem Bett aus. »Ich fliege morgen ab. Glauben Sie, dass die hiesige Gemeinde irgendwas davon brauchen könnte?«, fragte er und deutete auf den Schatz.

Mir klappte der Kiefer herunter, und ich schlug mich auf die Wange. »Ob sie was brauchen kann? Diese Dinge wären willkommener als der Messias!« Binnen fünf Minuten hatte er mich mit genügend Dingen für einen Hadassah-Flohmarkt bepackt. »Nennen sie meinen Namen nicht. Ich möchte, dass die Sachen von einem unbekannten Ausländer kommen.«

Von den acht Stufen jüdischer Nächstenliebe nahm dieser Wanzensucher die zweithöchste ein: Geber und Empfänger kennen die Identität des anderen nicht. (Die höchste Stufe erreicht man, wenn man Nächstenliebe gewährt, bevor das Bedürfnis danach sichtbar wird: ein Geschenk, ein Darlehen, ein Arbeitsplatz etwa gehören dazu.)

Am nächsten Tag ging ich mit Taschen voller exotischer Lebensmittel und Kochgerätschaften zum Patronato und zu Adath Israel. In der Gemeinde staunte der Empfänger: »Sie sind wie der heilige Nikolaus!« Sein Ton war fast gebetsmäßig: »Das ist wirklich ein *milagro.*« Das nächste Ziel des Wanzensuchers war Haiti.

Als Carlos Ruiz de la Tejera beim Chanukka-Fest seinen Monolog beendet hatte, ging ich zu ihm hin. Ich hatte in der Presse über ihn gelesen, ihn im Radio gehört, ihn in Fernseh-Talkshows gesehen. Er war 58 und sah 15 Jahre jünger aus. Langes lockiges Haar rahmte sein ausdrucksstarkes Gesicht ein. Mich interessierte die Stegreifkomödie in Kuba, wo jeder mehr als die üblichen Witze kannte – seien es spöttische, schlüpfrige oder politische. Er lud mich ein, in der nächsten Woche bei ihm vorbeizuschauen.

Ruiz de la Tejera war bereits vor der Revolution in sein unweit vom Hotel Riviera gelegenes Vedado-Apartment mit den zwei hübsch ausgestatteten Zimmern gezogen. Der Wohnraum stand voller Souvenirs aus einem Dutzend Ländern, in denen er aufgetreten war. Er hat die Gesichtszüge eines Schauspielers, der mühelos aus einem Shakespeare-Drama in eine Neil-Simon-Komödie überwechseln kann, eines jener Gesichter, die Karikaturisten gern zeichnen. Tatsächlich hingen an Ruiz de la Tejeras Wohnzimmerwänden zehn große Abbildungen und Fotos von ihm selbst. Bescheidenheit gehörte nicht zu seinen herausragenden Eigenschaften. Er besaß auch eine ausgezeichnete Stereoanlage, einen Videorekorder und einen Zwanzig-Zoll-Farbfernseher.

Ruiz de la Tejera hatte Ingenieurwissenschaften studiert. »Aber mit dem Herzen war ich nicht dabei. Ich verbrachte viel Zeit damit, Satiren und Lyrik zu schreiben. Mein Vater hasste das. Er sagte: ›Werde du mal Ingenieur!‹ Er erlaubte mir nicht, Musikstunden zu nehmen. Schließlich erhielt ich ein Stipendium, mit dem ich nach Holland gehen und Ingenieurwissenschaften studieren konnte, und ich musste mich entscheiden zwischen Holland und dem Versuch, Schauspieler zu werden. Die Revolution ermöglichte es mir dann, mich zum Schauspieler zu entwickeln. Hätte in

Kuba keine Revolution stattgefunden, wäre ich jetzt ein schlechter Ingenieur.«

Kurz nach der Revolution studierte er Schauspielkunst nach Stanislawski. »Da erhielt ich die darstellerischen Grundlagen. Ich lernte, wie man ernst ist und wie man die Leute zum Lachen bringt. Wir entwickeln alle unsere persönlichen Masken. Als Teenager war ich sehr komisch auf Partys. Das war meine Maske. Ich trage sie immer noch.« Ruiz de la Tejera spielte in den ersten Jahren der Revolution bei verschiedenen Theater-Ensembles. »Ich studierte unter einem französischen Mimen und einem tschechischen Regisseur. Schließlich wechselte ich vom Theater zu Musikvarietés. Lange gab ich eine Art Nachahmung Victor Borges mit spezieller phonetischer Aussprache, ungefähr so.« Er machte unsinnige Geräusche, ging dann in eine dramatische Rezitation voller schlüpfriger Wörter über. Seine langlebigste Show, in der er mit Jesús de Valle auftrat, hieß *Lieder von Leben und Liebe* und beinhaltete Gedichte von José Martí und Nicolás Guillén.

»Ich studiere oft Charlie-Chaplin-Filme. Amerikanische Filme haben mich stark beeinflusst. Ich habe *Moderne Zeiten*, *Der große Diktator* und all die anderen so oft gesehen, dass ich aufhören und sie analysieren musste: Warum ist Chaplin so gut? Mir wurde klar, dass Satire die ältere Schwester der Schauspielkunst ist. Chaplin kam aus den Varietétheatern Englands. Sein Geheimnis war seine Angst vor Einsamkeit. Er ist während der Filme mit Frauen zusammen, aber nur selten am Schluss. Er vermittelt Angst.«

Ruiz de la Tejera hat in einem Dutzend Filmen gespielt; seine bekannteste Rolle war die des Psychiaters in *Tod eines Bürokraten*. »Ich bewundere auch Jack Lemmon und Richard Pryor und Woody Allen. Ich liebte *Zelig* und *Hanna und ihre Schwestern*«, die damals in den Kinos von Havanna gespielt wurden. »Ich versuche nicht, sie zu kopieren, aber ich studiere ihre Technik.«

Ein Anruf von der Rundfunkstation unterbrach unser Gespräch. Es war ein Live-Interview als Werbung für eine Show, die in der folgenden Woche Premiere haben sollte. Während Carlos telefonierte, servierte mir seine Haushälterin – die für ihn einkauft und ihm seine Kost aus Obst, Gemüse und Magermilch zubereitet – ein Glas Rum.

Als er wiederkam, fragte ich ihn, ob er sich aktiv an der Revolution beteiligt habe. »Nicht wirklich. Na, ich kaufte einige *bonos*« – Wertpapiere –, »um sie zu unterstützen, und einige meiner Freunde waren Studentenführer, doch ich war nicht aktiv in der Art, an die Sie denken. Ich habe allerdings beim Studentenstreik mitgewirkt.« Als Mitglied einer nationalen Theatertruppe hatte er zwei Jahre in Folge während der Ferien Zuckerrohr geschnitten. »Ich habe auch auf Tabakplantagen gearbeitet.« In jüngerer Zeit pflanzte er Kiefern in Pinar del Río. »Ich liebe es, Bäume zu pflanzen. Wir haben hier sehr viele Wälder verloren.«

»Sind Sie Parteimitglied?«

Carlos Ruiz de la Tejera schüttelte sich. »Ich doch nicht. Ich schätze mein Freiheit.« Er lachte. »Man sagt dir, wie du sein sollst, und das könnte ich nicht hinnehmen. Ich bin für die Revolution in meinem Land. Schauen Sie, ich verdiene 340 Pesos im Monat. Ich spiele in Krankenhäusern und anderswo, wo man Unterhaltung nötig hat. Ich könnte das Doppelte verdienen, wenn ich wollte. Ich habe für die Soldaten in Angola gespielt. Ich bin zweimal mit anderen Künstlern, Professoren und Ärzten dorthin gereist. Wären unsere Truppen nicht dort gewesen, würde Angola nicht mehr existieren.«

Neben der Eingangstür zu Carlos' Apartmenthaus hing eine Liste mit dem Wachdienstplan für das Gebäude. Er war in der folgenden Nacht an der Reihe. »Wir kümmern uns gegenseitig um unsere Sachen, schauen die Straße entlang, beobachten die Läden. Man hat ein gutes Gefühl, so als gebe man anderen etwas. Sehen Sie diesen Laden für werdende und junge Mütter über der Straße? Ich kenne jeden, der dort arbeitet.«

Er war mit Guillermo Alvarez Guedes bekannt, dem in Miami lebenden beliebten kubanischen Komiker. »Ich sah ihn zuletzt 1958. Er ist gegen die Revolution. Er ist komisch. Er ist sehr gut, aber er macht jetzt die gleichen Sachen wie damals.«

Ich sagte es Carlos nicht, aber das Fehlen neuen Stoffs bemängelten die *habaneros* auch bei ihm selbst. »Alvarez Guedes hat sich als Darsteller nicht entwickelt. Er hat keine Kultur. Kultur in echter Weise zu entwickeln – nun, Sie wissen, was José Martí gesagt hat: ›Kultiviert zu sein bedeutet, frei zu sein.‹ … Lateinamerika hat viele Probleme. In Lateinamerika gibt es eine Menge Gold und Silber, aber das befindet sich fast immer in fremden Händen. Das Öffnen dieser Hände würde bedeuten, dass Lateinamerika groß wird. Ein Teil meiner Vorführungen kreist um dieses Thema.«

»Geht es in Ihren Witzen auch um Lebensmittelrationen?«

»Nein. Über bestimmte Dinge sollte man keine Witze machen. Es wäre sehr oberflächlich, das zu tun. Es gibt andere, wichtigere Dinge. Als ich beispielsweise das letzte Mal in die Vereinigten Staaten reiste, 1985, war ich in Chicago. Als Erstes ging ich ins Art Institute, dann überquerte ich die Federal Plaza, wo Menschen gegen die Junta in Nicaragua demonstrierten. Sie hielten Bilder der Umgekommenen in die Höhe. Sie empfahlen den Menschen, an ihre Kongressabgeordneten zu schreiben und gegen den Krieg zu demonstrieren. Ich war sehr ergriffen. Es war zutiefst anrührend. Die Vereinigten Staaten sind wie ein Riese, der sein Haar durch Krebs verliert. Wir hier kümmern uns um den Krebs.«

Am letzten Samstag jedes Monats veranstaltet Carlos Ruiz de la Tejera um 16 Uhr informelle Workshops im Napoleon-Museum in der Nähe der Universität von Havanna. In der drangvollen Enge des Hauptraums erklärt er Schauspieltechniken und beantwortet Fragen aus einem Publikum, das bezaubert ist von seinem beweglichen Gesicht und seinen dramatischen Interpretationen der Gedichte José Martís.

Während der 500. Jahrestag von Kolumbus' Landung jenseits des Atlantiks zu Kontroversen und Neudeutungen führte, sollte der 100. Todestag von José Martí drei Jahre Neubeurteilungen anderer Art mit sich bringen. Martís schriftstellerisches Vermächtnis ist zu einem Tauziehen zwischen jenen geraten, die in Kuba leben, und jenen, die weggegangen sind. Castro zitiert ihn oft, doch das tun auch Kubaner in der Diaspora. Seine politische Philosophie und sein literarisches Schaffen sind Bestandteil des nationalen Kulturerbes, und seine Worte gehören in ganz Lateinamerika zum Zitatenschatz.

Martí wurde 1853 geboren, wuchs in Havanna auf; sein Vater stammte aus Spanien, seine Mutter von den Kanarischen Inseln. Während er in Havanna eine Privatschule besuchte, begeisterte er sich für die Unabhängigkeit Kubas von Spanien. Als ein Kommilitone mit den Spaniern in einer Parade marschierte, wurde der 15-jährige Martí verhaftet, weil er ihn in einem Brief des Verrats bezichtigt hatte. Martí wurde zur Arbeit in einem Steinbruch verurteilt, eine Zerreißprobe, während der er sich einen Leistenbruch zuzog und halb erblindete. Nach sechs Monaten Zwangsarbeit wurde er in ein Gefängnis verlegt, schließlich begnadigt und nach Spanien verbannt. Er war noch keine 18 Jahre alt.

In Spanien immatrikulierte sich Martí an der Universität, er schrieb weiterhin, reiste nach Frankreich und England, schließlich nach Mexiko, wo er fast zwei Jahre als Schriftsteller und Redakteur arbeitete. 1877 fuhr er unter falschem Namen – er verwendete den Mittelteil des Zunamens seiner Mutter – nach Kuba, blieb jedoch keine zwei Monate. Der nächste Aufenthaltsort von längerer Dauer war Guatemala, wo er Sprachen und Philosophie unterrichtete. Während dieser Zeit lernte er eine in Mexiko lebende Kubanerin kennen, heiratete sie, reiste noch mehr und kehrte schließlich mit seiner schwangeren Frau nach Havanna zurück, wo 1878 sein Sohn zur Welt kam.

Der erfolglose Zehnjahreskrieg um die Unabhängigkeit von Spanien endete in diesem Jahr, und Martí prangerte den Vertrag an, der den Friedensschluss besiegelte. Spanische Behörden wollten ihn erneut einsperren – der Kerl konnte einfach den Mund nicht halten –, doch ein hochrangiger Offizier willigte ein, ihn freizulassen, wenn er Treue gegenüber Spanien gelobte. »Sagen Sie dem General, dass Martí nicht die Sorte Mann ist, die sich kaufen lässt«, entgegnete er, von sich selbst in der dritten Person sprechend. Das brachte ihn in ein Gefängnis in Spanien.

Er floh, gelangte über die Grenze nach Frankreich, reiste dann nach New York, Venezuela und wieder nach New York, wo er sich niederließ. 1881 war er 28 Jahre alt, arbeitslos, pleite, im Exil – mit einer Frau und einem Kind in Kuba.

Von da an bis kurz vor seinem Tod 1895 lebte er in den Vereinigten Staaten. Er unternahm kurze Reisen in lateinamerikanische Länder, um Bewegungen für die Unabhängigkeit Kubas zu organisieren. In diesen 14 Jahren versuchte er unermüdlich, die finanzielle und die intellektuelle Unterstützung für einen totalen Krieg gegen Spanien zu bündeln. Für seine Sache sprach und schrieb er beredt in New York, Florida und überall dort, wo ihm die Leute zuhören wollten. Er vertiefte sich auch in die Kultur seiner Wahlheimat und schrieb für die *New York Sun*. Seine Essays über die literarische Szene in den Vereinigten Staaten fanden großen Anklang in Lateinamerika.

»Ich bin endlich in einem Land, wo jeder sein eigener Herr zu sein scheint«, schrieb er nach seiner Ankunft in New York. »Man kann frei atmen. Denn hier ist Freiheit die Grundlage, der Schild, die Essenz des Lebens.« Diese Worte, die Radio Martí als Zierde für die Halle seines Gebäudes in Washington gewählt hatte, um die Verwandtschaft mit seinem Namensvetter aufzuzeigen, lassen die Begeisterung erkennen, die er bei seiner Ankunft empfand. Martí wurde bald kritischer gegenüber seiner Wahlheimat. »Es ist meine Pflicht«, schrieb er in seinen letzten Tagen, »durch die Unabhängigkeit Kubas zu verhindern, dass sich die Vereinigten Staaten nach Westindien ausbreiten und sich, mit diesem zusätzlichen Gewicht, auf andere Länder unseres Amerikas stürzen. Alles, was ich bisher getan habe und künftig tun werde, tue ich zu diesem Zweck … Ich lebe im Inneren des Ungeheuers und kenne seine Eingeweide – und als Waffe habe ich lediglich die Schleuder Davids.« Das erklärt die Plakate, die ich in Städten sah, von Pinar del Río bis Santiago: ICH STEHE AUF DAVIDS SEITE.

José Julian Martí y Pérez hatte eine hohe Stirn, einen zurückweichenden Haaransatz, dichte Brauen, einen buschigen Schnauzbart, tief liegende Augen, ein hageres Gesicht und abstehende Ohren. Er war mager. Auf dem einzigen Foto, das ihn lächelnd zeigt, hält er seinen kleinen Sohn im Arm. Genau wie Castro hat er als Erwachsener offenbar immer dieselben Kleidungsstücke getragen – in seinem Fall einen schwarzen Gehrock über einem weißen Hemd mit hohem Kragen und einer schwarzen Krawatte, dazu eine ausgebeulte Hose. Auf Illustrationen, die Martí zeigen, wie er bei seiner Rückkehr nach Kuba ans Ufer rudert, um am Kampf gegen Spanien teilzunehmen, und wie er in seine einzige Schlacht reitet, trägt er denselben Gehrock und dieselbe Krawatte. Seine ernste, düstere Miene erweckt den Eindruck, er sei auf einer Beerdigung.

Martí gilt als der erste Moderne in der lateinamerikanischen Dichtung. Sein politischer Scharfsinn macht ihn zu einem Nachkommen von Simón Bolívar. Unzählige Monumente wurden ihm gewidmet, nicht nur in Kuba, sondern überall in der Karibik und ganz Lateinamerika. In Port-au-Prince, Haiti, gibt es eine José-Martí-Straße. Costa Rica hat eine Schule nach ihm benannt und eine Straße, die am Nationalpark vorbeiführt, Puntarenas ein Lyzeum; der Country Club, den die kubanische Kolonie in San José betreibt, trägt seinen Namen. In Brasilien gibt es sowohl in Rio de Janeiro als auch in São Paolo eine José-Martí-Straße. Uruguay, das Martí zum Vizekonsul in den Vereinigten Staaten ernannte, ehrt sein Andenken mit einer Statue auf der Plaza Cuba. Sogar in Spanien, während des größten Teils von Martís Leben Zielscheibe seines Zorns, gibt es eine Statue von ihm und auf den Kanarischen Inseln ein Standbild seiner Mutter. In Paris kann man Martí zweimal sehen: im 17. Arrondissement auf der Place de l'Amérique Latine und im 16. Arrondissement auf der Place José Martí, einem Zementdreieck vor einem Friedhof. Florida, wo Martís Reden die kubanischen Exilanten anfeuerten, ist voller Denkmäler, Parks und Straßen, die dem Andenken dieses intellektuellen Aufrührers gewidmet sind. (Angeblich war er ein sehr unkubanischer Rhetor, er soll langsam geredet und das Schluss-S ausgesprochen haben. In drei Städten New Jerseys, Elizabeth, West New York und Newark, findet man Martí-Büsten. Die Skulptur von Martí in der Avenue zum Americas-Eingang des New Yorker Central Park zeigt ihn in dem Moment, wo ihn die tödliche spanische Kugel trifft und sein Pferd sich aufbäumt. Die Statue wurde 1959 vollendet, doch die Widmung verzögerte sich um sechs Jahre, weil die Stadt eine unangenehme Konfrontation zwischen Vertretern rivalisierender politischer Gruppierungen fürchtete, von denen jede Martí für sich beanspruchte. In Los Angeles gibt es eine Büste Martís in der Nordwestecke des Echo Park, einer Gegend, wo Latinos der Arbeiterklasse leben.

Nach seinem Tod schrieb man Martí in Kuba sofort gottähnliche Eigenschaften zu, die laut dem Schriftsteller Cabrera Infante »von kubanischen Politikern in eine unerträglich messianistische und neo-christliche Bürde verwandelt wurden«. Huldigungen, die ihm im Lauf der Jahre zuteil wurden, verglichen ihn mit Buddha, häufiger noch mit Christus. Eine Zeitschrift nannte ihn 1957 die »immer während Bestätigung von Liebe und Güte«, die »für alle Kubaner Anstand, Würde, Opfer und Ehre« verkörpere. »Lasst uns in ihm einen riesigen, heiligen Gott sehen; sozusagen einen kubanischen Gott.« Schon vor seinem Tod wurde Martí in Kuba »Apostel« genannt, eine Würdigung, die schließlich in die Alltagssprache einging. Seine Werke wurden in viele Sprachen übersetzt, darunter Jiddisch, und 1953 pflanzte eine jüdische Gruppierung aus Kuba in Israel einen José-Martí-Wald. »Es gibt keine kubanische Persönlichkeit, die den Idealen der alten Hebräer näher kam als der unsterbliche José Martí«, schrieb ein jüdischer Journalist unter der Überschrift »Martí und die Juden« in einer Zeitung. In den 60er Jahren standen auf Busfahrkarten Worte von Martí. Haarlocken von ihm wurden ausgestellt. Viele bezeichneten ihn als den kubanischen Gandhi.

Um das Jahr 1980 wurde ein Versuch unternommen, seinen Apostelstatus wegen des störenden religiösen Begriffsinhalts zu ändern. Er schlug fehl. In Kuba ist es nicht ungewöhnlich, dass in einem einzigen Monat zwei oder sogar drei Bücher über Martí erscheinen. Jede Woche finden ein Workshop oder ein Seminar über Martí, seine Politik und seine Werke statt. Das Zentrum für José-Martí-Studien veröffentlichte in Zusammenarbeit mit dem Geografischen und Kartografischen Institut des Landes einen umfassenden *Biografischen und historischen Atlas des Lebens von José Martí*, worin das Leben des Dichters zum Mittelpunkt des Universums erhoben wird, um das alle Ereignisse zwischen 1853 und 1895 kreisen. Auf genauen Straßenkarten der verschiedenen Städte, in denen er lebte, sind seine Wohnungen festgehalten; eine Karte zeigt die Route seiner Schiffsreise durch den Atlantik von Havanna nach Spanien. Wir erfahren, dass er einmal einen Brief aus Waycross, Georgia, abschickte; dass es im puerto-ricanischen Arecibo Anhänger der Kubanischen Revolutionspartei Martís gab; dass eine Zeitung in Venezuela die Nachricht von seinem Tod mehr als zwei Monate zurückhielt. Seine Körpermaße und seine Kleidergrößen werden ebenfalls angegeben: Martí maß 1,67 Meter, wog 63,5 Kilogramm und hatte dunkle Augen. Der Motor der kubanischen Unabhängigkeitsbewegung hatte die Konfektionsgröße 65 (in Zentimetern) und eine schlanke Taille von 81 Zentimetern. (Angaben mit freundlicher Genehmigung von Ramón Antonio Almonte, einem Schneider in der Dominikanischen Republik, der dem Apostel im März 1895 Maß nahm.) Nicht erwähnt wird, dass ihn seine Freunde wegen seines Trinkens angeblich *ginebrita*, Gin-Kopf, nannten. Ausgespart ist auch seine Ode ans Haschisch, »geheimnisvolle Pflanze, fantastische Poesie der Erde«, die endet mit: »Haschisch! ... komm in meinen Mund!«

Martí machte Ralph Waldo Emerson und Walt Whitman in Lateinamerika bekannt und schrieb für ein Spanisch sprechendes Publikum über Mark Twain, Washington Irving, Louisa May Alcott sowie Henry David Thoreau. Kurz nach seiner Ankunft in New York schrieb er einem Freund: »Wenn du mich sehen könntest, wie ich kämpfe, um dieses schöne, aber rebellische Englisch zu beherrschen; drei oder vier Monate, und ich werde einen Weg für mich erschließen.« Seine in mehreren Zeitungen veröffentlichten Kolumnen befassten sich mit der amerikanischen Innenpolitik, die er für zunehmend korrupt hielt, und mit der amerikanischen Außenpolitik, deren Angst erregende Expansionsbestrebungen ihn alarmierten. Er schrieb über das Frauenstimmrecht, die Straßen New Yorks und den Gedenkgottesdienst für Karl Marx. Er sympathisierte mit den Anarchisten, die man 1886 wegen des Arbeiteraufstands auf dem Haymarket Square gehängt hatte. »Diese Republik«, schrieb er, »ist in die Ungerechtigkeit und Gewalttätigkeit von

Monarchien verfallen.« Sein Schreibstil war von der Art, die im *New Yorker* hätte erscheinen können – deskriptiv und blumig. Er sagte seinen eigenen Tod voraus, schrieb davon in seinen Gedichten und Prosawerken. »Ich bin jetzt, an jedem Tag, in Gefahr, mein Leben für mein Land hinzugeben«, schrieb der Apostel am Tag, bevor er starb, in einer unvollendeten Epistel. Er war ein Humanist und Optimist, dessen schwermütige Verse oft von der Natur und der Liebe handelten und häufig von feiner Sinnlichkeit durchdrungen waren.

An einem Tag kurz vor dem Ende meines Aufenthalts hörte ich von zwei Jugendlichen, die schworen, sie hätten José Martí und Fidel Castro auf den Straßen von Habana Vieja miteinander flüstern sehen. Die Kinder hatten zur Hälfte Recht. Der Mann an Fidels Seite war Daniel Lugo, ein puerto-ricanischer Schauspieler, der in einer venezolanischen Filmproduktion über Martís Leben den Martí spielte. Ein Bild auf der Titelseite von *Juventud Rebelde* zeigte den einflussreichsten Kubaner des 19. Jahrhunderts, wie er mit dem einflussreichsten Kubaner des zwanzigsten Jahrhunderts sprach. Welchen Rat könnte der Dichter dem Premier gegeben haben?

Zwei weitere Filme stellen Martí in der Hauptrolle dar. Einer, *La Rosa Blanca* (»Die weiße Rose«, nach einem berühmten Gedicht von Martí), war eine mexikanische Produktion mit einem mexikanischen Star, von einem Mexikaner geschrieben und teilweise in Mexiko gedreht. Trotz heftiger chauvinistischer Kritik ist der Film angeblich ein ordentliches Porträt Martís. Richard Gray, ein Professor aus Florida, sah ihn 1956 in einem kubanischen Kino und schrieb, es sei schwach besucht gewesen und das Werk hätte »gemeine Bemerkungen und Gelächter« ausgelöst. Ein viel schlechterer Film war *Santiago*, ein Hollywoodfilm von 1956 über den spanisch-kubanisch-amerikanischen Krieg, in dem Martí 1898 noch lebt und in Haiti ein Leben in Saus und Braus führt.

Als Martí auf der Leinwand erschien, »brüllte das Publikum vor Lachen und machte sarkastische Bemerkungen«, schrieb Gray. *Santiago* löst noch immer Bissigkeit aus: 35 Jahre, nachdem Warner Brothers ihn zur Aufführung freigab, nannte ihn *Granma* »spießbürgerlich und erniedrigend« und ein »abstoßendes neokoloniales Produkt, das in der Pseudorepublik erzeugt wurde, die Martís Träume zunichte machte«.

Eine der ersten Unterkünfte Martís in New York war ein möbliertes Zimmer im Mietshaus einer kubanisch-venezolanischen Frau, Carmen Miyares de Mantilla. Martís Frau – die ebenfalls Carmen hieß – interessierte sich nicht für Josés Exilpolitik und lebte lieber unter spanischer Herrschaft in Kuba. Ein paar Jahre zuvor hatte Martí geschrieben: »Andere gehen mit ihren Geliebten ins Bett, ich mit meinen Ideen«, jetzt jedoch, wo seine Frau und sein Sohn Pepito in Havanna lebten, nahm José beide, Ideen und Geliebte, mit in sein Bett. Als die Havanna-Carmen ihren Mann in New York besuchte, dürfte sie bemerkt haben, dass die New-York-Carmen kurz vor der Niederkunft stand, aber sie wusste bestimmt nicht, dass ihr Mann der Vater war. Der Aufenthalt bestätigte die Entfremdung zwischen den Eheleuten keine drei Jahre nach ihrer Heirat, und so kehrte Carmen Zayas Bazan de Martí mit dem zweijährigen Pepito nach Havanna zurück. Zehn Tage später wurde José in New York erneut Vater.

Martí überschüttete María, sein neues Kind, mit Zuneigung und Geschenken, doch sie wuchs in dem Glauben auf, er sei ihr Pate. María heiratete 1905 und gebar zwei Jahre später einen Jungen, Cesar. José Martí, verehrt in ganz Lateinamerika wegen seines überzeugenden revolutionären Kampfgeists, war der Großvater von Cesar Romero, dem galanten Hollywood-Romantiker, der in mehr als hundert Filmen spielte, darunter *The Gay Caballero, Viva Cisco Kid* und dem *Batman* von 1966.

Cesar Romeros Mutter wusste nicht, wer ihr wirklicher Vater war, bis sie fast 50 Jahre alt war. Das erzählte der Schauspieler dem Schriftsteller José Miguel Oviedo. »Alle in New York lebenden Kubaner der damaligen Zeit wussten Bescheid«, erklärte er, »aber keiner sagte etwas zu Maria, nicht einmal ihre Mutter.« Zu einem kubanischen Journalisten bemerkte der Schauspieler: »Martí war zweifellos der Mann des Jahrhunderts, und es erfüllt mich mit großem Stolz, dass ich sein Enkel bin.« Als Martí in seine einzige, verhängnisvolle Schlacht ging, trug er ein Foto seiner 14-jährigen Tochter über dem Herzen, »um vor Kugeln geschützt zu sein«.

Eine Musiklehrerin mittleren Alters in Havanna erzählte nach Aussage des Autors Richard Gray, sie habe »eine prominente Kubanerin« gekannt, »...die Martís zweites, uneheliches Kind einer Kubanerin war. Was diesen Makel an Martís Charakter betraf, so lachte sie und sagte, angesichts der Größe Martís könne man alles vergessen. Er war schließlich ›sehr galant zu den Damen‹.«

Die uneingeschränkte Verehrung Martís kann man zwar verstehen, aber es überrascht doch, dass niemand einen Roman über ihn geschrieben oder sein Leben entmythologisiert hat, wie Gabriel García Marquez dies mit Simón Bolívar in *Der General in seinem Labyrinth* tat.

Martís zarte Prosa bietet sich für Parodien an, doch Cabrera Infante ist der einzige Schriftsteller, den ich finden konnte, der den Apostel auf die Schippe genommen hat. In *Drei traurige Tiger* stellt er sich vor, wie Martí den Tod von Leo Trotzki (der 45 Jahre nach Martí umkam) beschrieben hätte. Obszöne Versionen seiner Gedichte sind seit Generationen Schulhofthemen und werden von Studentengeneration zu Studentengeneration weitergegeben.

Aus China trafen mehr Fahrräder ein. Man merkte, wie das Transportwesen sich veränderte. Ob man zur Schule, zur Arbeit oder an den Strand wollte,

Freunde in der Stadt oder Verwandte auf dem Land besuchen – die Kubaner änderten ihre Art des Reisens. In den Städten sprangen die Menschen einfach auf die Ladeflächen von Lastwagen. Auf dem Land ersetzten Ochsen die immer weniger werdenden Traktoren. Genau wie das Rationierungssystem, das bei seiner Einführung in den frühen 60er Jahren als Provisorium galt und jetzt fester Bestandteil der Landeskultur ist, wurde auch das Transportproblem bald schon als etwas angesehen, das nie mehr seinen einstigen Zustand erlangen würde.

Die amerikanische Blockade diente als praktische Ausrede, ist jedoch zum Bestandteil von Kubas Rhetorik geworden. In den zunehmend von Zerwürfnissen geprägten letzten Monaten der Herrschaft Michail Gorbatschows litt Kuba fast genauso wie die Sowjetrepubliken an Unterversorgung. Sowjetische Öltanker waren auf dem Meer nicht länger zu sehen. Stattdessen erblickte man überall Lasttiere.

Das Haus, in dem Martí aufwuchs, blieb als Museum erhalten. Es befindet sich in der Nähe des Hauptbahnhofs, nicht allzu weit von den Docks entfernt. Warum ist Martí nicht Ingenieur geworden oder Schauermann oder sonst etwas Nützliches? Dieser ketzerische Gedanke kam mir eines späten Nachmittags im städtischen Park von Havanna, wo 1949, als Harry Truman und Carlos Prío an der Macht waren, zwei betrunkene amerikanische Matrosen Kuba schockierten, indem sie die Martí-Statue anpinkelten und danach einer von ihnen auf Josés Schulter kletterte. Ein Kolumnist schrieb: »Das Vergehen, das diese als Matrosen verkleideten Teufel begingen, gleicht den Verbrechen, welcher die Imperialisten sich täglich schuldig machen.« Eine amerikanische Autofirma mit einer Ausstellungshalle in Havanna richtete rasch ein Stipendium ein, das Amerikanern ermöglichte, an der Sommerschule der Universität von Havanna Martís Leben und Werk zu studieren; der amerikanische Botschafter und später eine Matrosenabordnung legten an dem Denkmal einen Blumenkranz nieder.

Ich machte mich auf den Weg zur Wohnung einiger Freunde und wartete an der Südostecke von Neptuno und Industria auf eine Lücke im Verkehr. *La esquina de fraile*, die Mönchsecke, hieß sie bei früheren Generationen, weil man fand, als Straßenecke mit dem kürzesten direkten Sonneneinfall sei sie eines Mönchs würdig. Ein an eine Wand genageltes Schild führte meine persönliche Hitliste der politischen Parolen an: DIE ZUKUNFT UNSERES LANDES IST EIN IMMER WÄHRENDES BARAGUÁ. Baraguá, eine Kleinstadt in Ostkuba, wurde zu einem Synonym für »sag niemals sterben«. Dort hatte 1878 General Antonio Maceo einen Vertrag zwischen kubanischen Aufständischen und spanischen Generälen abgelehnt, der den zehnjährigen Krieg beenden sollte. Maceo, ein Guerilla-Taktiker, trat dafür ein, den Kampf um die Unabhängigkeit fortzusetzen, statt mit weniger einverstanden zu sein. Der so genannte Protest von Baraguá war ein Fehlschlag – Maceo und seine schwindenden Streitkräfte gaben zwei Monate später auf –, doch die Unabhängigkeitsbewegung gewann schließlich neuen Schwung, und wenn man heute Baraguá erwähnt, ist es so, als sagten wir mit Bezug auf den mexikanischen Krieg: »Erinnere dich an Alamo.«

Ich kaufte im Hotel Lido, wo ich bei meiner Ankunft im vorigen Sommer abgestiegen war, an der Theke gegen harte Währung eine Tüte Kekse und ging dann zu meinen Freunden. Meine persönlichen Anstandsregeln sagten mir, ein Ausländer mit Dollars sollte immer eine Kleinigkeit mitbringen, wenn er einen Besuch bei Bekannten machte. Ich kannte einen Ausländer, der gegenteiliger Meinung war. Er fand, wenn man das tue, betone man den unerfreulichen Unterschied zwischen Kubanern und Ausländern. Diese Auffassung empfinde ich als Ideologie, die sich nicht mit Kameradschaft verträgt. Ich lernte zwar Kubaner kennen, die sie respektierten, aber keinen einzigen, der darüber glücklich war.

Meine Freunde hatten etwas Rum auf dem Schwarzmarkt erworben. »Er wäre sowieso an die Öffentlichkeit verkauft worden, wir bekamen ihn nur vorzeitig.« Sie legten eine Kassette von Los Van Van ein, der großen Tanzkapelle, die mit ihren afrokubanischen Rhythmen auf den Bühnen Lateinamerikas und Europas berühmt geworden war. Mir fiel ein, dass Avilés noch nichts wegen der Aktivitäten gegen Los Van Van unternommen hatte. Weitere Oboe-Stunden waren inzwischen so unwahrscheinlich geworden wie die Vorstellung, Gloria Estefan singe im Lateinamerikanischen Stadion Havannas die kubanische Nationalhymne. Ich wiederholte für die Rum-mit-Keksen-Gruppe, was ich vor ein paar Tagen über Los Van Van gehört hatte:

Fidel kommt hundert Jahre nach seinem Tod wieder nach Kuba und tritt an den ersten Mann heran, den er sieht. »Wer war Fidel Castro?«, fragt er erwartungsvoll. »Fidel Castro? Nie was von ihm gehört.«

Der überraschte Fidel geht in eine nicht weit entfernte Schule und fragt eine Schülerin: »Wer war Fidel Castro?« Die Schülerin denkt scharf nach. »Fidel Castro?« sagt sie. »Keine Ahnung.«

Betroffen geht Fidel in eine Klasse, die Geschichtsunterricht hat, und fragt den Lehrer: »Wer war Fidel Castro?«

»Hmm – ich glaube nicht, dass ich den Namen je gehört habe«, antwortet der Lehrer.

Fassungslos geht Fidel in die Bibliothek der Schule und schlägt seinen Namen in einem Konversationslexikon nach. *CASTRO Ruz, FIDEL,* steht dort. *Präsident Kubas zur Zeit der Musikgruppe Los Van Van.*

In meiner *pensión* händigte man mir an der Rezeption eine Nachricht aus. Salmerón vom Sportinstitut hatte angerufen. Ich solle mich am nächsten

Dienstag um die Mittagszeit am Baseballplatz melden, Juan Castro, der Manager der Forestales aus Pinar del Río, erwarte mich dort. Am nächsten Morgen meinte ich, Wormolds alten Hillman den Malecón entlangkutschieren zu sehen.

Die *Tribuna* brachte eines Tages folgende Anzeige für den Eispalast Coppelia: »Sie haben keinen Kakao und keinen Erdbeersirup mehr, hoffen aber, beides in Bälde wieder zu bekommen. Sie wollen die beliebtesten Geschmacksrichtungen herstellen.«

Das Coppelia verkaufte nach wie vor Eis. Weniger Sorten, kürzere Öffnungszeiten, längere Schlangen, aber immer noch Coppelia-Eis. Coppelia, 1966 eröffnet als Schaukasten für sozial gerechte Eistüten und -becher, ersetzte El Carmelo, das auf einer niedrigeren Stufe der vorrevolutionären sozialen Treppe gestanden hatte. Das Coppelia nimmt heute landesweit zehn Millionen Pesos im Jahr ein, von geschätzten 30 000 Kunden am Tag.

»¿El último?«, fragte ich einen Mann, der eine leere Plastikschale in der Hand hielt. Ich hatte bereits Witterung aufgenommen und wollte mehr. Die Schlange bewegte sich langsam, sah nach mindestens einer halben Stunde aus. Die erste Eis-Schlange hatte sich 1810 gebildet, als Boston einen Eisblock nach Kuba schickte, Havanna jedoch bereits eine Eismaschine besaß. Mitte des 19. Jahrhunderts beherrschte Kuba bereits die Kunst, Eissorten herzustellen und zu vermarkten. Anthony Trollope schrieb 1859, die meisten Menschen verbrächten ihre Zeit damit, »Eis zu essen und Billard zu spielen. Möglichkeiten zu diesen Amüsements sind in Havanna reichlich vorhanden.« In einem *Handbuch für Havanna* von 1868 heißt es: »Für kaum etwas anderes vermögen sich Besucher aus dem Ausland so zu begeistern wie für die Sorbets der Konditoren Havannas.«

Federico García Lorca, die Schlüsselfigur einer Dichtergeneration, schleckte große Mengen Eis, als er sich 1930 dort aufhielt. In »Die Wälder, der Wolf und der Neue Mensch«, einer im zeitgenössischen Havanna spielenden Kurzgeschichte von Senel Paz, unterhalten sich ein Parteimitglied und ein Homosexueller im Coppelia über Eiskrem. Die beiden sitzen an einem von überall einzusehenden Tisch, was das Parteimitglied etwas nervt. »Obwohl es an diesem Tag Schokolade gab«, sagt der Kommunist später über seinen Begleiter, »bestellte er Erdbeer. Pervers.«

Der Mann vor mir hatte die Absicht, seine Plastikschale mit Eis füllen zu lassen, dann eilends mit seinem Auto, in dem seine Familie einen Block weiter auf einem Parkplatz wartete, heimzufahren. Riesige Pappkarton-Eimer mit *rizado de chocolate* kamen auf einem Karren an, und in die Schlange kam Bewegung. Der Mann mit der Plastikschale stieß mich an: »Schauen Sie. Vielleicht hat es sich doch gelohnt zu warten.«

Der Forestales-Trainer Juan Castro war etwas größer als eins achtzig, ein gut aussehender Mann, der Frauen bestimmt gefiel. Er hatte leicht welliges, schwarzes Haar, hellbraune Augen und Baseballmuskeln. Als mich der 37-jährige pensionierte Catcher im Matanzas-Stadion begrüßte, war sein Team mitten im Morgentraining; es bereitete sich auf das Eröffnungsspiel einer Dreierserie am Abend vor. Er trug die Forestales-Farben: grüne Mütze, baumgrünes Hemd mit der Aufschrift *Forestales* auf der Vorderseite und weiße Hosen. Er erwartete mich bereits, was meinen Eindruck untermauerte, dass das Sportinstitut INDER die effizienteste Institution in einer zum Verzweifeln langsamen Bürokratie war. Wir plauderten ein wenig, dann reichte er mich weiter an das Büroteam, das für Matanzas' Heimmannschaft, die Henequeneros, zuständig war.

Die Henequeneros – wörtlich: Agavenarbeiter – waren Landesmeister. Sie hatten am Schlusstag der vergangenen Saison Havanna besiegt, und jetzt, in der begonnenen neuen Saison, führten sie die Liga erneut an, mit einem 8:2-Rekord. Die Forestales dagegen bildeten mit 3:9 das Schlusslicht der Liga. Die drei Baseballmanager von Matanzas formulierten es nicht so, dachten aber vermutlich genau dies. Ramón, Baseballbeauftragter der Provinz, und Armando vom Direktorium überließen mich Carlos, dem Pressesprecher der Henequeneros.

Ich erzählte Carlos von den Jugendlichen, die östlich von Baracoa am Strand Baseball spielten. »Sagen wir mal, einer von ihnen heißt Julio.« Ich wählte den Namen einfach so, zu Ehren von Julio Becquer, dem ersten kubanischen First Baseman und Ersatzspieler der Washington Senators meiner Kindheit. »Wie könnte Julio es anstellen, dass er für die Henequeneros oder eine der anderen Mannschaften spielen darf?«

»Das ist ganz einfach«, sagte er. »Julio fängt auf den Gemeindesportplätzen draußen an, und mit zehn Jahren, wenn er das Zeug, das Verlangen und die Erlaubnis der Eltern hat, tritt er in die Sportschule für Anfänger ein. Julio und die anderen werden von Spielplatzleitern und anderen Sportfunktionären für diese Internate ausgewählt. Julio geht vormittags zum Unterricht und nachmittags zum Training. Die Baseball-Ausbildung an diesen Schulen läuft in Zwei-Jahres-Zyklen ab und fördert jene, die Talent haben und entwicklungsfähig sind. Wenn Julio in der Gruppe der 16- bis 18-Jährigen zu den besten Spielern gehört, wird er befördert; er kommt in die Provinzmannschaft und spielt in der Serie Nacional, die 18 Mannschaften umfasst und 45 Spiele absolviert. Alle Provinzen plus die Stadt Havanna haben ein Team in der Serie Nacional, und zwei Provinzen sowie die Stadt Havanna stellen je zwei Mannschaften. Diese zweiten Teams bestehen aus Anfängern, die Rookieball spielen, ein Training zur Entwicklung von Spielern. In der Nationalserie gibt es Ost- und Westabteilungen, die nach der Saison in Play-offs gegeneinander spielen. Wenn die Play-offs vorbei sind und Julio zu den besten Spielern in der Nationalserie zählt, wird er für eines der acht Teams ausgewählt, die man aus den ursprünglich 18 zusammenstellt und die in der Serie Selectiva spielen. Die in 63 Spielen ausgetragene Meisterschaft der Serie Selectiva war es, die Matanzas im vorigen Frühjahr gewonnen hatte. Die besten Spieler aus der Auswahlserie vertreten Kuba bei internationalen Spielen der Nachsaison wie den Karibischen, Panamerikanischen oder Olympischen Spielen.«

Carlos setzte mich vor einen Monitor, damit ich mir ein Video vom letzten Spiel der Auswahlserie in ganzer Länge ansehen konnte. »Wir gewannen den letzten Inning. Es war aufregend.« Die ersten Innings waren alles andere als aufregend, deshalb wanderte ich zurück zu Carlos' Büro hinter den oberen Haupttribünen.

»Genug gesehen? In Ordnung.« Er ging zu einem Schrank, nahm ein paar Dinge heraus. »Die Henequeneros möchten, dass du das hier kriegst, als Andenken an deine Reise.« Carlos lud mir schwere Medaillen von José Martí, den Henequeneros und Wladimir Iljitsch Lenin auf. Ich steckte sie in die Tragtasche zu meinem Rawlings-Handschuh.

»Bist du sicher, dass du im Schlafsaal übernachten willst?« Meine Bitte war auf der lokalen Ebene genehmigt worden. »Er ist voll dreckiger Kleider. Er riecht verschwitzt. Willst du wirklich lieber dort unterkommen als in einem Hotel?« Carlos' Fragen hatten einen ungläubigen Unterton. »Möglicherweise ist gar kein Platz dort. Wir haben dieses Jahr die Teams vergrößert, und mit dem Trainer und dem Fahrer und auch noch den anderen in dem Schlafsaal, hm, ich bezweifle, dass sie dich reinquetschen können.«

»Wenn ich vornehm untergebracht sein wollte, wäre ich am Varadero geblieben«, der nahe gelegenen internationalen Strandanlage. »Jetzt interessiert mich aber Baseball, nicht der Strand.«

Carlos brachte mich in die unter der Haupttribüne gelegenen Katakomben des Stadions, wo mein Team, die Forestales, gerade den kombinierten Umkleide- und Schlafraum belegte. Einige Mitarbeiter des Platzwarts harkten draußen die Wege des über 35 000 Sitze verfügenden Estadio Victoria a Girón von Matanzas. Jawohl, Matanzas, jene Provinz, zu der Playa Girón gehört – die Schweinebucht –, benannte sein Stadion nach dem dortigen Sieg Kubas von 1961. »Sieg-von-Girón-Stadion«, man könnte auch sagen das »Wir-zogen-den-Invasoren-die-Hosen-aus-Stadion«. Baseball, Amerikas friedlichster, menschenfreundlichster Export, wird in einem Stadion zelebriert, das nach einer der katastrophalsten und demütigendsten Niederlagen Amerikas benannt ist.

Juan Castro hielt eine Mannschaftssitzung ab, um die Aufstellung für den Abend bekannt zu geben und den Spielern klar zu machen, was sie von den Henequeneros zu erwarten hatten. »Wir haben es mit Ariel Tapanes zu tun.

Er wirft einen guten Fastball.« Juan hatte 16 Jahre lang im A-Team von Pinar del Río gespielt. Seine halb ausgezogenen Spieler lagen träge auf den Wandbetten, auch der Manager Castro, und qualmten Zigaretten. Castro stellte mich vor: »Er wird die nächsten paar Tage bei uns sein.«

»El Man«, wie er hinter seinem Rücken genannt wird, bat mich, ein paar Worte zu sagen.

»Wenn ihr einverstanden seid und wenn Platz ist, möchte ich gern bei euch im Schlafsaal bleiben. Und wenn es in den Speiseräumen genügend Futter gibt, wäre es mir eine Ehre, auch mit euch zu essen.«

Von dem Domino-Tisch hinten im Raum erklang eine Stimme: »Wenn wir nicht genug Essen haben, nimmt jeder von uns einfach eine kleinere Portion.« Etwa zwei Dutzend Spieler murmelten zustimmend. Sie machten mir eine untere Koje an der Wand frei. In dem Schlafraum gab es einen Kühlschrank, jedoch keinen Alkohol, und zwei Domino-Tische. Dorthin wurde ich von dem Pitcher Félix Asqui freundlich eingeladen, doch ich lehnte dankend ab.

Ich blieb zwei Stunden im Schlafsaal, während dieser Zeit lauschten meine Mannschaftskameraden meinem Kurzwellenradio, ließen meinen Handschuh reihum gehen und erzählten von ihren Lieblingsfilmen. Der Radioempfang unter dem Stadion war hörbar eingeschränkt. Asqui, ein linkshändiger Pitcher, fragte mich, ob ich meinen Rawlings gegen seinen kubanischen Fanghandschuh tauschen würde. Ein Outfielder in der Koje neben mir sagte: »Henry Fonda ist einer meiner Lieblinge. Wie heißt sein letzter Film?«

»Am goldenen See«, antwortete der Shortstop.

»Stimmt. *Am goldenen See.* Wie ist er eigentlich so?«

»Er ist vor ein paar Jahren gestorben.«

Ein *»Neiiin!«* lief durch die Spielerrunde, schneller als ein 6-4-3-Doubleplay.

Der Manager Castro zog ein T-Shirt aus seiner Tasche und hielt es stolz hoch. MILLINGTON, TENNESSEE stand darauf. Er hatte dort 1986 in einem kubanischen All-Star-Team gespielt. Rodolfo Martínez, ein angesehener Mann in den Sechzigern, den alle als Tata (»Opa«) kannten, kam mit einer großen Plastiktüte voller Cracker herein. Alle streckten für eine Ration die Hände aus. Die Lichter wurden zurückgedreht, und die Forestales aus Pinar del Río hielten ihren Nachmittagsschlaf.

Als wir aufwachten, überbrachte mir Carlos, der Pressesprecher der Heimmannschaft, eine schlechte Nachricht. Er hatte sich mit INDER in Havanna in Verbindung gesetzt; ich musste in ein Hotel. »Wir haben für dich ein Zimmer im Louvre organisiert. Es ist nicht das Beste der Welt. Alle Anstrengungen zur Verbesserung der Hotels in der Provinz Matanzas konzentrieren sich auf Varadero. Die Stadt Matanzas selbst wird übergangen.«

Das Louvre muss einst offensichtlich ein Prunkstück gewesen sein: verzierte Milchglasscheiben, breite Türen, eine große Lobby, hohe Decken und fantasievolles Gitterwerk erinnerten an vergangene Zeiten. Das Hotel gehörte jedoch nicht zu jenen Prunkstücken, von denen man sagte: »Du hättest es vor der Revolution sehen sollen.« Ein Freund, der Mitte der 50er Jahre dort gewohnt hatte, sagte mir, er hätte damals schon gedacht, mein Gott, ich wette, dass das mal ein prächtiges Hotel war. Wie immer es gewesen sein mag, es machte den Eindruck, als habe ihm oberhalb des Erdgeschosses niemand sonderliche Aufmerksamkeit gewidmet. Polstersessel umringten oben an der Treppe zu meinem Stockwerk einen Fernseher. In meinem Zimmer gab es einen hohen Kleiderschrank, einen großen Schreibtisch, einen vom Rost stumpfen, drei Meter hohen Spiegel, eine Matratze, die schwammiger war als abgepacktes Weißbrot, durchgescheuerte Laken und zwei hohe, schmale Türen, die sich auf einen Balkon öffneten, von dem man einen Platz überblickte. Die vier Schiedsrichter wohnten ein Stück weiter hinten im Gang.

Im Wir-zogen-ihnen-die-Hosen-aus-Stadion dann marschierte ein hagerer Bursche nervös auf dem leeren Spielfeld herum. Es war der 17-jährige Pedro Luis Lazo, ein Pitcher aus der Tabakregion San Juan y Martínez, der beim Eröffnungsspiel gegen die Henequeneros für die Forestales starten sollte. In der laufenden Spielzeit hatte er bisher 18 Innings geworfen und nur einen Run abgegeben. Es war spät am Nachmittag, und der Rest der Spieler verbrachte die Zeit damit, Schuhe zu putzen, Domino zu spielen oder zu lesen.

Der Speisesaal der Gastmannschaft befand sich im zweiten Stock, man erreichte ihn durch ein paar Türen und Gänge. Ich kam an einem Schild vorbei, auf dem stand: WENN BEI IHNEN ZU HAUSE DISZIPLIN HERRSCHT, WAHREN SIE SIE AUCH HIER. Die Forestales bekamen großzügig bemessene Portionen von Bohnensuppe, Reis, Kopfsalat, Tomaten, Milch und Joghurt. Auf einer Wandtafel hieß es:

Wenn ich vorangehe, folge mir.
Wenn ich langsam werde, treib mich an.
Wenn ich rückwärts gehe, töte mich.

Ich saß mit Tata unter dem Schild. Wir sprachen über die Unterschiede zwischen Baseball in den Vereinigten Staaten und in Kuba.

»Ihr habt stärkere, körperlich und taktisch überlegenere Spieler. Das steht außer Zweifel. Unser System lässt einen solchen Professionalismus nicht zu. Doch jedes Mal, wenn wir gegen die Amateurmannschaft der USA spielen, gewinnen wir. Wir haben schließlich auch die Profimannschaften aus Mexiko und Venezuela besiegt.«

Tata stammte aus Pinar del Río. »Du weißt, Pedro Ramos kam aus Pinar del Río.«

»Ich hab immer den Trolley zum Griffith-Stadion genommen, um Ramos für die Senators pitchen zu sehen. Jetzt gibt es keinen Trolley mehr, kein Griffith-Stadion, keine Senators.«

»Ich weiß noch, wie Ramos wegging, um für Washington zu spielen.«

»Wir hatten einen Spruch: Washington, an erster Stelle im Krieg, an erster im Frieden und an letzter in der amerikanischen Liga.«

»Ich spielte damals für das Team der Matahambre-Mine von Pinar del Río in der Liga Popular«, der Volksliga. »Von 1945 bis 1956. 1955 wurden wir Meister. In dem Jahr schlug ich .375 und schaffte 32 Homeruns.«

»Dann schloss ich mich der Revolution an. Ich kämpfte gegen Batista in der Sierra de los Organos.« Während des Kampfs trug Tata den Kriegsnamen Iso. Wir aßen unseren Joghurt vollends auf und gingen in den Spindraum.

Pedro Luis Lazo, der Starter, hielt fast drei Innings durch, dann nahm Juan Castro ihn glücklicherweise heraus. Der erste Henequenero schlug einen leichten Ball direkt zu Lazo und wurde natürlich am ersten Base ausgeworfen. Der zweite Schlagmann schlug einen leichten Grounder, den der zweite Baseman Alexis González versiebte. Tata lehnte sich zurück und deutete mit dem Kinn auf González. »Er ist neu. Er ist nervös. Denk dran, das ist eine Schulmannschaft. Die üben noch.« Jorge Gallardo im Outfield fing einen langen Flyball beim Laufen zum zweiten Aus. Der rechtshändige Schlagmann Lázaro Junco lief auf, und rund 10 000 Menschen brüllten. Junco, der .320 schlug, machte mit seinem Aluminium-Emersonschläger ein paar Übungsschwünge. Seine Schwünge waren hoch und flach. Lazo warf einen Fastball, Strike eins. Junco schlug einen niedrigen Schlag ins Aus, Verlustpunkt zwei. Ball eins, hoch und drinnen. Ball zwei, niedrig und draußen. Rufe aus dem kleinen Unterstand: »Schlag den Ball raus, du kannst es.« – »Rüber, leicht rüber, leicht.« Das Ausholen und der Schlag, das Ausholen und das Aluminium-*Peng*. Lázaro Junco schickte einen hohen, Fastball so scharf ins linke Outfield, dass sich die Outfielder gar nicht erst die Mühe machten, zur Mauer zu laufen. Juncos Schlag, für zwei Run Homerun, stieg noch zum Himmel auf, als er den Zaun überquerte und über die unüberdachten Zuschauersitze aus dem Wir-zogen-ihnen-die-Hosen-aus-Stadion flog. Junnco hat ihn wohl halb nach Baraguá geschlagen. Auf der Bank der Forestales saß der Manager Castro, das Kinn in die Hand gestützt, eine Haltung, die ihm während der Saison zur Gewohnheit werden sollte. »Das war ein Geschenk«, flüsterte ihm Beniertez zu, der Coach der schlagenden Gegner. »Ein Geschenk.«

Die Forestales erzielten einen Treffer in zwei Innings, während den Henequeneros ein Run nach dem anderen gelang. Während des Zweiten schlug der Catcher von Matanzas, Jesús Figueroa, ein Double ins halbrechte Outfield. Lazo lief einen Kreis um den Mound und sah sich Carlos Kindelán gegenüber, der .340 schlug. Er schlug auch ein Double. »Der Junge ist nervös«, wiederholte Tata. Juan Castro trottete zum Mound. Vier Infielder und der Catcher gingen ihm nach. Castro nickte. Lazo nickte. Die vier Infielder und der Catcher nickten. Lazo pitchte einen Change-up zu Julio Fernández. Beim nächsten Schlag vollführte Fernández einen kurzen Schlag, der zur Grundlinienseite des Mounds hoppelte. Bevor Lazo ihn fielden und sich aufrichten konnte, waren die Bases geladen. Da nahm ihn Juan Castro heraus.

Beim 7. Inning stand es 6:0 für Matanzas. Pedro González von den Forestales sah gegen den designierten Werfer blass aus: Er holte drei Mal aus. Nach dem zweiten Strike, während er den dritten Pitch erwartete, rief ihm Juan Castro aus dem kleinen Unterstand zu: »*Muchacho*, reiß dich zusammen!« Eine Frau in einem Minnie-Maus-T-Shirt mit der Aufschrift BOP TILL YOU DROP (Schlag drauf bis du triffst), lehnte sich über das Geländer neben dem Unterstand. »Mögen Sie Baseball?«, fragte ein Coach sie. »Oder Baseballspieler?«

Sie lächelte. »Klar, ich bin ein Fan.«

Während des 7. Innings lief der 27-jährige Rogelio Saliente zweimal um das Feld. Rogelio lief für den Staatlichen Arbeiterbund von Santiago nach Havanna und trug auf der ganzen Strecke die kubanische Flagge. Er hatte Santiago fast drei Wochen zuvor verlassen, am Jahrestag der Landung der *Granma* an der Playa las Colorada. Bisher hatte er mehr als 800 Kilometer zurückgelegt, und die Medien berichteten fast täglich über ihn. Kurz zuvor war Saliente in seiner Läuferkleidung im Speisesaal des Teams aufgekreuzt und hatte sich zu Interviews vor alle Reporter gedrängt, die er entdeckte. »Ich hoffe, dass ich in zwei Tagen rechtzeitig zum Kongress des Studentenbundes in Havanna eintreffe. Ich laufe auch zu Ehren von José Martí, der in unseren Herzen lebt. Er ist nicht tot, er lebt weiter.« Als Rogelio jetzt um das Spielfeld lief, bejubelte ihn die Menge, besonders nachdem bekannt gegeben wurde, dass er in Angola gekämpft hatte. Die Spieler in beiden Dugouts sahen einander mit Blicken an, die fragten: Wer *ist* dieser Kerl? Saliente hatte in seinem Crosscountry-Marathon noch weitere hundert Kilometer zu laufen.

Das Stadion, in dem Rogelio Saliente seine Runde drehte, war Mitte der 70er Jahre erbaut worden. Es verfügte über einen gepflegten Rasen und lag windgeschützt, so dass aus hohen Schlägen keine Homeruns werden konnten. Der Zaun des Outfields war 100 Meter von den Auslinien entfernt und 120 Meter von der Spielfeldmitte. Sogar während der Stromsparzeiten beleuchteten mächtige Scheinwerfer das Feld von allen Seiten. Die elektronische Anzeigetafel sang nicht, noch tanzte oder explodierte sie, noch verwandelte sie sich in einen Fernsehbildschirm oder signalisierte *ANGREIFEN!!!* Sie zeigte Runs an, den Namen des Schlägers, seinen aktuellen Count, den Spielstand, die Runs der Vereine. Die Fans waren guter Stimmung, geschwätzig, laut, schnell im Jubeln, langsam im Buhen. Unten an der linken Seitenlinie stand auf einem Schild: LEBE LÄNGER, TREIBE SPORT. Auf dem Schild an der rechten Seitenlinie stand RAUCHEN SCHADET IHRER GESUNDHEIT.

Das Wir-zogen-ihnen-die-Hosen-aus-Stadion war auch ein Zentrum für Zivile Verteidigung. Gründlich ausgearbeitete Instruktionen und Illustrationen bedeckten eine riesige Wand neben der Hauptrampe hinter den Haupttribünen. Eine Tafel fragte: »Was ist eine Verteidigungszone? Eine Verteidigungszone ist eine Aufteilung des staatlichen Territoriums in Teile, die kleiner sind als Städte. Sie wächst in Friedenszeiten und wird aktiv in Kriegszeiten ... Sie stellt die innere Ordnung sicher ... und den Fortbestand des ganzen Landes.« Baseball-Fans gingen an den Tafeln vorbei als seien sie eine vertraute Dekoration. Auf einer Tafel waren die Vorräte aufgeführt, über die jede Verteidigungsbrigade verfügen sollte. Dazu zählten zehn Kilo TNT, 25 Sprengkapseln, eine Landmine und Stacheldraht. Unter der Liste zeigte eine Zeichnung einen Karton mit Patronen. Das nächste Plakat benannte »Günstige Positionen zur Bekämpfung des Feindes«. Zeichnungen zeigten Zivilisten, wie sie Flugzeuge abschossen und aus Gebäuden, von Bäumen, aus Bunkern sowie Fuchslöchern auf einen nicht identifizierbaren Feind schossen. Die Forestales machten in der Zeit, die man brauchte, um bis zu dieser Stelle zu lesen, ihren einzigen Run mit drei Singles hintereinander.

Weitere Instruktionen erklärten, wie man Essen mit einem Minimum an Geräten zubereitete. Eine Methode: »Benutze einen Spiegel, um Feuer zu entfachen, und wenn du Fallschirme niedergehen siehst, tue Folgendes: Rufe: ›Da sind Fallschirmspringer! Wir müssen schnell handeln!‹ Erzähle allen, was du gesehen hast.« Für Kinder gab es besondere Richtlinien: »Wenn ich in der Schule bin, sage ich meinem Lehrer Bescheid. Wenn ich auf dem Land bin, informiere ich den Pionierführer. Wenn ich zu Hause, in einem Theater, Park oder anderswo bin, sage ich meinen Eltern und dem CDR Bescheid.« »Halte Ausschau nach fallenden Gegenständen, einer Veränderung in der Vegetation, Hubschraubern, ungewöhnlichem Fluglärm oder Maschinen im Sturzflug, toten oder kranken Tieren, Feuer und Booten vom Meer.« Eine Zeichnung zeigt einen Kubaner, der einen Molotowcocktail auf einen nahenden Panzer wirft.

Die Menge im Stadion brüllte.

»Der Krieg des Volkes erfordert strategische Planung im Fall eines Militärangriffs gegen Kuba durch die Streitkräfte der Vereinigten Staaten. Revolutionäre, alle patriotischen Kubaner, alle Männer oder Frauen haben eine Aufgabe, einen Platz und eine Möglichkeit zur Abwehr und Vernichtung des Feindes. Wir halten uns an die Prinzipien eines andauernden und total bewaffneten Kampfes. Alle Methoden der Kriegsführung müssen genutzt werden, denn der Feind ist stark und hinterhältig … und der Krieg wird unter Bedingungen einer völligen Blockade geführt, wir werden isoliert und durch Tausende von Kilometern von unseren Verbündeten getrennt sein.« Als ich mich schließlich wieder auf die Bank der Forestales setzte, hatten die Henequeneros zwei weitere Runs erzielt – das Spiel stand 8:1.

Während des 8. Inning mit einem Aus und dem Homerun-Schläger Lázaro Junco auf dem ersten Base ging der Strom aus. Das Stadion war finster. Das einzige Licht kam von den Sternen über dem Karibischen Meer. Die Fans griffen in ihre Taschen, holten Zündhölzer und Feuerzeuge hervor, die sie dann hochhielten. Bald sahen die Tribünen aus wie der Schluss eines Bob-Dylan-Konzerts. Niemand wusste, ob der Stromausfall nur das Stadion betraf oder die ganze Stadt oder ob fremde Invasoren ihn verursacht hatten. Zündhölzer und eine Laterne erhellten das Dugout der Forestales. Ich gab Félix Asqui, dem Pitcher, der meinen Rawling-Handschuh haben wollte, mein tragbares Radio, damit er es auf die Lokalstation einstellen und Nachrichten hören konnte. Statt des Lokalsenders stellte Asqui die allabendliche Sport-Talkshow von Ramón Rivera aus Havanna ein.

Im Dugout begannen die Infielder auf ihre Helme zu trommeln, erst leise, dann zunehmend lauter. Ihr Trommeln klang rhythmisch. Outfielder und Pitcher schlugen ihre Aluminiumschläger aneinander, machten so die Begleitstimmen. Bald begann ein Pitcher allein Rumba zu tanzen, sofort gesellten sich ein Catcher und ein Coach hinzu. Schließlich hüpfte und swingte, sang und tanzte mehr als die Hälfte der Forestales-Baseballmannschaft aus Pinar del Río. Mitglieder der kommunistischen Partei schwenkten ihre Körper neben Spielern, die sich nicht für Politik interessierten. Auch die Heimmannschaft veranstaltete eine afrokubanische Jamsession. Schwarze Spieler begannen den spontanen Auftritt, ihnen schlossen sich schnell Mulatten an, dann Weiße. Ein Freund, der gegenüber dem Lateinamerika-Stadion in Havanna wohnt, erzählte mir, dass bei wichtigen Spielen der ganze Platz vom Singen und Tanzen bebt.

Eine Assistentin des offiziellen Punktezählers wanderte in das Dugout. »Das ist unsere Art, die Realität zu bekämpfen«, sagte sie, zu den Klängen swingend. Ich erzählte ihr, dass in meinem Land, wenn während eines Spiels der Strom ausfällt, die Stromversorgungsfirma für jede ausgefallene Minute Strafe zahlen muss. Sie meinte, ich würde scherzen.

Nach einer Stunde gingen die Lichter wieder an, doch nur ein paar hundert Fans waren dageblieben, um zuzuschauen, wie die Matanzas die Forestales niedermachten. Nach jedem Spiel brachte man beiden Teams Pizza und alkoholfreie Getränke in den Unterstand. Die Schiedsrichter nahmen mich mit zum Hotel Louvre.

Am nächsten Morgen besuchte ich, statt zum Workout der Forestales zu gehen, Rafael Bango, einen pensionierten Apotheker und Vorsitzenden des örtlichen Förderclubs. Am Abend vorher hatte Bango mich eingeladen, bei der Peña Deportiva Parque de la Liberdad vorbeizuschauen, dem ortsansässigen Sportclub. Die Mitglieder kamen in der Sala de Historia Deportes de la Provincia de Matanzas zusammen, der Sportgeschichte-Halle der Provinz Matanzas.

Das Sportmuseum besaß Fotografien von großen Sportlern aus Matanzas' Vergangenheit. Benannt war es nach Santiago García, einem ehemaligen Boxer. Eines der Fotos zeigte José Raúl Capablanca, den Schachmeister, wie er im Alter von vier Jahren während einer Reise nach Matanzas gegen seinen Vater gespielt hatte. Ausstellungen präsentieren Plaketten, die Sportler aus Matanzas durch Siege in Wettkämpfen errungen hatten, oft auch die Kleider, die sie dabei trugen. Dr. Bango und einige der anderen Förderer erzählten mir im Versammlungsraum hinter den Ausstellungen von sich selbst.

»Lange waren wir einfach eine Gruppe von Baseball-Fans, die kaum organisiert war«, sagte der 68-jährige Bango. »Letztes Jahr reisten wir mit der Mannschaft nach Santiago, und dort sahen wir, dass ihre Sportfans auf der Plaza Martí zusammenkamen. Wir sagten uns, wenn die das können, können wir das auch. Jetzt haben wir mehr als hundert Mitglieder.« Havanna hat ebenfalls einen Förderclub, er trifft sich im Parque Central. Er heißt La Esquina Caliente, die Heiße Ecke.

Ich mochte Bango wegen seines Namens, aber auch, weil er offenbar ein sehr zufriedener Ruheständler war, der vom Leben nichts anderes mehr wollte, als seine Heimmannschaft zum Sieg anfeuern zu können. »Wenn wir zusammenkommen, tauschen wir unsere Meinung über die Teams aus. Manchmal besuchen uns die Spieler. Wenn wir verlieren, reden wir darüber, was falsch gelaufen ist. Alle Mitglieder äußern sich zu jedem Sportthema, aber die Beiträge müssen konstruktiv sein. Wir haben eine Regel in der *peña* – man soll nicht schlecht reden über einen *compañero.* Wir bereden Probleme auch mit der Mannschaftsleitung. Beispielsweise beschwerten sich viele Fans über den Bus-Service zum Stadion. Wir brachten das in der *peña* zur Sprache, und jetzt arbeitet die Mannschaft daran.

Früher trafen wir uns zweimal im Monat, aber jetzt, in der Baseball-Saison, kommen wir jede Woche zusammen. Wir verfolgen auch Boxen, Basketball, Fußball, Radfahren und Turnen. Und Softball der Frauen! Natürlich reden wir auch über Wettbewerbsfähigkeit und Sportsgeist. Haben Sie von Yaquelín Hernández gehört? Sie gewann im Kajak bei den diesjährigen Karibischen Spielen in Mexiko eine Silbermedaille. Sie stammt aus Matanzas.« Über Dr. Bango hing ein Poster von Che Guevara mit einer erloschenen Zigarre in der rechten Hand.

»Wir verfügen im Stadion auf der Seite der Heimmannschaft über drei Blöcke für uns und unsere Gäste. Möchten Sie sich nicht heute Abend zu uns gesellen?« Die Mitgliedschaft in der *peña* kostet 50 Centavos im Monat. Der Eintritt für alle Baseballspiele ist für jeden in Kuba frei. Bevor ich ging, überreichte Bango mir eine Kopie der Statuten der *peña.*

Francisco, ein großer Mann, der bei Radio 26 für Matanzas die Spielberichterstattung macht, war in der *peña* und führte mich für einen Eistee hinüber in den Teeraum. »Das hier ist abends ein Kulturzentrum. Schriftsteller und Künstler kommen hier zusammen.« Wir gingen über die Straße in den örtlichen Schachklub, wo auf einem Poster Che in Gedanken versunken über einem Schachbrett brütete. Er zog mit Weiß; sein Gegner war nicht im Bild. Carlos, der Pressesprecher von Matanzas, war zu uns getreten und bemerkte, dass ich auf Che schaute. »Er war kein großer Ballspieler«, bestätigte Carlos.

Havanna 51, Matanzas 9. Das ist ein Baseball-Ergebnis, keine Entfernungsangabe. Die Prügel bezog Matanzas am 27. Dezember 1874 im Stadion Palmar de Junco in Matanzas beim ersten offiziell verzeichneten Baseballspiel in Kuba. Das Stadion, in der Nähe von Pueblo Nuevo erbaut, wurde mehr als hundert Jahre für die Ligaspiele genutzt; angehende Athleten lernen hier immer noch von Regierungstrainern die Grundregeln des Baseball. Pueblo Nuevo ist eine Geburtsstätte für erfolgreiche Spieler geworden. Drei Infielder der Major Leage wuchsen im Schatten des Palmar de Junco heran: Bert Campaneris (A's, Rangers, Angels, Yankees, 1964–83), José Valdivielso (Senators, Twins, 1955–61) und Leo Cárdenas (Reds, Twins, Angels, Indians, Rangers, 1960–75). Ich ging hinüber Richtung Pueblo Nuevo, um einen Blick auf das angeblich älteste noch genutzte Baseball-Stadion der Welt zu werfen.

Palmar de Junco, offiziell die Sportler-Provinzhochschule von Matanzas, wurde nach einem Palmenhain benannt, der einem Ausländer namens Junco gehörte. Ein Dutzend Jungen im Teenageralter wiederholt hier endlos Schläge, fieldet unzählige Grounder und wirft sie zurück und jagt zahllosen Flyballs nach. Am Spätnachmittag spielen die Zehn- und Elfjährigen, und danach kann jeder das Feld benutzen. Die Bänke dort sind aus Holz und Beton. Anfangs war das Stadion wirklich nur ein Feld, um das sich die Zuschauer versammelten. Tribünen, Dugouts und Ähnliches kamen nach und nach, langsam, doch während des Zweiten Weltkriegs konsolidierte sich Palmar de Junco schließlich als anständiges Stadion mit Beleuchtung, einem Büro und Umkleideräumen. Ein Jahrzehnt später sollte es Plänen zur Stadterneuerung geopfert werden, doch Proteste der Öffentlichkeit bewahrten es vor der Abbruchbirne.

Dafür, wie Baseball nach Kuba kam, gibt es die unterschiedlichsten Erklärungen. Baseball wurde »von Matrosen, Studenten und Geschäftsleuten aus den Vereinigten Staaten mitgebracht, auch von den Kubanern, die nach Norden reisten« (*Baseball in the Caribbean*); oder amerikanische Matrosen brachten es um 1866 in die Bucht von Matanzas (die Version von *Granma*); oder: »Ein Student namens Nemesio Guillo hatte in New York die Schule besucht und führte 1857 Baseball in Kuba ein« (*Baseball. The People's Game*). Mir gefällt diese letzte Version nicht nur, weil sie mit einigen anderen historischen Berichten übereinstimmt, sondern auch, weil sie weit zurückreicht und einem Kubaner erlaubt, das Spiel zu Hause einzuführen, statt dass die Vereinigten Staaten es herschicken. Vier Jahre nachdem Havanna die Matanzas im Palmar-de-Junco-Stadion verdrosch, gründete Emilio Sabourín die Professionelle Baseball-Liga von Kuba. Sabourín spendete Gewinne für den Unabhängigkeitskampf, was laut einem Baseball-Historiker die Spanier veranlasste, den Sport von Teilen der Insel zu verbannen und Sabourín ins Gefängnis zu werfen. Dort starb er den Märtyrertod, sowohl für die Bewegung der Aufständischen als auch für den Baseball.

Major-Leage-Teams aus den Vereinigten Staaten spielten vom Ende des 19. Jahrhunderts bis in die 50er Jahre hinein auf Kuba. Die New York Giants und die Pittsburgh Pirates hielten hier je einmal ein Frühjahrstraining ab (1937 und 1953). Die Brooklyn Dodgers kamen dreimal zu Trainingswochen nach Havanna (1941, 1942 und 1947), beim letzten Mal ausdrücklich, damit Jackie Robinson, seinerzeit noch beim Montreal Royals Farmteam der Dodgers, vor der Qualifikation für die Major Leage in jenem Frühling nicht Rassendiskriminierungen ausgesetzt war. (Allerdings wurde Robinson dann in Havanna mit den anderen schwarzen Royals, Don Newcombe und Roy Campanella, getrennt von den weißen Dodgers untergebracht.)

Kuba, oder zumindest sein Image, spielte eine Rolle im amerikanischen Baseball. Elf Jahre nach dem ersten Spiel in Matanzas bildeten die Kellner in einem Hotel auf Long Island ein Team, das sich Cuban Giants nannte. John Holway sagt in *Blackball Stars*: »Sie redeten Kauderwelsch auf dem Spielfeld, in der Hoffnung, man würde es für Spanisch halten.« Während der nächsten Jahrzehnte entstanden entlang der Ostküste verschiedene Mannschaften, die Kuba im Namen trugen, obwohl sie mit dem Land nichts zu tun hatten.

Baseball hatte Kuba vom weltstädtischen Havanna bis ins bescheidenste Provinzdorf erfasst. Ralph Estep sah 1909 auf seiner Packard-Motor-Car-Kubareise an einem Sonntag die Pinks in der Stadt Macagua gegen die Blues spielen. »Kuba ist verrückt nach Baseball. Jede Provinzmannschaft besitzt elegante Kleidung aus Baumwollflanell, die man nach dem Spiel anzieht, um sich damit in der Stadt zu zeigen.« Im gleichen Jahr reisten die Detroit Tigers, nachdem sie die American League gewonnen (und die World Series in sieben Spielen an Pittsburgh verloren) hatten, nach Kuba, zu einer Reihe von Schaukämpfen gegen die Havanna Reds. Ty Cobb, der in der regulären Saison .377 geschlagen hatte und die Liga mit 76 Stolen Bases anführte, spielte schlecht. Die *Sporting News* titelten: »Detroit von kubanischen Negern schwer geschlagen«.

Die Profispieler konnten mit Schaukämpfen in Kuba schnelles Geld machen, wenn die reguläre Saison zu Ende war. 1920, nach Babe Ruths erster Spielzeit bei den Yankees (.376; 54 Homeruns), bot man dem harten Schlagmann angeblich fast 40 000 Dollar für eine mehrwöchige Tour mit den New York Giants durch Kuba. Er verlor das meiste davon durch Wetten auf Pferde, wie der Biograf Robert W. Creamer schreibt, »darunter 25 000 Dollar bei einem Rennen, das vermutlich getürkt gewesen war«, so dass er bei der Rückreise nicht reicher war als bei der Hinreise.

In meinem Hotel vertrieb sich Ricardo Cárdenas Duouense die Zeit in der Halle. Er war am Abend vorher der Haupt-Schiedsrichter gewesen. Die drei anderen Schiedsrichter saßen bei ihm, verquatschten den Tag. Genau wie die Baseballspieler bezogen Cárdenas und seine Schiedsrichterkollegen ihre Gehälter aus irgendwelchen Vollzeitbeschäftigungen. Sie wurden nicht von ihren Mannschaften oder der Liga bezahlt. Wenn Cárdenas nicht die Auslinie am dritten Base beobachtete, arbeitete der 49-Jährige in einer Druckerei in Havanna. Lázaro Ronals Ramírez Cepeda, 26, war Ingenieur, wenn er nicht die Runner beim ersten Base für Safe oder Out erklärte. Der 40-Jährige Raúl Machado Peroso, Sporttrainer in der spielfreien Zeit, war eben erst zu uns gestoßen. Und José Alvarez Novo, der 46-Jährige oberste Schiedsrichter, rollte Zigarren in einer Fabrik in Sancti Spíritus, wenn er nicht über Balls und Strikes entschied. Ich fragte nach den Unterschieden zwischen den Schiedsrichtern in Kuba und den Vereinigten Staaten.

»Nun«, sagte Machado leicht stichelnd, »wir haben eine etwas niedrigere Strike zone.« Cárdenas räumte ein, von den Schiedsrichtern die meisten Beschwerden zu bekommen. »Ich unterschrieb meinen ersten Schiedsrichtervertrag 1958. Nach der Revolution konnte man mit dem Spiel keinen Profit mehr erzielen. In allen anderen Punkten ist es gleich geblieben.«

»Warum arbeiten Sie ohne den Gewinnanreiz?«

»Wir tun es aus Liebe zum Spiel«, antwortete Ramírez, »und um Kuba auf der internationalen Szene zu vertreten. Wir mögen den Sport und die Aktivität. Wir nehmen an Schiedsrichterfortbildungen teil. Wir hatten Kurse in Mexiko und sogar in Italien und Spanien.«

»Was macht in Kuba einen guten Schiedsrichter aus?«

»Jahrelange Erfahrung«, sagte Ramírez, »Hohe Leistung, Respekt seitens der Spieler, ein bisschen von allem. Einige von uns zeichnen sich in einer Sache aus, einige in einer anderen, aber er« – er deutete mit einem Kopfnicken auf Alvarez – »er ist der Beste.«

Ich ging in mein Zimmer, um einen Artikel aus einer amerikanischen Zeitung zu holen, den ich in der Vorwoche ausgeschnitten hatte. Darin stand, dass die Schiedsrichter der Major League zwischen 40 000 und 109 000 Dollar verdienten und dass die Männer in Blau mehr verlangten. Der Artikel interessierte die vier Kubaner natürlich sehr. »Je höher die Gehälter steigen«, sagte Cárdenas, »desto mehr Respekt bringt man den Schiedsrichtern überall entgegen.«

Ich machte meine Zimmertür zu, daraufhin fiel ein kleines Kartonschild auf den Boden. Ich hatte solche Schilder in Hotelzimmern des ganzen Landes gesehen.

PREISNACHLÄSSE FÜR MÄNGEL BEIM SERVICE
- kein fließendes Wasser bis zu 16 Stunden täglich 10%
- kein fließendes Wasser mehr als 16 Stunden täglich 20%
- überhaupt kein fließendes Wasser 30%
- kein Liftservice über der fünften Etage 15%
- Waschbecken, Dusche oder Kloschüssel fehlend oder unbrauchbar 10%

Wenn ein komplettes Apartment oder Haus gemietet wird, berechnet sich der Preisnachlass proportional nach der Zahl der Badezimmer. Beispielsweise für ein unvollständiges Bad in einem Apartment oder Haus mit drei Badezimmern wird ein Nachlass von $3^{1}/_{3}$% des Grundpreises gewährt, sind zwei Badezimmer unvollständig, steigt der Nachlass auf $6^{2}/_{3}$%.
- Klimaanlage ist defekt oder fehlt, während sie in mindestens $^{1}/_{4}$ der anderen Zimmer funktioniert 20%

Die gleichen proportionalen Nachlässe gelten für defekte oder fehlende Klimaanlagen.
- Defekter oder fehlender Kühlschrank (relevant nur in Touristenvillen oder Einzelhäusern oder Wohnungen) 15%

Anmerkung: Diese Nachlässe müssen vom Management automatisch gewährt werden, ohne dass der Benutzer darum ersucht.

Bango hatte mir erzählt, dass der Fördererklub an jedem Eröffnungstag einen Kranz vor der Büste von Martín Dihigo an der Martín Dihigo Avenue beim neuen Stadion niederlegte. Dihigo, in dem Jahr geboren, in dem die Vereinigten Staaten ihre militärische Besetzung begannen, um eine Rebellion zu unterdrücken, war einer der besten Baseballspieler, die je ein kubanisches Trikot trugen. Oder ein mexikanisches oder venezolanisches Trikot. Oder eines aus der Dominikanischen Republik. Doch nie ein Dress der

Major League. »Er konnte in den Major Leagues nicht spielen.« Bango tippte auf seinen Unterarm. »Seine Haut. Er war schwarz.«

Der in Matanzas geborene Allroundsportler spielte während seiner bemerkenswerten 25 Jahre im professionellen Baseball immer wieder in den Negerligen. Seine Karriere, eine Befruchtung des Baseballs in ganz Amerika, veranschaulicht die Zickzackgeschichte talentierter dunkelhäutiger Baseballspieler in den 20er, 30er und 40er Jahren. Er war selbstständig und unterschrieb bei der Mannschaft, zu der er gerade wollte. Wenn in einem Land die Saison endete, packte er seine Siebensachen und reiste eilends in den nächsten Staat. Landesgrenzen überquerte er so mühelos wie das Home plate. Seine Mannschaftskameraden konnten genauso Schwarze aus den Staaten sein wie Mestizen aus Mexiko. In einem Jahr managte er die Águilas aus Veracruz, Mexiko, während er die Liga im Werfen (18-2; 0.90 ERA [= Earned runs average]) und Hitting (.387) anführte. Die Águilas hatten die gleichen Siegeschancen wie die Mexico City Agrarios, deren Star-Pitcher Satchel Paige war. Am 5. September 1938 kam es zum Showdown, sie pitchten beide für Ihr Team, standen einander gegenüber. »Sechs Innings lang«, erzählt John Holway, »duellierten sie sich, 0-0, Dihigo baute auf seinen Fastball, und Paige, der einen verletzten Arm hatte, auf unter Schulterhöhe ausgeführte, hinterhältige Würfe.« Paige wurde im 8. Inning herausgenommen, und Dihigo gewann das Spiel, er schlug einen Homer auf den Relief-Pitcher im 9. Inning. (Später im gleichen Jahr schaffte er 14 Wins-2 Losses in einer kubanischen Liga.) Sein letztes Jahr im Wettkampf-Baseball spielte er in dem Jahr, als Jackie Robinson die Rassenschranke in der Major League durchbrach.

Auf Martín Dihigos Tafel in der Hall of Fame von Cooperstown, New York, steht: *Vielseitigster Negerliga-Star. Spielte während des größten Teils seiner Laufbahn im Sommer und Winter. Erzielte über 260 Siege als Pitcher. Wenn nicht auf dem Mound, spielte er Outfield und Infield, schlug gewöhnlich deutlich über .300. Managte auch während und nach seinen Tagen als Spieler.* Dr. Bango sagte: »Wir nennen ihn ›den Unsterblichen‹.«

◆◆◆

»Kuba war der beste Ort auf der Welt, um Baseball zu spielen«, schwelgte Don Hoak 1964 in einer Sportzeitschrift über Havannas Baseballsaison 1950–51. Dem fangsicheren dritten Baseman bezahlte man tausend Dollar im Monat plus mehr als genug Spesengeld für eine *casita* am Strand. Wenn er nicht Baseball spielte, vertrieb er sich die Zeit mit Fischen, Tiefseetauchen und Golfen. In der Saison hatte es eine zusätzliche Attraktion gegeben: Die Spiele wurden regelmäßig unterbrochen von lärmenden, gegen Batista protestierenden College-Studenten mit Fahnen und Feuerwerkskörpern, die um das Spielfeld zogen. Fulgencio Batista, ein fanatischer Baseballfan, schaute manchmal von den Tribünen aus zu. »Umgeben von Bodyguards saß er während des Aufruhrs da, die Arme über der Brust verschränkt und die Spur eines Lächelns in den Mundwinkeln«, schrieb Hoak.

Eines Abends im 5. Inning eines Spiels war Hoak gerade am Schlagen, als etwa 300 Studenten in ihrer Anti-Batista-Aufmachung von den Tribünen auf den Platz strömten. Ein großer, hagerer Absolvent der Juristischen Fakultät nahm dem Pitcher von Marianao den Handschuh und den Ball ab. Er trug eine *guayabera*, dazu »eng anliegende schwarze Hosen und schwarze Wildlederschuhe mit spitzer Kappe« und hatte »einen komischen kleinen Bart an der Kinnspitze, den er offensichtlich mit großer Sorgfalt ›gezüchtet‹ hatte«. Hoak sah von der Seitenlinie zu. Der Mann auf dem Mound »vollführte eine große Windmühlendrehung, wirbelte den Wurfarm sechs Mal über den Kopf.« Plötzlich schrie der Pitcher: »Batter up!« Don Hoak, ein 22-jähriger Spieler aus der Minor League von Roulette, Pennsylvania, trat aufs Feld und pflanzte sich vor Fidel Castro auf, einem ehrgeizigen 24-Jährigen aus Birán in der Provinz Oriente.

»Castro verpasste mir einen Hipper-dipper und befreite sich mit einem Curveball. Es war ein recht sauberer Wurf. Er hatte einen scharfen Drall nach innen, und bei ein paar Zoll mehr hätte er mir den Schädel zertrümmert.« Der Schiedsrichter entschied auf Ball, Castro und die Studenten waren empört, und der Schiedsrichter sagte zu Hoak, er solle lieber schlagen, sonst müsse er einen Strike geben. Hoak verfehlte die nächsten beiden Würfe, beide kamen innen und sehr schnell. Was Fidel Castro an Kontrolle fehlte, machte er durch Kraft wett.

Bei einem Count von 1:2 wandte sich Hoak an den Schiedsrichter und verlangte: »Nehmen Sie diesen Idioten aus dem Spiel!« Worauf der Schiedsrichter das Spielfeld durch die Polizei von den demonstrierenden Studenten räumen ließ. »Mehrere Polizisten gingen rasch auf den Pitcher Castro zu. Er zog kurz eine Show ab, versuchte seine Stellung zu halten, doch die Cops schoben ihn vom Mound herunter. Er trottete folgsam zu den Haupttribünen beim Third base, wie ein ungehorsamer Junge, der vom Lehrer eine gekriegt hatte und in der Ecke stehen musste.«

Don Hoak lieferte vielleicht den ältesten Bericht über Fidel Castro mit einem Baseball in der Hand. Castros besaß kaum Talent, so dass er bei den wichtigen Scouts wenig Aufmerksamkeit erregte, dennoch war er kein schlechter Sportler, seine Hauptinteressen lagen einfach in einem anderen Bereich.

George Beahon, ein Sportjournalist aus Rochester, der Fidel in jenem Jahr bei einem Schaukampf zu Gunsten der Kasse für die Agrarreform werfen sah, erinnerte sich 15 Jahre später, dass Castro ein »Schlappi« mit »viel Mumm« gewesen sei. Beahon sagte, *el commandante* sei »ein beschissener

Pitcher...« gewesen. »Er besaß kein Bewegungsgefühl. Keine Schnelligkeit und keine Kontrolle. Er fand nicht einmal die Strikezone.« Castro warf ein Inning, erzielte zwei Strikes, einen davon »mit Hilfe eines Schiedsrichters«, stellte *Sporting News* fest. »Als der Schiedsrichter den Schlagmann auf Grund eines hohen Inside Pitches aus gab, rannte Castro zum Homeplate und schüttelte dem Schiedsrichter die Hand.«

Lee Lockwood konnte Castro in einer entspannteren Atmosphäre beim Ballspiel beobachten. Als Fotojournalist, der Mitte der 60er Jahre eine Kurzbiografie über den Premier verfasste, besuchte er in einem Militärstützpunkt ein Spiel, an dem Fidel teilnahm und bei dem die Soldaten mit ihren Mädchen zuschauten. »Castro, bester Laune, warf und schlug und dirigierte heiser von der Bank und spielte für die Spieler und die Zuschauer gleichermaßen den Clown«, schrieb Lockwood. »Es besteht kein großer Unterschied zwischen seinem Fastball und seinem Curveball ... Dieses Mal, wie bei jeder anderen Gelegenheit, wenn ich ihn spielen sah, wurde er gnadenlos niedergemacht.« Nach neun Innings hinkte Fidel Castros Team 11-2 hinterher.

Als Castro an die Macht kam, versprach er, alles zu tun, um die Havana Sugar Kings in der International League, einer der obersten kleinen Ligen, zu halten. Die Touristenkommission gab der Mannschaft Geld, und das Heer kaufte für 10 000 Dollar Eintrittskarten für die Soldaten. Das Baseballstadion blieb jedoch weiterhin ein starker Magnet für heftige politische Gefühle; einmal zündeten mehrere Konterrevolutionäre eine Bombe, die das Stadion erschütterte und die Stromversorgung unterbrach. An dem Abend, als Castro in dem Schaukampf pitchte, war das Stadion voller Menschen, die den 26. Juli feierlich begrüßten. »Viele Truppenangehörige befanden sich auf den Tribünen, einige trugen Maschinengewehre und andere Waffen«, heißt es in *Baseball and the Cold War* (Baseball und der Kalte Krieg). Im elften Inning eines 4:4-Spiels streifte eine verirrte Kugel die Kopfbedeckung von Frank Verdi, dem Coach am dritten Base der Rochester Red Wings. (Dem Shortstop von Havanna widerfuhr dasselbe.) Ein unglücklicher Zufall, verursacht von überaktiven Fans, lautete die Erklärung, die sowohl Verdi und die Red Wings als auch die International League offiziell akzeptierten. Bevor jedoch die Saison von 1960 zu Ende gespielt war, fanden die Funktionäre der Internationalen Liga, Kuba sei zu leichtfertig, und die Konzession der Zuckerkönige wurde an Jersey City vergeben. Kubas Verbindung zu den Major Leagues war irreparabel gekappt.

◆◆◆

Wilfredo Sánchez sah von seiner Wohnung das Stadion Palmar de Junco. Sánchez, der im Ruhestand lebende Champion des Landes, hatte für die

Henequeneros aus Matanzas gespielt. Ich hatte ein Interview mit ihm im Wir-zogen-ihnen-die-Hosen-aus-Stadion arrangiert, doch statt von meinem Hotel einen Bus oder ein Taxi zu nehmen, ging ich zu Fuß. Die meisten Gebäude zwischen dem Hotel Louvre und dem Stadion wirkten robust, sie stammten offenbar aus den 40er Jahren. Die Holzwände schoben sich bis an den Gehsteig heran, und das Gitterwerk der Fenster stand noch weiter vor. Wie in anderen Provinzstädten waren die Schlangen vor den Läden nicht so lang, und es gab mehr Waren als in Havanna. Auf der Seitenwand eines Hauses stand ein 30 Zeilen langes Gedicht über die Kraftstoff- und Stromknappheit. Es regte zum Sparen an, verurteilte Verschwendung und reimte sich auch noch. Zwischen die Verse hatte jemand ein Radio gezeichnet, das Musik spielte, und Blumen, die gegossen wurden, dazu die Bildunterschrift *Groß- und Kleinverbraucher.* Andere Zeichnungen zeigten einen Fernseher, ein Grammofon, einen Mixer und einen Wasserhahn mit einem Tropfen genau darunter. Ein paar Blocks nach dem Gedicht kam ich an Matanzas Hauptmarkt für Sozialismus-oder-Tod-Erzeugnisse am San Juan vorbei, wo die Kunden wegen der Nachmittagslieferungen anstanden, hofften und warteten. Nicht zufällig ist im Spanischen das Wort für ›hoffen‹ und ›warten‹ gleich: *esperar.* Für den Weg zum Stadion benötigte ich 45 Minuten.

Sánchez traf ein paar Minuten vor mir ein. Der Mann mit dem Spitznamen *el hombre-hit* war in einer Zuckermühlenstadt aufgewachsen, wo sein Vater, Fänger in der Pedro-Betancourt-Liga aus der Zeit vor der Revolution, für seine Kinder Schläger aus Baumästen und Bälle aus Maiskolben fertigte, mit denen sie spielen konnten. »Bei uns zu Hause war Baseball wichtiger als Essen«, erzählt er Interviewern. »Die ersten Dinge, die ich meiner Erinnerung nach im Leben gesehen habe, waren ein Schläger, ein Handschuh und ein Ball.« Vier seiner sechs Brüder waren ebenfalls Ballspieler. Sein Vater war offenbar ein Baseballnarr – er schaute sich ein Spiel im Fernsehen an und hörte dabei im Radio den Bericht über ein anderes. »Der alte Herr konnte alles verzeihen, außer einem abgebrochenen Schwung, der zu einem dritten Strike führte.« Während seiner 19 Jahre bei den Matanzas stieg Wilfredo zum besten kubanischen Base-hit-Spieler aller Zeiten (2.058) auf, und er schlug .329. Er gilt als bester Hitter im modernen Baseball Kubas.

El hombre-hit trug Straßenkleidung, darüber eine Henequeneros-Trainingsjacke. Er war dunkelhäutig, mit afrikanischen Wurzeln, und wählte seine Worte sorgfältig. Von seinem Job als Coach der nächsten Generation von Stars im Stadion Palmar de Junco hatte er eine Auszeit genommen. »Ich widme mich auch der Forschung am Sportinstitut von Matanzas. Ich lehre Schlagtechniken. Wenn ich hätte Coach werden können, habe ich immer gesagt, dass ich das nicht will. Es würde meine ganze Kraft verbrauchen. Natürlich stehe ich dem Sportbüro der Provinz zur Verfügung, doch ich ziehe die Forschung vor. Wenn ich mich aufs Feld begebe, wäre ich am liebsten Third-base-coach, damit ich die Fähigkeiten der Base runner verbessern kann.« Sánchez hatte während seiner Laufbahn 382 Bases gestohlen.

»Im kubanischen Baseball scheint es Spiele mit weit mehr Runs zu geben«, sagte ich, »mehr Base-hits und Werfer mit weniger Kontrolle«. Sánchez dachte darüber nach, dann pflichtete er mir bei. »Das Pitchen ist in den großen Ligen entschieden weiter entwickelt, richtig. Die USA haben das höchste Niveau im Baseball, aber gut gespielt wird auch in Japan, Puerto Rico und Südkorea.« Sánchez war mit Kubas Nationalmannschaft durch Lateinamerika, Holland, die Vereinigten Staaten und Japan gereist. Er befand sich auf seinem Leistungshöhepunkt, als Kuba den Designated hitter (DH) einzusetzen begann. »Als der Internationale Baseball-Verband den DH übernahm, setzten auch alle übrigen Teams ihn zu ihrem Vorteil ein, darum hielten wir es ebenso. Niemand hielt ihn für etwas anderes als nützlich. Heute stellen wir andere Überlegungen darüber an, was man mit dem DH tut. Soll man ihn loswerden? Ihn behalten? Mit dem DH ist das Spiel eher offensiv als defensiv. Wahr ist: Das Pitchen ist zurzeit nicht mehr so gut. Und kubanische Schiedsrichter sind nicht so gut wie die in anderen Ländern«, räumte Sánchez ein. Es war die einzige Kritik, die er am Baseball, seiner Familie und seinem Land übte; die Schiedsrichter seien nicht so gut.

Jede Mannschaft spielt ausschließlich mit Aluminiumschlägern. Sánchez sah auch das als nützlich an. »Wir begannen Ende der 70er Jahre, vom Holz zum Aluminium überzugehen, etwa zu der Zeit, als der DH ins Spiel kam. Mit Aluminium hat man mehr technische Möglichkeiten. Der Kontakt ist effektiver. Außerdem fühlt es sich in den Händen einfach besser an. Die Sicherheit ist größer. Es absorbiert den Aufprall.«

Und die andere moderne Neuerung, künstlicher Rasen?

»Kubanische Felder haben keinen Kunstrasen. Wir haben in Japan auf künstlichem Rasen gespielt. Es war anfangs unangenehm, weil wir ihn nicht gewöhnt waren. Er beeinflusst die Psyche und nützt dem Schlagmann. Ich glaube aber, und spreche dabei für mich selbst, dass er die Zukunft des Baseballs in Lateinamerika ist. Ich glaube, wir werden ihn in zehn Jahren verwenden, wenn nicht früher.«

Das größte Ereignis in Sánchez' Laufbahn fand Anfang 1985 statt, als er mit bislang 1.997 Base-hits in seiner Laufbahn ein Heimspiel begann. Bei seinem ersten Einsatz schlug er einen Single ins Centerfield. Um sich dem hohen Druck nicht auszusetzen, schloss er sich zwischen den Innings in ein Zimmer ein und schaute sich im Fernsehen ein anderes Spiel an. Bei seinem zweiten Schlageinsatz gelang ihm auf einen 3:0-Curveball ein weiterer Single in die Feldmitte. Als Sánchez das nächste Mal antrat, schlug er einen Outside fastball zwischen Shortstop und Third hindurch. Fans liefen aufs Feld, darunter 2000 Junge Pioniere, sie nahmen *el hombre-hit* auf die Schultern und trugen ihn ums Feld. Das Spiel verzögerte sich um 45 Minuten. »Die Schiedsrichter wussten nicht, was sie tun sollten!« Als er nach Hause kam, grillte sein Vater bereits ein Schwein, und das örtliche Komitee für die Verteidigung der Revolution arrangierte eine Party.

Sánchez half bei zwei Zuckerernten mit, 1964 und 1966, und ermutigt seine Schüler, dasselbe zu tun. Er studierte am Polytechnikum in Holguín Landwirtschaftsmaschinenbau. Als man ihm sagte, wie viel ein Major-League-Spieler verdiente, antwortete er: »Ich würde das nicht für meine 218 Pesos im Monat eintauschen, denn der genießt nicht die Freiheit, die wir hier haben. Er ist jetzt der Privatbesitz von irgendjemandem. Er hat sich verkauft wie ein Stück Ware.« Sánchez diente in einem Militärbataillon der Provinz, und seine Frau war Leutnant bei der Miliz. »Ich bin zu allem bereit«, sagte *el hombre-hit.* »Sogar dazu, das Schlagen zu vergessen.«

Was fasziniert Menschen am Baseballspiel? Diese Frage durchbricht Ideologien, Grenzen, Können. Was immer die Ursache sein mag, es ist der einzige Bereich, in dem, Phlegma hin, Phlegma her, die Baseballspieler Kubas es mit ihren Gegenspielern in den großen ausländischen Ligen aufnehmen können.

25 Fans warteten bereits am Stadiontor, als es um19 Uhr öffnete, eineinhalb Stunden vor Beginn des nächsten Spiels zwischen den Forestales aus Pinar del Río und den Henequeneros aus Matanzas. Die meisten der bereits Angekommenen liefen hinüber, um sich am Pizzastand anzustellen, wo sie allerdings erst in einer halben Stunde etwas bekommen würden. Die Forestales beendeten ein Abendessen aus schwarzen Bohnen und Reis, *picadillo,* Kopfsalat, Tomaten und frisch gepresstem Orangensaft. Tata goss ihnen *cafecitos* ein, als sie in den Umkleideraum zurückkehrten. Asqui beäugte weiter meinen Rawlings, als wäre der ein unveröffentlichtes Werk von Whitman. Wir gingen zusammen aufs Feld hinaus und warfen einen Ball herum, während sich die Haupttribünen zu füllen begannen. Asqui hob einen Schläger auf, und ich warf ihm Underhand-Würfe, die er als weiche Grounders zurückschlug. Er befand sich auf halber Strecke zum Mound. Als er zum Aufwärmen davontrottete, hob Suárez, der kleine Forestales-Trainer mit dem Spitznamen El Gnomo, den Schläger auf, und wir machten weiter. Ich warf drei Viertel der Grounders sauber ins Feld und versiebte die Übrigen mit nonchalanter Finesse. Das wirklich Aufregende jedoch war die Erfüllung des Kindertraums, auf einem Platz zu stehen, während Tausende von Fans zuschauten. Benietez benötigte den Schläger, also kehrten El Gnomo und ich auf die Bank zurück. Die Harmonie von Baseball klang in mir nach.

Die Forestales waren in diesem Spiel noch schlechter als am Abend vorher. Juan Castro hätte genauso gut werfen können, genügend Zeit dafür verbrachte er auf dem Mound beim Gespräch mit seinem Pitcher. Im 2. Inning gab Starter der Forestales gegen den ersten Schlagmann ein Walk ab, und der Runner schaffte es bis zum Third base. Carlos Kindelán kam als Nächster. Bei einem Stand von 2:0 warf Ernesto Pérez ihn ab. Kindeláns Batting-Helm aus Plastik dämpfte den Aufprall, doch Kindelán fiel zu Boden, und Spieler beider Mannschaften, darunter Pérez, umringten ihn besorgt. Pérez murmelte eine Entschuldigung, und Kindelán ging zum ersten Base. Juan Luis Baro wurde ebenfalls gewalked, erreichte das Erste. Nach zwei abgegebenen Singles ging Pérez zum Duschen, und der nächste glücklose Pitcher der schlechtesten Mannschaft in der Liga wurde von der besten Mannschaft in der Liga verdroschen.

Im 4. Inning war der Spielstand 6:0, und ich ging zu Dr. Bango auf die Tribüne beim Third base. Er und seine Kameraden waren heiter, fröhlich, applaudierten. Eine solche Zufriedenheit auf einem Baseballplatz hatte ich einige Male erlebt, nämlich als die Chicago Cubs beim Frühjahrstraining siegten. Bango wies auf seine Lieblingsspieler hin, und sein Nachbar sagte ihre Batting-Durchschnitte aus dem Vorjahr auf. Kuba hat nicht genügend Papier, um für jedes Spiel Statistiken zu drucken, also müssen sich die Fans auf ihr Gedächtnis und die Anzeigetafel verlassen. Ich sah auf den Tribünen nur einen einzigen Konzessionsinhaber: Der Mann goss Kaffee aus seiner Thermoskanne in kleine Pappbecher, für zehn Centavos die Portion. Als ich aufschaute, machte Matanzas den neuen Mann auf dem Mound nieder, als würde er nur so zum Üben pitchen. Ein herausragender Spieler aus Pinar del Río war der Catcher Yosvany Madera, der zwei Männer beim Stehlen erwischte und zwei Base-hits erzielte. Als er ein drittes Mal zur Batter's box ging, sagte Juan Castro zu ihm: »Pass auf die Niedrigen auf und schwing waagrecht.« Madera vollführte einen niedrigen Golfschlag mit flacher Bahn, und Castro drückte seine Zigarette aus.

Schlappen sind anödend, und wenn man Stimmung für die Geschlagenen macht, auch noch deprimierend. Ich wanderte umher, bis ich zum Sitz des offiziellen Punktezählers neben der Presseloge kam. Ein Offizieller des Matanzas-Teams erzählte mir: »1975 begannen wir, für Statistiken Computer zu verwenden. Nach jedem Spiel bekommen beide Mannschaften die Statistiken für dieses Spiel, und am nächsten Tag telegrafiert uns das Ligabüro in Havanna die Statistiken der anderen Spiele. Natürlich können unsere Rechner nicht mit euren Computern konkurrieren, aber sie leisten uns gute Dienste.«

Osvaldo Daniel Gómez, der offizielle Punktezähler, schaltete sich ein. »Wir haben 1971 ein neues Notierungssystem entwickelt. Es umfasst nicht nur eine Wurf-für-Wurf-Aufzeichnung des Spiels, sondern registriert, in welchen spezifischen Teil des Felds der Ball geht. Wir haben das Feld in deutliche Zonen unterteilt, so dass wir wissen, ob ein Flug zum Short left center näher am Shortstop oder am linken Outfielder war. Wir notieren noch viel mehr Einzelheiten. Wendet man dieses System in den Staaten schon an?« Er zeigte mir eine gut ausgearbeitete Trefferkarte mit genügend Platz, um anzuführen, welche Kleidung jeder Zuschauer trug. »Es wird in ganz Lateinamerika verwendet. Ich mache das seit 25 Jahren in Matanzas. Angefangen habe ich im alten Junco-Stadion.«

Neben ihm tippte der junge José García Zahlen in einen Taschenrechner, um die augenblicklichen Batting-Durchschnitte auszurechnen, die er auf der Trefferanzeige des Outfields aufleuchten ließ.

Auf der Tafel stand:

	123	456	7	RUNS
FOR	000	000	0	0
HEN	210	332	=	11

– und alle packten ihre Sachen. Matanzas hatte einen technischen K.O. erzielt. Wenn nach sieben Innings zehn oder mehr Runs die beiden Mannschaften trennen, ist das Spiel zu Ende. Tata verteilte im Dugout Pizza und Softdrinks, doch niemand hatte Hunger.

Wenn ich mir in meiner Kindheit Baseball anschaute, nannte jedermann in Washington die Senators einfach die Nats, eine Abkürzung für Nationals, den ursprünglichen Namen der Washingtoner Mannschaft aus den frühen Jahren. Ein Teil meines morgendlichen Rituals bestand darin, meinen Vater, der die Zeitung las, bevor wir anderen aufstanden, zu fragen: »Wie hoch haben die Nats verloren?« Ich war nicht so dumm, ihn zu fragen, ob sie gewonnen hätten. Aus Gründen, die ich bis heute nicht weiß, war ich Anhänger eines großen Outfielders aus Havanna namens Carlos Paula. Die Nats brachten ihn von ihrem Farmclub in Charlotte, North Carolina, mit herauf – nach drei guten Jahren mit einem Durchschnitt von .314. Auf seiner Topps-Baseballkarte von 1954 steht: »Carlos, ein guter, harter Extra-Base-Schläger, der beabsichtigt, die Schlagweite zu erreichen, um der langen Left-field-Mauer des Griffith-Stadions in Washington einige gehörige Schrammen zu verpassen.« *The Baseball Encyclopedia* hat meine Erinnerung an seine Laufbahn aufgefrischt: Während drei Jahren in der Major League, alle bei den Nats, schlug Paula .271 und erzielte 40 Extra-base hits. Sein bestes Jahr war 1955, als er .299 schlug und sechs Homeruns schaffte; die Nats wurden Tabellenletzte. In der folgenden Saison schlug er .183 in 33 Spielen und geriet in Vergessenheit. Ein paar Jahre später kursierte auf dem Schulhof ein Gerücht: Carlos Paula sei als Konterrevolutionär von einem Exekutionskommando Castros erschossen worden. Ich wusste nicht genau, was ein Exekutionskommando war oder ein Konterrevolutionär, doch dieses Gerücht lastete jahrelang schwer auf mir. Und obwohl ich vergessen hatte, wie Carlos aussah, immer wenn ich an die Nats jener Zeit dachte, stimmte mich sein Schicksal traurig.

Jorge Luis Paula, Dritter Baseman der Forestales, kam am nächsten Morgen im Speisesaal an meinen Tisch. Die meisten Spieler waren etwas über 20 Jahre alt, Jorge Luis dagegen fast 30. Er war einer von drei Spielern in der Mannschaft aus Viñales, jener Kleinstadt unweit von Pinar del Río, die mir so gut gefallen hatte, und er war einer von zwei soliden Spielern der Mannschaft. Gleich dem Catcher Yosvany Madera besaß er Schwung und Selbstvertrauen. In den beiden Versuchen gegen Matanzas hatte er gut geschlagen und sicher zurückgeworfen. Obwohl die Saison noch keine drei Wochen alt war, verzeichnete Paula bereits eine anständige Trefferquote am Schlag und hatte auf dem Feld noch keinen Fehler gemacht. Er zählte zu den zehn besten Schlagmännern der Liga. Vielleicht konnte er Licht in die Ungewissheit bringen, die ich seit mehr als 30 Jahren mit mir herumtrug. Ich erzählte Jorge Luis, dass ich Mitte der 50er Jahre einen kubanischen Außenfeldspieler namens Carlos Paula in Washington hatte spielen sehen. Er nickte, kannte den Namen. »Könnte er«, fragte ich etwas bange, »zu Ihrer Familie gehört haben?«

Jorge Luis lachte. »Sehen Sie?«, sagte er und berührte sein Handgelenk. »Ich habe eine helle Haut. Er hatte eine sehr dunkle. Er kann nicht aus meiner Familie kommen.«

Inzwischen habe ich erfahren, dass Carlos Paula nicht durch ein Exekutionskommando Castros den Tod gefunden hatte. Die Geschichte war genauso erfunden wie jene von den Alligatoren in den New Yorker Abwasserkanälen. Carlos Paula war 1983 in Miami eines natürlichen Todes gestorben.

Jorge Luis ging in den Schlafsaal zurück, und Tata setzte sich zu mir. Wir aßen Rühreier und Brot und tranken heiße Kondensmilch zum Frühstück. Matanzas servierte ordentliches Essen, fanden die meisten Spieler, doch das beste Essen in der Liga bot Cienfuegos. »Bereit zu einer Busfahrt?« fragte Tata. Das Spiel dieses Tages gegen die Henequeneros sollte in Unión de Reyes stattfinden, einer mehr als 40 Kilometer südlich von Matanzas gelegenen Kleinstadt. Wie José Luis Salmerón mir in Havanna gesagt hatte, fand das letzte Spiel jeder Dreierserie in einem *pueblo* statt, der ein Stück von der Provinzhauptstadt entfernt war, damit alle Fans die Chance hatten, ihre Mannschaft in der Nähe der Heimat zu bejubeln.

Tata hatte bereits die Schläger und andere Ausrüstungsgegenstände im Gepäckraum verstaut. Luis Marín, allen als *Niño* bekannt, setzte sich zu einer Tasse Kaffee zu uns. Er fuhr den Mannschaftsbus, einen ungarischen Ikarus,

Baujahr 1987. Sein Leben drehte sich um Fahren, um Baseball und um Frauen – oder zumindest ums Reden über Frauen. An diesem Morgen waren sie wieder Thema Nummer eins. Im Gegensatz zu den Baseballspielern gab es für ihn kein Ausgangsverbot. Was die Jungs aus der Mannschaft anging, sagte Tata: »Frauen? Nein, nicht in der Saison. Es würde sie schwächen.« Die Uhr über der Windschutzscheibe des Ikarus war vor ein paar Wochen stehen geblieben, und Niño hatte es nicht geschafft, Ersatz für die leeren Batterien zu bekommen.

Am Vortag hatte er mich beiseite gezogen und gefragt, ob ich nicht in einem Dollarladen zwei besorgen könne. Am Frühstückstisch reichte ich ihm ein Päckchen mit 1,5-Volt-AA-Batterien für den Mannschaftsbus. Die Forestales wussten wieder, was die Stunde geschlagen hatte.

Juan Castro saß mir gegenüber am Gang, rauchte und las Zeitung, während wir durch die fruchtbare Umgebung von Matanzas nach Süden fuhren. War *irgendein* Teil des ländlichen Kubas langweilig? Ich hatte mehr als ein Dutzend Langstreckenfahrten durch alle Teile der Insel gemacht und noch keine öde Gegend gesehen. Castro lehnte sich herüber und deutete auf einen Artikel in der Zeitung.

Das Außenministerium ist von der Tschechoslowakischen Republik informiert worden, dass die diplomatischen und konsularischen Interessen Kubas gegenüber den Vereinigten Staaten nicht mehr vertreten werden können. Dieses Vorgehen ... entspricht der gegenwärtigen Lage ... Die kubanische Regierung wird andere Repräsentanten finden, um diese diplomatischen Funktionen in vernünftiger und verantwortungsbewusster Weise durchzuführen.

Der Trainer sah mich mit einer Miene an, die besagte, alles würde immer schlechter. Genau wie Kuba wurden die Forestales immer wieder geschlagen, aber man musste sie einfach mögen. Beide. Was ich trotz ihrer schrecklichen Fehler tat. Juan Castro war Mitglied der Kommunistischen Partei. Ich dachte an alle die Catcher zurück, die ich bewundert hatte, Yogi Berra, Roy Campanella, Johnny Bench, Carlton Fist – nicht einer von ihnen war Kommunist, soweit ich wusste.

Niño spielte an der AM-FM-Skala herum, auf der Suche nach Radio 26. Über der Windschutzscheibe hingen Sportwimpel, Geschenke ausländischer Sportler, die Niño seit seinen Anfängen in den späten 60er Jahren gefahren hatte: Tokio, Rom, Martinique, Moskau, Tschechoslowakei, Buenos Aires. Ein kleiner Stapel Federbälle stand neben der Auszeichnung vom Transportministerium für »20 oder mehr Jahre unfallfreies Fahren«. Von beiden Außenspiegeln hingen krause rote Pferdehaarbüschel herab, die bedeuteten: *¡Cuba va!* Kuba voran!

Die Sitze waren zurückgelehnt, was die Fahrt noch erholsamer machte. Wir fuhren durch das Städtchen Cidra, dann durch Juan Gualberto Gómez, wo Holz- und Zementbauten bis an den Straßenrand reichten. In einer Stadt umrundeten wir eine Plaza, und Niño, der die Angewohnheit hatte, jede hübsche Frau in einer Entfernung bis zu einem Kilometer vom Highway anzuhupen, ließ seine Hupe für alle die *lindas cubanas* erklingen, bis sie lächelten und ihm winkten. Die Angewohnheit dieses Busfahrers wurde von Eduardo Galeano in *Buch der Umarmungen* verewigt, wo der *chofer* eines Stadtbusses in Havanna »an einer Kreuzung mit quietschenden Bremsen hielt. Protestrufe wegen dieses heftigen Rucks erklangen, bis die Passagiere sahen, warum der Busfahrer auf die Bremse gestiegen war: Eine traumhafte Frau hatte soeben die Straße überquert. *Sie werden mich entschuldigen müssen, meine Herrn,* sagte der Fahrer von *guagua* 68 und stieg aus. Alle Passagiere applaudierten und wünschten ihm Glück.«

Im Süden von Juan Gualberto Gómez bogen wir von der Hauptstraße ab nach El Barcón, zu einem kleinen Gasthaus, das an einem See lag, Zimmer vermietete, ein Restaurant und eine Bar im Freien hatte. Musik erklang aus dem Lautsprecher der Bar, und kaum hatten drei Forestales in Uniform die Füße auf den Boden gesetzt, begannen sie zu tanzen. »Seht ihr die Zimmer da?«, fragte einer der Spieler und deutete mit dem Kopf auf das Gebäude. »Pärchen benutzen sie für ihr Rendezvous am Nachmittag.« Er lachte und lachte. »Wisst ihr, woher ich's weiß?« Er lachte erneut.

Wir gingen zum See, wo Gruppen von Spielern plauderten, während das Personal des Restaurants die Tische eindeckte. »Wenn wir schon von schmutzigen Dingen reden«, begann ich, »sag mir: Verwenden kubanische Werfer manipulierte Bälle?«

»Hm« – er schaute mich fest an – »ja. So ...« Er demonstrierte, wie man einen bespuckten Ball warf und vermied, dass die Schiedsrichter es merkten. Ich erwähnte mein Gespräch mit der Schiedsrichtercrew am Vortag im Hotel und sagte, dass ich ihnen Glück gewünscht hätte. Er schüttelte den Kopf mit einem Lächeln. »*La suerte no ayuda al malo.*« Bösem lässt sich durch Glück nicht nachhelfen.

Wir verteilten uns auf sieben Tische, fünf Leute an jedem. Unsere Teller waren reichlich gefüllt mit Yucca, Reis und Süßkartoffeln. Juan Castro setzte sich neben mich. Ich erkundigte mich nach Pedro Luis Lázaro, dem großen jungen Pitcher, der ein paar Abende zuvor fast drei Innings durchgehalten hatte. »Es wird gut fünf Jahre dauern, ihn voll auszubilden, aber er wird gut werden. Sehr gut.« Mich amüsierte immer noch der Begriff ›Kommunistische Ballspieler‹ – hatten Sportjournalisten am Ende der Saison etwa eine rein kommunistische Mannschaft gewählt? Castro zeigte mir die vier Parteimitglieder der Forestales plus sechs weitere Mitglieder der ›Kommunstischen Liga‹.

Ich sprach das Thema Schiedsrichter an. »Sie sind sehr schlecht. In Mexiko sind sie noch schlechter. Die Venezolaner sind besser. Puerto Rico hat die besten. Auch die Schiedsrichter in der Dominikanischen Republik sind sehr gut.« Er nickte mit einem verkrampften Lächeln. »Unsere sind ziemlich schlecht.«

»Nach ein paar Urteilen von gestern Abend zu schließen, kann ich dem nur beipflichten. Warum sind sie so mies?«

»Ich weiß es nicht. Aber sie sind schlecht.«

Kellner brachten den Nachtisch.

»Was motiviert einen kubanischen Baseballspieler?«

»Das Ziel jedes Spielers, mit dem ich gearbeitet habe, war, in der Nationalmannschaft zu spielen und Kuba außerhalb des Landes zu vertreten. Das gibt uns ein gutes Gefühl.«

Juan Castro warf mir einen seltsamen Blick zu, als ich ihn nach den meditativen Eigenschaften des Baseballs fragte. »Ich verstehe nicht.« Ich versuchte es ihm zu erklären, doch entweder mein Spanisch oder die ganze Idee gerieten auf dem Weg von meinem Mund zu seinem Ohr in Verwirrung. Offensichtlich hatte meine Baseball-Beschäftigung zu viele Lehnstuhl-Essays und zu wenige Haupttribünen-Scorekarten beinhaltet. »Man muss Kampfbereitschaft haben, um zu gewinnen. So einfach ist das.« Wir stiegen gerade wieder in den Ikarus, als der Matanzas-Bus zur zweiten Mittagessensschicht vorfuhr. Die Spieler stiegen aus und begannen zur Musik der Bar zu tanzen.

◆◆◆

Niemand im Bus rief ¡SOCIALISMO!, obwohl ein Straßenschild die Reisenden aufforderte, es zu tun. Niño lehnte sich weiterhin auf die Hupe, wenn eine hübsche *muchacha* in Sicht kam, und so hupten wir uns durch die Hauptstraße von Unión de Reyes. Kleine Holzgeländer trennten den Gehsteig von den Veranden. Wir hielten schließlich beim Stadion 16. April, einem hübschen, in die Jahre gekommenen Kleinstadt-Baseballplatz, der für die alljährliche Show herausgeputzt worden war. Männer zerschlugen riesige Eisblöcke, kleine Gören scharten sich um den Bus, wollten richtige Großligisten sehen. Juan Castro öffnete einen neuen Packen Populares. Die Tribünen füllten sich trotz der frühen Stunde bereits. Die Atmosphäre ähnelte der eines Schaukampfs, doch das Spiel zählte in der Wertung. Keine Mannschaft hatte einen Umkleideraum. Ich warf wieder mit El Gnomo einen Ball hin und her, als dann der Spielbeginn näher rückte, setzte ich mich auf die Bank der Forestales. 4000 Fans füllten sämtliche Zementbänke auf den Tribünen. Sie kamen mit Motorrollern, Fahrrädern, Autos, Bussen und zu Fuß. Es war ein schöner Nachmittag spät im Dezember, als Väter Hand in Hand mit ihren jungen Töchtern Platz nahmen und Frauen mit ihren alten Ehemännern.

Die Forestales gingen in der Oberen Hälfte des 1. Innings in Schönheit unter. Die Henequeneros attackierten den jugendlichen Werfer aus Pinar des

Río, Ríos. Dem ersten Schlagmann gelang beim ersten Pitch ein Double, das dritte Base erreichte er auf einen wilden Pitch, dann walkte Ríos den Nächsten zum Schlagmann. Lázaro Junco, der ein paar Tage zuvor einen »Kanonenkugel«-Homerun herausgehauen hatte, schlug den ersten Run mit einem Single herein. Juan Castro, der ab dem zweiten Pich einen Ersatzpitcher aufgewärmt hatte, nahm Ríos heraus und brachte einen Burschen namens Quintana ins Spiel. Bei dessen erstem Wurf versuchten die Henequeneros einen Double-steal, aber der Catcher Madera machte am Dritten Base den Lead-runner out. Der nächste Pitch wurde zu einem Single nach links, und ein Run gelang. Fünf weitere Henequeneros überquerten in diesem Inning das Home-Plate.

Ich drängelte mich auf den Tribünen durch zur Presse-Box und fragte einen Reporter, was am 16. April geschehen sei, damit dieses Datum zum Namen eines Stadions wurde. Eine Diskussion setzte ein, in der die meisten der Meinung waren, 1961 habe Castro an diesem Tag erklärt, dass seine Regierung sozialistisch sei. Ein älterer Journalist wartete mit einem anderen Grund für den Stadion-Namen auf. »Ein Generalstreik fand 1955 an diesem Tag statt. Wir sind nicht zur Arbeit gegangen. Es war ein blutiger Streik. Ich erinnere mich genau daran.« Danach versuchten sich die Presseleute den Namen des Warenhauses ins Gedächtnis zu rufen, das im April 1961 bombardiert worden war. Pancho, die Radiostimme der Henequeneros, musste die Zeit zwischen zwei Innings überbrücken und stellte mich im Rundfunk vor. Er hatte mich bereits während früherer Spiele erwähnt; das hatten mir fremde Leute gesagt, die in mir den ausländischen Schriftsteller erkannten, der die Drei-Spiele-Serie verfolgte. »Und, wie gefällt Ihnen Ihr Aufenthalt in Matanzas?«, fragte mich Pancho für den Rundfunk. Ich stammelte ein paar Banalitäten darüber, wie schön die Provinz sei und was für eine starke Mannschaft sie habe. Zum Glück begann das 4. Inning, bevor Pancho weitermachen konnte.

Die Außenfeld-Anzeigetafel wurde von einem Burschen bedient, der Tafeln mit Zahlen in die Inning-Schlitze schob. Bisher hieß es:

FOR 002
HEN 600

Die Forestales hatten bei einer Folge von Singles 2 Runner auf die Bases gebracht. El Gallego – Jorge Luis Paulas Spitzname – hatte die beiden Runs kräftig reingeschlagen.

Pedro Luis Robaina hielt mich vor der Presse-Box auf. Er arbeitete als Metallarbeiter in einem Werk, das Teile für Zuckermühlen herstellte. »Sollten Sie nicht bei der Arbeit sein?« fragte ich. »Heute ist Werktag.« Er trug noch seinen gelben Helm und Jeans.

»Der Boss sagte, wenn ich früh zur Arbeit käme, könnte ich früh gehen, um mir das Spiel anzuschauen.« Nach dem Aussehen der meisten zu schließen, hatten die Bosse in der ganzen Stadt die gleiche Einstellung. Pedro Luis meinte, die meisten Leute würden in der Fabrik, einer nahen Zuckermühle oder im Eisenbahnstellwerk arbeiten. »Wir haben in der Fabrik Betriebs-Baseballteams. Ich spiele ein bisschen, aber in meiner Freizeit lese ich lieber. Ich habe einfach das Gefühl, dass es mir mehr bringt.« Er las ein Buch von Alejo Carpentier von 1962, *El siglo de las luces (Explosion in der Kathedrale).* »Es ist ein sehr gutes Buch. Großartig. Es handelt von der Geschichte und den Bräuchen in der Karibik.«

Zwei weitere Innings, kein Run mehr. Die Schiedsrichter waren schrecklich. Bei einem Matanzas-Läufer wurde »Safe« gerufen, obwohl er offensichtlich außerhalb des Feldes stand. Die Forestales brüllten bei dem Ruf, und Juan Castro machte ein angewidertes Gesicht.

Am Büro des Stadions befand sich eine Tafel, auf der stand: ¡LISTO PARA VENCER! – Bereit zum Siegen! –, der Sportslogan des Landes. *Fischst du? Spielst du Domino? Nimmst du an Übungskursen für ältere Bürger teil? Machst du Basic-Gymnastik? Joggen? Nun, du bist LPV! Unión de Reyes wird ihr Ziel erreichen!*

Jorge Luis Paula war einer der Spieler, auf die Juan Castro gedeutet hatte, als er mir die Mitglieder der Kommunistischen Partei zeigte. Was bedeutet dir das? fragte ich im Dugout den Dritten Baseman. »Pünktlich sein, ein guter Arbeiter und ein Beispiel für andere sein. Deine Ideologie zu kennen und nicht abzuweichen. Für mich ist es eine Ehre. Man muss ein guter Arbeiter sein und feindliche Einflüsse registrieren, wenn man sie sieht.« Einer seiner Mannschaftskameraden war kein vorbildlicher Arbeiter, sein Grounder landete im Aus, beendete die Top-Hälfte des 7. Innings.

Pinar del Río schaffte einen weiteren Run, doch Matanzas traf in der Bottom-Hälfte des 7. Innings zweimal, einmal mit einem Routine-Flyball ins Mittelfeld. Paula machte einen spektakulären Spielzug, in dem er einen hart geschlagenen Grounder ins Deep third fieldete und ihn rechtzeitig für ein Out ans First Base feuerte. Er war der beste kommunistische Dritte Baseman, den ich je gesehen habe. Das Spiel stand 8:3, als die Forestales zum Dugout zurückkehrten.

Paula zeichnete mir eine Karte von Kuba in den Staub und zeigte mir, wohin er überall gereist war. Er arbeitete in seiner Heimatprovinz hauptamtlich als Sportlehrer. Dafür erhielt er 246 Pesos im Monat, womit auch seine Zeit bei den Forestales abgedeckt war. »Bei diesen internationalen Spielen in Edmonton und Seattle bot man Omar Linares sehr viel Geld für einen Übertritt an. Die begreifen nicht, dass wir aus Liebe zum Sport spielen. Ich liebe Baseball seit jeher. Wir sind einfach nicht an das Geld gewöhnt. Unsere Motivation ist, das Land zu vertreten. Ich bin immer erfüllt von Nationalstolz, wenn unsere Mannschaften im Ausland spielen.«

Auszeit.

Die gleiche Gefühlsäußerung hatte ich in ähnlichen Worten von anderen im kubanischen Baseball gehört. Im Großen und Ganzen ist sie echt, doch ihre schlichte unkapitalistische Unschuld löst bei Außenstehenden spöttische Reaktionen aus. Nehmen wir einmal kurz an, dass die Worte wirklich ernsthafte Gefühle ausdrücken. Dies bedeutet nicht, dass die Spieler nicht den Wunsch hätten, für Teams der Major League zu spielen. *Natürlich* würden sie das gern. Sie beobachten Spieler dieser Liga, schauen auf zu ihnen, verehren, achten und imitieren sie. Jeder von ihnen, dessen bin ich mir sicher, wäre begeistert und würde sich geehrt fühlen, wenn er auf der Namensliste einer Major-League-Mannschaft stünde. Die Chance für einen Sportler, an der Seite der besten in seiner Sparte zu arbeiten und zu lernen? Natürlich würde er sie ergreifen. Der Konflikt resultiert aus Faktoren, die nichts mit dem Spiel oder der Sportart zu tun haben. Das Spiel ging weiter.

Die Henequeneros gewannen das Spiel und rissen damit die Serie an sich. Juan Castro war verärgert. Er berief am Spielende eine Zusammenkunft an der Linie zum First Base ein. Ich schaute von dem gut 16 Meter entfernten Dugout zu, konnte also zusehen, aber nichts hören. Niño saß neben mir. Die Trainer sprachen der Reihe nach. Der Matanzas-Bus fuhr ab. Dann sprachen die Spieler. Castro flippte einen Zigarettenstummel ins Gras. Als die letzten Fans den Park verließen, tauchten einheimische Kinder auf, um das Gelände für sich zurückzufordern. Sie spielten eine Weile Baseball, dann gingen auch sie. Die Mannschaftsbesprechung dauerte an. Ein Mann fuhr auf seinem Fahrrad vorbei, seinen Hund hatte er am Lenker angeleint. Die Fahne wurde eingeholt. Die Mannschaftsbesprechung dauerte an. Sie drehte sich nicht um Ideologie.

Wir – also die Forestales – hatten einen Tag frei vor einer Doppelveranstaltung mit den Metropolitanos im Hauptstadion von Havanna. Der Mannschaftsbus sollte am nächsten Morgen fahren. Ich beschloss, noch am Abend nach Havanna zurückzukehren, und ging zur Busstation. Der nächste Bus nach Havanna fuhr erst in eineinhalb Stunden. Um mich zum Kauf einer Fahrkarte anstellen zu können, musste ich zunächst eine Karte mit einer Nummer bekommen, mit der ich mich in die Schlange für die Fahrkarte einreihen konnte. Ich hatte einige Tage lang das privilegierte Leben eines Ballspielers geführt – keine kleinen Schwarzhändler, kein Neid von Kriechern –, und dieser Anstellblödsinn brachte mich nun in die Wirklichkeit zurück. Ein Mann, der auf den Bus nach Santiago wartete, deutete auf den Parkplatz neben der Busstation, eine bekannte Stelle, um auf Privatwagen zu warten, die nach Havanna fuhren. »Wenn Sie lange genug stehen bleiben, nimmt Sie jemand mit. Das kann ich Ihnen versichern.«

Ich stellte mich für eine Karte mit einer Nummer an, damit ich mich anstellen konnte, um eine Fahrkarte zu kaufen, und schob sie in die Tasche – nur sicherheitshalber. Die Mitnahmestelle für »Zigeuner«-Fahrten nach Havanna war leer bis auf einen Mann, der an den Hinterradbremsen eines Plymouth Baujahr 55 arbeitete. »Sobald ich hier fertig bin, fahre ich ab nach Havanna.« Das Zeremoniell war knifflig: Sollte ich ihn fragen oder er mich? Ich schnitt das Thema an. Ohne zu antworten, nahm er meine Tasche und warf sie auf den Rücksitz. Ein weiterer Fahrgast tauchte auf; seine Tasche landete neben meiner. Der Fahrer arbeitete in einem Krankenhaus in Matanzas. Der andere Fahrgast arbeitete auf den Docks in Havanna. Etwa nach dem halben Weg handelten wir einen Preis aus.

»Zehn«, sagte er.

»Pesos oder Dollar?«

Er schaute ungläubig über die Schulter. »Was haben Sie gesagt, wie lange sind Sie schon in diesem Land?« Er setzte mich einen Block von meinem Zimmer entfernt ab.

Fünfter Teil

Wir befanden uns mitten in der Ferienzeit, und überall waren die Weihnachtsdekorationen zu sehen, das heißt in den Hotels und Restaurants und Geschäften, deren Kunden Ausländer waren. Für die meisten Menschen jedoch war der 25. Dezember ein Tag wie jeder andere milde Tag im Winter, und es wurde in der Öffentlichkeit kaum deutlich, dass er sich von anderen unterschied. Man stand an Bushaltestellen, in Lebensmittel- und Bekleidungsgeschäften Schlange, die Schüler gingen zur Schule, und der Baseball-Zeitplan wurde nicht unterbrochen. Die einzigen öffentlichen Anzeichen für Weihnachten, die ich sah, befanden sich an einer Baptistenkirche im südöstlichen Viertel der Stadt.

Wie erfrischend, zur Abwechslung einmal Weihnachten ohne Sonderverkäufe, nervende Werbung, Dauerberieselung mit »Stille Nacht«, öffentliche Weihnachtsbäume, aufgezwungene Freundlichkeit und Bing Crosby zu erleben. Der Vorstand des Evangelischen Rates des Landes sprach im nationalen Radio über Frieden und Liebe.

Miguel Barnet, mein offizieller Gastgeber aus dem Schriftstellerverband, kam an mir vorbei, als er die Straße hinunterfuhr, und hielt an, um mich mitzunehmen. Er gehörte zu den Intellektuellen, die eine Einladung zu Silvester entweder bei Gabriel García Márquez, der den Jahreswechsel immer auf Kuba feiert, oder bei Alicia Alonso, der Ballerina, erwarten durften. Ich plante, einige Freunde in Marina Hemingway zu besuchen, wo Los Van Van in einer Dinnershow im Freien auftraten, und nach Mitternacht zu einer privaten Party in Centro Habana zu gehen. »Und dann«, sagte ich zu Miguel, »werde ich in der ersten Januarwoche das Land verlassen.«

Miguel sprach in verschwörerischem Ton. »Wenn ich du wäre, würde ich mir überlegen, noch ein paar Wochen länger zu bleiben. Soviel ich weiß, werden sehr bald einige wichtige Ankündigungen kommen. Du solltest deshalb noch dableiben.« Zu den sympathischen Eigenschaften Barnets gehörte seine Fähigkeit, das Alltägliche geheimnisvoll zu präsentieren. Ich dankte ihm fürs Mitnehmen und stieg am Hotelito del M.E.S. aus.

»Manchmal hatte ich den Eindruck, dass die einzige Möglichkeit, mich als Nichtkubaner zu erkennen, meine Schuhe waren«, dachte José Yglesias in *In the Fist of the Revolution (Die Faust der Revolution).* »Die Männer, die bei der Bank auf dem Gehsteig saßen und auf den Bus auf der anderen Straßenseite warteten, schauten oft nicht höher als bis zu meinen Knöcheln auf.« Das traf leider auch immer noch auf mich und meine Nikes zu. Das freche Kauderwelsch der Geldwechsler, das ich sonst nur neben dem Habana Libre und auf dem Malecón gehört hatte, füllte nun auch die fünf Straßen dazwischen. Die Sozialismus-oder-Tod-Bäckerei und die Lebensmittelläden, vor denen ich sonst Schlange stand, nützten mir nun nichts mehr; fast alle Waren konnte man nur mit einem Rationierungsbuch erhalten, dem einzige Buch, das ich mir nicht besorgen konnte.

Es war dennoch unmöglich, das Stehen in der Schlange zu vermeiden. Eis, Busse, Formulare, Kaffee, Zeitungen, Rezepte, Dokumente, Genehmigungen, Pizza, Bürokratie – man kam nicht durch den Tag, ohne irgendwann eine knappe Stunde Schlange zu stehen. An jenem Sonntag hatte *Juventud Rebelde* einen Artikel mit dem Titel »¿Quién Es el Último?« (Wer ist der Letzte in der Schlange?) veröffentlicht. Der Artikel erzählte von Leuten, die sich routinemäßig täglich früh um fünf anstellen und erst, wenn der Laden Stunden später aufmacht, erfahren, was es zu kaufen gibt. Viele Leute vermieten sich einfach, um für andere Schlange zu stehen. Der Artikel berichtete weiter, dass eine Art Mafia von Schlangenorganisatoren es schaffte, die besten *turnos*, Plätze in der Schlange, zu okkupieren und sie zu verkaufen, indem sie das komplexe System ausnutzte, wer in welchen Geschäften welche Waren an welchem Tag einkaufen durfte. Eine Frau erzählte, sie wollte einen kleinen Kinderwagen für 60 Pesos kaufen. »Plätze in dieser Schlange waren seit Tagen vergeben, doch ich war bereit, einen *turno* für weitere 60 Pesos zu kaufen. Letztlich hat er mich 120 Pesos gekostet, aber ich habe ihn wenigstens bekommen. So läuft es heutzutage.« Eine andere meinte: »Wenn Sie es sich leisten könnten, würden sie nicht auch einen *turno* kaufen, um das ewige Anstehen zu vermeiden?« Das Bild neben dem Artikel zeigte eine dicke Dame mit Lockenwicklern, die zwei Handtaschen trug und über die Köpfe anderer Frauen lief, die geduldig in der Schlange standen.

Raúl Riesgo, der Schriftsteller, dessen Artikel die rechte Front der kubanischen Exilgemeinschaft attackierten, hatte auch über Schlangen geschrieben. »Die Schlange ist zu einem gesellschaftlichen Experiment geworden, wie der

Stadtbus«, schrieb er. »In der Schlange zu stehen gehört zum Leben wie CDR-Versammlungen oder der Leichenschmaus. Schlangen werden von der natürlichen Ordnung der Dinge bestimmt; sie sind der Preis, den wir für die Entwicklung der modernen Gesellschaft bezahlen. Sie sind Teil unserer Folklore.« Schlangen, so Riesgo, besäßen ihr eigenes Vokabular und ihre eigene interne Hierarchie, aber er sprach nicht von den Schlangen, die so lang waren, dass sie sich überkreuzten. Trauernde warteten einmal entlang der Calzada, um in die Leichenhalle zu gelangen, während Visabewerber vor der nahe gelegenen US-Interessenvertretung Schlange standen. An ihren Gesichtern konnte man nicht erkennen, wer wohin ging.

Anstatt Schlange zu stehen, um ein Konzert des National Symphony Orchestra im Mella-Theater zu besuchen, wartete ich bis zur Pause und ging zum Seiteneingang. Ich wollte meinem Oboenlehrer und seiner Frau auf Wiedersehen sagen und ihm einige Noten zurückgeben, die er mir geliehen hatte. Ich hatte mehrere Monate lang immer wieder versucht, bei ihm zu Hause anzurufen, hatte Nachrichten im Büro der Symphoniker hinterlassen und über einen anderen Musiker eine Nachricht weitergeben lassen, aber nie etwas von ihm gehört. Avilés stand auf der Seitenveranda und trank ein Glas mit Laura und ein paar anderen Musikern; er trug einen Smoking und schien sich wohl zu fühlen. Er begrüßte mich herzlich, und ich stieß mit ihm auf seinen 43. Geburtstag an. Er hatte meine Nachrichten erhalten, aber ihr Telefon zu Hause war kaputt gewesen. Er war krank geworden. Das Telefon der Symphoniker war kaputt. Sie war krank gewesen. Die Symphoniker hatten auswärts gespielt. Ich musste Jesús für den Reichtum an Ausreden und die Gelassenheit, mit der er sie vorbrachte, bewundern. Hatte er mich absichtlich gemieden oder war ich nur das Opfer des alltäglichen Kuba? Ich habe es nie herausgefunden, und es wurde auch unwichtig.

»Also, erzähl mir mal, was hast du in letzter Zeit gemacht – hast du mehr vom Land gesehen?«

»Ich war mit den Forestales unterwegs.«

»*Los Forestales?* Das sind Anfänger!« Er machte eine Grimasse. »Ich hatte dir doch geraten, mit Cienfuegos zu fahren. Die Forestales sind doch schrecklich! Sie stehen an letzter Stelle.«

»Ja, das stimmt, aber ich bin es gewöhnt. Denk dran, als ich jünger war, war ich Anhänger der Washington Senators.«

Am nächsten Tag dachte ich über Jesús' Ermahnung nach, als die Forestales im Lateinamerikanischen Stadion gegen die Havana Metropolitanos spielten. Ich saß wie immer auf einer Bank und beim dritten Schlagen suchte ich in der Menge nach ihm, als der Grundlinienrichter plötzlich jemanden entdeckte, der in Zivilkleidung im Dugout saß und der doppelt so alt war wie die meisten Spieler. Die Schiedsrichter in Matanzas kannten mich, aber diese Truppe nicht. Vor den Augen von fast 10 000 Fans winkte mich der Schiedsrichter aus dem Dugout. Ich stand auf, um zu gehen – der Schiedsrichter handelte natürlich richtig, ich hatte kein Recht, da zu sitzen –, als plötzlich El Gnomo und einige der Forestales, mit denen ich mich angefreundet hatte, erklärten, man sollte mir doch erlauben zu bleiben. Sie taten das mit der aussichtslosen Rechtschaffenheit, mit der sie jeder Anordnung widersprechen würden, von der sie bereits wussten, dass man sie nicht zurücknehmen würde.

Viel mehr brachten sie aber auch nicht zu Stande. Wir verloren wieder, 5 zu 1. Die Forestales hatten alle vier Spiele, die ich gesehen hatte, verloren. Brachte ich ihnen Unglück? Unsere Würfe ließen die Mets bis auf zwei beim vierten trefferlos, aber sie wurden mit einer Folge von einem Treffer, ziellosen Würfen und Fehlern gepunktet. Jorge Luis Paula hielt mit zwei weiteren Treffern seine Glückssträhne vom Anfang der Saison aufrecht. Am Ende des Spiels schlug der dritte Baseman knapp unter .400, und er schaffte einen kurzen Schlag, der den Läufer im Ersten hinauswarf. Später sagte Tata: »Wir haben wegen der Fehler verloren. Aber«, betonte er, »es waren nur technische Fehler.«

Bei diesem Spiel und den drei vorangegangenen Spielen war mir Juan Castro am meisten aufgefallen. Er wird einmal ein guter Trainer sein. Er ist unermüdlich und überzeugend. Er beherrscht den Trab. Wenn ein Trainer einen Werfer herausnehmen will, senkt er seinen Kopf um 50 Grad, kurz bevor er die Spielfeldlinie zur Abwurfstelle kreuzt, zieht die Schultern hoch und trabt, als ob er die Regentropfen eines Schauers vermeiden wollte. Juan ist beim *wha'?* schon sehr viel versprechend. Das ist die Haltung, die ein Trainer einnimmt, wenn ein Schiedsrichter eine Entscheidung trifft, die einfach nicht zu verstehen ist. Er streckt die Hände mit den Handflächen nach oben aus, der Mund steht halb offen, die Augenbrauen sind hochgezogen – *wha'?*

Am besten lässt sich das auf der obersten Stufe der Mannschaftssitze oder ein paar Schritte hinein ins Spielfeld machen. Wenn seine Spieler ein Spiel vermasseln, was oft vorkommt, schaut Juan Castro gequält. Er kann hereingelegt oder eifrig aussehen, zeigt Nachsicht in einem Moment und im nächsten Qual. Muss ein Trainer in irgendeinem anderen Land noch mehr beherrschen?

Zwischen den Spielen ging ich zum Haupteingang, wo eine Tafel »den insgesamt 19 Baseballspielern, die im Unabhängigkeitskrieg gekämpft haben« gewidmet ist.

Die am nächsten gelegene Schlange wartete nicht auf Essen, sondern auf Sportausrüstungen – Jogginghosen, Sporthosen, ein Schachspiel (sechs Pesos), Medizinball (sieben Pesos), Tischtennisschläger und Netz (3,15 Pesos) und Schwimmflossen (fünfundzwanzig Pesos).

Wir gewannen das zweite Spiel des Doubleheader! Das Ergebnis des ersten Spiels drehte sich um. Das Linienergebnis lautete:

FOR	110 000 102
MET	001 000 000

Paula schaffte zwei weitere Hits, darunter ein doppelter Linienangriff von der linken Außenfeldbegrenzung. Die Jungs jubelten alle, tanzten, alberten herum, waren glücklich. Ein Sieg schmeckt einer an Niederlagen gewöhnten Mannschaft besser und für die Forestales war dieser Sieg rohes Zuckerrohr.

Auch ich bekam gute Laune. Ich war zu einer Party eingeladen, wo jemand in die Santería eingeführt werden sollte. Anstatt einen vollen Bus oder ein schnelles Taxi zu nehmen, beschloss ich, durch die harmlosen Slums von Centro Habana zu laufen. Mein Aufenthalt näherte sich seinem Ende, und ich schätzte jeden Augenblick auf der Straße.

Alba, die ihr ganzes Leben in Havanna verbracht hatte, hatte mich eingeladen. Sie gehörte zur so genannten »Randgruppe«, die mit keiner Organisation, Masse, sei es lokal oder beruflich, assoziiert war. Sie wohnte mit ihrem Bruder und zwei Söhnen, beide beim Militär, in einer Dreizimmerwohnung. Sie selbst befand sich im Initiationsjahr der Santería und trug nur Weiß. Ich freute mich auf die Zeremonie; aus allem, was ich über die Santería erfahren hatte, wusste ich, dass das Ritual außergewöhnlich sein würde, voller Farbe, Musik und Wärme. Und meistens für Außenstehende, besonders Ausländer, verschlossen. Aber weil ich vom Sportplatz aus zu Fuß ging, verpasste ich es um eine Stunde.

Der Einzuweihende lag auf einer weichen Matte in einer Ecke des Wohnzimmers, als ich ankam. Er musste dort ganze sieben Tage bleiben. (Manche Chefs verstehen das und geben Einzuweihenden eine Woche frei.) Er trug eine gelbe Krone und weiße Kleider. Er war umgeben von einer ständig wechselnden Gruppe von Freunden und Verwandten. Neben ihm stand ein Altar mit einem Sammelteller und einer Schale mit Obst. Frauen kamen mit Gläsern mit Getränken und Tellern mit Essen aus der Küche. Wir tranken Rum und aßen weißen Reis, schwarze Bohnen, grünen Kopfsalat und dunkles Hähnchen. Der Teller wurde dem Einzuweihenden gebracht, so wie alles Essen in den folgenden Tagen. Ein Mann gab mir eine Maraca und bedeutete mir, niederzuknien und sie vor dem Altar zu schütteln. Ich folgte seiner Aufforderung, aber er sprang auf mich zu, nahm mir die Rassel aus der linken Hand und legte sie in meine rechte. Der Einzuweihende umarmte mich. Frauen strömten weiterhin aus der Küche, diesmal mit Tabletts voller Gebäck.

»Das ist nichts im Vergleich zu früher«, erzählte mir eine dicke Frau in Weiß, als sie in die Küche zurückkehrte. »Wir besorgen, was wir können, und der Rest wird improvisiert. Es ist eine Initiation im Stil der ›Außergewöhnlichen Periode‹.« Ich wiederholte, was ich in der Julius and Ethel Rosenberg Highschool gelernt hatte, dass man nicht zugleich Lehrer sein und an den Santería-Kult glauben kann: »Um zu lehren, muss man an die Lehre des dialektischen Materialismus glauben.«

»Haben sie Ihnen das erzählt?« Sie lachte und wiederholte meine Aussage einer Freundin. »Wenn das so ist, hätten wir keine Lehrer!«

Ich drehte mich um und schaute auf ein Foto an der Wand, das einen Mann zeigte, der mit Essstäbchen aß. Es war Fidel Castro. Man hatte mich schon vorher auf den Gastgeber der Zeremonie aufmerksam gemacht: »Er steht Fidel sehr nahe. Die Familie engagiert sich im Komitee zur Verteidigung der Revolution.« Das war ungewöhnlich, erklärte mein Führer – nicht, dass die meisten Anhänger afrokubanischer Religionen regierungsfeindlich waren; die meisten waren einfach unpolitisch und zeigten wenig Interesse daran, die Regierung zu unterstützen oder zu bekämpfen. Gläubige waren in der Regel von einer Mitgliedschaft in der Kommunistischen Partei ausgeschlossen.

Vor einiger Zeit im gleichen Jahr hatte die Regierung eine Versammlung von *Santeros* zugelassen, und man munkelte, dass das Verbot gegen kommunistische Gläubige auf dem für das folgende Jahr geplanten Parteikongress aufgehoben werden würde.

»Ich traf eine Frau aus Spanien, die einen Dokumentarfilm drehte über die Vermischung der spanischen mit der kubanischen Kultur«, sagte Alba. »Wohin sie auch ging, immer musste sie ein Parteifunktionär von Artex begleiten«, der staatlichen Agentur, die die Dreharbeiten koordinierte, »selbst noch, als ich sie auf eine Tasse Kaffee zu mir nach Hause einlud. Sie lud mich zu einer Show in der Stadt ein und natürlich war ihr *mirón* – ihr Aufpasser – auch da. Er brachte ein Mädchen mit. Ich habe ihr die Hand geschüttelt. Sie gehörte zur gleichen afrokubanischen Religion wie ich, und an der Farbe der Perlen an unseren Halsketten und Armreifen konnten wir erkennen, dass wir beide Ochun verehrten. Erst, als er uns einige Minuten allein ließ, konnten wir uns umarmen. Sie sagte: »Nun, du weißt, dass ich das nicht tun wollte, solange der *mirón* anwesend war.«

Alba hoffte, eines Tages Freunde in Spanien oder den USA besuchen zu können. In diesem Fall würden ihre Söhne bei einem befreundeten Nachbarn essen. »Sie könnten sich zu Hause selbst etwas kochen, aber sie haben keine Ahnung davon, wie man die Vorräte einteilt. Was Fidel uns für 30 Tage gibt, hätten sie in drei aufgebraucht.«

Einige Tage später füllte Alba eine Plastiktüte mit Orangen, Bananen und einer Ananas, als ob sie ein Picknick machen wollte. Wir gingen hinaus und liefen 20 Minuten, bis wir zum Malecón kamen. Unterwegs beschrieb ich ihr den Traum, den ich vor einigen Monaten gehabt hatte, nachdem ich das von Salvador González gemalte afrokubanische Straßengemälde gesehen hatte. »Das war eindeutig ein afrokubanischer Traum«, sagte sie. »Er kam von Changó, dem Gott der großen Kriege zwischen Völkern und kleinen Kämpfen der Menschen. Die Kämpfe bestehen darin, zur Arbeit zu gehen und Nahrungsmittel für den täglichen Bedarf zu bekommen.«

Sie erzählte mir von einem ihrer Träume. Sie ertrank im Meer und fühlte sich einsam. Ein Mann rettete sie und brachte sie an die Oberfläche. »Er zog mich vorsichtig in Sicherheit. Ich erzählte das einer Bekannten, die afrokubanische Träume interpretieren kann. Sie sagte, ich hätte schwer wiegende Probleme, aber ich würde gerettet werden – nicht durch mich selbst, sondern von jemand anderem.«

»Und in welcher Phase deines Traumes bist du jetzt im Leben?«

»Unter Wasser.«

Die Wellen krachten an jenem Dezemberabend gegen die Mauer, schlugen aber nicht darüber. Nachdem wir eine Zeit lang schweigend auf die Bucht geschaut hatten, fragte Alba, ob ich Kleingeld hätte. Ich leerte meine Hosentasche mit acht Münzen im Gesamtwert von 3 Pesos 65. »Gib sie mir.« Sie warf das Obst Stück für Stück in die Bucht und dann ebenso die Münzen. »Das Obst ist für Ochun. Wenn es ins Meer hinausgelangt, bedeutet das, dass sie es bekommen hat. Wenn es mit der Flut wieder hereinkommt, wird sie es nie bekommen.«

»Und das Geld?«

»Auch das ist eine Gabe für Ochun. Es ist wie in katholischen Kirchen, nur, dass der Priester es nicht als Erster erwischt. Ochun *liebt* die Menschen. Sie ist die Göttin der Sinnlichkeit, der Schönheit. Sie ist die Königin der Flüsse und Seen, das Symbol der Lieblichkeit.«

Wir setzten uns auf die Mauer und beobachteten, wie das Obst trotz einer starken hereinkommenden Flut in ruhigere Gewässer hinaustrieb und schließlich aus dem Blick verschwand auf seinem Weg zu Ochun.

Alba wohnte in Barrio Chino, Chinatown, oder was davon übrig ist. Die Chinesen kamen zum ersten Mal Mitte des 19. Jahrhunderts nach Kuba; schließlich waren es 200 000, so schätzt man. Schlepper erhielten 400 Dollar für jeden Chinesen, der auf dem Markt verkauft wurde, heißt es in einem Bericht von 1859. Der Käufer zahlte seinem neuen Arbeiter für acht Jahre vertraglicher Knechtschaft vier Dollar pro Monat plus Essen und zweimal neue Kleidung pro Jahr. Die Chinesen aus Kalifornien kamen ab 1860 und eröffneten kleine Firmen. Ein Restaurant, ein Theater und eine Zeitung wurden ab 1870 gegründet. Ein Besucher schrieb 1890 über die Chinesen Havannas: »Verachtet von den Weißen und verabscheut von den Schwarzen, führen sie ein erbärmliches Leben und sterben wie die Fliegen im heißen

Klima.« Eine zweite chinesische Einwanderungswelle kam zwischen 1913 und 1929, und Chinatown wurde zur eigenständigen Gemeinde.

»Ich ging früher mit meinen Großeltern hin«, erzählte mir eine Frau aus ihrer Jugend in den späten 50er Jahren. »Es war fremdartiger, als ein kleines Mädchen verstehen konnte. Ich hatte Angst. Da gab es Männer mit langen Fingernägeln, die sich nach innen bogen. Ich klammerte mich in Todesangst an die Hand meines Großvaters. Ich glaubte, sie würden kleine Mädchen schnappen und sie töten.«

Albas Familie zog Mitte der Sechziger nach Chinatown. »Damals war die ganze Straße chinesisch. Wir waren die erste schwarze Familie hier.« Sie stellte mich einem älteren Mann nebenan vor, der in China geboren war. »Es gibt nur noch wenige, nicht wahr?« Er nickte und ging in sein Haus. »Die Chinese Society befand sich im ersten Stock eines Gebäudes auf der anderen Straßenseite. Auch dort lebten Familien. Die meisten sind nach Spanien, Kanada oder in die USA gegangen. Die Ältesten der Familien blieben meistens hier.« Sie zeigte auf den Eingang des Herrn, mit dem wir eben gesprochen hatten. »Die meisten sind gestorben. Die Nachkommen der Chinesen, diejenigen, die noch hier leben, sind Mischlinge.«

Es gibt noch ein paar chinesische Restaurants; am bekanntesten war das *El Pacífico*, wohin Castro manchmal ging. Daneben befand sich das Redaktionsbüro des *Kwong Wah Po*, einer vierseitigen chinesischen Wochenzeitung. Eine Fußgängerzone an der Ecke war mit pseudochinesische Ornamenten verziert, um der Gegend eine asiatische Atmosphäre zu verleihen. Vor nicht allzu langer Zeit gab die chinesische Regierung der Stadt etwas Geld, um Barrio Chino ein bisschen zu verschönern. Über die Frage, wie viel für andere Projekte abgezweigt worden war, wurde in den Straßen von Chinatown diskutiert.

◆◆◆

Los Van Van nutzten die riesige Bühne und das hervorragende Soundsystem der Marina Hemingway bei dem großen Silvesterkonzert im Freien voll aus. Bigband-Salsa betörte das Haus voller Ausländer und privilegierte Kubaner. Auf der Bühne spielten diese weit gereisten Musiker so angespannt wie ihre Trommeln. Später am Abend, auf einer anderen Party, die das Jahr 1991 einläutete, legten die Gäste eine Kassette von Kubas jüngster Salsa-Rock-Sensation, NG La Banda, ein. Der beliebteste Song von NG (für Nueva Generación, Neue Generation) war »La Expresiva«, eine schnelle Tanznummer, deren Text eine Menge Gegenden von Havanna nennt. »Die Kubaner in Miami weinen, wenn sie diesen Song hören«, versicherte mir eine Frau, die nur bis zum Malecón gekommen war. »Er erinnert sie an ihre eigentlich Heimat. Er treibt ihnen die Tränen in die Augen.«

Der Januar brachte wieder ein Jubiläum des Triumphes der Revolution. Die meisten Leute hatten einen Kater und konnten den Beginn des 33. Jahres der Revolution nicht feiern, und am 2. Januar nahm Kuba seinen Rhythmus wieder auf, seine Rhetorik und seine kleinen Kämpfe, um zur Arbeit zu gehen und Nahrungsmittel für den täglichen Bedarf zu bekommen. Am nächsten Tag verließ ich das Land, aber vorher kaufte ich eine Platte von »La Expresiva«. Ich wollte auch zu Hause die Straßen von Havanna hören.

Epilog

»Es ist ein tolles Land, und es täte mir leid, nicht mehr hinfahren zu können«, schrieb der Fotograf Walker Evans, nachdem er kurz vor dem Fall von Gerardo Machado 1933 aus Kuba zurückgekehrt war. Den meisten Besuchern der Insel ging es genauso, ob ihr Aufenthalt nun mit Stabilität oder Krise zusammenfiel. Ich habe beides erlebt.

Trotz Kubas schwärender Wunden konnte ich Walker Evans' Gefühle im Jahr nach meiner Rückkehr nur bestätigen. Ich korrespondierte mit Freunden dort, schickte Bücher und andere Geschenke über Leute, die für kurze Zeit hinfuhren, und es gelang mir sogar ein paarmal, telefonisch durchzukommen. Ich verschlang Neuigkeiten in der amerikanischen Presse über Kuba und abonnierte die Tageszeitung *Granma* und die Wochenzeitung *Bohemia*. Die amerikanische Presse war durchweg deprimierend und irgendwie unzuverlässig und die kubanische übermäßig optimistisch und ebenfalls unzuverlässig. Kubas internationale Handelslage bedeutete noch mehr Improvisieren auf den Straßen und in der Küche. Die Panamerikanischen Spiele im August ließen 1991 den Nationalstolz anschwellen. Wie der Sportreporter Brent Musburger sagte, als die USA eine Medaille nach der anderen an das Gastland verloren: »Kuba bringt noch immer die USA durcheinander.«

Einige Wochen später scheiterte der Coup gegen Gorbatschow, und der Sowjetkommunismus begann endgültig zu zerfallen. Kuba kämpfte darum, die Unterstützung zu finden, die sein früherer Verbündeter geleistet hatte. Der kubanische Kongress der Kommunistischen Partei im Oktober forderte ausländische Investitionen und gestattete es Mitgliedern von Glaubensgemeinschaften, der Partei beizutreten. Ansonsten bekräftigte er eine Doktrin, die immer weniger Anhänger fand. Zu Beginn des Jahres 1992 sickerten aus dem Land Berichte über mäßige Erfolge beim Versuch, Autarkie zu schaffen, über wachsende Unzufriedenheit beim Volk und erstarrte Kader. Ich war betrübt über die Nachrichten, und da ich nach einem Vorwand suchte, ein Land wieder zu besuchen, in dem ich mich wohl gefühlt hatte, ging ich für ein paar Wochen zurück nach Kuba, um selbst die Lage zu beurteilen.

In vielerlei Hinsicht war das Kuba, in das ich zurückkehrte, das gleiche, das ich vor über 13 Monaten verlassen hatte. Der Malecón war immer noch die beste Show der Stadt. Die Zucker-, Symphonie- und Baseballspielzeiten waren in vollem Gang. Salvador González' afrokubanisches Straßengemälde erfreute sich immer noch großer Beliebtheit. José Martí und Karl Marx teilten sich immer noch die Werbeflächen. Nitza Villapol blieb die Köchin der kubanischen Küche.

Und im Fernsehen hielt Fidel immer noch Reden. Die letzte Fernsehsendung, die ich anschaute, bevor ich im Januar 1991 abreiste, zeigte, wie Castro zu einem Publikum von Universitätsstudenten sprach. Als ich 13 Monate danach das Fernsehgerät einschaltete, erschien das bekannte Gesicht, das dem Volk erzählte, dass ihm vielleicht das schwierigste Jahr bevorstand. Ich hatte den Fidelkanal erwischt.

Ich brachte einen Berg Briefe von Kubanern, die außerhalb ihres Heimatlandes lebten, an Verwandte im Land mit. Einer stammte von Jorge Daubar, dem Autor von *Capablanca*, der in Lima eine Peruanerin geheiratet hatte. Als er endlich das Land verlassen hatte, schrieb er mir die ganze Geschichte. Er hatte sich in sehr jungen Jahren eine Schusswunde zugezogen und war eingesperrt worden, als er das Batista-Regime in den 50er Jahren bekämpfte. In den Anfangsjahren der Revolution unterstützte er die Regierung, aber er kam bald zu der Auffassung, dass Castro sein Volk verraten hatte, und er schloss sich einer der frühen konterrevolutionären Gruppen an. »In jenem Kampf wurde ich wieder von einer Kugel verletzt, wodurch ich zum Invaliden und erneut eingesperrt wurde. Später gestattete man mir, die Strafe zu Hause unter Hausarrest abzusitzen. 1973, zehn Jahre nach dem ersten Vorfall, machte ich bei einer zweiten Verschwörung mit, die aufgedeckt wurde. Meine *compañeros* wurden ins Gefängnis gesteckt. Ich war einige Tage lang in Haft, und dann ließ man mich laufen.« Seitdem, so schrieb er, gab er sich den Anschein sich gewandelt zu haben. Nachdem Daubar in Peru geheiratet hatte, zogen er und seine Frau nach Miami, und er schloss sich einer gewaltfreien Anti-Castro-Gruppe der Mitte an. »Wenn Sie meiner Mutter den Brief bringen, sagen Sie ihr, dass Sie mich getroffen haben und dass es mir gut geht. Erzählen Sie ihr von dem Haus, in dem wir wohnen, wie wir uns zurechtfinden, von dem Computer und meinen Freunden. Sagen Sie ihr aber nicht, dass ich einer politischen Gruppierung angehöre. Ich möchte nicht, dass sie sich Sorgen macht.«

Ich erfüllte Daubars Wunsch. Ich besuchte seine Mutter zu Hause im Vedado-Bezirk von Havanna. 20 Minuten lang fragte sie mich über Jorge aus und erzählte mir, wie in Havanna jetzt praktisch alles rationiert war. Sie hoffte, einen Brief fertig zu bekommen, den ich zurückbringen sollte. »Wenn Sie meinem Sohn den Brief geben, erzählen Sie ihm, dass Sie mich besucht haben und dass es mir gut geht. Erzählen Sie ihm aber nicht, wie es hier wirklich zugeht. Ich möchte nicht, dass er sich Sorgen macht.«

Mein nächster Auftrag kam von Humberto, einem Kubaner, der wie Daubar 1991 in den USA angekommen war. Humberto war ein *balsero* gewesen, einer, der es riskiert, auf einem Floß oder Schlauchboot durch die Floridastraße in die Vereinigten Staaten zu gelangen. Auf Kuba hatte er als Fahrer in der Filmbranche gearbeitet und Filme und Filmvorführer in der Stadt herumgefahren. Er ließ sich in Arizona nieder, wo ich ihn traf, als er einen Job suchte. Der Brief war an seinen knapp 30-jährigen Sohn gerichtet.

Als ich in die Mietwohnung im dritten Stock in Centro Habana kam, die der Sohn mit anderen Verwandten gemeinsam bewohnte, sagte man mir, er sei nicht zu Hause. Ich bräuchte auch nicht am nächsten Tag wiederzukommen, sagte seine Schwester traurig, oder irgendwann sonst am Wochenende. »Wir wissen nicht, wann er wiederkommt.« Sie zögerte. »Er sitzt im Gefängnis.«

Man hatte Humbertos Sohn eingesperrt, weil er auf dem Schwarzmarkt Handel getrieben hatte. Fleisch. »Er ist schon eine Weile drin, aber man bekommt bei guter Führung zwei-für-eins. Wir hoffen, er kommt in zwei Wochen heim.«

Mit diesen deprimierenden Besuchen begann mein letzter Aufenthalt. Die Straßen wirkten dunkler. Fußwege, die ich früher mit Fröhlichkeit assoziiert hatte, schienen genauso voll, aber jetzt trübsinnig. Projizierte ich nur meine zwei traurigen Begegnungen auf die Stadt als Ganzes? Nein, wo 13 Monate zuvor lebhafte Unterhaltungen auf Straßenbänken und in winzigen Parks stattgefunden hatten, beobachtete ich nun Konversation in Zeitlupe, als ob man über einen Verwandten spräche, dem eine Krebsoperation bevorstünde. Da es seltener Strom gab, spielte man nachts seltener draußen Domino. Die Schaufenster waren fast leer, obwohl einige Kleidung und andere Waren ausstellten, die noch aus besseren Zeiten stammten. Viele Kinos öffneten nur am Wochenende. Büroangestellte hatten sich an Aufzüge gewöhnt, die nur alle drei bis vier Stockwerke anhielten, um noch mehr Strom zu sparen; sie mussten ansonsten Treppen steigen. Das Fernsehen übertrug sechs Stunden an Wochentagen und zwölf an Samstagen und Sonntagen. *Granma* wurde auf sechs Seiten pro Tag reduziert, und die Tageszeitungen in den Provinzen waren zu Wochenzeitungen geschrumpft. Die meisten Ausgaben von *Granma* wurden am Arbeitsplatz verteilt, und die wenigen, die es auf der Straße zu kaufen gab, waren gleich weg. Das Blatt war so dünn, dass sämtliche Seiten auf die Fenster von glasverkleideten Zeitungskiosken passten. Ein ständiger Strom von Lesern umkreiste den ganzen Tag langsam diese Kioske. Castro hatte die Herrschaft der Partei über die Medien des Landes bekräftigt, als er Delegierten des Parteikongresses erklärte, die Presse sein »ein Instrument der Revolution, und es ist die erste Pflicht eines Reporters, die Revolution zu unterstützen.«

Stadtbusse fuhren noch seltener als früher. Ich fuhr mit einigen; weniger Fahrgäste als zuvor machten sich die Mühe, den Fahrpreis von zehn Centavos zu entrichten. Es gab inzwischen zwanzigmal so viele Fahrräder wie Autos, Lastwagen und Busse. Sie waren gesund, umweltfreundlich und in einem Land mit mageren Brennstoffimporten notwendig. *Bicis*, wie man die Fahrräder nannte, wurden für 60 bis 120 Pesos an Arbeitsstellen an fast alle verkauft. Auf dem Schwarzmarkt kosteten sie zehnmal so viel.

Reparaturwerkstätten und Parkplätze für die 700 000 Fahrräder der Stadt gab es überall. Selbst gebastelte Lastenanhänger, Kindersitze und Anhänger für zusätzliche Passagiere waren verbreitet. Um jeden Tag nach Havanna zu gelangen, mussten Tausende von Pendlern aus Ost-Havanna nur ihre *bicis* eine Rampe hinauf auf einen Trailer fahren, der sie durch den Tunnel zur Stadt brachte. Sogar Fähren über die Bucht waren für Fahrräder gerüstet. Die Fahrradisierung Havannas nahm zu.

Galiano, einst eine viel befahrene Durchgangsstraße in einer Richtung, hatte sich zu einem nächtlichen Treffpunkt für *bicis* entwickelt. Weil fast keine Autos mehr verkehrten, fuhren die Radler nach Belieben auf der Straße hin und her, entgegen dem Verkehr auf allen Spuren, und verwandelten den ganzen großen Boulevard in einen riesigen chaotischen Radweg. Fahrradklingeln ertönten pausenlos. Wenige *bicis* hatten Rücklichter, und viele Radler taten so, als ob Autos nicht existierten; deshalb kam es oft zu Unfällen zwischen Fahrrädern und den wenigen Motorfahrzeugen, besonders nachts. Die Stadtregierung bot Kurse für Fahrradsicherheit an.

Die Knappheit ließ Dinge erkennen, die ich nicht sehen mochte, und provozierte Kommentare, die ich nicht hören wollte. Ein Weißer erzählte mir: »Wir nennen die *bicis* Zoos, weil sie von Lämmern gemacht werden«, Leuten, die das machen, was man ihnen aufträgt, »sie werden von *el caballo* verteilt«, dem Pferd – Castros Spitzname –, »sie werden von Truthähnen gefahren«, dummen Leuten, »und sie werden von Affen gestohlen«, Schwarzen.

Die Kargheit führte zu neuen und komplexen Verordnungen bezüglich Gehältern, Arbeitsplänen, Entlassungen, Versetzungen, Arbeit auf den Feldern und Berufsschulen. Die Regierung errichtete ein Center, so dass die Leute auf etwa die gleiche Weise Jobs tauschen konnten wie sie Wohnungen tauschten. Damit wollte man erreichen, dass so viele Menschen wie möglich eine Stelle in der Nähe ihrer Wohnung fanden und dadurch die Transportprobleme reduziert wurden.

Mehr Kubaner als jemals zuvor, die die Genehmigung besaßen, außerhalb des Landes zu reisen, blieben einfach im Ausland. Andere, die keine Ausreisepapiere besaßen, verließen das Land trotzdem, mit dem Floß, einem Boot oder in manchen Fällen einem gestohlenen Flugzeug. Viele erreichten eine ausländische Küste, manche starben unterwegs und wieder andere wurden erwischt und angeklagt wegen Aktivitäten »gegen die Integrität und Stabilität der Nation«.

Der Malecón war zu einem kleinen Schlachtfeld geworden im Kampf darum, eine gewisse soziale Ordnung aufrechtzuerhalten. Familien und Liebespaare und Prostituierte hielten sich noch dort auf, aber der romantischste Ort der Stadt war auch zu einer kommerziellen Freihandelszone abgesunken. Der Schwarzmarkt auf offener Straße, der noch vor einem Jahr Pesos für Dollar bedeutet hatte, und bitte, Mr. Ausländer, nehmen Sie mich mit zum Touristenladen, war so üblich geworden wie die Palmen. Ein Kubaner konnte bei *jineteros* alles bestellen – Fahrräder, Fleisch, Möbel, Kleidung, Zigarren, Benzin, Schuhe, Baumaterialien, Milch, Bier, Reis –, jede Ware, die rationiert war oder auf regulärem Weg nicht zu bekommen war, hatte einen Versorgungsweg durch die Hintertür gefunden. Die Preise schwankten abenteuerlich, von Tag zu Tag und sogar von Stunde zu Stunde. Gelegentliche Polizeirazzien vertrieben die Schwarzmarkthändler vom Malecón, aber sie führten auch dazu, dass die anderen Besucher ebenfalls verschwanden. »Kurz vor den Panamerikanischen Spielen gab es eine Razzia«, erzählte mir einer, der regelmäßig zum Malecón kam. »Und noch eine vor dem Kongress der Kommunistischen Partei. Danach war es leer und zuerst kamen allmählich die Familien wieder, dann der Rest.«

Kurz vor meinem Besuch hatte es ebenfalls eine Polizeirazzia gegeben. Es bildeten sich schon wieder kleine Gruppen, und an einem schönen Sonntagnachmittag im Februar füllte sich die Mauer wieder mit Familien, Studenten, Arbeitern und anderen, die das Beste von Havanna genießen wollten. Zwei Frauen saßen in der Nähe und plauderten, eine hatte ihren Sohn dabei, die andere ihren lebhaften, vier Monate alten Pudel namens Cici. Wo bekommt Cici sein Futter her? fragte ich. Ich hatte von einigen Hundebesitzern gehört, die mit Restaurants und Firmencafeterias inoffizielle Regelungen getroffen hatten, um Reste zu bekommen. »Tischabfälle«, sagte die Besitzerin.

Zigaretten waren auf drei Packungen pro Monat für jeden Erwachsenen beschränkt. Ich hörte zwei Universitätsstudenten zu, die sich eine Zigarette teilten. »Unser Problem sind nicht die Yankees«, sagte der eine. »Es ist eher die Bürokratie.« Und sein Begleiter ergänzte: »Fidel wird uns schon durchbringen. Ihm wird etwas einfallen.«

Mein Spaziergang entlang des Malecón brachte eine Überraschung. Ich ging auf der Stadtseite der Durchgangsstraße am östlichen Ende gemeinsam mit einem Fotografen aus New York, dem drei Kameras um den Hals hingen und eine Ausrüstungstasche über der Schulter. Wir gingen gerade an einem großen Gebäude vorbei, als ein junger Mann hinter einer Säule hervortrat. Er trug eine saubere, gelbe *guayabera* und sprach leise und direkt: »Entschuldigen Sie die Störung, aber sind Sie ausländische Journalisten?« Seine Hand umklammerte einige Papiere. Etwas überrascht antworteten wir: Ja.

Er stellte sich mit dem Namen einer bekannten Menschenrechtsgruppe vor und fragte, ob er mit uns reden könne. Ich antwortete, dies sei weder der richtige Zeitpunkt noch der passende Ort, um zu reden – der Malecón war bekannt für seine Sicherheitspolizisten in Zivil –, aber ich würde ihn am nächsten Morgen um acht Uhr treffen. Er schien sich darüber zu freuen. Ich sagte ihm meinen Vornamen und schlug einen öffentlichen Ort vor, an dem wir uns treffen konnten. Zunächst zögerte er, nickte dann und schrieb sich die Information auf. Er schaute schüchtern, aber ernsthaft drein. Er begann, seine Gruppe zu beschreiben, aber ich unterbrach ihn. »Sagen Sie mir das morgen. Ich werde mir alles, was Sie zu sagen haben, anhören.« Er nickte und zog sich in den Schatten zurück. Am nächsten Morgen wartete ich bis neun Uhr. Er tauchte nie auf, und ich folgte meinem Tagesablauf.

Freunde in Havanna machten mich darauf aufmerksam, dass die Kriminalitätsrate in der Zeit, die ich nicht auf Kuba verbracht hatte, entsetzlich gestiegen war. »Jeder war schon mal ein Opfer oder kennt jemanden, der es war. Diebstahl. Raub. Überfälle. Ich habe sogar von einem Straßenüberfall gehört. Es war sonst nie so, auch nicht vor zwei Jahren.« Kleine Jugendgangs auf Fahrrädern umzingelten Unschuldige, entrissen ihnen alles, was sie in der Hand hielten, und rasten davon, bevor die Opfer wussten, was geschah. Einige Tage später ging ich am Malecón entlang, als sich *wsssssch*, sechs Teenager, drei auf jeder Seite, völlig überraschend auf mich stürzten. Der nächste *comemierda* auf der linken Seite streckte seine rechte Hand aus, zog mir die Sonnenbrille ab und fuhr mit dem Pack davon. Er hatte kaum verlangsamt, um die Brille zu schnappen, und, was wirklich bemerkenswert war, er berührte meinen Kopf gar nicht, nicht ein Haar, nur die Brille. Als die Lümmel davonrasten, schaute der Letzte aus zwölf Metern Entfernung zurück.

»*!Ven acá!*« schrie ich und trabte erfolglos hinter ihnen her – »Komm sofort zurück!« – was bei näherer Überlegung ein dummer Befehl war, aber unter diesen Umständen wäre alles nutzlos gewesen. Der Verlust einer Sonnenbrille, zehn Dollar im Supermarkt, war eine eher billige und schmerzlose Lektion für mich. Man sagte mir, in der Freihandelszone könnten sie getragen – oder für Pesos, besser Dollar verkauft oder gegen eine Packung Zigaretten, vielleicht zwei, getauscht werden. Die Zigaretten konnte man rauchen – oder für Pesos, besser Dollar verkaufen oder gegen Nahrungsmittel eintauschen. Die Nahrungsmittel konnte man essen – oder für Pesos, besser Dollar verkaufen oder gegen Kleidung tauschen. Die Kleidung konnte man tragen – oder für Pesos, besser Dollar verkaufen oder gegen Benzin tauschen. Das Benzin konnte man zum Fahren verwenden – oder für Pesos, besser Dollar verkaufen, ad infinitum.

Eines Abends schaute ich bei einem Freund in Habana Vieja vorbei, und als wir in seinem Wohnzimmer saßen, klopfte es an der Tür. Mein Gastgeber öffnete, holte einige Packungen Zigaretten und gab sie dem Mann mittleren Alters. Dafür bekam er ein paar Knoblauchzwiebeln. »Das war unsere Zigarettenration«, erklärte er, nachdem er sich wieder hingesetzt hatte. »Wir rauchen nicht, aber wir essen.«

Ich nahm von ihm aus ein Taxi zu einer Adresse in Vedado, wo ich einen Freund treffen wollte. Der Fahrer fand das Apartmenthaus nicht und ging zur Tür einer Wohnung, um nach der Hausnummer zu fragen. Vom Taxi aus sah ich, wie er aus einem Bündel Banknoten einen Schein herauszog und ihn dem Mann an der Tür gab. Der Mann drinnen gab ihm dann eine Schachtel Zigaretten. Ich fragte den Fahrer danach, als er ins Taxi zurückkam. »Ich habe ihm zehn Pesos dafür gezahlt.« Er zeigte mir die ungeöffnete Schachtel.

»Kannten Sie ihn?«

»Nein, aber ich konnte deutlich sehen, dass er ein paar ungeöffnete Packungen hatte. Er verkauft sie.«

Wohin ich auch ging, mit wem ich auch sprach, man kam auf den Untergrundpreis dieser Ware oder jenes Produkts zu sprechen. Der größte Teil eines durchschnittlichen kubanischen Gehalts von 175 Pesos pro Monat wurde für Waren außerhalb der legitimen Rationsbuchwirtschaft ausgegeben. 25 Pesos für einen Sack mit fünf Pfund Reis. 100 Pesos für einen Kasten Bier. Ein gemästetes Schwein zu Weihnachten: 1000 Pesos. Ich begann die Leute zu fragen, wie viele Kubaner nach ihrer Meinung täglich den Schwarzmarkt nutzten. Die meisten meinten, es seien etwa 85 Prozent.

Angebot und Nachfrage dominierten den Fluss von Geld und Ware. Wenn Dollar anstatt Pesos in die Gleichung kamen, spielten die Zahlen verrückt. Man konnte so viele Eier kaufen wie man wollte, als ich Mitte der 90er Jahre ankam. Jetzt, bei weniger Hühnerfutter, wurden weniger Hühner gefüttert, was zu einer Ration von drei Eiern pro Person und Woche führte und einem mittelgroßen Hähnchen für jeden Haushalt mit fünf Personen alle drei bis vier Wochen. Raúl Castro gab in seiner Position als Chef der Streitkräfte die Situation in der Sonderperiode zu: »Mehr als jemals zuvor sind Bohnen nun genauso wichtig wie Kugeln.«

Zum zweiten Mal in 30 Jahren hatte Kuba seinen Haupthandelspartner verloren, und das Land war, wie damals, am Trudeln. Der Untergrundmarkt war konsumorientiert, besser bestückt und effizienter als die staatliche Wirtschaft, die er ersetzt hatte. Innerhalb einer Woche nach meiner Rückkehr wurde das deutlich. Um den Kapitalismus zu verstehen, ist es notwendig, in ein kommunistisches Land zu reisen. Adam Smith hatte sich bei Karl Marx hineingedrängt.

Ein Flugblatt, das herumging, erfand eine nationale Direktive zum »Sex während der Besonderen Periode«:

- Sexuelle Aktivität muss sich auf einmal pro Woche beschränken.
- Man darf nur einmal während jedes Treffens vögeln.
- Das Vögeln sollte nicht länger als eine halbe Stunde dauern und muss nach folgendem Zeitplan ablaufen:
  - Vorspiel und Knutschen, 5 Minuten,
  - Brustsaugen und oraler Sex durch beide Parteien, 15 Minuten,
  - Penetration, 10 Minuten,
  - insgesamt: 30 Minuten.
- Da Paare in unserem Klima sehr schwitzen, darf man das Bett nicht benutzen, um Waschmittel für die Laken und Kopfkissenbezüge und Abnutzung der Matratzen zu sparen.
- In der Sommerhitze darf man auf Dächern, Treppen, an Stränden und leeren Bushaltestellen (falls es sie gibt) Sex haben.
- Erektionen sind nur während des Sexualakts erlaubt (ein schlaffer Penis verbraucht keine Energie).
- Masturbation wird mit der Todesstrafe geahndet wegen der Verschwendung von Molkereiprodukten.

In jener Woche verkündete der Ökumenische Rat des Landes, dass bis zum Ende des Jahres 70 000 Exemplare des Neuen Testaments in Kuba verteilt würden. Die Nachrichten erinnerten mich daran, in der Adath Israel Synagoge vorbeizuschauen, um Abe, den koscheren Metzger, zu besuchen. Er war vor kurzem von seiner ersten Auslandsreise zurückgekehrt, einem einmonatigen Aufenthalt in Miami bei einem Cousin, der zwei Bekleidungsgeschäfte besaß. Elektronische Geräte machten ihn staunen. »Die Autos singen, wenn man die Tür öffnet! Alles ist dort automatisiert. Und die Straßen sind nachts ruhig.« Er besuchte die kubanische Synagoge in Miami. »Sie haben dort dasselbe Problem wie wir – es ist schwierig, einen Minyan zu bekommen.« Ein Rabbi aus Guadalajara, Mexiko, besuchte den Patronato am anderen Ende der Stadt. Er blieb einige Tage in Havanna, um herauszufinden, was die kubanischen Juden brauchten. Eines ihrer Bedürfnisse war im vergangenen Jahr zeitweise erfüllt worden. Ein Mohel war aus Panama gekommen und vollzog innerhalb von zwei Tagen sieben Beschneidungen an Juden zwischen zwei und 26 Jahren.

Vom Patronato ging ich hinüber zum Haus von Pablo Armando Fernández, dem Schriftsteller, dessen Haus von Jacobo Timerman so frech kritisiert worden war. Er schaute wirklich adrett aus in Halbschuhen, braunen Hosenträgern, die Designerjeans hochzogen, einem blau gestreiften Hemd und einer schwarzen Schildpattbrille. Und er war begeisternd wie immer, als er wegen einer Einladung nach Boston in Panik geriet und stolz auf die jüngste Ausgabe des *Unión* war, dem literarischen Journal der Schriftstellervereinigung, das er immer noch herausgab. Ich erzählte einen Witz, den ich gerade gehört hatte: »Sie kennen die drei großen Triumphe der Revolution, nicht wahr?«

Er sah mich fragend an.

»Bildung. Gesundheit. Sport. Und Sie kennen die drei großen Niederlagen der Revolution?« Er neigte den Kopf zur Seite.

»Frühstück. Mittagessen. Abendessen.« Er verzog das Gesicht.

Etwas früher an jenem Abend hatte ein Funktionär aus dem Ministerium für Auslandsbeziehungen drei junge Forscher aus einer Washingtoner Denkschmiede zu Pablo Armandos Haus gebracht. Ich notierte: »PAF – immer noch guter Freund, immer noch gutes Treffen.« Der von IBM geklonte Computer auf seinem Wohnzimmertisch würgte Stapel an Manuskripten aus. »Der Michelangelovirus soll morgen zuschlagen«, erklärte er. »Ich mache das nur als Vorsichtsmaßnahme.« Pablo Armando Fernández benutzte Wordstar 6.0.

Die Prosabestseller jener Woche waren (4) *Der letzte Fall von Inspektor Imai*, ein Thriller von einem Russen mit amerikanischen und japanischen Spionen; (3) *Ismaelillo*, von José Martí, beschrieben als »ein Notizbuch mit Gedichten, die die Geburt des literarischen Modernismus in den amerikanischen Ländern einläuteten«; (2) *Mädchen*, eine Liebesgeschichte, von kubanischen und russischen Verlagen gemeinsam veröffentlicht; und (1) *Golden Oldies*, Geschichten und Legenden für junge Leser. Die Sachbuchliste: (4) *Anatomie für Kinder*; (3) *Interview mit der Geschichte*, von Oriana Fallaci; (2) *Frank País: Zwischen der Sonne und den Bergen*, eine zweibändige Biografie eines Revolutionärs, der innerhalb Kubas sehr bekannt war; und (1) *Einstein: Leben, Tod und Unsterblichkeit*, von B. Kuznetsov.

Als ich am nächsten Tag auf dem Weg war, um Nitza Villapol zu besuchen, machte ich Halt im Büro der Schriftstellervereinigung. Ein Mitarbeiter sagte: »Miriam bat mich, Sie zu grüßen.« La Plume de Matanzas! Ich hatte lange Zeit nicht an sie gedacht. »Überbringen Sie ihr bitte meine besten Wünsche.« Ich hatte eine zwei Tage alte *USA Today* dabei. Miriams Bote fragte: »Steht da etwas über Kuba drin?« Ich zeigte auf einen Artikel auf der Seite der internationalen Nachrichten. Er kritisierte die Missachtung der Menschenrechte auf Kuba. »Ach so. Wenigstens ist der Artikel kurz.«

Nitza kam zur Tür. Sie fütterte gerade ihre Mutter. »Die Zeiten sind schwer. Sie waren in den ersten Jahren der Revolution noch schwerer. Eine Lösung?

Keine Ahnung. Niemand verhungert. Möchten Sie etwas Kaffee?« Sie schüttete mit einem Löffel rohen, braunen Zucker und gemahlenen Kaffee in kochendes Wasser und ließ diese Mischung durch ein Seihtuch laufen.

»Der *Miami Herald* kam und interviewte mich. Ich sollte mich freuen: Sie machten mich zwei Jahre jünger als ich bin. Sie wollen alle wissen, was wir noch zu essen haben.« Sie goss uns beiden ein Gläschen Rum ein und begann mit dem Abwasch. Ihre Fernsehshow war auf Samstag 18 Uhr geschoben worden. Den Zuschauern hatte man Grapefruitsteak vorgestellt: gebratene Grapefruitschale mit Knoblauch und Zitrone. Kuba wurde zu einem Land von Vegetariern, und das nicht aus freien Stücken.

Ich traf Salvador González, nachdem er aus Santiago de Cuba zurückgekehrt war, wo er am Begräbnis seiner Großmutter teilgenommen hatte. Er hatte drei Monate in Venezuela verbracht, wo er ein afrokubanisches Wandgemälde auf das Caracas Hilton gemalt hatte. Sein Werk war schließlich 50 Yard lang und in zehn Felder aufgeteilt, jedes sieben Yard hoch. Das Feld mit Changó, schrieb eine Zeitung, stelle zwei Pfauen dar, die das symbolische Bassin der Göttin hielten, »aus deren Flügeln die Köpfe von Schwarzen herausfallen mit Regenbogen, die aus ihren Mündern springen.« González nannte das Wandgemälde *Sohn der Sonne.*

In Caracas stürzte González sich in die örtliche Kunstszene. Er stellte in einer Galerie aus und veranstaltete Workshops; er sprach auf Seminaren und ging zu Partys. Jedes Erlebnis machte ihn trunken. Neuer Slang, alle Malutensilien, die er brauchte, neue Wendepunkte, einheimische Musik! Vier Monate nach seiner Rückkehr nach Kuba war er noch immer berauscht von der Erfahrung: »Es hat meine Perspektive erweitert. Auf alles.«

Das alte Stammlokal von Hemingway, El Floridita, hatte wieder eröffnet. Es war das teuerste Restaurant im Land, akzeptierte Kreditkarten und Reservierungen und nutzte die Verbindung mit Hemingway schamlos aus. La Piña de Plata, ein Restaurant nebenan, servierte dasselbe Essen aus der gleichen Küche zum halben Preis. Alba kam eines Abends mit mir zum El Floridita. Von der Eingangstür aus konnten wir durch die Bar zur Gaststube blicken, wo 17 der 20 Tische frei waren. Das war um 21.45 Uhr, zur besten Essenszeit. Der uniformierte Türsteher meinte, sie seien voll. »Aber es sitzt nur an drei Tischen jemand. Können Sie uns keinen Platz besorgen?«

»Wir vergeben Plätze nur auf Reservierung. Waren Sie schon im La Bodeguita del Medio? Das ist nur ein paar Straßen weiter.«

»Ja, ich habe schon oft dort gegessen. Jetzt können Sie uns sicher einen Tisch geben, nicht wahr?«

»Wir haben um zehn Uhr Reservierungen, die wir einhalten müssen. Dann sind wir voll.« Ich wurde etwas aufdringlich, und er wurde etwas unterwürfig. »Einen Moment, bitte«, sagte er und verschwand drinnen um mit dem Manager zu flüstern. Er kam mit breitem Lächeln zurück. »Hier entlang, bitte.«

Er führte uns zu einem Tisch, wo uns ein Kellner Daiquiris auf Kosten des Hauses servierte.

Einige Gerichte von der Speisekarte: Krabbencocktail nach Art von Hemingway, 13 Dollar; schwarzer Kaviar mit Melbatoast und Gewürzbutter, 16 Dollar; Floridita-Kremsuppe mit Meeresfrüchten, Zwiebeln, Tomaten und Lauch, mit Wein gekocht und mit Hummerwürfeln, 4 Dollar; große Hemingwayplatte: Hummer, Shrimps und Fisch in Knoblauchsoße mit Kapern und exotischem Gemüse, 30 Dollar.

Die Kellner trugen rote Jacken und weiße Hosen oder Röcke. Die meisten waren mittleren Alters oder älter und sahen aus wie misstrauische alte Kellner aus New York. Auf den Tischen standen frische Blumen, Stoffservietten und eine Vorspeisenplatte. Entbehrungen im übrigen Land machten das Floridita nur noch mehr zu einem Refugium für Ausländer. Ein 40 Jahre alter *Esquire*-Artikel, der das El Floridita eine der besten Bars der Welt nannte, hing gerahmt an der Wand. Ein Trio wanderte durch den Raum.

Manuel Trasancos, den Geschäftsführer, schienen Fragen zu seinem Restaurant nicht zu interessieren. »Es wurde nicht verändert. Es wurde renoviert, genauso wie es in Hemingways Tagen aussah. Wir haben sogar die gleiche Bar« – er klopfte auf das Holz – »poliert, natürlich. Wir haben die gleichen Farben und das gleiche Mobiliar verwendet. Das Gemälde über der Bar wurde so originalgetreu wie möglich reproduziert. Wir verlangen hohe Preise, weil wir den besten Service bieten. Die Produkte sind die besten im Land. Unsere Preise liegen weit unter denen der führenden Restaurants in New York oder Mexico City. Der Barkeeper, der hier arbeitete, als Hemingway Gast war, ist immer noch da. Er heißt Antonio Melián.« Eine Büste Hemingways stand in einer Wandnische. Sein Hocker am Ende der Bar war durch ein Seil abgetrennt. An der Wand hingen Briefe.

Können Kubaner hierher kommen?, fragte ich. »Ja, natürlich. Sie können als Gäste von Ausländern kommen. Oder sie können reservieren.« Aber irgendetwas sagte mir, dass diese Möglichkeit, wie so viele andere in Kuba, nur theoretisch existierte. Alba lachte über die Vorstellung, dass ein Kubaner anrufen und einen Tisch reservieren könnte, für den man mit Dollar zahlen musste.

Die meisten Zehn-Uhr-Reservierungen müssen No-shows gewesen sein, denn bis elf Uhr waren nur drei weitere Parteien angekommen. Ein fliegender Fotograf verlangte fünf Dollar pro Bild. Unser Kellner brachte einen Humidor mit den feinsten Havannas. Einige Gäste aus Paris am Nebentisch baten das Trio, einen Cha-Cha-Cha zu spielen. »*Ah, los francesitos*«, sagte Alba gnädig; die guten kleinen Franzosen. Der Toilettenmann in der Männertoilette verbrachte seine Zeit damit, feuchte Handtücher unter den elektrischen Heißlufttrocknern zu trocknen. Ein knackiger, neuer Dreipeso-Schein lag auf seinem Trinkgeldteller.

Ich fuhr hinüber nach Pinar del Río, um dem Stammteam der Forestales bei einem Doppelspiel zuzusehen. Ein Anhalter, den ich unterwegs mitnahm, versuchte sich an seinem gebrochenen Englisch: »Ich liebe Ihren Präsidenten, George Bush. Er ist sehr hübsch. Demokratie!« Neue Propagandawände sagten, REVOLUTION; ICH GLAUBE AN DICH und WIDERSTEHE SCHWIERIGKEITEN – WIR WERDEN GEWINNEN. Das Team von Pinar del Río war Anhänger des zweiten Spruchs; sie führten die westliche Division der Auswahlliga an. Ihre Gegner waren an jenem Tag die Serranos, damals an erster Stelle der östlichen Division.

Das Stadion Capitán San Luis trug den Namen eines Revolutionärs, der mit den *fidelistas* in der Sierra Maestra gekämpft hatte und in Bolivien an der Seite von Che. Ich kam in der ersten Hälfte des ersten Durchgangs an, gerade rechtzeitig, um zu sehen, wie der rechte Außenfeldspieler des Pinar-del-Río-Teams einen Homerun mit drei Punkten über den linken Spielfeldbegrenzungszaun schlug. Juan Castro, der Manager der Forestales, stand hinter den Mannschaftssitzen. Sein Team hatte in dem Jahr, in dem ich mitfuhr, 13 von 49 Spielen gewonnen und an der letzten Stelle der Nationalliga gelegen. In diesem Jahr waren sie wieder die Letzten, aber sie hatten einen etwas besseren Spielstand, 14 : 34. Pedro Luis Lazo, der schlaksige junge Werfer, den ich im vergangenen Jahr gesehen hatte, war von den Forestales zum Stammclub befördert worden, wo er 2 : 0 in der Saison stand. »Das Havana-Team hat großen Respekt vor ihm«, sagte Castro. Madera, der von mir bewunderte Fänger, spielte auch für den Stammclub und schlug .333. Ich fragte Castro nach Lázaro Junco, den harten Schläger der Matanzas, dessen Homerun-Ball inzwischen den Mond erreicht haben könnte. Er begann die Saison mit 312 Karriere-Homeruns. »Er führt die Liga in Homeruns bereits an. Acht.« Und Felix Asqui, der Werfer, der meinen Handschuh haben wollte? »Er ist zu Hause in Viñales, wo er sich von einer Schulterverletzung erholt.« Jorge Luis Paula, der Third Baseman der Forestales, spielte jetzt auch in der Auswahlliga. Er saß an jenem Tag auf der Bank. Ich traf zufällig El Gnomo, den Trainer der Forestales. Er fragte mich über Spieler der Oberliga aus, und ich fragte ihn über Spieler der Auswahlliga aus.

Ein Schild am linken Spielfeldzaun lautete: SPORT ZU TREIBEN BEDEUTET, AN DIE ZUKUNFT ZU DENKEN. Das dachte auch René Arocha. Nachdem das kubanische Nationalteam im letzten Sommer eine Serie in den Staaten beendet hatte, stahl er sich im Miami International Airport von den anderen weg und schlüpfte in ein wartendes Auto. Als einziger kubanischer Baseballspieler aller Zeiten lief er in die Vereinigten Staaten über. »Wie haben die Spieler reagiert, als Arocha in den USA blieb?« fragte ich El Gnomo.

»Zuerst waren wir natürlich geschockt, aber wenn er es so will, gut. Er ist ein guter Werfer, aber sein Fastball ist nicht sehr schnell. Er ist ein Fan von Nolan Ryan.«

Pinar del Río teilte sich das Doppelspiel mit den Serranos, aber sie behielten die Führung in der westlichen Division.

Ich schaute auch bei der Zigarrenfabrik vorbei, wo Segundo den Arbeitern die Morgennachrichten vorlas. Israel fällt im Libanon ein. Die USA und Russland ratifizieren einen Vertrag über Gewässerhoheit. Kuba verurteilt Anschuldigungen, die bei einem Menschenrechtskongress in der Schweiz erhoben werden. Rosa María Valdés, die Tabakdreherin, die sich auf der letzten Reise mit mir angefreundet hatte, lud mich ein, sie, ihren Mann und ihre Eltern am Abend zu besuchen. Sie waren förmlich und höflich, bis der Untergrundmarkt zur Sprache kam. Dann spuckten sie Preis für Preis aus und attackierten die gegenwärtige wirtschaftliche Lage. »Sie ist außer Kontrolle geraten. Wir wissen von einer Woche auf die andere nicht, was es gibt.«

María Blanca, die Bibliothekarin, die mir geholfen hatte, die Spalte von García Márquez über Graham Greene zu finden, hatte mich auch zu sich eingeladen, wo wir mit ihrem Bruder und zwei Schwestern und ein paar anderen Rum tranken und bis spät in die Nacht redeten. Sie sagten alle, sie seien optimistisch. Einer meinte: »Fidel wird uns nicht im Stich lassen.«

Cienfuegos war mein nächstes Ziel außerhalb der Stadt. Unterwegs hielten ein paar Hitchhiker und ich an einem Stand wegen Orangen – acht für 30 Centavos. An einem Parkplatz kaufte jeder von uns ein hart gekochtes Ei, Brot und einen *cafecito* für weniger als einen Peso. Reklametafeln mit Bildern sagten: HEUTE ARBEITEN FÜR EFFEKTIVITÄT IN DER ZUCKERINDUSTRIE und SCHWEINEBUCHT – JEDEN TAG. Ich hielt zuerst in Cruces, wo ich den ältlichen Kleinstadt-*santero* besuchte, den ich schon kennen gelernt hatte. Er goss mir etwas selbstgekelterten Wein ein. »Ich nehme gleiche Teile Wasser, Zucker und Karotten. Dann lasse ich das Ganze 40 Tage lang stehen. Hier.« Er und andere in Cruces meinten, ihre Lebensbedingungen seien etwas besser als in der Stadt. »Wir sind daran gewöhnt, dass die Leute aus der Stadt am Wochenende zum Tauschen herkommen«, erzählte mir eine Frau. »Sie haben die Waren, und wir haben das Essen.«

In Cienfuegos holte ich Orlando García im Büro des Schriftstellerverbandes ab, und wir fuhren hinaus zum Botanischen Garten, wo seine Frau arbeitete. Einige Forschungsprojekte seien von Kürzungen betroffen, sagte einer der Wissenschaftler, aber bisher könnten sie mit der Arbeit weitermachen, die sie vor der Besonderen Periode begonnen hätten. Es kamen immer noch genauso viele ausländische Touristen, aber weniger Kubaner auf das Gelände hinaus.

Fefi, eine der drei Frauen von der Pressestelle im Hotel Jagua, die ich kennen gelernt hatte, arbeitete noch dort. Sie lud mich in ihren Englischkurs ein, wo die Lehrer meine Zeit beanspruchten. Eine von ihnen, eine dünne Frau, die ich La Flaca nannte, ging danach mit mir essen. Sie war gleichzeitig die Verwalterin der Schule.

»Mein Tag beginnt, wenn ich meine Töchter zum Kindergarten und in die Grundschule bringe. Dann bin ich den ganzen Tag in der Schule und manchmal auch abends.« La Flaca war zweimal verheiratet gewesen und hatte in Santa Clara das College besucht. »Meine Mutter fuhr jede Woche nach Havanna, um ihren Abschluss zu machen. Das war vor der Revolution. Sie war die Einzige in ihrer Familie, die aufs College ging.«

La Flaca war groß und sah ewig hungrig aus. »Ich esse kaum etwas. Es ist nicht die Knappheit der Lebensmittel, es ist nur, dass ich von meiner Arbeit verschlungen werde.« Sie lebte ohne Musik, Gesang, Liebhaber und Tanz. Sie schüttelte den Kopf. »Ich war 14 Jahre lang in der Partei, und ich könnte wieder eintreten, wenn ich wollte. Man würde meine Mitarbeiter nach ihrer Meinung fragen und sich die Aufzeichnungen meiner früheren Arbeitsstellen besorgen. Ich habe einfach nicht dazugepasst. Ich kritisierte. Konstruktive Kritik, aber Kritik. Man mochte das nicht. Ich war eine beispielhafte Arbeiterin und ich kam mit meinen Mitarbeitern aus. Hier habe ich mehr Verpflichtungen auf mich genommen, als ich schaffen kann. Ich habe letzte Woche in *Granma* gelesen, dass in Havanna eine neue Stressklinik aufmacht. Nächste Woche will ich da hingehen, zu einem Psychologen.«

Die Paella in La Covadonga, gegenüber dem Jagua, war so gut, wie ich sie in Erinnerung hatte. Danach ging ich zum Ende der Straße zu einem kleinen Kreisverkehr, von dem aus man auf die Cienfuegos-Bucht blickte. Hier war der Treffpunkt für die Jugend des Ortes und anscheinend auch für ihre *bicis*. Ein Teenager winkte mich herüber. Wir plauderten ziellos, dann zog er etwas Geld heraus. Er hatte einen Zehn-Peso-Schein, herausgegeben 1896 von der Bank von Spanien, der in Kuba während des Unabhängigkeitskrieges in Umlauf war. Der Schein war in Plastik eingeschweißt und sah wie neu aus. »Er ist 2000 Dollar wert«, versicherte er mir, »oder mindestens 1500. Mein Großvater sammelte altes Geld aus aller Welt. Er starb vor drei Jahren.« Nun brauchte seine Familie neue Dollar mehr als alte Pesos. Ich lehnte ab, aber er sprach weiter auf mich ein. »Wie viel würden Sie dafür zahlen?«

»Ich habe keine Ahnung, wie viel er wert ist.«

»Er ist 1000 Dollar wert, das weiß ich. Das werden Ihnen auch Sammler in Madrid oder Florida bestätigen. Sie könnten sie fragen.« Als ich auf dem Nachhauseweg durch Miami kam, habe ich genau das getan. Ein Händler, der sich auf historische Scheine spezialisiert hatte, sagte: »Ich kenne den Schein, von dem Sie sprechen. Er ist fünf Dollar wert; sieben fünfzig, wenn er in ausgezeichnetem Zustand ist.«

Orlando hatte gehofft, mit mir nach Havanna zurückkehren zu können, aber sein Kind war krank geworden, und er musste in Cienfuegos bleiben. Stattdessen nahm ich einen Arzt mit, mit dem mich la Flaca bekannt gemacht hatte. Dr. Smith – sein Name ging auf Vorfahren aus Jamaika zurück – arbeitete elf Monate im Jahr in Namibia; er hatte gerade seinen einmonatigen

Heimaturlaub beendet und wollte am nächsten Tag vom José Martí International Airport abfliegen. »Das gehört nicht zu meinem Dienst am Vaterland. Ich habe mich freiwillig gemeldet.« Er hatte auch in Bulgarien, der Schweiz, Tansania und Uganda gearbeitet. »Man spricht 18 Dialekte in Namibia. Um mit den Patienten zu kommunizieren, reden wir Englisch mit der Krankenschwester und diese übersetzt dann für den Patienten.«

Ich flog nach Santiago de Cuba für meinen letzten Trip in die Provinz und wohnte im *Leningrado*, das seinen Namen nicht in ›Sankt Petersburg‹ umgeändert hatte. Am nächsten Morgen mietete ich ein Auto, um zu Manuel Tamayos Hof hinauszufahren. Ich hatte den Kontakt mit ihm und seiner Familie aufrechterhalten durch die Korrespondenz mit Dénices, der Lehrerin, deren Schule sich hinter Manuels Haus befand.

Fast die ganze Familie war an dem verregneten Samstagnachmittag zu Hause, als ich eintraf. Ich erkannte sie alle wieder und hatte fast alle Namen vergessen. Obwohl wir fast nichts gemeinsam hatten, hießen sie mich herzlich willkommen. Ich sprach mit Sohn und Tochter, Verwandten und Nachbarn, und wir plauderten über Ernten und Regen und Autos und Havanna. Einer der Söhne Manuels, ein Armeeleutnant Mitte 20, war vorigen Sommer bei einem Verkehrsunfall gestorben. Sein Bild hing an der Wand. Ein anderer Sohn bat mich, ihn auf ein Bier mitzunehmen. Wir fuhren ein paar Kilometer nach Osten zu einem großen Laden im Freien mit einem Blechdach, wo Männer zwischen 17 und 30 zu Dutzenden zwischen leeren Eimern Schlange standen. *»¿El último?«* fragten wir. Die Menge war am späten Nachmittag laut, nicht gerade überschwänglich und wartete auf Bier, den Liter zu einem Peso. Schließlich waren wir an der Reihe, und wir kauften Bier für zehn Pesos.

Manuel und sein Bruder Rafael, dessen Tochter den Kontakt zwischen mir und ihrer Familie hergestellt hatte, als ich sie im vergangenen Jahr mit dem Auto mitnahm, bauten Bananen, Kaffee und Orangen auf ihrem Stück Land an. Wenn ihr staatliches Soll erfüllt war, konnten sie den Rest selber verbrauchen oder tauschen, alles innerhalb vernünftiger Grenzen.

Das Quieken von Schweinen ertönte hinter Manuels Haus. Im Radio lief ein Baseballspiel. Manuel fragte, welche Nachrichten man in den Vereinigten Staaten über Kuba höre. »Wie sehen sie dort die Veränderung?« Er tauchte ein Glas für mich in den Eimer mit Bier. Dann ging er zum Angriff über. »Wie viel kostet ein Arztbesuch in deinem Land? Kein Kubaner ist seit der Revolution je an Hunger gestorben. Keiner schläft auf der Straße. Keiner.«

Rafael kam herein. Er war ein paar Jahre jünger als Manuel und lächelte häufiger. Als das Gespräch auf die Untergrundwirtschaft kam, sagte Manuel gleich: »Ein Revolutionär macht nie auf dem Schwarzmarkt mit.« Ich fragte Rafael, warum sich so viele Leute außerhalb des etablierten Systems Nahrungsmittel beschafften.

»Tja«, begann er, »die Leute sind verwirrt. Sie –«

»Nein!« Manuel. »Sie sind *nicht* verwirrt. Nach 33 Jahren wissen sie, was die Revolution ist, und sie haben entschieden, dass sie nicht dazu gehören!«

»Wie haben sich die Dinge hier im letzten Jahr geändert?«

»Es gab keine Veränderungen. Alles ist gleich geblieben.« Manuels Worte besaßen eine Endgültigkeit, die weitere Diskussionen verbot.

Dénices kam herein. Sie hatte soeben das Telegramm erhalten, das ich aus Havanna geschickt hatte und in dem ich die Familie über mein Kommen unterrichtete. Wir plauderten, als ob unsere letzte Konversation vor 14 Stunden stattgefunden hätte und nicht vor 14 Monaten. Ihre verheiratete Tochter war schwanger. »Sie nennen mich schon Großmutter!« sagte sie lachend. Ihre jüngere Tochter war zu der nationalen Versammlung der Jungen Pioniere gefahren, auf der Fidel gesprochen hatte. »Sie möchte wissenschaftlich arbeiten und etwas von der Welt sehen.«

Man rief uns zum Essen. Eines der Schweine im Hof war geschlachtet worden, aufgespießt und über dem offenen Feuer gebraten, und es gab ein großes ländliches Abendessen mit Schweinebraten, Süßkartoffeln, Paprika, Reis und Bohnen. »Wir machen so etwas etwa einmal im Monat«, sagte Manuel. Danach spielten er und seine *compañeros* auf der vorderen Veranda Domino. Wieder überließ mir Dénices ihr Zimmer mit dem Moskitonetz.

Bevor ich am nächsten Morgen abreiste, sprach ich mit ihr über die Preise, die man für Waren bezahlen musste. »Ich habe Pullover für 180 Pesos gesehen. Ich musste sogar 30 Pesos für etwas zahlen, das nur drei Pesos wert war. Ich weiß nicht, wie das weitergehen soll.«

»Manuel sagt, es hat sich nichts geändert. Er scheint immer noch dafür zu sein.«

»Ja, natürlich. Sie müssen bedenken, was die Revolution für ihn bedeutete. Er verdankt ihr alles, was er hat.«

Guantánamo lag nur ein paar Stunden entfernt, und ich kam am frühen Nachmittag dort an. Ich besuchte Rebeca und ihren Mann zu Hause. Sie war die Provinzvorsitzende der UNEAC und hatte mir im vergangenen Jahr so viel geholfen. Sie hatte mir einen Brief geschrieben, in dem sie mich bat, Bücher über zeitgenössische spanische Literatur zu suchen, und ich brachte mit, was ich gefunden hatte. Sie erzählte mir Neuigkeiten über die Aktivitäten des örtlichen Schriftstellerverbandes. Ihr Büro verfügte über ein kleines Budget für Partys, und mein Besuch wurde zum Anlass genommen, etwas Bier und Rum zu kaufen. »Es werden heute Abend etwa 20 Leute kommen. Vielleicht erinnern Sie sich an einige.«

So war es. Ich war unter Freunden. Ich saß mit vier anderen an einem Tisch und wir sprachen über Musik, Länder und Literatur, wobei die Unterhaltung wie ein Ball in einem Spielautomaten hin- und hersauste. Als die Stimmung sich auflockerte, stellte ich zwei von ihnen eine Frage, die ich in Havanna gehört hatte. »Kennen Sie die Definition von Sozialismus?« Sie sahen mich etwas befremdet an.

»Sozialismus ist die Phase zwischen Kapitalismus und Kapitalismus.« Die zwei brachen in Gelächter aus, und dann wiederholte es einer für die anderen an unserem Tisch. Totenstille. Es lag nicht an seiner Vortragsweise.

Ich erzählte Rebeca, was ich über das Lied »Guantanamera« erfahren hatte. Sie fügte noch etwas hinzu. »Anscheinend hat um 1950 ein Mann namens Diablo Wilson hier in Guantánamo eine schöne Frau gesehen. Wilson erfand das, was heute der Refrain des Liedes geworden ist. Von hier ging er nach Palma Soriano«, 125 Kilometer westlich von Guantánamo, »und dann nach Havanna, wo er von Joseíto Fernández aufgenommen wurde. Ein Student in Havanna, der ihn gehört hatte, besuchte in den Staaten die Universität, traf Pete Seeger und brachte es ihm bei. Wenn in den 50er Jahren über das Lied geschrieben wurde, behauptete Fernández, dass er es lediglich sänge. Erst, als »Guantanamera« in den Staaten populär wurde und nach Kuba zurückkam, offenbarte sich Fernández als Urheber, aber erst dann. Jedenfalls habe ich es so gehört.«

Als ich nach Havanna zurückkam, hatte man den jungen Mann, der wegen seiner Aktivitäten auf dem Schwarzmarkt eingesperrt gewesen war, wegen guter Führung freigelassen. Ich gab ihm die Post von seinem Vater.

Ein Thema, bei dem ich auf fast uneingeschränkte Einmütigkeit stieß, waren die mobilen Brigaden, eine neue Form von Straßenterror, den die Regierung eingesetzt hatte. Diese Gruppen wurden gebildet, um Kritik zu unterbinden, indem der Kritiker in seinem Haus gestellt wurde. Diese freiwilligen Schocktruppen sollten abtrünnige Nachbarn von konterrevolutionären Neigungen abbringen. Normalerweise kamen die *brigadistas* jedoch aus anderen Teilen der Stadt und wurden für eine Aktion hergefahren. Wenn sie von Tür zu Tür gingen, um Verstärkung anzuwerben, stießen sie oft auf Widerstand. Im östlichen Teil des Landes taten die Leute, mit denen ich redete, die *brigadistas* als Papiertiger ab. In Havanna war es Parteimitgliedern und Funktionären und allen anderen inoffiziell peinlich, und sie gaben zu, dass die Truppen ein abstoßender Zuwachs in einem schon zu dicken Polizeinetz waren. Als ich einen sanften Musiklehrer nach den Brigaden fragte, fauchte er: »Sie sind eine Beleidigung. Wir haben einen Rückschritt gemacht, als wir sie einsetzten. Sie sind ekelhaft. Scheußlich. Sie sind purer Faschismus. Sie fachen das Feuer noch an.«

Einer der bekanntesten und schrecklichsten Einsätze der Brigaden ereignete sich im Herbst 1991 in Ost-Havanna in der Wohnung einer 37-jährigen Dichterin aus Matanzas, María Elena Cruz Varela, deren Menschenrechtsgruppe, Alternative Criterion, einen einfachen Aufruf für eine Generalamnestie für politische Gefangene und Gespräche über ein Mehrparteiensystem in der Politik verfasst hatte. Sie schrieb auch einen Brief an Castro, in dem sie sein Regime verurteilte. Ungehobelte *brigadistas* stürmten ihre Wohnung und zwangen sie, ihre Worte zu essen. Wörtlich. Auf Papier. Vor den Augen ihrer Tochter. Dann wurde sie die Treppe hinuntergezerrt und verhaftet wegen Unterstützung einer Dissidentengruppe. Eine Nachbarin von der anderen Seite der Straße beobachtete den Mob und begann zu fotografieren, bis sie von Sicherheitsleuten entdeckt wurde, die in ihre Wohnung kamen und den Film forderten. Cruz Varela wurde zu zwei Jahren Haft verurteilt.

Die Notwendigkeit für grundlegende und sofortige Veränderungen im System war für Kubaner aller Schichten offensichtlich. Lisandro Otero schrieb, im Gegensatz zu seinen Hardliner-Tagen, nun von »beunruhigenden Zeichen der Intoleranz«. In seinem Artikel, der in einer venezolanischen Literaturzeitschrift erschien, hieß es: »In den kubanischen intellektuellen Kreisen ist man sich nun einig, dass Schweigen mehr Schaden anrichtet als Widerspruch. … Einen Raum für Dialog, Diskussion und Kritik zu öffnen« sei unerlässlich. Sein Aufsatz gelangte auch nach Havanna und wurde von Hand zu Hand weitergereicht wie ein *samizdat.* »Er wurde so viel beachtet, als ob er auf der Titelseite von *Granma* erschienen wäre«, sagte ein Freund. Keine Brigade stürmte Oteros Wohnung, aber nachdem er einige Monate später noch eine Kritik in *Le Monde Diplomatique* veröffentlicht hatte, wurde ihm sein leichter Zugang zu Auslandsreisepapieren genommen. Er musste durch konventionelle Kanäle »als gemeiner Bürger« gehen, schrieb ein Freund, »und er wurde als einfacher Bürger behandelt.«

Oteros erste Polemik wurde von der Reaktion des Staates auf den kubanischen Film *Alice in der Wunderstadt* provoziert, einer schwarzen Parodie auf die grotesken Exzesse der Bürokratie. Der Film wurde sofort populär, und es bildeten sich lange Schlangen vor jeder Vorführung. Innerhalb von vier Tagen nach seiner Premiere schickte die Regierung Claqueure ins Kino, die »!Fi-del! !Fi-del!« brüllten. Der Film wurde bis zum internationalen Filmfestival aus dem Programm genommen, wo er noch ein paarmal lief.

Einige Wochen, bevor ich nach Kuba reiste, gab der Sänger Pedro Luis Ferrer ein Konzert im Mella-Theater. Ferrer hatte seine Karriere in den 60er Jahren als Rhythmusgitarrist in einer Rockband namens Los Dadas begonnen. Danach gründete er seine eigene Band, und seine Musik wurde weicher. Er wurde berühmt und ging auch im Ausland auf Tournee. 1988 erzählte er einer peruanischen Zeitung, wie sehr er die Musik von Celia Cruz bewunderte, der Salsakönigin, die in den frühen 60er Jahren von Kuba in die Vereinigten Staaten gegangen war, und er fügte hinzu, dass man ihr erlauben sollte, zurückzukehren und aufzutreten, falls sie es wünsche. Als Ferrer nach Hause zurückkam, verschwand seine Musik aus dem Radio, und er wurde für eine

Weile ins interne Exil geschickt. Mitte 1991 schien sich seine öffentliche Haltung geändert zu haben, und 1992 erlaubte man ihm, im Mella aufzutreten. Mundpropaganda füllte das Theater.

Pedro Luis Ferrer besaß eine angenehme Stimme, gut geeignet für sanfte Protestmusik. Seine Lieder an jenem Februarabend, mal schelmisch, mal poetisch, waren voller Schmähungen gegen die Regierung. Das Publikum jubelte, als er über ihre Stadt sang:

Von welchem Havanna soll ich dir erzählen, compañero?
Das, in dem Guillén sagt: »Ich hasse Gleichheit«?
Oder das, das mir laut zuruft:
»Du kannst nicht herein!«

Ein Lied handelte ironisch von der Touristen-Apartheid:

Kuba ist 100 Prozent kubanisch, und mein Geld ist 100 Prozent kubanisch.
Morgen besorge ich mir ein Zimmer im besten Hotel von Havanna,
Dann fahre ich nach Varadero und reserviere ein Strandhaus
Mit dem Geld, das ich beim Zuckerrohrschneiden verdient habe …
Morgen fahre ich zur Marina Hemingway und miete eine Yacht,
Ich möchte meinen Nachmittag damit verbringen, Hummer zu fangen und den Reichtum unserer Küste zu genießen.
Mein Geld is so kubanisch wie der mambís. …

Ein Lied für Toleranz gegenüber Homosexuellen fragte, warum man Schwule kritisieren sollte.

Agenten des Innenministeriums, dessen Gebäude sich ganz in der Nähe des Mella befand, begannen, sich im Theater bemerkbar zu machen. Sie gingen die Gänge hinunter, als Ferrer über Fidel sang:

Auch wenn du weißt, dass die Antwort nein ist, sag ja zu ihm.
Ihm zu widersprechen ist schlimmer für dich.

Das Publikum wiederholte die Zeilen. Dann provozierte er leise, wobei er anscheinend die Polizei meinte: »Warum singt ihr nicht etwas für uns?«

Ferrers ausführlichste Ballade klang so klar und patriotisch wie jede andere der jüngsten Generationen von Protestmusik in den Amerikas. Er spielte wieder auf Castro an –

Mein Großvater baute dieses Haus unter großen Opfern …
Er baute die Wände Stein für Stein.

Er wollte ein großes Haus bauen
In dem alle Platz fänden.
Um heute auch nur einen Kieselstein zu bewegen, muss man um Erlaubnis fragen.
Wenn Großvater nicht einverstanden ist, kann niemand das Gebäude verändern …
Habt Geduld mit Großvater.
Sagt nichts gegen ihn. Denkt daran, was er getan hat …
Vergesst nicht, Großvater hat ein Gewehr und ein Messer.
Wenn wir sie nicht wegnehmen, droht Gefahr.

Am Ende des Liedes hatten die Polizisten der Hintergrundband den Stecker herausgezogen, und nur seine Stimme und seine akustische Gitarre waren hörbar. Schließlich gingen Männer in Zivil zum Sänger, packten ihn an den Armen und führten ihn von der Bühne. Als Ferrer aus dem Blickfeld verschwand, sagte er zum Publikum: »Es wird einen zweiten Teil geben.« Seine Fans brachen in rhythmisches Klatschen aus. Als Sicherheitskräfte begannen, sie hinauszuscheuchen, bemerkten sie, dass einige Kassettenrekorder bei sich hatten. Frauen stopften die Bandkassetten in ihre Blusen, bevor die Polizisten sie erwischten.

Pedro Luis Ferrer war bald wieder frei, und die Neuigkeit vom Konzert verbreitete sich in ganz Havanna und im gesamten Land. Ich hörte erstmals in Santiago de Cuba davon. Ich fragte bei einem Freund in Havanna danach und ein anderer Besucher des gleichen Apartments schaute auf. Er hatte einige Jahre lang im Combinado-del-Este-Gefängnis für das Innenministerium gearbeitet, aber nun sah er die Dinge anders.

»Hätten Sie Interesse daran, eine Aufnahme des Konzerts zu hören?«

Er hatte eine heimlich aufgenommene Kassette und machte mir an jenem Nachmittag eine Kopie. Als er sie mir gab, warnte er mich: »Lassen Sie sie nie in Ihrem Zimmer liegen, und stecken Sie sie nie in den Koffer, wenn Sie gehen. Behalten Sie sie immer in einer Jackentasche.«

Während das Land um sein Gleichgewicht rang, drangen kleine, unregelmäßige Anzeichen der Unzufriedenheit immer mehr an die Öffentlichkeit. Riesige Buchstaben auf ein paar Wänden in Havanna verkündeten eine einfache Botschaft: NEIN. Eines Samstagnachmittags schauten Fußgänger in Vedado nach oben und sahen Tausende kleiner Papierschnipsel vom Himmel schweben. Auf ihnen stand: NIEDER MIT CASTRO und FREIHEIT 20. MAI* Irgendjemand hatte die hauchdünnen Papierchen von einem hohen Apartmenthaus hinuntergeworfen. Innerhalb weniger Minuten kam die Polizei

* Das Datum 20. Mai im Jahr 1902 war der Beginn der Kubanischen Republik. Sie besiegelte das offizielle Ende einer über dreijährigen militärischen Besatzung durch die USA, die wiederum auf fast 400 Jahre spanischer Herrschaft folgte.

und sammelte sie ein, aber Fußgänger hatten selbst schon einige aufgehoben. Die gleichen Botschaften schwebten in den folgenden Wochen von zwei anderen Gebäuden herab. Ein Freund fand zufällig Schnipsel, wunderte sich und sammelte einige auf. Ich kannte ihn seit fast zwei Jahren, in denen er die Revolution immer befürwortet hatte. Er holte die Papierchen aus einem Versteck in seinem Haus und zeigte sie mir begeistert. »Einige Male habe ich gesehen, wie Busse um die Ecke fuhren und als sie in der Mitte der Straße waren, warf jemand regierungsfeindliche Propaganda aus dem Fenster, sodass sie über die ganze Kreuzung flog.«

Ich fragte: »Wer wird die Kühnheit haben, Fidel auf die Schulter zu tippen und zu sagen *›¿El último?‹* «

Sein Gesicht erstarrte. »Ich weiß es nicht. Niemand so bald.«

Vom Malecón konnte ich sehen, wie sich ein Öltanker auf dem Meer dem Hafen näherte. Sturmwolken ballten sich in der Entfernung zusammen. Zwei dreijährige Mädchen saßen einander kichernd gegenüber und spielten Kuchenbacken. Ein paar Universitätsstudenten waren in ihr Schachspiel vertieft. Ein Zuschauer sprach voller Stolz von der Arbeit seiner Frau bei einer Freiwilligentruppe, die zwei Wochen lang auf dem Land bei der Ernte half. »Stabilität steht vor der Tür«, sagte er. »Sie werden sehen.« Pärchen lagen auf der Mauer. Familien improvisierten ein Picknick. Aus einem tragbaren Kassettenrekorder dröhnte Salsa für eine Gruppe aufgeregter Teenager. Ein älterer Angler zog einen winzigen Fisch an Land. »Ich angle immerzu«, sagte er, »aber hier hatte ich noch nie etwas gefangen. Das muss mein Glückstag sein.«

Danksagung

Ganz zu Anfang besaß ich nichts als eine anständige Portion Unwissenheit über die Lebensverhältnisse in Kuba. Aber zahllose Menschen halfen mir, diesen Rückstand aufzuholen. Meine besten Informationsquellen über Kuba fand ich in Kuba selbst. Das mag sich etwas banal anhören. Man muss aber bedenken, dass mich vor meiner Reise viele Leute gewarnt hatten, ich würde ja doch nur Parteiparolen zu hören bekommen; niemand würde sich einem Fremden anvertrauen; allein die vielfältigen, erdrückenden Schwierigkeiten dieses Landes würden meine Bemühungen zunichte machen. Doch ganz im Gegenteil: Ich fand, dass die Kubaner bereit – ja sogar begierig – waren, über Baseball, Afrika, Gott und Bücher zu reden. Und über ihr Land! Nach einer gewissen Zeit spürte ich, dass sie nicht nur nicht reserviert waren, sondern eher die Hemmungen verloren, über alles zu sprechen. Manchmal bestand mein einziges Problem darin, sie wieder zum Schweigen zu bringen.

Die meisten Kubaner, die mir geholfen haben, werden im Buch erwähnt. Anstatt ihre Namen hier zu wiederholen, erwähne ich andere Leute, deren Rat, Bibliotheken, redaktionelle Fähigkeiten, Übersetzungsratschläge und Hilfestellungen meine Aufgabe viel weniger gewaltig machten und sicherlich weniger einsam. Oft kam ihre Hilfe mit unerwartetem Enthusiasmus; immer wurde sie mit herzlicher Wärme angeboten.

Eine Standard-Danksagungsseite enthält die Feststellung, dass Aussagen von ihnen kamen, Meinungsäußerungen und Fehler dagegen auf den Autor zurückgehen. Richtig, aber im Fall eines so schwierigen Themas trifft das noch stärker zu als in anderen Fällen. Um das Offensichtliche klarzustellen:

Die Menschen und Institutionen, die weiter unten erwähnt werden, teilen nicht notwendig meine Sicht auf Kuba.

Zuerst und vor allem gilt mein Dank dem kubanischen Schriftsteller- und Künstlerverband (la Unión de Escritores y Artistas de Cuba – UNEAC), dessen Abteilung für Internationale Beziehungen und dessen Provinzbüros mich freundlich aufnahmen. In den Staaten wurden Sandra Levinson, die Angestellten und die Bibliothek des Zentrum für Kubastudien in New York zu einer wertvollen Informationsquelle. Ebenso erwies sich das Informationszentrum beim Radio-Martí-Programm in Washington, D. C. als sehr hilfreich. Meine Dankbarkeit gilt Laurien Alexandre, Dan Anderson, Bill Brent, Irasema Coronado, Enrique Fernández, Roberto González Echevarría, Felicia Gustin, Martín Hacthoun, Luis Eugenio Hartly Campbell, Pamela Hayes-Bohanan, Robert Houston, Debra Kay Huffman, Milton Jamail, Michael Malone, Jane McManus, Gregory McNamee, Charles Miller, Jim Mullin, Boyd, Laurie und Sara Nicholl, Dan Okrent, David Ossman, Louis A. Pérez Jr., Nancy Postero, Ron Ridenour, Eliana Rivero, Ellen Rosensweig, Sharon Seymour, Martha Sowerwine, Deanne Stillman, Lynn Stoner, Sandy Tolan, Jesús Vega, Mercedes Wangüemert-Peña, Judith Walcott, Mark Weiss und Alan West. *Saludos* und ein *abrazote* an alle.

T. M.

Über den Autor

Tom Miller schreibt seit mehr als einem Vierteljahrhundert über den Südwesten der Vereinigten Staaten und über Lateinamerika. Zu seinen bislang sechs Büchern zählen *The Panama Hat Trail* (deutsch: *Auf den Spuren des Panamahutes. Eine ungewöhnliche Reise durch Ecuador*) und *Jack Ruby's Kitchen Sink*, das in deutscher Übersetzung unter dem Titel *Staubiger Südwesten – Unglaubliche Reiseerlebnisse aus Arizona, New Mexico, Kalifornien und Colorado* erschien. Tom Miller veröffentlicht Zeitungs- und Zeitschriftenartikel in *Life*, der *New York Times*, *Rolling Stone* und anderen Publikationen in den USA und in Mexiko. Er lebt in Tucson, Arizona.

Ergänzende Literaturhinweise

Werke kubanischer Autoren (insbesondere der von Tom Miller erwähnten) sowie Bücher über Kuba

Bandera, Monika:
Kuba – Illusionen und Tränen.
Münster 1999

Barnet, Miguel:
Der Cimarrón.
Frankfurt/Main 1969

Beck, Hanno (Hrsg.):
Alexander von Humboldts Amerikanische Reise.
Stuttgart 1995

Berger, Karl-Wilhelm: Kuba. Dormagen 2003

Cabrera Infante, Guillermo:
Drei traurige Tiger.
Frankfurt/Main 2003
–: Rauchzeichen.
Frankfurt/Main 1990
–: Ansicht der Tropen im Morgengrauen.
Frankfurt/Main 1992

Cardenal, Ernesto:
In Cuba.
o.O., o.J.

Cardoso, Onelio Jorge:
Negrita.
Weinheim 1999

Carley, Rachel; Brizzi, Andrea:
Kuba. Architektur aus vier Jahrhunderten.
Leipzig 1998

Carpentier, Alejo:
Die Hetzjagd.
Frankfurt/Main 1990
–: Finale auf Kuba.
München 1960
–: Mein Havanna.
Ammann 2000

Castro, Fidel:
Nachtgespräche.
Lüdenscheid 1987
–: Die Geschichte wird mich freisprechen.
Bellnhausen 1965, 1968
–: Rede vom 13. März 1967.
München 1967
–: Materialien zur Revolution.
Darmstadt 1968
–: Über Che Guevara.
In: Che Guevara und die Revolution.
Hrsg. v. H. R. Sonntag.
Frankfurt/Main 1968
–: Zum ehrenvollen Gedenken an Che.
In: Ernesto Guevara: Aufzeichnungen aus dem kubanischen Freiheitskrieg 1956–1959.
Reinbek 1969

de Cortanze, Gerard; Naudin, Jean-Bernard:
Hemingways Kuba.
Hildesheim 1999

Enzensberger, Hans Magnus (Hrsg.):
Cuba. Kursbuch 18.
Frankfurt/Main 1969

Fuentes, Norberto; Sotolongo, Roberto H.:
Sturmfluten des Herbstes. Ernest Hemingway wiederentdeckt.
Hildesheim 1994

Greene, Graham:
Unser Mann in Havanna.
München 1995

Guillén, Nicolás:
Gedichte (spanisch – deutsch).
Leipzig 1969
–: West Indies Limited.
Stuttgart 2002

Hemingway, Ernest:
Der alte Mann und das Meer.
Reinbek 1998

Hoffmann, Bert:
Kuba.
München 2000

Humboldt, Alexander von:
Cuba-Werk.
Darmstadt 1992

Martí y Pérez; José Julián:
Die Schleuder Davids und die Aufgabe der Revolution in Amerika.
In: Enzensberger: Cuba. Kursbuch 18.
Frankfurt/Main 1968

Michener, James A.; Kings, John:
Sechs Tage in Havanna.
o.O., o.J.

Klein, Lene (Hrsg.):
Ruderer in der Nacht. Kubanische Erzählungen.
Berlin 1963

Otero, Lisandro:
Rebellion im Paradies.
Berlin 1961
–: Schaler Whisky.
Berlin 1967

Raach, Karlheinz; Langenbrinck, Ulli:
Kuba.
München 2000
–: Reise durch Kuba.
Würzburg 2001

Sarduy, Severo:
Bewegungen.
Frankfurt/Main 1968